(भारतीय विश्वविद्यालयों के त्रिवर्षीय बी० ए०, एम० ए०, संघ लोक सेवा आयोग, राज्य लोक सेवा आयोग, यू० जी० सी० के जेआरएफ (JRF)/नेट NET के पाठ्यक्रमों पर सम्पूर्णतः आधृत)

न्यूरोमनोविज्ञान के मूलतत्त्व

(FUNDAMENTALS OF NEUROPSYCHOLOGY)

अरूण कुमार सिंह

एम०ए० (स्वर्णपदक प्राप्त), पी-एच० डी०
विश्वविद्यालय प्रोफेसर एवं पूर्ववर्त्ती विभागाध्यक्ष
स्नातकोत्तर मनोविज्ञान विभाग
पटना विश्वविद्यालय, पटना-800 005
तथा
पूर्ववर्ती निदेशक, मनोवैज्ञानिक शोध एवं सेवा संस्थान
पटना विश्वविद्यालय, पटना-800 005

मोतीलाल बनारसीदास

दिल्ली, मुम्बई, चेन्नई, कोलकाता,
बंगलूरू, वाराणसी, पटना

पुनर्मुद्रण : दिल्ली, 2017
तृतीय संशोधित संस्करण, 2013
प्रथम संस्करण : 2007

ISBN: 978-81-208-3227-5 (सजिल्द)
ISBN: 978-81-208-3228-2 (अजिल्द)

मोतीलाल बनारसीदास

41 यू.ए. बंगलो रोड, जवाहर नगर, दिल्ली 110 007
236 नाइंथ मेन, III ब्लॉक, जयनगर, बंगलूरू 560 011
8 महालक्ष्मी चैम्बर, 22, भुलाभाई देसाई रोड, मुम्बई 400 026
203 रायपेट्टा हाई रोड, मैलापोर, चेन्नई 600 004
8 कैमेक स्ट्रीट, कोलकाता 700 017
अशोक राजपथ, पटना 800 004
चौक, वाराणसी 221 001

आर.पी. जैन के द्वारा एन ए बी प्रिंटिंग यूनिट,
ए-44, नारायणा, फेज़-1, नई दिल्ली 110 028 में मुद्रित
एवं जे.पी. जैन द्वारा मोतीलाल बनारसीदास
41 यू.ए., बंगलो रोड, जवाहर नगर, दिल्ली-110 007 के लिए प्रकाशित

समर्पण

सहधर्मिणी कुमुद रानी
को जिनके प्रोत्साहन एवं
स्नेह की आधारशिला
पर इस पुस्तक की
नींव पड़ी

प्रस्तावना

'न्यूरोमनोविज्ञान के मूलतत्त्व' एक ऐसी पुस्तक है जो बी॰ ए॰ (आनर्स) तथा एम॰ ए॰ के कक्षाओं में न्यूरोमनोविज्ञान के पाठ्यक्रम को ध्यान में रखते हुए लिखा गया है। प्रस्तुत पुस्तक को मूलतः 10 अध्यायों में बाँटा गया है जिसमें मानव दैहिकी (human physiology) के **तंत्रिका तंत्र** तथा **अन्तःस्रावी ग्रन्थियों** तथा उनसे संबंधित विकृतियों पर सविस्तार प्रकाश डाला गया है। तथ्यों को यथासंभव उचित आरेखण (diagram) देकर व्याख्या करने की कोशिश की गयी है। इस पुस्तक में न्यूरोमनोविज्ञान के उन अंशों की भी व्याख्या की गयी है जो संघ लोक सेवा आयोग तथा यू॰जी॰सी॰ के नेट/जेआरएफ परीक्षाओं के पाठ्यक्रम के हिस्सा रहे हैं। पुस्तक के अंत में 'शब्दावली' (vocabulary) तथा दीर्घउत्तरीय प्रश्न (long answer questions) तथा वस्तुनिष्ठ प्रश्नों (objective questions) को अध्यायबार उपस्थित किया गया है ताकि छात्रों को तथ्यों को समझने एवं अपने ज्ञान को विस्तारित करने का पर्याप्त मौका मिल सके।

मैं उन सभी लेखकों के प्रति आभार व्यक्त करता हूँ जिनके कृतियों का सहारा इस पुस्तक के लेखन में लिया गया है। मैं अपने उन सभी मित्रों, प्रशंसकों एवं छात्रों के प्रति भी आभार व्यक्त करता हूँ जो इस पुस्तक के लेखन में प्रेरणास्रोत बने रहे। चूँकि ऐसे लोगों की सूची लम्बी है, अतः मैं उन सबों के नामों का उल्लेख तो यहाँ नहीं कर सकता हूँ फिर भी उन सबों को मैं तहे दिल से धन्यवाद देता हूँ।

अन्त में मैं श्री कमला शंकर सिंह जो पटना शाखा के प्रबंधक हैं, को भी धन्यवाद देना चाहता हूँ जिनकी विशेष दिलचस्पी एवं रूचि के कारण पुस्तक का प्रकाशन इतना अल्प समय में सम्भव हो सका।

जनवरी, 2007

—अरूण कुमार सिंह

तृतीय संशोधित संस्करण

'न्यूरोमनोविज्ञान के मूलतत्त्व' का तीसरा परिवर्द्धित एवं संशोधित संस्करण आपके हाथ में है। शिक्षक बन्धुओं एवं कुछ छात्रों द्वारा दिये गए सुझाव के आलोक में इस नये संस्करण में एक नया अध्याय जिसका शीर्षक **सामान्य तंत्रिकावैज्ञानिक विकृतियाँ** (Common Neurological Disorders) है, भी सम्मिलित किया गया है। इस संस्करण में इस बात का भी खयाल रखा गया है कि यू॰जी॰सी॰ (UGC) के नेट (NET) के पाठ्यक्रम में के कुछ छुटे हुए अंशों को भी शामिल कर लिया जाए। साथ-ही-साथ अन्य विश्वविद्यालयों के पाठ्यक्रमों को भी ध्यान में रखकर इस संस्करण में पर्याप्त परिवर्तन किये गए हैं।

आशा है वर्तमान संस्करण पाठकों की आवश्यकताओं को पहले से अधिक पूरा कर सकने में सफल होगा।

सितम्बर, 2013 —**अरूण कुमार सिंह**

विषय-सूची

(Contents)

अध्याय | पृ० सं०

❑

अध्याय 1

विषय-प्रवेश
(INTRODUCTION)

न्यूरोविज्ञान का अर्थ एवं स्वरूप : एक विहंगम दृष्टिकोण (Meaning and Nature of Neuroscience : A Bird's Eye View)

आरंभिक अनुसंधानकर्त्ताओं (investigators) एवं वैज्ञानिकों का मत था कि अंतर्निरीक्षण (introspection) से प्राप्त तथ्यों, नियमों एवं सूझ (insight) आदि बहुत विश्वसनीय नहीं थे और उनका कहना था कि मन का विज्ञान (science of mind) का उपयोग सिर्फ व्यवहार (behaviour) जिसे स्पष्ट रूप से देखा जा सकता है, के अध्ययन में होना चाहिए न कि चेतना जैसे विषयों के अध्ययन में जिनका प्रत्यक्ष रूप से प्रेक्षण करने का प्रश्न ही नहीं उठता है। ऐसे व्यवहारवादियों में से कुछ का मत था व्यवहार एवं मस्तिष्क (brain) के बीच का सम्बन्ध वैज्ञानिक अनुसंधान के लिए उपयुक्त नहीं होते हैं। परंतु अधिकतर व्यवहारवादियों का दृष्टिकोण था कि व्यवहार को अमूर्त (intangible) मानसिक प्रक्रियाओं, दैहिक मस्तिष्कीय प्रक्रियाओं (physical brain process) या दोनों में ही लघुकृत (reduce) किया जा सकता है या तोड़ा जा सकता है। इस तरह के विचारधारा को **'लघुकृतवाद'** (Reductionism) की संज्ञा दी गयी। यदि हम ऐतिहासिक पृष्ठभूमि पर ध्यान दें, तो यह स्पष्ट होगा कि इस लघुकृतवाद के दो प्रमुख प्रारूप (forms) रहे हैं जो इस प्रकार हैं—

1. पहला प्रारूप वह है जिसमें दैहिक मनोविज्ञान (physiological psychology) जिसे **जैविक मनोविज्ञान** (biological psychology) भी कहा जाता है, का मनोविज्ञान के शैक्षिक क्षेत्र (academic field) से उद्भव (derivation) माना जाता है। दैहिक मनोविज्ञान व्यवहार के दैहिक आधार (physiological basis) के अध्ययन का विज्ञान है और दैहिक मनोवैज्ञानिक प्रेक्षित व्यवहार (observed behaviour) का अध्ययन करते हैं और उसे व्यक्ति के भीतर पाये जाने वाले प्रक्रमों (mechanisms) में लघुकृत (reduce) करने की कोशिश भी करते हैं ताकि उनके दैहिक आधार को पूर्णतः समझा जाय। दैहिक मनोवैज्ञानिकों के सकारात्मक प्रयास से कई अन्य उपक्षेत्रों जैसे **मनोदैहिकी** (Psychophysiology) जिसमें व्यवहार तथा स्वायत तंत्रिका तंत्र (autonomic nervous system) के बीच के सम्बन्धों का अध्ययन किया जाता है, **मनोभौतिकी** (Psychophysics) जिसमें संवेदी उद्दीपकों (sensory stimuli) तथा व्यवहार (behaviour) के बीच के सम्बन्ध का अध्ययन किया जाता है, का जन्म हुआ और उन क्षेत्रों में अध्ययन प्रारम्भ हुए।

2. लघुकृतवाद (reductionism) का दूसरा प्रमुख स्कूल को **न्यूरोजीवविज्ञान**

(Neurobiology) की संज्ञा दी गयी जो मूलतः जीवविज्ञान (biology) तथा चिकित्साशास्त्र (medicine) के शैक्षिक क्षेत्र (academic field) से उद्‌भव हुआ, माना जाता है। न्यूरोजीवविज्ञान में कई वैज्ञानिक एवं मेडिकल शाखाएँ सम्मिलित की गयी हैं जिनमें **जैवभौतिकी** (Biophysics), जो आयन चैनेल (ion channel) एवं ग्राहकों (receptors) के भौतिक रसायन (physical chemistry) गुणों का अध्ययन करता है, **न्यूरोएनाटोमी** (Neuro-anatomy) जिसमें मस्तिष्क की संरचना (anatomy) का अध्ययन किया जाता है, **न्यूरोरसायन** (Neurochemistry) जिसमें मस्तिष्क के रसायन (chemistry) का अध्ययन किया जाता है; **न्यूरोदैहिकी** (Neurophysiology) जिसमें मस्तिष्क के कार्य का अध्ययन किया जाता है तथा **न्यूरोफार्माकोलोजी** (Neuropharmacology) जिसमें मस्तिष्क पर औषध के पड़ने वाले प्रभाव का अध्ययन किया जाता है, मुख्य रूप से सम्मिलित हैं।

एक समय में दैहिक मनोविज्ञान (physiologial psychology) तथा न्यूरोजीवविज्ञान (neurobiology) दोनों ही में एक-दूसरे के समानान्तर एवं स्वतंत्र दृष्टिकोण रखते हुए उनका अध्ययन किया जाता था। परंतु 1970 के दशक में इन दोनों शास्त्रों (disciplines) का विलयन (amalgam) हुआ और इस विलयन का परिणाम यह हुआ कि एक नया विज्ञान का जन्म हुआ जिसे **न्यूरोविज्ञान** (Neuro-science) की संज्ञा दी गयी और इस नये विज्ञान के अनुसंधानकर्त्ताओं द्वारा इन दोनों लघुकृतवादी शास्त्रों (reductionistic disciplines) के परिणामों एवं प्रगतियों में ताल-मेल बैठाते हुए आगे बढ़ने की जिम्मेवारी आयी। *'दी सोसाइटी फार न्यूरोसायंस'* (The Society for Neuroscience) की स्थापना 1970 में की गयी और उस समय इस सोसाइटी के 600 कुल सदस्य थे जिसकी संख्या आज बढ़कर 25,000 हो गयी है।

अब प्रश्न उठता है कि न्यूरोविज्ञान को किस तरह से परिभाषित किया गया? न्यूरोविज्ञान एक सामान्य पद है जिसके अन्तर्गत बहुत सारे शास्त्रों (disciplines) को रखा गया और जो तंत्रिका तंत्र (nervous system) का अध्ययन अपने-अपने दृष्टिकोणों से करते हैं। सैनट्रौक[1] (Santrock, 2000) ने न्यूरोविज्ञान को इस प्रकार परिभाषित किया है—

"न्यूरोविज्ञान तंत्रिका तंत्र के बहुशास्त्रीय अध्ययन के लिए एकछत्र पद है।"

इस सरल परिभाषा से स्पस्ट है कि न्यूरोविज्ञान के स्वरूप के बारे में निम्नांकित तथ्य महत्त्वपूर्ण हैं—

(i) न्यूरोविज्ञान (neuroscience) एकछत्र पद (umbrella term) है, अर्थात् यह एक ऐसा सामान्य पद है जिसमें बहुत सारे ऐसे शास्त्रों (disciplines) को सम्मिलित किया गया है जिनका उद्देश्य समान है। इनमें कुल प्रमुख 13 शास्त्रों को सम्मिलित किया गया है जिनकी चर्चा अगले अनुच्छेद में की गयी है।

(ii) न्यूरोविज्ञान का सामान्य उद्देश्य तंत्रिका तंत्र (nervous system) की संरचना

---

1. "Neuroscience is an umbrella term for multidisciplinary study of the nervous system." —Santrock : *Psychology*, 2000, p. 71

एवं क्रियाओं का अध्ययन विभिन्न दृष्टिकोणों से करना होता है। न्यूरोविज्ञान का प्रत्येक शास्त्र (discipline) तंत्रिका तंत्र का अध्ययन अपने-अपने दृष्टिकोण से करता है तथा फिर उनमें सामंजस्य (harmony) बैठाने का सफल प्रयास किया जाता है।

स्पष्ट हुआ कि न्यूरोविज्ञान जिसका प्रादुर्भाव 1970 के दशक में हुआ, एक ऐसा विज्ञान है जो तंत्रिका तंत्र का भिन्न दृष्टिकोणों से अध्ययन करने वाले सभी शास्त्रों (disciplines) में एक समरूपता प्रदान करते हुए उनके सामने एक सामान्य लक्ष्य (common goal) रखता है।

न्यूरोविज्ञान के क्षेत्र
(Fields of Neuroscience)

जैसा कि ऊपर कहा जा चुका है, न्यूरोविज्ञान का प्रादुर्भाव 1970 के दशक में हुआ तथा इस विज्ञान में तंत्रिका तंत्र (nervous system) की संरचना तथा कार्यों को भिन्न-भिन्न दृष्टिकोणों से अध्ययन करने वाले शास्त्रों को सम्मिलित किया है। इन शास्त्रों में निम्नांकित तेरह शास्त्र मुख्य रूप से उल्लेखनीय हैं—

1. जीव भौतिकी *(Biophysics)*—इस विज्ञान में ग्राहकों (receptors) तथा आयन चैनेल (ion channels) में उपयोग किये गए भौतिक रसायन (physical chemistry) का वैज्ञानिक अध्ययन किया जाता है।

2. न्यूरोरसायन *(Neurochemistry)*—इस विज्ञान में मस्तिष्क की रसायन (chemistry) का वैज्ञानिक अध्ययन किया जाता है।

3. न्यूरोशरीर संरचना *(Neuroanatomy)*—इस विज्ञान में मस्तिष्क की संरचना (anatomy) का अध्ययन किया जाता है।

4. तंत्रिका विज्ञान *(Neurology)*—इसमें मस्तिष्कीय रोगों (brain diseases) का वैज्ञानिक अध्ययन किया जाता है।

5. न्यूरोफार्माकोलोजी *(Neuro pharmacology)*—इसमें मस्तिष्क पर औषध के पड़ने वाले प्रभावों का वैज्ञानिक अध्ययन किया जाता है।

6. न्यूरोदैहिक शास्त्र *(Neuropshysiology)*—इसमें मस्तिष्क के कार्यों का वैज्ञानिक अध्ययन किया जाता है।

7. न्यूरोरेडियोलोजी *(Neuroradiology)*—इस विज्ञान में जीवित मस्तिष्क (living brain) के प्रतिमाओं (images) का वैज्ञानिक अध्ययन किया जाता है।

8. न्यूरोसर्जरी *(Neurosurgery)*—इसमें मस्तिष्कीय सर्जरी (brain surgery) का वैज्ञानिक अध्ययन किया जाता है।

9. मनोरोगविज्ञान *(Psychiatry)*—इस विज्ञान में मानसिक रोगों के उपचार (treatment) का वैज्ञानिक अध्ययन किगा जाता है।

10. मनोभौतिकी *(Psychophysics)*—इस विज्ञान में व्यवहार एवं संवेदी उद्दीपकों (sensory stimuli) का वैज्ञानिक अध्ययन किया जाता है।

11. मनोदैहिकशास्त्र *(Psychophysiology)*—इस विज्ञान में स्वायत्त तंत्रिका तंत्र

(autonomic nervous system) तथा व्यवहार (behaviour) के सम्बन्ध का अध्ययन किया जाता है।

12. न्यूरोमनोविज्ञान *(Neuropsychology)*—इस विज्ञान में व्यवहार तथा मस्तिष्कीय कार्यों (brain functions) के सम्बन्धों का तथा मुख्य रूप से मस्तिष्कीय दुष्क्रियाओं (brain dysfunctions) से सम्बन्धित क्षतियों (impairments) के अध्ययन पर बल डाला जाता है।

13. दैहिक मनोविज्ञान *(Physiological Psychology)*—इस विज्ञान में व्यवहार का दैहिक आधार (physiological basis) का अध्ययन किया जाता है।

स्पष्ट हुआ कि न्यूरोविज्ञान में 13 प्रमुख शास्त्रों (disciplines) को रखा गया है जो उसके विभिन्न क्षेत्र (fields) हैं जिनमें वैज्ञानिकों की रुचि रही है। इन सभी क्षेत्रों के विषय-वस्तु पर ध्यान देने से यह स्पष्ट हो जाता है कि न्यूरोविज्ञान के सभी क्षेत्रों में तंत्रिका तंत्र (nervous system) के कार्यों एवं संरचनाओं का ही अध्ययन किया जाता है परंतु उनका दृष्टिकोण अलग-अलग होता है।

न्यूरोमनोविज्ञान की परिभाषा एवं स्वरूप
(Nature and Definition of Neuropsychology)

न्यूरोमनोविज्ञान, न्यूरोविज्ञान (neuroscience) की एक प्रमुख शाखा या क्षेत्र है। ब्रुस (Bruce) के अनुसार न्यूरोमनोविज्ञान जैसे पद का सबसे पहले-पहल उपयोग विलियम ओसलर (William Osler) द्वारा किया गया। फिर बाद में डी० ओ० हेब (D. O. Hebb) ने 1949 में एक पुस्तक प्रकाशित किया जिसका शीर्षक था, *"दी आरगनाइजेसन ऑफ विहेभियर : ए न्यूरोसाइकोलिोजिकल थियोरी"* (The Organization of Behaviour : A Neuropsychological Theory) जिसमें इस पद का विस्तृत उपयोग किया गया। लेकिन इन प्रयासों में दुर्भाग्यवश न्यूरोमनोविज्ञान को कहीं भी स्पष्ट रूप से परिभाषित नहीं किया गया। परंतु 1957 तक इस पद का उपयोग न्यूरोविज्ञान के एक क्षेत्र के रूप में औपचारिक ढंग से किया जाने लगा और इस तथ्य को उस समय के मशहूर वैज्ञानिक हिनरिक क्लूभर (Heinrich Kluver) ने भी अपने मशहूर पुस्तक *"विहेभियर मैकेनिज्म इन मंकिज"* (Behaviour Mechanism in Monkeys) में स्वीकारा। 1960 में न्यूरोमनोविज्ञान जैसे पद को बड़े स्तर पर प्रसिद्धि उस समय मिली जब के० एस० लैसले (K. S. Lashley) द्वारा लिखे गये लेखों का एक संग्रहण जिसका शीर्षक *'दी न्यूरोसाइकोलोजी ऑफ लैशले'* (The Neuropsychology of Lashley) था, का संपादन वीक (Beach) द्वारा किया गया। परंतु दुर्भाग्यवश इस पुस्तक में भी न्यूरोमनोविज्ञान को कहीं भी स्पष्ट रूप से परिभाषित नहीं किया।

उक्त तथ्यों को ध्यान में रखते हुए यह कहा जा सकता है कि न्यूरोमनोविज्ञान हाल ही उद्भवित एक पद है जिसमें मूलतः व्यवहार तथा मस्तिष्कीय कार्यों के सम्बन्ध का अध्ययन किया जाता है। सोलसो (Solso, 2001) के अनुसार न्यूरोमनोविज्ञान को **न्यूरोसंज्ञान** (Neurocognition) या **संज्ञानात्मक न्यूरोविज्ञान** (cognitive

Neuroscience) भी कहा जाता है। न्यूरोमनोविज्ञान की एक नवीनतम परिभाषा **कोल्ब** एवं **भिशॉ**[1] (Kolb & Whishaw, 1990) ने इस प्रकार दिया है—

''हमलोग व्यवहार तथा मस्तिष्कीय कार्य के बीच सम्बन्ध के अध्ययन को न्यूरोमनोविज्ञान के रूप में परिभाषित करते हैं।''

इस सरलतम एवं एक विस्तृत परिभाषा का विश्लेषण करने पर न्यूरोमनोविज्ञान के स्वरूप के बारे में निम्नांकित तथ्य प्राप्त होते हैं—

(i) न्यूरोमनोविज्ञान में प्राणी द्वारा किये गए व्यवहारों तथा उनके मस्तिष्कीय कार्यों के बीच के सम्बन्ध का अध्ययन किया जाता है। आजकल न्यूरोमनोवैज्ञानिकों के प्रयास का ही यह फल है कि कुछ काल्पनिक संरचनाएँ (hypothetical constructs) जैसे स्मृति के प्रकार (memory types) तथा भाषीय प्रक्रियाएँ (language processing) अब एक अमूर्त (intangible) संप्रत्यय नहीं रह गये और उनके स्पष्ट न्यूरोदैहिक सहसम्बन्धों (correlates) का पता लगा लिया गया है। इतना ही नहीं मस्तिष्क के माइक्रोस्कोपिक संरचनाएँ (microscopic structures) का सम्बन्ध स्मृति, प्रत्यक्ष, समस्या समाधान, चिन्तन आदि अन्य समान प्रक्रियाओं से स्थापित करने में न्यूरोमनोविज्ञान की अहम भूमिका रही है। अतः न्यूरोमनोविज्ञान विभिन्न तरह के व्यवहारों विशेषकर संज्ञानात्मक व्यवहारों (cognitive behaviours) का विभिन्न मस्तिष्क संरचनाओं से सम्बन्ध स्थापित करके अब तक कई अमूर्त समझे जाने वाले संप्रत्ययों का ठोस न्यूरोदैहिक आधार ढूँढ लेने में सफलता हासिल किया है। यही कारण है कि न्यूरोमनोविज्ञान में मस्तिष्कीय दुष्क्रिया (brain dysfunction) से सम्बन्धित क्षतियों (impairments) के अध्ययन पर भी बल डाला जाता है।

(ii) न्यूरोमनोविज्ञान में किये जाने वाले अध्ययनों में सूचनाएँ कई अन्य शास्त्रों (disciplines) जिनमें शरीररचनाशास्त्र (Anantomy), जीवविज्ञान (Biology), शरीर विज्ञान (Physiology) जैवभौतिकी (Biophysics), आचारशास्त्र (Ethology), दैहिक मनोविज्ञान (Physiological psychology) आदि प्रमुख हैं, से प्राप्त की जाती हैं। अतः न्यूरोमनोविज्ञान एक अन्तःशास्त्रीय उपागम (interdisciplinary approach) अपनाते हुए अपने विषय-वस्तु का अध्ययन करता है।

(iii) न्यूरोमनोविज्ञान में यद्यपि दृष्टिकोण अन्तःशास्त्रीय (inter-disciplinary) होता है, इसका केन्द्रीय बिन्दु मानव व्यवहार के अध्ययन का एक ऐसा विज्ञान विकसित करने में होता है, जो मानव मस्तिष्क के कार्यों (functions) पर आधृत होता है।

स्पष्ट हुआ कि न्यूरोमनोविज्ञान जो मनोविज्ञान की एक तुलनात्मक रूप से नयी शाखा है, अन्तःशास्त्रीय उपागम अपनाते हुए मानव व्यवहार तथा मस्तिष्कीय कार्यों के सम्बन्धों के अध्ययन पर अपना मुख्य ध्यान डालता है।

---

1. "We define neuropsychology as the study of the relation between brain function and behaviour."

—Kolb & Whishaw : *Fundamentals of Human Neuropsychology*, 1990, p. 325

दैहिक मनोविज्ञान एवं न्यूरोमनोविज्ञान : एक तुलनात्मक दृष्टिकोण (Physiological Psychology and Neuropsychology : A Comparative Viewpoint)

दैहिक मनोविज्ञान (physiological psychology) तथा न्यूरोमनोविज्ञान दोनों ही न्यूरोविज्ञान (neruoscience) के दो क्षेत्र (fields) हैं। जैसा कि हम जानते हैं, न्यूरोविज्ञान में तंत्रिका तंत्र (nervous system) के सभी पहलुओं विशेषकर इसकी संरचना (anatomy), रसायन (chemistry), दैहिकी (physiology), विकास एवं कार्यों (functioning) का अध्ययन दिया जाता है। दैहिक मनोविज्ञान तथा न्यूरोमनोविज्ञान में इस सामान्य लक्ष्य (common goal) को ध्यान में रखते हुए अपने-अपने दृष्टिकोण में कुछ विशिष्टता लाता है जिससे दोनों विज्ञानों में कुछ अंतर हो जाता है जो इस प्रकार है—

(i) दैहिक मनोविज्ञान (physiological psychology) जिसे अन्य नामों यथा *जैविक मनोविज्ञान* (biological psychology), *जैव-मनोविज्ञान* (bio-psychology), *मनोजीवविज्ञान* (psychobiology) तथा *व्यवहार न्यूरोविज्ञान* (behavioural neuro science) भी कहा जाता है, में मूलतः व्यवहार एवं अनुभूति का दैहिक आधारों का अध्ययन किया जाता है। दूसरे शब्दों में यह कहा जा सकता है किन तरीकों से शारीरिक अवस्थाएँ (bodily states) एवं प्रक्रियाएँ (process) व्यवहार एवं संज्ञान (cognition) को उत्पन्न करती हैं एवं नियंत्रित करती हैं तथा किन तरीकों से व्यवहार एवं संज्ञान (cognition) शारीरिक तंत्रों (bodily systems) को प्रभावित करते हैं, का अध्ययन दैहिक मनोविज्ञान में होता है। न्यूरोमनोविज्ञान में व्यवहार एवं संज्ञानात्मक अनुभूतियों का दैहिक आधार ढूँढने पर बल न डालकर व्यवहार का मस्तिष्कीय कार्यों से सम्बन्ध विशेषकर मस्तिष्कीय दुष्क्रियाओं (brain dysfunction) से सम्बन्धित क्षतियों (impairments) पर अधिक बल डाला जाता है।

(ii) न्यूरोमनोविज्ञान के दृष्टिकोण से अबतक अमूर्त (intangible) समझे जाने वाले संप्रत्यय जैसे स्मृति के प्रकार (types of memory) का सम्बन्ध मस्तिष्क के सूक्ष्म भागों से दिखलाया गया है। फलतः इनसे सम्बन्धित किसी प्रकार के असामान्य लक्षणों या अन्य किसी प्रकार की दुष्क्रियाओं (dysfucntions) के बारे में आसानी से ज्ञान प्राप्त कर लिया जाता है। अतः न्यूरोमनोविज्ञान का दृष्टिकोण किसी संलक्षणों (syndromes) को समझने एवं उनका उपचार करने में काफी सहायक होता है। दैहिक मनोविज्ञान में चूँकि व्यवहारों एवं अनुभूतियों का दैहिक आधार के अतिरिक्त किसी प्रकार के संलक्षण आदि को समझने या उनका सहसंबंधिकी (correlates) को ढूँढ़ने का प्रयास नहीं किया जाता है, अतः इनका दृष्टिकोण मस्तिष्कीय दुष्क्रियाओं से सम्बन्धित क्षतियों को दूर करने में अधिक उपयोगी नहीं होता है।

(iii) दैहिक मनोविज्ञान न्यूरोविज्ञान का एक पुराना क्षेत्र है जबकि न्यूरोमनोविज्ञान, न्यूरोविज्ञान का एक तुलनात्मक रूप से नया क्षेत्र है। इसका अंदाज हम इसी

से लगा सकते हैं कि दैहिक मनोविज्ञान की प्रथम पुस्तक विलियम उंट (Wilhelm Wundt) द्वारा 19वीं शताब्दी के उत्तरार्द्ध में अर्थात् 1890 में प्रकाशित किया जबकि न्यूरोमनोविज्ञान की औपचारिक पहचान 1970 के दशक में हुई।

स्पष्ट हुआ कि न्यूरोमनोविज्ञान तथा दैहिक मनोविज्ञान में कुछ समानता होते हुए भी विभिन्नताएँ हैं।

न्यूरोमनोविज्ञान का ऐतिहासिक विकास
(Historical Development of Neuropsychology)

हालांकि न्यूरोमनोविज्ञान मनोविज्ञान का एक ऐसा क्षेत्र है जिसका प्रादुर्भाव 1970 के दशक में हुआ परंतु फिर भी इसके संप्रत्य (concepts), विचार (ideas) आदि नये नहीं हैं। इस क्षेत्र के विभिन्न विचारों एवं संप्रत्ययों का विकास शनैः शनैः पहले से ही होता है और उनके इस विकास का एक शानदार ऐतिहासिक क्रम (historical sequences) है। न्यूरोमनोविज्ञान के विकास के लिए उत्तरदायी सभी मॉडल, सिद्धान्तों, विचारों एवं सप्रंत्ययों को मोटे तौर पर दो भागों में विभाजित कर देखा जा सकता है–

(क) क्लासिकी विकास (Classical development)

(ख) आधुनिक विकास (Modern development)

इन दोनों का वर्णन इस प्रकार है–

(क) क्लासिकी विकास *(Classical Development)*

न्यूरोमनोविज्ञान का विज्ञान भले ही नया हो, परंतु इसके विकास की जड़ें (roots) पौराणिक हैं। इन क्लासिकी विचारों एवं संप्रत्ययों जिनका योगदान न्यूरोविज्ञान के विकास में काफी रहा है, उन्हें मोटे तौर पर दो स्पष्ट भागों में विभाजित किया जा सकता है–

(1) मस्तिष्कीय प्राक्कल्पना (Brain hypothesis)

(2) न्यूरोन प्राक्कल्पना (Neuron hypothesis)

इन दोनों का वर्णन निम्नांकित है–

(1) मस्तिष्कीय प्राक्कल्पना *(Brain hypothesis)*—मस्तिष्कीय प्राक्कल्पना से तात्पर्य इस तथ्य से होता है कि सभी व्यवहार का स्रोत मस्तिष्क होता है। दूसरे शब्दो में यह कहा जा सकता है कि मस्तिष्कीय प्राक्कल्पना यह बतलाता है कि मस्तिष्क वह जैविक अंग (biological organ) है जो व्यवहार को नियंत्रित एवं निदेशित करता है। सचमुच में मन तथा शरीर में सम्बन्ध दिखलाने का आरंभिक प्रयास का इतिहास कहीं प्राक्इतिहास अवधि (prehistory period) में खोया हुआ दीखता है। इस अवधि में **ट्रीपैनिंग** (Trepanning) जिसमें जीवित व्यक्ति के खोपड़ी (skull) में छेद करके उसके कार्यों का अध्ययन किया जाता था, एक लोकप्रिय प्रविधि थी। इसे ट्रीपैनिंग को आजकल **कैरिनोटोमी** (Carinotomy) कहा जाता है। सचमुच में न्यूरोसर्जरी (neuro surgery) का यह अति पुरातन प्रयास था। ऐसी विधि क्यों अपनायी जाती है, इसका यद्यपि कोई प्रत्यक्ष सबूत नहीं है, परंतु इससे शरीर के कार्यों में मस्तिष्क के भागों की भूमिका का पता लगाने की कोशिश की जाती थीं। बाद में ग्रीक वैज्ञानिकों (G...

scientists) द्वारा शरीर के कार्यों में मस्तिष्क के अंगों की संभावित भूमिका का अध्ययन करने की कोशिश की गयी। सचमुच में पुरातन ग्रीक (ancient Greek) के वैज्ञानिकों में मस्तिष्क के संभावित भूमिका के बारे में मतैक्यता न होकर मत भिन्नता थी। 5वीं शताब्दी (ईसा पूर्व BC) में क्रोटोन का एलकमेयोन (Alcmaeon of Croton) तथा चौथी शताब्दी (ईसा पूर्व) में इम्पेडोक्लस (Empedocles) ने अपने-अपने विचार इस सिलसिले में उपस्थित किये थे। एलकमेयोन (Alcmaeon) का कहना था कि मानसिक क्रियाएँ मस्तिष्क में उपस्थित होतीं हैं और इस तरह से वे मस्तिष्कीय प्राक्कल्पना के समर्थक थे। परंतु इम्पेडोक्लस (Empedocles) का मत था कि मानसिक क्रियाएँ मस्तिष्क में अवस्थित न होकर हृदय (heart) में अवस्थित होती हैं और इस तरह इन्होंने एक तरह से जिसे *हृदीय प्राक्कल्पना* (Cardiac hypothesis) कहा जा सकता है, उसका समर्थन किया। इन दोनों प्राक्कल्पनाओं के सापेक्ष गुणवत्ता पर करीब अगले 2000 वर्षों तक बहस चलते रहीं। जैसे चौथी शताब्दी (ईसा पूर्व, BC) में मशहूर ग्रीक वैज्ञानिक प्लेटो (Plato) ने कहा कि सिर (head) शरीर का वह भाग होता है जो अन्य भागों की तुलना में स्वर्ग के नजदीक होता है, अतः इसमें ही मस्तिष्क होने तथा उसे ही शारीरिक क्रियाओं का नियंत्रण केन्द्र माना जा सकता है। अरस्तू (Aristotle) तीसरी शताब्दी (ईसा पूर्व) में यह कहा कि मानसिक क्रियाओं का केन्द्र हृदय (heart) होता है क्योंकि यह सक्रिय (active) एवं गर्म (warm) होता है। उनका मत था कि मस्तिष्क चूँकि ठंडा (cool) एवं निष्क्रिय (passive) होता है, अतः यह रक्त को ठंढा करने में विकिरक या रेडिएटर (radiator) की भूमिका निभाता है।

हिप्पोक्रेट्स (460-337 BC) ने अपने सिद्धान्तों में मस्तिष्कीय प्राक्कल्पना (brain hypothesis) को ही समर्थन दिया। हिपोक्रेट्स ने कई ऐसे प्रेक्षणों (observations) का उदाहरण दिया था जिसमें यह स्पष्टतः पाया गया कि जब व्यक्ति का सिर घायल हो जाता है या क्षतिग्रस्त हो जाता है तो उसमें बोल-चाल की गड़बड़ी, पक्षाघात, अंगों में कम्पन आदि स्पष्ट रूप से दीखते हैं जो इस बात का सबूत है कि इन क्रियाओं का नियंत्रण केन्द्र मस्तिष्क ही होता है। मशहूर चिकित्साशास्त्री (Roman physican) गैलेन (Galen 130-200 AD) ने भी मस्तिष्कीय प्राक्कल्पना को ही समर्थन प्रदान किया है।

इन आरम्भिक प्रयासों से इतना तो स्पष्ट हो गया कि वास्तविकता मस्तिष्कीय प्राक्कल्पना (brain hypothesis) की है न कि हृदीय प्राक्कल्पना (cardiac hypothesis) की। मस्तिष्क बनाम हृदय (brain vs heart) के बाद के ऐतिहासिक विकास के क्रम को इन शीर्षकों में उपस्थित किया जा सकता है—

मस्तिष्क के कार्यों का स्थानीकरण *(Localization of functions in brain)*

जब लगभग यह तय हो गया कि मस्तिष्कीय प्राक्कल्पना एक वास्तविकता है तो वैज्ञानिकों का ध्यान इस ओर गया कि विभिन्न कार्यों या व्यवहारों का नियंत्रण मस्तिष्क के किन-किन क्षेत्रों में अवस्थित (localize) होता है? रोमन चिकित्सक गैलेन (Galen, 129-199 AD) ने मस्तिष्क में विभिन्न मानसिक प्रक्रियाओं के स्थानीकरण पर अपना विचार व्यक्त करते हुए कहा कि मस्तिष्कीय भेन्ट्रीकल (cerebral ventricles) जो

मस्तिष्क के भीतर ऐसा खोखला स्थान होता है जिसमें तरल पदार्थ भरे रहते हैं, में ही चिंतन (thinking) एवं अन्य मनोवैज्ञानिक प्रक्रियाएँ (psychological process) अवस्थित होतीं हैं। इसे **भेन्ट्रीकुलर प्राक्कल्पना** (ventricular hypothesis) कहा गया और नेमेसियस (Nemesius) ने चौथी शताब्दी में भेन्ट्रीकुलर प्राक्कल्पना पर और अधिक सविस्तार चर्चा करते हुए कहा वह भेन्ट्रीकुलर जिसे **सेलुला फैन्टास्टिका** (cellula phantastica) कहा जाता है तथा जो ज्ञानेन्द्रिय के नजदीक होता है, में प्रत्यक्षण की प्रक्रियाएँ अवस्थित होती हैं। इसके बाद यह भेन्ट्रीकल फिर अगले भेन्ट्रीकल जिसे **सेलुला लौगिस्टिका** (cellular logistica) कहा जाता है, में चला जाता है और यहाँ से तर्कणा (reasoning) एवं संज्ञान (cognition) की क्रियाएँ संचालित होती हैं। इसके बाद भेन्ट्रीकुलर प्रवाहित होकर अन्य भेन्ट्रीकुलर जिसे **सेलुला मेमोरालिस** (cellula memoralis) कहा जाता है, वहाँ पहुँचता है, जहाँ से स्मृति (memory) की क्रियाएँ संचालित होती हैं। इस तरह से भेन्ट्रीकल प्राक्कल्पना से यह स्पष्ट हो जाता है कि मन (mind) भेन्ट्रीकल के तरल पदार्थ (fluids) न कि मस्तिष्क के अन्य पदार्थों में अवस्थित होता है। इस विचार को 10वीं शताब्दी में और भी उस समय बल मिला जब उस समय यह विचार उभर कर आया कि विभिन्न तंत्रिका केन्द्रों (nerve centres) से होकर गुजरने वाले तरह पदार्थ से जब मांशपेशियाँ भर जाती हैं तो उनमें गति उत्पन्न हो जाती है। बाद में एण्ड्रीआज वेसालियास (Andreas Vasalius, 1514-1564) द्वारा दिये गये साक्ष्य से भेन्ट्रीकुलर प्राक्कल्पना का सिद्धान्त अवैज्ञानिक घोषित कर दिया गया। इन्होंने मनुष्यों तथा कुछ पशुओं के मस्तिस्कों को काटा और पाया कि पशुओं तथा मनुष्यों में भेन्ट्रीकल का सापेक्ष आकार (relative size) एक ही होता है। इस संदर्भ में उनका कहना था कि मनुष्य पशुओं की तुलना में अधिक विवेकी (rational) प्राणी होता है और इसका कारण मानव मस्तिष्क के अंगों का पशु मस्तिष्क के अंगों से आकार में बड़ा होना होता है। अतः वेसालियस (Vasalius) का यह दावा था कि मस्तिष्क में न कि भेन्ट्रीकल में मानसिक प्रक्रियाएँ अवस्थित होती हैं। अगर भेन्ट्रीकल में मानसिक क्रियाएँ अवस्थित होती हैं तो मनुष्य एवं पशु दोनों ही समान रूप से विवेकी या बुद्धि सम्पन्न होते क्योंकि दोनों के मस्तिष्कों में भेन्ट्रीकल का आकार बराबर-बराबर ही होता है।

देकार्ते (Descartes, 1596-1650) जो एक फ्रेंच दार्शनिक (French philosopher) थे, ने अपने द्वैतवादी विचारधारा (dualistic position) के माध्यम से मस्तिष्क में मानसिक प्रक्रियाओं के स्थानीकरण (localization) के वाद-विवाद को आगे बढ़ाया। इनका मत था कि मानसिक प्रक्रियाएँ मस्तिष्कीय उत्तकों (brain tissues) में अवस्थित होते हैं। उन्होंने मानसिक क्रियाओं को पिनियल ग्रन्थि (pineal gland) में अवस्थित होने का दावा किया। इसके लिए उन्होंने दो कारण भी बतलाया। पहला, पिनियल ग्रन्थि ही तंत्रिका तंत्र का मात्र एक ऐसी संरचना है जिसमें द्विपार्श्विक रूप से (bilaterally) सममित (symmetrical) भाग नहीं होते हैं और दूसरा कारण यह था कि यह ग्रन्थि भेन्ट्रीकल (ventrical) के नजदीक होता है। मस्तिष्क की अन्य संरचनाएँ तंत्रकीय उत्तक (neural tissue) के रूप में कार्य न करके एक कार्टेक्स (cortex) के रूप में कार्य करता है जो मस्तिष्क की भीतरी संरचनाओं को किसी तरह के आघात से बचाता है। इस तरह से देकार्ते ने मन को एक एकीकृत (unified) तथा एक विशेष

संरचना (structure) में अवस्थित माना है जिससे कार्यों के स्थानीकरण (localization of function) जैसी समस्या का अध्ययन भविष्य के लिए खुला चुनौती के रूप में बना का बना रहा।

मस्तिष्क में मानसिक कार्यों के स्थानीकरण का अध्ययन कपाल-विज्ञानियों (phrenologists) द्वारा भी किया गया। फैंज जोसेफ गाल्ल (Frenz Joseph Gall, 1758-1828) तथा जोहान कैसपर स्पुरजिम (Johann Casper Superzheim, 1776-1832) *कपाल विज्ञानीय सिद्धान्त* (phrenological theory) का प्रतिपादन कर मानसिक कार्यों का स्थानीकरण को दिखलाने की कोशिश किये। इस सिद्धान्त में खोपड़ी के सतही विशेषताओं (surface feature) तथा व्यक्ति की मानसिक क्षमता (faculty) के सम्बन्धों का अध्ययन किया जाता है। इस विज्ञान का नामकरण कपाल विज्ञान (phrenology) के रूप में स्पुरजिम (Spurzheim) द्वारा किया गया था। इन दोनों कपालविज्ञानियों द्वारा व्यक्ति की खोपड़ी (skull) की बाहरी विशेषताओं पर ध्यान दिया जाता था तथा उसपर के दवाब (depression) तथा उभार (bump) का सम्बन्ध महत्त्वपूर्ण व्यवहार से होते बतलाया। उनका कहना था कि उभार से यह पता चलता है कि उसके भीतर कार्टिकल गाइरस (cortical gyrus) विकसित है। फलतः वे किसी व्यवहार के लिए व्यक्ति में बड़े एवं मजबूत मनःशक्ति (greater faculty) के द्योतक होते हैं। उसी जगह में यदि उभार न होकर दवाब (depression) हो, तो इससे अविकसित गाइरस (underdeveloped gyrus) के होने का अनुमान लगाया जाता है और तब व्यक्ति में किसी व्यवहार की कमजोर क्षमता के होने का अंदाज लगाया जाता है। गॉल ने मूलतः 27 मानसिक मनःशक्ति (faculties) का स्थानीकरण खोपड़ी पर उभार तथा दवाब के आधार पर किया था जिसकी संख्या बाद में स्पुरजिम (Spurzheim) द्वारा बढ़ायी गयी। गाल तथा स्पुरजिम ने अपने सिद्धान्त की जाँच के लिए कई तरह के साक्ष्य उपलब्ध कराये। उन्होंने मांशाहारी तथा शाकाहारी पशुओं के खोपड़ी का भी अध्ययन किया। इसके अतिरिक्त उन्होंने कई तरह के के अपराधियों के खोपड़ी का भी गहन प्रेक्षण करके साक्ष्य जुटाया। गाल ने अपने अध्ययनों के आधार पर पहली बार यह दिखलाया कि बायाँ अग्रपालि में क्षति होने से एफाशिया (aphasia) उत्पन्न होता है। दूसरे शब्दों में भाषाई कार्यों का स्थानीकरण बायाँ अग्रपालि में होता दिखलाया गया है। इसे चित्र 1.1 में दिखलाया गया है। परंतु कई कारणों से कपालविज्ञानियों का यह प्रयास सफल नहीं हो पाया और इसे लोगों द्वारा मस्तिष्क में मानसिक कार्यों के स्थानीकरण का एक वैज्ञानिक एवं विश्वसनीय प्रयास नहीं माना गया। इन कारणों में निम्नांकित चार प्रमुख हैं—

(a) मनःशक्ति (faculty) का मनोविज्ञान का वास्तविक व्यवहार (real behaviour) से न के बराबर का सम्बन्ध था। जैसे, विश्वास (faith) का मनःशक्ति को ले लिया जाए। इसे परिभाषित करना तो कठिन था ही साथ-ही-साथ उसे वस्तुनिष्ठ ढंग से मापन करना भी संभव नहीं था।

(b) कपालविज्ञानियों का यह विश्वास था कि खोपड़ी का ऊपरी सतह के विश्लेषण के आधार पर मस्तिष्क के आकार (size) तथा आकृति (shape) के बारे में अंदाज लगाया जा सकता है। सच्चाई यह है कि वे लोग यह समझने में

असमर्थ रहे कि बाहरी खोपड़ी मस्तिष्क के भीतरी भाग का आईना नहीं होता है। खोपड़ी के बाहरी सतह के विश्लेषण को उन लोगों ने **क्रैनियोस्कोपी** (cranioscopy) कहा है।

(c) कपाल विज्ञान (phrenology) के दावों से उस समय लोगों में **नीमहकीमी** (quackery) को बढ़ावा मिला और इस तरह से कुछ लोगों द्वारा इसका काफी मजाक भी उड़ाया गया।

(d) गाल तथा स्पुरजिम के सिद्धान्त के पतन का एक अन्य कारण यह मत था कि मस्तिष्क मन (mind) का एक अंग (organ) होता है; व्यक्तित्व शीलगुण जन्मजात होते हैं तथा मस्तिष्क या मन में विभिन्न तरह के स्वतंत्र कार्यवाही इकाई (independent functional units) होते हैं। इन मतों को बाद में स्पष्ट रूप से खंडित कर दिया गया।

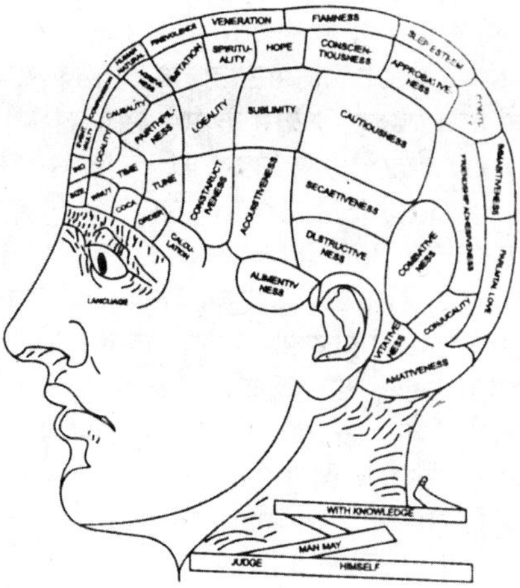

चित्र 1.1 : स्पुरजिम का कपालविज्ञानीय चित्र (Phrenological diagram)

गॉल्त तथा स्पुजिम के कपाल-विज्ञानीय सिद्धान्त को पाईरी फ्लोरेन्स (Pierre Flourens, 1794-1867) ने अपने प्रयोगात्मक अध्ययन से भी बिल्कुल ही ध्वस्त कर दिया। फ्लोरेन्स एकीकृत मन (unified mind) के संप्रत्यय को स्वीकार किये अर्थात् उनका दृष्टिकोण सम्पूर्णतावादी (holistic) था। वे पहले ऐसे वैज्ञानिक थे जिन्होंने मस्तिष्क का अध्ययन पशुओं में एक प्रयोगात्मक घाव या क्षति (experimental lesion) उत्पन्न करके किया। इन्होंने अपना अधिकतर अध्ययन कबूतरों एवं मुर्गियों (chikens) पर किये। अपने अध्ययन के आधार पर इन्होंने यह बतलाया कि वृहतमस्तिष्क (cerebrum) में बौद्धिक क्रियाएँ अवस्थित होतीं हैं। लघुमस्तिष्क, गतियों (locomotion) को समन्वित करता है तथा मेडुला आवलोंगट्टा (medulla oblongatta) से श्वसन (respiration) की क्रियाएँ नियंत्रित होती हैं। इन्होंने आगे यह बतलाया कि वृहत मस्तिष्क में बौद्धिक कार्यों का अलग-अलग स्थानीकरण नहीं होता है बल्कि बौद्धिक क्षमताएँ वहाँ परस्पर आच्छादित होती हैं। इनका मत था कि वृहत मस्तिष्क के उत्तक जितनी अधिक संख्या में नष्ट होते हैं बौद्धिक कार्य उतना ही कम हो जाते हैं। अगर सभी

उत्तक नष्ट हो जाते हैं, सभी तरह के बौद्धिक क्रियाओं का होना समाप्त हो जाता है। अगर उत्तक पर्याप्त मात्रा में मौजूद होते हैं, तो धीरे-धीरे सभी तरह के बौद्धिक कार्यों की पुनःप्राप्ति (recovery) हो जाती है। इन्होंने अपने लगभग सभी प्रयोगों में यह स्पष्ट रूप से पाया कि पशुओं के कार्टेक्स में जब क्षति या घाव (lesion) उत्पन्न किये गए तो उससे उत्पन्न होने वाले कार्यों में क्षति का सम्बन्ध क्षति के स्थान या जगह से सम्बन्धित न होकर बर्बाद होने वाले उत्तकों (tissues) से सम्बन्धित थे। इस तरह से फ्लोरेन्स ने कार्टिकल घाव (cortical lesion) के स्थानीकरण से सम्बन्धित कोई विशिष्ट कमी (specific deficit) इसलिए नहीं पाये क्योंकि वे छोटे-छोटे पशुओं में मौलिक कार्यों के स्थानीकरण (localization) की जाँच कर रहे थे। फ्लोरेंन्स के विचारधारा से कार्टिकल कार्यों के सम्पूर्णवादी उपागम (holistic approaches) को समर्थन मिलता है।

फ्लोरेन्स के विचारधारा का हल्का परिवर्तित रूप हमें आधुनिक समय में लैशले (Lashley, 1890-1952) के सिद्धान्त में दीखता है। 1950 वाले दशक में लैशले चूहों तथा अन्य पशुओं के साथ प्रयोग किया और यह बतलाया कि संवेदी (sensory) और पेशीय (motor) क्षेत्रों को छोड़कर कार्टेक्स के सभी भाग का योगदान जटिल कार्यों को करने में लगभग एक समान होता है। इस नियम को उन्होंने **समअन्त:शक्ति का नियम** (principle of equipotentiality) कहा है। इन्होंने यह भी बतलाया कि कार्टेक्स में किये गये क्षति से उत्पन्न कमी (deficit) की मात्रा का सम्बन्ध कार्टेक्स में की गयी क्षति की मात्रा से सम्बन्धित होता है। इसे **सामूहिक क्रिया का नियम** (principle of mass action) कहा जाता है। परंतु आलोचकों का मत है कि लैशले के प्रायोगिक विधि में एक महत्त्वपूर्ण दोष था। इन्होंने घाव या क्षति (lesion) के प्रभाव को मापने के लिए पशुओं को जटिल कार्य (जैसे भूलभूलैया सीखना) करवाया और उनके निष्पादन (performance) को वे एक ऐसे स्थूल माप (gross measure) के रूप में लिए जो विशिष्ट कार्टिकल क्षेत्र से सम्बन्धित विशिष्ट हानि (impairment) को पहचानने के योग्य नहीं था।

फ्लोरेन्स (Flourens) तथा लैशले के त्रुटियों से एक महत्त्वपूर्ण तथ्य यह निकलता है कि जाँच की वह प्रक्रिया जो कार्टेक्स के विशिष्ट कार्यों को पकड़ने की कोशिश करता है, से मस्तिष्क में कार्यों का विशिष्टीकरण (specialization) का पता चलता है। इस नियम का आशय प्रयोगात्मक अनुसंधान (experimental investigation) तथा नैदानिक मापन यंत्रों (clinical assessment instrument) दोनों के लिए काफी अधिक है।

भाषा का स्थानीकरण : ब्रोका (*Localization language : Broca*)

गॉल (Gall) द्वारा प्रतिपादित कार्यों के स्थानीकरण (localization of function) को जे० वी० वाऊइलाऊउ (J. B. Bouillaud, 1796-1881) ने समर्थन प्रदान कर स्थानीकरण सिद्धान्त (localization theory) में एक नया जान फूँक दिया। 21 फरवरी, 1985 को वाऊइलाऊउ (Bouillaud) फ्राँस में 'रायल एकेडेमी ऑफ मेडीसीन' (Royal Academy of Medicine) के सामने अपना एक शोध पत्र प्रस्तुत किये जिसमें उन्होंने गॉल (Gall) के ही समान यह बतलाया कि मस्तिष्क के अग्रपालि

(frontal lobe) में भाषाई क्रियाएँ (linguistic activities) अवस्थित होतीं हैं और यह भी बतलाया कि चूँकि कुछ महत्त्वपूर्ण कार्य जैस लिखना, नक्शा बनाना, रंग-रोगन करना आदि प्रायः व्यक्ति दायें हाथ से करता है, अतः इन कार्यों का स्थानीकरण भी संभवतः बायाँ गोलार्द्ध (left hemisphere) में अवस्थित होंगे। कुछ साल बाद 1836 में मार्क डैक्स (Mac Dax) ने एक अन्य शोध पत्र पढ़ा जिसमें मूलतः यह बतलाया गया कि संभाषण (speech) की विकृतियाँ (disorders) बायें गोलार्द्ध में उत्पन्न घाव (lesion) से सम्बन्धित होते हैं। डैक्स का इस शोध पत्र का प्रकाशन 1865 में उनके बेटे द्वारा किया गया।

हालाँकि न तो वाऊइलाऊड और न ही डैक्स (Dax) के शोधपत्रों का बहुत ज्यादा प्रभाव पड़ा। परन्तु वाऊइलाऊड (Bouillaud) के दामाद जिनका नाम अर्नेस्ट अवर्टिन (Ernest Auburtin) था, ने वाऊइलाऊड के तथ्यों को फिर से 1861 में *एन्थ्रोपोलोजिक सोसाइटी ऑफ पेरिस* (Anthropological Society of Paris) में उठाया और उन्होंने एक ऐसे रोगी के केस का जिक्र किया जो जब उसके अनावृत अग्रगामी पालियों (exposed anterior lobes) पर दवाब डाला जाता था, तो वह बोलना बन्द कर देता था। पॉल ब्रोका (Paul Broca, 1824-1880) जिन्होंने उक्त सोसाइटी की संस्थापना की थी, अवर्टिन को उस सभा में ध्यानपूर्वक सुना और उनकी चुनौती को स्वीकार किये। पाँच दिन बाद लेर्वोगन (Leborgne) नाम का एक रोगी उनके पास आया जिसे शरीर के दायें भाग में पक्षाघात (paralysis) था परंतु अन्य दृष्टिकोण से वह सामान्य (normal) एवं बुद्धिमान भी था। इस रोगी की विशेषता यह थी कि वह कुछ शब्दों को छोड़कर कुछ नहीं बोल पाता था। वह एक शब्द टैन (Tan) बार-बार बोलता था जिसके कारण ब्रोका ने इस रोगी का उपनाम 'टैन' रख दिया था। ब्रोका ने अवर्टिन को अपने उपचारगृह में बुलाया और दोनों ने 'टैन' की जाँच पड़ताल किया और यह अनुमान पर पहुँचे कि अगर अवर्टिन सही है, तो इस रोगी में अग्र क्षति (frontal lesion) होना चाहिए। 17 अप्रैल, 1861 को टैन की मृत्यु हो गयी और ब्रोका ने 'टैन' के मस्तिष्क की जाँच मरणोपरान्त किया और पाया कि इसके बायें अग्रपालि (left frontal lobe) में क्षति या घाव (lesion) था। टैन के मस्तिष्क को आज भी पेरिस म्यूजियम (Paris Musem) में सुरक्षित रखा गया है।

ब्रोका ने 'टैन' के केस के समान अन्य कई रोगियों जिनमें भाषाई दोष (language impairment) थे, का अध्ययन किये और पाये कि ऐसे व्यक्तियों के बायें अग्रपालि (left frontal lobe) में क्षति या घाव (lesion) था। 1865 में बहुत सारे केसेज के अध्ययन के बाद वे इस निष्कर्ष पर पहुँचे कि बायाँ गोलार्द्ध (left hemisphere) भाषा (language) के लिए एक प्रबल गोलार्द्ध (dominant hemisphere) होता है। जैसा कि उन्होंने कहा, "we speak with our left hemisphere" । इस तरह से ब्रोका पहले ऐसे वैज्ञानिक हुए जिन्होंने बायाँ गोलार्द्ध को भाषा का प्रतिनिधित्व करने वाला गोलार्द्ध तथा उसे दोषपूर्ण भाषाई संलक्षण (impaired language syndrome) का केन्द्र बतलाने वाला माना। हालाँकि मार्क डैक्स (Marc Dax) ने यह दावा किया था कि ब्रोका से बहुत पहले अर्थात् 1836 में उनके पिता ने ब्रोका के समान बात बतला चुके थे। परंतु इतिहासज्ञ ने ब्रोका को ही न कि मैक्स को इस क्षेत्र का अग्रणी माने।

सचमुच में ब्रोका को इतिहासज्ञ कार्टिकल कार्यों (cortical function) के अध्ययन में निम्नांकित चार तरह के योगदानों के कारण याद करते हैं—

(1) ब्रोका ने एक ऐसे व्यवहारपरक संलक्षण (behavioural syndrome) का जिक्र किया है जिसमें व्यक्ति समझने (comprehension) की सामान्य क्षमता एवं वाक् प्रक्रम (vocal mechanism) के दुरुस्त होने के बावजूद भी बोल नहीं पाता है। इसे *ब्रोका एफासिया* (Broca Aphasia) की संज्ञा दी गयी।

(2) उक्त (बिन्दु 1 के) संलक्षण का वर्णन करने के लिए उन्होंने मूलतः एफेमिया (aphemia) पद का प्रतिपादन किया था जिसे अन्य लोगों विशेषकर ट्रूसो (Trousseau) के सुझाव पर हटाकर उसके जगह एफासिया (aphasia) शब्द का प्रतिपादन हुआ और जिसे सार्वजनिक रूप से मान्यता भी मिली।

(3) ब्रोका ने अपने अध्ययन के आधार पर एफासिया (aphasia) को मस्तिष्क के एक विशेष क्षेत्र से सहसम्बन्धित दिखाया। इस क्षेत्र को सामान्यतः ब्रोका क्षेत्र (Broca area) कहा गया जिसे चित्र 1.2 में दिखलाया गया है। सचमुच में इस तरह के संलक्षण (ब्रोका एफासिया) में क्रान्तिक क्षति (critical lesion) बायें गोलार्द्ध के विशिष्ट क्षेत्र यानी, कार्टेक्स के अगले (anterior) हिस्से के निचले (inferior) एवं पिछले (posterior) हिस्से में अवस्थित होता है। ऐसा करके उन्होंने जिसे आजकल कार्यों का *अंतरागोलार्द्धीय विशिष्टता* (intrahemispheric specialization of function) कहा जाता है, को एक ठोस आधार प्रदान किये।

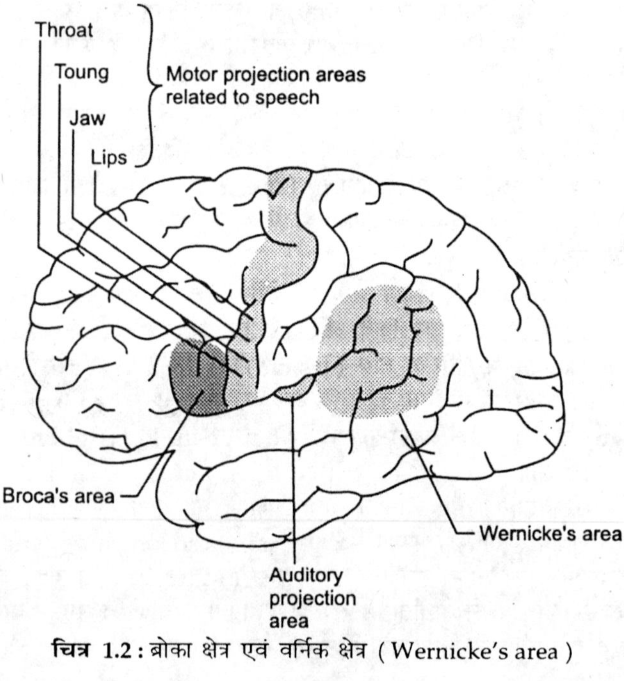

चित्र 1.2 : ब्रोका क्षेत्र एवं वर्निक क्षेत्र (Wernicke's area)

(4) ब्रोका ने भाषा के प्रमस्तिष्कीय प्रबलता (cerebral dominance of language) के संप्रत्यय का विकास किया और बतलाया कि बायाँ गालोर्द्ध भाषा के ख्याल से प्रबल होता है।

पेशीय कार्टेक्स की खोज : फ्रिट्शक एवं हिटजिंग (*Discovering of Motor Cortex : Fritsch and Hitzig*)

ब्रोका द्वारा किये गए महत्त्वपूर्ण रहस्योद्घाटन (revelation) के करीब 5 साल बाद अर्थात् 1870 में कुछ ऐसे शोध जर्मनी में किये गए जिससे स्थानीकरण (localization) का वैद्युतीय दैहिक पुष्टि (electro-physiological confirmation) हुई। कुत्तों के अनावृत्त मस्तिष्क (exposed dog) का अध्ययन गुस्टाव फ्रिट्शक (Fritsch, 1838-1929) तथा ईडुआर्ड हिटजिग (Eduard Hitzig, 1938-1909) द्वारा किया गया। इनलोगों ने कार्टेक्स के विशिष्ट क्षेत्र का वैद्युतीय उत्तेजन किया और पाया कि इससे कुत्ते ने उस उत्तेजन के विपरीत तरफ के अंगों (limbs) में गति उत्पन्न करना प्रारम्भ कर दिया। मस्तिष्क के इस क्षेत्र को पेशीय कॉर्टेक्स (motor cortex) कहा गया। यह खोज दो कारणों से महत्त्व सांबित हुआ। पहला कारण तो यह था कि इससे कार्टेक्स के कार्यात्मक विशिष्टीकरण (functional specialization) के सम्प्रत्यय की संपुष्टि हुई और दूसरा कारण यह था कि इससे यह पता चलता है कि कॉर्टेक्स में सिर्फ उच्च मानसिक प्रक्रियाएँ जैसे चिन्तन, भाषा, सीखना आदि का ही स्थानीकरण नहीं होता है बल्कि साधारण प्रक्रिया जैसे गति (movement) का भी स्थानीकरण होता है।

वर्निक : क्रमिक प्रोग्रामिंग एवं असम्बद्धता संलक्षण प्राक्कल्पना (*Wernicke : Sequential programming and Disconnection Syndrome Hypothesis*)

1874 में प्रमस्तिष्कीय कोर्टेक्स (central cortex) में कार्यों के विशिष्टीकरण (specialization) से सम्बन्धित जर्मनी में महत्त्वपूर्ण कार्य कार्ल वर्निक (Carl Wernicke, 1848-1904) द्वारा किया गया। वर्निक ने अपने शोधों के आधार पर ब्रोका एफासिया से भिन्न एफासिया (aphasia) का वर्णन किया। वर्निक के अनुसार इस तरह के एफासिया के रोगी में भाषा को समझने की क्षमता (ability to comprehend) काफी क्षीण (imparied) होती थी हालांकि इन रोगियों में शब्दों को मिलाकर बोलने की क्षमता पर्याप्त होती थी। इस विकृति (disorder) में जो क्षति या घाव (lesion) पाया गया, वह बायें पिछले कार्टेक्स (left posteior cortex) में पाया गया था। इस क्षेत्र को **वर्निक क्षेत्र** (Wernicke's area) की संज्ञा दी गयी जिसे चित्र 1.2 में दिखलाया गया है। वर्निक ने उक्त तरह के एफाशिया (aphasia) को **वर्निक एफाशिया** (Wernike's aphasia) की संज्ञा दिया है जिसकी चार ऐसी विशेषताओं का वर्णन वर्निक द्वारा किया गया है जो उसे ब्रोका एफासिया से भिन्न करता है—

(i) वर्निक एफासिया में शंख गाइरस (temporal gyrus) में क्षति (damage) होती है।

(ii) इस तरह के एफासिया में शरीर के विपरीत भागों में कोई पक्षाघात नहीं होता है (No contralatral hemiplegia or paralysis occurs)

(iii) वर्निक एफासिया के रोगी धाराप्रवाह बोल तो लेते हें परंतु जो वे बोलते हैं, वे काफी संभ्रान्तिपूर्ण (confused) होता है और उससे सही अर्थ निकालना मुश्किल होता है। यही कारण है कि वर्निक एफासिया को **धाराप्रवाही एफासिया** (fluent aphasia) या **पाराफासिया** (paraphasia) भी कहा जाता है।

(iv) वर्निक एफासिया में यद्यपि रोगी दूसरों की बात को सुन तो पाता है परंतु वे उसे समझ नहीं पाते हैं और न उसे दोहरा पाते हैं।

वर्निक एफासिया में जो क्रान्तिक क्षति (critical lesion) होते हैं, वे सचमुच में बायें गोलार्द्ध के हेस्क गाईरस (Heschl's gyrus) तथा एंगुलर गाइरस (angular gyrus) के बीच में होते हैं।

इसके अतिरिक्त वर्निक ने अपने प्रयोगात्मक अध्ययनों के आधार पर दो ऐसे निष्कर्ष दिये जिससे सख्त स्थानीकरण (strict localization) के संप्रत्यय को कुछ धक्का पहुँचता है (हालाँकि वर्निक एफासिया के संप्रत्यय से स्थानीकरण के संप्रत्यय को समर्थन मिला था)। वे दो निष्कर्ष इस प्रकार थे—

(i) मस्तिष्क में एक से अधिक भाषा क्षेत्र (language area) होते हैं। इसका मतलब यह हुआ कि व्यक्ति में भाषा व्यवहार की उत्पत्ति प्राप्त सूचनाओं को आनुक्रमिक रूप से संसाधित होने के परिणामस्वरूप होती है। इसे उन्होंने **आनुक्रमिक संसाधन का संप्रत्यय** (concept of sequential processing) कहा है। सचमुच में इस सम्प्रत्यय के माध्यम से वर्निक ने एक ऐसा मॉडल उपस्थित किया है जो यह बतलाता है कि बायाँ गोलार्द्ध में भाषा किस तरह से संगठित होती है। इसके अनुसार शाब्दिक श्रवण उद्दीपक (आवाज) को पहले श्रवण तंत्र (auditory) द्वारा संसाधित किया जाता है जिसे चित्र 1.3 में B द्वारा दिखलाया गया है। इसके बाद आवाज संसाधित होकर B जिसे वर्निक क्षेत्र कहा जाता है, में पहुँचता है जहाँ उन शब्दों का अर्थ ज्ञात किया जाता है। इसके बाद इसे ब्रोका क्षेत्र यानी C में प्रसारित (relay) किया जाता है जहाँ संभाषण (speech) के परिधीय पेशीय प्रक्रम (peripheral motor mechanisms) जैसे मांसपेशियाँ, जीभ, स्वरतंत्री (vocal chord) आदि की गतियों को समन्वित किया जाता है। इसके बाद पेशीय कार्टेक्स (motor cortex) उपयुक्त सम्भाषण प्रक्रम (speech mechanism) अर्थात B को उत्तेजित करता है और व्यक्ति कुछ बोल पाता है। A – B – C – D' को चित्र 1.3 में टुटी-टुटी रेखाओं से दिखलाया गया है। अगर शंखपालि (temporal lobe) क्षतिग्रस्त हो जाता है, तो व्यक्ति भाषा से सम्बन्धित गति (speech movement) तो कर पायेगा परंतु उसके भाषा से कोई अर्थ नहीं निकाला जा सकता है क्योंकि व्यक्ति जो कह रहा होगा, उसे वह मानीटर नहीं कर पायेगा। परंतु व्रोका क्षेत्र क्षतिग्रस्त होने से व्यक्ति भाषा से सम्बन्धित गति नहीं कर पायेगा परंतु आवाज को वह समझ पायेगा। अतः ऐसा एफासिया में बोध (comprehension) का ह्रास नहीं होता है।

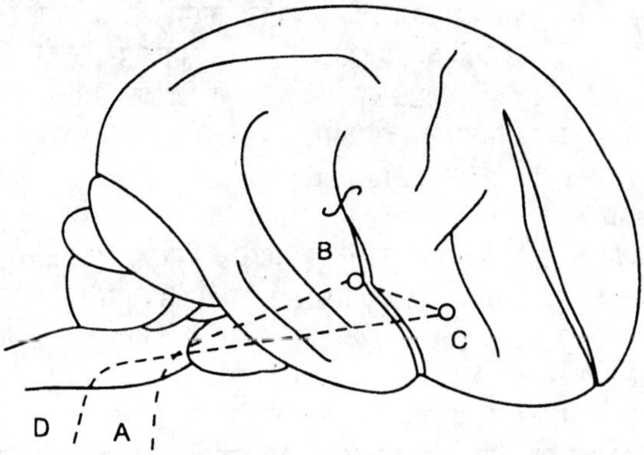

चित्र 1.3 : वर्निक द्वारा प्रतिपादित भाषा का आनुक्रमिक संसाधन मॉडल

वर्निक ने यह भी सुझाव दिया था कि दो भाषा क्षेत्रों को जोड़ने वाले तन्तु (fibers) यदि क्षतिग्रस्त हो जाते हैं अर्थात् वे विच्छेदित (disconnected) हो जाते हैं और व्रोका क्षेत्र तथा वर्निक क्षेत्र में कोई क्षति नहीं भी होती है, तो भाषा क्षीणता (speech deficit) उत्पन्न होगा। वर्निक ने इस तरह के असम्बद्धीकरण (disconnection) को **संवहन एफासिया** (conduction aphasia) कहा है जिसमें बोली की आवाज और बोलने में सान्निहित गतियाँ (movement) ठीक-ठाक रहेंगी और भाषा की बोध (comprehension) क्षमता भी पर्याप्त होगी परंतु फिर भी भाषा का स्वरूप अस्पष्ट होगा क्योंकि जो बोला जा रहा है, उसकी सामंजस्यता (congruity) के बारे में निर्णय व्यक्ति स्वयं नहीं कर पाता है। वैसी विकृतियाँ जिन्हें दो क्षेत्रों या केन्द्रों के बीच होने वाली असम्बद्धीकरण के रूप में व्याख्या की जाती है, उसे **असम्बद्धीकरण संलक्षण** (disconnection syndrome) की संज्ञा दी जाती है। 19वीं शताब्दी के उत्तरार्द्ध में तंत्रिका तंत्र (nervous system) के बारे में सिद्धान्तों का सूत्रीकरण करने में इस उपागम का विशेष रूप से उपयोग किया जाने लगा।

(ii) जहाँ तक दायें गोलार्द्ध का सवाल है, इसमें भी कुछ कार्यों का विशिष्टीकरण (specialization) पाया जाता है। इसमें भाषाई कार्य (linguistic function) की विशिष्टता तो नहीं होती है परंतु अध्ययनों से यह पता चला है कि इसमें प्रत्यक्षज्ञानात्मक (perceptual) तथा स्थानिक (spatial) प्रक्रियाओं की विशिष्टीकरण होता है। ऐसे 1874 में जब वर्निक का महत्त्वपूर्ण परिणाम आया था, हगलिंग्स्-जैकसन (Hughlings-Jackson, 1836-1911) ने पहली बार यह बतलाया था कि दायाँ गोलार्द्ध दृष्टि प्रतिमाओं (visual imagery) के लिए विशिष्ट (specialized) होता है हालांकि बाद में यह पूर्णतः सही घोषणा नहीं माना गया।

स्थान निर्धारण विरोधी विचार (*Antilocalization viewpoints*)

19वीं शताब्दी के लगभग अंत में और 20वीं शताब्दी के आरम्भ में स्थान निर्धारण (localization) के समर्थन में वर्निक तथा उनके समूह के अन्य विज्ञानियों द्वारा एक काफी उग्र आंदोलन चलाया गया जिसमें इन लोगों द्वारा सभी तरह के व्यवहार तथा कार्यों का कार्टेक्स से स्थानीकरण दिखलाने के लिए बहुत सारे नक्शा (maps) तथा

आरेख (diagrams) बनाकर लोगों को प्रभावित करने की कोशिश किया गया। इस आंदोलन के विरोध में कुछ प्रतिक्रियाएँ हुईं और सबसे महत्त्वपूर्ण विद्रोह फ्रिडरिक गोल्ज (Friedrich Goltz, 1834-1902) द्वारा किया गया जिन्होंने 1892 में एक महत्त्वपूर्ण प्रयोग कुत्ता पर कर स्थान निर्धारण विरोधी (antilocalization) विचार की पुष्टि किया अर्थात् वे सम्पूर्णतावादी दृष्टिकोण (holistic approach) के समर्थक बने। हेनरी हेड (Henry Head) जो एक अन्य स्थान निर्धारण विरोधी विचारक थे, स्थान निर्धारण समर्थन आन्दोलन में लगे विज्ञानियों के लिए 'आरेख निर्माता' (diagram makers) जैसे अपमानजनक पद (derogatory term) का भी उपयोग कर दिया। इन्होंने तीन कुत्तों के नियोकार्टेक्स (neocortex) अर्थात् वेसेल गैंगलिया (basal ganglia) के अधिकतर तथा मध्य मस्तिष्क (midbrain) के कुछ भाग को काट कर निकाल दिया और तब उसमें से एक कुत्ते के व्यवहार को 57 दिनों तक, दूसरे कुत्ते के व्यवहार को 92 दिनों तक तथा तीसरे कुत्ते के व्यवहार को 18 महीनों तक अध्ययन किये। परिणाम में पाया गया कि इस तरह की बड़ी क्षति या घाव (lesion) उत्पन्न करने के बाद कुत्तों के व्यवहार में क्षीणता उनमें उत्पन्न की गयी क्षति के समानुपाती (proportional) था लेकिन व्यवहार में वैसी क्षति का सम्बन्ध कार्टेक्स के किस खास भाग में स्थान निर्धारण (location) से नहीं था। इसके आधार पर कार्टिकल कार्यों का सम्पूर्णतावादी दृष्टिकोण को न कि स्थान निर्धारण विचारधारा (localization viewpoint) को समर्थन मिलता है और पहले फलोरेन्स (Florens) द्वारा व्यक्त किये गये विचार की पुष्टि भी होती है।

पायरी मेरी (Pierre Marie, 1906) ने ब्रोका (Broca) द्वारा प्राप्त निष्कर्ष की भी आलोचना किया है और कहा है कि ब्रोका एफासिया में कार्टेक्स के जिस क्षेत्र को क्षतिग्रस्त बतलाया जाता है, वह सचमुच में ब्रोका द्वारा बतलाये गए क्षेत्र तक ही सीमित नहीं होता है बल्कि वह पश्च बायें गोलार्द्ध (posterior left hemisphere) में और बड़े क्षेत्र तक फैले होते हैं। मेरी ने ब्रोका के मशहूर 'टैन' रोगी के मस्तिष्क की जाँच अपने स्तर से करके यह बतलाया कि ब्रोका द्वारा भाषा केन्द्र (speech centre) के होने का अनुमान लगाने का कोई वैज्ञानिक आधार नहीं दीखता है।

स्थाननिर्धारण विचारधारा तथा सम्पूर्णतावादी विचारधारा का सामंजस्य *(Reconciliation of Localization viewpoints and Holistic Viewopint)*

स्थाननिर्धारण विचारधारा (localization viewpoints) तथा सम्पूर्णतावादी विचारधारा के परस्पर विरोधी दावे के बीचोबीच अंग्रेजी तंत्रिका विज्ञानी (neurologist) जॉन हगलिन्गस-जैकसन (John Hughlings-Jackson, 1835-1911) जिन्हें आधुनिक तंत्रिका विज्ञान (neurology) का जनक कहा जाता है, द्वारा प्रतिपादित मस्तिष्कीय कार्य का पदानुक्रमिक संप्रत्यय (hierarchical concept of brain function) है। इनका मत है कि तंत्रिका तंत्र (nervous system) एक कार्यात्मक पदानुक्रम (functional hierarchy) में कई सतहों (layers) में संगठित होता है। प्रत्येक उत्तरोत्तर (sucessively) उच्चतर स्तर व्यवहार के अधिक जटिल पहलुओं (complex aspects) का नियंत्रण करता है और वह ऐसा अपने निचली स्तरों (lower levels) के माध्यम से करता है। हगलिंग्स-जैक्सन (Hughlings-Jackson) ने तंत्रिका तंत्र के तीन प्रमुख स्तर बतलाये हैं—*सुषुम्ना* (spinal cord), *बेसेल गैंगलिया* (basal ganglia) एवं

पेशीय कार्टेक्स तथा अग्र कार्टेक्स (frontal cortex)। परंतु तंत्र के इन सतहों (layers) में कोई विशेष संरचनात्मक क्षेत्र (anatomical area) की पहचान नहीं किया। जैसे-जैसे तंत्रिका तंत्र में पदानुक्रम में हम नीचे की ओर उतरते हैं, उनके द्वारा किये जाने वाले कार्य सरल, रूढ़ियुक्त (stereotypes) तथा पूर्वानुमेय (predictable) होते जाते हैं। इसका मतलब यह हुआ कि जब उच्च स्तर पर क्षति (damage) होती है, तो वह स्तर कार्य ठीक से नहीं ही करता है परंतु निचले स्तर द्वारा किये गये कार्यों में भी इच्छाशक्ति की ठीक वैसी ही कमी हो जाती है मानो युद्ध में सैनिक दुश्मन से लड़ तो रहे हें परंतु उच्च स्तरीय कमांड की कोई विशेष आज्ञा के बिना। इस तरह से उन्होंने उच्च मस्तिष्कीय स्तर की क्षति या घाव (lesion) के प्रभाव को विकास का प्रतिकूल (reversal) माना है जिसे उन्होंने **विघटन** (dissolution) की संज्ञा दी है अर्थात् ऐसी परिस्थिति में पशु अनेक व्यवहार करेंगे परंतु ऐसे व्यवहारों का स्वरूप इतना साधारण (simple) होगा और कुछ ऐसे पशुओं के समान होगा जिनकी लघु मस्तिष्कीय संरचना अभी विकसित ही नहीं हुई हो।

हगलिंग्स-जैक्सन ने अपने पदानुक्रमिक संगठन के संप्रत्यय को व्यवहार के अन्य क्षेत्र जैसे भाषा एवं एफासिया (aphasia) की व्याख्या में उपयोग किया है। उनका कहना है कि मस्तिष्क का प्रत्येक भाग भाषा की उत्पत्ति में कुछ-न-कुछ योगदान करता है। महत्त्वपूर्ण प्रश्न यह है नहीं है कि भाषा कहाँ स्थान निर्धारित (localize) है बल्कि महत्त्वपूर्ण प्रश्न यह है कि कार्टेक्स के प्रत्येक भाग द्वारा किस ढंग का योगदान किया जाता है। इसे एक उदाहरण से इस प्रकार समझाया जाता है—अगर अप्रबल गोलार्द्ध (nondominant hemisphere) भाषा की उत्पत्ति में प्रमुख भूमिका न निभाकर स्थानिक संगठन (spatial organization) में महत्त्वपूर्ण भूमिका निभाता है, तो उस अप्रबल गोलार्द्ध में क्षति होने से विकृति सिर्फ स्थानिक अक्षमता (spatial inabilities) के रूप में ही प्रकट नहीं होगी बल्कि भाषा की निर्बलता के रूप में भी अभिव्यक्त होगी क्योंकि स्थानिक संप्रत्ययों का उपयोग भाषा में ऐसी परिस्थिति में सतोषजनक ढंग से नहीं हो पायेगी।

(2) न्यूरोन प्राक्कल्पना (*Neuron hypothesis*)

आधुनिक न्यूरोमनोविज्ञान के विकास पर दूसरा महत्त्वपूर्ण जिन कारकों का प्रभाव पड़ा है, उसे *न्यूरोन सिद्धान्त* (Neuron doctrine) या *न्यूरोन प्राक्कल्पना* (neuron hypothesis) कहा जाता है। यह प्राक्कल्पना इस बात पर बल डालता है कि तंत्रिका तंत्र अलग-अलग (discrete), स्वायत्त कोशिकाओं (autonomous cells) या इकाइयों (units) से बना होता है जो एक-दूसरे के साथ अंतक्रिया करते हैं परंतु वे दैहिक रूप से सम्बन्धित नही होते हैं। न्यूरोन प्राक्कल्पना के विपरीत प्राक्कल्पना को **तंत्रिका जाल प्राक्कल्पना** (nerve net hypothesis) कहा जाता है जो यह बतलाता है कि तंत्रिका तंत्र अंतरसम्बन्ध तन्तुओं (interconnected fibres) का एक सतत नेटवर्क (continuous network) है। इसे **रेटिकुलर प्राक्कल्पना** (reticular hypothesis) भी कहा जाता है। यह प्राक्कल्पना एक समय में काफी लोकप्रिय थी। न्यूरोन प्राक्कल्पना (neuron hypothesis) का समर्थन निम्नांकित तीन तरह के कारकों से किया गया है—

(a) तंत्रिका तंत्र की संरचनाएँ (structure of nervous system)

(b) तंत्रिका तंत्र में सूचना संवहन (information conduction in nervous system)

(c) तंत्रिका तंत्र सम्बन्ध (nervous system connections)

इन तीनों कारकों तथा उनसे सम्बद्ध शोधों का वर्णन इस प्रकार है—

(a) तंत्रिका तंत्र की संरचनाएँ *(Structure of Nervous system)*—आरंभिक समय में तंत्रिका तंत्र की संरचना के बारे में कोई स्पष्ट जानकारी नहीं थी और इसे मात्र जेली (Jelley) का एक गेंद (bowl) के समान वाली कोई संरचना समझी जाती है। ऐसा समझा जाता था कि तंत्रिका मांशपेशियों की ओर जाते हैं तथा तंत्रिका एक ऐसा खोखला ट्यूब (tube) होता है जिसमें कुछ तरल पदार्थ भरे होते हैं। एनटोन वॉन लियूवेनहायक (Anton Von Leeuwenhoek, 1632-1723) पहले ऐसे कोशकीय शरीररचना विज्ञानी (cellular anatomist) थे जिन्होंने तंत्रिका (nerve) को एक पुरातन माइक्रोस्कोप (primitive microscope) के सहारे अध्ययन किया परंतु उन्होंने इसमें खोखला संरचना होने की पुष्टि नहीं किया। इस तरह के माइक्रोस्कोप से और भी कई अध्ययन किये गए परंतु कोई खाश स्पष्ट परिणाम प्राप्त नहीं हो सके। परंतु 1781 में फेलिस फोनटाना (Felic Fontona) ने तंत्रिका तंतु (nerve fiber) की सरंचना के स्वरूप पर स्पष्ट रूप से कुछ प्रकाश डालने में सफल हुए। 1833 में वर्णहीन माइक्रोस्कोप (achromatic microscope) ने जी॰ जी॰ इहरेनवर्ग (G. G. Ehrenberg) ने मस्तिष्क के तंत्रिका कोशों (nerve cells) के बारे में कुछ बतला पाये। 1836 में जी॰ जी॰ वेलनटीन (G. G. Valentin) ने तंत्रिका के कोश शरीर (cell body), न्यूक्लियस (nucleus) तथा न्यूक्लिओलस (nucleolus) के बारे में बतलाया। फिर 1838 में रोबार्ट रीमैक (Robert Remak) ने माइलिनेटेड तंत्रिका तंतु (myelinated nerve fibre) तथा ननमाइलिनेटेड तंत्रिका तंतु (nonmyelinated nerve fibre) में अंतर किया और यह प्रस्तावित किया कि तंत्रिका तन्तु कोश शरीर (cell bodies) से सम्बन्धित होते हैं। इन सभी परिणामों तथा अन्य समान परिणामों के आधार थियोडोर स्कावान्न (Theodor Schwann) ने 1839 में **कोशिका सिद्धान्त** (cell theory) का प्रतिपादन किया जिसके अनुसार *तंत्रिका तंत्र की मौलिक संरचनात्मक इकाई कोशिकाएँ होती हैं* (Cells are the basic structural unit of nervous system)। परंतु फिर भी सबसे पहली बार 1849 में कोयलिकर (Koelliker) द्वारा यह स्थापित किया गया कि तंत्रिका तन्तुओं का सम्बन्ध कोश शरीर (cell body) से होता है।

कोशिका संरचना (cell structure) को समझने के लिए दिन प्रतिदिन नये-नये तकनीकियों (technologies) का विकास किया गया जिसमें सबसे महत्त्वपूर्ण तकनीक **अभिरंजन प्रविधि** (staining technique) थी जिसके सहारे तंत्रिका तंत्र के विभिन्न पहलुओं को स्पष्ट रूप से देखना संभव हो पाया। 1858 में जोसेफ वान गरलैक (Joseph Von Gerlach) ने कारमाइन रंग (carmine stain) विकसित किया जो कोश एवं उनकी अन्य संरचनाओं को लाल कर देता है। 1882 में कार्ल विर्ट (Carl Weigert) ने माइलिन (myelin) को रंगने की एक प्रविधि विकसित किया और 1894 में फ्रैंज निस्सल (Franz Nissl) ने **माइथिलिन नीला प्रविधि** (mytheline blue techniqe) विकसित किया जिसे निस्सल रंग (Nissl stain) कहा गया। इस तरह के रंग कोश शरीर को तो रंग देता है परंतु तन्तुओं (fibres) को नहीं रंग पाता है। इसका परिणाम यह होता है कि इससे उसकी बहुत सारे आंतरिक संरचनाएँ (internal structures) स्पष्ट रूप से दीखने लगते हैं। सबसे महत्त्वपूर्ण एवं आश्चर्य उत्पन्न करने वाला कोशिकाओं का रंग (cell stain) का विकास कामिलो गोलगी (Camillo Golgi) द्वारा 1875 में किया गया। इस **गोलगी प्रविधि** में ऊतकों (tissue) में सिलभर नाइट्रेट (silver nitrate) दिया जाता है जिसे कुछ कोशिकाएँ ग्रहण करती हैं और फिर ऐसी कोशिकाओं के विभिन्न संरचनाओं को अर्थात् **कोश शरीर** (cell body), **शाखिकाएँ** (dendrites) तथा **एक्सान** (axon) को एक साथ देखा जा सकता है।

इस तरह इन शरीररचना विज्ञानियों (anatomists) के अध्ययनों से धीरे-धीरे यह स्पष्ट हो गया कि मस्तिष्क की उपसंरचनाएँ (substructures) काफी जटिल होती हैं और इसे यह कहना कि यह जेली का गेंद (ball of jelly) के समान है, उचित नहीं है। आज यह सर्वविदित है कि मस्तिष्क की उपसंरचनाएँ के विभिन्न तत्त्व एक जटिल गुच्छ (complex cluster) में सुव्यवस्थित होती हैं और उनमें से प्रत्येक कई अन्य के साथ अंतरसम्बन्धित (interconnected) होती हैं।

(b) तंत्रिका तंत्र में सूचना संवहन *(Information conduction in Nervous system)*—आरम्भिक अवधि में तंत्रिका तंत्र द्वारा मांशपेशियों को सूचनाएँ किस तरह से प्रदान की जाती हैं, के बारे में *हाइड्रौलिक सिद्धान्त* (hydraulic theory) के समान व्याख्या उपलब्ध थीं। इस सिद्धान्त के अनुसार तंत्रिका होते हुए कुछ गैस या तरल पदार्थ प्रवाहित होकर मांशपेशियों (muscles) तक पहुँचती है और उसके परिणामस्वरूप विशेष सूचना पाकर मांशपेशियाँ क्रियाशील होनी हैं। इस तरह के सिद्धान्त को **गुब्बारकों का सिद्धान्त** (balloonist theory) भी कहा जाता है क्योंकि इसके अनुसार मांशपेशियों को गैस या तरल पदार्थ से भर देने या फिर उसे खाली कर देने से ही उनमें गति उत्पन्न होती हैं। इस सिद्धान्त का समर्थन डेकार्ते (Descartes) द्वारा काफी किया गया जिन्होंने यह दावा किया कि तंत्रिकाओं (nerves) के सहारे भेन्ट्रिकल (ventricles) से निकलने वाले तरल पदार्थ मांशपेशियों में पहुँचते हैं और तब उनमें गति उत्पन्न होती है। फेमिंस ग्लिस्सन (Francis Glisson) ने 1677 में गुब्बारा सिद्धान्त की जाँच प्रत्यक्ष रूप से किया। इस जाँच में वे व्यक्ति के हाथ को पानी में डुबा देते थे और यह देखने की कोशिश करते थे कि जब हाथ की मांशपेशियाँ (muscles) में सिकुड़न होती हैं तो इससे पानी के स्तर में परिवर्तन होती है या नहीं। उन्होंने अपने इस प्रेक्षण में पाया कि चूँकि पानी का स्तर नहीं बढ़ा, ग्लिस्सन इस निष्कर्ष पर पहुँचे कि मांशपेशियों से कोई तरल पदार्थ नहीं निकला। स्वामरडैम (Swammerdam) ने भी मेढ़कों पर प्रयोग करके ग्लिस्सन के प्रयोग की पुष्टि किया है।

इजाक न्यूटन (Issac Newton) ने 1717 में तंत्रिका कार्य (nerve function) की व्याख्या करने के लिए एक भिन्न सिद्धान्त का प्रतिपादन किया और कहा कि तंत्रिका कोई खोखला ट्यूब (tubes) नहीं होता है बल्कि एक ठोस ट्यूब होता है। उनका कहना था कि पूरे ट्यूब में एक विशेष पदार्थ जिसे 'लोच एथर' (elastic aether) कहा जाता

है, होता है और इनमें उत्पन्न कम्पन के माध्यम से तंत्रिका कार्य करते हैं। अलब्रेक भान हालर (Albrech Von Haller, 1708-1777) ने तंत्रिका उत्तेजन (nerve excitability) के माध्यम से तंत्रिका के कार्यों का वर्णन किया है। इनका मत था कि जब तंत्रिकाओं को स्पर्श या रसायन देकर उत्तेजित कर दिया जाता है, तो तंत्रिकाएँ मांशपेशियों में गति उत्पन्न कर देती हैं हालाँकि वे अपने अन्य सहयोगियों के साथ तंत्रिका के वैद्युतीय संवहन (electrical conduction) के गुण के बारे में भी सोच रहे थे। फिर भी सही अर्थ में वैद्युतीय संवहन के सिद्धान्त को अपनाने के लिए वैध बल स्टीफन ग्रे (Stephen Gray) से प्राप्त हुआ जिन्होंने 1731 में यह दिखलाया कि मानव शरीर को विद्युन्मय (electricfield) किया जा सकता है। फिर भी लुईगी गालभानी (Luigi Galvani, 1737-1798) ने प्रथम बार यह दिखलाया कि मेढ़क की तंत्रिका (nerve) को जब विद्युतीय उत्तेजन दिया जाता था, तो उसकी मांशपेशियों में संकोचन (contraction) उत्पन्न होती थी और बाद में फ़्रिडरिक हमबोल्ड (Friedrich Humboldt, 1769-1859) ने इस तथ्य की संपुष्टि किया कि तंत्रिकाओं में 'आंतरिक पाश्विक विद्यतु' (intrinsic animal electricity) उत्पन्न होती है। 1859 में एक अन्य मशहूर वैज्ञानिक जिनका नाम एफ प्लुगर (F. Pluger) था, इन्होंने बतलाया कि बिजली सचमुच में तंत्रिका में प्रवाहित नहीं होती है बल्कि उसमें एक तरंग गति (wave motion) तैयार कर देता है। अन्त में 1886 में जे वर्नस्टीन (J. Bernstein) ने एक ऐसा सिद्धान्त विकसित किया जो यह बतलाता है कि तंत्रिका की झिल्ली (membrane), ध्रुवित (polarized) होती है और क्रिया विभव (action potential) अर्थात तंत्रिका आवेग (nerve impulse) की उत्पत्ति तब होती है जब इस झिल्ली का विध्रुवण (depolarization) होता है। संक्षेप में ध्यान रहे कि क्रिया विभव (action potential) से तात्पर्य न्यूरोन के वैद्युतीय आवेश (electric charge) में परिवर्तन अर्थात् धनात्मक से ऋणात्मक तथा ऋणात्मक से धनात्मक को कहा जाता है।

स्पष्ट हुआ कि धीरे-धीरें जैसे-जैसे नये-नये अनुसंधान होते गए तंत्रिका संवहन (nerve conduction) का हाइड्रोलिक सिद्धान्त (hydraulic theory) के प्रति लोगों की उदासीनता बढ़ती गई तथा गत्यात्मक वैद्युतीय मॉडल (dynamic electrical model) के प्रति आकर्षकता बढ़ती गई।

(c) तंत्रिका तंत्र सम्बन्ध *(Nervous system connection)*—क्या मस्तिष्क दैहिक रूप से अंतरसम्बन्ध तन्तुओं (interconnected fibres) का एक जाल है या मात्र पृथक इकाइयों (discrete units) का एक संग्रह (collection) है? इस प्रश्न का उत्तर देने के लिए प्रथम प्रयास फ्रैंज भान लेडिग (Franz Von Leydig) द्वारा 1855 में किया गया जिनके शोध के अनुसार मकड़ों (spider) के तंत्रिका तंत्र में अनेकों अन्तर्ग्रंथित रेशक (interlocking fibrils) होते हैं जो एक जाल के समान दीखते हैं। इससे उन्होंने तंत्रिका तंत्र (nerve net) के संप्रत्यय का विकास किया। बाद में जे भॉन गरलैक (J. Von Gerlach, 1820-1896) ने रीढ़धारी प्राणियों में शाखिकाओं (dendrites) का अध्ययन करके एक समान नेटवर्क की स्थापना की। 1863 में गोलगी (Golgi) ने गरलैक के सिद्धान्त को जो शाखिकाओं के अंतरसम्बन्धित नेटवर्क पर बल डालता है, को अस्वीकृत करते हुए यह कहा कि सचमुच में शाखिकाएँ नहीं बल्कि

एक्सान (axon) एक-दूसरे से अंतरसम्बन्धित होते हैं तथा एक्सोनिक जाल (axonic net) का निर्माण होता है। कई शरीर रचनावैज्ञानिकों (anatomists) ने गोलगी के विचार का विरोध किया जिसमें सबसे तीव्र विरोध एस॰ आर॰ काजल (S. R. Cajal, 1852-1934) द्वारा किया गया। काजल ने अपने अध्ययनों में गोलगी के सिलभर अभिरंजन विधि (silver staining technique) का ही उपयोग किया था। अपने-अपने महत्त्वपूर्ण कार्यों के लिए गोलगी तथा काजल को संयुक्त रूप से 1906 में नोबुल पुरस्कार से भी सम्मानित किया गया है। गोलकी ने तंत्रिका जाल (nerve net) के संप्रत्यय का तथा काजल ने न्यूरोन प्राक्कल्पना का खुलकर समर्थन किया।

1891 में तंत्रिका कोशिकाओं (nerve cells) पर काजल (Cajal) द्वारा किये गए कार्यों का विशेष रूप से अध्ययन करके एवं उन्हें सारणीकृत करके विलहेलम वालडेयर (Wilhelm Waldeyer) ने **न्यूरोन** (neuron) पद का प्रतिपादन किया और **न्यूरोन प्राक्कल्पना** (neuron hypothesis) को काफी लोकप्रिय बनाया। जैसा कि हम जानते हैं, इस प्राक्कल्पना के अनुसार न्यूरोन एक्सान द्वारा अन्तरसम्बन्ध न होकर एक-दूसरे से स्वतंत्र होते हैं और यही न्यूरोन तंत्रिका तंत्र का एक स्वतंत्र इकाई (independent unit) होता है।

20वीं शताब्दी में इलेक्ट्रॉन माइक्रोस्कोप (electron microscope) के आ जाने से इस क्षेत्र में जो कार्य किये गए हैं, उनसे न्यूरोन प्राक्कल्पना को पूर्ण समर्थन मिलता है। अब यह स्थापित हो चुका है कि एक्सान के छोर पर अन्त्य घुण्डी (terminal knob) होते हैं तथा न्यूरोन एक-दूसरे से रिक्ति (gap) द्वारा अलग होते हैं जो रसायन संदेशवाहक (chemical messenger) अर्थात् न्यूरोट्रांसमीटर (neurotransmitter) द्वारा एक-दूसरे से जुड़ते हैं।

निष्कर्षत: यह कहा जा सकता है कि आजकल न्यूरोन प्राक्कल्पना की सत्यता स्थापित हो चुकी है और इसका प्रभाव इस तथ्य पर स्पष्ट रूप से हुआ है कि मानव व्यवहार को किस ढंग से समझा जा सकता है और उसकी व्याख्या की जा सकती है। यही कारण है कि आजकल मनोवैज्ञानिक अधिगम (learning), स्मृति (memory), चिंतन (thinking), संवेग (emotion) आदि जैसे व्यवहारों का दैहिक आधार ढूंढ़ने में सक्षम हो पाये हैं।

(ख) आधुनिक विकास *(Modern Development)*

यद्यपि 19वीं शताब्दी में ही मस्तिष्क की संरचना तथा कार्य के बारे में बहुत सारे विकास हो चुके थे, फिर भी न्यूरोमनोविज्ञान जैसे पद का प्रतिपादन काफी देर से हुआ। सचमुच में 'न्यूरोमनोविज्ञान' (neuropsychology) जैसे पद का प्रथम बार उपयोग विलियम ओसलर (William Osler) द्वारा 1949 में किया गया। 1949 में ही तब डीओ हेब्ब (D. O. Hebb) ने एक किताब के उपशीर्षक के रूप में इस पद का उपयोग किया। किताब का शीर्षक था, *''दी आरगनाइजेशन ऑफ विहेभियर : ए न्यूरोसाइकोलोजिकल थियोरी''* (The Organization of Behaviour : A Neuropsychological Theory)। आजकल न्यूरोविज्ञान में न्यूरोमनोविज्ञान एक स्वतंत्र एवं प्रमुख शाखा के रूप में स्थापित हो चुका है। न्यूरोमनोविज्ञान के इस आधुनिक महत्त्वपूर्ण वर्द्धन (growth) के लिए निम्नांकित तीन तरह की घटनाओं को जिम्मेवार ठहराया गया है—

(1) न्यूरोसर्जरी का क्षेत्र (Field of neurosurgery)
(2) मानव क्षमताओं को मापने की विधियाँ या मनोमितिकी (Methods of measuring human abilities or psychometrics)
(3) शिल्पविज्ञानीय विकास (Technological advances)

इन सबों का वर्णन निम्नांकित है—

1. न्यूरोसर्जरी का क्षेत्र *(Field of neurosurgery)*—न्यूरोसर्जरी के क्षेत्र में हुए विकासों से न्यूरोमनोविज्ञान का क्षेत्र प्रत्यक्ष रूप से प्रभावित हुआ है। जैसा कि हम जानते हैं, न्यूरोसर्जरी में विभिन्न विधियों द्वारा मस्तिष्कीय सर्जरी (brain surgery) का अध्ययन किया जाता है। इन विधियों में ट्रिफिनिंग (trephining), जिसका उपयोग हिपोक्रेटस के (Hippocrates) के समय में काफी हुआ था, स्टिरियोटैक्सिक विधि (stereotaxic method), एलेक्ट्रोनसीफैलोग्राम (Electroencephologram or EEG) तथा नियमोएनसिफैलोग्राफ (Pneumoenphelographs) आदि मुख्य हैं।

कुछ खास तरह के मस्तिष्कीय असामान्यता (brain abnormality) से उत्पन्न समस्याओं के समाधान के लिए उपयोग किया गया न्यूरोसर्जरी का न्यूरोमनोविज्ञान के विकास पर बहुत ही धनात्मक प्रभाव पड़ा है। न्यूरोसर्जरी में जो पशु शोध (animal research) किये गए हैं उनमें व्यवहृत उच्छेदन प्रविधि (ablation techniques) इतना अधिक महत्त्वपूर्ण सिद्ध हुआ है कि यह मस्तिष्क-व्यवहार सम्बन्धों (brain-behaviour relation) के बारे में सूचनाओं को संग्रह करने का एक प्रमुख प्रविधि साबित हुआ। न्यूरोसर्जरी में मानव शोधों से जो सूचनाएँ मिली हैं, वे न्यूरोमनोविज्ञान के लिए अधिक महत्त्वपूर्ण साबित हुआ। मानव शोधों में अधिकतर सूचनाएँ उन रोगियों के सहारे प्राप्त होते हैं जो मस्तिष्क में परिभाषित क्षति या घाव (lesion) के उत्पन्न होने से प्राप्त होता है। चूँकि न्यूरोसर्जन मस्तिष्कीय क्षति का एक नक्शा बना लेते हैं और कभी-कभी तो वे क्षति के इर्द-गिर्द के क्षेत्रों का वैद्युतीय उत्तेजन (electric stimulation) भी करते हैं, क्षति की अवस्थिति (location) को पहले से जानना आसान हो जाता है। कुछ विशेष तरह के चीजों जैसे फोकल क्षति (focal lesion), हेमिसफेरेक्टोमिज (hemispherectomies), संयोजिकाविच्छेदन (commissurectomy) को सम्पन्न करने में जो विभिन्न तरह के सर्जिकल प्रविधियों (surgical techniqe) का उपयोग किया जाता है, उनसे व्यवहार को समझने में विभिन्न मस्तिष्कीय क्षेत्रों (brain areas) के योगदानों का श्रेष्ठ विश्लेषण करना संभव हो पाया है। परिसीमित क्षति (circumscribed lesion) के रोगियों से व्यवहार के बारे में सूचनाओं को संग्रहित करना आसान हो गया और फिर उनके आधार पर नये रोगी के समूहों में उनका नैदानिक उद्देश्यों (diagnostic purposes) से उपयोग भी आसान हो गया। इन सबों से न्यूरोमनोविज्ञान के उत्तरोतर विकास पर अनुकूल प्रभाव पड़ा और मस्तिष्क तथा व्यवहार के सम्बन्धों के बारे में बहुत सारे सामान्यीकरण (generalization) प्राप्त करना आसान हो गया।

2. मानव क्षमताओं को मापने की विधियाँ या मनोमितिकी *(Methods of measuring human abilities or psychometrics)*—मनोमितिकी के क्षेत्र में बहुत सारे उल्लेखनीय ऐसे विकास हुए जिनमें न्यूरोमनोविज्ञान का विकास धनात्मक रूप से प्रभावित हुआ। मनोमितिकी में वैयक्तिक विभिन्नता (individual difference) को

मापने के लिए सराहनीय कदम उठाये गए। मनोवैज्ञानिक कार्य (psychological functions) में वैयक्तिक विभिन्नता को मापने के लिए पहला प्रयोग एक खगोलविज्ञानी (astronomer) जिसका नाम फ्रिडरिक विलहेलम वेसेल (Friedrich Wilhelm Bessel) था, द्वारा 1796 में किया गया। इस प्रयोग का आधार यह जानना था कि लंदन के नजदीक ग्रीनविच वेधशाला (Greenwich observatory) में एक सहायक अपने वरिष्ठ (senior) से कुछ सेकंड कम की दर से तारों की गति का प्रेक्षण किया और इस वैयक्तिक विभिन्नता के चलते उसे अपने नौकरी से हाथ धोंनी पड़ी। वेस्सल ने प्रतिक्रिया समय (reaction time) का अध्ययन प्रारम्भ किया और इस ख्याल से व्यक्तियों में भिन्नताएँ काफी पायी गयीं। फिर 1880 के दशकों में चार्ल्स डार्विन (Charles Darwin) के सम्बन्धी फ्रेसिंस गाल्टन (Francis Galton) ने व्यक्तियों के शारीरिक विशेषताओं, प्रत्यक्षण तथा प्रतिक्रिया समय (reaction time) आदि का मापन करके यह पता किया क्यों कुछ लोग अन्य व्यक्तियों से अधिक श्रेष्ठ होते हैं। गाल्टन ने अपने इस अध्ययन में कुछ सांख्यिकी विशेषकर कोटि अंतर सांख्यिकी (rank difference statistics) का उपयोग किया जिनका आधुनिक मनोवैज्ञानिक परीक्षणों के विकास पर काफी अनुकूल प्रभाव पड़ा।

विने तथा साइमन (Binet & Simon) के प्रयासों से पहला बुद्धि परीक्षण का निर्माण किया गया। इस परीक्षण के कई संशोधित प्रारूप अमेरिका में अंग्रेजी भाषा में प्रकाशित किये गए। इन संशोधनों के माध्यम से मानसिक आयु (mental age), बुद्धि लब्धि (intelligence quotient) जैसे संप्रत्ययों का जन्म हुआ जिसका न्यूरोमनोविज्ञान के क्षेत्र में किये जाने वाले शोधों पर अनुकूल प्रभाव पड़ा। इसका एक उदाहरण हम डी० ओ० हेब्ब (D. O. Hebb) के प्रयासों से दे सकते हैं। इन्होंने 1940 में कुछ बुद्धि परीक्षणों का मानट्रील (Montreal) में मस्तिष्क-क्षतिग्रस्त व्यक्तियों (brain-damaged people) को दिया और उनका आश्चर्यजनक परिणाम यह था कि अग्रपालि (frontal lobes) की क्षति (lesion) से बुद्धि प्राप्तांकों (intelligence scores) में कमी नहीं आती है (हालांकि उस समय तक अग्रपालि को ही उच्च बुद्धि का केन्द्र माना जाता है।) इस तरह के विपरीत परिणाम से मस्तिष्क-क्षतिग्रस्त व्यक्तियों की पहचान करने में बुद्धि परीक्षणों की अहं भूमिका का पता चलता है। बहुत सारे न्यूरोमनोवैज्ञानिक बुद्धि परीक्षणों के प्राप्तांकों की विशेषताओं का बुद्धिलब्धि में होने वाले योगदानों को मापने के लिए करता है जबकि कुछ न्यूरोमनोवैज्ञानिक बुद्धि लब्धि का उपयोग अन्य परीक्षण परिणामों के मूल्यांकन के उद्देश्य से सामान्य मनोवैज्ञानिक कार्य का मापन करते हैं। *वेक्सलर व्यस्क बुद्धि परीक्षण* (Wechsler Adult Intelligence Score) तथा इसका बाद में किये गये संशोधन (revision), *वेक्सलर स्मृति मापनी* (Wechsler Memory Scale), *हालस्टीन-रीटान परीक्षणमाला* (Halsteed-Reitan battery) तथा *लूरिया परीक्षण माला* (Luria Battery) कुछ ऐसे न्यूरोमनोवैज्ञानिक परीक्षण हैं जो विशिष्ट विकृतियों (specific disorders) खासकर प्रमस्तिष्कीय वैसकुलर विकृति (cerebral vascular disorder), तीक्षण आघातीय क्षति (acute traumatic lesion), न्यूओप्लाज्म (neoplasm) तथा मिरगी (epilepsy) रोगों की पहचान करने तथा उनका व्यवहार पर पड़ने वाले प्रभावों का अध्ययन करने में विशेष लाभकारी रहा है। इससे भी आधुनिक

न्यूरोमनोविज्ञान का कार्यक्षेत्र न केवल विस्तृत हुआ है बल्कि इसकी प्रगति धनात्मक रूप से प्रभावित भी हुई है।

3. शिल्पविज्ञानीय विकास (*Technological development*)—अन्य विज्ञानों के समान न्यूरोमनोविज्ञान भी अपने क्षेत्र के शिल्प विज्ञान के विकास से काफी प्रभावित हुआ है। यदि उपर्युक्त वर्णित ऐतिहासिक घटनाक्रम पर ध्यान दें तो यह स्पष्ट होगा कि जैसे-जैसे नये-नये अनुसंधान होते गए, नयी अध्ययन विधियाँ, उपकरण, सिद्धान्त, मॉडल बनते गए और विकास के चरण में एक नया अध्याय जुटता गया है। जैसे गॉल (Gall) के एनिकडोटल विधि (anecdotal method) एक समय में काफी लोकप्रिय था परंतु जब यह फ्लोरेन्स (Flourens) के प्रयोगात्मक विधि से प्रतिस्थापित हुई तो इस क्षेत्र में एक विशेष तरह से अध्ययन का सिलसिला प्रारम्भ हुआ। इसी तरह से कई ऐसे उदाहरण हैं जिनसे यह स्पष्ट होता है शिल्पविज्ञानीय विकास से न्यूरोमनोविज्ञान के क्षेत्र में क्रान्तिकारी विकास हुए।

निष्कर्षतः यह कहा जा सकता है कि न्यूरोमनोविज्ञान का विकास मूलतः मस्तिष्क प्राक्कल्पना (brain hypothesis) तथा न्यूरोन प्राक्कल्पना (neuron hypothesis) से सम्बन्धित विभिन्न क्षेत्रों में हुए घटनाक्रमों का एक ब्यौरा है।

अध्याय सारांश
(Chapter Summary)

1. न्यूरोविज्ञान सचमुच में दैहिक मनोविज्ञान (physiological psychology) तथा न्यूरोजीव विज्ञान (neurobiology) दोनों शास्त्रों के स्वतंत्र दृष्टिकोणों के विलयन (amalgam) के परिणामस्वरूप उत्पन्न हुआ है। न्यूरोविज्ञान तंत्रिकातंत्र के बहुशास्त्रीय अध्ययन के लिए एकछत्र पद है।
2. न्यूरोविज्ञान (neurosciences) के कई क्षेत्र हैं जिनमें 13 क्षेत्रों को महत्त्वपूर्ण बतलाया गया है। न्यूरोमनोविज्ञान (neuropsychology) इन 13 क्षेत्रों में से एक है।
3. न्यूरोमनोविज्ञान में व्यवहार तथा मस्तिष्कीय कार्यों (brain functions) के सम्बन्धों का मुख्य रूप से मस्तिष्कीय दुष्क्रियाओं (brain dysfunctions) से सम्बन्धित क्षतियों (impairments) के अध्ययन पर बल डाला जाता है।
4. दैहिक मनोविज्ञान (physiological psychology) तथा न्यूरोमनोविज्ञान में कुछ समानताएँ एवं विषमताएँ (differences) हैं।
5. न्यूरोमनोविज्ञान की ऐतिहासिक पृष्ठभूमियों को उसके क्लासिकी विकास (classical development) तथा आधुनिक विकास (modern development) के रूप में समझने की कोशिश की गई है। क्लासिकी विकास में मस्तिष्कीय प्राक्कल्पना (brain hypothesis) तथा न्यूरोन प्राक्कल्पना (neuron hypothesis) से सम्बन्धित घटनाक्रमों की भूमिका सराहनीय रही है। आधुनिक विकास में मुख्य रूप से न्यूरोसर्जरी (neurosurgery), मनोमितिकी (psychometrics) तथा शिल्पविज्ञानीय विकास (technological development) से सम्बन्धित घटनाओं की अहमं भूमिका रही है।

❑

अध्याय 2

न्यूरोन्स : संगठन एवं संचार
(NEURONS : ORGANISATION AND COMMUNICATION)

तंत्रिका तंत्र (nervous system) की सबसे छोटी इकाई न्यूरोन[1] (neuron) है जो तंत्रिका (nervous system) का एक एकीकृत इकाई (integrating unit) के रूप में कार्य करता है। इसकी खोज सबसे पहले-पहल मशहूर वैज्ञानिक सैनटिगो रामोनी काजल (Santiago Ramony Cajal) द्वारा 1890 के आरंभिक सालों में किया गया। हालांकि न्यूरोन 'पद' का प्रतिपादन विलहेलम वालडेयर (Wilhelm Waldeyer) द्वारा किया गया जिन्होंने न्यूरोन प्राक्कल्पना (neuron hypothesis) या न्यूरोन सिद्धान्त (doctrine) को काफी लोकप्रिय बनाया। अतः तंत्रिका तंत्र का वर्णन करने से पहले यह बतलाना आवश्यक है कि न्यूरोन तथा उससे सम्बन्धित तथ्यों पर प्रकाश डाला जाए। इस उद्देश्य से इस खंड को निम्नांकित कुछ प्रमुख भागों में बाँटकर उपस्थित किया जा रहा है—

न्यूरोन के प्रकार
(Types of Neuron)

न्यूरोन (Neuron) या जिसे *तंत्रिका कोश* (nerve cell) भी कहा जाता है, तंत्रिका तंत्र की सबसे छोटी इकाई (smallest unit) है जिसके द्वारा विभिन्न प्रकार के उत्तेजकों (stimulations) को वैद्युतीय आवेग (electrical impulse) में बदला जाता है। यही कारण है न्यूरोन को *जैविक पारस्रावक* (biological transducer) भी कहा जाता है। लेफरैन्कोइस (Lefrancois, 1983) के अनुसार पूरे मानव शरीर में करीब 12.5 अरब न्यूरोन पाए जाते हैं जिनमें से करीब 10 अरब सिर्फ मस्तिष्क में हैं। मानव शरीर में न्यूरोन के अलावा भी कुछ कोश (cell) पाये जाते हैं जिनका प्रधान कार्य तंत्रिका कोश को जीवित एवं स्वस्थ रखना होता है। इस तरह के कोश को न्यूरोलिया (neuroglia) या ग्लिया कोश (glia cell) कहा जाता है। इसे न्यूरोन का गृहरक्षक कोश (house-keeping cell) भी कहा जाता है। एक औसत न्यूरोन इतना ही जटिल होता है जितना कि एक लघु कम्प्यूटर तथा अन्य कोशिकाओं (cells) के साथ इसके लगभग 15,000 दैहिक सम्बन्ध (physical connections) होते हैं।

कार्य (function) के आधार पर न्यूरोन के निम्नांकित तीन प्रकार हैं—संवेदी न्यूरोन (sensory or afferent neuron), गतिवाही न्यूरोन (motor or efferent neuron) तथा साहचर्य न्यूरोन (association neuron)।

1. छात्र ध्यान देंगे कि न्यूरोन (neuron) तथा स्नायु (nerve) दोनों एक चीज न होकर भिन्न हैं। सचमुच में स्नायु बहुत सारे ऐसे लम्बे न्यूरोन से मिलकर बने होते हैं जो मस्तिष्क तथा सुषुम्ना से बाहर पाये जाते हैं।

इन तीनों प्रकारों का वर्णन निम्नांकित है—

1. **ज्ञानवाही या संवेदी न्यूरोन** (*Sensory neuron*)—संवेदी न्यूरोन से तात्पर्य वैसे न्यूरोन से होता है जो तंत्रिका आवेग को ग्राहक (receptor) या ज्ञानेन्द्रियो (sense organs) से मस्तिष्क तथा सुषुम्ना तक पहुँचाता है। जैसे—यदि कोई व्यक्ति एक फूल को देखता है तो फूल देखने से उत्पन्न तंत्रिका आवेग (nerve impusle) आँख से विशेष न्यूरोन द्वारा मस्तिष्क के एक खास भाग में पहुँचता है जिससे व्यक्ति को फूल का प्रत्यक्षण होता है। इस विशेष न्यूरोन को संवेदी न्यूरोन कहा जाता है।
2. **गतिवाही न्यूरोन** (*Motor or efferent neuron*)—गतिवाही न्यूरोन से तात्पर्य वैसे न्यूरोन से होता है जो तंत्रिका आवेग को मस्तिष्क तथा सुषुम्ना से प्रभावक (effector) अर्थात् मांसपेशियाँ या ग्रन्थि तक पहुँचाता है जिनके फलस्वरूप व्यक्ति उद्दीपक के प्रति कोई अनुक्रिया कर पाता है। जैसे—फूल देखकर उसे तोड़ने की अनुक्रिया इसलिए हो पाती है कि फूल तोड़ने की आज्ञा मस्तिष्क से विशेष तंत्रिका आवेग के सहारे हाथ तक एक विशेष न्यूरोन द्वारा पहुँचाया जाता है। इस विशेष न्यूरोन को गतिवाही न्यूरोन (motor neuron) कहा जाता है।
3. **साहचर्य न्यूरोन** (*Association neuron*)—साहचर्य न्यूरोन केवल मस्तिष्क एवं सुषुम्ना में ही पाये जाते हैं। साहचर्य न्यूरोन से तात्पर्य वैसे न्यूरोन से होता है जिसके द्वारा संवेदी न्यूरोन द्वारा लाये गए तंत्रिका आवेग को ग्रहण करके उसे गतिवाही न्यूरोन (motor neuron) में छोड़ दिया जाता है। इस तरह से साहचर्य न्यूरोन का मुख्य कार्य संवेदी न्यूरोन तथा गतिवाही न्यूरोन के बीच सम्बन्ध या साहचर्य स्थापित करना होता है।

आकृति (shape) के आधार पर अर्थात् जिस तरह से एक्सान एवं शाखिकाएँ सोमा से अलग होतीं है, के आधार पर न्यूरोन (neuron) के तीन प्रकार बतलाये गए हैं—

(i) बहुध्रुवीय न्यूरोन्स (Multipolar neurons)

(ii) द्विध्रुवीय न्यूरोन्स (Bipolar neurons)

(iii) एकध्रुवीय न्यूरोन्स (Monopolar neurons)

इन प्रकारों का वर्णन निम्नांकित हैं—

(i) **बहुध्रुवीय न्यूरोन्स** (*Multipolar neurons*)—बहुध्रुवीय न्यूरोन्स वैसे तंत्रिका कोश (nerve cells) या न्यूरोन्स को कहा जाता है जिसमें शाखिका (dendrites) की संख्या अधिक होती है और एक ही एक्सान (axon) होता है। रीढ़धारी प्राणी के मस्तिष्क के अधिकतर न्यूरोन बहुध्रुवीय ही होती है।

(ii) **द्विध्रुवीय न्यूरोन्स** (*Bipolar neurons*)—द्विध्रुवीय न्यूरोन्स वैसा न्यूरोन्स को कहा जाता है जिसमें न्यूरोन के एक तरफ एक शाखिका तथा दूसरे तरफ एक ही एक्सान (axon) होता है। इस तरह का न्यूरोन अधिकतर अक्षिपटल (retina) तथा घ्राण तंत्र (olfactory system) में पाया जाता है।

(iii) **एकध्रुवीय न्यूरोन्स** (*Monopolar neurons*)—यह एक ऐसा न्यूरोन होता है जिसमें एक ही शाखा (branch) जिसे सामान्यतः एक्सान (axon) समझा जाता है, होता है, जो कोश शरीर (cell body) से निकलने के बाद दो

दिशाओं में चले जाते हैं जिसका एक छोर ग्राहक ध्रुव (receptive pole) होता है तथा दूसरा छोर उत्पादन ध्रुव (output pole) होता है।

कुछ लोगों ने न्यूरोन को उसके विस्तार या आकार (size) के आधार पर दो भागों में बाँटा है—**लघु तंत्रिका कोश** (small nerve cell) तथा **दीर्घ तंत्रिका कोश** (large nerve cell)। जैसा कि नाम से ही स्पष्ट है, लघु तंत्रिका कोश का परिधि (diameter) काफी छोटा यहाँ तक कि 10μm तक का होता है जबकि दीर्घतंत्रिका कोश की परिधि बड़ा (100 μm) होता है। मस्तिष्क का प्रत्येक क्षेत्र में इन दोनों तरह के न्यूरोन अर्थात् लघु तथा दीर्घ दोनों तरह के न्यूरोन्स पाये जाते हैं।

ये सभी प्रकार न्यूरोन आपस में समन्वित होकर कार्य करते हैं। इसी समन्वय का परिणाम है कि व्यक्ति किसी उद्दीपक के प्रति अनुक्रिया कर पाता है। जहाँ तक न्यूरोन की संरचना तथा उसके कार्य का प्रश्न है उसमें भी स्पष्ट विशिष्टता (specialization) पायी जाती है।

न्यूरोन की संरचना
(Structure of Neuron)

जहाँ तक न्यूरोन की मौलिक संरचना (basic structure) का प्रश्न है, इसकी व्याख्या करते हुए यह कहा गया है कि न्यूरोन एक विशिष्ट झिल्ली (membrane) में बंद होता है। जिसे **कोश झिल्ली** (cell membrane) कहा जाता है। यह झिल्ली लिपिड (lipid) या वसा अणु (molecules) के दोहरी परत का बना होता है। इन अणुओं (molecules) की संरचना ध्रुवीय (polar) होता है अर्थात् प्रत्येक अणु के एक सिर (head) तथा दो पूँछें (tails) होती हैं। सिर बाहर की ओर प्रक्षेपित होता है तथा पूँछें भीतर की ओर। अणु का यह भीतरी भाग (अर्थात् पूँछें) बहुत तरह के तत्त्वों को भीतर आने से रोक देता है और इस तरह से झिल्ली के भीतर वैद्युतीय आवेशित कण (electrically charged particles) अर्थात् आयन (ions) के मुक्त प्रवाह (free movement) में यह एक रोधक (barrier) के रूप में यह कार्य करता है। सचमुच में कोश झिल्ली चार तरह के कार्य करते हैं—

(a) इसमें चैनेल (channels) बने होते है अर्थात् कुछ विशिष्ट ऐसे स्थान होते हैं जो कुछ आयन (ions) को भीतर जाने देता है। इसका प्रधान कार्य कुछ आयन को बाहर से भीतर तथा कुछ को भीतर से बाहर आने देना होता है।

(b) झिल्ली वैद्युतीय परिवर्तनों (electrical charges) के लिए एक ऐसा स्थान होता है जो सूचनाओं के अंतरण (transmission) में सहायक होता है।

(c) झिल्ली में कुछ ग्राहक (receptors) होते हैं जो पेपटाइड (peptide) तथा हारमोन्स (hormones) को ग्रहण करके कोश केन्द्रक (cell nucleus) तक पहुँचाते हैं। ये हारमोन्स फिर केन्द्रक में गुणसूत्र (chromosomes) को प्रभावित करके कुछ विशिष्ट तरह की क्रिया प्रारम्भ करते हैं।

(d) झिल्ली में ग्राहक (receptors) तथा एक्सान अन्त:स्थ (axon terminals) के लिए भी स्थान होते हैं। ऐसे अन्तस्थ से निकलने वाले रसायनिक तत्त्व दूसरे न्यूरोन के ग्राहक द्वारा ग्रहण कर लिये जाते हैं जिससे पूरे झिल्ली के वैद्युतीय आवेश (electrical charges) में परिवर्तन हो जाता है।

सचमुच में न्यूरोन द्वारा किये गये विशिष्ट कार्य (specialized functions) के अनुसार न्यूरोन के बहुत से आकार एवं प्रकार हैं। परंतु उनकी मौलिक संरचनाओं में कम-से-कम निम्नांकित चार पहलु प्रधान होते हैं—**कोश शरीर** (cell body) या **सोमा** (soma), **शाखिका** (dendrites), **एक्सान** (axon) तथा **एक्सान अन्तस्थ या अन्तस्थ पुटिकाएँ** (axon terminal or terminal buttons)। इन सबों का वर्णन इस प्रकार है—

1. कोश शरीर *(Cell body)*—कोश शरीर जिसे **सोमा** (soma) भी कहा जाता है, साइटोप्लाज्म[1] (cytoplasm) का एक ऐसा क्षेत्र होता है जो केन्द्रक (nucleus)

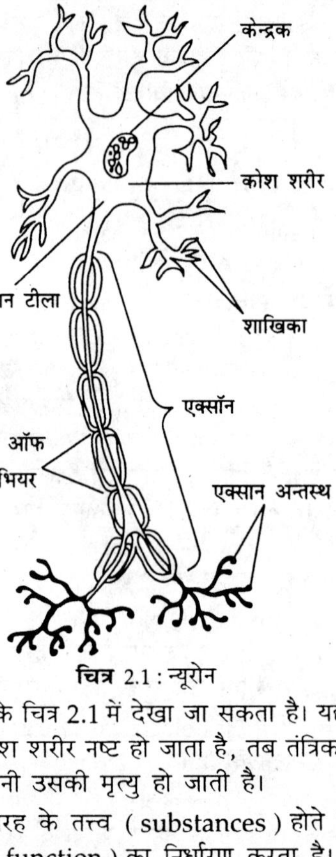

चित्र 2.1 : न्यूरोन

के चारों तरफ होता है। इसके चित्र 2.1 में देखा जा सकता है। यह न्यूरोन का जीव होता है। यदि किसी कारण से कोश शरीर नष्ट हो जाता है, तब तंत्रिका कोश या न्यूरोन कार्य करना बन्द कर देता है, यानी उसकी मृत्यु हो जाती है।

कोश शरीर में कई तरह के तत्त्व (substances) होते हैं, जो उसकी संरचना (structure) एवं कार्य (function) का निर्धारण करता है। कोश शरीर के मुख्य दैहिक विशेषताओं (physical features) को चित्र 2.2 में दिखलाया गया है। कोश

1. साइटोप्लाजम (cytoplasm) एक अर्धतरल तत्त्व (semifluid substance) होता है जो न्यूरोन की झिल्ली (membrane) में भरा होता है। इसे अंतराकोशकीय तरल (intracellular fluid) भी कहा जाता है। कोश के बाहर के तरल पदार्थ को वहिःकोशकीय तरल (extracellular fluid) कहा जाता है।

शरीर के पाँच ऐसी संरचनाओं (structures) जिन्हें महत्त्वपूर्ण माना गया है, का वर्णन इस प्रकार है–

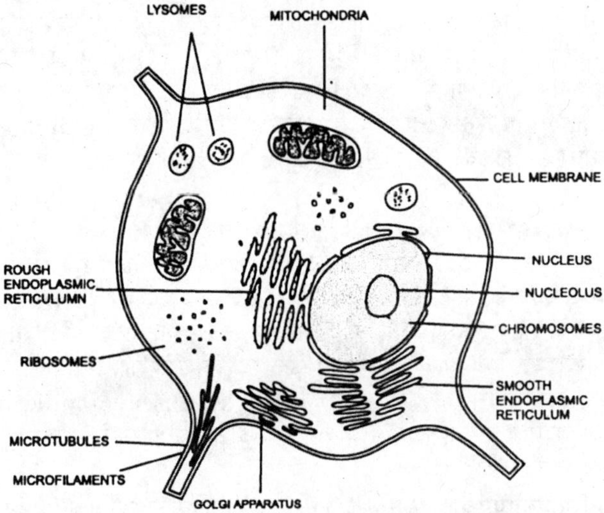

चित्र 2.2 : कोशशरीर एवं उसके मुख्य संरचनाएँ
(Cellbody and its major structures)

(a) केन्द्रक *(Nucleus)*—प्रत्येक कोश में एक केन्द्रक (nucleus) होता है जो उसका सबसे महत्त्वपूर्ण भाग होता है। केन्द्रक में **गुणसूत्र** (chromosomes) तथा **न्यूक्लियोलस** (nucleolus) होते हैं (देखें चित्र 2.2)। गुणसूत्र डिऔक्सिरिबो न्यूक्लेइक अम्ल (deoxyribonucleic acid or DNA) से बने होते हैं जो कोशिका (cell) को एक परिपक्व कोशिका में विकसित करते हैं। न्यूक्लिओलस (nucleolus) एक विशेष प्रकार का तत्त्व उत्पन्न करता है जिसे *रिबोसोमल रिवोन्यूक्लेइक अम्ल* (rDNA) कहा जाता है और जो सचमुच में रिबोन्यूक्लेइक अम्ल (RNA) का ही एक प्रकार है। गुणसूत्र तथा न्यूक्लिओलस दोनों मिलकर प्रोटीन निर्माण में सहायता करते हैं जिसका उपयोग कोश के भीतर होता है या फिर उसे दूसरे कोश के उपयोग के लिए कोश से बाहर भेजा जाता है।

(b) इन्डोप्लाजमिक रेटिकुलम *(Endoplasmic Reticulumn or ER)*—पूरे साइटोप्लाज्म में एक झिल्ली की तरह तत्वों का एक नेटवर्क पाया जाता है जिसे *इण्डोप्लाजमिक रेटिकुलम* (endoplasmic reticulumn or ER) कहा जाता है। ER दो तरह के होते हैं : खुरखुरा ईआर (rough ER) तथा चिकनी ईआर (smooth ER) (चित्र 2.2 देखें)। खुरखुरा ER की संरचना खुरखुरा होने का कारण यह है कि कुछ रिवोजोम्स (ribosomes) कोशिका विकास के दौरान इससे चिपक जाते हैं। ER का बाकी भाग को चिकनी ईआर (smooth ER) कहा जाता है। खुरखुरा ईआर का मुख्य कार्य प्रोटीन को बनाना है जो मूलतः कोशिका से बाहर भेजे जाने में उपयोग किया जाता है।

कोशिका के प्रकाशीय माइक्रोस्कोपिक अध्ययनों (light microscopic studies) से यह पता चला है कि कोशिका में कुछ पदार्थों का एक पिण्ड (clump) पाया जाता है जिसे वैज्ञानिकों ने *गोल्गी उपकरण* (Golgi apparatus) कहा जाता है (देखें चित्र 2.2)। परंतु जब इनका इलेक्ट्रोन माइक्रोस्कोपिक अध्ययन किया गया तो पाया गया कि गोल्गी उपकरण सचमुच में चिकनी ER का ही एक गुच्छा होता है जो खुरखुरा ER से प्रोटीन को लेकर अपने में संग्रह कर लिया होता है और अपने आप को एक झिल्ली (membrane) से ढँक लिया होता है ताकि वे एक कणिका (granule) के रूप में दिखें। सचमुच में कणिका को कोश के भीतर अन्य भागों में या कोश से बाहर भेजा जाता है।

(c) लाइजोम्स *(Lysomes)*—कोश शरीर में विभिन्न आकारों (sizes) की संरचना होती है जो देखने में बोरा (sack) के आकार का होता है। इसे ही *लाईजोम्स* (lysomes) कहा ज़ाता है। लाइजोम्स में कुछ ऐसे इनजाइम्स (enzymes) होते हैं जो कोशिका के भीतर या बाहर से आने वाले बहुत तरह के तत्त्वों (substances) को विकृत या नष्ट कर देते हैं। लाइजोम्स से एक विशेष तरह का अपशिष्ट (residue) भी उत्पन्न होता है जिसे *लिपोफ्यूस्कीन कणिका* (lipofuscin granules) कहा जाता है। ऐसी कणिकाएँ वृद्ध व्यक्तियों (old people) की कोशिकाओं में प्रायः अधिक मात्रा में देखने को मिलते हैं।

(d) मिटोकौण्ड्रिया *(Mitochondria)*—मिटोकौण्ड्रिया एक चुरुट या सिगार (cigar) के आकार की संरचना होती है जिसकी एक चिकनी बाहरी झिल्ली होती है और भीतर कुछ मुड़ी-मुड़ी (folded) आकार का अंश होता है (देखें चित्र 2.2)। इसका मुख्य कार्य कोशिका के लिए ऊर्जा (energy) उत्पन्न करना होता है। मिटोकौण्ड्रिया रक्त से ग्लूकोस (glucose) को लेकर उसे *एड्रीनोसाइनट्रीफॉस्फेट* (adrenosinetriphosphate or ATP) में बदल देता है जिसे कोशिका के अन्य तत्त्वों (components) द्वारा ऊर्जा स्रोत के रूप में उपयोग किया जाता है। ATP का एक अन्य कार्य कैलसियम (calcium) को संचित करके रखना होता है जिसका उपयोग एक्सान अन्तस्थ (axon terminals) से संचार तत्त्वों (transmitter substances) को उत्पन्न करने में किया जाता है।

(e) माइक्रोफिलामेन्ट तथा माइक्रोटुबुल्स *(Microfilaments and Microtubules)*—माइक्रोफिलामेन्ट या जिन्हें *न्यूरोफिलामेन्ट* (neurofilament) भी कहा जाता है, लम्बे प्रोटीन तन्तु (long protein fibers) के बने होते हैं और वे कोशिका के झिल्ली (membrane) के ठीक नीचे अवस्थित होते हैं। कोशिकाओं का विशेष आकार का होना इसी माइक्रोफिलामेन्ट (microfilament) पर आधृत होता है। माइक्रोफिलामेन्ट झिल्ली में फँसे प्रोटीन के स्थान निर्धारण का नियंत्रण करता है। माइक्रोटुबुल्स (microtubules), माइक्रोफिलामेन्ट की तुलना में अधिक मोटे (thicker) तथा अधिक लम्बे होते हैं और एक खोखला हीर (core) के चारों तरफ फिलामेन्टस के बंडल से बने होते हैं। उनका मुख्य कार्य कोशिका के भीतर तत्त्वों को एक जगह से दूसरे जगह पर ले जाना होता है।

स्पष्ट हुआ कि कोश शरीर के कई महत्त्वपूर्ण संरचनाएँ हैं जिनके विशिष्ट कार्य भी हैं।

2. शाखिका *(Dendrites)*—शाखिका का आकार पेड़ की टहनियों तथा शाखाओं के समान होता है। इसे चित्र 2.1 में देखा जा सकता है। शाखिकाओं की संख्या एक न्यूरोन से दूसरे न्यूरोन में भिन्न-भिन्न होता है। कुछ में इसकी संख्या कम होती है और कुछ में इसकी संख्या 20 से भी अधिक होती है। लम्बाई में शाखिका कुछ माइक्रोन (micron) से मिलीमीटर (millimeter) तक का पाया है और जैसे-जैसे वे शाखाओं में बँट जाती हैं, पतली होती चली जाती हैं। कुछ शाखिका में खुरखुरा बहिर्वेशन (rough projection) होते हैं जिसपर अन्य न्यूरोन के अन्तस्थ (terminals) को ग्रहण किया जाता है। इस खुरखुरे भाग को *डेन्ड्रिटीक स्पाईन* (dendritic spine) कहा जाता है। शाखिका का मुख्य कार्य दूसरे न्यूरोन से आने वाले तंत्रिका आवेग (nerve impulse) को ग्रहण करके उसे कोश शरीर के भीतर भेजना होता है।

3. एक्सान *(Axon)*—न्यूरोन के उस भाग को एक्सान (axon) कहा जाता है जो कोश शरीर से थोड़ी दूरी पर हटकर प्रारम्भ होता है और आगे की ओर लम्बतः बढ़ा हुआ दिखाई देता है। इस दूरी को *एक्सान टीला* (axon hillock) कहा जाता है। तंत्रिका आवेग (nerve impulse) का उद्भव बिन्दु यही टीला होता है। इसे चित्र 2.1 में देखा जा सकता है। प्रत्येक कोशिका में एक एक्सान होता है जिसकी लम्बाई कुछ माइक्रोन्स (microns) से कुछ कोशिकाओं में एक मीटर से भी अधिक होता है। अधिकतर एक्सान की शाखाएँ (branches) होती हैं जिन्हें *कोल्लेट्रल* (collaterals) कहा जाता है। एक्सान के अन्त में और इसके कोल्लेट्रल पर कुछ महीन तथा बारीक अंतस्थ (fine terminations) होते हैं जिसे *टेलीओडेनड्रीया* (teleodendria) कहा जाता है। टेलीओडेनड्रीया छोटे-छोटे टीला (knob) से ढँके होते हैं जिन्हें *एक्सान अन्तस्थ* (axon terminals) कहा जाता है। अधिकतर न्यूरोन का एक्सान एक पतला परंतु मोटा आवरण (sheath) से ढँका होता है जिसे *माइलिन शीथ* (myelin sheath) कहा जाता है। यह शीथ या आवरण सतत् न होकर प्रत्येक दो-दो मिलीमीटर पर काफी पतला होकर दबा-दबा-सा होता है। इस दबे भाग को *नोड ऑफ रैनभियर* (node of Ranvier) कहा जाता है क्योंकि इसका पता सबसे पहले इटालियन शरीर रचनाशास्त्री (anatomist) लोऊइस एन्टोनी रैनभियर (Loius Antonie Ranvier) ने लगाया था। शरीर रचनाशास्त्रियों का मत है कि यदि आवरण सतत होता तो तंत्रिका आवेग का प्रवाह ठीक ढंग से नहीं होता। अनेक एक्सान एक साथ मिलकर एक तंत्रिका (nerve) का निर्माण करते हैं। अध्ययनों से यह स्पष्ट हुआ है कि माइलिन शीथ में क्षति पहुँचने से न्यूरोन में सूचनाओं का संचरण बाधित होता है। मल्टीपुल स्केलोसिस (multiple scleosis or MS) नामक रोग में माइलिन शीथ का उत्तरोत्तर क्षति होते पायी जाती है जिससे व्यक्ति असमन्वित (uncoorndinated) एवं झटकेदार गति (jerky movement) करता है। अध्ययनों से यह भी स्पष्ट हुआ है कि माइलिन शीथ का उत्पादन तंत्रिका तंत्र के भीतर पाये जाने वाले अन्य कोशिका जिसे **गिलियल कोशिका** (gilial cell) या गिलिया (glia) कहा जाता है, द्वारा होता है।

शाखिका (dendrites) तथा एक्सान (axon) के संरचनात्मक अंतर (structural differences) की व्याख्या इस प्रकार की जा सकती है—

(i) प्रत्येक न्यूरोन में प्रायः एक एक्सान (axon) होता है जिसके कई अन्तस्थ

(terminals) होते हैं जबकि शाखिका की संख्या एक न्यूरोन में कई होतीं हैं।

(ii) एक्सान में अन्तस्थ पुटिकाएँ (terminal button) प्रारम्भ होने के पहले तक उसका व्यास (dimeter) एक समान होता है परंतु जैसे-जैसे शाखिका अपने अंतिम बिन्दु पर पहुँचता है, उसका व्यास पतला होता चला जाता है।

(iii) एक्सान की शुरुआत कोश शरीर (cell body) से थोड़ी दूरी जिसे 'एक्सान टीला' (axon hillock) कहा जाता है से होता है परंतु शाखिका की शुरुआत ऐसी कोई टीला के समान क्षेत्र से नहीं होता है।

(iv) एक्सान प्रायः माइलीन शीथ (myelin sheath) से ढँका होता है परंतु शाखिका में कोई ऐसी माइलीन शीथ का आवरण (cover) नहीं होता है।

(v) एक्सान की लम्बाई व्यवहारिक रूप से नगण्य (negligible) से कई मीटर तक का होता है परंतु शाखिका की लम्बाई एक्सान से काफी छोटी होती है।

(vi) एक्सान की लम्बाई के साथ-साथ इसकी शाखाएँ भी लम्बतः (perpendicular) होती है परंतु शाखिकाओं में जो शाखाएँ होती हैं, वे न्यूनकोण (acute angle) के विभिन्न परासों (range) में होती हैं।

4. अन्तस्थ पुटिकाएँ *(Terminals buttons)*—प्रत्येक एक्सान (axon) के अंतिम छोर पर कुछ पुटिकाएँ (buttons) होते हैं जिन्हें *अन्तस्थ पुटिकाएँ* (terminal buttons) या *एक्सान अन्तस्थ* (axon terminals) कहा जाता है। इनसे कुछ तरल पदार्थ निकलते हैं जिन्हें न्यूरोट्रांसमीटर (neurotransmitter) कहा जाता है। जब क्रिया विभव (action potential) या तंत्रिका आवेग एक्सान होते हुए इन पुटिकाओं के पास पहुँचता है, तो पुटिकाओं से न्यूरोट्रांसमीटर निकलता है, जिससे सूचना ग्रहण करने वाले न्यूरोन से सम्पर्क स्थापित हो जाता है और तंत्रिका आवेग आगे बढ़ जाता है। एक्सान के अन्तस्थ पुटिकाओं तथा सूचना ग्रहण करने वाले सूचनाओं के बीच जो संकीर्ण रिक्ति (gap) होता है, उसे *सूत्रयुग्मीय दरार* (synaptic cleft) कहा जाता है तथा इस स्थान को *सूत्रयुग्मन* (synapse) कहा जाता है। ब्रिटिश दैहिकशास्त्री (physiologists) सर चार्ल्स शेरिंगटन (Sir Charles Sherrington) ने इस संकीर्ण रिक्ति का पता लगाया था तथा इस स्थान को सूत्रयुग्मन (synapse) की संज्ञा उन्होंने दिया।

स्पष्ट हुआ कि एक तंत्रिका कोश (nerve cell) या न्यूरोन की मौलिक संरचना कई भागों में बँटे होते हैं। न्यूरोन हमेशा सूचनाओं को एक दिशा में ही प्रवाहित करते हैं अर्थात् सूचनाएँ शाखिका द्वारा ग्रहण किये जाने पर यह सोमा (soma) या कोश शरीर होते हुए एक्सान और एक्सान से अन्तस्थ पुटिकाएँ (terminal button) तक पहुँचते हैं जहाँ से फिर वे दूसरे न्यूरोन की शाखिका द्वारा ग्रहण कर लिये जाते हैं और आगे बढ़ जाते हैं। इसे *अग्रगामी संवहन का नियम* (law of forward conduction) की संज्ञा दी गयी है।

न्यूरोग्लिआ या ग्लिआ
(Neuroglia or Glia)

न्यूरोन्स (neuron) के अतिरिक्त केन्द्रीय तंत्रिका तंत्र (central nervous system) तथा परिधीय तंत्रिका तंत्र (peripheral nervous system) में कुछ दूसरे तरह की

कोशिकाएँ (cells) भी पायी जाती हैं जिन्हें *न्यूरोग्लिया* (neuroglia) या संक्षेप में ग्लिया (glia) या ग्लियल कोशिका भी कहा जाता है। इन कोशिकाओं को ऐसा इसलिए नामकरण किया गया है क्योंकि वे मस्तिष्क की विभिन्न संरचनाओं (structures) को समर्थन देने में महत्त्वपूर्ण भूमिका प्रदान करते हैं।

स्पेन के न्यूरोशरीरशास्त्री (neuroanatomist) सैनटियागो रामोन काजल (Santiago Ramon Cajal) ने सबसे पहले-पहल यह खोज किया था कि मस्तिष्क में दो तरह की कोशिकाएँ (cells) पायी जाती है—न्यूरोन (neuron) या तत्रिका कोश (nerve cell) तथा ग्लियल कोशिका (glial cell)। इन्होंने यह भी बतलाया कि ग्लियल कोशिका की संख्या तंत्रिका तंत्र में न्यूरोन की संख्या से अधिक होती है, परंतु आकार में यह न्यूरोन से छोटा होता है। नवीनतम अध्ययनों से यह भी पता चला है कि गिलियल कोशिका में शाखिका (dendrite) तथा एक्सॉन (axon) नहीं होते हैं। फलतः वे सूचनाओं को भेजने या ग्रहण करने का कार्य नहीं करते हैं। इसलिए इन्हें *नन-न्यूरोन कोशिका* (non-neuron cell) भी कहा जाता है। इन अध्ययनों के आधार पर यह पता चला है कि ग्लियन कोशिका के चार प्रकार होते हैं—*एस्ट्रोसाइट* (astrocyte) *माइक्रोग्लिया* (microglia) *औलिगोडेन्ड्रोसाइट* (oligodendrocytes) तथा *स्वान्न कोशिका* (Schwann cell)। इनमें से प्रथम तीन केन्द्रीय तंत्रिका तंत्र तथा अन्तिम कोशिका परिधीय तंत्रिका तंत्र में पाये जाते हैं।

ग्लिया कोश द्वारा मूलतः निम्नांकित कार्य किये जाते हैं—

(i) ग्लिया कोश माइलिन शीथ (myelin sheath) का उत्पादन करता है। केन्द्रीय तंत्रिका तंत्र में यह कार्य औलिगोडेन्ड्रोसाइट द्वारा तथा परिधीय तंत्रिका में यही कार्य स्वान्न कोशिका द्वारा किया जाता है।

(ii) यह न्यूरोन को दैहिक समर्थन (physical support) देता है तथा उसका रख-रखाव करता है। इतना ही नहीं, यह कोशकीय कचरा (cellular debris) को भी साफ करने का कार्य करता है। इसमें एस्ट्रोसाइट तथा माइक्रोगिलिया की भूमिका सबसे अधिक होती है।

(iii) यह मस्तिष्क के आंतरिक वातावरण का नियमन (regulate) भी करता है। दूसरे शब्दों में, न्यूरोन के इर्द-गिर्द पाये जाने वाले तरल पदार्थ का नियमन करते हुए न्यूरोन्स के लिए पोषण प्रदान करता है।

(iv) ग्लिया कोश *रक्त-मस्तिष्क अवरोध* (blood-brain barrier) के रूप में कार्य करता है। यह एक अवरोध होता है जो रक्त प्रवाह के कुछ तत्त्वों को मस्तिष्क में पहुँचने से रोकता है।

वुड एवं वुड (Wood & Wood, 1998) के अनुसार मानव मस्तिष्क के परिमाण या मात्रा (volume) का आंधा भाग ग्लियल कोश (glial cell) से बना होता है।

ग्लिया कोश का महत्त्व नैदानिक दृष्टिकोणों से भी काफी अधिक बतलाया गया है क्योंकि वे मस्तिष्क तथा सुषुम्ना में मुख्य ट्यूमर (tumor) का निर्माण करते हैं। इसके अतिरिक्त कुछ विशेष तरह की ग्लिया कोश खासकर एस्ट्रोसाइट्स (astrocytes) मस्तिष्कीय चोट लगने पर अपने आकार में वृद्धि करते हुए चोट के प्रति अनुक्रिया करते हैं जिससे फूलन (swelling) उत्पन्न हो जाता है जिसे *इडीमा* (edema) कहा जाता

है। चूँकि इडीमा अन्य न्यूरोन को नष्ट कर देते हैं, अतः यह मस्तिष्कीय चोट से सम्बन्धित उत्पन्न कई तरह के संलक्षण (syndrome) के लिए जिम्मेवार भी होते है।

न्यूरोन की वैद्युतीय क्रियाएँ : क्रिया विभव (Neuron's Electrical Activities : Active Potential)

न्यूरोन के कार्य के सम्बन्ध में न्यूरो मनोवैज्ञानिकों ने दो प्रश्नों के उत्तर ढूँढ़ने में अधिक अभिरुचि दिखलायी है:—

(i) एक ही न्यूरोन में सूचना किस तरह से प्रवाहित है, तथा

(ii) एक न्यूरोन से दूसरे न्यूरोन में सूचनाएँ किस तरह से प्रभावित होती हैं।

जहाँ तक पहले प्रश्न का सम्बन्ध है, उसका उत्तर सीधा यह है कि एक ही न्यूरोन में सूचनाएँ तंत्रिका आवेग (nerve impulse) द्वारा प्रवाहित होती है। तंत्रिका आवेग को *क्रिया विभव* (action potential) भी कहा जाता है। एक न्यूरोन से दूसरे न्यूरोन में भी सूचनाएँ तंत्रिका आवेग द्वारा ही प्रवाहित होती हैं। परंतु इसमें सूत्रयुग्मनीय प्रवाह (synaptic transmission) की भूमिका भी होती है जिसपर अगले अनुच्छेद में प्रकाश डाला जाएगा।

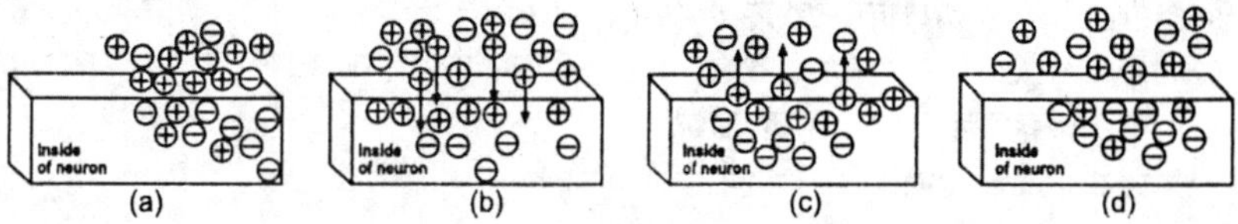

चित्र 2.3 : तंत्रिका आवेग की उत्पत्ति

अब तत्काल हम लोग तंत्रिका आवेग (nerve impulse) के स्वरूप पर विचार करेंगे। तंत्रिका आवेग से तात्पर्य एक अतिलघु अवधि के लिए एक्सॉन (axon) में प्रवाहित होने वाली वैद्युतीय घटना (electric event) से होता है। चूँकि, यह लघु एवं तीव्र होता है, अतः इसे स्पाईक (spike) भी कहा जाता है। अब प्रश्न यह उठता है कि न्यूरोन में तंत्रिका आवेग की उत्पत्ति (origin) कैसे होती है। जब न्यूरोन आराम की अवस्था में होता है अर्थात वह किसी उद्दीपक द्वारा उत्तेजित नहीं होता है, तो न्यूरोन के कोश झिल्ली (cell membrane) के भीतर के तरल पदार्थ में ऋणात्मक वैद्युतीय आवेश (negative electrical charge) अधिक होते हैं तथा उसके बाहर के तरल पदार्थ में धनात्मक वैद्युतीय आवेश (positive electrical charge) अधिक होते हैं। (चित्र 2.3a देखें) जब न्यूरोन आराम की अवस्था में होता है तो कोश झिल्ली (cell membrane) में हल्का वैद्युतीय आवेश (–70 मिली वोल्ट) होता है। इस वैद्युतीय आवेश का कारण यह होता है कि कई तरह के आयन्स[1] (ions) अर्थात् ऋणात्मक एवं धनात्मक आवेशित कण (charged particles) जैसे—सोडियम (Na^+), पोटाशियम (K+), ऑर्गेनिक एनियन (organic anion or A^-), क्लोराइड (Cl^-) आदि कोश झिल्ली (cell membrane) के बाहर एवं भीतर होते हैं। A^- जो ऋणात्मक रूप से आवेशित प्रोटीन तथा कोशिका के चयापचय क्रियाओं (metabolic processes) से

1. आयन (ion) से तात्पर्य एक ऐसे कण (particles) से होता है जिसमें धनात्मक या ऋणात्मक वैद्युतीय आवेश (electrical charge) होते हैं।

उत्पन्न आयन होते हैं, *सिर्फ* कोशिका झिल्ली के भीतर पाये जाते हैं। बाकी तीन तरह के आयन (अर्थात् Cl^-, Na^+ एवं K^+) झिल्ली के भीतर एवं बाहर दोनों ही जगहों पर होते हैं परंतु K^+ झिल्ली के भीतर अधिक संख्या में तथा Cl^- एवं So^+ झिल्ली के बाहर अधिक संख्या में होते हैं। व्यक्ति के सभी तरह के कार्य इन्हीं आयन्स के कारण हो पाता है तथा झिल्ली के बाहर से भीतर तथा भीतर से बाहर आयन्स के विनिमय से तंत्रिका आवेग की उत्पत्ति होती है। चूँकि झिल्ली के भीतर ऋणात्मक आवेशित कण (Cl^-) तुलनात्मक रूप से अधिक होते हैं, इसलिए कोश झिल्ली के भीतरी भाग में बाहरी भाग की तुलना में ऋणात्मक आवेश (negative charge) अधिक होता है। न्यूरोन की इस तरह की अवस्था को विश्राम-विभव (resting potential) कहा जाता है तथा धनात्मक एवं ऋणात्मक आवेशों के उक्त वितरण को ध्रुवीकरण (polarisation) कहा जाता है। न्यूरोन में विश्राम विभव की अवस्था स्वतः नहीं बनी रहती है बल्कि इसके लिए भी न्यूरोन को कार्य करना पड़ता है। दूसरे शब्दों में, न्यूरोन को कुछ विशेष प्रकार के आयन को कोश झिल्ली के भीतरी भाग से बाहर (विशेषकर धनात्मक आयन को) तथा कुछ दूसरे तरह के आयन को कोश झिल्ली के बाहरी भाग से भीतर (विशेषकर ऋणात्मक आयन को) करना पड़ता है।

जब झिल्ली के बाहर वाले सोडियम आयन्स अर्थात् आवेशित कण (charged particles) जो धनात्मक (positive) होते हैं झिल्ली के भीतर आने लगते हैं तो बहुत लघु अवधि के लिए अर्थात् एक मिलीसेकंड (millisecond) के लिए न्यूरोन के कोश झिल्ली का भीतरी भाग धनात्मक रूप से आवेशित (positively charge) हो जाता है (चित्र 2.3b देखें)। धनात्मक आयन (positive ions) के भीतर आने से झिल्ली विभव (membrane potential) में धनात्मक अर्थात् +50 मिलीवोल्ट (millivolt) तक का सहसा परिवर्तन हो जाता है। कोश झिल्ली के धनात्मकता में इस लघु परंतु तीव्र परिवर्तन को ही क्रियाविभव (action potential) या तंत्रिका आवेग (nerve impulse) कहा जाता है। इसके परिणामस्वरूप न्यूरोन का विश्राम विभव (resting potential) समाप्त हो जाता है और नयूरोन उत्तेजित हो जाते हैं। न्यूरोन के आवेशित कणों (charged particles) में इस तरह के परिवर्तन को निध्रुवीकरण (depolarisation) कहा जाता है। Na^+ आयन को झिल्ली के भीतर अधिक संख्या में आ जाने की क्रिया को **निध्रुवीकरण** (depolarisation) कहा जाता है तथा K^+ आयन को अधिक संख्या में झिल्ली से बाहर या Cl^- आयन का अधिक मात्रा में झिल्ली के भीतर आ जाने की प्रक्रिया को **अधिध्रुवीकरण** (hyperpolarisation) कहा जाता है। यहाँ ध्यान देने वाली बात यह है कि जब कोई न्यूरोन उत्तेजित होता है तो वह अपनी पूर्ण शक्ति के साथ उत्तेजित होता है और उसके इस शक्ति का सम्बन्ध उद्दीपक की तीव्रता से नहीं होता है। दूसरे शब्दों में यह कहा जा सकता है कि न्यूरोन में उत्पन्न उत्तेजन की शक्ति या तो पूर्ण होती है या फिर बिलकुल ही नहीं हाती है। ऐसा नहीं होता है कि उद्दीपक की अधिक तीव्रता होने पर न्यूरोन अधिक शवित के साथ उत्तेजित होता है तथा उसकी तीव्रता कम होने पर न्यूरोन कम शक्ति के साथ उत्तेजित होता है। कहने का तात्पर्य यह है कि अगर किसी उद्दीपक द्वारा न्यूरोन उत्तेजित हो गया तो उस उत्तेजित अवस्था की शक्ति हमेशा पूर्ण होगी। इसे *पूर्ण-या-बिलकुल-नहीं का नियम* (all-or-none law) कहा जाता है। अतः पूर्ण या बिल्कुल नहीं का नियम यह बतलाता है कि क्रिया विभव (action potentials)

या तो उत्पन्न होते हैं या बिल्कुल ही उत्पन्न होते हैं। इन दोनों के बीच की कोई अवस्था नहीं होती है। विभिन्न न्यूरोन में तंत्रिका आवेग की आवृति (frequency) की मात्रा अलग-अलग होती है। मनुष्यों में प्रति सेकेंड 500 तंत्रिका आवेग तक की उत्पत्ति होती पायी जाती है। इतना ही नहीं, सभी न्यूरोन्स में एक ही गति (rate) से तंत्रिका आवेग संचारित (travel) नहीं करता है। अध्ययनों से यह स्पष्ट हुआ है कि दो कारक (factors) ऐसे हैं जिनसे तंत्रिका आवेग की गति (speed) प्रभावित होती है :—

(i) पहला कारक एक्सान (axon) से प्रवाहित होने वाले वैद्युतीय धारा में उत्पन्न अवरोध (resistance) है। जब ऐसा अवरोध कम होता है, तो तंत्रिका आवेग की गति अधिक होती है। एक्सान के आकार (size) में वृद्धि होने से उस अवरोध (resistance) में पर्याप्त कमी आ जाती है। अतः बड़े एक्सान में तंत्रिका आवेग की गति (speed) छोटे एक्सान की तुलना में अधिक होती है।

(ii) तंत्रिका आवेग की गति का निर्धारण ग्लिया कोशिका (glia cells) द्वारा भी होता है। परिधीय तंत्रिका तंत्र (peripheral nervous system) में *स्वान कोशिकाएँ* (schwan cells) तथा केंन्द्रीय तंत्रिका तंत्र में *ओलिगोडेन्ड्रोग्लिया* (oligodendroglia) अधिक एक्सान को माइलिन शीथ (myelin sheath) से लपेटे होते हैं। प्रत्येक ग्लियल कोशिका के बीच में एक्सान की झिल्ली में एक रिक्ति (gap) होती है जिसे *नोड ऑफ रैनभियर* (node of Ranvier) कहा जाता है। इस तरह से माइलेनेटेड एक्सान में तंत्रिका आवेग एक नोड से दूसरे नोड पर कूदते हुए आगे बढ़ता है। इस तरह के संवहन (conduction) को *सालटेटरी संवहन* (saltatory conduction) कहा जाता है। इस तरह के संवहन से तंत्रिका आवेग की गति तीव्र हो जाती है। अध्ययनों से यह पता चला है कि इस तरह के संवहन तंत्रिका आवेग की गति को 30 गुणा अधिक बढ़ा देता है। कारलसन (Carlson, 1995) के अनुसार माइलिनेटेड एक्सान (myelinated axon) जिसका व्यास (diameter) 20μm होता है, प्रति सेकेंड 120 मीटर या प्रतिघंटा 432 किलोमीटर की गति से तंत्रिका आवेग को संचरित करा सकता है।

करीब एक या दो मिलीसेकंड के बाद न्यूरोन की कोश झिल्ली (cell membrane) अपनी मौलिक अवस्था में पुनः लौट जाती है। न्यूरोन काफी सक्रिय होकर धनात्मक आयन्स (positive ions) को भीतर से बाहर निकालता है तथा ऋणात्मक आयन्स को बाहर से भीतर लाता है (चित्र 2.3c देखें)। इसके परिणामस्वरूप न्यूरोन में पुनः विश्राम विभव (resting potential) की अवस्था कायम हो जाती है और कोश पुनः उत्तेजित होने के लिए लगभग तैयार हो जाता है (चित्र 2.3d देखें)। जैसा कि हम जानते हैं, न्यूरोन के वैद्युतीय आवेश (electrical charge) में परिवर्तन के इस क्रम (धनात्मक से ऋणात्मक तथा ऋणात्मक से धनात्मक) को क्रिया विभव (action potential) की संज्ञा दी जाती है। क्रिया विभव इस अर्थ में क्रमिक विभव (graded potential) से भिन्न है कि क्रिया विभव एक पूर्ण या नहीं अनुक्रिया है जबकि क्रमिक विभव उद्दीपक की तीव्रता की मात्रा के अनुरूप परिवर्तित होता है।

क्रिया विभव (action potential) के दौरान कोशिका झिल्ली में आयन (ions)

की गतियों (movements) का अब हम इन पाँच बिन्दुओं में सारणीबद्ध कर सकते हैं–

(i) जैसे ही उत्तेजन (excitation) दहेली (threshold) पर पहुँचता है, कोशिका झिल्ली का सोडियम (Na^+) चैनेल खुल जाते हैं और Na^+ का झिल्ली के भीतर प्रवेश प्रारम्भ हो जाता है। इन चैनलों का खुलना झिल्ली के विभव के निध्रुवण (depolarization) से प्रेरित होता है। चूँकि ऐसे चैनेल झिल्ली विभव (membrane potential) में परिवर्तन के फलस्वरूप खुलते हैं इसलिए उन्हें *भोल्टेज-आधृत आयन चैनेल* (voltage-dependent ion channel) कहा जाता है। धनात्मक रूप से आवेशित सोडियम आयनों के भीतर आने से झिल्ली विभव में करीब –70mV से +50mV तक परिवर्तन होता है। क्रिया विभव (action potential) उत्पन्न होने के लिए झिल्ली की वैद्युतीय दहेली –50mv होता है।

(ii) एक्सान की झिल्ली में भोल्टेज-आधृत पोटाशियम चैनेल (voltage-dependent potassium channels) अधिक होती है और ये चैनेल भोल्टेज-आधृत सोडियम चैनेल (voltage dependent sodium channel) से कम संवेदनशील होते हैं। इसका मतलब यह हुआ कि इन्हें खुलने (open) के लिए निध्रुवन (depolarization) के उच्च स्तर की जरूरत होती है। यही कारण है कि वे सोडियम चैनेल से बाद में खुल जाते हैं।

(iii) जब क्रिया विभव (action potential) अपनी चोटी (peak) पर पहुँच जाता है (लगभग 1से 2 मिलीसेकेंड में) सोडियम चैनेल बंद हो जाते हैं। सचमुच में जबतक कि झिल्ली एक बार फिर विश्राम विभव (resting potential) में नहीं पहुँचते, ये (सोडियम चैनेल) नहीं खुलते हैं। ऐसी परिस्थिति में कोई अतिरिक्त Na^+ कोशिका में प्रवेश नहीं कर सकते हैं।

(iv) अबतक झिल्ली में भोल्टेज-आधृत पोटाशियम चैनेल खुल जाते हैं जिससे K^+ आयन मुक्त रूप से झिल्ली में घूमने लगते हैं। ऐसी परिस्थिति में झिल्ली का भीतरी भाग धनात्मक रूप से आवेशित हो जाता है और इलेक्ट्रोस्टैटिक दबाव (electrostatic pressure) एवं फैलाव (diffusion) के कारण विभव अपने सामान्य स्तर की ओर वापस हो जाता है। ऐसा तब होता है, जब पोटाशियम चैनेल फिर से बंद होना प्रारम्भ हो जाते हैं।

(v) जैसे ही झिल्ली विभव सामान्य अवस्था की ओर लौटता है, पोटाशियम चैनेल बंद हो जाते हैं और कोई भी पोटाशियम आयन कोशिका से बाहर नहीं जाता है। सचमुच में झिल्ली अपने विश्राम सीमा (–70 mV) को पार कर जाता है और फिर धीरे-धीरे सामान्य अवस्था की ओर लौटता है। K^+ आयन का झिल्ली के बाहर जमा हो जाने से झिल्ली थोड़े समय के लिए अतिध्रुवित (hyperpolarized) हो जाता है। ये अतिरिक्त आयनस तुरंत इर्द-गिर्द के क्षेत्र में फैल जाते हैं और झिल्ली विभव –70mV पर लौट आता है। अन्तोगत्वा, सोडियम-पोटाशियम वाहक (Sodium-Potassium transporters) झिल्ली के भीतर घुस चुके Na+ को हटा देता है तथा K^+ जो झिल्ली के बाहर चले गये थे, उन्हें भीतर वापस बुला लेता है।

उपर्युक्त सभी चरणों को चित्र 2.5 में दिखलाया गया है।

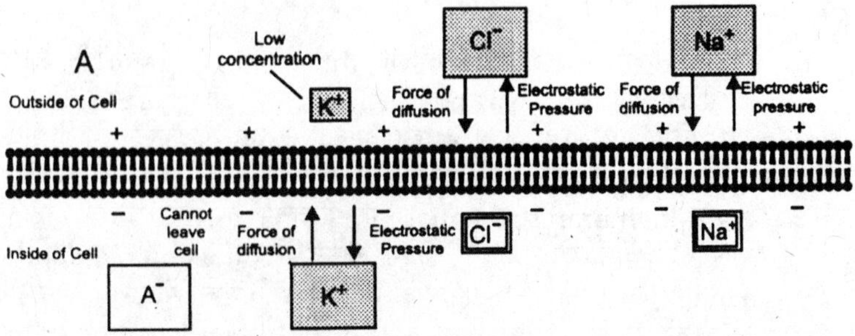

चित्र 2.4 : क्रिया विभव के दौरान आयन की गति (movement)

किसी न्यूरोन में तंत्रिका आवेग (nerve impulse) उत्पन्न होने के तुरंत बाद एक विशेष अवधि होती है जिसमें पुनः न्यूरोन को उत्तेजित नहीं किया जा सकता है चाहे उद्दीपक की तीव्रता की मात्रा कितनी भी अधिक क्यों न हों ? उस लघु अवधि को *निरपेक्ष दुर्दम्य अवधि* (absolute refractory period) कहा जाता है। यह अवधि 5 से 2 मिलीसेकंड तक का होता है। इस अवधि के बाद एक सतत प्रतिप्राप्ति (continuous recovery) की अवस्था होती है जिसमें न्यूरोन केवल वैसे उद्दीपक द्वारा उत्तेजित हो सकता है जिसकी तीव्रता सामान्य से अधिक होती है। इस तरह की अवधि को *सापेक्ष दुर्दम्य अवधि* (relative refractory period) कहा जाता है। यह अवधि कुछ मिलीसेकंड का होता है। सापेक्ष दुर्दम्य अवधि की समाप्ति के बाद न्यूरोन की उत्तेजनशीलता शक्ति पूर्णतः कायम हो जाती है और वह सामान्य तीव्रता के उद्दीपक से उत्तेजित होने के लायक हो जाता है। शरीरक्रिया मनोवैज्ञानिकों (physiological psychologists) द्वारा किये गए अध्ययनों के आधार पर यह स्पष्ट हुआ कि *मनुष्यों की तंत्रिका आवेग की गति एक मीटर प्रति सेकंड से लेकर प्रति सेकंड 100 मीटर या 224 मील प्रति घंटा तक होता है।* बड़े एवं लम्बे एक्सॉन वाले न्यूरोन में तंत्रिका आवेग की गति तीव्र होती है जबकि लघु एवं छोटे एक्सॉन वाले न्यूरोन में तंत्रिका आवेग की गति धीमी होती है।

सूत्रयुग्मनीय संरचना
(Synaptic Transmission)

जैसा कि पिछले अनुच्छेद में कहा गया था कि एक न्यूरोन से दूसरे न्यूरोन में सूचनाएँ *सुत्रयुग्मनीय प्रवाह* (synaptic transmission) होकर आगे बढ़ती है, अतः इस अनुच्छेद में सूत्रयुग्मन तथा उसके कार्य को भली-भाँति समझा जाएगा।

सूत्रयुग्मन क्या है ? इस प्रश्न का उत्तर देते हुए यह कहा जा सकता है कि दो न्यूरोन जहाँ पर आपस में मिलते हैं, वहाँ पर इन दोनों के बीच में कुछ रिक्त स्थान होते हैं जिसके कारण वे दोनों एक-दूसरे से सीधे सटे हुए नहीं होते हैं। दोनों न्यूरोन के इस मिलन स्थान को ही *सूत्रयुग्मन* (synapse) की संज्ञा दी जाती है। इसे और भी विशिष्ट रूप से समझाते हुए यह कहा जा सकता है कि सूत्रयुग्मन वह स्थान होता है जहाँ एक न्यूरोन का एक्सॉन (axon) दूसरे न्यूरोन की शाखिका (dendrites) या कोश शरीर (cell bodies) के साथ प्रकार्यात्मक सम्बन्ध (functional relationship) कायम करता है हालाँकि ये दोनों

एक-दूसरे से सटे हुए नहीं होते हैं। इन दोनों के बीच के लघुतम रिक्ति(gap) को *सूत्रयुग्मनीय* (synaptic cleft) कहा जाता है। यह दूरी लगभग 20 से 40nm (nanometer) का होता है। (एक नैनोमीटर एक मीटर का एक अरबवाँ(billionth) भाग होता है।) ब्रिटिश दैहिकशास्त्री (British physiologists) सर चार्ल्स शेरींगटन (Sir Charles Sherrington) ने इस संकीर्ण रिक्ति(narrow gap) का पता लगाया था तथा इस स्थान को *सूत्रयुग्मन* (synapse) की संज्ञा उन्होंने दिया।

चित्र 2.4 में सूत्रयुग्मन (synapse) को दिखलाया गया है। इस चित्र में एक्सान अन्तस्थ (axon terminals) को अन्य न्यूरोन से कुछ जगह देकर अलग किया गया है। उस जगह को *सूत्रयुग्मनीय* दरार (synaptic cleft) कहा जाता है। अन्तस्थ के झिल्ली (membrane) को *प्राक्सूत्रयुग्मनीय झिल्ली* (presynaptic membrane) कहा जाता है तथा वह झिल्ली जिसके साथ यह सूत्रयुग्मित (synapse) होता है, उसे *उत्तरसूत्रयुग्मनीय झिल्ली* (postsynaptic membrane) कहा जाता है। एक्सान के तरफ से अन्तस्थ के भीतर में *माइक्रोटुबुल्स* (microtubules) होते हैं जो पूर्वगामी रसायन (chemicals) को अन्तस्थ तक न्यूरोट्रांसमीटर पैदा करने के लिए पहुँचाते हैं। अन्तस्थ (terminals) में *माइटोकौण्ड्रिया* (mitochondria) होते हैं जो चयापचयी प्रक्रियाओं (metabolic processes) के लिए ऊर्जा प्रदान करते हैं। इन सबों के अलावा, अन्तस्थ में दो प्रकार की पुटिकाएँ (vesicles) होती हैं—*संचयन कणिका* (storage granules) तथा *सूत्रयुग्मनीय पुटिकाएँ* (synaptic vesicles)। संचयन कणिका में लम्बी अवधि तक न्यूरोट्रांसमीटर संचित रहते हैं तथा सूत्रयुग्मनीय पुटिकाएँ में न्यूरोट्रांसमीटर तात्कालिक उपयोग भर के लिए अर्थात् कम मात्रा में संचित होती हैं। उत्तर सूत्रयुग्मनीय झिल्ली (postsynaptic membrane) में कुछ विशिष्ट प्रोटीन होते हैं जो न्यूरोट्रांसमीटर के लिए ग्राहक (receptors) का कार्य करते हैं।

अब प्रश्न यह उठता है कि जब दोनों न्यूरोन के बीच रिक्त स्थान होते हैं तो तंत्रिका आवेग (nerve impulse) का संचार किस तरह होता है? इलेक्ट्रॉन माइक्रोस्कोप (electron microscope) से लिए गए तस्वीरों के विश्लेषण से यह पता चलता है कि

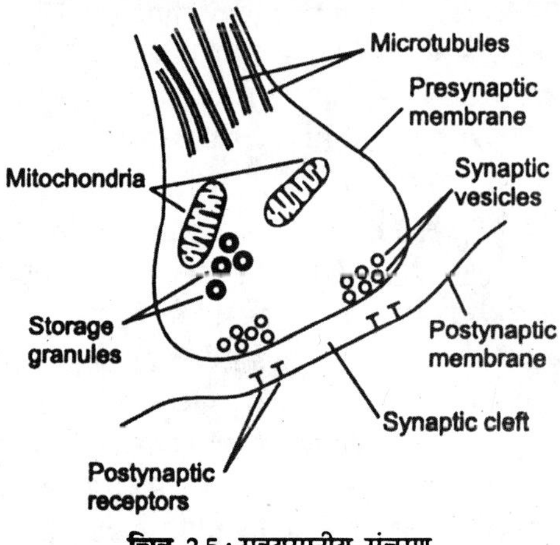

चित्र 2.5 : सूत्रयुग्मनीय संचरण

एक्सॉन के छोर पर कई छोटे-छोटे बल्ब (bulbs) होते हैं जिन्हें बुटोन्स (buttons)

कहा जाता है। इस बुटोन्स में छोटी-छोटी पुटिकाएँ (vesicles) होती हैं जिसमें कुछ तरल पदार्थ भरे होते हैं। तरल पदार्थ को न्यूरोट्रांसमीटर (neurotransmitter) कहा जाता है। सूचना ले जाने वाले न्यूरोन के एक्सॉन के सीमावर्ती बुटोन्स (terminal buttons) के झिल्ली (membrane) को *प्राक्सूत्रयुग्मनीय झिल्ली* (presynaptic membrane) कहा जाता है तथा ऐसे न्यूरोन को *प्राक्सूत्रयुग्मनीय न्यूरोन* (presynaptic neuron) कहा जाता है तथा सूचना प्राप्त करने वाले न्यूरोन के एक्सान के सीमावर्ती बूटोन्स के झिल्ली को *उत्तरसूत्रयुग्मनीय झिल्ली* (postsynaptic membrane) कहा जाता है तथा इस तरह के न्यूरोन को *उत्तरसूत्रयुग्मनीय न्यूरोन* (postsynaptic neuron) कहा जाता है। इस उत्तरसंधिस्थलीय झिल्ली में वे ग्राहक (receptors) होते हैं जो न्यूरोट्रांसमीटर के तत्वों को ग्रहण करते हैं। बहुत से ऐसे न्यूरोन्स भी होते हैं जो स्वयं अपने से ही निकलने वाले न्यूरोट्रांसमीटर को ग्रहण करते हैं। इसे *स्वग्राहक* (autoreceptor) कहा जाता है। प्राक्सूत्रयुग्मनीय टर्मिनल्स (presynaptic terminals) से उत्तरसूत्रयुग्मनीय कोशिकाओं के सूचनाओं को अंतरण (transfer) में लगभग 0.5 मिलीसेकंड का समय लगता है। संभवतः इसका कारण यह होता है कि यह न्यूनतम समय है जो ट्रांसमीटर तत्त्वों (transmitter substances) को वहाँ निकलने तथा फिर पूरे संधिस्थलीय दरार में फैलने में लगता है। अध्ययनों से यह भी स्पष्ट हुआ है कि सूत्रयुग्मन एक-तरफा वाल्व (valve) के रूप में कार्य करता है अर्थात् संचरण (transmission) सिर्फ प्राक्सूत्रयुग्मनीय टर्मिनल से उत्तरसूत्रयुग्मनीय कोशिकाओं की ओर जाता है। *यह कभी भी उत्तरसूत्रयुग्मनीय कोशिकाओं से प्राक्सूत्रयुग्मनीय टर्मिनल की ओर नहीं जाता है।* इसका सबूत हमें इस बात से मिलता है कि जब हम उत्तरसूत्रयुग्मनीय कोशिकाओं के एक्सॉन (axon) को उत्तेजित करते हैं तो प्राक्सूत्रयुग्मनीय टर्मिनल में कोई परिवर्तन नहीं पाते हैं। इसका कारण यह है कि प्राक्सूत्रयुग्मनीय टर्मिनल से रसायनिक ट्रांसमीटर निकलता है जबकि उत्तरसूत्रयुग्मनीय कोशिकाओं से ऐसा ट्रांसमीटर नहीं निकलता है।

सूत्रयुग्मनीय संचरण (synaptic transmission) इस ख्याल से भिन्न होते हैं कि उत्तरसूत्रयुग्मनीय झिल्ली (postsynaptic membrane) के ग्राहक अणु (receptor molecules) निम्नांकित में से दोनों या इन दोनों में से कोई एक कार्य करते हैं—

(i) **ग्राहक कार्य** *(Receptor function)*—उत्तरसूत्रयुग्मनीय कोशिकाओं का विशिष्ट पूरा ट्रांसमीटर अणु प्राक्संधिस्थलीय कोशिकाओं से आने वाले सूचनाओं की पहचान करना होता है।

(ii) **प्रभाव कार्य** *(Effector function)*—उत्तर सूत्रयुग्मनीय कोशिका के जैवरसायन अवस्था (biochemical state) को यह सूचना मिलते ही कि संधिस्थलीय ट्रांसमीटर अणु इस सतह पर पहुँच चुका है, में एक परिवर्तन होता है।

सूत्रयुग्मनीय संचरण (synaptic transmission) का एक प्रकार ऐसा होता है जिसका एक ही अणु (molecule) ग्राहक तथा प्रभावक दोनों ही कार्य करते हैं। इस तरह के सूत्रयुग्मन (synapse) को कभी-कभी **लिगान्ड-उत्तेजित सूत्रयुग्मन** (ligand-activated synapse) भी कहा जाता है। चूँकि ऐसे सूत्रयुग्मन पर क्रियाएँ थोड़े ही देर के लिए ही सही परंतु तीव्र गति से होता है, इसलिए इसे **तीव्र सूत्रयुग्मन** (fast synapse) भी कहा जाता है। सूत्रयुग्मनीय संचरण का दूसरा प्रकार वह होता है जहाँ

ग्राहक तथा प्रभावक कार्य दो भिन्न अणुओं द्वारा संपन्न किये जाते हैं। इस तरह के संधिस्थल में ग्राहक अणु के पास न्यूरो ट्रांसमीटर के आने का आयोनिक चैनेल (ionic channel) पर अप्रत्यक्ष प्रभाव पड़ता है। यह कई तरह की क्रियाओं को उत्पन्न करता है जो अन्य रसायनों द्वारा संचालित होता है। ऐसे रसायनों को *द्वितीयक संदेशवाहक* (secondary messenger) की संज्ञा दी जाती है। इस विशेष परिस्थिति में सूत्रयुग्मनीय न्यूरोट्रांसमीटर को प्रथम संदेशवाहक माना जाता है। ऐसे सूत्रयुग्मन पर क्रियाएँ काफी धीमी गति से होती है परंतु लिगान्ड-उत्तेजित सूत्रयुग्मन की तुलना में लम्बे समय तक चलते रहता है। अतः इसे *मंद सूत्रयुग्मन* (slow synapse) भी कहा जाता है। पेपटाइड सूत्रयुग्मन (peptide synapse) मंद सूत्रयुग्मन का एक उत्तम उदाहरण है क्योंकि पेपटाइड सूत्रयुग्मनीय न्यूरो ट्रांसमीटर वैसे सूत्रयुग्मनीय के सहारे कार्य करता है जिसमें द्रितीयक संदेशवाहक का उपयोग किया जाता है। जब तंत्रिका आवेग सूचना प्रदत्त करने वाले न्यूरोन (transmitting neuron) के एक्सॉन के छोर पर पहुँचता है तो पुटिकाओं से न्यूरोट्रांसमीटर निकलना प्रारम्भ हो जाते हैं। इसका परिणाम यह होता है कि सूचना प्राप्त करने वाले न्यूरोन (receiving nerve) के ग्राहक क्षेत्र (receptor) के विशिष्ट अणु (specialised molecules) के साथ न्यूरोट्रांसमीटर मिल जाते हैं और तब तंत्रिका आवेग को झट से सूचना प्राप्त करने वाले न्यूरोन की शाखिका (dendrites) द्वारा ग्रहण कर लिया जाता है। इस तरह से तंत्रिका आवेग का संरचण आगे की ओर हो जाता है।

सूत्रयुग्मन (synapse) की दो मुख्य विशेषताएँ (features) हैं जिनके आधार पर इसके कार्यों के बारे में अंदाज मिलता है—

(i) अन्तस्थ (terminals) का आकार तथा जिस तरह से वे अन्य संरचनाओं (structures) के साथ सम्बन्धित होते हें, से यह पता चलता है कि सूत्रयुग्मन (synapse) के विभिन्न प्रकार होते हैं। जैसे, विभिन्न न्यूरोन के अन्तस्थों (terminals) के कणिका (granules) के आकार (size) में विभिन्नताएँ (variations) होते हैं। इन्हीं कणिकाओं में न्यूरोट्रांसमीटर(neurotransmitter) होता है और कणिकाओं के आकार (size) में अंतर यह बतलाता है कि ये अंतरण तत्त्वों (transmitter substances) में भी भिन्नता हो सकती है। अन्तस्थ के भीतर पाये जाने वाले तत्वों (substances) तथा उस झिल्ली के तत्त्वों जिसके साथ वे सूत्रयुग्मित(synapse) होती हैं, उनके घनत्व(densities) में अंतर होता है। आकार तथा घनत्व में विभिन्नता से यह पता चलता है कि भिन्न-भिन्न सूत्रयुग्मन (synapse) के भिन्न-भिन्न कार्य होते हैं।

(ii) सूत्रयुग्मन (synapse) कोशिका (cell) के भिन्न-भिन्न भागों के साथ सम्पर्क स्थापित कर सकते हैं। जैसे, जब सूत्रयुग्मन शाखिका (dendrites) के साथ सम्बन्ध स्थापित करते हैं, तो इस सम्बन्ध को *एक्साडेन्ड्रिटीक* (axodendritic), जब वे कोश शरीर (cell body) के साथ सम्बन्ध स्थापित करते हैं, तो इसे *एक्सोसोमेटीक* (axosometic), जब वे एक्सान (axon) के साथ सम्बन्ध स्थापित करते हैं, तो उसे *एक्सोएक्सोनिक* (axoaxonic) तथा जब वे दूसरे कोशिका के सूत्रयुग्मन के साथ सम्बन्ध स्थापित करते हैं, तो उसे *एक्सोसाइनेपटिक* (axosynaptic) कहा जाता है। इन चार तरह के सम्बन्धों को चित्र 2.6 में देखा जा सकता है। न्यूरोन्स आपस में अन्य दूसरे तरह के सम्पर्क भी स्थापित

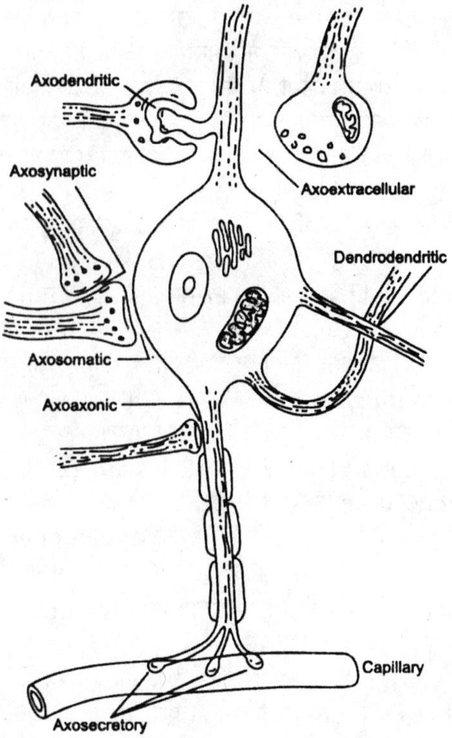

चित्र 2.6 : अन्तस्थ (terminals) या सूत्रयुग्मन (synapse) के प्रकार

करते हैं। जैसे, दो न्यूरोन की शाखिकाएँ (dendrites) आपस में सम्पर्क बनाते हैं और इसे *डेन्ड्रोडेन्ड्रीटिक सम्बन्ध* (dendrodendritic connection) कहा जाता है। कुछ ऐसे भी अन्तस्थ होते हैं जो अन्य तंत्रकीय तत्त्वों (neural elements) के साथ सूत्रयुग्मित नहीं होते हैं ब्लकि कोशिका के बाहर रिक्त जगह में न्यूरोट्रांसमीटर (neurotransmitter) का स्राव करते हैं। इसे *एक्सोएक्सट्रासेलुलर सूत्रयुग्मन* (axoextracellular connection) कहा जाता है। अन्य अन्तस्थ तंत्रकीय वहिर्वेशन (neural projection) के साथ सूत्रयुग्मित होने के अतिरिक्त कुछ अन्य मांशपेंशियों (muscles) तथा केशिकाओं (capilliaries) में जाकर समाप्त हो जाते हैं और उनमें अपना हारमोन्स का स्राव करते हैं। ऐसे सम्बन्धों को *एक्सोसिक्रेट्री सम्बन्ध* (exsosecretory connection) कहा जाता है।

सूचना प्राप्त करने वाले न्यूरोन (receiving neuron) के कोश (cell) पर न्यूरोट्रांसमीटर दो तरह का प्रभाव डालता है–उत्तेजनापूर्ण प्रभाव (excitatory effect) तथा निरोधक प्रभाव (inhibitory effect)। अगर उत्तेजनापूर्ण प्रभाव उत्पन्न होता है तो इससे सूचना प्राप्त करने वाले न्यूरोन के कोश में निध्रुवीकरण (depolarization) की प्रक्रिया उत्पन्न होती है अर्थात इसके विश्राम विभव (resting potential) में कमी आने

लगती है। अगर निध्रुवीकरण की मात्रा पर्याप्त होती है तो इससे *क्रिया विभव* (action potential) की उत्पत्ति हो जाती है। दूसरे तरफ अगर न्यूरोट्रांसमीटर से निरोधात्मक प्रभाव (inhibitory effect) उत्पन्न होते हैं, तो उसे सूचना प्राप्त करने वाले न्यूरोन के कोश में ध्रुवीकरण (polarizations) की प्रक्रिया उत्पन्न हो जाती है जिसका असर यह होता है कि इस न्यूरोन के लिए क्रिया विभव (action potential) को सम्पन्न कराना कठिन हो जाता है।

अब एक प्रश्न यहाँ यह उठता है कि सूत्रयुग्मन पर तंत्रिका आवेग को आगे बढ़ जाने के बाद बचे हुए न्यूरोट्रांसमीटर (neurotransmitter) का क्या होता है ? मनोवैज्ञानिकों द्वारा किये गये अध्ययनों से यह स्पष्ट हुआ है कि ऐसे न्यूरोट्रांसमीटर को पुनः एक्सॉन की पुटिकाओं द्वारा सोख लिया जाता है या सूत्रयुग्मन पर उपस्थित विभिन्न तरह के एन्जाइम (enzymes) द्वारा उसे निष्क्रिय कर दिया जाता है। न्यूरोट्रांसमीटर को एक्सॉन की पुटिकाओं द्वारा सोखने की प्रक्रिया के *पुनर्वापसी* (reuptake) कहा जाता है।

स्पष्ट हुआ कि सूत्रयुग्मन का मुख्य कार्य तंत्रिका आवेग के संचरण में मदद करना है। यह कार्य न्यूरोट्रांसमीटर की मदद से हो पाता है।

क्रमिक विभव का संप्रत्यय : तंत्रिका आवेग का उद्‌भव (Concept of Graded Potentials : Origin of Nerve Impulse)

एक्सान (axon) के समान शाखिका (dendrite) में भी कुछ वैद्युतीय क्रियाएँ (electrical activities) होती हैं। उपर में तो यह स्पष्ट रूप से वर्णन किया गया कि एक्सान के उत्तेजित होने से किस तरह की घटनाएँ (events) होती हैं। अब प्रश्न यह उठता है कि शाखिका जिसे सामान्यतः कोशिका के वैद्युतीय क्रियाओं का उद्‌भव बिन्दु माना जाता है, में उत्तेजन के बाद क्या होता है? न्यूरोशरीर संरचनाविज्ञानियों (neuroanatomists) का मत है कि एक्सान के समान शाखिका (dendrites) में भी झिल्ली (membrane) होती है और इससे भी एक्सान के समान ही विश्राम विभव (resting potential) होता है। जब शाखिका उत्तेजित होती है, तो उनके विभव (potential) में भी परिवर्तन होता है। परंतु एक्सान के समान शाखिका में क्रिया विभव (action potential) उत्पन्न नहीं होता है। जब शाखिका उत्तेजित होती है, उत्तेजन (stimulation) की तीव्रता के अनुपात में विश्राम विभव (resting potential) के भोल्टेज (voltage) में परिवर्तन होता है। इसके परिणास्वरूप उत्तेजन बिन्दु से हटकर शाखिका में यह परिवर्तन फैल जाता है और बिन्दु से जैसे-जैसे दूरी बढ़ते जाती है, परिवर्तन की मात्रा कम होते जाती है। शाखिका में इस तरह के भोल्टेज में परिवर्तन को *क्रमिक विभव* (graded potential) कहा जाता है। भोल्टेज में इस तरह का परिवर्तन उत्तेजन के स्वरूप के अनुसार पराझिल्ली (transmembrane) के भोल्टेज में ह्रास (decrease) जिसे *निध्रुवण* (depolarization) या वृद्धि (increase) जिसे *अतिध्रुवण* (hyperpolarization) कहा जाता है, हो सकता है।

चूँकि शाखिकाएँ (dendrites) उत्तेजन (stimulation) के प्रति क्रमिक विभव (graded potentials) के रूप में अनुक्रिया करते हैं, इसलिए इससे सम्बन्धित दो नियम विशेष रूप से उल्लेखनीय हैं—

(i) **स्थानिक योग का नियम** *(Principles of spatial summation)*—यह नियम बतलाता है कि यदि शाखिका को दो ऐसे बिन्दुओं पर उत्तेजित किया जाता है जो एक-दूसरे से नजदीक होते हैं, तो दोनों ही बिन्दुओं पर उत्पन्न क्रमिक विभव एक-दूसरे के साथ जोड़ दिये जायेंगे। अगर दोनों उद्दीपक (stimulus) समरूप (identical) होते हैं, तो कमिक्र विभव वैसी परिस्थिति की तुलना में अधिक होगा जब एक ही उद्दीपक से शाखिका को उत्तेजित किया गया हो। अगर दो उद्दीपकों से शाखिका को दो ऐसे बिन्दुओं पर उत्तेजित किया जाता है, जो एक-दूसरे से काफी दूरी पर होते हैं, तो उत्पन्न क्रमिक विभव एक-दूसरे के पास पहुँचने के पहले ही समाप्त हो जायेंगे और फिर तब आपस में जुड़ने का प्रश्न ही नहीं उठता है। अगर दो उद्दीपकों की दूरी मध्यवर्त्ती (intermediate) होती है, तो दोनों उत्तेजनों से उत्पन्न क्रमिक विभव आपस में जुड़ेंगे परंतु उन्हीं बिन्दुओं पर जहाँ दोनों उत्तेजनों से विभव प्राप्त हुआ हो। ऐसे में विभव की मात्रा (magnitude) कम होगी क्योंकि दूरी बढ़ने से विभव की शक्ति कमती जाती है। करीब-करीब यही नियम उस परिस्थिति में भी लागू होता है जब एक उद्दीपक शाखिका की झिल्ली को अतिध्रुवित (hyperpolarize) कर देता है और दूसरा उद्दीपक उस झिल्ली को निध्रुवीकृत (depolarize) कर देता है। परंतु यहाँ क्रमिक विभव (graded potential) अतिध्रुवीकरण में से निध्रुवीकरण को घटा कर प्राप्त किया जायेगा।

इस तरह से स्थानिक योग के नियम में विभव (graded potential) के बारे में नजदीक के क्रमिक विभव को जोड़ते हुए तथा घटाते हुए किसी निष्कर्ष पर पहुँचते हैं।

(ii) **सामयिक योग का नियम** *(Principle of temporal summation)*—यह नियम बतलाता है कि क्रमिक विभव (graded potential) की शक्ति दो उद्दीपकों की शक्ति और उसके बीच के समय अंतराल पर निर्भर करता है। किसी उद्दीपक द्वारा उत्तेजित शाखिका का क्रमिक विभव उद्दीपक के हट जाने के बाद कमने लगता है। परंतु जब उसी जगह पर दूसरा उद्दीपक से कुछ देर बाद शाखिका को उत्तेजित किया जाता है, तो इससे वैसा ही अनुक्रिया उत्पन्न होगी। अगर दूसरा उद्दीपक पहला उद्दीपक के तुरंत बाद दिया गया है, तो क्रमिक विभव जोड़ दिये जायेंगे और किसी एक एकांकी उत्तेजन (single stimulation) से बड़ा होगा। उसी तरह से यदि एक उद्दीपक झिल्ली को अतिध्रुवीकृत (hyperpolarize) करता है और दूसरा उद्दीपक उसे निध्रुवीकृत (depolarize) करता है, तो दोनों उत्तेजनों को एक-दूसरे से घटाकर क्रमिक विभव का पता लगाया जायेगा।

अगर शाखिका के स्थानिक योग (spatial summation) तथा सामयिक योग (temporal summation) को इन विशेषताओं पर ध्यान दे तो हमें यह स्पष्टतः पता चलता है कि तंत्रिका आवेग की उत्पत्ति कैसी होती है? जैसा कि हम जानते हैं कि क्रिया विभव (action potential) उत्पन्न करने की दहेली (threshold) –50mV होता है। अगर शाखिका तंत्र (dendrite system) को इस तरह उत्तेजित किया जाता कि वह –50mV पर अध्रुवीकृत (depolarize) हो जाता है और अगर यह क्रमिक विभव (graded potential) पूरे कोश शरीर (cell body) में एक्सान के नजदीक तक फैल जाता है, तो क्रिया विभव उत्पन्न करने की आवश्यक शर्तें पूरी हो जाती हैं। सचमुच में कोश शरीर और एक्सान के बीच जो पारगमन बिन्दु (transition point) होता है

तथा जिसे *एक्सान टीला* (axon hillock) कहा जाता है, ही वह जगह है जहाँ तंत्रिका आवेग उत्पन्न होते हैं। जब यह क्षेत्र (एक्सान टीला) क्रमिक विभव (graded potentials) के फैलाव से –50mV से नीचे निध्रुवीकृत हो जाता है तो कोशिका उत्तेजित हो जायेंगे। परंतु जब क्रमिक विभव एक्सान टीला को दहेली पर निध्रुवीकृत करने में पर्याप्त नहीं होते हैं, तो कोशिका उत्तेजित नहीं होगी। इस तरह से एक्सान में उत्पन्न उत्तेजन को कोशिका की शाखिकाओं से उत्पन्न क्रमिक विभव (graded potentials) के प्रभाव के रूप में व्याख्या की जा सकती है।

स्पष्ट हुआ कि एक्सान के समान शाखिका में विभव (potentials) उत्पन्न होते हैं। एक्सान के विभव को क्रिया विभव (action potential) जबकि शाखिका के विभव को क्रमिक विभव (graded potential) कहा जाता है। क्रमिक विभव के स्थानिक योग तथा सामयिक योग के गुणों के आधार पर तंत्रिका आवेग की उत्पत्ति की व्याख्या संभव है।

न्यूरोट्रांसमीटर एवं न्यूरोमोडुलेटर
(Neurotransmitter and Neuromodulator)

न्यूरोट्रांसमीटर का महत्त्व सूत्रयुग्मनीय संचरण (synaptic transmission) में काफी अधिक है। न्यूरोट्रांसमीटर एक तरह का रासायनिक तत्त्व (chemical substance) होता है जो तंत्रिका तंत्र (nervous system) में सूत्रयुग्मनीय (synapse) पर तथा तंत्रिका (nerves) एवं मांसपेशियों (muscles) के बीच जंक्शन (junction) पर तंत्रिका आवेग के संचरण (transmission) में मदद करता है। इस जंक्शन को *न्यूरोपेशीय जंक्शन* (neuromusculor junction) कहा जाता है। जब सूचना प्रदत्त करने वाले न्यूरोन (transmitting neuron) जिसे *प्राक्सूत्रयुग्मनीय न्यूरोन* (presynaptic neuron) भी कहा जाता है, के एक्सॉन के छोर की पुटिकाओं से न्यूरोट्रांसमीटर (neurotransmitter) निकल कर सूचना ग्रहण करने वाले न्यूरोन (receiving neuron) या जिसे उत्तर सूत्रयुग्मनीय न्यूरोन (postsyanptic neuron) भी कहा जाता है, के ग्राहक क्षेत्र के विशिष्ट ग्राहक अणु (specialized receptor molecules) से संयोजित होता है, तो दो तरह के प्रभाव उत्पन्न होते हैं—*उत्तेजनपूर्ण प्रभाव* (exctitatiory effects) तथा *निरोधक प्रभाव* (inhibitory effect)। इन दोनों तरह के प्रभावों का प्रभाव यह होता है कि तंत्रिका आवेग का संचरण हो पाता है। न्यूरोट्रांसमीटर के कई प्रकार होते हैं जिनमें निम्नांकित प्रमुख हैं—

1. ऐसीटीलकोलाइन (*Acetylcholine*)—यह लघु आणविक (small molecule) न्यूरो-ट्रांसमीटर है जो पूरे केन्द्रीय तन्त्रिका तन्त्र (central nervous system), स्वायत्त तन्त्रिका तन्त्र (autonomic nervous system) तथा न्यूरोपेशीय जंक्शनों (neuro-muscular junction) में पाया जाता है। सबसे पहले खोज किया जाने वाला न्यूरोट्रांसमीटर यही है। यह न्यूरोन की क्रियाशीलता को उत्तेजित करता है और स्मृति, अधिगम तथा मांशपेशियों के क्रियाओं में सम्मिलित होता है।

2. नोरइपानफ्राइन (*Norepinephrine*)—यह एक तरह का केटकोलामाइन है जिसमें एमीनो एसीड टाइरोसीन (amino acid tyrosine) मिला होता है। यह केन्द्रीय

तन्त्रिका तन्त्र (central nervous system) तथा अनुकम्पी तन्त्रिका तन्त्र (sympathetic nervous system) में पाया जाता है। यह केन्द्रीय तन्त्रिका तन्त्र में न्यूरोन्स की क्रियाशीलता को प्रायः अवरुद्ध करता है परन्तु हृदय की मांशपेशियों, आंत एवं मूत्रीय क्षेत्रों को उत्तेजित करता है। इसकी मात्रा कमने से व्यक्ति में विषाद तथा अधिक होने से उन्माद (mania) होता है।

3. इपानफ्राइन (*Epinephrine*)—यह भी एक तरह का केटकोलामाइन (catecolamine) है जो केन्द्रीय तन्त्रिका तन्त्र (central nervous system) में विशेषतः वैसे न्यूरोन में पाये जाते हैं जिनका कोश शरीर (cell body) मस्तिष्कीय स्तम्भ (brain stem) में होता है।

4. डोपामाइन (*Dopamine*)—यह भी एक तरह का केटकोलामाइन है जो केन्द्रीय तन्त्रिका तन्त्र (central nervous system) में पाया जाता है। यह अवरोधक प्रभाव (inhibitory effect) उत्पन्न करता है और इसके द्वारा ऐच्छिक गतियों का नियन्त्रण होता है। इसकी कम मात्रा का सम्बन्ध पारकिन्सन रोग से तथा अधिक मात्रा का सम्बन्ध मनोविदालिता (schizophrenia) से होता है।

5. सेरोटोमिन (*Serotomin*)—यह भी एक तरह का इन्डोलामाइन (indolamine) है जो केन्द्रीय तन्त्रिका तन्त्र (central nervous system) में पाया जाता है। यह भी मूलतः अवरोधक प्रभाव उत्पन्न करता है। यह नींद एवं विषाद के नियमन (regulation) में महत्वपूर्ण भूमिका निभाता है।

6. गाबा या गामा एमीनो बूटरिक अम्ल (*Gamma aminobutyric acid or GABA*)—यह एक तरह का एमीनो एम्ल (amino acid) है तथा यह मस्तिष्क एवं सुषुम्ना के सभी हिस्से में खासकर अवरोधी साहचर्य न्यूरोन (inhibitory association neuron) में पाये जाते हैं। यह न्यूरोन की क्रियाशीलता (firing) को रोकता है। इसकी मात्रा कमने से व्यक्ति में चिन्ता (anxiety) उत्पन्न होता है। वेलियम (valium) एवं अन्य चिंताविरोधी औषध गाबा के निरोधक प्रभाव को बढ़ा देते हैं।

7. ग्लूटैमिक अम्ल (*Glutamic acid*)—यह भी एक तरह का एमीनो अम्ल (amino acid) है जो तन्त्रिका तन्त्र (nervous system) में पाया जाता है।

8. एसपार्टेट (*Aspartate*)—यह भी एक तरह का एमीनो अम्ल (amino acid) है।

9. इन्डौर्फिन (*Endorphins*)—यह एक ऐसा न्यूरोट्रांसमीटर है जो न्यूरोन्स की क्रियाशीलता को मुख्य रूप से उत्तेजित करता है। यह दर्द को कम करता है तथा आनन्द को बढ़ाता है।

10. न्यूरोपेपटाइड्रस (*Neuropeptides*)—इसमें कई तरह के एमीनो अम्ल (amino acids) हैं। इसे हाल ही में एक न्यूरोट्रांसमीटर के रूप में स्वीकार किया गया है। इन्डोरफिन्स (endorphins) इस समूह का एक प्रमुख न्यूरोट्रांसमीटर है।

11. हिस्टामाइन (*Histamine*)—यह न्यूरोट्रांसमीटर मस्तिष्क के उन क्षेत्रों में होता है जो संवेग से सम्बन्धित होते हैं। इसकी भूमिका एलर्जी की प्रतिक्रिया में भी पाया जाता है।

ग्रिडेन (Greden, 1994) द्वारा किये गए शोधों से यह स्पष्ट हुआ है कि मानव शरीर द्वारा करीब 60 ऐसे रसायनिक तत्त्व हैं जो न्यूरोट्रांसमीटर के रूप में कार्य कर सकते

हैं। कुछ न्यूरोट्रांसमीटर का स्वरूप हमेशा उत्तेजक (excitatory) होता है तथा कुछ का स्वरूप हमेशा अवरोधक (inhibitory) होता है तथा कुछ का स्वरूप उत्तेजक या अवरोधक कुछ भी हो सकता है जो इस बात पर आधारित होता है कि वह किस तरह के ग्राहक से सम्पर्क में आता है। पहले शोधकर्त्ताओं को ऐसा विश्वास था कि एक वैयक्तिक न्यूरोन (individual neuron) एक ही न्यूरोट्रांसमीटर का स्राव कर सकता है परन्तु हाल में किये गए शोधों से यह स्पष्ट हुआ है कि कुछ ऐसे न्यूरोन्स हैं जो कई तरह के न्यूरोट्रांसमीटर का स्राव कर सकते हैं। कुछ ऐसे भी न्यूरोन्स हैं जो एक विशेष तरह का रसायनिक तत्त्व (chemical substance) उत्पन्न करते हैं जिसे *न्यूरोमोडुलेटर्स* (neuromodulators) कहा जाता है। यह एक ऐसा रसायनिक तत्त्व होता है जो बहुत सारे ऐसे न्यूरोन्स में न्यूरोट्रांसमीटर के प्रति अनुक्रियाशीलता (responsiveness) को बढ़ा या घटा देता है जो सामान्यतः उन्हें उत्तेजित या अवरुद्ध कर सकते हैं। पास्सर तथा स्मीथ (Passer & Smith, 2006) का मत है कि न्यूरोमोडुलेटर का सूत्रयुग्मनीय अंतरणं (synaptic transmission) पर विस्तृत (widespread) तथा सामान्यीकृत (generalized) प्रभाव पड़ता है (जबकि अधिकतर न्यूरोट्रांसमीटर) का सिर्फ विशिष्ट तरह के न्यूरोन्स पर ही उत्तेजक या अवरोधक प्रभाव पड़ता है। न्यूरोमोडुलेटर मस्तिष्क के माध्यम से संचारित होकर हजारों न्यूरोन्स के उनके विशिष्ट ट्रांसमीटर्स (specific transmitters) के प्रति संवेदनशीलता को या तो बढ़ा देते हैं या घटा देते हैं। पास्सर तथा स्मीथ ने इन्डोंफिन (endorphin) को न्यूरोमोडुलेटर का सबसे उत्तम उदाहरण कहा है जो मस्तिष्क के रक्तवह तंत्र (circulatory system) के माध्यम से संचरित होकर दर्द वहन (pain transmission) को अवरुद्ध करता है तथा वैसी तंत्रकीय क्रियाओं को बढ़ावा देता है जिससे सुखाभास का भाव उत्पन्न होता है।

एक न्यूरोन से दूसरे न्यूरोन तथा सूत्रयुग्मन (synapse) पार करते हुए सूचनाओं का जो रसायनिक संचरण (chemical transmission) होता है, उसमें कई चरण (steps) सम्मिलित होते हैं जिनमें निम्नांकित मुख्य हैं—

(i) व्यक्ति के भोजन तथा ऐसे ही अन्य स्रोतों के अणुओं (molecules) से सूचना प्रदत्त करने वाला न्यूरोन (transmitting neuron) या प्राक्-सूत्रयुग्मन न्यूरोन (presynaptic neuron) कुछ विशेष न्यूरोट्रांसमीटर अणु (neuro-transmitter molecules) पैदा करते हैं।

(ii) उत्पादित न्यूरोट्रांसमीटर को सूत्रयुग्मनीय न्यूरोन के एक्सॉन के छोरों पर पाये जाने वाले पुटिकाओं में संचित किया जाता है।

(iii) एक्सॉन के छोर पर पहुँचने वाले तन्त्रिका आवेग एक ऐसी प्रक्रिया प्रारम्भ कर देते हैं जिससे कुछ पुटिकाएँ (vesicles) सूत्रयुग्मनीय दरार (synaptic cleft) में पहुँच जाते हैं जहाँ पर वे अपने में संचित न्यूरोट्रांसमीटर का त्याग करते हैं।

(iv) न्यूरोट्रांसमीटर तुरंत ही उस सम्पूर्ण सूत्रयुग्मनीय न्यूरोन (postsynaptic neuron) के झिल्ली (membrane) पर विशिष्ट ग्राहक अणुओं से मिल जाते हैं।

(v) ग्राहक तथा न्यूरोट्रांसमीटर (neurotransmitter) के संयोग (combination)

से सूचना प्राप्त करने वाले न्यूरोन में कुछ परिवर्तन होते हैं जिनसे उत्तेजन (excitation) या अवरोध (inhibition) की प्रक्रिया उत्पन्न होती है। इन दोनों में से किस तरह का प्रभाव उत्पन्न होगा, यह न्यूरोट्रांसमीटर के प्रकार तथा ग्राहक के प्रकार जिसके साथ संयोजन (combination) होता है, पर निर्भर करता है।

(vi) संयोजित न्यूरोट्रांसमीटर तेजी से निष्क्रिय होने लगता है ताकि सूचना प्राप्त करने वाला न्यूरोन या उत्तरसूत्रयुग्मनीय न्यूरोन पुनः दूसरे प्रकार की सूचना को ग्रहण करने के लिए तत्पर हो जाए।

अब प्रश्न यह उठता है कि सूत्रयुग्मनीय संचरण (synaptic transmission) की प्रक्रिया को समझने का कोई व्यवहारिक महत्त्व (practical importance) है या नहीं? आधुनिक मनोवैज्ञानिकों का यह निष्कर्ष रहा है कि सूत्रयुग्मनीय संचरण के ज्ञान का व्यवहारिक उपयोग काफी है जिसका पता हमें तब चलता है जब मानव व्यवहार, अनुभूतियां आदि पर मनोसक्रिय औषधों (psychoactive drugs) के पड़ने वाले प्रभावों का हम अध्ययन करते हैं। ऐसे औषध सूत्रयुग्मनीय संचरण (synaptic transmission) की प्रक्रिया में परिवर्तन लाकर व्यक्ति के भाव तथा व्यवहार में परिवर्तन लाते हैं। ऐसे प्रभाव दो तरह के होते हैं-कुछ औषध (drugs) ऐसे हैं जो सूत्रयुग्मनीय संचरण में न्यूरोट्रांसमीटर के प्रभाव को और अधिक तीव्र कर देते हैं। ऐसे औषध को उन न्यूरोट्रांसमीटर का सहयोगी (agonist) कहा जाता है। दूसरे तरफ कुछ औषध ऐसे हैं जो सूत्रयुग्मनीय में न्यूरोट्रांसमीटर के प्रभाव को अवरुद्ध करता है। ऐसे औषध को उस न्यूरोट्रांसमीटर का विरोधी (antagonist) औषध कहा जाता है। सहयोगी औषध (agonist drug) न्यूरोट्रांसमीटर के प्रभाव को और अधिक तीव्र निम्नांकित तरीकों से करते हैं:—

(i) ऐसे औषध न्यूरोन द्वारा संचित न्यूरोट्रांसमीटर की मात्रा में वृद्धि देते हैं।

(ii) ऐसे औषध विशिष्ट न्यूरोन (specific neuron) को न्यूरोट्रांसमीटर उत्पन्न करने में अधिक मदद करते हैं।

(iii) ऐसे औषध सूचना प्राप्त करने वाले न्यूरोन (receiving neuron) के ग्राहक (receptor) को उत्तेजित कर देते हैं जो न्यूरोट्रांसमीटर के प्रति अनुक्रिया करते हैं और इस तरह से न्यूरोट्रांसमीटर का प्रभाव पहले से अधिक बढ़ जाता है।

(iv) ऐसे औषध सूत्रयुग्मनीय में न्यूरोट्रांसमीटर को निष्क्रिय नहीं होने में मदद करते हैं ताकि इसका प्रभाव अधिक लम्बे समय तक बना रहे।

विरोधी औषध (antagonist drug) न्यूरोट्रांसमीटर के प्रभाव को कम कर देते हैं और वे इस कार्य को निम्नांकित तरीकों से करते हैं—

(i) ऐसे औषध न्यूरोट्रांसमीटर के संश्लेषण (synthesis) को अवरुद्ध करते हैं।

(ii) ऐसे औषध उस प्रक्रम (mechanism) को नष्ट कर देते हैं जिसके द्वारा सूत्रयुग्मन में न्यूरोट्रांसमीटर उत्पन्न होते हैं।

(iii) ऐसे औषध झूठा न्यूरोट्रांसमीटर (false neurotransmitter) का कार्य करते हैं जो सूचना प्राप्त करने वाले न्यूरोन के ग्राहक को निष्क्रिय कर देते हैं।

(iv) ऐसे औषध सूत्रयुग्मनीय पुटिकाओं (synaptic vesicles) से न्यूरोट्रांसमीटर को रिसने में मदद करते हैं जिसका परिणाम यह होता है कि सूत्रयुग्मनीय में पहुँचने के पहले ही न्यूरोट्रांसमीटर को एन्जाइम द्वारा समाप्त कर दिया जाता है।

स्पष्ट हुआ कि नयूरोट्रांसमीटर का महत्त्व सूत्रयुग्मनीय संचरण (synaptic transmission) में काफी अधिक होता है। इनमें से चार न्यूरोट्रांसमीटर की भूमिका (जैसा कि ऊपर कहा जा चुका है) असामान्य व्यवहार में काफी अधिक पायी जाती है। वे चार न्यूरोट्रांसमीटर हैं—ऐसीटिलकोलाइन, डोपामाइन, नारइपानफ्राइन तथा सेरोटोनिन। ऐसीटिलकोलाइन का सम्बन्ध नींद रोग, अलजाइमर रोग (Alzheimer's disease) तथा आंगिक मस्तिष्कीय रोगों से पाया गया है। अत्यधिक डोपामाइन की क्रियाओं का सम्बन्ध मनोविदालिता (schizophrenia) से पाया गया है। नारइपानफ्राइन से स्वायत्त तंत्रिका तंत्र में तंत्रिका आवेगों की क्रियाओं में वृद्धि हो जाती है जिससे व्यक्ति में रक्तचाप तथा हृदयगति तीव्र हो जाती है। सेरोटोनिन में असंतुलन होने से व्यक्ति में तीव्र विषाद (severe depression) उत्पन्न होता है।

जैसा कि ऊपर कहा जा चुका है, न्यूरोट्रांसमीटर के ही समान एक दूसरा रसायनिक तत्त्व (chemical substance) भी एक्सान के सीमावर्ती बुटोन (terminal buttons) से निकलता है जिसे *न्यूरोमोडुलेटर* (neuromodulator) कहा जाता है और यह भी सूचनाओं से संचरण में महत्त्वपूर्ण भूमिका निभाता है। यह तत्त्व न्यूरोट्रांसमीटर से निम्नांकित अर्थ में भिन्न होता है—

(i) न्यूरोट्रांसमीटर एक ऐसा रसायनिक तत्त्व है जो सीमावर्ती बुटोन से निकलने के बाद सूत्रयुग्मनीय दरार (synaptic cleft) तक सीमित रह जाता है जबकि न्यूरोमोडुलेटर एक ऐसा रसायनिक तत्त्व है जो बुटोन से निकलने के बाद सूत्रयुग्मनीय दरार से काफी आगे दूर तक फैल जाता है और संचरण प्रक्रिया को प्रभावित करता है। सचमुच में यह मस्तिष्क के विशेष भाग के बहुत सारे न्यूरोन्स को ठीक से कार्य करने में सहायता प्रदान करता है।

(ii) न्यूरोमोडुलेटर सामान्यतः न्यूरोट्रांसमीटर से अधिक मात्रा में निकलती है।

(iii) कुछ न्यूरोमोडुलेटर ऐसे होते हैं जिन्हें रक्त नलिकाओं द्वारा भी ग्रहण करके उन्हें मस्तिष्क के अन्य हिस्सों में पहुँचा दिया जाता है जबकि न्यूरोट्रांसमीटर के साथ ऐसी बात नहीं होती है।

(iv) न्यूरोमोडूलेटर संभवतः वैसे ग्राहकों (receptors) को प्रभावित करता है जो सूत्रयुग्मनीय से हटकर अवस्थित होते हैं जबकि न्यूरोट्रांसमीटर का कार्य-क्षेत्र सिर्फ सूत्रयुग्मन तक ही सीमित होता है।

न्यूरोन के वैद्युतीय क्रियाओं का मापन
(Measuring electrical activities of Neuron)

तंत्रिका कोश (nerve cells) या न्यूरोन की क्रियाओं का वैद्युतीय-रसायन आधार (electrochemical basis) होता है। इसका मापन कुछ वैसे उपकरणों (instruments) के सहारे किया गया है जो वैद्युतीय क्रियाओं में होने वाले सूक्ष्म परिवर्तनों को आसानी से ग्रहण कर लेते हैं। मस्तिष्क के वैद्युतीय क्रियाओं को रिकार्ड करने के निम्न तीन

प्रविधियाँ (techniques) काफी लोकप्रिय हैं—

(1) अंतराकोशकीय तथा वहिःकोशकीय इकाई रेकाडिंग (Intracellular and extracellular unit recording)

(2) इलेक्ट्रोइनसिफेलोग्राफिक रेकार्डिंग (electroencephalographic recording)

(3) उत्पन्न विभव (evoked potential)

इन तीनों का वर्णन इस प्रकार है—

1. अंतराकोशकीय तथा वहिर्कोशकीय इकाई रेकार्डिंग *(Intracellular and extracellular unit recording)*—इस प्रविधि में मस्तिष्क में एक पतला तार जिसके किनारे पर आयोनाइज्ड संवाहित घोल (ionized conducting solution) लगा होता है, को प्रवेश कराया जाता है ताकि इसके किनारे को किसी न्यूरोन में या उसके नजदीक रखा जा सके और उस एक न्यूरोन के वैद्युतीय विभवों (electrical potentials) में होने वाले परिवर्तनों (changes) का अध्ययन किया जा सके। दूसरे शब्दों में, किसी एक न्यूरोन की इकाई क्रियाओं (unit activities) को अगल-बगल के तटस्थ न्यूरोन के इकाई क्रियाओं की तुलना में अध्ययन किया जा सके। इसके माध्यम से अंतराकोशकीय रेकार्डिंग (intracellular recording) तथा वहर्कोशकीय रेकार्डिंग (extracellular recording) दोनों ही दिये जाते हैं। अंतराकोशकीय रेकार्डिंग में एक ऐसा इलेक्ट्रोड जिनका छोर बहुत पतला (0.001 mm के व्यास से भी कम) होता है, न्यूरोन में रख दिया जाता है। दूसरे तरफ वहिर्कोशकीय रेकार्डिंग (extracellular recording) में इलेक्ट्रोड के छोर को एक तंत्रिका कोश (nerve cell) या कई कोशिकाओं के पास रखकर उसके विभव (potentials) का रेकार्डिंग (recording) किया जाता है। प्राप्त रेकार्डिंग का फिर विस्तारण (amplification) किया जाता है और उसका अध्ययन किया जाता है।

इकाई रेकार्डिंग प्रविधि से यह पता चलता है कि प्रत्येक न्यूरोन का एक पसंदीदा उद्दीपक (stimulus) तथा एक पसंदीदा अनुक्रिया (preferred response) पैटर्न होता है। जैसे, एक अध्ययन में यह देखा गया कि चूहों में हिप्पोकैम्पस (hippocampus) के न्यूरोन ऐसे होते हैं जो तभी सक्रिय (active) होते हैं जब पशु एक खास स्थानिक अवस्थिति (spatial location) में होता है। इस प्रविधि द्वारा कुछ ऐसे असामान्य कोशिकाओं की क्रियाओं को विश्लेषित करना संभव हो पाया है जो मिरगी (epilepsy) रोग में उत्पन्न होता है। इस रोग में कोशिकाओं की क्रियाएँ एक असामान्य पैटर्न में समक्रमिक (synchronized) हो जाती हैं जिनका विश्लेषण करके तथा कोशिका के इस विशेष व्यवहार को नियंत्रित करके मिरगी रोग के बारे में अन्तःज्ञान प्राप्त किया जा सकता है।

2. इलेक्ट्रोएनसिफेलोग्राफिक रेकार्डिंग *(Electroencephalographic or EEG recording)*—1930 वाले दशक में हंस वर्गर (Hans Berger) ने मस्तिष्क के वैद्युतीय क्रियाओं (electrical activities) का अध्ययन करने के लिए इस विधि का प्रतिपादन किया। इस विधि में इलेक्ट्रोड व्यक्ति के खोपड़ी (skull) पर लगा दिया जाता है और उसके सहारे मस्तिष्क में बनने वाले तरंगों (waves) को रिकार्ड किया जाता है।

ऐसे तरंगों को *इलेक्ट्रोएनसिफैलोग्राम* (Electroencephalogram or EEG) कहा जाता है। इस प्रविधि से मस्तिष्क के न्यूरोन्स में होने वाले परिवर्तनों का जो रेकार्डिंग किया जाता है, वह प्रायः एक मिलीभोल्ट (millivolt) से भी कम होता है। अतः उसे विस्तारित करके एक औसिलोस्कोप (Oscilloscope) या कागज पर रिकार्ड करके जिसे *इलेक्ट्रोएनसिफेलोग्राफ* (Electroencephalograph) कहा जाता है, दिखलाया जाता है। EEG के सहारे मानव मस्तिष्क से कई तरह के तरंगों (waves) को रेकार्ड किया जाता है जिसमें *अल्फा तरंग* (alpha wave), *बीटा तरंग* (beta wave) आदि प्रमुख है जिनका विश्लेषण करके मस्तिष्कीय न्यूरोन के बारे में अंदाज लगाया जाता है।

EEG द्वारा रेकार्ड किये गए वैद्युतीय क्रियाएँ (electrical activities) सचमुच में सभी तरह के तंत्रकीय क्रियाओं (neural activities) जैसे क्रिया विभव (action potentials) तथा क्रमिक विभव (graded potentials) आदि के योग (sum) का प्रतिनिधित्व करता है, फिर भी इसे शाखिकाओं (dendrites) के क्रमिक विभव का ही मूल रूप से माप समझा जाता है। परिणामस्वरूप EEG हजारों तंत्रिका कोशों (nerve cells) के शाखिकाई क्रियाओं (dendritic activities) के योग का प्रतिनिधित्व करता है और इसे मस्तिष्कीय क्रियाओं का एक सामान्य माप (general measure) ही कहा जा सकता है। अतः मस्तिष्कीय उत्तेजन स्तर का इसे एक स्थूल सूचक कहा जाता है क्योंकि इससे किसी एक न्यूरोन की क्रियाओं के बारे में कुछ भी पता नहीं चलता है। किसी भी एक EEG पैटर्न में कोई एक न्यूरोन सक्रिय या निष्क्रिय हो सकता है और इसका पता इस तरह की प्रविधि में बिल्कुल ही नहीं चल पाता है। EEG पैटर्न की व्याख्या भी कठिन होती है क्योंकि कुछ तरंग प्रारूप (wave forms) ऐसे होते हैं जो देखने में तो एक समान दीखते हैं परंतु उनका औषधशास्त्रीय कारण (pharmacological causes) अलग-अलग होते हैं। बेहोशी (coma) की लम्बी अवधि होने से असमक्रमिक EEG पैटर्न (desynchronized EEG pattern) प्राप्त होता है जो बिल्कुल ही उस EEG पैटर्न के समान होता जब वह जगा हुआ तथा सतर्क होता है परतु जैवरसायनिक रूप से भिन्न मानसिक स्थिति में होता है।

3. उत्पन्न विभव *(Evoked potentials or EP)*—उत्पन्न विभव (evoked potential or EP) से तात्पर्य वैद्युतीय पैटर्न के एक ऐसे नियमित पैटर्न से होता है जो उन तंत्रकीय उत्तकों (neural tissues) द्वारा उत्पन्न होते हैं जिन्हें नियंत्रित उद्दीपक (controlled stimulus) द्वारा उत्पन्न किया जाता है। सचमुच में EP में बड़े धीमे तरंगों (large slow waves) का एक लघु कतार या पंक्ति होता है और यह बहुत कुछ EEG से मिलते है क्योंकि वे इलेक्ट्रोड के माध्यम से व्यक्ति की खोपड़ी से रिकार्ड किये जाते हैं तथा मूलतः शाखिका (dendrites) की क्रियाओं का ही प्रतिनिधित्व करते हैं। परंतु EP कोई विशेष अवस्था में ही उत्पन्न होता है। जैसे, यदि किसी तीव्र रोशनी को व्यक्ति के सामने कुछ मिली सेकेंड जैसे 300 मिलीसेकेंड के लिए उपस्थित किया जाय तो कार्टेक्स पर लगाये गए इलेक्ट्रोड के माध्यम से कुछ बड़े मंद तरंग की रिकार्डिंग संभवतः होगी जो दृष्टि कार्टेक्स (visual cortex) के क्षेत्र में बिल्कुल ही स्पष्ट होगा। चूँकि ऐसे विभव अपने वास्तविक आकार (size) में काफी भिन्न होते हैं, अतः वैज्ञानिकों द्वारा ऐसे कई EPs को एक साथ लेकर उनका एक औसत ज्ञात कर लिया जाता है ताकि प्रतिरूपी EP

(typical EP) के बारे में सही अंदाज लगाया जा सके। इस औसत को *औसत उत्पन्न विभव* (Average Evoked Potential or AEP) कहा जाता है।

अध्ययनों से यह स्पष्ट हुआ है कि EP का आकार (size) पर बहुत भरोसा नहीं किया जा सकता है क्योंकि यह बहुत सारे कारकों से प्रभावित हो सकता है। जैसे पशुओं में गति (movement) एक बहुत ही महत्त्वपूर्ण चर होता है जिससे EP प्रभावित होता है। अक्सर यह देखा गया है कि EP की मात्रा (magnitude) इस बात से स्पष्ट रूप से प्रभावित होता है कि पशु क्या कर रहा है।

उपर्युक्त विधियों के अतिरिक्त न्यूरोन (neuron) को हल्के वैद्युतीय धारा से उत्तेजित करके भी न्यूरोशरीरसंरचनाशास्त्रियों (neuroanatomists) द्वारा उसके स्वरूप का अध्ययन किया गया है। इस तरह के वैद्युतीय उत्तेजन में एक परिष्कृत (fine) विद्युत-रोधी (insulated) तार जिसका छोर विद्युतरोधीहीन (uninsulated) होता है, मस्तिष्क में पूर्वनिश्चित स्थान पर रखा जाता है। इसके बाद करीब निम्न-भोल्टेज स्पन्द (low voltage pulse) की वैद्युतीय धारा (जो लगभग प्रति सेकेंड 60 से 100 स्पन्द की होती है) उस एल्कट्रोड द्वारा प्रवाहित किया जाता है ताकि उस छोर के अलग-बगल के तंत्रकीय तन्तुओं (nerve tissues) को उत्तेजित किया जा सके। इस प्रविधि का उपयोग हेस (Hess, 1949) द्वारा स्वतंत्र रूप से इधर-उधर घूमते पशुओं (चूहों) के मस्तिष्क में इलेक्ट्रोड (electrode) लगाकर तथा उन्हें उस अवस्था में उत्तेजन देकर उनके व्यवहारों का अध्ययन सफलतार्पूक किया गया तथा मस्तिष्क के विभिन्न क्षेत्रों में न्यूरोन के स्वरूप का अध्ययन किया। इन्होंने अपने अध्ययन में पाया कि ऐसी परिस्थिति में पशुओं में उत्पन्न व्यवहार 'उद्दीपक वंधित' (stimulus bond) होते थे अर्थात् ऐसे व्यवहार पशुओं द्वारा तभी तक किया जाता था जबतक कि उत्तेजन (stimulation) उसे मिलता था।

स्पष्ट हुआ कि न्यूरोन की वैद्युतीय क्रियाओं का मापन कई तरह की प्रविधियों से होता है। वैज्ञानिक इन विधियों में से उपयुक्त विधि का उपयोग करके न्यूरोन के वैद्युतीय क्रियाओं का मापन करते हैं।

अध्याय सारांश
(Chapter Summary)

1. तंत्रिका तंत्र की सबसे छोटी इकाई न्यूरोन (neuron) होता है। न्यूरोन के कई प्रकार होते हैं जिसमें ज्ञानवाही या संवेदी न्यूरोन (sensory neuron) गतिवाही न्यूरोन या पेशीय न्यूरोन (motor neuron) तथा साहचर्य न्यूरोन (association neuron) प्रमुख हैं। आकृति के अनुसार न्यूरोन को बहुध्रुवीय न्यूरोन (multipolar neuron), द्विध्रुवीय न्यूरोन (bipolar neuron) तथा एक ध्रुवीय न्यूरोन (unipolar neuron) मुख्य हैं।
2. जहाँ तक न्यूरोन की संरचना (structure) का सवाल है इसके चार भाग प्रमुख बतलाये गए हैं—कोशशरीर (cell body), शाखिका (dendrites), एक्सान (axon) तथा एक्सान अन्तस्थ (axon terminals)।
3. न्यूरोग्लिआ (neuroglia) या ग्लिआ (glia) एक अन्य महत्त्वपूर्ण न्यूरोन है जो केन्द्रीय तंत्रिका तंत्र तथा परिधीय तंत्रिका तंत्र में पाये जाते हैं। ये चार प्रकार के होते हैं और इनका मुख्य कार्य तंत्रिका तंत्र के विभिन्न संरचनाओं (structures) को समर्थन देना होता है।

4. क्रिया विभव (action potential) न्यूरोन की एक महत्त्वपूर्ण वैद्युतीय क्रिया है। क्रिया विभव को तंत्रिका आवेग (nerve impulse) भी कहा जाता है।
5. न्यूरोन जहाँ आपस में मिलते हैं, वहाँ पर इन दोनों के बीच कुछ रिक्त स्थान होते हैं। इस स्थान को सूत्रयुग्मनीय दरार (synaptic cleft) कहा जाता है। कुछ विशेष रसायन जिसे न्यूरोट्रांसमीटर (neurotransmitter) कहा जाता है, की मदद से तंत्रिका आवेग प्राक्सूत्रयुग्मनीय झिल्ली (presynaptic membrane) से उत्तरसूत्रयुग्मनीय झिल्ली (poslynaptic membrane) में संचारित होती है। इस पूरी प्रक्रिया को सूत्रयुग्मन (synapse) कहा जाता है।
6. एक्सान के समान शाखिका (dendrite) में भी कुछ वैद्युतीय क्रियाएँ (electrical activities) होती है। जब शाखिका उत्तेजित होती है, तो उत्तेजन की तीव्रता के अनुपात में विश्राम विभव (resting potential) के भोल्टेज में परिवर्तन होता है। इसके परिणामस्वरूप उत्तेजन बिन्दु से हटकर शाखिका में यह परिवर्तन फैल जाता है और उत्तेजन बिन्दु से जैसे-जैसे दूरी बढ़ते जाती है, परिवर्तन की मात्रा कम होते जाती है। शाखिका में इस तरह के भोल्टेज में परिवर्तन को क्रमिक विभव (graded potential) कहा जाता है।
7. न्यूरोट्रांसमीटर (neurotransmitter) एक प्रमुख रसायन तत्त्व है जो तंत्रिका तंत्र में सूत्रयुग्मन (synapse) पर तंत्रिक आवेग के संचरण में मदद करता है। ग्यारह प्रकार के न्यूरोट्रांसमीटर की चर्चा की गयी है। हाल में किये गए शोधों से यह स्पष्ट हुआ है कि कुछ ऐसे न्यूरोन्स हैं जो कई तरह के न्यूरोट्रांसमीटर का स्राव उत्पन्न करते हैं। कुछ ऐसे भी न्यूरोन्स हैं जो एक विशेष तरह का रासायनिक तत्त्व उत्पन्न करते हैं जिसे न्यूरोमोडुलेटर्स (neuromodulators) उत्पन्न करते हैं। यह एक ऐसा रासायनिक तत्त्व होता है जो बहुत सारे न्यूरोन्स की न्यूरोट्रांसमीटर के प्रति अनुक्रियाशीलता को बढ़ा या घटा देता है।
8. न्यूरोन के वैद्युतीय क्रियाओं का मापन करने के लिए तीन भिन्न तरह की प्रविधियों का उपयोग किया जाता है।

❑

अध्याय 3

अनुसंधान की विधियाँ
(METHODS OF INVESTIGATION)

न्यूरोमनोविज्ञान में शोध तथा अनुसंधान (investigation) करने के लिए न्यूरोमनोवैज्ञनिकों द्वारा कई विधियों का उपयोग किया जाता है जिनमें निम्नांकित प्रमुख हैं—

1. संरचनात्मक विधि (Anatomical method)
2. विकिरणी विधि (Radiological method)
3. वैद्युतीय उत्तेजन एवं रिकार्डिंग विधि (Electrical stimulation and Recording method)
4. प्रयोगात्मक उच्चेदन विधि (Experimental ablation method)
5. काम्मीस्सुरोटोमी (Commissurotomy)
6. हेमिसफेयरेक्टोमी (Hemispherectomy)
7. सोडियम एमोवारविटल परीक्षण (Sodium-Amobarbital test)
8. न्यूरोरसायन विधि (Neurochemical method)
9. तंत्रिका वैज्ञानिक विधि (Neurological method)

इन सभी विधियों का वर्णन हम अलग-अलग अनुच्छेद में करेंगे—

संरचनात्मक विधि
(Anatomical Method)

संरचनात्मक विधि न्यूरोमनोविज्ञान की ऐसी विधि है जिसका उपयोग प्रारंभ से ही किया जा रहा है। इस विधि में न्यूरोमनोवैज्ञानिक तंत्रिका तंत्र (nervous system) के विभिन्न संरचनाओं (structures) के आकार-प्रकार, उसके स्थान तथा उनके अंतरसम्बन्धों (interconnection) के बारे में पता लगाते हैं। विभिन्न संरचनाओं के बीच सम्बन्ध के बारे में जानने के लिए न्यूरोमनोवैज्ञानिक बड़े तन्तुओं पथ (fiber tracts) का पता लगाते हैं। जैसा कि हम जानते हैं, न्यूरोन्स के उस बंडल (bundle) को जो तंत्रिका तंत्र के एक क्षेत्र से दूसरे क्षेत्र तक फैले होते हैं, को *तन्तु* (fibers) कहा जाता है। परंतु इस सामान्य एवं सरल विधि का दोष यह है कि लघु तन्तु पथ की पहचान इससे नहीं हो पाती है तथा इन पथों का यथार्थ उद्‌भव (precise origin) तथा मंजिल (destination) स्पष्ट रूप से पता नहीं चल पाता है। अतः कुछ अन्य परिष्कृत विधियों (refined methods) की खोज की गयी है जिनसे ऐसी समस्या का आसानी से समाधान हो सके। ऐसी विधियों में एक्सोप्लाजमिक वाहन उपयोग करने वाली प्रविधियाँ (techniques using axoplasmic transport) सबसे प्रमुख है–

एक्सोप्लाजमिक वाहन एक ऐसी सक्रिय प्रक्रिया (active process) है जिसके सहारे न्यूरोन के भीतर के तत्त्व पूरे न्यूरोन में इधर-से-उधर ढोये जाते हैं। ऐसे वाहन दो तरह के होते हैं–*अग्रगामी वाहन* (anterograde transport) तथा *पश्चगामी वाहन* (retrograde transport)। अग्रगामी वाहन में न्यूरोन के सिर्फ कोश शरीर (cell body) में बनने वाले पदार्थों (materials) (जैसे प्रोटीन) को एक्सान अन्तस्थ (axon terminal) में भेजा जाता है। ऐसे पदार्थ पुटिका (vesicles) में संचित होते हैं जो फिर एक्सान की दिशा में माइक्रोटुबुल्स (microtubules) की ओर चले जाते हैं। जब ऐमिनो अम्ल (amino acid) जैसे प्रोलाइन (proline) को मस्तिष्क के किसी क्षेत्र में सूई के माध्यम से प्रवेश किया जाता है तो उस क्षेत्र के न्यूरोन्स के कोश शरीर द्वारा उसे ग्रहण कर लिया जाता है और फिर न्यूरोन्स के एक्सान अन्तस्थ (axon terminals) की ओर भेज दिया जाता है। फिर विशेष प्रविधि द्वारा मस्तिष्क के उस क्षेत्र जिसमें 'प्रोत्साहन' का सूई दिया गया था, की संरचनाओं का स्पष्ट रूप से पता लगाया जाता है।

दूसरे तरह का एक्सोप्लाजमिक वाहन को रिट्रोग्रेड वाहन (retrograde transport) कहा जाता है और यह एन्ट्रोग्रेड वाहन के विपरीत दिशा में तत्त्वों या पदार्थों को ढोता है। दूसरे शब्दों में यह कहा जा सकता है कि इसमें पदार्थों को एक्सान अन्तस्थ (axon terminal) से कोश शरीर की ओर ले जाया जाता है। हालाँकि इस तरह के विपरीत वाहन का कार्य के बारे में लोगों को अबतक पता नहीं चल पाया है, परंतु ऐसा समझा जाता है कि इस प्रक्रम द्वारा एक्सान अन्तस्थ की अवस्थाओं के बारे में सूचनाएँ कोश शरीर को दी जाती है। इस प्रक्रिया में एक विशेष प्रकार का इनजाइम (enzyme) जिसे *हार्सरैडिस पेरिऑक्सीडेस* (horseradish perioxidese or HRP) कहा जाता है, को एक्सान अन्तस्थ से लेकर कोश शरीर में पहुँचाया जाता है जहाँ उसे देखा जाता है तथा उसकी पहचान की जाती है।

संरचनात्मक विधि के साथ कुछ कठिनाइयाँ भी हैं जिनसे इन विधियों की लोकप्रियता पर काफी बुरा असर पड़ता है। जैसे, मस्तिष्क का कुछ क्षेत्र ऐसा है जिसके कार्य के बारे में लोगों को अभी ठीक से पता नहीं है। जैसे बड़े मस्तिष्क स्तंभ न्यूक्लियस (large brain stem nucleus) जिसे *हावेनुला* (habenula) कहा जाता है, का कार्य अभी लोगों को ज्ञात नहीं है। फलतः इस संरचना तथा उसके कार्य के बीच के सहसम्बन्ध का संरचनात्मक विधि (anatomical method) द्वारा अध्ययन करना एक टेढ़ी खीर है।

विकिरणी विधि
(Radiological Method)

तंत्रिक तंत्र तथा उसके न्यूरोन के अध्ययन करने के लिए विकरणी अनुसंधान (radiological investigation) तुलनात्मक रूप से अधिक लोकप्रिय है। इस तरह के अनुसंधान में मस्तिष्क के विभिन्न भागों तथा न्यूरोन की संरचनाओं एवं कार्यों का अध्ययन करने के लिए कुछ ऐसी प्रविधियों का उपयोग किया जाता है जिनमें रेडिगम

विज्ञान (radiology) के यंत्रों एवं युक्तियों (strategies) का सहारा लिया जाता है। इसके तहत आने वाले प्रविधियों (techniques) का वर्णन निम्नांकित है—

1. संरचनात्मक प्रतिमावली विधियाँ (Structural imaging methods)

2. कार्यात्मक प्रतिमावली विधियाँ (Functional imaging methods)

इन दोनों प्रविधियों का वर्णन इस प्रकार है—

1. संरचनात्मक प्रतिमावली विधियाँ *(Structural imaging methods)*—इस तरह की विधि में प्रमस्तिष्कीय ऊत्तकों (cerebral tissues) की संरचना के बारे में जानने की कोशिश की जाती है। दूसरे शब्दों में, इस तरह की विधि में मस्तिष्क की विभिन्न भागों की संरचना (structure) तथा उनका विश्लेषणात्मक अध्ययन (analytical study) किया जाता है। कुछ ऐसी प्रमुख प्रविधियाँ निम्नांकित हैं—

(a) खोपड़ी का एक्स-रे *(Skull X-ray)*—यह विधि विकिरणी अनुसंधान का सबसे आसान एवं पुरानी विधि है जिसमें व्यक्ति के सिर (head) का सिर्फ एक्स-रे लिया जाता है। इस विधि द्वारा न्यूरोशरीरसंरचनाविज्ञानियों (neuroanatomists) तथा न्यूरोमनोवैज्ञानिक (neuropsychologists) को खोपड़ी के भीतर दरार (fractures) आदि का स्पष्ट रूप से पता चलता है। परंतु इसका दोष यह है कि उसके भीतर के मस्तिष्कीय ऊतकों (brain tissues) के बारे में न के बराबर पता चलता है। इसका मुख्य कारण यह होता है कि मस्तिष्कीय ऊतकों का घनत्व (density) आपस में बहुत अधिक भिन्न नहीं होते हैं। फलतः मस्तिष्क के सभी भाग लगभग एक ही मात्रा में एक्सरे को अपने में सोख पाते हैं। फलतः उनकी आंतरिक संरचना (internal structure) को विशेष रूप से देखे जाने के लिए कोई अलग से छाया (shadow) का निर्माण नहीं होता है। अतः इस प्रविधि द्वारा अध्ययन करने में न्यूरोमनोवैज्ञानिकों के सामने यह समस्या बनी की बनी ही रह जाती है कि मस्तिष्क के उन ऊतकों या भागों के संरचनात्मक अंतर (structural differences) को किस तरह से देखा जाय जिनके क्षेत्रों द्वारा एक्स-रे को अपने आप में सोखने के ख्याल से कोई अंतर नहीं होता है।

(b) प्रमस्तिष्कीय एंजियोग्राफी एवं न्यूमोएनसिफैलोग्राफी *(Cerebral Angiography and Pneumoencephalography)*—प्रमस्तिष्कीय एंजियोग्राफी (cerebral angiography) एक ऐसी विधि है जिसमें उक्त समस्या का बहुत हद तक समाधान होता पाया जाता है। एंजियोग्राफी जिसे आर्टेरियोग्राफी (arteriography) भी कहा जाता है, में एक विशेष तरह का रंग जिसे रेडियोपेक[1] रंग (radiopaque) कहा जाता है, का सूई प्रमस्तिष्कीय प्रवाह (cerebral circulation) में दे दिया जाता है जिससे वहाँ के धमनी (artery) तथा नश (veins) को एक्स-रे द्वारा आसानी से देखा जा सकता है। इसके आधार पर वैज्ञानिकों को प्रमस्तिष्क के धमनियों एवं नशों में सामान्य पैटर्न से भिन्न संरचनात्मक परिवर्तन के बारे में अनुमान लगाना सम्भव हो पाता है।

न्यूमोइनसीफैलोग्राम (pneumoencephelogram) एक अन्य विधि है जिसमें भी मस्तिष्कीय संरचनाओं की स्थिति तथा उसमें उत्पन्न किसी प्रकार के विचलन

---

1. रेडियोपेक (radiopaque) से तात्पर्य रेडिएण्ट ऊर्जा (radiant energy) जैसे एक्स-रे (X-ray) को पास होने से या गुजरने से रोकने से होता है। अतः यह एक्स-रे को अपने-आप में सोख लेता है।

(deviation) का पता लगाया जाता है। इस प्रविधि में वैज्ञानिक मस्तिष्क के समजातीय घनत्व (homogenous density) वाले क्षेत्र को निशाना बनाकर संरचनात्मक अध्ययन करते हैं। ऐसा करने के लिए वे प्रमस्तिष्कीय भेन्ट्रीक्लस (cerebral ventricles) से सेरीब्रोस्पाइनल तरल पदार्थ (cerebrospinal fluid) को निकाल देते हैं और उसके जगह पर हवा भर देते हैं। इससे इर्द-गिर्द के क्षेत्र के ऊतकों (tissues) की तुलना में भेन्ट्रीकल कम घना दीखता है जिसके आधार पर वैज्ञानिक उस क्षेत्र की संरचनात्मक परिवर्तन को आसानी से प्रेक्षण कर लेता है।

इस तरह से एनजियोग्राफी तथा न्यूमोइनसीफैलोग्राम दोनों ही विधियों द्वारा मस्तिष्क के वैसे क्षेत्रों के संरचनात्मक परिवर्तनों का अध्ययन करना सम्भव हो पाता है जिनमें एक्स-रे को आपस में सोखने के खयाल से न के बराबर परिवर्तन होता है।

(c) कम्प्यूटरीकृत टोमोग्राफी स्कैन *(Computerized Tomography or CT Scan)*—इस प्रविधि में एक्स-रे की किरणपुंज (beam) को व्यक्ति के सिर में प्रवेश कराया जाता है, और फिर उसे धीरे-धीरे पूरे सिर में एक वृत्तांश (arc) के रूप में घुमाया जाता है ताकि सभी तरफ से मस्तिष्क का छाया चित्र प्राप्त किया जा सके। इसके बाद इन चित्रों को कम्प्यूटर में डाला जाता है जो इस तरह की कुछ प्रतिमाएँ (images) उत्पन्न करता है जिससे मस्तिष्क के विभिन्न भागों में खाशकर अधिक घनत्व वाले भागों में होने वाले सूक्ष्म परिवर्तनों को पता लगाया जा सके और इसके अतिरिक्त क्रास सेक्सन ढंग से मस्तिष्क की एक प्रतिमा उत्पन्न हो सके। अध्ययनों से यह स्पष्ट हुआ है कि CT स्कैन द्वारा भाषा विकृति (language disorder); स्मृतिलोप तथा रक्ताघात (stroke) से होने वाले मस्तिष्कीय क्षति के बारे में आसानी से जाना जा सकता है। इस विधि को 1970 के दशक में सबसे पहली बार उपयोग में लाया गया था।

(d) मैगनेटिक रेसोनेन्स इमेजिंग *(Magnetic Resonance Imaging or MRI)*—इस प्रविधि में मस्तिष्क की प्रतिमा (images) को एक तीव्र एवं मजबूत चुम्बकीय क्षेत्र (magnetic field) के सहारे प्राप्त किया जाता है। हाइड्रोजन परमाणु (hydrogen atom) जो सभी जीवित ऊतक (living tissue) में पाये जाते हैं, को जब चुम्बकीय क्षेत्र से अनावृत (expose) किया जाता है, तो उससे ऊर्जा के कुछ मापनीय तरंग (measurable waves) उत्पन्न होते हैं। MRI में इन तरंगों को मापा जाता है और मस्तिष्क की प्रतिमाएँ बनाने के लिए उसे संयोजित (combine) किया जाता है। चूँकि ऐसी MRI प्रतिमाएँ काफी स्पष्ट होतीं हैं, अतः वे बहुत सारी मस्तिष्कीय विकृतियों एवं संरचनात्मक परिवर्तनों की पहचान करने में काफी लाभदायक भी सिद्ध हुआ है। टोगा तथा मैज्जिगोटा (Toga & Mozziota, 1999) के अध्ययन के अनुसार MRI के तीन विशेष लाभ हैं:—

(i) यह मस्तिष्क के भीतरी भागों का स्पष्ट तस्वीर प्रस्तुत करने में सक्षम होता है।

(ii) इसमें मस्तिष्क में किसी तरल पदार्थ का सूई देने की जरूरत नहीं पड़ती है।

(iii) इसमें विकिरण की अतिअनावृत्ति (overexposure) से कोई समस्या उत्पन्न नहीं होती है।

2. कार्यात्मक प्रतिमावली विधियाँ *(Functional imaging methods)*—विकिरणी अनुसंधान (radiological investigation) की यह ऐसी विधि है जिसके द्वारा

जीवित मस्तिष्क के विभिन्न क्षेत्रों (regions) के चयापचयी क्रियाओं (metabolic activities) या कार्यों का अध्ययन करके मस्तिष्क में उत्पन्न विकृति या अन्य संरचनात्मक विकृतियों का अंदाज लगाया जाता है। इसके तहत आने वाले प्रमुख उपविधियाँ निम्नांकित हैं–

(a) क्षेत्रीय प्रमस्तिष्कीय रक्त प्रवाह *(Regional Cerebral Blood Flow or rCBF)*—यह विधि मस्तिष्क की क्रियाओं का अध्ययन करने का एक काफी सरल एवं प्रमाणिक विधि है। इस विधि में एक रेडियोएक्टिव आइसोटोप (radioactive isotope) को व्यक्ति या तो सूँघता है या फिर उसका सूई रक्त में दे दिया जाता है। व्यक्ति के खोपड़ी (skull) के पास लगे विशेष यंत्र द्वारा उसके वितरण को मापा जाता है। सचमुच में रेडियोएक्टिव लेबल (radioactive label) रक्त प्रवाह (blood flow) का एक चिह्नक (marker) के रूप में कार्य करता है और यह रक्त प्रवाह मस्तिष्क के विशेष भाग के चयापचयी क्रियाओं (metabolic activities) का सूचक होता है। इस प्रविधि का उपयोग कर यह देखा गया है कि जब व्यक्ति कोई गति (movement) कर रहा होता है तो उस समय उसके पेशीय कार्टेक्स (motor cortex) में रक्त प्रवाह अधिक होता है। उसी तरह जब व्यक्ति कोई व्यक्ति की बात को सुन रहा होता है तो उसके श्रवण कार्टेक्स (auditory cortex) में, जब वह बोल रहा है तो उसके ब्रोका क्षेत्र (Broca area) में तथा जब किसी चीज/घटना आदि के बारे में समझने की कोशिश करता है तो वर्निक क्षेत्र (Wernicke) क्षेत्र में रक्त प्रवाह बढ़ जाता है।

(b) पोजीट्रान इमिसन टोमोग्राफी *(Positron Emission Tomography or PET)*—यह एक ऐसी विधि है जिसमें जब व्यक्ति विभिन्न तरह का कार्य कर रहा होता है, उसी समय मस्तिष्क में जिस तरह की क्रियाएँ होती हैं, का अध्ययन किया जाता है। PET स्कैन में यह कार्य विभिन्न तंत्रकीय क्षेत्रों (neural areas) में रक्त प्रवाह को माप कर या ग्लूकोज (glucose) जो मस्तिष्क का इंधन (fuel) होता है, किस दर से चयापचयी क्रियाओं में खर्च होती है, को मापकर किया जाता है। PET स्कैन कराने वाले व्यक्ति में एक हानिरहित रेडियोएक्टिव आइसोटोप्स (harmless radioactive isotope) को थोड़ी मात्रा में पानी या ग्लूकोज के कण (molecules) के साथ सूई दिया जाता है। मस्तिष्क का जो क्षेत्र सबसे ज्यादा सक्रिय (active) होता है, उसमें रक्त प्रवाह जिसमें रेडियोसक्रिय जल कण मौजूद होते हैं, भी अधिक होता है। उसी तरह से जो मस्तिष्कीय कोशिकाएँ (brain cells) अधिक सक्रिय होती हैं, उनके द्वारा उन कोशिकाओं की तुलना में जो कम सक्रिय होती है, ग्लूकोज अधिक मात्रा में सोखा जाता है। इसका परिणाम यह होता है कि व्यक्ति जब भिन्न-भिन्न कार्य जैसे पढ़ना, लिखना, किसी समस्या का समाधान करना, हँसना, रोना आदि कर रहा होता है तो मस्तिष्क के विभिन्न भागों की क्रियाओं का नक्शा इस विधि द्वारा वैज्ञानिक अधिक आसानी से उत्पन्न कर लेते हैं। इसे *इन भिभो कार्यात्मक औटोरेडियोग्राफी* (In vivo functional autoradiography) भी कहा जाता है।

(c) सिंगल फोटोन इमिसन कम्प्यूटराज्ड टोमोग्राफी *(Single Photon Emission Computerized Tomography or SPECT)*—SPECT एक ऐसी प्रविधि है जिसमें रेडियोट्रेसर (radiotracer) का सूई मस्तिष्क के विशेष क्षेत्र में दिया जाता है। इस

रेडियोट्रेसर की विशेषता यह है कि इसे सामान्य मस्तिष्कीय ऊतक (normal brain tissue) तथा रोगात्मक मस्तिष्कीय ऊतक (pathological brain tissue) द्वारा अलग-अलग ढंग से सोखे जाते हैं। इस तरह से सूई देने के बाद उत्पन्न स्राव का रेकार्डिंग गामा कैमरा (gama camera) द्वारा किया जाता है। इस तरह के रेकार्डिंग से रक्त प्रवाह के कारण उत्पन्न क्षेत्रीय अंतर का पता आसानी से चल जाता है।

मूलतः SPECT, PET के ही समान है परंतु अंतर यह है कि यह प्रविधि PET के समान खर्चीला नहीं है। इसका अलाभ (disadvantage) यह है कि PET की तुलना में SPECT में स्थानिक बिखराव या विघटन (spatial resolution) कम होता है।

(d) कार्यात्मक मैगनेटिक रिसोनेन्स इमेजिंग *(Functional Magnetic Resonance Imaging or fMRI)*—MRI का एक नवीन एक उन्नत प्रारूप fMRI है। जैसा कि ऊपर कहा जा चुका है, MRI द्वारा उच्च-विखंडित प्रतिमाओं (high resolution images) का निर्माण होता है जो मस्तिष्कीय ऊतकों के घनत्व में सूक्ष्म परिवर्तनों को भी दिखलाने में सक्षम होते हैं। परंतु MRI तंत्रीय ऊतकों (neural tissues) के रसायनिक वातावरण (chemical environment) के प्रति भी संवेदनशील या क्रियाशील होते हैं। इस तरह से MRI तंत्रकीय ऊतकों के कार्यों को भी मानीटर करता है और इस अर्थ में जब MRI का उपयोग होता है तो उसे *f*MRI कहा जाता है।

जब न्यूरोन क्रियाशील हो उठते हैं, तो वह अपने अगल-बगल के क्षेत्रों में रक्त प्रवाह (blood flow) को बढ़ा देते हैं। इससे हेमोग्लोबिन (haemoglobin) में परिवर्तन हो जाता है और रक्त के चुम्बकीय गुणों (magnetic properties) में परिवर्तन हो जाता है और इसकी पहचान *f*MRI प्रविधि द्वारा वैज्ञानिक आसानी से कर लेते हैं। इस प्रविधि के निम्नांकित तीन ऐसी विशेषताएँ हैं जो आधुनिक समय में इसकी लोकप्रियता का कारण है—

(i) इस प्रविधि में मस्तिष्कीय ऊतकों में संरचनात्मक प्रतिमा (structural image) का निर्माण ठीक उसी समय होता है जिस समय में कार्यात्मक चित्रण (functional mapping) होता है। इसलिए कार्य (function) तथा संरचना (structure) के बीच सहसम्बन्ध की परिशुद्धता उसपर निर्भरता अधिक होती है।

(ii) इस प्रविधि में व्यक्ति में किसी आइसोटोप (isotope) का सूई नहीं दिया जाता है। इससे खर्च में तो कमी आती ही है, साथ-ही-साथ रोगी को आइसोटोप के संभावित जोखिम उठाने का खतरा भी नहीं रहता है।

(iii) इस प्रविधि में PET की तुलना में उच्च विखंडन (resolution) की शक्ति होती है।

स्पष्ट हुआ कि मस्तिष्क के चयापचय की क्रियाओं (metabolic activities) का अध्ययन करने के लिए कई तरह की प्रविधियाँ उपलब्ध हैं। हालाँकि ऐसी विधियों का उपयोग करने वाले प्रयोगों या शोधों के परिणाम की व्याख्या करने में कभी-कभी कुछ कठिनाइयाँ या समस्याएँ उत्पन्न होती हैं, फिर भी ये विधियाँ काफी लोकप्रिय हैं। रेन्स (Rains, 2002) के अनुसार एक प्रमुख ऐसी कठिनाई यह देखी गयी है कि मस्तिष्क का कोई क्षेत्र में व्यक्ति द्वारा कोई विशेष कार्य किये जाने के दौरान यदि अधिक सक्रियता देखी जाती है, तो इसका सीधा मतलब इन विधियों द्वारा किये गए अध्ययनों के आधार

पर यह लगाया जाता है कि सम्बन्धित क्षेत्र उस कार्य के लिए महत्त्वपूर्ण हैं। परंतु सच्चाई भिन्न भी हो सकती है। कुछ न्यूरोमनोवैज्ञानिकों का मत है कि उस मस्तिष्कीय क्षेत्र की क्रियाशीलता का कारण वह कार्य न होकर मस्तिष्क के कुछ अन्य क्षेत्रों में होने वाले परिवर्तन हो सकते हैं।

निष्कर्षतः यह कहा जा सकता है कि विकिरणी अनुसंधान (radiological investigation) में संरचात्मक विधियाँ (structural methods) तथा कार्यात्मक विधियाँ (functional methods) दोनों ही शामिल हैं। अनुसंधानकर्त्ता को उत्तम परिणाम पाने के लिए इन दोनों तरह की विधियों को एक-दूसरे के साथ मिलाकर उपयोग करना चाहिए।

वैद्युतीय उत्तेजन एवं रिकार्डिंग विधि
(Electrical Stimulation and Recording Method)

इस प्रविधि में न्यूरोमनोवैज्ञानिक तथा न्यूरोवैज्ञानिक मस्तिष्क का अध्ययन उसके विशेष क्षेत्र में हुए वैद्युतीय घटनाओं या क्रियाओं को रिकार्ड करके या फिर उसे कृत्रिम रूप से उत्तेजित करके करते हैं। स्पष्टतः तब इस प्रविधि के दो भाग हैं—वैद्युतीय क्रियाओं का रिकार्डिंग (recording) तथा मस्तिष्कीय न्यूरोन को वैद्युतीय धारा द्वारा उत्तेजित करके उसके प्रभाव का अध्ययन। वैद्युतीय उत्तेजन एवं रिकार्डिंग विधि को *न्यूरोदैहिक विधि* (neurophysiological method) भी कहा जाता है। संक्षेप में तब यही कहा जा सकता है कि इस विधि में मस्तिष्कीय ऊतकों (brain tissues) के वैद्युतीय क्रियाओं (electrical activities) का मापन कर तंत्रकीय घटनाओं (neural events) के बारे में अनुमान लगाया जाता है। कार्यात्मक प्रतिमावली विधियों (functional imaging method) की तुलना में इस विधि द्वारा तंत्रकीय घटनाओं का प्रत्यक्ष रूप से मापन तो होता ही है साथ-ही-साथ बहुत छोटे-छोटे सामयिक अंशों (temporal parts) में भी बाँटकर वैसी घटनाओं का अध्ययन किया जाता है। इन विधियों में निम्नांकित प्रमुख हैं—

(a) एकांकी कोशिका रेकार्डिंग *(Single cell recording)*—यह एक ऐसी प्रविधि है जो सरल होते हुए भी काफी उपयोगी है। इसमें किसी एक कोशिका (cell) की क्रियाओं (activities) को एक विशेष समय तथा एक विशेष परिस्थिति या व्यवहारात्मक परिप्रेक्ष्य (behavioural context) में अध्ययन किया जाता है। इस विधि में एक अत्यन्त ही लघु व्यास (diameter) वाले इलेक्ट्रोड को मस्तिष्क के किसी एक न्यूरोन में प्रवेश करा दिया जाता है और फिर उस कोश के वैद्युतीय विभव (electrical potential) में होने वाले परिवर्तनों को मापा जाता है। इस तरह के इलेक्ट्रोड को माइक्रोइलेक्ट्रोड (micro electrode) कहा जाता है। इसके आधार पर कोश की क्रियाओं तथा उसके उत्तेजन (firing) की बारंबारता को आसानी से मापा जाता है। इस विधि का अलाभ (disadvantage) यह है कि मस्तिष्क के किसी भी क्षेत्र के कुछ ही कोशिकाओं का अध्ययन सम्भव हो पाता है। परंतु फिर भी इसके पक्ष में यह कहा जाता है कि यह विधि ऐसी है जिसके सहारे साहचर्य कार्टेक्स (association cortex) में संवेदी या प्रत्यक्षज्ञानात्मक (perceptual) विशिष्टीकरण (specialization) तथा स्थान निर्धारण (localization) का पता लगाया जाना सम्भव हो पाया है।

(b) इलेक्ट्रोएनसिफैलोग्राफी *(Electroencephalography or EEG)*—EEG की खोज हंस बर्गर (Hans Berger) ने 1920 वाले दशक में किया और इसके द्वारा मस्तिष्क के वैद्युतीय क्रियाओं को खोपड़ी पर रखे इलेक्ट्रोड के माध्यम से रिकार्ड किया जाता है। इस प्रविधि द्वारा मस्तिष्क में दौरा या झटका (seizure) की क्रियाओं की पहचान एवं स्थान निर्धारण (localization) में काफी सहायता मिलती है। EEG द्वारा न्यूरोमनोवैज्ञानिक नींद (sleep) तथा औषध (drugs) का मस्तिष्कीय क्रियाओं (brain activities) पर पड़ने वाले प्रभावों का अध्ययन करते हैं। हाल में न्यूरोमनोवैज्ञानिक कुछ विशेष कम्प्यूटरीकृत विधियों (computerized method) का उपयोग करके EEG क्रियाओं का विश्लेषण करने लगे हैं जिससे इसकी वैज्ञानिकता तथा प्रमाणिकता में काफी बढ़ोत्तरी हुई है।

EEG का मुख्य दोष यह लगाया गया है कि इसके इलेक्ट्रोड खोपड़ी के ऊपर लगा होता है तथा इलेक्ट्रोड और मस्तिष्क के बीच में खोपड़ी तथा अन्य ऊतक (tissues) होते हैं, अतः मस्तिष्क से मिलने वाला संकेत (signal) कमजोर पड़ जाता है तथा इसके द्वारा विभिन्न न्यूरोन्स का मात्र एक सामूहिक क्रिया (collective activity) का पता चलता है। किसी विशेष न्यूरोन के वैद्युतीय क्रिया (electrical activity) का अंदाज EEG द्वारा लगाना मुश्किल है।

(c) घटना-सम्बन्ध विभव *(Event-related potentials or ERP_S)*—ERP_S द्वारा कोई विशेष घटना या उत्तेजन के बाद कार्टेक्स (cortex) में हुए EEG क्रियाओं में होने वाले लघु परिवर्तन (brief changes) का मापन होता है। जैसे लाल रोशनी दिखाने पर व्यक्ति के दृष्टि कार्टेक्स (visual cortex) की क्रियाओं में हुए परिवर्तन को ERP द्वारा मापा जा सकता है। न्यूरोमनोवैज्ञानिकों द्वारा कुछ जटिल एवं विभेदी उद्दीपकों जैसे कुछ शब्द, चेहरा आदि से सम्बन्धित ERP को मापने का प्रयास किया है हालांकि पृष्ठिका तंत्रकीय क्रियाओं (background neural activities) के कारण ऐसे उद्दीपकों का EEG पर पड़ने वाले प्रभावों को मापना थोड़ा कठिन है। ऐसी परिस्थिति से निबटने के लिए न्यूरोमनोवैज्ञानिक एक ही उद्दीपक या घटना को व्यक्ति के सामने कई बार उपस्थित करता है और उन सबों का फिर औसत अनुक्रिया (average response) ज्ञात करके व्यक्ति के ERP के बारे में अनुमान लगाया जाता है। न्यूरोमनोवैज्ञानिक ERP का उपयोग किसी विशेष संवेदी क्रिया जैसे दृष्टि (visual) या श्रव्य (auditory) किया में सम्मिलित मस्तिष्क के क्षेत्र की अखंडता (integrity) के अध्ययन के लिए प्रायः करते हैं।

(d) इलेक्ट्रोकार्टिकोग्राफी *(Electrocorticography or ECO)*—सचमुच में ECO कोई नयी प्रविधि नहीं है जिसके माध्यम से वैद्युतीय उत्तेजन के कार्यात्मक प्रभाव (functional effect) के आधार पर कार्टेक्स (cortex) के विशिष्ट क्षेत्र की पहचान की जाती है। इस प्रविधि में सर्जरी के दौरान रोगी के अनावृत्त कार्टेक्स (exposed cortex) को निम्न वोल्टेज इलेक्ट्रोड (low voltage electrode) से उत्तेजित करके उसके कार्यात्मक विशेषताओं का पता लगाया जाता है। अतः यह एक वैद्युतीय उत्तेजन प्रविधि (electrical stimulation method) है। न्यूरोमनोविज्ञान के इतिहास पर यदि हम अवलोकन करें तो पायेंगे कि फ्रिट्स (Fritsch) तथा हिटजिग (Hitzig) ने ऐसी

विधि का उपयोग 1870 में कुत्तों पर किया था। 1874 में सबसे पहले पहल इस विधि का उपयोग मानव मस्तिष्क के अध्ययन में अमेरिकन सर्जन वारथोलो (Bartholow) द्वारा किया गया। परंतु मस्तिष्क एवं व्यवहार के सम्बन्धों को समझने के लिए इस विधि का एक क्रमबद्ध उपयोग पेनफिल्ड (Penfield) तथा उनके सहयोगियों द्वारा 1930 के दशक में ही प्रारंभ हो पाया। इन लोगों द्वारा रोगी के अनावृत्त कार्टेक्स (exposed cortex) को निम्न भोल्टेज इलेक्ट्रोड से उत्तेजित करके उसके कार्यात्मक प्रभाव (functional effect) की जानकारी प्राप्त करते थे और फिर उसके आधार पर कार्टेक्स के विशिष्ट क्षेत्र की पहचान करते थे। पेनफिल्ड ने इस प्रविधि का उपयोग करके ऐसे रोगी जिसके मस्तिष्क में दौरा या झटका (seizure) (मिरगी रोग) पड़ता था, की सफलतापूर्वक पहचान किये और उपचार की दिशा में भी इससे पर्याप्त सहयोग पाये।

(e) मैगनेटोइनसिफैलोग्राफी *(Magnetoencephalography or MEG)*—यह एक नयी प्रविधि है जिसमें न्यूरोन्स (neurons) को वैद्युतीय धारा (electric current) से उत्तेजित किया जाता है और उससे उत्पन्न लघु चुम्बकीय क्षेत्र (magnetic fields) की माप करके मस्तिष्क के विशेष भाग के कार्यों का अध्ययन किया जाता है और फिर उसके आधार पर उस क्षेत्र की पहचान स्वतंत्र रूप से की जाती है। इस प्रविधि को *चुम्बकीय स्रोत प्रतिमावली* (magnetic source imaging) भी कहा जाता है। यह प्रविधि नयी है तथा इसके उत्तम परिणाम सामने आ रहे हैं।

प्रयोगात्मक उच्छेदन विधि या क्षति विधि
(Experimental Ablation Method or Lesion Method)

प्रयोगात्मक उच्छेदन विधि (experimental ablation method) या जिसे लोकप्रिय भाषा में क्षति विधि (lesion method) कहा जाता है, न्यूरोविज्ञान में व्यवहृत होने वाला सबसे पुरानी विधि है। जैसा कि नाम से ही स्पष्ट है, इस प्रविधि में अनुसंधानकर्त्ता मस्तिष्क (brain) (विशेषकर पशु के मस्तिष्क को) के किसी भाग को क्षतिग्रस्त कर देते हैं या उसे काट कर अलग कर देते हैं और फिर वे यह देखते हैं कि प्राणी कौन-कौन-सा व्यवहार करने में अब असफल रहता है। ऐसे व्यवहारों को उस क्षतिग्रस्त क्षेत्र से नियंत्रित होता समझा जाता है। इस तरह से प्रयोगात्मक उच्छेदन में मस्तिष्क के किसी भाग का साभिप्राय क्षति (intentional damge) किया जाता है ताकि उस भाग के कार्य का अध्ययन किया जा सके। वैसे प्रयोग (experiments) जिसमे मस्तिष्क के किसी भाग या हिस्सा को क्षतिग्रस्त कर दिया जाता है और फिर पशु के व्यवहार पर उसके पड़ने वाले प्रभाव का अध्ययन किया जाता है, को *क्षति अध्ययन* (lesion studies) कहा जाता है। लेजन अध्ययन निम्न पशुओं (lower animals) तथा मनुष्यों (humans) दोनों पर किये गए हैं। परंतु इन दोनों अध्ययनों में थोड़ा अंतर हो जाता है। निम्न पशुओं जैसे चूहा, कुत्ता, बिल्ली खरगोश आदि पर जो क्षति अध्ययन किये जाते हैं, उनमें अनुसंधानकर्त्ता स्थानीकृत क्षति (localized lesion) के प्रभाव को सही-सही ढंग से अध्ययन कर पाता है। इसके कारण वह कई तरह के प्राक्कल्पनाओं (hypothesis) की भी जाँच करने में सफल हो पाता है। परंतु मनुष्यों पर किये गए

क्षति अध्ययनों में अनुसंधानकर्त्ता सिर्फ वैसे ही क्षति (destruction) का व्यवहार पर पड़ने वाले प्रभावों का अध्ययन कर पाता है जो पहले ही या तो कोई रोग या आघात (trauma) या मस्तिष्कीय चोट (brain injury) के कारण उत्पन्न हुआ हो। इस अलाभ (disadvantage) के बावजूद, मनुष्यों पर किये गए क्षति अध्ययन द्वारा कुछ वैसे कार्यों का मापन हो पाता है जो अधिक विकसित होते हैं। जैसे भाषा, समस्या समाधान तथा योजना बनाना आदि कुछ ऐसे ही कार्य हैं जिनका मापन इन अध्ययनों में हो पाता है। इतना ही नहीं, मनुष्यों में जो मस्तिष्कीय क्षति (brain lesion) होते हैं, वे अधिक इन्द्रियगोचर (discernible) होते हैं क्योंकि रोगी अपने अनुभूति को स्पष्ट रूप से बतलाकर न्यूरोवैज्ञानिक को सही दिशा में कार्य करने में मदद करता है।

पशुओं में मस्तिष्कीय क्षति (brain lesion) उत्पन्न करने की कई विधियाँ हैं जिनमें प्रमुख निम्नांकित हैं:—

(a) **स्टिरियोटैक्सिक सर्जरी** (*Stereotaxic Surgery*)—इस तरह के सर्जरी में पशु के मस्तिष्क में वांछित स्थान पर स्टेनलेस स्टील तार या इलेक्ट्रोड को पहले पहुँचाया जाता है। तार या इलेक्ट्रोड के एक छोर को पशु के मस्तिष्क के भीतर वांछित स्थान पर प्रवेश कराके आर एफ वैद्युतीय धारा (radiofrequency electric current) प्रवाहित किया जाता है ताकि उस स्थान पर क्षति या घाव उत्पन्न हो सके। इस तरह की क्षति या लेजन (lesion) की विशेषता यह होती है कि यह तार या इलेक्ट्रोड के नोंक के क्षेत्र के न्यूरोन के कोश शरीर तथा एक्सान सभी को नष्ट कर देता है क्योंकि आर एफ वैद्युतीय धारा के ताप में ये सभी जल जाते हैं। इस तरह के सर्जरी को करने के पहले पशु को एनेस्थेसिया (anesthesia) देखकर बेहोश कर दिया जाता है और फिर उसे विशेष उपकरण जिसे स्टिरियोटैक्सिक उपकरण (stereotaxic appratus) कहा जाता है, में रखकर कैनुला या इलेक्ट्रोड घुसाया जाता है। इस उपकरण को चित्र 3.1 में दिखलाया गया है।

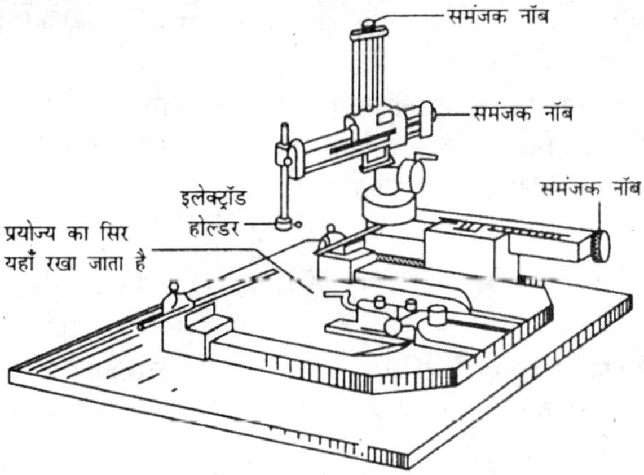

चित्र 3.1 : स्टिरियोटैक्सिक उपकरण

आधुनिक समय में एक विशेष तरह के स्टिरियोटैक्सिक उपकरण मनुष्यों पर उपयोग करने के लिए भी विकसित किया गया है। कभी-कभी सर्जन व्यक्ति के मस्तिष्क में लेजन

(lesion) करके शरीर में विशेष कम्पन जैसा कि पार्किन्सन रोग (Parkinson disease) में अक्सर होता है, के उपचार के लिए करते हैं। यहाँ सर्जन को इतनी सावधानी अवश्य बरतनी पड़ती है कि मस्तिष्क में घुसाये गए इलेक्ट्रोड या तार की अवस्थिति (location) को क्षति उत्पन्न करने के पहले एक्स-रे आदि करके यह देख लेते हैं कि वे सही बिन्दु पर रखे गये हैं या नहीं।

मस्तिष्क में क्षति या घाव (lesion) उत्पन्न करने के लिए उत्तेजक पदार्थ (excitatory substance) अर्थात् उत्तेजक एमिनो अम्ल (excitatory amino acid) जैसे काईनिक अम्ल (kainic acid) को कैनुला जो तार के समान खोखला एक सूई होता है, के सहारे मस्तिष्क के उस क्षेत्र में दिया जाता है जहाँ के ऊतकों को नष्ट करके क्षति (lesion) उत्पन्न करना होता है। इस तरह का रसायन अर्थात् काईनिक अम्ल जब मस्तिष्क के विशेष भाग के न्यूरोन में पहुँचता है तो वह अगल-बगल के न्यूरोन के कोश शरीर (cell bodies) को खतम कर देता है परंतु एक्सान (axon) जो भिन्न-भिन्न न्यूरोन के हो सकते हैं, को कोई हानि नहीं पहुँचता है। इस तरह के क्षति या घाव को न्यूरोवैज्ञानिकों द्वारा *एक्साइटोटौक्सि लेजन* (excitotoxic lesion) कहा जाता है।

(b) हिस्टोलोजिकल विधि *(Histological methods)*—इस विधि में जो हिस्टो (histo) उपसर्ग है, इसका अर्थ होता है शरीर की ऊतक (body tissue)। इस विधि में पशुओं में मस्तिष्कीय क्षति उत्पन्न करके उसका व्यवहार पर पड़ने वाले प्रभाव का अध्ययन करने के बाद उन्हें मानवीय ढंग से जान से मार दिया जाता है। फिर उसके मस्तिष्क को निकालकर उसे एक विशेष घोल (solution) जैसे फोरमालिन (formalin) के घोल में रखा जाता है ताकि वह खराब न हो जाए। फिर उस मस्तिष्क को *माइक्रोटोम* (microtome) द्वारा छोटे-छोटे टुकड़ों में काट दिया जाता है। इन टुकड़ों को शीशे की स्लाइड पर रखा जाता है, फिर कोश शरीर अभिरंजन (cell body stain) से रंग दिया जाता है ताकि उसे *माइक्रोस्कोप* (microscope) के सहारे आसानी से देखा जा सके तथा उनकी संरचनाओं के बारे में ज्ञान प्राप्त किया जा सके। इससे मस्तिष्क के न्यूरोन तथा तन्तुओं के बण्डल (bundle) जो उस रंग को अपने में सोख लेता है, के बारे में आसानी से पता लगा लिया जाता है।

मनुष्यों में सामान्यतः हिस्टोलोजिकल विधि का उपयोग नहीं किया जाता है। परंतु यदि किसी बीमारी या दुर्घटना में यदि व्यक्ति की मृत्यु हो गयी होती है, और यदि उसका मस्तिष्क परीक्षण के लिए उपलब्ध है, तो फिर उसपर हिस्टोलोजिकल विधि का उपयोग करके मस्तिष्क के ऊतकों, न्यूरोन तथा अन्य क्षेत्रों का अध्ययन किया जा सकता है।

मस्तिष्कीय क्षति का व्यवहार पर प्रभाव *(Effect of brain lesion on behaviour)*

न्यूरोवैज्ञानिकों तथा न्यूरोमनोवैज्ञानिकों द्वारा किये गए अध्ययनों से यह स्पष्ट हुआ है कि मस्तिष्कीय क्षति (brain lesion) का व्यवहार पर तीन तरह का प्रभाव पड़ता है जो निम्नांकित है—

(a) कार्यों का अभाव *(Loss of function)*—मस्तिष्कीय क्षति (brain lesion) का सबसे स्पष्ट एवं प्रत्यक्ष प्रभाव यह होता है कि इससे प्राणी में सम्बन्धित कार्यों को करने की क्षमता लगभग समाप्त हो जाती है। जैसे, यदि किसी पशु की दृष्टि कार्टेक्स

(visual cortex) पूर्णतः क्षतिग्रस्त कर दिया जाता है, तो उसमें पैटर्न दृष्टि (pattern vision) लगभग समाप्त हो जाता है। परंतु जब दृष्टि कार्टेक्स का एक अंश में क्षति उत्पन्न किया जाता है, तो दृष्टि का अभाव (loss) आंशिक रूप से होता है। प्रायः न्यूरोवैज्ञानिक को ऐसे केसेज देखने के लिए मिलते हैं जब व्यक्ति किसी कारणवश दुर्घटनाग्रस्त हो गया होता है और उसके मस्तिष्क के किसी भाग में काफी क्षति हो गयी होती है, तो उस भाग से सम्बन्धित कार्य व्यक्ति नहीं कर पाता है। मस्तिष्कीय क्षति का कार्यों पर पड़ने वाले प्रभावों के बारे में सामान्य नियम यह है कि मस्तिष्क में जितना बड़ा क्षति (lesion) होगा, कार्यों का अभाव भी उतना ही अधिक होता है।

(b) नये कार्यों का प्रादुर्भाव *(Release of new function)*—मस्तिष्कीय क्षति के बाद प्राणी कभी-कभी कुछ ऐसे नये-नये व्यवहारों को करता देखा गया है जो क्षति उत्पन्न होने के पहले वह नहीं करता था। इतना ही नहीं, कभी-कभी यह भी देखा जाता है कि मस्तिष्कीय क्षति के बाद प्राणी किसी खास व्यवहार जो नया तो नहीं होता है, परंतु उसकी आवृत्ति (frequency) को वह बढ़ा देता है। जैसे, जिस व्यक्ति का अग्रपालि (frontal lobe) क्षतिग्रस्त हो जाता है, उसमें प्रायः किसी एक विशेष व्यवहार को दोहराने की प्रवृत्ति अधिक होती है। इस तरह के आवृत्तीय व्यवहार से यह स्पष्ट होता है कि अग्रपालि का एक कार्य किसी व्यवहार को रोकना भी होता है। अग्रपालि के क्षतिग्रस्त हो जाने से अवरोधात्मक नियंत्रण (inhibitory control) समाप्त हो जाता है और व्यक्ति किसी एक व्यवहार को बार-बार करने लगते हैं। उसी तरह से पार्किन्सन रोग (Parkinson disease) में नया व्यवहार अर्थात् हाथ तथा अंगुलियों में कम्पन उत्पन्न हो जाता है। स्वभावतः इस रोग में मस्तिष्क का विशेष भाग रोग के कारण क्षतिग्रस्त हो जाता है, और इस तरह का नया व्यवहार उत्पन्न हो जाता है।

(c) कार्यों का विघटन *(Disorganization of functions)*—मस्तिष्कीय क्षति या घाव (lesion) से प्राणी के कार्यों में विघटन (disorganization) भी उत्पन्न हो जाता है। यहाँ विघटन से तात्पर्य यह होता है कि प्राणी व्यवहार या उसका कुछ अंश तो करता है परंतु सही क्रम (order) में नहीं या व्यवहार गलत समय या जगह पर होता है। जैसे, जिन व्यक्तियों को बायाँ गोलार्द्ध के कुछ क्षेत्रों में किसी कारणवश क्षति (lesion) उत्पन्न हो जाता है, तो ऐसे लोग पीने के लिए चाय बनाने में निहित प्रक्रियाओं या व्यवहार को प्रायः सही क्रम में नहीं करते देखे गए हैं। चाय बनाने में पानी गर्म करना, चाय की पत्ती को उस पानी में रखकर खौलाना, आवश्यकतानुसार दूध एवं उसमें फिर चीनी मिलाना आदि व्यवहर की जरूरत होती है। ऐसे व्यक्ति इन व्यवहारों का एक सही क्रम में न करके उलटे पुलटे क्रम में जैसे पहले पानी में चीनी डाल देना, फिर उसमें दूध डालना, फिर उसे खौलाना और अन्त में चाय की पत्ती डालना कर सकते हैं। यहाँ व्यवहार तो सही-सही किये जा रहे परंतु उनका क्रम (order) उलटे-पुलटे होते हैं। फलतः विघटित होते हैं।

स्पष्ट हुआ कि मस्तिष्कीय क्षति (brain lesion) के कई तरह के प्रभाव व्यक्ति के व्यवहार पर पड़ते हैं। किसी निष्कर्ष पर पहुँचने के पहले यह आवश्यक है कि इन तीनों तरह के प्रभावों पर अलग-अलग या संयुक्त रूप से विचार कर लिया जाए क्योंकि बहुत से ऐसे कारक (factors) है जो मस्तिष्कीय क्षति का व्यवहार पर पड़ने वाले प्रभावों के

बारे में खास निष्कर्ष पर पहुँचने में बाधक सिद्ध होते हैं। इन कारकों में क्षति का स्थान (location of damage), क्षति से पुनर्लाभ (recovery from damage), कुछ कार्यों का अप्रभावित होना (sparing of some functions), क्षति का पार्श्व प्रभाव (side effect of damage), प्रत्यक्ष रूप से प्रभावित न होने पर भी बाध्यता (disturbances), क्षति का स्रोत (source of damage) आदि प्रमुख हैं। अतः इन कारकों के बारे में यहाँ संक्षेप में उल्लेख आवश्यक है—

(i) **क्षति का स्थान** *(Location of damage)*—अध्ययनों से यह बिल्कुल ही स्पष्ट हो गया है कि मस्तिष्कीय स्तंभ (brain stem) में क्षति (damage) होने से न्यूरोकार्टेक्स (neurocortex) के अन्य भागों में समान क्षति की तुलना में व्यवहार पर अधिक बुरा प्रभाव पड़ता है।

(ii) **क्षति से पुनर्लाभ** *(Recovery of damage)*—मस्तिष्कीय चोट या क्षति पहुँचने से जो व्यवहार प्रभावित होता है और उसमें परिवर्तन होता है, वे प्रायः थोड़े समय के लिए होते हैं और धीरे-धीरे वे समाप्त हो जाते हैं। एक केस में यह देखा गया कि एक 45-50 साल के व्यक्ति को बायें गोलार्द्ध में एक छोटा झटका या आघात (stroke) उत्पन्न हुआ जिसके परिणामस्वरूप वह लिख, पढ़ तथा बोल नहीं सकता था। परंतु 6 सप्ताह की अवधि के उपचार के बाद धीरे-धीरे उसमें भाषाई कौशल (language skills) वापस होने लगे।

(iii) **कुछ कार्यों का अप्रभावित होना** *(Sparing of sum function)*—न्यूरोमनोवैज्ञानिकों का यह स्पष्ट प्रेक्षण रहा है कि जब मस्तिष्कीय चोट या क्षति बाल्यावस्था (childhood) में होता है, तो उसका व्यवहार पर नकारात्मक प्रभाव वैसी ही चोट या क्षति के वयस्कावस्था में होने पर पड़े प्रभाव की तुलना में काफी कम होता है। अगर ऐसी मस्तिष्कीय क्षति शैशवावस्था (infancy) में हुई है, तो इसका प्रभाव वैसे व्यवहारों पर तो बिल्कुल ही नहीं पड़ता है, जो अभी शिशु में उत्पन्न ही नहीं हुए हों या बाद में उत्पन्न होने वाले है। इस तरह से स्पष्ट हो जाता है कि जिस तरह से मस्तिष्कीय क्षति के बाद समय बीतने से अपने आप कुछ कार्यों की पुनर्लाभ हो जाता है, ठीक उसी तरह से कुछ कार्य मस्तिष्कीय क्षति से बिलकुल ही बचे रह जाते हैं अगर मस्तिष्कीय क्षति जीवन के आरम्भिक समय जैसे शैशवावस्था या बाल्यावस्था में उत्पन्न हुआ हो। इसका सबसे उत्तम उदाहरण हमें भाषा पर बायें गोलार्द्ध (left hemisphere) के पड़ने वाले प्रभाव पर देखा जा सकता है। ऐसे बच्चे जिनके बायें गोलार्द्ध में क्षति 5 से 10 साल की आयु में उत्पन्न होती है, वे आरंभ में तो स्पष्ट बोलने में कठिनाई का अनुभव करते है परंतु बाद में धीरे-धीरे उनकी आयु बढ़ने के साथ-ही-साथ परिपक्वता बढ़ती है, उनकी यह कठिनाई भी समाप्त होने लगती है।

(iv) **क्षति का पार्श्व प्रभाव** *(Side effect of damage)*—मस्तिष्कीय क्षति का व्यवहर पर न केवल प्रत्यक्ष बल्कि अप्रत्यक्ष प्रभाव भी पड़ता है। जैसा कि हम जानते हैं, मिरगी (epilepsy) का सामान्य कारण मस्तिष्कीय क्षति (brain damage) है जिसमें मस्तिष्क के विशेष क्षेत्र की कोशिकाएँ बर्बाद तो नहीं

होती है परंतु असामान्य ढंग से कार्य करने लगती है जिसे दौरा या झटका (seizures) उत्पन्न होता है। सच्चाई यह है कि इस तरह के दौरा या झटका से मस्तिष्कीय क्षति का अध्ययन जटिल हो जाता है क्योंकि व्यवहार में होने वाला परिवर्तन का कारण क्षति (lesion) न होकर सम्भवतः दौरा या झटका ही हो। इतना ही नहीं, कुछ मस्तिष्क की क्षति ऐसे होते हैं जो व्यक्तित्व में कुछ सार्थक परिवर्तन उत्पन्न कर देते हैं और फिर बाद में वह ऐसे क्षति का अन्य व्यवहारों पर पड़ने वाले प्रभावों को या तो विकृत कर देता है या छिपा लेता है।

(v) **प्रत्यक्ष रूप से अप्रभावित क्षेत्रों में क्षुब्धता** (*Disturbances in regions not directly damaged*)—ऐसा करना उचित नहीं होगा कि मस्तिष्कीय क्षति का प्रभाव सिर्फ उसी मस्तिष्कीय क्षेत्र पर होता है, जो उस क्षति से प्रभावित हुआ है। सच्चाई यह है कि इस तरह की क्षति का प्रभाव मस्तिष्क के उन क्षेत्रों पर भी पड़ता है जो अप्रत्यक्ष रूप से प्रभावित क्षेत्र से सम्बन्धित होते हैं। जैसे, यदि हाइपोथैलमस में क्षति (damage) उत्पन्न कर दिया जाए तो इससे सिर्फ इसकी कोशिकाएँ ही नहीं बर्बाद हो जाती हैं बल्कि मस्तिष्कीय स्तंभ (brain stem) से अग्रमस्तिष्क की ओर जाने वाले वैसे सभी तन्तु (fibers) नष्ट हो जाते हैं जो हाइपोथैलमस से होकर गुजरते हैं। उसी तरह से यह देखा गया है कि यदि न्यूकार्टेक्स (neocortex) में घाव या क्षति (lesion) उत्पन्न होता है, जो थैलमस की कोशिकाएँ भी मर जाती हैं क्योंकि थैलमिक कोशिकाओं का एक्सान (axon) जो न्यूरोकार्टेक्स (neurocortex) की ओर प्रक्षेपित (projected) होता है, भी ऐसे क्षति से प्रभावित हो जाते हैं।

(vi) **क्षति का स्रोत** (*Source of damage*)—मस्तिष्कीय क्षति के दो स्रोत होते हैं—एक स्वाभावित रूप से मस्तिष्कीय क्षति का होना जिसका कारण रोग, दुर्घटना (accidents) आदि प्रायः होते हैं तथा दूसरा स्रोत सर्जरी द्वारा उत्पन्न क्षति होता है। इन दोनों तरह की क्षति का व्यवहार पर एक सामन प्रभाव नहीं पड़ता है। जैसे मस्तिष्कीय टयूमर (brain tumour) के रोगी जिनमें क्षति स्वाभाविक कारणों (रोग) से उत्पन्न हुआ होता है, प्रायः उन व्यक्तियों से भिन्न व्यवहार करते हैं जिनमें मस्तिष्कीय क्षति अन्य कारणों से उत्पन्न हुआ होता है। इसका कारण यह होता है कि ट्यूमर मस्तिष्क के बड़े भागों पर अपना दबाव (pressure) बनाता है जिससे ऐसे रोगियों का व्यवहार सिर्फ उस क्षेत्र से सम्बन्धित नहीं होता है जहाँ ट्यूमर होता है।

स्पष्ट हुआ कि ऊपर वर्णित कारक कुछ ऐसे हैं जिनके कारण मस्तिष्कीय क्षति का व्यवहार पर पड़ने वाले प्रभाव का स्पष्टीकरण करना थोड़ा जटिल एवं कठिन हो जाता है।

काम्मीस्सुरोटोमी
(Commissurotomy)

काम्मीस्सुरोटोमी (commissurotomy) एक ऐसी अनुसंधान विधि है जिसमें प्राणी के मस्तिष्क के दोनों गोलार्द्धों (hemisphere) अर्थात बायाँ गोलार्द्ध (left hemisphere) तथा दायाँ गोलार्द्ध (right hemisphere) को जोड़ने वाले तंत्रिका

तन्तु (nerve fibers) जिसे कारपस कैलोजम (corpus callosum) कहा जाता है, को काट दिया जाता है और इस तरह से फिर उसके व्यवहर पर पड़ने वाले प्रभावों का अध्ययन किया जाता है। इस तरह के शल्य क्रिया (operation) के कारण इस अनुसंधान विधि को *विभक्त मस्तिष्क सर्जरी* (split-brain surgery) भी कहा जाता है। इस तरह की सर्जरी 1960 के दशक में रोजर्स स्पेरी (Roger Sperry) तथा मेयर्स (Meyers) द्वारा काफी किए गए हालांकि 1930 वाले दशक में कई रोगियों के साथ इस ढंग की सर्जरी किया गया था। ऐसे सर्जरी का मूल उद्देश्य मिरगी के रोगी को पड़ने वाले दौरा या धक्का (seizures) की गंभीरता से बचाना था। जैसा कि हम जानते हैं, इस तरह के रोग में व्यक्ति के किसी एक गोलार्द्ध में न्यूरोन अचानक जरूरत से ज्यादा सक्रिय (over active) हो जाते हैं और यह सक्रियता फिर कारपस कलौजम के माध्यम से दूसरे गोलार्द्ध में पहुँचकर इसे भी अतिसक्रिय कर देता है जिससे मिरगी के दौरा की गंभीरता बढ़ जाती है। जब कारपस कैलोजम को काट दिया जाता है, तो एक गोलार्द्ध से दूसरे गोलार्द्ध में सूचनाएँ नहीं पहुँच पाती हैं और तब इस रोग में न्यूरोन्स की अतिसक्रियता से पड़ने वाले दौरा की गंभीरता कम हो जाती है। परंतु इस तरह के सर्जरी का व्यवहार पर और क्या-क्या प्रभाव पड़ता है, इसका अध्ययन भी न्यूरोमनोवैज्ञानिकों ने किया।

जैसा कि स्पष्टतः ज्ञात है, प्रमस्तिष्कीय गोलार्द्ध (अर्थात् बायाँ गोलार्द्ध तथा दायाँ गोलार्द्ध) शरीर के विपरीत भागों से संवेदी सूचनाओं को प्राप्त करता है। दूसरे शब्दों में, शरीर के बायें भाग से संवेदी सूचनाएँ दायाँ गोलार्द्ध में तथा दायें भाग से संवेदी सूचनाएँ बायें गोलार्द्ध में पहुँचता है। इस नियम के अपवाद में सिर्फ घ्राण संवेदनाएँ (olfaction sensation) है जिसमें कारलसन (Carlson, 1995) के अनुसार, बायें नासाछिद्र (nostril) से सूँघा गया गन्ध की संवेदना सिर्फ दायें बायें गोलार्द्ध में तथा दायें नासाछिद्र से सूँघा गया गन्ध की संवेदनाएँ सिर्फ गोलार्द्ध में जाता है। विभक्त मस्तिष्क के रोगी को दायाँ नासाछिद्र बन्द करके यदि कोई गन्ध, बायें नासाछिद्र से सूँघने के लिए दें तो वह आसानी से बता पायेगा कि गन्ध कैसा है। परंतु यदि गंध दायें नासाछिद्र से प्रवेश करता है, तो वह कहेगा कि कोई गन्ध उसे नहीं महसूस हो रहा है। सच्चाई यह है कि दायाँ गोलार्द्ध उस गन्ध का प्रत्यक्षण तो कर रहा है परंतु उसकी अभिव्यक्ति भाषा के रूप में नहीं कर पाता है क्योंकि भाषा गोलार्द्ध तो बायाँ गोलार्द्ध होता है और कारपस कलौजम को काट देने से उसका बायाँ गोलार्द्ध के साथ सम्बन्ध विच्छेद हो गया होता है। संवेदी सूचनाओं के अतिरिक्त व्यक्ति के दायें भाग की क्रियाओं का नियंत्रण बायाँ गोलार्द्ध (left hemisphere) तथा बायें भाग की क्रियाओं का नियंत्रण दायाँ गोलार्द्ध (right hemisphere) से होता है।

विभक्त मस्तिष्क सर्जरी में स्पेरी (Sperry, 1968, 1971) तथा गाज्जानिगा (Gazzaniga, 1984, 1985) द्वारा किये गए शोधों से यह स्पष्ट हुआ है कि दायाँ एवं बायाँ गोलार्द्ध कुछ विशिष्ट तरह के कार्यों को स्वतंत्र रूप से करने में सक्षम है। स्पेरी ने अपने प्रयोग में बिल्ली के मस्तिष्क के बायाँ तथा दायाँ गोलार्द्धों को जोड़ने वाले कारपस कैलोजम को काट दिया। उन्होंने आँख से मस्तिष्क में जाने वाले कुछ तंत्रिकाओं (nerves) को भी काट दिया। स्पेरी ने आपरेशन के इन बिल्लियों को दायाँ आँख बन्द करके कई तरह के दृष्टि समस्याओं (visual problems) का समाधान करना सीखलाया।

इसके बाद बिल्लियों में सीखने की क्षमता की जाँच की गयी। जाँच के दौरान बिल्लियों के बायाँ आँख को बंद रखा गया।

विभक्त मस्तिष्क बिल्लियों ने इस तरह व्यवहार किया मानों वह कार्य को कभी सीखा ही नहीं हो। इससे यह प्रतीत होता है कि स्मृति तथा अधिगम (learning) सिर्फ बायें गोलार्द्ध (left hemisphere) में संचित होते हैं जो ऐसी परिस्थिति में दायें गोलार्द्ध को सूचना भेजने में असमर्थ रहता है। बाद में इस ढंग का सर्जरी मिरगी के रोगियों पर भी किया गया। स्पेरी ने ऐसे रोगियों की जाँच करने के बाद बतलाये कि कारपस कलौजम को काट देने के उपरान्त दोनों गोलार्द्ध लगभग स्वतंत्र होकर विशिष्ट प्रकार के कार्यों को करता है। ऐसे अध्ययनों के परिणामों को ध्यान में रखते हुए न्यूरोमनोवैज्ञानिकों का सामान्य निष्कर्ष यह है कि बायाँ गोलार्द्ध (सभी दक्षिणहस्त व्यक्तियों में) मूलतः भाषा गोलार्द्ध (language hemisphere) होता है। अतः दायाँ गोलार्द्ध बायाँ गोलार्द्ध की तुलना में कम शाब्दिक (verbal) होता है परंतु कुछ अन्य कार्यों जैसे आरेखन (drawings) करने में, चेहरों की पहचान करने में तथा संवेगों की अभिव्यक्ति में दायाँ गोलार्द्ध बायाँ गोलार्द्ध की तुलना में अधिक श्रेष्ठ होता है। अतः ऐसा लगता है कि बायाँ गोलार्द्ध एवं दायाँ गोलार्द्ध जब वे एक-दूसरे से असम्बन्धित हो जाते हैं, तो उनके कार्यों में विशिष्टता झलकी है तथा ये दोनों गोलार्द्ध एक तरह की प्रतियोगिता के भाव से कार्य करने लगते हैं। परंतु यह प्रतियोगिता या असामंजस्य (incongruity) थोड़े देर के लिए ही होता है और सर्जरी के बाद थोड़े समय के बाद फिर समाप्त होने लगता है। यह किस तरह से होता है, यह तो न्यूरोमनोवैज्ञानिकों को अबतक स्पष्ट नहीं हो पाया है परंतु यह अनुमान लगाया जाता है कि दोनों गोलार्द्धों में अन्य छोटे-छोटे तंत्रिका पथ (fibers tracts) से सम्बन्ध स्थापित होते रहता है जो उच्च स्तरीय सांवेगिक एवं अभिप्रेरणात्मक समन्वय स्थापित कर लेते हैं। इसलिए इन दोनों गोलार्द्धों को जोड़ने वाले कारपस कैलोजम को काट देने के बाद भी इन गोलार्द्धों में सम्पूर्ण कार्यात्मक अलगाव (functional separation) की बात करना मात्र एक अति सरलीकरण (oversimplification) विचारधारा सा दीखता है।

हेमिसफेयरेक्टोमी
(Hemispherectomy)

इस प्रविधि में किसी गोलार्द्ध (hemisphere) अर्थात् दायाँ या बायाँ गोलार्द्ध के किसी भाग को काटकर हटा दिया जाता है क्योंकि उस भाग से सम्बन्धित व्यवहारात्मक क्षुब्धता व्यक्ति में देखने को मिलता है। ऐसा करते समय गोलार्द्ध के गहरे हिस्से में अवस्थित अंशों या भागों को जैसे थैलमस (thalamus) तथा सैचिरेट संरचना (satirate complex) को सामान्यतः काटकर नहीं हटाया जाता है।

हेमिसफेयरेक्टोमी द्वारा सामान्यतः दो तरह के केसेज का उपचार किया जाता है। पहले तरह के केसेज को *बाल हेमिप्लेगिया* (infantile hemiplegia) कहा जाता है जिसमें बाल्यावस्था में ही शरीर के किसी एक भाग में पक्षाघात (paralysis) होता है। ऐसे केसेज का उपचार करने के लिए हेमिसफेयक्टोमी का उपयोग किया जाता है जिसमें सम्बन्धित गोलार्द्ध के कुछ अंशों को काटकर उनका उपचार करने की कोशिश की जाती

है। ऐसे अध्ययनों के आरम्भिक रिपोर्ट से यह पता चला है कि कुछ अंश को काटकर निकाल देने के बावजूद रोगी में मानसिक ह्रास (mental deterioration) की कमी नहीं होती है। केर्न्स तथा डेविडसन (Cairns & Davidson, 1951) ने अपने अध्ययन के आधार पर तीन ऐसे केसेज प्रस्तुत किया है जिसमें हेमिसफेयरेक्टोमी के बाद भी कोई बौद्धिक ह्रास (intellectual loss) नहीं हुआ। वास्सर (Basser, 1962) ने 35 ऐसे बच्चों के केसेज की समीक्षा किया जिन्हें हेमिस्फेयरेक्टोमी किया गया। इनमें 17 केसेज के बायें गोलार्द्ध में तथा 18 केसेज के दायों गोलार्द्ध में हेमिस्फेयरेक्टोमी किया गया था। परिणाम में पाया गया कि चाहे इनका बायाँ गोलार्द्ध में हेमिसफेयरक्टोमी किया गया हो या दायाँ गोलार्द्ध में हेमिसफेयरेक्टोमी क्यों न किया गया हो, इनके द्वारा किए गए कुछ खाश-खाश तरह के कार्य जैसे संवेदी-पेशीय कार्य (sensory-motor function) तथा भाषाई कार्यो में कोई ह्रास नहीं देखा गया। इसका मतलब तब यह हुआ कि एक सीमा तक कोई गोलार्द्ध किसी भी गोलार्द्ध का कार्य करने में सक्षम है।

दूसरे तरह के केसेज की व्यस्क हेमिसफेयरेक्टोमीं (adult hemispherectomy) कहा जाता है जिसमें किसी बीमारी जैसे मस्तिष्क टयूमर (brain tumour) के कारण गोलार्द्ध के कुछ भागों को काटकर हटाना पड़ता है। कुछ केसेज में प्रबल गोलार्द्ध (dominant hemisphere) तथा कुछ केसेज में अप्रबल गोलार्द्ध (non-dominant hemisphere) में आपरेशन करके उसके कुछ अंश को काटकर निकाल दिया जाता है। मिरगी रोग के उपचार में भी इस प्रविधि का उपयोग किया जाता है। इन अध्ययनों में पाया गया कि प्रबल गोलार्द्ध (बायाँ गोलार्द्ध) में हेमिसफेयरेक्टोमी करने से भाषाई कार्यों में कुछ ह्रास हुए परंतु सभी भाषाई कार्य प्रभावित नहीं हुए। अप्रबल गोलार्द्ध (दायाँ गोलार्द्ध) में हेमिस्फेयरेक्टोमी करने से देखा गया कि रोगी की स्मृति में हाल की घटनाओं को याद रखने की क्षमता कम हो गई, सांवेगिक अस्थिरता (emotional instability) तथा अवरोध (inhibition) की कमी आदि मुख्य रूप से देखा गया।

स्पष्ट हुआ कि हेमिसफेयरेक्टोमी द्वारा न्यूरोविज्ञानी तथा न्यूरोमनोविज्ञानी गोलार्द्धीय कार्यों (hemispheric functions) का अध्ययन करते हैं।

सोडियम एमोबारबिटल परीक्षण
(Sodium Amobarbital Test)

सोडियम एमोबारबिटल परीक्षण एक ऐसी विधि है जो किसी एक गोलार्द्ध में थोड़े समय के लिए पलटावी निष्क्रियता (reversible inactivation) उत्पन्न करता है और फिर उसके व्यवहार पर पड़ने वाले प्रभावों का अध्ययन किया जाता है। इस परीक्षण में बारबिटुरेट सोडियम एमोबारबिटल (barbiturate sodium amobarbital) का सूई आंतरिक कैरोटिड धमनी (carotid artery) में दिया जाता है। यहाँ से यह रसायन तत्व प्रमस्तिष्क परिसंचरण (cerebral cricular) में प्रवेश करता है और इपसिलेट्रल मध्य प्रमस्तिष्कीय धमनी (ipsilateral middle cerebral artery) में प्रवेश करता है। इससे सम्बन्धित गोलार्द्ध में थोड़े देर के लिए निष्क्रियता (inactivation) उत्पन्न हो जाता है तथा वह लगभग कार्य करना बंद कर देता है। करीब 7 मिनट तक यह औषध उस गोलार्द्ध में बना रहता है और इस दौरान न्यूरोमनोवैज्ञानिक विभिन्न तरह के कार्यों (functions) विशेषकर भाषा व्यवहार (language behaviour) की जाँच कर लेते

हैं। अगर सूई दिया गोलार्द्ध बायाँ गोलार्द्ध होता है, तो व्यक्ति में एफासिया (aphasia) के लक्षण दीखने लगते हैं। अगर वह अभाषाई गोलार्द्ध (nonlanguage hemisphere) हुआ तो व्यक्ति भाषा को समझता है तथा शब्दों को बोल भी लेता है परंतु उसे वैसे कार्यां को करने में कठिनाई महसूस करता है जो ज्यामितीय आकृतियों की नकल करने तथा चेहरे को याद रखना जैसी क्रियाओं होती हैं। 7 मिनट के बाद औषध उस गोलार्द्ध (hemisphere) से बाहर आ जाता है तथा सामान्य परिसंचरण (general circulation) में प्रवेश कर जाता है तथा उसका मस्तिष्क पर पड़ने वाला प्रभाव समाप्त हो जाता है। एक दिन के बाद फिर इसी प्रक्रिया को दोहरायी जाती है परंतु इस बार दूसरे तरफ के गोलार्द्ध के आंतरिक कैरोटिड धमनी (internal carotid artery) में सूई दिया जाता है और इस बार यह दूसरा गोलार्द्ध थोड़े समय के लिए निष्क्रिय हो जाता है। इससे पहले परीक्षण की संपुष्टि तो होती ही है, फिर और भी कुछ नयी-नयी सूचनाएँ जैसे द्विपार्श्विक भाषा प्रतिनिधि (bilateral speech representation) अर्थात् दोनों गोलार्द्धों द्वारा भाषा व्यवहार होने की सूचना आदि प्राप्त हो सकती है। इस तरह से इस परीक्षण के उपयोग से न्यूरोविज्ञानियों को गोलार्द्धीय विशिष्टीकरण (hemispheric specialization) के बारे में अग्रिम सूचना मिल जाती है। इसका विशेष फायदा उन्हें अपने अन्य कार्यों को ठीक ढंग से निबटने में होता है।

सोडियम एमोबारबिटल परीक्षण का उपयोग करके मिलनर, ब्राँच तथा रासमुस्सेन (Milner, Branch & Rasmussen, 1964) वामहस्तिक व्यक्तियों (left handers) तथा दक्षिण हस्तिक (right handers) व्यक्तियों में भाषा विशिष्टता (language specialization) का अध्ययन किये। परिणाम प्रत्याशा के अनुकूल पाये गए। दक्षिणहस्तिक व्यक्तियों में 98% केसेज में भाषा व्यवहार बायाँ गोलार्द्ध में अभाषाई व्यवहार (non language behaviour) दायाँ गोलार्द्ध में स्थिति-निर्धारित (localized) पायी गयी। वामहस्तिक व्यक्तियों (left handed) व्यक्तियों में करीब 70% लोगों में दक्षिण-हस्तिक व्यक्तियों के समान ही भाषा व्यवहार बायें गोलार्द्ध में देखा गया, 15% ऐसे लोगों में भाषा व्यवहार दायें गोलार्द्ध में तथा 15% ऐसे लोगों में भाषा व्यवहार दोनों ही गोलार्द्धों में स्थान-निर्धारित पाया गया। इस तरह का निष्कर्ष दक्षिणहस्तिक व्यक्तियों तथा वामहस्तिक व्यक्तियों में प्रमस्तिष्कीय क्षति (cerebral lesion) तथा एफाशिया (aphasia) की शुरुआत होने के बीच के सम्बन्धों का अध्ययन करके ज्ञात किया गया। परंतु सोडियम एमोबारविटल परीक्षण द्वारा इस तरह के सम्बन्ध की जाँच जल्द तथा प्रत्यक्ष रूप से हो जाती है।

न्यूरोरसायन विधि
(Neurochemical Method)

न्यूरोरसायन विधि में न्यूरोवैज्ञानिक मस्तिष्क के भीतर के विभिन्न तत्त्वों (sub elemental) के स्थान-निर्धारण (location) के बारे में पता लगाते हैं। इस विधि के सहारे न्यूरोवैज्ञानिक वैसे न्यूरोन्स (neurons) की पहचान कर लते हैं जिससे विशेष तरह का न्यूरोरसायन (neurochemicals) जैसे न्यूरोट्रांसमीटर (neurotransmitter) या न्यूरोमोडुलेटर (neuromodulator) का स्राव होता है। इन विधियों के सहारे कुछ वैसे ग्राहकों (receptors). का भी पता लगाया जाता है जो उक्त तत्त्वों अर्थात्

न्यूरोट्रांसमीटर की उपस्थिति में अनुक्रिया करते हैं। सामान्यतः ऐसे ग्राहकों का स्थान-निर्धारण निम्नांकित दो तरह की विधियों द्वारा होता है—

(i) ओटोरेडियोग्राफी *(Autoradiography)*—उस प्रविधि में मस्तिष्क के फॉक या कतला (slice) को एक घोल में डाल देते हैं जिसमें एक विशेष ग्राहक (receptor) के लिए रेडियोएक्टिव लिगान्ड (radioactive ligand) होते हैं। इसके बाद उन फाँकों को मल दिया जाता है ताकि उसमें सिर्फ वही रेडियोएक्टिविटी बचा रहे जो ग्राहक (receptor) से चिपके लिगान्ड के अणु (molecules) में हों। अन्त में उस रेडियोएक्टिव लिगान्ड यानी ग्राहक का पता चल जाता है, जिसका पहचान करने के लिए पूरी प्रक्रिया संपन्न की गयी।

(ii) इम्मूनोसाइटोकेमेस्ट्री *(Immunocytochemistry)*—इस विधि में ग्राहक (receptors) जो स्वयं ही प्रोटीन (proteins) होते हैं, का पता इस प्रकार लगाया जाता है—मस्तिष्क के कतला या फॉक (slice) को एक उचित एन्टीबाडी (antibody) से अनावृत्त (expose) किया जाता है। इस एन्टीबाडी में एक चमकीला रंग डाला होता है। इसके बाद विशेष तरंगदैर्घ्य (particular wavelength) की रोशनी में माइक्रोस्कोप (microscope) के सहारे इन फॉकों को देखा जाता है। इस तरह के उस प्रोटीन या ग्राहक का पता चल जाता है जिसके प्रति एन्टीबाडी तैयार किया गया था।

न्यूरोरसायन विधि का उपयोग वैसे न्यूरोन्स का भी पता लगाने में किया जाता है जिसमें विशेष तरह का न्यूरोरसायन अर्थात् न्यूरोट्रांसमीटर (neurotransmitter) या न्यूरोमोडुलेटर होते हैं। मस्तिष्क में ऐसे न्यूरोरसायन का स्थान-निर्धारण का पता तीन तरह से लगाया जाता है—पहली विधि वह है जिसमें स्वयं उस न्यूरोरसायन को स्थान-निर्धारित (localize) किया जाता है; दूसरी विधि वह है जिसमें वैसे इन्जाइम्स (enzymes) का पता लगाया जाता है जो उस न्यूरोरसायन को उत्पन्न करते हैं तथा तीसरी विधि वह है जिसमें उन न्यूरोरसायन के संश्लेषण (synthesis) में सम्मिलित संदेशवाहक आर एन ए (messanger RNA) का स्थान निर्धारण होता है।

न्यूरोरसायन (neurochemicals) को स्थान निर्धारित करने के इन विभिन्न विधियों की एक लाभदायक विशेषता यह है कि उन्हें एनटिरियोग्रेड (anterograde) तथा रिट्रोग्रेड (retrograde) अन्वेषकों (tracers) के साथ संयोजित किया जा सकता है। फलतः यहाँ अनुसंधानकर्त्ता सिर्फ यही नहीं निर्धारित कर पाते हैं कि कोई विशेष न्यूरोन में कौन-सा रसायन (chemicals) होता है बल्कि वे इस बात का भी निर्धारण कर लेते है कि वे न्यूरोन्स मस्तिष्क के अन्य भागों के साथ किस तरह का सम्बन्ध बना कर रखते हैं। इस प्रविधि को *द्विक लेवलिंग विधि* (double labeling method) कहा जाता है।

तंत्रिका वैज्ञानिक विधियाँ
(Neurological Methods)

न्यूरोवैज्ञानिक विधि में वैज्ञानिक रोगी से या उसके सम्पर्क में रहने वाले व्यक्तियों से रोगी के बारे में विस्तृत इतिहास तैयार करते हैं। इसमें रोगी के संवेदनों, प्रतिवर्तो (reflexes), गति एवं मांशपेशियों का सामंजस्य, विकृतियों आदि के बारे में एक विस्तृत एवं काफी सतर्कतापूर्वक रिकार्ड तैयार किया जाता है। इसमें तंत्रिका विज्ञानी

(neurologist) रोगी के लक्षणों का अपने दृष्टिकोण से व्याख्या करते हैं। तंत्रिका विज्ञान में तंत्रिका तंत्र के विकृतियों की अनुसंधान के लिए कई विशिष्ट विधियाँ विकसित की गयी हैं जिनका कुछ उपयोग न्यूरोमनोवैज्ञानिक भी करते हैं और तंत्रिका विज्ञानी को अपने कार्य में मदद करते हैं।

इस विधि में आत्मनिष्ठता (subjectivity) तुलनात्मक रूप से अधिक होने से उसकी उपयोगिता काफी सीमित रह गयी है।

अध्याय सारांश
(Chapter Summary)

1. न्यूरोमनोविज्ञान में शोध एवं अनुसंधान करने के लिए कई विधियों का उपयोग किया गया है। इस अध्याय में आठ ऐसी विधियों का वर्णन किया गया है।
2. संरचनात्मक विधि (structural methods) एक प्रमुख विधि है जिसमें न्यूरोमनोवैज्ञानिक तंत्रिकातंत्र के विभिन्न संरचनाओं (structures) के आकार-प्रकार, उसके स्थान तथा उनके अंतरसम्बन्धों (interaction) के बारे में पता लगाते हैं।
3. विकिरणी विधियाँ (radiological method) में मस्तिष्क के विभिन्न भागों तथा न्यूरोन की संरचनाओं एवं कार्यो का अध्ययन करने के लिए कुछ ऐसी प्रविधियों का उपयोग किया जाता है जिसमें रेडियम विज्ञान के यंत्रों एवं युक्तियों (strategies) का सहारा लिया जाता है। इसमें खोपड़ी का एक्सरे, प्रमस्तिष्कीय एंजियोग्राफी (cerebral angiography), न्यूमोएनसिफैलोग्राफी (Pneumoencephalo-graphy), सीटी स्कैन (CT scan), एम आर आई (MRI), क्षेत्रीय प्रमस्तिष्कीय रक्त प्रवाह (Regional Cerebral Blood Flow or rCBF), पी ई टी स्कैन (PET scan), एस पी ई सी टी (SPECT) आदि प्रमुख हैं।
4. वैद्युतीय उत्तेजन एवं रिकार्डिंग विधि (electrical stimulation and recording method) में न्यूरोमनोवैज्ञानिक मस्तिष्क का अध्ययन उसके विशेष क्षेत्र में हुए वैद्युतीय घटनाओं या क्रियाओं को रिकार्ड करके या फिर उसे कृत्रिम रूप से उत्तेजित करके अध्ययन करते हैं। इसमें ई ई जी (EEG), इ आर पी (ERP) तथा इ सी ओ (ECO) आदि प्रमुख हैं।
5. प्रयोगात्मक उच्छेदन विधि (experimental ablation method) या जिसे लोकप्रिय भाषा में क्षति विधि lesion method) भी कहा जाता है, में मस्तिष्क के किसी भाग का साभिप्राय क्षति (intentional damage) किया जाता है और फिर उसका व्यवहार पर पड़ने वाले प्रभावों का अध्ययन किया जाता है। इस विधि द्वारा अधिकतर अध्ययन पशुओं (animals) पर किया गया है परंतु मनुष्यों पर विशेषकर उन व्यक्तियों पर जिन्हें रोग, दुर्घटना आदि के कारण मस्तिष्कीय क्षति उत्पन्न हो गयी हो, अध्ययन किया गया है। इसके तहत स्टिरियोटैक्सिक सर्जरी (stereotaxic surgery) तथा हिस्टोलोजिकल विधि (histological method) आदि सम्मिलित होते हैं।
6. काम्मीस्सुरोटोमी (commissurotomy) या जिसे विभक्त मस्तिष्क सर्जरी (split brain surgery) भी कहा जाता है, में प्राणी के बायाँ तथा दायाँ गोलार्द्ध को जोड़ने वाले तन्तु को काट दिया जाता है और उनका व्यवहार पर पड़ने वाले प्रभावों का अध्ययन किया जाता है। इस विधि की शुरुआत मिरगी के रोगियों में एक गोलार्द्ध से दूसरे गोलार्द्ध में न्यूरोन का अतिउत्तेजन (over stimulation) को कम करने के लिए किया गया था।
7. सोडियम एमोबारबिटल परीक्षण (sodium amobarbital test) एक ऐसी विधि है जिसके सहारे किसी एक गोलार्द्ध में थोड़े देर के लिए पलटावी निष्क्रियता (reversible

inactivation) उत्पन्न करके उसका व्यवहार पर पड़ने वाले प्रभावों का अध्ययन किया जाता है। इस परीक्षण के उपयोग में न्यूरो-मनोवैज्ञानिक को गोलार्द्धीय विशिष्टीकरण (hemispheric specialization) के बारे में अग्रिम सूचना मिल जाती है।

8. न्यूरोरसायन विधि (neurochemical method) के सहारे न्यूरोमनोवैज्ञानिक वैसे न्यूरोन्स की पहचान कर लेते हैं जिससे विशेष तरह के न्यूरोरसायन जैसे न्यूरोट्रांसमीटर या न्यूरोमोडुलेटर का स्राव होता है तथा जिसके सहारे न्यूरोन मस्तिष्क के अन्य भागों से सम्बन्ध स्थापित कर लेते हैं।

9. तंत्रिका वैज्ञानिक विधि (neurological methods) में वैज्ञानिक रोगी से या उसके सम्पर्क में रहने वाले व्यक्तियों से रोगी के संवेदनों, प्रतिबलों, विकृतियों आदि के बारे में ज्ञान प्राप्त करते हैं और फिर उनका उचित विधियों द्वारा विश्लेषण करके प्रमस्तिष्कीय कार्टेक्स की स्थिति के बारे में अनुमान लगाते हैं।

❑

अध्याय 4

केन्द्रीय तंत्रिका तंत्र का परिचय
(INTRODUCTION TO CENTRAL NERVOUS SYSTEM)

तंत्रिका तंत्र : संरचना तथा कार्य
(Nervous System : Structure and Function)

तंत्रिका तंत्र (nervous system) एक ऐसी जटिल संरचना (complex structure) है जो शारीरिक प्रक्रिया को नियमित रूप से नियंत्रित करता है तथा व्यक्ति के चेतन अनुभूतियां के सभी पहलुओं के लिए जिम्मेवार होता है। तंत्रिका तंत्र (nervous system) एक संगठित सम्पूर्णता (integrated whole) के रूप में कार्य करता है। फिर भी इसकी संरचना तथा कार्य पर समुचित ढंग से प्रकाश डालने के लिए इसे कुछ खंडों में बाँटा गया है। तंत्रिका तंत्र (nervous system) को मुख्य दो भागों में बाँटा गया है—*केन्द्रीय तंत्रिका तंत्र* (central nervous system) तथा *परिधीय तंत्रिका तंत्र* (peripheral nervous system) । इन दोनों भागों के भी दो उपभाग हैं। जैसे—केन्द्रीय तंत्रिका तंत्र (central nervous system) के दो भाग हैं—मस्तिष्क (brain) तथा सुषुम्ना (spinal cord)। परिधीय तंत्रिका तंत्र (peripheral nervous system) के दो भाग हैं—कायिक तंत्रिका तंत्र (somatic nervous system) तथा स्वायत्त तंत्रिका तंत्र (autonomic nervous system)। फिर स्वायत्त तंत्रिका तंत्र के भी दो भाग हैं—अनुकम्पी तंत्रिका तंत्र (sympathetic nervous system) तथा उपअनुकंपी तंत्रिका तंत्र (parasympathetic nervous system)। ठीक इसी तरह से कायिक तंत्रिका तंत्र (somatic nervous system) के भी दो उपभाग हैं—*कपालीय तंत्रिका* (cranial nerves) तथा *मेरूदंडीय तंत्रिका* (spinal nerves) तंत्रिका तंत्र के इस विभाजन को तालिका 4-A में दिखलाया गया है।

तालिका 4-A: तंत्रिका तंत्र का विभाजन (Division of Nervous System)

- **तंत्रिका तंत्र (Nervous system)**
  - परिधीय तंत्रिका तंत्र (Peripheral Nervous System)
    - कायिक तंत्रिका तंत्र (Somatic Nervous System)
      - कपालीय तंत्रिका (Cranial Nerves)
      - मेरुदंडीय तंत्रिका (Spinal Nerves)
    - स्वायत्त तंत्रिका तंत्र (Autonomic Nervous System)
      - अनुकंपी तंत्रिका तंत्र (Sympathetic Nervous System)
      - उपअनुकंपी तंत्रिका तंत्र (Parasympathetic Nervous System)
  - केन्द्रीय तंत्रिका तंत्र (Central Nervous System)
    - मस्तिष्क (Brain)
    - सुषुम्ना (Spinal cord)

तंत्रिका तंत्र की दो मौलिक विशेषताएँ (fundamental features) हैं जिनपर यहाँ प्रकाश डालना आवश्यक है। ये दो विशेषताएँ हैं—**मेनिनग्स** (meninges) तथा **निलयी तंत्र** (ventricular system)। इन दोनों का वर्णन निम्नांकित है—

1. मेनिनग्स *(Meninges)*—सम्पूर्ण तंत्रिका तंत्र अर्थात् मस्तिष्क, सुषुम्ना, क्रैनियल तंत्रिका (cranial nerves), मेरुदंडीय तंत्रिका (spinal nerves), स्वायत्त गैंगलिया (antonomous ganglia), कुछ कड़ा सम्बन्धात्मक ऊतकों (tough connective tissues) से ढँका होता है। मस्तिष्क तथा सुषुम्ना पर के इस तरह के सुरक्षात्मक शीथ (protective sheeths) को *मेनिनग्स* (meninges) कहा जाता है जिसका एक वचन (singluar) प्रारूप को *मेनिनक्स* (meninx) कहा जाता है। मेनिनग्स के तीन सुरक्षात्मक परतें (layers) या झिल्ली (membrane) होती हैं जिन्हें चित्र 4.1 में देखा जा सकता है। सबसे ऊपरी परत को *डुरा मैटर* (dura matter) कहा जाता है जो मोटा (thick), कड़ा (hard) परंतु अलचीला (unstrechable) होता है। बीच वाले परत (middle layer) को *एरेकनोयाड झिल्ली* (arachnoid membrane) कहा जाता है जो देखने में जाल (web) के समान होता है। यह मुलायम (soft) तथा स्पंजी (spongy) होता है तथा डुरा मैटर के ठीक नीचे होता है। एरेकनोयाड झिल्ली रेशेदार (fibrous) तथा लचीले ऊतकों (tissues) के दो परतों से बना होता है। मेनिनग्स के सबसे भीतरी झिल्ली (innermost membrane) को *पिया मैटर* (pia matter) कहा जाता है और यह कार्टेक्स (cortex) की सतह से लगा हुआ होता है। पिया मैटर तथा एरेकनोयाड झिल्ली के बीच खाली जगह होता है जिसे उपएरेकनोयाड स्थान (subarachnoid space) कहा जाता है और यह खाली स्थान एक विशेष तरल पदार्थ से भरा होता है जिसे *सेरिब्रोस्पाइनल तरल* (cerebrospinal fluid) कहा जाता है।

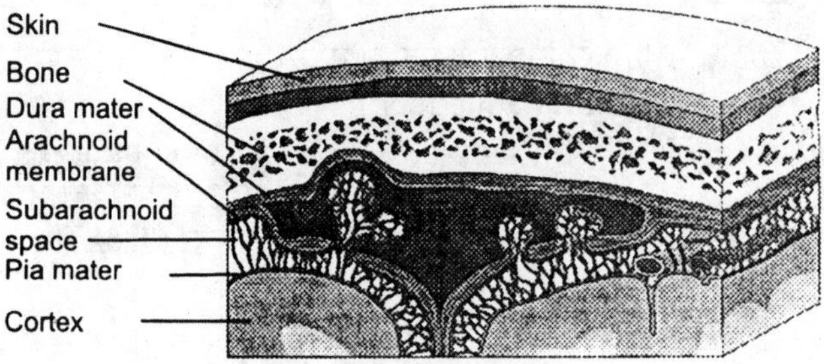

चित्र 4.1 : मेनिनग्स का चित्रण

परिधीय तंत्रिका तंत्र (peripheral nervous system) मेनिनग्स के दो परतों अर्थात् डुरा मैटर तथा पिया मैटर से ढँका होता है। मस्तिष्क तथा सुषुम्ना मध्य परत अर्थात् एरेकनोयाड परत तथा इससे सम्बन्धित सेरीब्रोस्पाइनल तरल से ढँका होता है। केन्द्रीय तंत्रिका तंत्र से बाहर भीतरी परत अर्थात् पिया मैटर तथा बाहरी परत अर्थात् डुरा मैटर दोनों एक-दूसरे से मिलकर एक शीथ (sheath) का निर्माण करते हैं जो मेरुदंडीय तंत्रिका (spinal nerve), क्रैनियल तंत्रिका (cranial nerve) तथा स्वायत्त गैंगलिया (autonomic ganglia) को ढँके रहता है।

2. निलयी तंत्र *(Ventricular system)*—मानव मस्तिष्क बहुत ही मुलायम एवं जेली (jelly) के समान है। अतः इसे तुलनात्मक रूप से अधिक सुरक्षित जगह की जरुरत होती है। सौभाग्यवश मस्तिष्क खोपड़ी के भीतर काफी सुरक्षित स्थान में होता है जो सेरीब्रोस्पाइनल तरल (cerebrospinal fluid) जो उपएरेकनायड स्थान (subarochnoid space) में अवस्थित होता है, में तैरता रहता है। चूँकि मस्तिष्क इस तरल पदार्थ में डूबा रहता है, इसका शुद्ध भार (net weight) 1400 ग्राम से घटकर करीब 80 ग्राम हो जाता है जिससे मस्तिष्क के आधार (base) पर दबाव काफी कम हो जाता है। चूँकि मस्तिष्क तथा सुषुम्ना दोनों ही सेरीब्रोस्पाइनल तरल से घिरा होता है, अतः अचानक सिर घुमाने या सिर में अन्य अचानक गति उत्पन्न करने से केन्द्रीय तंत्रिका तंत्र को जो आघात (shock) पहुँच सकता है, उससे यह तरल पदार्थ उसे बचा लेता है।

मस्तिष्क में कई खोखला अन्तरसम्बन्धित चैम्बर (hollow interconnected chambers) होते हैं जिन्हें *भेन्ट्रीकल* (ventricle) कहा जाता है। भेन्ट्रीकल सेरीब्रोस्पाइनल तरल से भरे होते हैं। मस्तिष्क में ऐसे चार भेन्ट्रीकल हैं। प्रत्येक भेन्ट्रीकल में छोटी-छोटी अनेकों पुटिकाएँ (capillary vessels) के गुच्छे होते हैं जिनके माध्यम से सेरीप्रोस्पाइनल तरल भेन्ट्रीकल में प्रवेश करते हैं। इस गुच्छ को *कोरोआयड प्लेक्सस* (choroid plexus) कहा जाता है। सबसे बड़े चैम्बर को *पार्श्विक भेन्ट्रीकल* (lateral ventricle) कहा जाता है। इस तरह का भेन्ट्रीकल एक बायें गोलार्द्ध में तथा एक दायें गोलार्द्ध में होता है। पार्श्विक भेन्ट्रीकल तीसरे भेन्ट्रीकल (third ventricle) से अंतरसम्बन्धित होता है जो मस्तिष्क के मध्य में अर्थात डायएनसिफेलोन (diencephalon) में अवस्थित होते हैं। इनके दिवारों (walls) से मस्तिष्क के इर्द-गिर्द के भाग दो सममित भाग (symmetrical halves) में बँटे होते हैं। तंत्रकीय ऊतकों (neural tissue) का एक बंडल (bundle) जिसे *मासा इन्टरमीडिया* (massa intermedia) कहा जाता

है, तीसरे भेन्ट्रीकल के मध्य से होकर गुजरता है और यह एक उत्तम संदर्भ बिन्दु (reference point) के रूप में कार्य करता है। तीसरा भेन्ट्रीकल एक लम्बे ट्यूब जिसे *सेरीब्रल एक्वीडक्ट* (cerebral aqueduct) कहा जाता है, के माध्यम से चौथा भेन्ट्रीकल से जुड़ा होता है। चौथा भेन्ट्रीकल पश्चमस्तिष्क (hind brain) में अवस्थित होता है। इस तरह से दो पार्श्विक भेन्ट्रीकल पहला और दूसरा भेन्ट्रीकल होता है परंतु मेडिकल साहित्य में इसे ऐसा न कहकर मात्र पार्श्विक भेन्ट्रीकल (lateral ventricle) ही कहा जाता है।

सभी चारों भेन्ट्रीकल एक संकीर्ण चैनेल (narrow channel) से आपस में जुड़े होते हैं (जैसा कि ऊपर कहा जा चुका है) और सेरीब्रोस्पाइनल तरल पार्श्विक भेन्ट्रीकल से तीसरे भेन्ट्रीकल तथा तीसरे भेन्ट्रीकल से चौथे भेन्ट्रीकल में संचारित होते रहता है। चौथे भेन्ट्रीकल के बाद सेरीब्रोस्पाइनल तरल भेन्ट्रीकल तंत्र से बाहर आ जाता है और उपएरकेनाआड जगह (subarachnoid space) में सुषुम्ना तथा मस्तिष्क के सतहों पर संचारित होने लगता है। फिर उसके बाद सेरीब्रोस्पाइनल तरल को रक्त आपूर्ति (blood supply) या शिरीय संरचरण (venous circulation) द्वारा अन्तर्लीन (absorb) कर लिया जाता है। ऐसा अनुमानित है कि सेरीब्रोस्पाइनल तरल की कुल मात्रा (volume) करीब 125 मिलीमीटर होती है जिसमें से करीब आधा (यानी 62.63 मिलीलीटर) प्रत्येक तीन घंटे के बाद स्वच्छ सेरीब्ररोस्पाइनल तरल से प्रतिस्थापित होते रहते हैं। इसलिए एक दिन में यह तरल पदार्थ कई बार कोरोआयड प्लेक्सस से उत्पन्न होता रहता है। अगर सेरीब्रोस्पाइनल तरल का प्रवाह टयूमर (tumour) या अन्य कारणों से बाधित हो जाता है तो एक विशेष असामान्य स्थिति उत्पन्न होती है जिसे *हाइड्रोसिफेलस* (hydrocephalus) कहा जाता है। इस स्थिति में भेन्ट्रीकल अनावश्यक रूप से आकार में बड़ा हो जाता है और इससे फिर मस्तिष्कीय क्षति (brain damage) हो जाती है।

स्पष्ट हुआ कि तंत्रिका तंत्र में मेनिनग्स (meningnes) तथा निचली तंत्र (ventricular system) काफी महत्त्वपूर्ण स्थान रखते हैं। इस अनुच्छेद को समाप्त करने के पहले दो अन्य महत्त्वपूर्ण संप्रत्यय (concepts) के बारे में भी चर्चा कर देना उचित होगा क्योंकि इनका भी महत्त्व में तंत्रिका तंत्र में काफी होता है। वे दो संप्रत्यय हैं—*धूसर पदार्थ* (gray matter) तथा *उजला पदार्थ* (white matter)।

केन्द्रीय तंत्रिका तंत्र (central nervous system) का कुछ भाग धूसर तथा कुछ भाग उजला दिखलाई देता है। किसी भाग का उजला या धूसर दिखलाई देना इस बात पर निर्भर करता है कि न्यूरोन्स का कौन-सा भाग वहाँ पर अधिक केन्द्रित है। जिस भाग में न्यूरोन्स का कोश शरीर (cell bodies) की सांद्रता (concentration) अधिक होती है, वह भाग धूसर दीखता है और इस क्षेत्र को *धूसर क्षेत्र* (gray matter) कहा जाता है और इसका रंग धूसर होता है क्योंकि कोश शरीर में कोश की केन्द्रक (nucleus) होते हैं जिसमें गाढ़े रंगीन जननिक पदार्थ (coloured genetic materials) होते हैं जिसे *क्रोमैटीन* (chromatin) कहा जाता है। केन्द्रीय तंत्रिका तंत्र का वह हिस्सा जिसमें न्यूरोन्स के एक्सान (axons) होते हैं, वे उजला दिखलाई देते हैं क्योंकि प्रत्येक एक्सान चर्बीदार माइलिन शीथ (fatty myelin sheath) से ढँके होते हैं। जब कई

एक्सान एक साथ मिलकर एक बण्डल बनाते हैं और सूचनाओं को भूरा पदार्थ के एक क्षेत्र से दूसरे क्षेत्र में ले जाते हैं, तो इसे *तन्तु पथ* (fiber tract) कहा जाता है।

मस्तिष्क में कोश शरीर (cell bodies) का सबसे बड़ा सांद्रता (concentration) एक बड़े फैले हुए जगह पर होता है जिसे प्रमस्तिष्कीय कार्टेक्स (cerebral cortex) कहा जाता है। प्रमस्तिष्कीय कार्टेक्स के अतिरिक्त अन्य जगहों पर भी कोश शरीर का जमावड़ा या सांद्रता होते हैं जिसे *केन्द्रक* (neucleus) कहा जाता है जो किसी एक न्यूरोन में पाये जाने वाले केन्द्रक से भिन्न होता है। केन्द्रीय तंत्रिका तंत्र से बाहर कोश शरीर के जमावड़ा को *गैंगलिया* (ganglia) कहा जाता है हालांकि इसका अपवाद वेसल गैंगलिया (basal ganglia) है जो अग्रमस्तिष्क के गहरे भीतर में एक ऐसी संरचना होती है जिसमें भूरा पदार्थ होता है।

सामान्य परिभाषिक शब्दावली
(General terminology)

तंत्रिका तंत्र की संरचना तथा कार्य का अध्ययन करने से पहले इस क्षेत्र में व्यवहृत कुछ सामान्य पदों का अर्थ जानना आवश्यक है। इन्हें निम्नांकित चार तरह से समझा जा सकता है—

1. शरीर तथा मस्तिष्क के त्रिविमीय फ्रेमवर्क (three dimensional framework) के भीतर सापेक्ष स्थान (relative position) जिससे यह पता चलता है कि कोई संरचना अन्य संरचना की तुलना में तथा सम्पूर्ण मस्तिष्क की तुलना में कहाँ अवस्थित है, का वर्णन करने के लिए छह पदों (six terms) का उपयोग प्रायः किया जाता है—

(a) श्रेष्ठ *(Superior)*/**निम्न** *(Inferior)*—श्रेष्ठ संरचना में वैसे संरचनाओं को रखा जाता है जो मस्तिष्क के ऊपर में तथा निम्न संरचनाओं में उन संरचनाओं को रखा जाता है जिनका स्थान मस्तिष्क में नीचे में होता है।

(b) अग्रवर्ती *(Anterior)*/**पश्च** *(Posterior)*—अग्रवर्ती (anterior) में उन संरचनाओं को रखा जाता है जो मस्तिष्क में आगे के भागों में होता है। पश्च में उन संरचनाओं को रखा जाता है जो मस्तिष्क में पीछे की ओर अवस्थित होते हैं।

(c) पार्श्विक *(Lateral)*/**मध्यस्थ** *(Medial)*—पार्श्विक में उन मस्तिष्कीय संरचनाओं को रखा जाता है जो आगे, पीछे, बीच में न होकर बगल (side) में होते हैं। जो संरचनाएँ बीच में होती हैं उन्हें मध्यस्थ (medial) कहा जाता है।

न्यूरोशरीर रचना विज्ञान (neuroanatomy) में उपर्युक्त छह पदों में से दो या दो से अधिक को एक साथ संयोजित करके मस्तिष्कीय संरचनाओं के विशिष्ट स्थान के बारे में बतलाया जाता है। जब मस्तिष्क बनाम मस्तिष्क स्तंभ (brain stem) तथा सुषुम्ना (spinal cord) में विभिन्न संरचनाओं के स्थान के बारे में बतलाना होता है, तो इन पारिभाषिक शब्दावली में थोड़ा परिवर्तन हो जाता है। जैसे मस्तिष्क में श्रेष्ठ/निम्न विमा (superior/inferior dimension) के लिए क्रमशः *पृष्ठीय* (dorsal)/*अधर* (ventral) पद का उपयोग होता है। जबकि मस्तिष्कीय स्तंभ (brain stem) तथा सुषुम्ना (spinal cord) में पृष्ठीय (dorsal) से तात्पर्य पीछे की ओर की दिशा (direction) तथा अधर (ventral) से तात्पर्य आगे (front) की ओर दिशा

(direction) से होता है। (देखें चित्र 4.2)। इसके अतिरिक्त मस्तिष्कीय स्तंभ तथा सुषुम्ना (spinal cord) में मस्तिष्क की ओर दिशा (direction) को *गलहीदार* (rostral) तथा मस्तिष्क के विपरीत की ओर दिशा को *पुच्छीय* (caudal) कहा जाता है। (देखें चित्र 4.2)। चूँकि यह सभी पद किसी संरचना का स्थान अन्य संरचनाओं की सापेक्षता में बतलाते हैं, इसलिए यह सम्भव है कि जो संरचना मस्तिष्क के अग्रवर्ती (anterior) हिस्से में हों परंतु वही संरचना उस संरचना के पश्च (posterior) में अवस्थित कहलायेगा जो उससे भी आगे अवस्थित है।

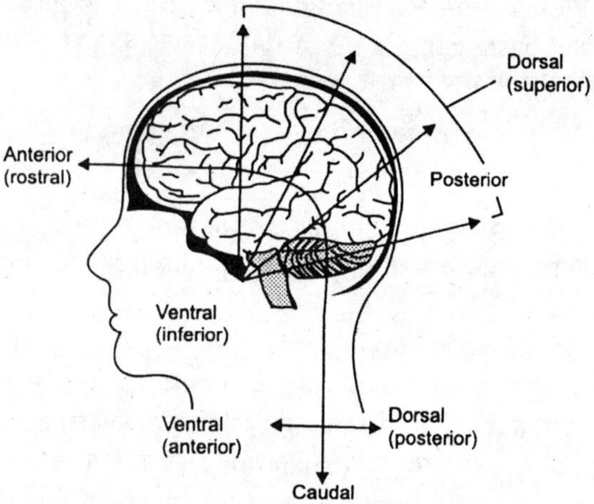

चित्र 4.2 : मस्तिष्कीय संरचनाओं का स्थान निरूपण

2. शरीर (body) या मस्तिष्क (brain) के बगली या पार्श्विक (side) जिसपर कोई संरचना या सम्बन्ध (connection) किसी संदर्भ बिन्दु (reference point) की तुलना में अवस्थित हो सकता है, को इंगित करने के लिए *कन्ट्रालेट्रल* (contralateral) तथा *इप्सीलेट्रल* (ipsilateral) जैसे पद का उपयोग किया जाता है। जब संरचनाएँ या तंत्रकीय सम्बन्ध (neuronal connection) एक ही तरफ (same side) होते हैं, तो इसे इप्सीलेट्रल(ipsilateral) कहा जाता है और जब संरचनाएँ या सम्बन्ध(connection) एक-दूसरे के विपरीत जगह या स्थान पर होते हैं तो उसके लिए *कन्ट्रालेट्रल* पद का उपयोग किया जाता है। जैसे, किसी एक प्रमस्तिष्कीय गोलार्द्ध(cerebral hemisphere) के पेशीय कार्टेक्स (motor cortex) से निकलने वाले करीब 85-90% तन्तु (fibers) शरीर के विपरीत भाग(contralateral side) (अर्थात् दायाँ गोलार्द्ध के पेशीय कार्टेक्स से निकलने वाला तन्तु शरीर के बायें भाग में तथा बायाँ गोलार्द्ध के पेशीय कार्टेक्स से निकलने वाला तन्तु शरीर के दायें भाग में जाता है) में जाता है और करीब 10% विपरीत भाग में न जाकर शरीर के वही भाग में जाते हैं जिससे इप्सीलेट्रल सम्बन्ध (ipsilateral connections) का निर्माण होता है। जब संरचनाएँ या तंत्रकीय सम्बन्ध (neuronal connection) शरीर के दोनों भाग में होता है, तो इसे *द्विपार्श्विक* (bilateral) कहा जाता है और जब कोई संरचना या सम्बन्ध शरीर के एक ही भाग में होता है, तो इसे *एकपार्श्विक* (unilateral) कहा जाता है।

3. *अभिवाही* (afferent) तथा *अपवाही* (efferent) जो ऐसे पद हैं जिनका उपयोग न्यूरोशरीररचना विज्ञान में प्रायः किया जाता है। जब तंत्रिकाकोश या न्यूरोन (neuron) तंत्रिका आवेग को किसी संरचना (structure) में ले जाता है, तो इसे अभिवाही और जब न्यूरोन तंत्रिका आवेग को किसी संरचना से बाहर की ओर ले जाते हैं, तो उसे *अपवाही* (efferent) कहा जाता है। परंतु ये दोनों भी एक सापेक्ष पद हैं। एक ही तंत्रिका तन्तु एक संरचना के लिए अभिवाही (afferent) तथा वही तन्तु दूसरी संरचना के लिए *अपवाही* (efferent) हो सकता है। जैसे, अग्रमस्तिष्क के गहरे भीतर में एक विशेष तन्तु पथ (fiber tract) होता है जिसे *फारनिक्स* (fornix) कहा जाता है। यह फोरनिक्स हिप्पोकैम्प्स (hippocampus) से हाइपोथैलमस में सूचना पहुँचता है। अतः इसे एक हिप्पोकैम्पल अपवाही (hippocampal efferent) परंतु हाइपोथैलमिक अभिवाही (hypothalmaic afferent) कहा जायेगा।

4. कुछ ऐसे विभिन्न तरह के संरचनात्मक कटाव (anatomical section) महत्त्वपूर्ण है जिसके अनुरूप मस्तिष्क को काट (cut) दिया जाता है या उसे देखने की कोशिश की जाती है। ऐसे कटाव के लिए अलग-अलग पदों (terms) का उपयोग किया जाता है। ऐसे काट (section) को प्रायः मस्तिष्क के चित्रों (diagrams) में स्पष्ट रूप से दिखलाया जाता है। *सागिट्टल काट* (sagittal section) तथा *कोरोनल काट* (coronal section) दो ऐसे मशहूर पद हैं। सागिट्टल काट मस्तिष्क को दायाँ और बायाँ भागों में बाँटता है जबकि कोरोनल काट मस्तिष्क को अग्रवर्ती (anterior) तथा पश्च (posterior) भाग में बाँटता है (देखें चित्र 4.2)। इसे *अग्र काट* (frontal section) भी कहा जाता है। *समतल या अनुप्रस्थ काट* (horizontal section) वैसे काट को कहा जाता है जो जमीन के समानान्तर (parallel) होते हैं और मस्तिष्क को ऊपरी अर्थात् श्रेष्ठ (superior) एवं निचली अर्थात् निम्न (inferior) भागों में बाँटते हैं। इसे अक्षीय काट (axial section) कहा जाता है। इन विभिन्न काटों (sections) को चित्र 4.3 में दिखलाया गया है।

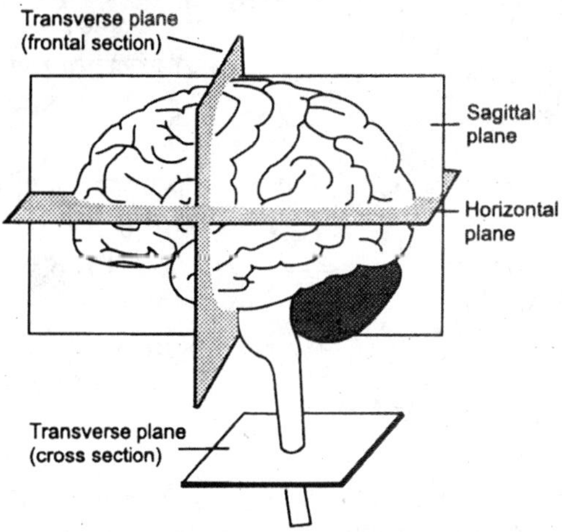

चित्र 4.3 : मस्तिष्क के विभिन्न काटों (sections) के फाँक (planes)

स्पष्ट हुआ कि तंत्रिका तंत्र (nervous system) के अध्ययन करने में कई तरह के परिभाषिक शब्दावली का उपयोग होता है।

केन्द्रीय तंत्रिका तंत्र के मुख्य भाग (Major Division of Central Nervous System)

जैसा कि तालिका 4.A से यह स्पष्ट है कि केन्द्रीय तंत्रिका तंत्र के दो मुख्य भाग हैं—सुषुम्ना (spinal cord) तथा मस्तिष्क (brain)। इन दोनों भागों का वर्णन इस प्रकार है—

सुषुम्ना की संरचना तथा कार्य *(Structure and Function of Spinal cord)*—रीढ़ की हड्डी (spinal column), जो कमर से गर्दन तक फैली है, में एक लम्बा शंकुरूप (conical) संरचना होती है जिसकी मोटाई एक व्यस्क व्यक्ति की कनिष्क अँगुली के बराबर होती है, को ही सुषुम्ना कहा जाता है। यह तरल पदार्थ एक विशेष आवरण से ढँका होता है जिस मेनिंग्स (meninges) कहा जाता है। सुषुम्ना रीढ़ीदार कॉलम (vertebral column) से सुरक्षित होता है जिसमें सरभिकल (cervical) अर्थात् गर्दन (neck), थोरैकिक (thoracic) अर्थात् छाती (chest) तथा लुम्बर (lumbar) अर्थात् नीचे की पीठ (back) क्षेत्रों में 24 स्वतंत्र कशेरुका (independent vertebrae) तथा कॉलम के सैकरल (sacral) तथा कोशिजील (coccygeal) क्षेत्रों में कुछ मिश्रित कशेरूका (fused vertebrae) होते हैं। चित्र 4.4 में सुषुम्ना की संरचना तथा कशेरुका के विभाजन एवं संरचना को दिखलाया गया है चित्र 4.4 से यह स्पष्ट है कि सुषुम्ना कशेरुका कॉलम (vertebrae column) में करीब दो तिहाई हिस्से में ही होता है और बाकी का बचा हुआ जगह *मेरुदण्डीय जड़ें* (spinal roots) से भरा रहता है जिसे *काऊडा इक्विना* (cauda equina) या *हार्स टेल* (horse tail) भी कहा जाता है। इस तरह से देखा जाय तो सुषुम्ना ऊपर में मेडुला (medulla) से प्रारंभ होकर नीचे काऊडा इक्विना (cauda equina) तक फैला होता है।

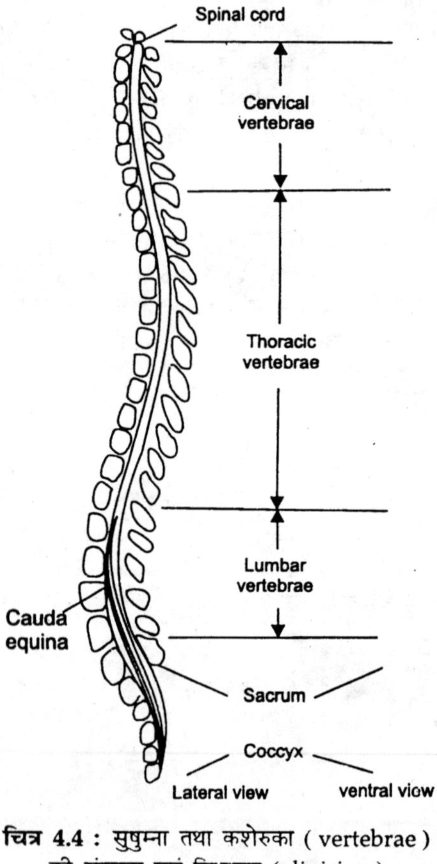

चित्र 4.4 : सुषुम्ना तथा कशेरुका (vertebrae) की संरचना एवं विभाजन (division)

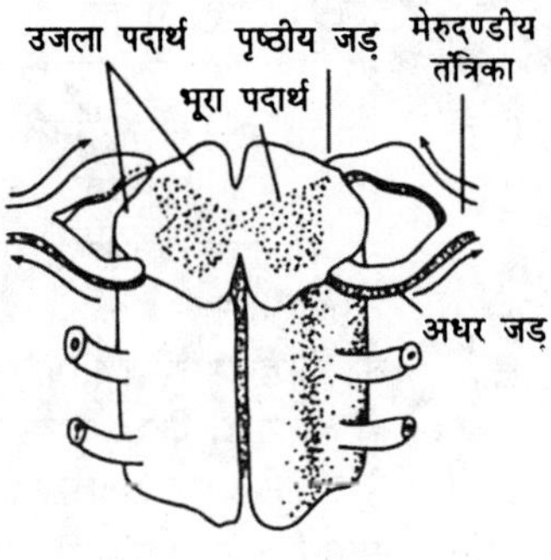

चित्र 4.5 : सुषुम्ना का काटा हुआ एक भाग

ऊपर से नीचे तक सुषुम्ना में कुल 31 भाग (division) हैं। प्रत्येक भाग से मेरुदण्डीय तंत्रिका (spinal nerves) का एक जोड़ा निकलता है। इस जोड़े में से एक तंत्रिका द्वारा शरीर के बाएँ भाग से स्नायुप्रवाह (nerve inpulse) आता है तथा दूसरे तंत्रिका द्वारा शरीर के दाएँ भाग से स्नायुप्रवाह आता है। मेरुदण्डीय तंत्रिका एक तरह की परिधीय तंत्रिका (peripheral nerve) होती है जिसके द्वारा संवेदी सूचनाएँ (sensory information) सुषुम्ना में आती है तथा फिर सुषुम्ना से गति सूचनाओं (motor information) के रूप में वे बाहर निकलती हैं। सुषुम्ना में प्रवेश करने के थोड़ा पहले मेरुदण्डीय तंत्रिका (spinal nerve) दो भाग में बँट जाती है। एक पीछे से होकर तथा एक आगे से होकर सुषुम्ना में प्रवेश करती है। (चित्र 4.5 देखें) पीछे से प्रवेश करने वाले मेरुदण्डीय तंत्रिका के भाग को *डॉर्सल रूट* (dorsal root) तथा आगे से प्रवेश करने वाले मेरुदण्डीय तंत्रिका के भाग को भेन्ट्रल रुट (ventral root) कहा जाता है। डॉर्सल रूट की पहचान यह होती है कि मेरुदण्ड या सुषुम्ना के पास थोड़ा वह फूला हुआ-सा दिखाई पड़ता है। (चित्र 4.5 देखें) डाँर्सल रूट द्वारा शरीर के भिन्न-भिन्न अंगों से संवेदी तंत्रिका आवेग (sensory nerve impulse) सुषुम्ना में प्रवेश करता है तथा भेन्ट्रल रूट द्वारा सुषुम्ना से गति तंत्रिका आवेग (motor nerve impluse) के रूप में सूचनाएँ बाहर निकलती हैं।

सुषुम्ना को यदि कहीं से भी काटा जाए तो इसकी भीतरी संरचना (structure) एक ही समान दीख पड़ती है। चित्र 2.5 में सुषुम्ना के एक ऐसे ही कटे हुए भाग को दिखलाया गया है। इस चित्र को देखने से स्पष्ट हो जाता है कि सुषुम्ना के बीच के भाग का आकार एक तितली (butterfly) के समान होता है और वह भाग धूसर पदार्थ (grey matter) से भरा होता है। सुषुम्ना के बीच के भाग (central core) के चारों तरफ उजला पदार्थ (white matter) होता है जिससे होकर अनेक तंत्रिका तन्तु (nerve fibers) ऊपर से नीचे की ओर तथा नीचे से ऊपर की ओर आते-जाते दिखाई देते हैं। ऊपर से नीचे की ओर आने वाले तंत्रिका तन्तु द्वारा मस्तिष्क से सूचनाएँ आती हैं तथा नीचे से ऊपर की ओर जाने वाले तंत्रिका तन्तु द्वारा सूचनाएँ सुषुम्ना से मस्तिष्क में ले जायी जाती हैं–

ऊपर वर्णन किये गये संरचना (structure) के आधार पर यह बिलकुल ही स्पष्ट हो जाता है कि सुषुम्ना की संरचना उतनी जटिल (complex) नहीं है तथा सभी तंत्रिका आवेग (nerve impulse) सुषुम्ना होते ही मस्तिष्क में प्रवेश करते हैं। जहाँ तक सुषुम्ना के कार्य (function) का प्रश्न है, उसे संक्षेप में हम इस प्रकार बतला सकते हैं–

(i) शरीर के भिन्न-भिन्न अंगों से लाये गये तंत्रिका आवेग को डॉर्सल रूट (dorsal root) के सहारे सुषुम्ना उसे ग्रहण करता है। इस तरह की तंत्रिका आवेग द्वारा संवेदी सूचनाएँ (sensory information) प्राप्त होतीं हैं और

हमें यह पता चलता है कि शरीर के कौन-से अंग को स्पर्श किया जा रहा है या किस अंग से क्या हो रहा है। इन संवेदी तंत्रिका आवेगों (sensory nerve impulse) को सुषुम्ना अग्र मस्तिष्क (forebrain) या मस्तिष्क स्तंभ (brain stem) में भेज देता है।

(ii) सुषुम्ना द्वारा शारीरिक क्रियाओं (bodily movements) का संचालन भी होता है। चेहरे (face) और गर्दन (neck) से सम्बन्धित शारीरिक क्रियाओं को छोड़कर अन्य भागों की क्रियाओं का नियंत्रण बहुत हद तक सुषुम्ना के द्वारा ही होता है। किसी दुर्घटना या बीमारी के कारण यदि सुषुम्ना घायल हो जाता है तो व्यक्ति में शारीरिक क्रियाओं का संचालन ठीक ढंग से नहीं हो पाता है।

(iii) सुषुम्ना द्वारा सहज या प्रतिवर्त्त क्रियाओं (reflex actions) का भी नियंत्रण एवं संचालन होता है। सहज क्रिया या प्रतिवर्त क्रिया किसी उद्दीपक (stimulus) के प्रति एक ऐसी अनुक्रिया है जो अनैच्छिक (involuntary) तथा संगत (consistent) होती है। जैसे, आँख पर तीव्र रोशनी पड़ते ही पलक का बन्द हो जाना, गर्म वस्तुओं से ऊँगली स्पर्श हो जाने पर तेजी से ऊँगली को खींच लेना आदि सहज क्रिया के कुछ उदाहरण हैं। ऐसी क्रियाएँ इतनी शीघ्रता से होती हैं कि ऐसा प्रतीत होता है मानो वे अपने आप ही सम्पन्न हो गयीं। परन्तु सच्चाई यह है कि इन क्रियाओं का सुषुम्ना द्वारा ही संचालन एवं नियंत्रण होता है और इसमें मस्तिष्क का नियंत्रण नहीं के बराबर रहता है। इस तरह से कुछ कार्य में सुषुम्ना को मस्तिष्क से स्वायत्तता (anatomy) प्राप्त रहती है।

इन कार्यों को ध्यान में रखते हुए सुषुम्ना को केन्द्रीय तंत्रिका तंत्र (central nervous system) का स्वतः चालित मशीन (automatic machine) कहा गया है। सुषुम्ना इन सहज क्रियाओं को सम्पन्न कर व्यक्ति को वातावरण के साथ समायोजन (adjustment) करने में काफी मदद करता है। सुषुम्ना द्वारा साधारण सहज क्रिया (simple reflex action) तथा जटिल सहज क्रिया (complex reflex action) दोनों का ही संचालन होता है। तीव्र रोशनी पड़ने पर पलक का बन्द हो जाना साधारण सहज क्रिया (simple reflex action) का उदाहरण है तथा गर्म वस्तु के सम्पर्क में आने पर उँगली को खींच लेना जटिल सहज क्रिया (complex reflex action) का उदाहरण है।

मस्तिष्क का प्रभाग *(Division of Brain)*

मानव मस्तिष्क की संरचना (structure) जटिल है। यह सिर की खोपड़ी (skull) में अवस्थित होता है। मस्तिष्क तथा उससे सम्बन्धित सुषुम्ना तीन सुरक्षात्मक परतें (protective sheets) से घिरे होते हैं। सबसे बाहरी परत को *डुरा मैटर* (Dura matter) तथा सबसे भीतरी परत को *पिया मैटर* (Pia mater) कहा जाता है। बीच वाली परत को *एरैकनोआयड मैटर* (arechnoid mater) कहा जाता है।

मस्तिष्क (brain) को न्यूरोविज्ञान (neuro science) की भाषा में *इनसिफेलोन* (encephalon) भी कहा जाता है। न्यूरोमनोवैज्ञानिकों ने मस्तिष्क को प्रमुख तीन भागों में बाँटा है—

1. अग्रमस्तिष्क (Forebrain)

2. मध्य मस्तिष्क (Midbrain or Mesencephalon)

3. पश्च मस्तिष्क (Hind brain or Rhombencephalon)

मध्य मस्तिष्क (mid brain) तथा पश्च मस्तिष्क (hind brain) को एक साथ मिलाकर *मस्तिष्क स्तंभ* (brain stem) कहा जाता है।

अग्रमस्तिष्क (forebrain) को मुख्यतः दो भागों में विभाजित किया जाता है—*टेलेनसिफेलोन* (Telencephalon) तथा *डायनसिफेलोन* (Diencephalon)। टेलेन- सिफेलोन को पुनः तीन भागों में विभाजित किया गया है—*नियोकार्टेक्स* (neocortex), *लिम्बिक तंत्र* (limbic system) तथा *वेसल गैंगलिया* (basal ganglia)। फिर डायनसिफेलोन को भी तीन भागों में बाँटा जाता है—*थैलेमस* (thalamus), *इपिथैलेमस* (epithalamus) तथा *हाइपोथैलमस* (hypothalamus)।

मध्य मस्तिष्क (midbrain) जिसे *मेसेनसिफेलोन* (mesencephalon) भी कहा जाता है, को दो भागों में बाँटा गया है—*टेक्टम* (Tectum) तथा *टेगमेनटम* (Tegmentum)।

पश्चमस्तिष्क (hindbrain) जिसे *रोमवेनसिफलोन* (rhombencephalon) कहा जाता है, को दो मुख्य भागों में बाँटा गया है—*मेटेनसिफेलोन* (metencephalon) तथा *माइलेनसिफलोन* (myelencephalon)। मेटेनसिफेलोन को पुनः दो भागों में बाँटा गया है—*लघुमस्तिष्क* (cerebellum) तथा *सेतु* (pons)। माइलेनलसिफेलोन को *मेडुला ओवलांगाटा* (medula oblongata) भी कहा जाता है। मस्तिष्क के इस पूरी विभाग को चित्र 4.6 में दिखलाया गया है।

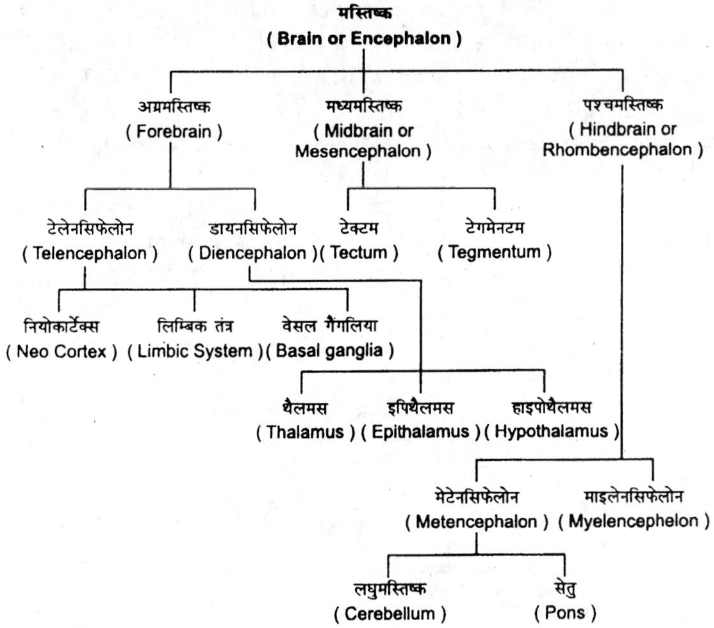

चित्र 4.6 : मस्तिष्क का प्रभाग (Division of Brain)

मस्तिष्क की संरचना एवं कार्य (Structure and Function of Brain)

जैसा कि चित्र 4.6 से यह स्पष्ट है कि मस्तिष्क के कई प्रभाग (division) हैं। इन सभी भागों की व्याख्या हम अलग-अलग अनुच्छेद में हम इन सबों की संरचना तथा उनके कार्यों का उल्लेख करेंगे—

अग्रमस्तिक (*Forebrain*)

मानव मस्तिष्क का सबसे प्रमुख भाग अग्रमस्तिस्के (forebrain) है। इसके द्वारा सभी प्रमुख संज्ञानात्मक क्रियाओं (cognitive functions) का नियंत्रण एवं संचालन होता है। अतः यह न्यूरोमनोवैज्ञानिकों के लिए काफी महत्त्वपूर्ण है। इसके दो प्रमुख भाग हैं—*टेलेनसिफेलोन* (telencephalon) तथा *डायनसिफेलोन* (Diencephalon)। इन दोनों तथा उनकी प्रमुख संरचनाओं का वर्णन निम्नांकित हैः—

(क) टेलेनसिफेलोन *(Telencephalon)*—अग्रमस्तिष्क का यह एक प्रमुख भाग है जिसमें दोनों सममित प्रमस्तिष्कीय गोलार्द्धों (symmetrical cerebral hemispheres) के अधिकांश भाग जिसे वृहत मस्तिष्क (cerebrum) भी कहा जाता है, सम्मिलित होते हैं। प्रमस्तिष्कीय गोलार्द्ध प्रमस्तिष्कीय कार्टेक्स (cerebral cortex) से ढँका होता है। इसे *न्योकार्टेक्स* (neocortex) भी कहा जाता है। इसके अतिरिक्त इसमें *लिम्बिक तंत्र* (limbic system) तथा *बेसल गैंगलिया* (basal ganglia) भी सम्मिलित होते हैं। टेलेनसिफेलोन के इन तीनों भागों की चर्चा आगे निम्नांकित हैः—

1. प्रमस्तिष्कीय कार्टेक्स *(Cerebral cortex)*—कार्टेक्स (cortex) का अर्थ होता है 'छाल' (bark) और जिस तरह से पेड़ को छाल ढँके रहता है, ठीक उसी तरह से दोनों प्रमस्तिष्कीय गोलार्द्धों (cerebral hemispheres) को प्रमस्तिष्कीय कार्टेक्स (cerebral cortex) ढँके हुए होता है। केन्द्रीय तंत्रिका तंत्र के करीब सभी न्यूरोन्स (neurons) का 70% न्यूरोन्स प्रमस्तिष्कीय कार्टेक्स (cerebal cortex) में होता है। मनुष्यों में प्रमस्तिष्कीय कार्टेक्स (cerebral cortex) समतल (plain) न होकर कुण्डलित (convoluted) है अर्थात् इसमें कुण्डलीकरण (convolution) या मरोडापन होता है। इस तरह के कुण्डलीकरण के परिणामस्वरूप तीन तरह की संरचनाएँ (structures) बनती हैं—*सुलसी* (sulci) जिसका एकवचन *सुलकस* (sulcus) है, *फिस्सर* (fissure)

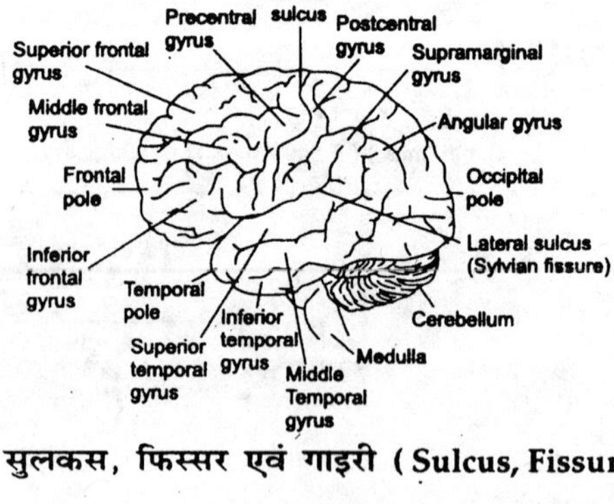

चित्र 4.7 : सुलकस, फिस्सर एवं गाइरी (Sulcus, Fissure & Gyri)

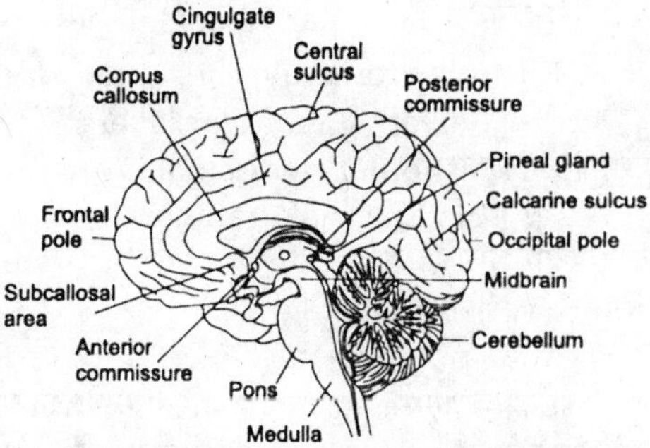

चित्र 4.8 : सुलकस, फिस्सर एवं गाइरी (Sulcus, Fissure & Gyri)

तथा *गाइरी* (gyri)। कुण्डलीकरण के परिणामस्वरूप उत्पन्न छोटे-छोटे खाँचा (groove) को सुलसी, बड़े खाँचों को फिस्सर तथा दो सुलसी या फिस्सर के बीच उत्पन्न उभार (bulge) को *गाइरी* (gyri) कहा जाता है। प्रत्येक गोलार्द्ध में दो गहरा दरार (deep fissures) होती हैं जिन्हें *रोलैण्डो* की *दरार* (fissure of Rolando) या *केन्द्रीय सुलकस* (central sulcus) तथा *सिलिभियस का दरार* (fissure of Sylvius) या *लेटरल दरार* कहा जाता है (देखें चित्र 4.7)। इसके अलावा भी अनेकों छोटी-छोटी दरारें या खाचाँ प्रत्येक गोलार्द्ध में पाया जाता है जिसे चित्र 4.7 तथा चित्र 4.8 में दिखलाया गया है। सच्चाई यह है कि प्रमस्तिष्कीय कार्टेक्स की सतह (surface) का करीब दो-तिहाई इन्हीं खाँचों (groves) में छिपा होता है। फलस्वरूप, गाइरी तथा सुलसी की उपस्थिति में कारण प्रमस्तिष्कीय कार्टेक्स का क्षेत्र तीन गुणा बढ़ जाता है। कार्टेक्स का कुल सतही क्षेत्र (total surface area) करीब 2.5^2 फीट है और उनकी मोटाई (thinckness) करीब 3 मिलीमीटर होती है। प्रमस्तिष्कीय कार्टेक्स में अधिकांशतः ग्लिया (glia) एवं कोशशरीर (cell bodies) शाखिकाएँ (dendrites) तथा न्यूरोन्स के अंतरसम्बन्धित एक्सान्स (axons) होते हैं। कार्टेक्स में चूँकि कोशिकाओं (cells) की अधिकता होती है, इसका रूप-रंग धूसर लिये हुए भूरा (grayish brown) दिखता है, अतः इसे *धूसर पदार्थ* (gray matter) कहा जाता है। प्रमस्तिष्कीय कार्टेक्स के भीतर करोड़ों एक्सान (axons) होते हैं जो प्रमस्तिष्कीय कार्टेक्स के न्यूरोन्स (neurons) को मस्तिष्क के अन्य भागों के न्यूरोन्स से जोड़ते हैं। ऐसे एक्सान्स में माइलीन शीथ (myelin sheath) की सांद्रता (concentration) अधिक होती है, अतः इस उत्तक का रूप रंग देखने में अपारदर्शी उजला (opaque white) होता है। अतः इसे *उजला पदार्थ* (white matter) कहा जाता है।

मनुष्यों में प्रमस्तिष्कीय कार्टेक्स (cerebral cortex) के अधिकतर भाग के छह परतें (six layers) होते हैं। इसमें न्यूरोन्स (neurons) के पाँच परतें तथा तन्तुओं (fibers) का सबसे ऊपरी परत (outermost layer) जिसे *प्लेक्सिीफार्म परत* (plexiform layer) कहा जाता है, होता है। सबसे भीतरी परत को पोलिमार्फिक परत (polymorphic layer) कहा जाता है क्योंकि इसमें कई आकार की कोशिकाएँ (cells) सम्मिलित होती हैं। इस परत की बहुत सारी कोशिकाएँ तुर्करूप (spindle-shaped) होते हैं। फलतः इसे *तुर्क का परत* (layer of spindles) भी कहा जाता है।

कार्टेक्स के छह कोशकीय परतों (cellular layers) के नाम इस प्रकार हैं–

(i) प्लेक्सीफार्म परत (plexiform layer)
(ii) बाह्य ग्रैनुलर परत (external granular layer)
(iii) बाह्य पिरामिडल परत (outer pyramidal layer)
(iv) आंतरिक ग्रैनुलर परत (internal granular layer)
(v) आंतरिक पिरामिडल (गैंगलियोनिक) परत (inner pyramidal or ganglionic layer)
(vi) पोलिमार्फिक परत (polymorphic layer)

इन छह सतही कार्टेक्स जिनका पता मानव मस्तिष्क के विकास के दौरान सबसे हाल में चला है, को *न्यूकार्टेक्स* (neo cortex) भी कहा जाता है। इसे *आइसोकार्टेक्स* (isocortex) भी कहा जाता है क्योंकि इसीके सभी भाग छह परतों की होती हैं हालांकि विभिन्न परतों की सापेक्ष मोटाई (relative thickness) भिन्न-भिन्न होती है। कार्टेक्स के कुछ विशेष भाग में छह से कम परतें होती हैं जिसे *एलोकार्टेक्स* (allocortex) कहा जाता है। एलोकार्टेक्स के दो महत्त्वपूर्ण तत्त्व (components) होते हैं–*पेलोकार्टेक्स* (paleocortex) तथा *आर्कीकार्टेक्स* (archicortex)। पेलोकार्टेक्स में घ्राण कार्टेक्स (olfactory cortex) होते हैं और उसके दो परतें होती हैं। आर्कीकार्टेक्स में एक ही परत होती हैं और यह हिप्पोकैम्पस (hippocampus) के क्षेत्र में पाया जाता है।

कार्टेक्स के कुछ क्षेत्र जैसे अग्रपालि (frontal lobe) का प्राक्केन्द्रीय भाग (precentral region) में दूसरा परत तथा चौथा परत जिन्हें *ग्रेनुलर परत* (granular layers) कहा जाता है, कम विकसित होते हैं। इसे *एग्रानुलर* (agranular) कहा जाता है। उत्तरकेन्द्रीय पालि (postcentral lobes) अर्थात् मध्यपालि (parietal lobe), शंखपालि (temporal lobe) तथा पृष्ठपालि (occipital lobe) में इन सभी छह परतों की बहुलता होती है।

जैसा कि हम जानते हैं मानव मस्तिष्क दो गोलार्द्ध (hemisphere) अर्थात् बायाँ गोलार्द्ध तथा दायाँ गोलार्द्ध में बँटा होता है। प्रत्येक गोलार्द्ध केन्द्रीय सुलकस तथा लेटरल दरार की मदद से निम्नांकित चार पालियों में बँटा हुआ है–*अग्रपालि* (frontal lobe), *मध्यपालि* (parietal lobe), *शंखपालि* (temporal lobe) तथा *पश्चकपालपालि* (occipital lobe) (देखें चित्र 4.9)।

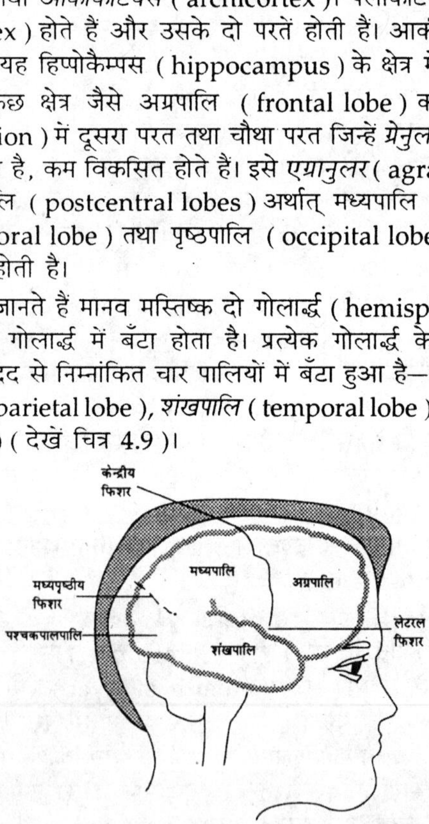

चित्र 4.9 : प्रमस्तिष्क गोलार्द्ध में चार पालियाँ

इनका वर्णन इस प्रकार से है—

(i) **अग्रपालि** *(Frontal lobe)*—यह केन्द्रीय सुलकस के आगे तथा लेटरल दरार (lateral tissue) के ऊपर का भाग होता है। इसके द्वारा गति या पेशीय क्रियाओं (motor activities) तथा उच्चतर चिन्तन क्रियाओं (higher mental process) ज्ञान होता है। यह सबसे बड़ा पालि होता है और इसमें पेशीय कार्टेक्स (motor cortex), ब्रोका क्षेत्र (Broca's area) तथा अग्र साहचर्य क्षेत्र (frontal association area) आदि सम्मिलित होते हैं।

(ii) **मध्यपालि** *(Parietal lobe)*—यह हिस्सा केन्द्रीय सुलकस के पीछे तथा सिलभियस के दरार के ऊपर होता है (देखें चित्र 4.9)। इसके द्वारा मूलतः शारीरिक संवेदनाओं एवं दिशा का ज्ञान होता है।

(iii) **शंखपालि** *(Temporal lobe)*—यह हिस्सा सिलभियस के दरार के नीचे जिसे हम कनपट्टी (temple) कहते हैं, में होता है। इसके द्वारा श्रवण संवेदनाओं का ज्ञान होता है। इसमें वर्निक क्षेत्र (Wernicke's area) तथा शंख साहचर्य क्षेत्र (temporal association area) सम्मिलित होते हैं।

(iv) **पश्चकपालपालि** *(Occipital lobe)*—यह गोलार्द्ध का सबसे पिछला हिस्सा होता है (देखें चित्र 4.9)। इसके द्वारा दृष्टि संवेदन का ज्ञान हमें होता है।

साइटोआर्किटेक्टोनिक नक्शा *(Cytoarchitectonic map)*

जैसा कि ऊपर कहा जा चुका है, पूरे न्योकार्टेक्स (neocortex) में छह कर्टिकल परतें (layers) की मोटाई तथा कोशिका संगठन (cell composition) में थोड़ी भिन्न होती है और न्योकार्टेक्स के विभिन्न क्षेत्रों में ऐसी परतों की अपनी कुछ विशेषताएँ होती हैं। इन विशेषताओं के अध्ययन को *साइटोआर्किटेक्टोनिक्स* (Cytoarchitectonics) कहा जाता है जिसकी शुरुआत 20वीं शताब्दी के आरंभ में शुरू हुई। इन अध्ययनों के परिणामस्वरूप कार्टेक्स के महत्त्वपूर्ण दो साइटोआर्किटेक्टोनिक नक्शा (Cytoarchitectonic map) विकसित किये गए। एक नक्शा ब्रोडमान (Broadmann) तथा दूसरा नक्शा दो वैज्ञानिकों अर्थात् भान इकोनोमो (Von Economo) तथा कोसकिनास (Koskinas) द्वारा विकसित किया गया। इसमें से ब्रोडमान द्वारा विकसित नक्शा काफी महत्त्वपूर्ण एवं लोकप्रिय हुआ जिसका पार्श्विक दृश्य (lateral view) को चित्र 4.10 में दिखलाया गया है। सचमुच में साइटोआर्किटेक्टोनिक नक्शा का निर्माण न्योकार्टेक्स के न्यूरोन्स तथा समान कोशिका संरचना को एक साथ मिलाकर तैयार किया जाता है। ब्रोडमान नक्शा में कार्टेक्स के विशिष्ट क्षेत्र की पहचान करने के लिए संरचना का उपयोग किया जाता है। जैसे प्रमस्तिष्कीय गोलार्द्ध की दृष्टिपालि (occipital lobe) की पहचान 17 संख्या से की गयी है और इसी तरह से अन्य संख्याओं द्वारा अन्य क्षेत्रों की पहचान की जाती है। इस नक्शा में कुछ संख्या जैसे 12-16 तथा 48-51 नहीं है।

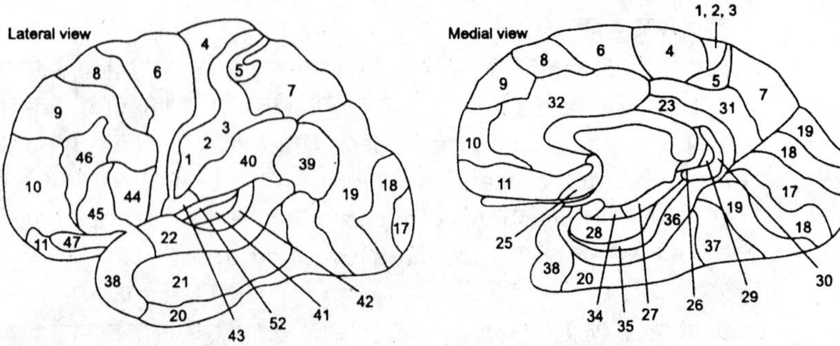

चित्र 4.10 : ब्रौडमान नक्शा का पार्श्विक (Lateral) तथा मेडियल (Medial) दृश्य

प्रमस्तिष्कीय सम्बन्ध *(Cortical Connections)*

न्योकार्टेक्स के विभिन्न क्षेत्र निम्नांकित तीन तरह के एक्सान प्रोजेक्सन (axon projections) से अंतरसम्बन्ध (interrelated) होते हैं:–

(a) एक ही गोलार्द्ध के भीतर एक गाइरस से दूसरे गाइरस के बीच लघु सम्बन्ध (short connection)। ऐसे सम्बन्ध प्रदान करने वाले तन्तु (fibers) प्रायः यू-आकारीय (U-shaped) होते हैं (देखें चित्र 4.11 का B देखें)।

(b) एक ही गोलार्द्ध के भीतर एक पालि का दूसरे पालि से सम्बन्ध। ऐसे सम्बन्ध प्रदान करने वाले तन्तु प्रायः लम्बे होते हैं क्योंकि इनके द्वारा दो ऐसे क्षेत्रों के बीच सम्बन्ध स्थापित होता है जो एक-दूसरे के दूरी पर होते हैं (देखें चित्र 4.11 का (A)।

उपर्युक्त दोनों तरह के सम्बन्धों को *इपसिलेट्रल कार्टिकोकार्टिकल सम्बन्ध* (ipsilateral corticocortical connection) तथा ऐसे सम्बन्ध स्थापित करने वाले तन्तु को *इपसिलेट्रल कार्टिकोकार्टिकल तन्तु* (ipsilateral corticocortical fibers) कहा जाता है।

(c) अन्तरगोलार्द्धीय सम्बन्ध (interhemishperic connection) या तन्तुबन्ध (commissures) जिसमें बहुत लम्बे एक्सान प्रोजेक्सन के माध्यम से एक गोलार्द्ध का

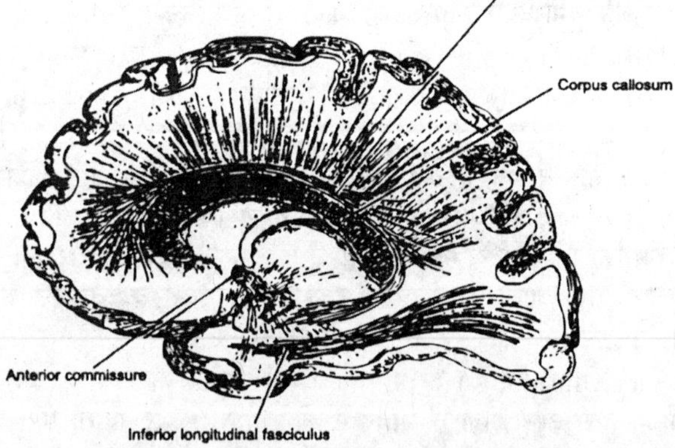

चित्र 4.11 (A) : कार्टिकल अन्तरसंबंध (Cortical interconnection)

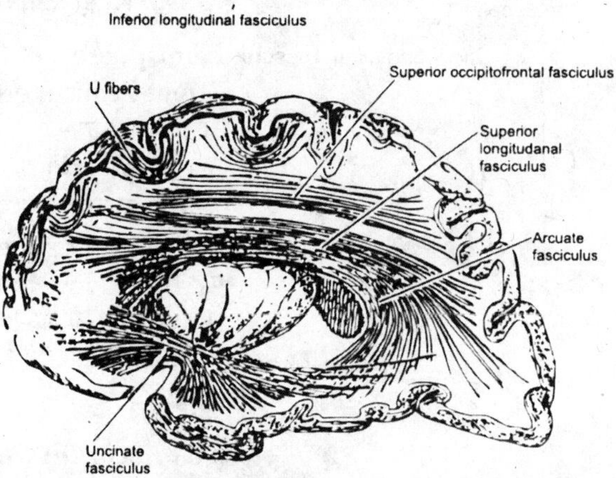

चित्र 4.11 (B) : कार्टिकल अन्तरसम्बन्ध (Cortical interconnection)

सम्बन्ध दूसरे गोलार्द्ध से या बायाँ गोलार्द्ध के एक क्षेत्र का सम्बन्ध दायाँ गोलार्द्ध के उसी क्षेत्र से जोड़ा जाता है। दोनों गोलार्द्धों के ऐसे समान क्षेत्रों को *होमोटोपिक क्षेत्र* (homotopic field) कहा जाता है।

चित्र 4.11 A तथा B में कुछ महत्त्वपूर्ण इपसिलेट्रल कार्टिकोकार्टिकल तन्तु (ipsilateral corticocortical fibers) को दिखलाया गया है। ऐसे महत्त्वपूर्ण तन्तु में प्रमुख हैं—*अर्कुएट फासिकुलस* (arcuate fasciculus), *अनसिनेट फासिकुलस* (uncinate fasciculus), *सुपिरियर लागिंटूडिनल फासिकुलस* (superior longitudional fasciculus), *इनफेरियर लागिंटूडिनल फासिकुलस* (inferior longitudinal fasciculus), *साइनगुलेट फासिकुलस* (cingulate fasciculus) तथा *सुपिरियर आसिपिटोफ्रन्टल फासिकुलस* (superior occipitofrontal fasciculus)।

प्रमस्तिष्कीय तन्तुबन्ध (cortical commissuers) जिसके माध्यम से बायाँ गोलार्द्ध तथा दायाँ गोलार्द्ध में सम्बन्ध स्थापित होता है, के प्रमुख उदाहरण *कारपस कैलोजम* (corpus callosum) है। कारपस कैलोजम की लम्बाई लगभग 8 सेन्टीमीटर की होती है। इसके आगे का भाग जो वक्राकार (curved) होता है, को *गेनू* (Genu) कहा जाता है तथा इसके पिछले भाग को *स्पेलियनम* (splenium) कहा जाता है जो मध्यमस्तिष्क तथा पिनियल ग्रन्थि (Pineal gland) के ऊपर में अवस्थित होता है। कारपस कैलोजम अपने ऊपरी सतह (upper surface) पर कैलोजल सुलकस (callosal sulcus) द्वारा साइनगलगेट गाइरस (cingulgate gyrus) से भिन्न होता है। पश्च भाग में (posteriorly) यह गाइरस स्पेलियनम के चारों तरफ वक्र के समान होकर फिर शंखपालि (temporal lobe) में प्रवेश कर जाता है जिसे *पाराहिप्पोकैम्पल गाइरस* (parahyppocampal gyrus) कहा जाता है। कारपस कैलोजम के अतिरिक्त कुछ तन्तुबन्धीय तन्तु (commissural fibers) भी है जिनके माध्यम से इन दोनों गोलार्द्धों के बीच सम्बन्ध स्थापित होते हैं। इसमें *अग्र तन्तुबन्ध* (anterior commissure) तथा *पश्च तन्तुबन्ध* (posterior commissure) प्रमुख हैं (देखें चित्र 4.11 B)। दोनों

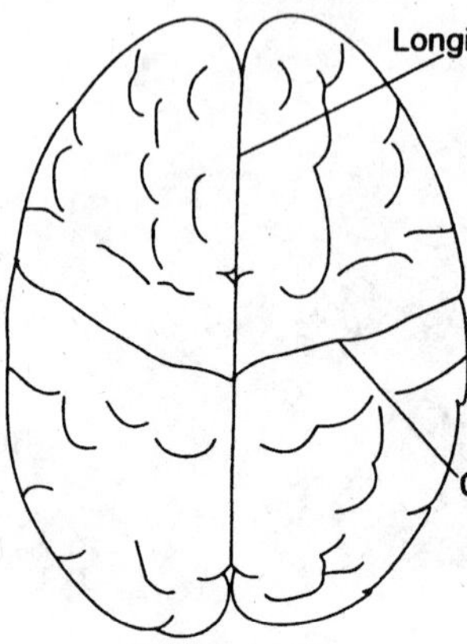

चित्र 4.12 : गोलार्द्धों का ऊपरी दृश्य
(Superior view of hemispheres)

गोलार्द्ध अर्थात् बायाँ गोलार्द्ध (left hemisphere) तथा दायाँ गोलार्द्ध (right hemisphere) एक दूसरे से अनुदैर्ध्य फिस्सर (longitudinal fissure) से विभक्त (separated) होता है। सच्चाई यह है कि यह फिस्सर उन्हें अग्र (anterior or frontal) तथा पश्च (posterior or occipital) दोनों क्षेत्रों में इन दोनों गोलार्द्धों को एक-दूसरे से अलग करता है (देखें चित्र 4.12)।

कार्टेक्स का कार्यात्मक प्रभाव *(Functional Division of Cortex)*

विशेषज्ञों ने प्रमस्तिष्क या प्रमस्तिष्क वल्कुट (cerebral cortex) को शरीर के भिन्न-भिन्न कार्यों के स्थानीयकरण (localisation) के विचार से निम्नांकित चार भागों में बाँटा हैं—

(a) संवेदी क्षेत्र या वल्कुट (Sensory area or cortex)
(b) पेशीय क्षेत्र या वल्कुट (Motor area or cortex)
(c) साहचर्य क्षेत्र या वल्कुट (Association area or cortex)
(d) घ्राण कार्टेक्स (Olfactory cortex)

इन चारों क्षेत्रों के कार्यों का वर्णन संक्षेप में नीचे किया जा रहा है—

(a) संवेदी क्षेत्र या वल्कुट *(Sensory area or cortex)*—वृहत् मस्तिष्क (cerebrum) में एक विशेष क्षेत्र होता है जहाँ पर हमारे शरीर के भिन्न-भिन्न अंगों से आनेवाली संवेदी तंत्रिका आवेगों (sensory nerve impulses) को ग्रहण किया जाता है। इस क्षेत्र को संवेदी क्षेत्र या वल्कुट कहा जाता है। इस क्षेत्र में खास-खास स्थान (place) होते हैं जो शरीर के भिन्न-भिन्न भागों से आनेवाली संवेदी तंत्रिका आवेग को ग्रहण करते हैं। दूसरे शब्दों में यह कहा जा सकता है कि संवेदी क्षेत्र में शरीर के ग्राहक क्षेत्र (receptor region) का स्थानीकरण ठीक उसी ढंग से होता है जैसे किसी नक्शे (map) में शहर, पहाड़ आदि का। संवेदी क्षेत्र में ग्राहक क्षेत्रों के (receptor regions) इस प्रकार के स्थानीयकरण को स्थलाकृतिक संगठन (topographical organization) की संज्ञा दी गयी है। स्थलाकृतिक संगठन के सिद्धान्त (principles) के अनुसार पैर से आने वाली संवेदनाएँ संवेदी क्षेत्र के एक खास भाग में पहुँचती है, आँख से आनेवाली संवेदनाएँ दूसरी भाग में पहुँचती है उसी तरह से शरीर के प्रत्येक भाग से आनेवाली संवेदनाओं का अपना एक विशेष क्षेत्र होता है। मनोवैज्ञानिकों ने संवेदी क्षेत्र को निम्नांकित तीन भागों में बाँटकर अध्ययन किया हैं—

(i) दृष्टि क्षेत्र (Visual area)

(ii) श्रवण क्षेत्र (Auditory area)

(iii) कायिक संवेदी क्षेत्र (Somatosensory area)

इन तीनों कायिक क्षेत्रों का वर्णन निम्नांकित है—

(i) दृष्टि क्षेत्र (*Visual area*)—प्रत्येक गोलार्द्ध में दृष्टि संवेदी क्षेत्र (visual sensory area) पश्चकपालपालि (occipital lobe) में स्थित होता है जो पीछे की ओर होता है (चित्र 4.9 देखें)। आँख द्वारा जब हम किसी व्यक्ति या वस्तु को देखते हैं तो आँख (ज्ञानेन्द्रिय) में तंत्रिका आवेग (nerves impulse) उत्पन्न होता है जो प्रमस्तिष्क वल्कल के एक खास क्षेत्र जिसे पश्चकपालपालि (occipital lobe) कहा जाता है, में पहुँचता है। दायी आँख से कुछ तंत्रिका तन्तु (nerve fibers) दायें गोलार्द्ध (right hemisphere) में तथा बायीं आँख से कुछ तंत्रिका तन्तु बायें गोलार्द्ध (left hemisphere) में पहुँचते हैं। बायीं आँख तथा दायीं आँख से निकलने वाली कुछ ऐसे भी तन्तु हैं जो एक-दूसरे को खास जगह पर क्रॉस (cross) करते हुए विपरीत गोलार्द्ध में पहुँचते हैं। दूसरे शब्दों में यह कहा जा सकता है कि बायीं आँख से निकलने वाले कुछ तंत्रिका तन्तु दायें गोलार्द्ध में तथा दायीं आँख से निकलने वाले कुछ तंत्रिका तन्तु बायें गोलार्द्ध में एक खास जगह पर क्रॉसिंग (crossing) करते हुए पहुँचते हैं। जिस जगह पर क्रॉसिग होती है उसे *अक्षि व्यत्यासिका* (optic chiasma) कहा जाता है। कुछ ऐसे भी तंत्रिका तन्तु (nerve fibers) हैं जो दोनों आँखों के बायें भाग से तंत्रिका आवेग को बायें पश्चकपालपालि (left occipital lobe) जो बायें गोलार्द्ध में होता है, में पहुँचाता है। उसी तरह से दोनों आँखों के दायें भाग से निकलने वाले कुछ तंत्रिका तन्तु (nerve fibers) तंत्रिका आवेग के दायें पृष्ठपालि (right occipital lobe) जो दायें गोलार्द्ध (right hemisphere) में हैं, में पहुँचाता है। शायद यही कारण है कि यदि बायाँ या दायाँ पृष्ठपालि किसी कारण से क्षतिग्रस्त हो जाता है तो दोनों आँखों की रोशनी थोड़ी कम हो जाती है। कुछ ऐसे अध्ययन डोवेली तथा उसके सहयोगियों (Dobelle et al; 1976) द्वारा किये गये हैं जिनसे यह तथ्य स्पष्ट हो जाता है। मस्तिष्क के ऑपरेशन के दौरान यदि व्यक्ति के दृष्टि क्षेत्र को बिजली के हल्के झटके (shock) द्वारा उत्तेजित किया जाता है तो वह व्यक्ति जो स्थानीय एनेस्थीसिया (local anesthesia) के अन्तर्गत होता है, कुछ देखने जैसी संवेदना को बतलाता है। कागन तथा हेभमैन (Kagan & Haveman, 1976) ने एक ऐसा ही अध्ययन किया है जिसमें एक बन्दर के दृष्टि क्षेत्र (visual area) को ऑपरेशन करके पूर्णतः काटकर निकाल दिया गया जिसके परिणामस्वरूप वह एक त्रिभुज तथा वृत्त के बीच देखकर अन्तर करने में असमर्थ रहा।

(ii) श्रवण क्षेत्र (*Auditory area*)—संवेदी क्षेत्र का दूसरा महत्त्वपूर्ण भाग श्रवण क्षेत्र या श्रवण वल्कुट (auditory cortex) होता है जो दोनों गोलार्द्धों के शंखपालि (temporal area) में अवस्थित होता है (चित्र 2.10 देखें)। श्रवण क्षेत्र में भी कुछ स्थानिक चित्रण (spatial mapping) पाया जाता है। दूसरे शब्दों में यह कहा जाता है कि इस क्षेत्र में कुछ ऐसे भाग हैं जो ऊँची आवाज के प्रति संवेदनशील होते हैं। श्रवण क्षेत्र का सबसे महत्त्वपूर्ण गुण यह है कि प्रत्येक कान से तंत्रिका आवेग दोनों गोलार्द्धों के शंखपालि में पहुँचते हैं। अतः किसी कारण से दायाँ शंखपालि (right temporal lobe) या बायाँ शंखपालि (left temporal lobe) क्षतिग्रस्त हो जाता है, तो व्यक्ति

पूर्णतः बहरा नहीं होता है क्योंकि इन दोनों शंखपालि में से जो ठीक रहता है, वह दूसरे शंखपालि का भी कार्य कर लेता है। हाँ यदि दोनों शंखपालि किसी कारण से क्षतिग्रस्त हो जाते हैं तो व्यक्ति पूर्णतः बहरा हो जाता है।

(iii) कायिक संवेदी क्षेत्र *(Somatosensory area)*—कायिक संवेदी क्षेत्र जिसे कायिक संवेदी वल्कल (somatosensory cortex) भी कहा जाता है, एक ऐसा क्षेत्र है जो त्वचा संवेदनाओं (skin sensations) जैसे स्पर्श (touch) दर्द (pain), ताप (temperature), दबाव आदि को ग्रहण करता है। यह क्षेत्र मध्यपालि (parietal lobe) में अवस्थित होता है जो केन्द्रीय सुल्कस (central sulcus) के ठीक पीछे होता है।

शरीर के बायें भाग से उत्पन्न त्वचा संवेदनाएँ (skin sensations) दायें कायिक संवेदी वल्कल (right somatosensory cortex) में जाती हैं तथा शरीर के दायें भाग से उत्पन्न त्वचा संवेदनाएँ बायें कायिक संवेदी वल्कल (left somatosensory cortex) में जाती है। कायिक संवेदी वल्कल की एक विशेषता यह भी है कि इसमें शरीर के नीचे के अंगों से यानी पैर की उंगलियों से आनेवाली संवदेनाओं को विपरीत कायिक संवेदी वल्कुट के ऊपरी भाग द्वारा ग्रहण किया जाता है। जैसे बायें पैर से आनेवाली संवदेनाओं को दायें कायिक संवेदी वल्कुट के ऊपरी भाग द्वारा ग्रहण किया जाता है। उसी तरह से शरीर के ऊपरी अंगों जैसे चेहरा, गर्दन आदि से आनेवाली त्वचा संवदेनाओं (skin sensations) को विपरीत कायिक संवेदी वल्कुट के निचले भाग द्वारा ग्रहण किया जाता है। शरीर के सबसे संवदेनशील अंगों से आनेवाली त्वचा संवदेनाओं को ग्रहण करने के लिए कायिक संवेदी वल्कल (somatosensory cortex) का एक बड़ा क्षेत्र सक्रिय होता है जिसका कार्य सिर्फ उन्हीं संवेदनाओं को ही ग्रहण करना होता है।

(b) पेशीय या गति वल्कुट या क्षेत्र *(Motor Cortex or area)*—पेशीय या गति वल्कुट केन्द्रीय सुल्कस (central sulcus) के ठीक आगे होता है एवं यह अग्रपालि में अवस्थित होता है। (चित्र 4.13 देखें)। इसके द्वारा शरीर की ऐच्छिक क्रियाओं (voluntary involvements) का संचालन एवं नियन्त्रण होता है। शरीर के बायें भाग के अंगों का संचालन दायें गोलार्द्ध (right hemisphere) की गति वल्कल (motor cortex) द्वारा तथा शरीर के दायें भाग के अंगों का संचालन बायें गोलार्द्ध के गति वल्कल (motor cortex) द्वारा होता है। इस गति वल्कल (motor cortex) की एक विशेषता यह भी है कि इसमें शरीर के निचले भाग के अंगों जैसे पैर तथा उसके उंगलियों की गति क्रियाओं (motor activities) का संचालन गति वल्कल के ऊपरी भाग द्वारा तथा शरीर के ऊपरी हिस्से के अंगों जैसे जीभ, होंठ, गर्दन आदि की गति का संचालन गति वल्कल (motor cortex) के निचले भाग द्वारा होता है। कुछ शरीरक्रिया मनोवैज्ञानिकों (physiological psychologists) ने इस निष्कर्ष का प्रयोगात्मक समर्थन (experimental support) भी प्रदान किया है। मिलनर (Milner, 1974) ने अपने अध्ययन में पाया है कि जब पेशीय या गति वल्कल के ऊपरी भाग को बिजली के हल्के शॉक से उत्तेजित किया जाता है तो व्यक्ति अपना पैर धीरे-धीरे उठाने लगता है। इसी तरह गति वल्कल के अन्य भागों को उत्तेजित करने पर व्यक्ति किसी खास अंग में गति संचालन का अनुभव करता है। इससे साबित हो जाता है गति वल्कल में शरीर के प्रत्येक

अंग का प्रतिनिधित्व अलग-अलग क्षेत्रों द्वारा होता है। यदि किसी कारण से गति वल्कल या क्षेत्र का कोई हिस्सा क्षतिग्रस्त हो जाता है तो उससे सम्बन्धित अंगों में गति संचालन रूक जाता है।

ऊपर में संवेदी वल्कल (sensory cortex) तथा गति वल्कल (motor cortex) का वर्णन अलग-अलग किया गया। इससे यही पता चलता है कि संवेदी वल्कल (sensory cortex) से सिर्फ संवेदी क्रियाएँ (senosry functions) तथा गति वल्कल (motor cortex) से सिर्फ पेशीय क्रियाएँ (motor functions) होती है। परन्तु अभी हाल में किये गये अनेकों प्रयोगों (experiments) से जो तथ्य मिले हैं उनसे यह स्पष्ट हो जाता है कि संवेदी वल्कल द्वारा कुछ गति क्रियाएँ तथा गति वल्कल द्वारा कुछ संवेदी क्रियाएँ भी होतीं हैं। वेरोन, वर्न तथा कैन्टोविज (Baron, Byrne & Kantowitz, 1980) ने इन दोनों क्षेत्रों के कार्यों पर टिप्पणी करते हुए कहा है कि नूतन सबूत (recent evidence) यह बतलाते हैं कि इन दोनों क्षेत्रों के बीच वैसा

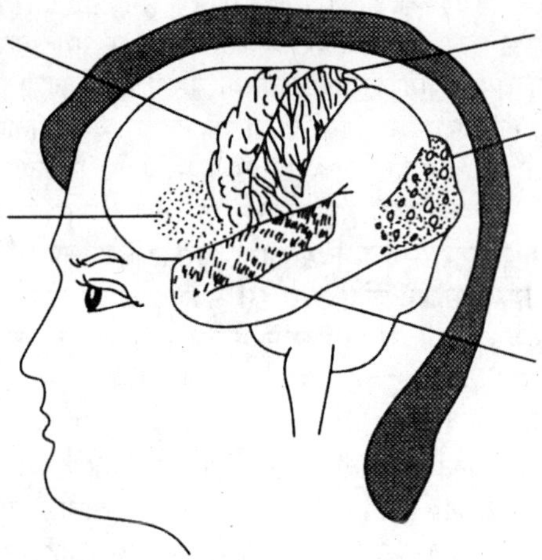

चित्र 4.13 : प्रस्तिष्कीय कार्टेक्स में संवेदी क्षेत्र, गति या पेशीय क्षेत्र का स्थानीकरण

अन्तर नहीं है जैसा कि पहले विश्वास किया जाता था। सच्चाई यह है कि गति वल्कल द्वारा सीधे संवेदी सूचनाएँ (input) ग्रहण की जाती है और संवेदी वल्कल कुछ उन तन्त्रिका कोशों (neurons) द्वारा जुड़े हैं जो मस्तिष्क से निकलने वाले गति (motor) तन्त्रिका तन्तु से सम्बन्धित हैं। इन तथ्यों को ध्यान में रखते हुए गति वल्कल तथा संवेदी वल्कल के बीच के अन्तर को मात्र आनुपातिक (relative) ही मानना सर्वोचित होगा।

(c) साहचर्य क्षेत्र या वल्कल *(Association area or cortex)*—प्रमस्तिष्क वल्कल (cerebral cortex) में एक बहुत बड़ा क्षेत्र ऐसा है जिसका सम्बन्ध न तो संवेदी प्रक्रियाओं (sensory processes) से है और न ही गति प्रक्रियाओं (motor processes) से। इस क्षेत्र को साहचर्य क्षेत्र या वल्कल (association area or cortex) कहा गया है। दूसरे शब्दों में यह कहा जा सकता है कि अग्रपालि (frontal lobe), शंखपालि (temporal lobe), मध्यपालि (parietal lobe) तथा पृष्ठपालि

(occipital lobe) के वैसे क्षेत्रों को साहचर्य वल्कल (association cortex) कहा जाता है जिसका सम्बन्ध न तो संवेदी प्रक्रियाओं से होता है और न ही गति प्रक्रियाओं से।

साहचर्य वल्कल का मुख्य कार्य संवेदी क्षेत्रों (sensory areas) से प्राप्त तन्त्रिका आवेग की छान-बीन करके उसे संगठित करना तथा फिर उसे गति क्षेत्रों (motor areas) में भेज देना होता है ताकि उसके अनुसार कार्य किया जाय। साहचर्य वल्कल को निम्नांकित तीन भागों में बाँटा गया है–

(i) अग्र साहचर्य क्षेत्र (Frontal association area)
(ii) पश्च साहचर्य क्षेत्र (Posterior association area)
(iii) शंख-पृष्ठ साहचर्य क्षेत्र (Temopral-occipital association area)

इन तीनों का संक्षिप्त विवरण निम्नांकित हैं–

(i) अग्र साहचर्य क्षेत्र *(Frontal association area)*—अग्रपालि के उस बड़े भाग को अग्र साहचर्य क्षेत्र कहा जाता है जो गति क्षेत्र (motor area) के आगे होता है। इसमें उस तरह की चिन्तन प्रक्रियाओं का स्थानीयकरण (localization) होता है जिनके सहारे व्यक्ति किसी समस्या का समाधान करता है। फ्रेंच तथा हारलो (French & Harlow, 1962) ने एक प्रयोग बन्दर पर करके यह दिखला दिया है कि जब बन्दर के अग्र साहचर्य क्षेत्र को क्षतिग्रस्त कर दिया जाता था तो इसे कुछ सेकेण्ड पहले की घटना या बात नहीं याद रहती थीं। इस अध्ययन में ऐसे बन्दर जिसका अग्र साहचर्य क्षेत्र क्षतिग्रस्त था, के सामने दो कप रखा गया जिसमें एक कप में भोजन रख दिया गया। दोनों कप को समान रंग के कपड़ों में ढँक दिया गया। इसके बाद कप और बन्दर के बीच में एक पर्दा रख दिया गया। इस पर्दे को 50 से 60 सेकेण्ड के बाद हटा दिया गया। परिणाम में यह देखा गया कि बन्दर सही कप (जिसमें भोजन रखा था) को चुनने में असमर्थ रहा। इससे साबित होता है कि अग्र साहचर्य क्षेत्र के क्षतिग्रस्त होने पर बन्दर कुछ सेकण्ड पहले की घटना को भी याद नहीं रख पाता था। जब किसी व्यक्ति का अग्र साहचर्य क्षेत्र किसी दुर्घटना में घायल या क्षतिग्रस्त हो जाता है, तो ऐसा देखा गया है कि इस तरह का व्यक्ति बौद्धिक रूप (intellectually) से सामान्य कार्य तो कर पाता है परन्तु उसे, जैसा कि मिलनर (Milner, 1966) ने बतलाया है, उस समय कठिनाई हो जाती है जब उसे किसी ऐसी समस्या का समाधान करना होता है जिसमें क्रम (order) महत्त्वपूर्ण होता है। अग्र साहचर्य क्षेत्र के क्षतिग्रस्त होने पर यह भी देखा गया है कि ऐसे व्यक्ति में कुछ खास-खास संवेग (emotion) जैसे डर, दुश्चिंता (anxiety) विद्वेष (hostility) आदि परिस्थिति अनुकूल होने के बावजूद भी कम होते हैं।

(ii) पश्च साहचर्य क्षेत्र *(Posterior association area)*—पश्च साहचर्य क्षेत्र मध्यपालि (parietal lobe) में अवस्थित होता है तथा इससे मूलतः स्पर्श प्रत्यक्षण (touch perception), शरीर के भिन्न-भिन्न अंगों द्वारा किये गये क्रियाओं का प्रत्यक्षण, भाषा (language) आदि का ज्ञान होता है। ऐसा देखा गया है जब किसी दुर्घटना या अन्य कुछ आकस्मिक कारकों से पश्च साहचर्य क्षेत्र क्षतिग्रस्त हो जाता है, तो इससे अनेक प्रकार की समस्याएँ जो मूलतः स्पर्श प्रत्यक्षण, शारीरिक क्रियाओं की गतिविधियों के प्रत्यक्षण एवं भाषा सम्बन्धी ज्ञान से सम्बन्धित होता है, उत्पन्न हो जाते हैं। ऐसे व्यक्ति किसी वस्तु को यदि सिर्फ छूकर उसके बारे में बतलाना चाहे, तो यह उसके

लिए कठिन होगा। प्रत्यक्षण से सम्बन्धित अन्य प्रकार की विकृतियाँ (disorders) भी ऐसे व्यक्तियों में पायी जाती है। कुछ ऐसे व्यक्ति में अपने ही शरीर के आधे भाग से उसे स्पर्श प्रत्यक्षण होता है और बाकी आधे भाग से उसे इस तरह का प्रत्यक्षण नहीं होता है। इस तरह की विकृति को *एपरैक्सिया* (apraxia) कहा जाता है। इस तरह के व्यक्तियों में भाषा (language) से सम्बन्धित अनेक दोष उत्पन्न हो जाते हैं। इनमें *वाचाघात* (aphasia), *ऐकैलकुलिया* (acalculia), *पठन-अक्षमता* (alexia), *लेखन अक्षमता* (agraphia) आदि प्रमुख हैं। वाचाघात में व्यक्ति किसी चीज को बोलकर व्यक्त करने में तथा किसी दूसरे द्वारा बोले गये शब्दों को समझने में असमर्थ रहता है। ऐकैलकुलिया (acalculia) में व्यक्ति साधारण अंकगणितीय परिकलन (arithmetical calculation) भी करने में असमर्थ रहता है। पठन-अक्षमता (alexia) में व्यक्ति किसी छपे हुए या लिखे हुए चीजों को पढ़ नहीं पाता है तथा लेखन अक्षमता (agraphia) में व्यक्ति अपने विचारों को लिखकर अभिव्यक्त करने में असमर्थ रहता है।

(iii) शंख-पृष्ठ साहचर्य क्षेत्र *(Temporal-occipital association area)*—शंख-पृष्ठ साहचर्य क्षेत्र द्वारा व्यक्ति को दृष्टि प्रत्यक्षण (visual perception) तथा श्रवण प्रत्यक्षण (auditory perception) में अधिक स्पष्टता आती है। ऐसा देखा गया है कि दायें गोलार्द्ध का यह क्षेत्र अर्थात् पृष्ठ साहचर्य क्षेत्र यदि किसी कारण से क्षतिग्रस्त हो जाता है तो इससे किसी जटिल वस्तुओं के आकार को पहचानने तथा उसे अन्य सदृश आकारों से विभेदित करने में कठिनाई होती है। इसी तरह से विशेषकर बायें गोलार्द्ध (left hemisphere) के शंख साहचर्य क्षेत्र (temporal association area) में किसी प्रकार की क्षति (damage) होने से ऐसा होते देखा गया है कि इस तरह के व्यक्तियों को प्रतीकात्मक भाषा (symbolic language) समझने और फिर उसकी अभिव्यक्ति करने में कठिनाई होती है।

(d) घ्राण कार्टेक्स *(Olfactory cortex)*—घ्राण कार्टेक्स (smell) का प्रमस्तिष्कीय प्रतिनिधित्व ऊपर में वर्णन किये गए तीनों प्रमुख संवेदी रूपात्मकता (sensory modalities) से दो अर्थों में भिन्न होता है। पहला, दृष्टि श्रवण तथा कायिक संवेदन में तंत्रिका आवेग (neural impulse) के रूप में विशिष्ट तरह की ऊर्जा प्राप्त हाने पर सम्बन्धित संवेदनों का ज्ञान होता है परंतु कार्टेक्स में घ्राण संवेदन की उत्पत्ति तब होती है जब वातावरण में विशेष तरह के अणु (molecules) की उपस्थिति की कोडिंग (coding) व्यक्ति द्वारा की जाती है। दूसरा, दृष्टि श्रवण तथा कायिक संवेदन क्षेत्रों से प्राप्त होने वाले सूचनाओं को पहले थैलमस (thalamus) में रिले किया जाता है और तब वह सम्बन्धित मुख्य कार्टिकल क्षेत्र (primary cortical area) में पहुँचता है। परंतु घ्राण सूचनाएँ बिना थैलमिक रिले के ही सीधे घ्राण कार्टेक्स में पहुँच जाती है। ऐसा अनुमान लगाया जाता है कि प्रत्यक्ष रूप से घ्राण सूचनाओं का घ्राण कार्टेक्स में पहुँचने के कारण ही घ्राण अनुभूतियों की सांवेगिक तीव्रता (emotional intensity) का अनुभव व्यक्ति को होता है।

ऊपर वर्णन किये गये तथ्यों के आधार पर हम इस निष्कर्ष पर पहुँचते हैं कि प्रमस्तिष्क वल्कल (cerebral cortex) में भिन्न-भिन्न क्षेत्र हैं जिनमें भिन्न-भिन्न प्रकार के कार्य अवस्थित (localized) हैं। सच्चाई यह है कि प्रमस्तिष्क वल्कल के तीनों क्षेत्रों

अर्थात संवेदी वल्कल, गति वल्कल एवं साहचर्य वल्कल आपस में मिल-जुलकर अर्थात् संगठित होकर कार्य करते हैं।

लुरिया का कार्टिकल क्षेत्र तथा कार्टिकल संसाधन (*Luria's Cortical zone and Cortical Processing*)

रूसी न्यूरोमनोवैज्ञानिक एलक्जेंडर लूरिया (Alexandr Luria, 1902-1977) ने केन्द्रीय सुलकस (central sulcus) के पीछे के सम्पूर्ण मस्तिष्कीय क्षेत्र को तीन तरह के प्रमस्तिष्कीय या कार्टिकल क्षेत्रों (cortical areas) में बाँटा है। यह प्रभाग (division) इन क्षेत्रों के कार्यों पर आधारित है। इसलिए इन्हें कार्टेक्स का कार्यात्मक क्षेत्र (functional area) भी कहा जाता है। वे तीन कार्टिकल क्षेत्र हैं—

(a) मुख्य क्षेत्र (primary zone)
(b) गौण क्षेत्र (secondary zone)
(c) तृतीयक क्षेत्र (tertiary zone)

इन तीनों का वर्णन इस प्रकार है—

(a) मुख्य क्षेत्र *(Primary zone)*—जिसे सामान्यतः मुख्य प्रक्षेपण क्षेत्र (primary projection areas) कहा जाता है, उसी को लूरिया ने **मुख्य क्षेत्र** (primary zone) कहा है। कार्टेक्स के इस क्षेत्र में मुख्यतः वैसे न्यूरोन्स (neurons) होते हैं जिनमें अभिवाही चौथे परत (afferent IV layer) की प्रबलता होती है। इसमें मुख्य संवेदी विशिष्टता (specificity) पायी जाती है अर्थात् प्रत्येक विशेष क्षेत्र दृष्टि (visual), श्रवण (auditory) या कायिक संवेदी सूचनाओं के प्रति अनुक्रियाशील (responsive) होते हैं। कार्टिकल क्षेत्र के ये सभी भाग स्थानिक रूप से (topological) सुव्यवस्थित (arrange) होते हैं ताकि उद्दीपक का विशिष्ट पहलू कार्टेक्स में एक क्रम में अवस्थित हो। दूसरे शब्दों में, शरीर के विभिन्न भागों से मिलने वाले संवेदी सूचनाएँ विशेष संवेदी कार्टिकल क्षेत्र (sensory cortical area) में, श्रवण क्षेत्र का विशिष्ट भाग श्रवण कार्टेक्स (auditory cortex) में और दृष्टि क्षेत्र का विशिष्ट भाग दृष्टि कार्टेक्स में प्रक्षेपित (project) होता है। मुख्य क्षेत्र (primary zone) की विशिष्टता तथा स्थानिक संगठन (topological organization) से तंत्रकीय निदान (neurological diagnosis) में काफी मदद मिलती है।

लुरिया का यह दावा है कि प्रत्येक मुख्य क्षेत्र अर्थात् दृष्टि क्षेत्र, श्रवण क्षेत्र तथा कायिक क्षेत्र मूलतः वैसी कोशिकाओं (cells) से बने होते हैं जो अपने ही विशिष्ट संवेदनों के प्रति ही अनुक्रिया करते हैं लेकिन उनमें कुछ कोशिकाएँ (cells) ऐसी भी होती हैं जो अन्य दूसरे तरह के उत्तेजनों (stimulation) के प्रति भी अनुक्रिया करते हैं और इस तरह से कार्टेक्स में वे उत्तेजन या सतर्कता का एक आदर्श स्तर बनाये रखने में सफल होते हैं। इसे लूरिया ने *कार्टिकल आवाज* (cortical tone) कहा है। कार्टिकल आवाज सचमुच में मस्तिष्कीय स्तंभ के रेटिकुलर फॉरमेशन (reticular formation) से नियमित होता है।

(b) गौण क्षेत्र *(Secondary zone)*—गौण क्षेत्र मुख्य प्रक्षेपण क्षेत्र (primary projection area) के बिल्कुल ही करीब होता है जहाँ विशिष्ट क्षेत्र की विशिष्ट

सूचनाएँ एक अर्थपूर्ण सम्पूर्णता में संगठित हो जाती हैं। इसे ही साधारण शब्दों में तब कहा जा सकता है कि मुख्य क्षेत्र (primary zone) का सम्बन्ध संवेदन (sensation) से तथा गौण क्षेत्र (secondary zone) का सम्बन्ध प्रत्यक्षण (perception) या गूढ़ज्ञान (gnosis) से होता है। इस क्षेत्र में परत II (layer-II) तथा परत III (layer-III) की अधिक प्रबलता होती है जिनमें लघु एक्सान वाले साहचर्यात्मक न्यूरोन्स (associative neuron) अधिक होते हैं और वे प्राप्त सूचनाओं को ठीक से संयोजित करके उससे अर्थ ज्ञात करने में सहायक होते हैं। लूरिया का मत है कि गौण क्षेत्र में क्षुब्धता (disturbance) उत्पन्न होने से प्रत्यक्षज्ञानात्मक विशिष्टताओं से सम्बन्धित विकृतियाँ यथा दृष्टि, श्रवण तथा स्पर्शिक (tactile) एगनोसिया (agnosia) उत्पन्न होता है।

(c) तृतीयक क्षेत्र *(Tertiary area)*—तृतीय क्षेत्र कायिक संवेदी गौण क्षेत्र (somatosensory secondary zone), श्रवण गौण क्षेत्र (auditory secondary zone) तथा दृष्टि गौण क्षेत्र (visual secondary zone) के किनारों (boarders) पर अवस्थित होता है। तृतीयक क्षेत्र द्वारा विभिन्न संवेदी ज्ञान यथा दृष्टि, श्रवण तथा कायिक क्षेत्रों से प्राप्त सूचनाओं को समन्वित किया जाता है। इसे *परस्पर व्यापन का क्षेत्र* (Zone of overlapping) कहा जाता है जिसमें विशिष्टता की बात समाप्त हो जाती है। तृतीयक कार्टेक्स में वैसी कोशिकाओं की अधिकता होती है जिसमें ऊपरी कार्टिकल परत अर्थात् प्लेक्सिफार्म परत (plexiform layer) की प्रधानता है। औनटोजीनेटिक विकास (ontogenetic development) में मस्तिष्क का यह भाग सबसे बाद में (लगभग 7 साल की आयु होने पर) पूर्णतः विकसित होता है। तृतीय क्षेत्र में क्षुब्धता (dusturbance) होने से कुछ ऐसी विकृतियाँ उत्पन्न होती हैं जिनका सम्बन्ध किसी एक संवेदन ज्ञान से सम्बन्ध न होकर कई संवेदन ज्ञान से सम्बन्धित होता है। फलतः इस क्षेत्र का स्वरूप *सुपरामोडल* (supramodal) होता है।

उपर्युक्त वर्णन से यह स्पष्ट है कि लूरिया ने जो उत्तर केन्द्रीय कार्टिकल क्षेत्र (postcentral cortical area) का वर्णन किया है, उसमें एक पदानुक्रम (hierarchy) है जिसमें मुख्य क्षेत्र (primary zone) में सबसे अधिक विशिष्टता होती है, फिर गौण में विशिष्टता की मात्रा कम जाती है तथा तृतीयक क्षेत्र में ऐसी विशिष्टता लगभग समाप्त हो जाती है। इस तरह से लूरिया मॉडल में उत्तरकेन्द्रीय कार्टेक्स (postcentral cortex) का ये तीनों क्षेत्र द्वारा सूचनाओं का संसाधन एक खास क्रम में होता है। इसे *पदानुक्रमिक कार्टिकल संसाधन* (hierarchical cortical processing) कहा जाता है। इस पूरे प्रक्रिया को चित्र 4.14 में दिखलाया गया है। चित्र 4.14A से स्पष्ट है कि मुख्य संवेदी क्षेत्र (primary sensory area) जिसे सबसे अधिक धूसर गाढ़ा (dark gray shading) (1) से दिखलाया गया है, में जब सूचनाएँ पहुँचती हैं तो उसे संसाधित किया जाता है फिर उसे गौण संवेदी क्षेत्र (secondary sensory area) जिसे मध्यम गाढ़े धूसर रंग (2) से दिखलाया गया है, में संसाधित होने के लिये जाती हैं तथा फिर वहाँ से तृतीयक संवेदी क्षेत्र (tertiary sensory area) जिसे सबसे हल्का धूसर रंग (3) से दिखलाया गया है, में संसाधित होने के लिए भेजा जाता है ताकि उनका और अधिक प्रत्यक्षज्ञानात्मक (perceptual) तथा सांकेतिक विस्तरण (symbolic elaboration) हो सके। इस पूरी प्रक्रिया को चित्र 4.14A में दिखलाया गया है।

तृतीयक संवेदी क्षेत्र से सूचनाएँ तृतीय पेशीय क्षेत्र (tertiary motor area) जो अग्रपालि में होता है तथा जिसे 4.14B में हल्का धूसर रंग (3) से दिखलाया गया है, में जाती है। इस अग्रपालि द्वारा उच्च स्तरीय पेशीय प्रक्रियाएँ जैसे नियोजन (planning) तथा अन्य दूसरे तरह के कार्यपालक नियंत्रण (executive control) की क्रियाएँ संपन्न होती हैं। इसके बाद फिर सूचनाएँ गौण पेशीय क्षेत्र (sencondary motor area) जिसे चित्र 4.14B में मध्यम धूसर रंग (2) से दिखलाया गया है, में जाती है जहाँ विशिष्ट पेशीय क्रियाओं को संगठित (organized) किया जाता है। यहाँ से सूचनाओं को फिर मुख्य पेशीय कार्टेक्स (primary motor cortex) जिसे गहरा धूसरा रंग (1) से दिखलाया गया है, में भेजा जाता है जहाँ से अंतिम रूप से उसे कार्यरूप दिया जाता है।

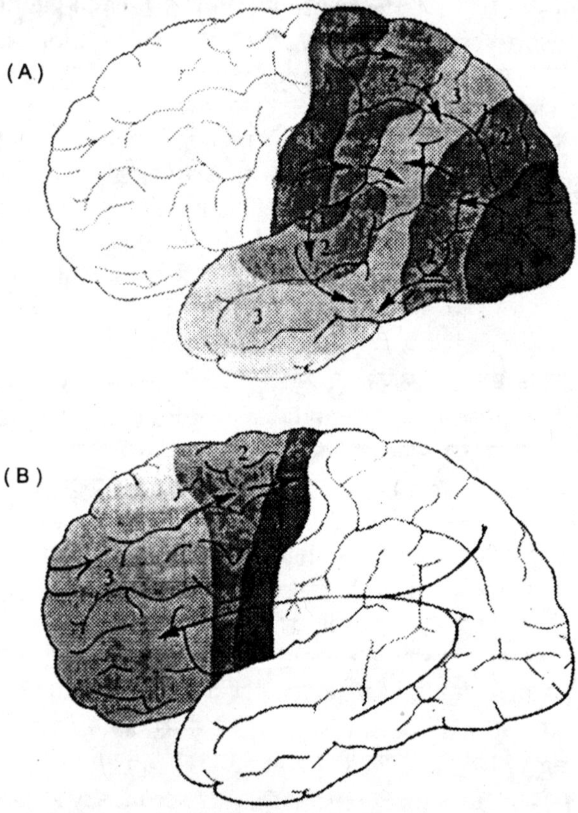

चित्र 4.14 : लूरिया द्वारा प्रतिपादित पदानुक्रमिक कार्टिकल संसाधन (hierarchical cortical processing)

2. लिम्बिक तंत्र *(Limbic system)*—19वीं शताब्दी में पॉल ब्रोका (Paul Broca) अग्रमस्तिष्क (forebrain) तथा मस्तिष्क स्तंभ (brain stem) के बीच के किनारे पर की संरचनाओं (structures) के लिए *लिम्बिक पालि* (limbic lobe) जैसे पद का उपयोग किया था। इन संरचनाओं में *साइनगुलेट गाइरस* (cingulate gyrus), *सबकैलोजल गाइरस* (subcallosal gyrus), *पाराहिपोकैम्पल गाइरस* (parahippocampal gyrus) तथा *हिप्पोकैम्पस* (hippocampus) आदि प्रधान हैं। 1952 में पाल मैकलीन (Maclean) ने लिम्बिक पालि के जगह पर *लिम्बिक तंत्र* (limbic system) पद का प्रथम बार उपयोग किया तथा इसमें उपर्युक्त संरचनाओं के अतिरिक्त कुछ अन्य संरचनाएँ जिनमें *सेपटम* (septum), *एमिगडाला* (amygdala), *मैमिलियरी वॉडिज* (mammillary bodies) आदि प्रमुख हैं, को सम्मिलित किया। यद्यपि आज भी न्यूरोवैज्ञानिकों के बीच इस बिन्दु पर सहमति नहीं है कि किन-किन संरचनाओं को इसमें किस कसौटी के आधार पर रखा गया, फिर भी उक्त संरचनाओं के बारे में कुछ हद तक सहमति है। हैमिलटन (Hamilton, 1976) के अनुसार लिम्बिक तंत्र की मुख्य संरचनाएँ हैं—*हिप्पोकैम्पस* (hippocampus or HC), *एमिगडाला* (Amygdala or AM), *सेप्टम* (Septum or SPT), *मैनिलियरी बॉडिज* (mamillary bodies), *घ्राण बल्व* (olfactory bulbs), *फोरनिक्स* (fornix) तथा *साइनगुलेट गाइरस* (cingulate gyris)। इन सबों को चित्र 4.15 में दिखलाया गया है। लिम्बिक तंत्र का एक महत्त्वपूर्ण कार्टिकल भाग (cortical part) को साइनगलगेट गाइरस (cingulgate gyrus) कहा जाता है जो अनुदैर्घ्य फिस्सर (longitudinal fissure)

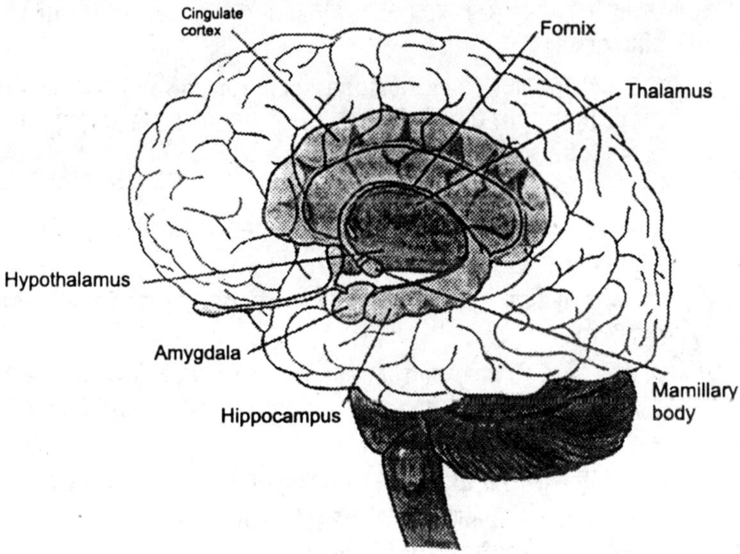

चित्र 4.15 : लिम्बिक तंत्र की संरचनाएँ

में कारपस कैलोजम (carpus callosum) के ठीक ऊपर होता है। सचमुच में यह संवेग संज्ञानात्मक सूचनाओं (cognitive information) को संसाधित करता है।

सेप्टल क्षेत्र (septal area) कारपस कैलोजम के आगे पड़ने वाले अन्तिम छोर पर अवस्थित होता है और इसके द्वारा भी संवेग में संज्ञानात्मक सूचनाओं (cognitive information) को संसाधित किया जाता है। हिप्पोकैम्पस (hippocampus) जो देखने में घोड़े के पूँछ के समान लगता है [शायद इसलिए उसे घोड़े का पूँछ (Horse tail) भी कहा जाता है] तथा जो एमिगडाला (amygdala) से प्रारंभ होकर ऊपर की ओर जाकर मुड़ा होता है। अध्ययनों से स्पष्ट हुआ है कि हिप्पोकैम्पस अधिगम (learning), स्मृति (memory), गतियों का संगठन (organization of movement), संवेग तथा स्थानिक उन्मुखता (spatial orientation) में महत्त्वपूर्ण भूमिका निभाता है। हिप्पोकैम्पस में द्विपार्श्विक क्षति (bilateral damage) होने से *एनटियोग्रेड एमनेसिया* (anteograde amnesia) उत्पन्न होती है जिसमें व्यक्ति कोई भी नयी चीज को याद रखने में अक्षम होता है। एमिगडाला (amygdala) जो हिप्पोकैम्पस के बगल में ही अवस्थित होता है, कुछ संवेग जैसे क्रोध तथा डर की उत्पत्ति में महत्त्वपूर्ण भूमिका निभाता है। एमिगडाला में क्षति होने से डर तथा क्रोध जैसे संवेग लगभग समाप्त हो जाते हैं परंतु ऐसी स्थिति में कभी-कभी अनियंत्रित क्रोध भी उत्पन्न होता है। लीही (Lehey, 1995) ने हिप्पोकैम्पस, सेप्टल क्षेत्र तथा साइनगुलेट कार्टेक्स (cingulate cortex) को संवेग का **'लेखापाल'** (accountant) कहा है। ये तीनों संभावित खतरा के संकेतों को ध्यानपूर्वक देखता है और वर्तमान सूचना को स्मृति में संचित सूचनाओं के साथ तुलना करता है। इस तरह से वे संवेग में महत्त्वपूर्ण संज्ञानात्मक तत्त्वों की पहचान करता है।

लिम्बिक तंत्र को तीन मुख्य स्रोतों से कार्टिकल निवेश (cortical input) प्राप्त होते हैं। वे तीन स्रोत हैं–

(a) पश्च साहचर्य कार्टेक्स (posterior association cortex) द्वारा साइनगुलेट गाइरस, हिप्पोकैम्पस तथा फोरनिक्स[1] (fornix) के माध्यम से सूचनाएँ लिम्बिक तंत्र में पहुँचते हैं।

(b) इन्फरोटेम्पोरल कार्टेक्स (inferotemporal cortex) द्वारा इन्टोरहिनल कार्टेक्स (entorhinal cortex) तथा हिप्पोकैम्पस के माध्यम से भी सूचनाएँ लिम्बिक तंत्र में पहुँचती हैं।

(c) प्राक् अग्र कार्टेक्स (prefrontal cortex) से भी सूचनाएँ लिम्बिक तंत्र में पहुँचती है।

चूँकि इन तीनों स्रोतों से जो सूचनाएँ लिम्बिक तंत्र को मिलती हैं वे साहचर्य कार्टेक्स (association cortex) से आती हैं, अतः लिम्बिक तंत्र को वातावरण के बारे में काफी संसाधित सूचनाएँ प्राप्त होती हैं।

3. वेसल गैंगलिया *(Basal Ganglia)*—अग्र मस्तिष्क (forebrain) में धूसर पदार्थों (gray matter) के उपकार्टिकल संरचनाओं (subcortical structures) का एक समूह है जिसे *वेसल गैंगलिया* (basal ganglia) कहा जाता है। वेसल गैंगलिया

---

1. पश्च हाइपोथैलमस (posterior hypothalamus) में हिप्पोकैम्पस तथा मैमिलरी बॉडी (mamillary body) को जोड़ने वाले पथ को *फोरनिक्स* (fornix) कहा जाता है।

के तीन उपप्रभाग (subdivisions) हैं जिनके नाम हैं—*पुटामेन* (putamen), *ग्लाबस पाल्लिडस* (globus pallidus) तथा *काऊडेट न्यूक्लिअस* (caudet nucleus)। पुटामेन तथा ग्लोबस पाल्लिडस को एक साथ मिलाकर कभी-कभी *लेनटिफार्म न्यूक्लियस* (lentiform nucleus) कहा जाता है। काऊडेट न्यूक्लिअस तथा पुटामेन को एक साथ मिलाकर *नियोसैचिरेटम* (neostriratum) भी कहा जाता है। इन दोनों की कोशिकाओं की संरचनाएँ लगभग समान होती हैं। *पुटामेन, ग्लोबस पाल्लिडस* तथा *काऊडेट न्यूक्लिअस को एक साथ मिलाकर कोरपस सैचिरेटम* (corpus striratum) *कहा जाता है।* ग्लोबस पाल्लिडस (globus pallidus) के दो हिस्से होते हैं—*बाह्य भाग* (external segment) तथा *आंतरिक भाग* (internal segment)।

वेसलर गैंगलिया का प्रमुख कार्य शारीरिक गति (bodily movement) का नियंत्रण करना होता है। वेसल गैंगलिया के भागों में क्षति होने से व्यक्ति के सामान्य मुद्रा (posture) में परिवर्तन, मांशपेशियों की क्रियाओं में बढ़ोत्तरी या कमी, कुछ असामान्य गतियाँ जैसे, मांशपेसियों की फड़कन, कम्पन तथा झटका (jerks) आदि का अनुभव व्यक्ति करता है। पारकिन्सन रोग (Parkinson disease) में मध्य मस्तिष्क (mid brain) के कुछ ऐसे न्यूरोन्स का विघटन होते पाया जाता है जिनके एक्सान वेसल गैंगलिया में आते हैं। ऐसे रोगियों में कम्पन, घटिया शारीरिक गति तथा किसी क्रिया को प्रारंभ करने की असमर्थता आदि होती है। इन रोगों में *हाइपो काईनेसिया* (hypokinesia) अर्थात् गति का कम हो जाना (dimnished movement), *ब्रेडीकाईमेसिया* (breadykinesia) अर्थात् मंदित गति (solved movement) तथा *एकाईनेसिया* (akinesia) अर्थात्, गति की अनुपस्थिति (absence of movement) आदि प्रधान है।

(ख) डायनसिफेलोन *(Diencephalon)*—डायनसिफेलोन अग्रमस्तिष्क का दूसरा महत्त्वपूर्ण भाग है। यह मध्यमस्तिष्क (midbrain) तथा टेलेनसिफेलोन (telencephalon) के बीच अवस्थित होता है और यह तीसरा भेन्ट्रीकल को घेरे रहता है। डायनसिफेलोन को अक्सर *अंतरमस्तिष्क* (interbrain) कहा जाता है क्योंकि इसके अपने न्यूक्लिआई (nuclei) होने के अतिरिक्त यह एक रिले केन्द्र (relay centre) के रूप में भी कार्य करता है जिसमें मस्तिष्कीय स्तंभ (brain stem) से आने वाली सूचनाओं को ग्रहण करके अग्रमस्तिष्क के अन्य भागों में उनका प्रसारण (relay) होता है।

डायनसिफेलोन के तीन महत्त्वपूर्ण संरचनाएँ (structures) हैं—*इपिथैलमस* (epithalamus), *थैलमस* (thalamus) तथा *हाइपोथैलमस* (hypothalamus)। (देखें चित्र 4.16) इन तीनों का वर्णन इस प्रकार है—

(a) इपिथैलमस *(Epithalamus)*—इपिथैलमस जिसका शाब्दिक अर्थ ऊपरी कमरा (upper room) होता है, एक महत्त्वपूर्ण भाग है। इपिथैलमस में दो महत्त्वपूर्ण संरचनाएँ (structures) होती हैं जिसमें एक को *पिनियल ग्रन्थि* (Pineal gland) तथा दूसरे को *पश्च तन्तु बन्ध* (posterior commissure) कहा जाता है। पिनियल ग्रन्थि मस्तिष्क का मात्र *अद्विपार्श्विक संरचना* (nonbilateral structure) होता है। इससे निकलने वाले हार्मोन को *मेलाटोनिन* (melatonin) कहा जाता है जिसपर प्राणी में सक्रियता का स्तर निर्भर करती है। कुछ न्यूरोमनोवैज्ञानिकों का कहना है कि मनुष्यों में

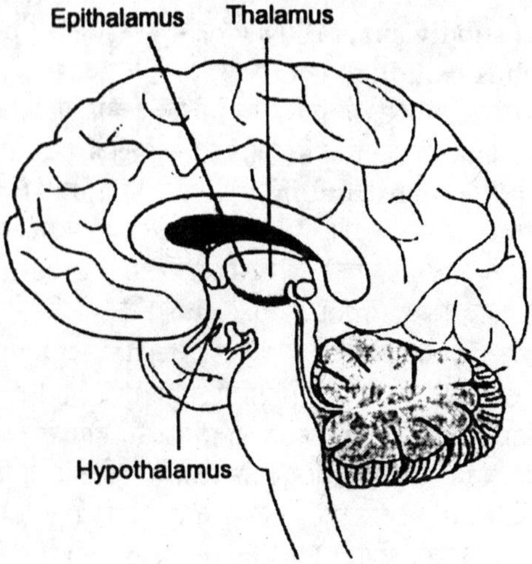

चित्र 4.16 : दायाँ गोलार्द्ध का मेडियल दृश्य (Medial view of right hemisphere)

अभी भी इपिथैलमस का कार्य अच्छी तरह से ज्ञात नहीं है। इपिथैलमस को चित्र 4.16 में देखा जा सकता है।

1. थैलमस *(Thalamus)*—मध्यमस्तिष्क के ठीक ऊपर और दोनों प्रमस्तिष्क गोलार्द्ध (cerebral hemispheres) के बीच में एक अंडाकार संरचना होती है जिसे थैलमस (thalamus) कहा जाता है। चूँकि थैलमस दोनों प्रमस्तिष्क गोलार्द्ध के बीच में होता है, अतः इसे ऊपर से देखा नहीं जा सकता है। इसे देखने के लिए दोनों गोलार्द्ध को एक-दूसरे से अलग करना होगा। थैलमस, डायनसिफेलोन (diencephalon) का डॉर्सल हिस्से (dorsal part) से बना होता है। यह एक ऐसी संरचना होती है जिसमें दो पालि (lobes) होते हैं जो भूरा पदार्थ (gray matter) के एक पुल जिसे मास इन्टरमीडीया (mass intermedia) कहा जाता है, से सम्बन्धित होता है। *थैलेमस को दो क्षेत्रों में बाँटा जा सकता है—भेन्ट्रल थैलमस* (ventral thalamus) तथा *डार्सल थैलमस* (dorsal thalamus)। भेन्ट्रल थैलमस नियोकार्टेक्स में एक सामान्य निवेश (general input) करता है जिससे नियोकार्टेक्स की क्रियाएँ ठीक-ठाक रहतीं हैं। डार्सल थैलमस (dorsal thalamus) या जिसे *'थैलेमस खास'* (thalamus proper) भी कहा जाता है, में बहुत सारे न्यूक्लिाई (nuclei) होते हैं और प्रत्येक न्यूक्लिाइ न्यिोकार्टेक्स के विशिष्ट क्षेत्र में सूचनाओं को भेजता है। थैलमस में मूलतः तीन तरह के केन्द्रक (nuclei) होते हैं। एक तरह के केन्द्रक (nuclei) को संवेदी केन्द्रक (sensory nuclei) कहा जाता है जिसका प्रधान कार्य शरीर की भिन्न-भिन्न संवेदी प्रक्रियाओं (sensory processes) जैसे दृष्टि (visual), श्रवण (hearing), दर्द (pain), ताप (temperature), स्पर्श (touch), स्वाद (taste), गन्ध (smell) आदि से सम्बन्धित आवेग (impluse) को ग्रहण करके *प्रमस्तिष्क* (cerebrum) के उपयुक्त (appropriate) क्षेत्रों में *प्रसारण* (relay) करना होता है। इन केन्द्रकों में *लेट्रल जेनिकलकेट न्यूक्लिअस* (lateral geniculate nucleus or LGN) द्वारा दृष्टि सूचनाओं को, *मेडीयल जेनिकलकेट*

न्यक्लिअस (medial geniculate nucleus or MGN) द्वारा श्रवण सूचनाओं को तथा *भेन्ट्रल-पोस्टेरियर लेट्रल न्यूक्लिअस* (ventral-posterior lateral nucleus or UPLN) द्वारा स्पर्श, दबाव, दर्द तथा तापक्रम (temperature) आदि से संबद्ध सूचनाओं को ग्रहण किया जाता है। *दूसरे तरह के केन्द्रक* (nuclei) वैसे होते हैं जो लघु मस्तिष्क (cerebellum), मस्तिष्क स्तंभ (brain stem) तथा रेटिकुलर फॉरमेशन reticular formation) से आवेग (impluse) को ग्रहण करके उसे प्रमस्तिष्क (cerebrum) के उचित क्षेत्रों में भेजता है। *तीसरे तरह* के केन्द्रक वैसे होते हैं जो थैलेमस के भीतर के ही आवेगों (impulses) को इकट्ठा करके उसे प्रमस्तिष्क में भेजते हैं। इन अन्तिम केन्द्रकों (nuclei) को *साहचर्य केन्द्रक* (association nuclei) भी कहा जाता है।

2. हाइपोथैलमस *(Hypothalamus)*—थैलमस के नीचे एक छोटी परन्तु अत्यन्त ही महत्त्वपूर्ण संरचना है जिसे हाइपोथैलेमस (hypothalamus) की संज्ञा दी जाती है। कोल्ब तथा ह्विशा (Kolb & Whishaw, 1990) के अनुसार हाइपोथैलमस करीब 22 लघु न्यूक्लिआई (small nuclei), तंतु तंत्र (fiber system) जो इससे होकर गुजरता है तथा पीयूष ग्रन्थि (pituitary gland) से बना होता है। यह मस्तिष्क के कुल वजन का करीब 0.3% होता है। कुछ न्यूरोवैज्ञानिक हाइपोथैलमस को लिम्बिक तंत्र का एक हिस्सा मानते हैं। नाऊटा तथा फिरटैग (Nauta & Fiertag, 1986) के अनुसार लिम्बिक तंत्र को उन संरचनाओं के रूप में परिभाषित किया जाना चाहिए जो हाइपोथैलमस के साथ घनिष्ठ संधिस्थलीय सम्बन्ध रखते हैं।

हाइपोथैलमस में जिन संरचनाओं से निवेश (input) प्राप्त होता है, वे हैं लिम्बिक कार्टेक्स (हिप्पोकैम्पस तथा फोर्निक्स के माध्यम से), भेन्ट्रल प्राक्अग्र कार्टेक्स (ventral prefrontal cortex), एमिगडाला (amygdala) तथा रेटिकुलर फॉरमेसन (reticular formation)। इसका मतलब यह हुआ कि हाइपोथैलमस को कार्टेक्स से काफी संसाधित सूचनाएँ (highly processed information) तथा आंतरिक वातवरण से मिलने वाले सूचनाएँ दोनों ही मिलते हैं। फिर हाइपोथैलमस से निकलने वाली सूचनाएँ मूलतः प्राक्फ्रन्टल कार्टेक्स (prefrontal cortex), एमिगडाला (amygdala), रेटिकुलर फारमेशन तथा सुषुम्ना में जाती है। इसका मतलब यह हुआ कि हाइपोथैलमस उच्च कार्टिकल केन्द्रों (high cortical centres) तथा निम्न मस्तिष्क स्तंभों (low brain stems) दोनों को सूचना भेजता है तथा उनसे प्राप्त करता है।

हाइपोथैलमस को मनोवैज्ञानिकों ने काफी महत्त्वपूर्ण इसलिए बतलाया है क्योंकि इसका सम्बन्ध प्राणी के संवेग (emotion) तथा अभिप्रेरण (motivation) से अधिक है। हाइपोथैलमस के प्रमुख कार्य (functions) निम्नांकित हैं—

(i) हाइपोथैलमस व्यक्ति के प्रमुख जैविक अभिप्रेरक (biological motives) जैसे भूख (hunger), प्यास (thirst), यौन (sex) आदि को नियंत्रित करता है।

(ii) शरीर के भीतर में एक सामान्य संतुलन (normal balance) बनाये रखने में हाइपोथैलमस प्रमुख भूमिका निभाता है। सामान्य रूप से कार्य करने के लिए यह आवश्यक है कि शरीर का एक खास तापक्रम (temperature) हो तथा

हृदय गति एवं रक्त चाप सामान्य हो। शरीर के भीतर की इस सामान्य संतुलन की स्थिति को मनोवैज्ञानिकों ने *समस्थिति* (homeostasis) की संज्ञा दी है। हाइपोथैलमस इस समस्थिति को कायम रखने की कोशिश करता है। अगर किसी कारण से समस्थिति में गड़बड़ी हो जाती है, तो हाइपोथैलमस फिर से शरीर के भीतर समस्थिति को बनाये रखने के लिए क्रियाशील हो जाता है। उदाहरणार्थ, जब हमारे शरीर में अधिक गर्मी हो जाती है तो हाइपोथैलमस जरूरत से अधिक गर्मी को पसीना के रूप में बाहर निकाल देता है। उसी तरह से यदि हमारे शरीर में गर्मी सामान्य स्तर से कम हो जाती है जैसा कि जाड़े के मौसम में प्रायः होता है, तो हाइपोथैलमस सक्रिय हो जाता है और हमारे शरीर में कम्पन शुरू हो जाता है जिसके फलस्वरूप शरीर का तापक्रम कुछ बढ़ जाता है।

(iii) हाइपोथैलमस द्वारा स्वायत्त तंत्रिका (autonomic nervous system) तथा अन्तःस्रावी क्रियाओं (endocrine activities) का भी नियंत्रण होता है। पीयूष ग्रन्थि (pituitary gland) जो एक अन्तःस्रावी ग्रन्थि (endocrine gland) है, मस्तिष्क में हाइपोथैलमस के आधार से एक डंडी (stalk) से जुड़ा होता है। हाइपोथैलमस पीयूष ग्रन्थि के कार्यों का नियंत्रण या तो सीधे तंत्रिका आवेग (nerve impulses) वहाँ भेजकर या विशेष रासायनिक तत्त्व (chemical factor) जिसे मुक्त कारक (releasing factor) कहा जाता है, द्वारा करता है। पीयूष ग्रन्थि एक प्रकार की ऐसी ग्रन्थि है जिसका नियंत्रण अन्य अन्तःस्रावी ग्रन्थियों (endocrine glands) पर भी होता है। अतः हाइपोथैलमस पीयूष ग्रन्थि को नियंत्रित करके शरीर के पूरे अन्तःस्रावी ग्रथियों (endocrine glands) पर भी नियंत्रण रखता है। अतः हाइपोथैलमस पीयूष ग्रन्थि को नियंत्रित करके शरीर के पूरे अन्तःस्रावी क्रियाओं का काफी हद तक संचालन एवं नियंत्रण करता है।

(iv) हाइपोथैलमस प्राणी के संवेग में महत्त्वपूर्ण भूमिका निभाता है। कुछ लोग जैसे मोलिना (Molina, 1959) तथा ब्रेडी (Brady, 1960) ने कुत्ते तथा बिल्ली पर प्रयोग कर यह दिखला दिया है कि यदि हाइपोथैलमस को उत्तेजित (stimulate) किया जाता है तो पशु में क्रोध, भय, आक्रामकता (aggeressiveness) आदि संवेग देखने को मिलते हैं। कैनन (Cannon, 1927) तथा बार्ड (Bard, 1928) ने भी अपना मत प्रकट करते हुए यही कहा है कि संवेग की उत्पत्ति में हाइपोथैलमस का महत्त्वपूर्ण हाथ होता है। शायद यही कारण है कि इन दोनों विशेषज्ञों द्वारा प्रतिपादित संवेग के सिद्धान्त को हाइपोथैलमिक सिद्धान्त (hypothalamic theory) भी कहा जाता है।

(v) हाइपोथैलेमस प्राणियों के उत्तरजीविता (survival) से सम्बन्धित व्यवहारों को संगठित करता है। ऐसे व्यवहारों को सामान्यतः चार एफ (four F's) के रूप में जाना जाता है—*लड़ना* (fighting), *भोजन करना* (feeding), *भाग जाना* (fleeing) तथा *जोड़ा खाना* (mating)।

मध्यमस्तिष्क
(Midbrain or Mesencephalon)

मध्यमस्तिष्क (midbrain) डायनसिफेलोन (diencephalon) तथा सेतु (pons) के बीच अवस्थित होता है। इसके दो प्रभाग (division) हैं—*टेक्टम* (tectum) तथा *टेगमेन्टम* (tegmentum)।

टेक्टम मध्य मस्तिष्क का वह भाग होता है जो प्रमस्तिष्कीय एक्वीडक्ट[1] (cerebral aqueduct) के ऊपर (dorsal part) होता है। इसमें दो युग्मित संरचनाएँ (paired structured) होती हैं जिन्हें *सुपरियर कोलिकुली* (superior colliculi) तथा *इनफेरियर कोलिकुली* (inferior colliculi) कहा जाता है। यह मस्तिष्क स्तंभ (brain stem) पर चार उभाड़ (bumps) के रूप में दिखता है। इनफेरियर कोलिकुली श्रवण तंत्र (auditory system) का हिस्सा होता है जबकि सुपिरियर कोलिकुली (superior colliculi) दृष्टि तंत्र (visual system) का हिस्सा होता है। इसका मतलब यह हुआ कि इनफेरियर कोलिकुली द्वारा श्रवण संवेदन तथा सुपिरियर कोलिकुली द्वारा दृष्टि संवेदन (visual sensation) का ज्ञान होता है।

टेगमेनटम (Tegmentum) मध्यमष्तिष्क का वह भाग होता है जो टेक्टम के नीचे होता है। दूसरे शब्दों में यह प्रमस्तिष्कीय एक्पीडक्ट के नीचे होता है। इसमें रेटिकुलर फारमेशन का मस्तिष्क में जाने वाला अंतिम छोर (rostrol end), आँख की गति को नियंत्रित करने वाला कई केन्द्रक, पेरीएक्वीडक्टल धूसर पदार्थ (periaqueductal gray matter), लाल न्यूक्लिअस (red nucleus), भेन्ट्रल टेगमेन्टल क्षेत्र (ventral tegmental area) आदि सम्मिलित होते हैं।

मध्यम मस्तिष्क का अधिकतर भेन्ट्रल क्षेत्र(ventral region) बड़े तन्तु पथ(large fiber tracts) होते हैं जो सूचनाओं को अग्रमस्तिष्क से सुषुम्ना में ले जाता है। उसे *कार्टिकोमेरुदंडीय पथ* (cortiospinal tract) कहा जाता है तथा कुछ तन्तु होते हैं जो सूचनाओं को अग्रमस्तिष्क से मस्तिष्कीय स्तंभ (brain stem) में ले जाता है। इसे *कार्टिकोबाल्बर पथ*(corticobulbar tract) कहा जाता है। अग्रमस्तिष्क तथा लुघमस्तिष्क के बीच में आने तथा जाने वाली तंत्रिका तन्तु भी मध्यमस्तिष्क होकर ही गुजरती है।

मध्य मस्तिष्क में दो क्रैनियल तंत्रिका न्युक्लिाई (cranial nerve nuclie) जिससे नेत्र गति नियंत्रित होता है, पाया जाता है। ये दो न्यूक्लिअस (nucleus) हैं—*ओकुलोमोटर न्यूक्लिअस* (occulomotor neucleus) तथा *ट्रोकलियर न्यूक्लिअस* (trochlear nucleus)।

पश्च मस्तिष्क
(Hind brain or Rhomencephalon)

पश्च मस्तिष्क मस्तिष्क के चौथे भेन्ट्रीकल के चारों तरफ होता है। इसके दो प्रभाग (division) हैं—*मेटेनसिफेलोन* (metencephalon) तथा *माइलेनसिफेलोन*

1. प्रमस्तिष्कीय एक्वीडक्स (cerebral aqueduct) एक संकीर्ण टयूब (narrow tube) को कहा जाता है जो मस्तिष्क के तीसरे भेन्ट्रीकल को चौथे भेन्ट्रीकल (ventricle) से जोड़ता है।

(myelencephalon)। इन दोनों प्रभागों का वर्णन इस प्रकार है–

(a) मेटेनसिफेलोन *(Metencephalon)*—इसमें दो तरह की संरचनाएँ (structures) होती हैं—सेतु (pons) तथा लघुमस्तिष्क (cerebellum)। इन दोनों का वर्णन इस प्रकार है :–

सेतु (pons) मेसेनसिफेलोन (mesencephalon) तथा मेडुला के बीच में अवस्थित होते हैं। इसमें भिन्न-भिन्न प्रकार के संवेदी न्यूरोन (sensory neuron) तथा गति न्यूरोन (motor neurons) पाये जाते हैं। सिर एवं चेहरे से प्राप्त कुछ संवेदी तंत्रिका आवेग जो स्पर्श (touch), दर्द (pain) तथा ताप (temperature) से सम्बन्धित होता है, सेतु द्वारा ही ग्रहण किये जाते हैं। कुछ गति क्रियाएँ (motor responses) जैसे आनन अभिव्यक्ति (facial expression) में होने वाली पेशीय क्रियाएँ (muscular activities), नेत्र गोलक (eye ball) की गति तथा जबड़े की गति का संचालन आदि भी सेतु द्वारा ही होता है। इसके अलावा सेतु में ऊपरी दिशा तथा निचली दिशा में जाने वाली अनेकों तंत्रिका तन्तु (nerve fibers) पाये जाते हैं। इन तन्तुओं के सहारे सेतु मस्तिष्क के उच्च भागों तथा निचली भागों के बीच सम्बन्ध स्थापित कर पाता है। सेतु में रेटिकुलर फारमेशन (reticular formation) का बड़ा भाग होता है।

लघुमस्तिष्क (cerebellum) मध्यमस्तिष्क का दूसरा महत्त्वपूर्ण प्रभाग है। लघुमस्तिष्क सचमुच में वृहत मस्तिष्क (cerebrum) का एक छोटा प्रारूप (miniature version) होता है। यह मस्तिष्क के पिछले (dorsal) सतह पर सेतु के समानान्तर अवस्थित होता है। यह सेरीबेल्लर कार्टेक्स (cerebellar cortex) से ढँका होता है और इसमें गहरी सेरीबेल्लर केन्द्रक (cerebellar nuclie) होते हैं जो सूचनाओं को कार्टेक्स में भेजते हें और कार्टेक्स से सूचनाओं को प्राप्त भी करते हैं। लघु मस्तिष्क को मस्तिष्क के अन्य प्रमुख भागों के साथ चित्र 4.17 में दिखलाया गया है।

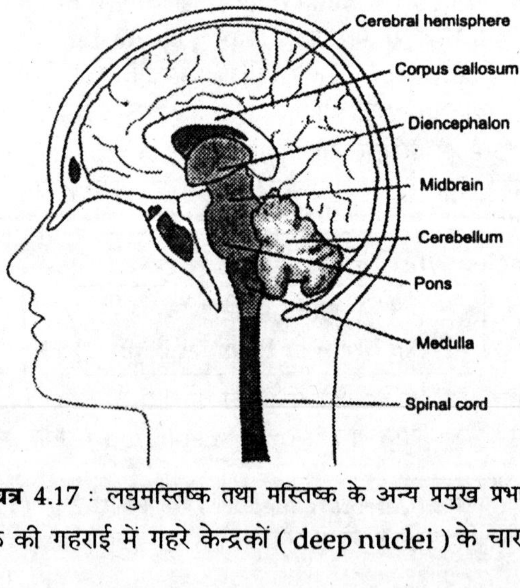

चित्र 4.17 : लघुमस्तिष्क तथा मस्तिष्क के अन्य प्रमुख प्रभाग

लघुमस्तिष्क की गहराई में गहरे केन्द्रकों (deep nuclei) के चार जोड़े (pairs)

होते हैं। सेरिबेलर कार्टेक्स (cerebellar cortex) तथा गहरे केन्द्रक (deep nuclei) के बीच उजले पदार्थ (white matter) पाये जाते हैं।

लघु मस्तिष्क दृष्टि (visual), श्रवण (auditory), भस्टिवुलर (vestibular) तथा शारीरिक संवेदी सूचनाओं (somatosensory information) को भी प्राप्त करता है। उसके अतिरिक्त लघु मस्तिष्क वर्तमान शारीरिक अवस्था तथा वर्तमान समय में किये जाने वाले सम्भावित गतियों (movement) से मिलने वाले सूचनाओं के आधार पर शारीरिक गतियों (bodily movement) के समन्वय (coordination), समायोजन (adjustment) तथा नियंत्रण (modulation) में भी महत्त्वपूर्ण भूमिका निभाता है।

लघुमस्तिष्क इन सारी सूचनाओं को समन्वित करता है तथा पेशीय वहिप्रवाह (motor outflow) को परिवर्तित करता है जिससे शारीरिक गति पर एक समन्वित एवं शामक (soothing) प्रभाव पड़ता है। लघुमस्तिष्क में क्षति होने से शरीर द्वारा समन्वित गति (cordinated movements) व्यक्ति नहीं कर पाता है तथा खड़ा होना, टहलना आदि की गति ठीक ढंग से नहीं हो पाती है। सेरीबेलर कार्टेक्स में क्षति होने से व्यक्ति सही भाव भंगिमा (gesture) बनाने में तथा क्षति वाले भाग के तरफ का शारीरिक गति में आनुक्रमिक समन्वय (sequential condition) स्थापित करने में व्यक्ति असमर्थ रहता है। इस तरह की क्षुब्धता (disturbances) को *सेरीबेलर एटाक्सिया* (cerebellar ataxia) कहा जाता है।

(b) माइलेनसिफेलोन *(Myelencephelon)*—माइलेनसिफेलोन में एक बड़ी संरचना होती है जिसे मेडुलाऔवलोंगटा (medulla oblongta) या संक्षेप में *मेडुला* (medulla) कहा जाता है। मेडुला का स्थान सेतु के नीचे तथा सुषुम्ना के ऊपर होता है (देखें चित्र 4.17)। मेडुला में बहुत सारे केन्द्रक (nuclei), तन्तु पथ (fiber tracts) तथा रेटिकुलर फारमेशन का पुच्छीय भाग (caudal portion) सम्मिलित होते हैं। मेडुला में दो बड़े केन्द्रक अर्थात् ग्रेसाइल केन्द्रक (gracile nuclei), कुनिट केन्द्रक (cuneate nuclei) तथा कायिक संवेदी पथ (somatasensory pathways) होते हैं जो स्पर्श, शारीरिक स्थान ज्ञान (body position sense), गति संवेदनों को सुषुम्ना से थैलमस तक पहुँचाते हैं और फिर उसके बाद कार्टिकल कायिक संवेदी क्षेत्र (cortical somotosensory area) में भेजते हैं। मेडुला में कई संवेदी केन्द्रक (sensory nuclei) होते हैं जिसमें चेहरा, मुँह, कंठ तथा पेट से मिलने वाले संवेदी निवेश (sensory input) सम्मिलित होते हैं। मेडुला में कुछ पेशीय केन्द्रक (motor nuclei) भी होते हैं जिनके माध्यम से गर्दन, जीभ तथा गला आदि को अनुप्राणित (innervate) करता है। मेडुला में कुछ पेशीय केन्द्रक ऐसे होते हैं जो शरीर के ऐसे अंगों (organs) को अनुप्राणित करते हैं जो व्यक्ति के जीवन को बनाये रखने के लिए आवश्यक होता है। ऐसे अंगों में हृदय, श्वसन क्रिया में सम्मिलित मांशेपेशियाँ (muscles) तथा आन्तरांग (viscera) आदि प्रधान हैं।

अग्र मेडुला (ventral medulla) में कार्टिको दंडीय पेशीय प्रक्षेपण (corticospinal motor projections) पाये जाते हैं। मेडुला के करीब आधे भाग नीचे में जाकर दोनों तरफ का करीब 90% कोर्टिकोमेरुदंडीय तंतु (corticospinal fibers) एक दूसरे को

क्रास करते हुए विपरीत पार्श्विक भाग (contralateral side) में जाते हैं। इस क्रॉसओवर बिन्दु (crossover point) को *पिरामिडल डिकुसेशन* (pyramidal decussation) कहा जाता है।

स्पष्ट हुआ कि केन्द्रीय तंत्रिका की संरचना (structure) तथा कार्य काफी जटिल हैं।

अध्याय सारांश
(Chapter Summary)

1. तंत्रिका तंत्र एक ऐसी जटिल संरचना है जो शारीरिक प्रक्रिया को नियमित रूप से नियंत्रित करता है तथा व्यक्ति के चेतन अनुभूतियों के सभी पहलुओं के लिए जिम्मेवार होता है। तंत्रिका तंत्र की दो मौलिक विशेषताएँ हैं—मेनिनग्स (meninges) तथा निलयी तंत्र (ventricular system)।
2. तंत्रिका तंत्र को दो प्रमुख भागों में बाँटा गया है—केन्द्रीय तंत्रिका तंत्र (central nervous system) तथा परिधीय तंत्रिका तंत्र (peripheral nervous system)।
3. केन्द्रीय तंत्रिक तंत्र के दो प्रभाग (division) हैं—मस्तिष्क (brain) तथा सुषुम्ना (spinal cord)।
4. रीढ़ की हड्डी जो कमर से गर्दन तक फैली है, में एक तरल पदार्थ भरा होता है जिसे सुषुम्ना कहा जाता है। सुषुम्ना रीढ़ीदार कॉलम से सुरक्षित होता है जिसमें सरभिक (cervical), थोरैकिक (thoracic) तथा लुम्बर (lumber) क्षेत्रों में 24 स्वतंत्र कशेरुकाएँ (independent vertebrae) तथा कॉलम के सैकटल तथा कोशिजील (coccygeal) क्षेत्रों में कुछ मिश्रित कशेरुकाएँ होती हैं। सुषुम्ना द्वारा शारीरिक क्रियाओं तथा प्रतिवर्त क्रियाओं (reflex actions) का नियंत्रण होता है।
5. मस्तिष्क को तीन प्रमुख भागों में बाँटा गया है—अग्रमस्तिष्क (forebrain), मध्यमस्तिष्क (midbrain), तथा पश्चमस्तिष्क (hindbrain)।
6. अग्रमस्तिष्क को दो भागों में बाँटा गया है—टैलेनसिफेलोन (telencephalon) तथा डायनसिफेलोन (diencephalon)। टेलेनसिफेलोन को मुख्यतः तीन भागों में बाँटा गया है—नियोकार्टेक्स (neocortex), लिम्बिक तंत्र (limbic system) तथा वेसल गैंगलिया (basal ganglia)। अग्रमस्तिष्क का सबसे प्रमुख भाग नियोकार्टेक्स है जिसके द्वारा सभी उच्च मानसिक प्रक्रियाओं का नियंत्रण एवं संचालन होता है। लिम्बिक तंत्र (limbic system) द्वारा संवेग, अभिप्रेरण, अधिगम तथा स्मृति आदि की क्रियाओं का नियंत्रण होता है। वेसल गैंगलिया (basal ganglia) द्वारा मुख्यतः शारीरिक गति (bodily movement) का नियंत्रण होता है। डायनसिफेलोन (diencephalon) के तीन महत्त्वपूर्ण प्रभाव हैं—थैलमस (thalamus), इपिथैलमस (epithalamus) तथा हाइपोथैलमस (hypothalamus)।
7. मध्यमस्तिष्क (midbrain) के दो प्रभाग हैं—टेक्टम (tectum) तथा टेगमेनटम (tegmentum)। टेक्टम मध्यमस्तिष्क का वह भाग होता है जो प्रमस्तिष्कीय एक्वीडक्ट (cerebral aqueduct) के ऊपरी भाग में होता है। इसके द्वारा दृष्टि तंत्र तथा श्रवण तंत्र को सूचनाएँ भेजी जाती हैं। टेगमेनटम में रेटिकुलर फारमेशन का मस्तिष्क में जाने वाला अंतिम छोर, आँख की गति को नियंत्रित करने वाला कई केन्द्रक (nuclei), पेरीएक्वीडक्टल धूसर पदार्थ (periaqueductal gray matter), लाल केन्द्रक (red nuclei) भेन्ट्रल टेगमेन्टम क्षेत्र (ventral tegmental area) आदि सम्मिलित होते हैं।

8. पश्चमस्तिष्क (hindbrain) मस्तिष्क के चौथे भेन्ट्रीकल के चारों तरफ घिरा होता है। इसके दो प्रभाग हैं—मेटेनसिफेलोन (metencephalon) तथा माइलेनसिफेलोन (myelencephalon)। मेटेनसिफेलोन में दो तरह की प्रमुख संरचनाएँ होती हैं—सेतु (pons) तथा लघुमस्तिष्क (cerebellum) मेडुला औबलौंगाटा (medulla oblongata) को माइलेनसिफेलोन कहा जाता है जो कई तरह के संवेदी एवं पेशीय क्रियाओं में अपनी भूमिका निभाता है।

❑

अध्याय 5

परिधीय तंत्रिका तंत्र का परिचय
(INTRODUCTION TO PERIPHERAL NERVOUS SYSTEM)

परिधीय तन्त्रिका तन्त्र (peripheral nervous system) दूसरा महत्त्वपूर्ण तन्त्रिका तन्त्र है। इससे तात्पर्य उन सभी तन्त्रिका कोशिकाओं (neurons) से होता है जो मस्तिष्क (brain) तथा सुषुम्ना (spinal cord) के बाहर होते हैं और जो इन दोनों का सम्बन्ध ग्राहक (receptor) जैसे—आँख, कान, नाक, जीभ, त्वचा आदि से तथा प्रभावक (effector) अर्थात मांसपेशियों (muscles) तथा ग्रन्थियों (glands) के साथ स्थापित करते हैं। इस तंत्रिका तंत्र द्वारा सूचनाएँ मस्तिष्क तथा सुषुम्ना से ग्राहक तथा प्रभावक तक जाते हैं और फिर ग्राहक तथा प्रभावक से मस्तिष्क तथा सुषुम्ना को सूचनाएँ दी जाती हैं। इस तन्त्रिका तन्त्र (nervous system) को मूलतः दो भागों में बाँटा गया है। कायिक तंत्रिका तंत्र (somatic nervous system) तथा स्वायत्त तंत्रिका तंत्र (autonomic nervous system)। इन दोनों प्रभागों का वर्णन हम अलग-अलग अनुच्छेद में करेंगे।

कायिक तन्त्रिका तन्त्र की संरचना एवं कार्य
(Structure and Function of Somatic Nervous System)

कायिक तन्त्रिका तन्त्र का सम्बन्ध मूलतः वैसी क्रियाओं से होता है जिन्हें हम अपनी इच्छानुसार करते हैं। इस तन्त्रिका तन्त्र द्वारा केन्द्रीय तन्त्रिका तन्त्र (central nervous system) को बाह्य उत्तेजनाओं से उत्पन्न ताप (temperature), ठंड (cold), दबाव (pressure) आदि का ज्ञान होता है तथा साथ-ही-साथ इस तन्त्रिका तन्त्र के सहारे केन्द्रीय तन्त्रिका तन्त्र ऐच्छिक माँसपेशियों (voluntary muscles) को कुछ कार्य करने के लिए तन्त्रिका आवेग उनके पास भेजता है।

कायिक तन्त्रिका तन्त्र को दो भागों में बाँटा गया है—

(क) कपालीय तन्त्रिका (Cranial nerve)

(ख) मेरुदण्डीय तन्त्रिका (Spinal nerves)

इन दोनों का वर्णन इस प्रकार है—

(क) कपालीय तन्त्रिका (*Cranial nerves*)—मानव मस्तिष्क में कपालीय तन्त्रिका के कुल 12 जोड़े होते हैं जो संवेदी (sensory) तथा पेशीय (motor) तन्त्रों से सहचर्यित (associated) होते हैं। ये सभी कपालीय तन्त्रिकाओं के विशिष्ट नाम (specific names) है तथा रोमन संख्या (Roman numerals) से उन्हें चिह्नित किया जाता है। कुछ कपालीय तन्त्रिका पूर्णतः संवेदी कार्य करते हैं, कुछ कपालीय तन्त्रिका पूर्णतः पेशीय (motor) कार्य करते हैं तथा कुछ कपालीय तन्त्रिका ऐसे होते हैं जो अंशतः संवेदी तथा अंशतः पेशीय दोनों कार्य करते हैं। इन सभी अर्थात 12 कपालीय

तन्त्रिकाओं का वर्णन इस प्रकार हैं–

(I) घ्राणीय *(Olfactory)*—यह पूर्णतः संवेदी कार्य करता है क्योंकि इसके द्वारा सिर्फ गंध का संवेदन होता है। यह प्रमस्तिष्कीय गोलार्द्ध (cerebral hemisphere) के भेन्ट्रल हिस्से (ventral part) से निकलता है।

(II) दृष्टि *(Optic)*—यह भी पूर्णतः संवेदी कार्य करता है क्योंकि इसके द्वारा सिर्फ दृष्टि संवेदन होता है। यह मस्तिष्क के थैलेमस (thalamus) क्षेत्र से निकलता है।

(III) औकुलोमोटर *(Oculomotor)*—यह तन्त्रिका पूर्णतः पेशीय कार्य करता है। इसके द्वारा आँख की गति (eye movement) का नियन्त्रण होता है। यह मध्य मस्तिष्क से निकलता है।

(IV) ट्रोकलियर *(Trochlear)*—यह कपालीय तन्त्रिका भी पूर्णतः पेशीय कार्य करता है क्योंकि इसके द्वारा भी आँख की गति का नियन्त्रण होता है। यह तन्त्रिका भी मध्य मस्तिष्क से निकलता है।

(V) ट्रीजेमेनिल *(Trigeminal)*—यह कपालीय तन्त्रिका अंशतः संवेदी (sensory) तथा अंशतः पेशीय कार्य करता है। इसके द्वारा आनन संवेदन (facial sensation) तथा चबाने की क्रिया (chewing movement) का नियन्त्रण होता है। इस तन्त्रिका का सम्बन्ध मध्यमस्तिष्क, सेतु (pons) तथा मेडुला (medulla) से होता है।

(VI) एबडुसेन्स *(Abducens)*—यह तन्त्रिका पूर्णतः पेशीय (motor) कार्य करता है और इसके द्वारा आँख की गति का नियन्त्रण होता है। यह मेडुला (medulla) से सम्बन्धित होता है।

(VII) आनन *(Facial)*—यह कपालीय तन्त्रिका भी पूर्णतः पेशीय कार्य करता है और इसके द्वारा आनन गति (facial movement) का नियन्त्रण होता है। इसका सम्बन्ध मेडुला (medulla) से होता है।

(VIII) श्रवण वेस्टिवुलर *(Auditory vestibular)*—यह तन्त्रिका पूर्णतः संवेदी कार्य करता है और इसके द्वारा श्रवण संवेदन का नियन्त्रण होता है। यह भी मेडुला से निकलता है।

(IX) ग्लासोफैरिंनगियल *(Glassopharyngeal)*—यह कपालीय तन्त्रिका अंशतः संवेदी तथा अंशतः पेशीय कार्य करता है। यह जीभ से मिलने वाले संवेदनों को नियन्त्रित करता है तथा ग्रसनी (Pharynx) के गतियों को नियन्त्रण भी करता है। इसका सम्बन्ध भी मेडुला से होता है।

(X) भेगस *(Vagus)*—यह कपालीय तन्त्रिका भी अंशतः संवेदी तथा अंशतः पेशीय कार्य करता है। इसके द्वारा हृदय, यकृत (liver) तथा आँत (intestine) से प्राप्त संवेदनों को नियन्त्रित किया जाता है तथा उनके क्रियाओं का संचालन एवं नियन्त्रण भी होता है। इसका भी सम्बन्ध मेडुला से होता है।

(XI) मेरुदण्डीय सहायक *(Spinal accessory)*—यह कपालीय तन्त्रिका भी पूर्णतः पेशीय कार्य करता है। इसके द्वारा गर्दन की मांसपेशियों एवं आन्तराग (viscera) के गतियों का नियन्त्रण होता है। यह भी मेडुला से साहचर्यित होता है।

(XII) हाइपोग्लोस्सल *(Hypoglossal)*—यह कपालीय तन्त्रिका भी पूर्णतः पेशीय कार्य करता है। इसके द्वारा जीभ की मांसपेशियों की गतियों का नियन्त्रण होता है। यह भी मेडुला से साहचर्यित होता है।

इन सभी 12 कपालीय तन्त्रिकाओं का मस्तिष्क के विभिन्न भागों से सम्बन्धों को चित्र 5.1 में दिखलाया गया है।

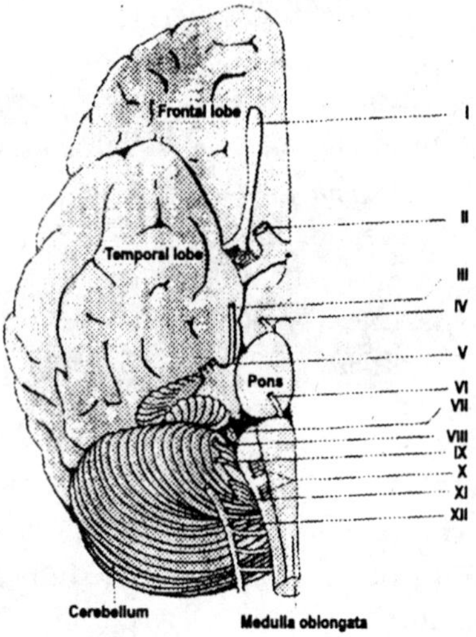

चित्र 5.1 : कपालीय तन्त्रिकाओं का मस्तिष्क में उद्‌भव का चित्रण

(ख) मेरुदण्डीय तन्त्रिका (*Spinal nerves*)—मेरुदण्ड (spinal cord) से मेरुदण्डीय तन्त्रिका (spinal nerves) के 31 जोड़े थोड़े-थोड़े दूरी पर हटकर निकलते हैं। इन्हें चित्र 5.2 में दिखलाया गया है। इन 31 जोड़ों को सुषुम्ना के हिस्से जिनसे वे सम्बन्धित होते हैं, के अनुसार पाँच भागों में बाँटा गया है जिसे तालिका 2.A में दिखलाया गया है।

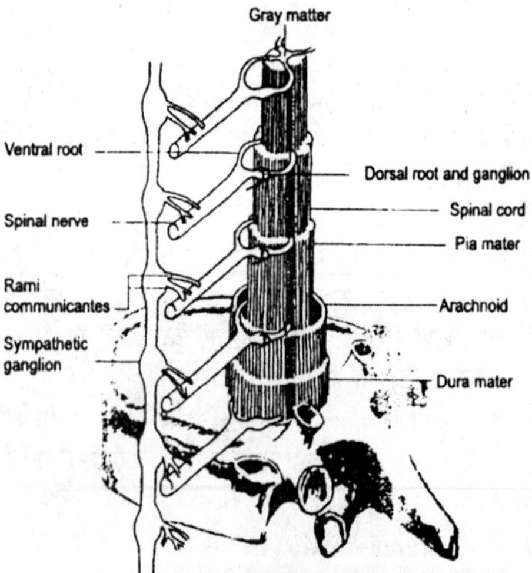

चित्र 5.2 : मेरुदण्डीय तन्त्रिकाओं का चित्रण

तालिका 2.A मेरुदण्डीय तन्त्रिकाओं के नाम, संख्या एवं स्थान

नाम (Name)	संख्या (Number)	स्थान Position)
सरवाइकल (servical)	8	गर्दन (neck)
थोरैकिक (thoracic)	12	छाती (chest)
लुम्बर (lumbar)	5	कमर (loin)
सैकरल (sacral)	5	मेरुदण्डीय कॉलम का अंत (end of spinal column)
कोसिजीयल (coccygeal)	1	मेरुदण्डीय कॉलम का अंत (end of spinal column)

जैसा कि चित्र 5.2 से स्पष्ट है, मेरुदण्डीय तन्त्रिका सुषुम्ना में प्रवेश करने के पहले दो भागों (roots) में बँट जाता है—**डार्सल भाग** (dorsal root) तथा **भेन्ट्रल भाग** (ventral root)। डार्सल भाग का कार्य संवेदी (sensory) होता है जबकि भेन्ट्रल भाग का पेशीय (motor) होता है। हालांकि इसके कुछ अपवाद भी हैं। डार्सल भाग की पहचान इस बात से होती है कि सुषुम्ना में प्रवेश करने के पहले उसमें एक फूली हुई संरचना (swelling structure) होती है जिसे **डार्सल मेरुदण्डीय गैंगलियन** (dorsal spinal ganglion) कहा जाता है। इसमें संवेदी तन्तुओं का कोश शरीर (cell body) होता है जिससे ज्ञानेन्द्रियों से आनेवाली सूचनाएँ होकर गुजरती हैं और सुषुम्ना में जाती हैं। मेरुदण्डीय तन्त्रिकाओं का संवेदी भागों में जिनसे संवेदी सूचनाएँ प्राप्त होतीं हैं, प्रमुख हैं—त्वचा के स्पर्श, तापीय (thermal) तथा दर्द ग्राहक, रक्तवाहिनों के ग्राहक (receptor), मांसपेशियाँ, जोड़ों (joints) तथा कंडरा (tendon) के दर्द एवं दबाव (pressure), ग्राहक, तथा पाचन संस्थानों के आंतरिक ग्राहकों (internal receptors) आदि। उसी तरह से मेरुदण्डीय तन्त्रिका का पेशीय भाग द्वारा बाँह, पैर, शरीर के अन्य हिस्से (सिर एवं गर्दन को छोड़कर) के सभी धारीदार रेखित मांसपेशियों (striated muscles) का नियंत्रण होता है।

स्वायत्त तन्त्रिका तन्त्र की संरचना एवं कार्य
(Structure and Functioning of Autonomic nervous system)

परिधीय तन्त्रिका तन्त्र का यह एक अधिक महत्त्वपूर्ण भाग है तथा इससे तात्पर्य उन तन्त्रिका कोशिकाओं (neurons or nerve cells) से होता है जिनका सम्बन्ध वैसी मांसपेशियों एवं ग्रन्थियों (glands) के संचालन एवं नियन्त्रण से होता है जो हमारी इच्छा के अनुसार नहीं बल्कि अपनी इच्छानुसार कार्य करते हैं। जैसे, वृक्क (kidney) तथा हृदय की मांसपेशियों का कार्य, भिन्न-भिन्न अन्तःस्रावी ग्रन्थियों (endocrine glands) अर्थात् यौन ग्रन्थि (sex gland), पीयूष ग्रन्थि (pituitary gland) आदि के कार्य का संचालन एवं नियन्त्रण स्वायत्त तन्त्रिका तन्त्र द्वारा ही होता है। अतः यह कहा जा सकता है स्वायत्त तन्त्रिका तन्त्र अपने कार्यों के मामले में स्वतन्त्र होता है। यद्यपि स्वायत्त तन्त्रिका तन्त्र का सम्बन्ध मस्तिष्क (brain) तथा सुषुम्ना (spinal cord) से होता है, फिर भी इसके द्वारा संचालित क्रियाएँ वैसी होतीं हैं जिस पर व्यक्ति की इच्छा का कोई नियन्त्रण नहीं होता है। जैसे, हम अपनी इच्छा से पेट की मांसपेशियों को भोजन पचाने या न पचाने की आज्ञा नहीं दे सकते हैं। उसी तरह से हृदय की मांसपेशियों को हम अपनी इच्छा से कार्य करने या न करने की अनुमति नहीं दे पाते हैं। ऐसी सारी क्रियाओं का नियन्त्रण स्वायत्त तन्त्रिका तन्त्र से होता है।

कार्यवाही (function) के आधार पर स्वायत्त तन्त्रिका तन्त्र को निम्नांकित दो भागों में बाँटा गया है—

(i) अनुकम्पी तन्त्रिका तन्त्र (Sympathetic nervous system तथा

(ii) उपअनुकम्पी तन्त्रिका तन्त्र (Parasympathetic nervous system) इन दोनों का वर्णन निम्नांकित हैं:—

(i) अनुकम्पी तन्त्र की बनावट तथा कार्य *(Structure and Function of Sympathetic system)*—अनुकम्पी तन्त्रिका तन्त्र का स्थान मेरूरज्जु (spinal cord) के थोरोकिक (thoracic) एवं लुम्बर (lumbar) क्षेत्रों में होता है। इसलिए अनुकम्पी तन्त्रिका तन्त्र को **थोरोक्किलुम्बर तन्त्र** (thoraciclumbar system) भी कहते हैं। (चित्र 5.3 देखें)। इस तन्त्र में तन्त्रिका कोशिकाओं (nerve cells) के समूह (masses) तथा अनेक साधारण तथा जटिल संधिस्थल (synapses) आदि पाये जाते हैं। इन सभी तरह के तन्त्रिका कोशिकाओं का एक्सॉन (axon), मुख्य गण्डिका (ganglion) का निर्माण करते हैं जहाँ इनका सम्बन्ध कुछ ऐसे दूसरे तन्त्रिका कोशिका (neurons या nerve cells) से होता है जो अनुकम्पी तन्त्र के तन्त्रिका आवेग (सूचना) को चिकनी मांसपेशियों (smooth muscles) तथा ग्रन्थियों (glands) तक पहुँचा देते हैं। यही कारण है कि अनुकम्पी तन्त्रिका तन्त्र (sympathetic nerve system) एक पूरे इकाई (unit) के रूप में कार्य कर सकने में समर्थ हो पाता है क्योंकि इस तन्त्र द्वारा भेजे गये आवेग (सूचना) एक ही साथ ग्रन्थियों एवं चिकनी मांसपेशियों (smooth muscles) में पहुँच जाते हैं।

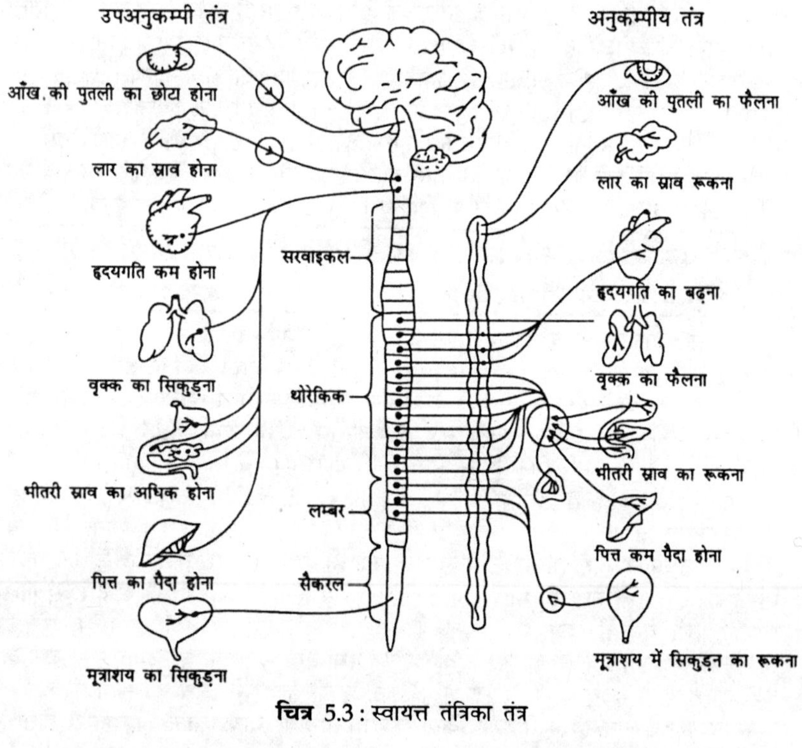

चित्र 5.3 : स्वायत्त तंत्रिका तंत्र

जब अनुकम्पी तन्त्रिका क्रियाशील (active) होता है, तो व्यक्ति के भीतरी अंगों की क्रियाओं में महत्त्वपूर्ण परिवर्तन आता है। यह तन्त्र सामान्य रूप से शारीरिक साधनों (bodily resources) को इस ढंग से खर्च करता है कि व्यक्ति संकटकालीन परिस्थिति (emergency situations) में अपने को ठीक ढंग से अभियोजित कर पाता है। उदाहरणस्वरूप, जब संकटकालीन परिस्थिति ऐसी होती है जिसमें व्यक्ति या तो क्रोधित हो गया होता है या डर गया होता है तो ऐसी परिस्थिति में अनुकम्पी तन्त्रिका तन्त्र अधिक क्रियाशील होकर एड्रिनल ग्रन्थि (adrenal gland) तथा अग्नाशय (pancreas) को उत्तेजित कर देता है जिससे रक्त में चीनी (blood sugar) की मात्रा बढ़ जाती है और चयापचय (metabolism) की गति (rate) भी तीव्र हो जाती है। प्लीहा (spleen) को उत्तेजित कर रक्त में लाल रक्तकण की मात्रा को यह तन्त्र बढ़ा देता है जिससे शरीर के ऊतक (tissue) में अधिक ऑक्सीजन (oxygen) पहुँच पाता है और तब फिर व्यक्ति अधिक तेजी से कार्य करना प्रारम्भ कर देता है। इस तन्त्र के क्रियाशील होने से पेट एवं अँतड़ियों में खून की आपूर्त्ति (supply) कम हो जाती है तथा शरीर की धारीदार मांसपेशियों (striped muscles) में खून की आपूर्ति बढ़ जाती है। आँख की पुतली बड़ी हो जाती है तथा शरीर के बालों के जड़ के त्वचा में सिकुड़न आ जाती है (विशेषकर कुछ खास-खास पशुओं जैसे बिल्ली, कुत्ते आदि में) जिससे उसके शरीर के रोयें तथा बाल खड़े हो जाते हैं। इस तरह से अनुकम्पी तन्त्रिका तन्त्र जब क्रियाशील (active) होता है तो व्यक्ति अपने आप को इस ढंग से तैयार कर लेता है कि वह बाहर के संकटकालीन परिस्थिति (emergency situation) के साथ ठीक ढंग से समायोजन (adjustment) कर सके।

(ii) उपअनुकम्पी तन्त्रिका की बनावट एवं कार्य *(Structure and function of parasymathetic sytmem)*—इस तन्त्र द्वारा तन्त्रिका आवेग सुषुम्ना (spinal cord) के क्रैनियल (cranial) तथा सैक्रल क्षेत्र से होते हुए बाहर निकलता है। अतः इस तन्त्र को *क्रेनियोसैक्रल तन्त्र* (craniosacral system) भी कहा जाता है। इस तरह से उपअनुकम्पी तंत्र के दो हिस्से (parts) अर्थात् *क्रैनियल भाग* (cranial parts) तथा *सैक्रल भाग* (sacral part) होते हैं। क्रैनियल भाग में वे सभी तंत्रिका (nerves) तथा निर्गम (outlets) होते हैं जो मस्तिष्क तथा सिर से साहचर्यित होते हैं। इस भाग द्वारा आँख की पुतली, लार ग्रन्थि तथा हृदय मुख्य रूप से साहचर्यित होते हैं। सेक्रल भाग सुषुम्ना के अंतिम छोर में होता है और यह मूलतः मूत्र ग्रन्थि, कोलोन (colon), मलाशय (rectum) तथा यौन अंगों की धमनियों से सूचना प्राप्त करता है तथा उन्हें सूचना भेजता है। उपअनुकंपी तंत्र (parasympathetic system) की गण्डिका (ganglia), अनुकम्पी तन्त्र (sympathetic system) के समान एक जगह एकत्रित नहीं होते हैं बल्कि उन मांसपेशियों (muscles) तथा ग्रन्थियों (glands) के नजदीक फैले होते हैं जिनमें वे अपनी सूचनाएँ या तन्त्रिका आवेग छोड़ते हैं। यही कारण है कि उपअनुकम्पी तन्त्र एक इकाई (unit) के रूप में अनुकम्पी तन्त्रिका तन्त्र (sympathetic nervous system) के समान कार्य न करके थोड़ा-थोड़ा करके (piecemeal) कार्य करता है अर्थात

किसी खास समय में कुछ मांसपेशियों एवं ग्रन्थियों में तो यह तन्त्रिका आवेग पहुँचाता है परन्तु कुछ में नहीं।

उपअनुकम्पी तन्त्र (parasympathetic system) के क्रियाशील होने से शारीरिक ऊर्जा (bodily energy) का संचय होता है। जब शरीर विश्रामावस्था में होता है तो उपअनुकम्पी तन्त्र अधिक क्रियाशील रहता है और शरीर में ऊर्जा संचित होना प्रारम्भ हो जाता है। आँख की पुतली छोटी हो जाती है, लार ग्रन्थि से लार अधिक निकलता है, शरीर का रक्तचाप (blood pressure) कम हो जाता है, पेट तथा अँतड़ियों की सामान्य प्रक्रिया चालू हो जाती है तथा भोजन पचने की प्रक्रिया भी सामान्य हो जाती है।

उपअनुकम्पी तन्त्र (parasympathetic system) के उपर्युक्त कार्यों को ध्यान में रखने पर यह कहा जा सकता है कि इसका सामान्य कार्य अनुकम्पी तन्त्र (sympathetic system) के सामान्य कार्य के ठीक विपरीत तथा विरोधी (antagonistic) होता है। परन्तु हमेशा इन दोनों तन्त्रों का काम विरोधी ही होता है, ऐसा कहना सही नहीं है। कभी-कभी कुछ ऐसी परिस्थितियाँ भी होतीं हैं जिनमें अनुकम्पी तन्त्र तथा उपअनुकम्पी तन्त्र एक साथ मिलकर कार्य करते हैं। जैसे, कभी-कभी अत्यधिक डर (extreme fear) की परिस्थिति में व्यक्ति पेशाब या पैखाना अनैच्छिक रूप से (involuntary) कर देता है जो स्पष्टतः उपअनुकम्पी तन्त्र (parasympathetic system) के क्रियाशील होने के कारण होता है। जाहिर है कि भय की अवस्था में अनुकम्पी तन्त्र (sympathetic system) तो क्रियाशील रहता है। अतः ये दोनों तन्त्र जबकि अधिकतर परिस्थितियों में विरोधी कार्य करते हैं फिर भी कुछ खास-खास ऐसी जटिल परिस्थितियाँ होती हैं जिसमें दोनों तन्त्र मिलकर भी कार्य करते हैं।

निष्कर्ष के तौर पर यह कहा जा सकता है कि स्वायत्त तन्त्रिका तन्त्र (autonomic nervous system) की संरचना जटिल है तथा इसके द्वारा महत्त्वपूर्ण कार्य किये जाते हैं।

अध्याय सारांश
(Chapter Summary)

1. परिधीय तंत्रिका तंत्र (peripheral nervous system) तंत्रिका तंत्र का दूसरा महत्त्वपूर्ण प्रभाग है। इससे तात्पर्य उन सभी तंत्रिका कोशिकाओं (nervous cells) से होता है जो मस्तिष्क तथा सुषुम्ना के बाहर होते हैं और जो दोनों का संबंध ग्राहक (receptor) तथा प्रभाव (effectors) से जोड़ता है।
2. परिधीय तंत्रिका तंत्र के दो प्रभाग हैं—कायिक तंत्रिका तंत्र (somatic nervous system) तथा स्वायत्त तंत्रिका तंत्र (autonomic nervous system)।
3. कायिक तंत्रिका तंत्र को दो भागों में बाँटा गया है—कपालीय तंत्रिका (cranial nerve) तथा मेरूदण्डीय तंत्रिका (spinal nerves)।
4. कपालीय तंत्रिका तंत्र का संबंध मूतलः वैसी क्रियाओं से होता है जिन्हें हम अपनी इच्छानुसार करते हैं। इसमें कपालीय तंत्रिका (cranial nerves) तथा मेरूदंडीय तंत्रिका (spinal nerves) दोनों ही होते हैं।
5. कपालीय तंत्रिका (cranial nerves) के कुल 12 जोड़े होते हैं जो संवेदी तथा पेशीय तंत्रों से जुड़े होते हैं।

6. मेरूदंडीय तंत्रिका (spinal nerves) के कुल 31 जोड़े सुषुम्ना या मेरूदंड से थोड़े-थोड़े दूरी पर हटकर निकलते हैं। सुषम्ना में प्रवेश करने के पहले मेरूदंडीय तंत्रिका दो भागों में बँट जाते हैं—डार्सल भाग (dorsal root) तथा भेन्ट्रल भाग (ventral root)। डार्सल भाग का कार्य संवेदी होता है जबकि भेन्ट्रल भाग का कार्य पेशीय (motor) होता है।
7. स्वायत्त तंत्रिका तंत्र (autonomic nervous system) परिधीय तंत्रिका तंत्र का दूसरा प्रमुख भाग है तथा इससे तात्पर्य उन कोशिकाओं या न्यूरोन्स से होता है जिनका संबंध वैसी मांशपेशियों एवं ग्रन्थियों के संचालन एवं नियंत्रण से होता है जो हमारी इच्छा के अनुसार नहीं बल्कि अपनी इच्छानुसार कार्य करते हैं।
8. स्वायत्त तंत्रिका तंत्र के दो प्रभाग हैं—अनुकम्पी तंत्रिका तंत्र (sympathetic nervous system) तथा उपअनुकम्पी तंत्रिका तंत्र (parasympathetic nervous system)।
9. अनुकम्पी तंत्रिका तंत्र का स्थान सुषुम्ना के थोरोकिक (thoracic) एवं लुम्बर lumber) क्षेत्रों में होता है। इसके क्रियाशील होने से शारीरिक ऊर्जा खर्च होता है। उपअनुकम्पी तंत्रिका तंत्र सुषुम्ना के क्रैनियल (cranial) तथा सैक्रल (sacral) क्षेत्र में अवस्थित होता है और इसके क्रियाशील होने पर व्यक्ति अपनी शारीरिक ऊर्जा का संचयन कर पाता है। इस तरह से अनुकम्पी तंत्रिका तंत्र तथा उप अनुकम्पनी तंत्रिका तंत्र का कार्य सामान्यतः एक दूसरे के विरोधी होते हैं।

❑

अध्याय 6

अन्तःस्रावी तंत्र
(ENDOCRINE SYSTEM)

हमारे शरीर में प्रभावक (effector) एक महत्त्वपूर्ण अंग है जिसके सहारे व्यक्ति किसी कार्य को करता है। प्रभावक के मुख्य भाग हैं—मांसपेशियाँ (muscles) एवं ग्रन्थियाँ (glands)। मांसपेशियों द्वारा व्यक्ति अपने बाहरी वातावरण (external environment) में समायोजन (adjustment) स्थापित कर पाता है तथा ग्रन्थियाँ (glands) द्वारा वह अपने शरीर के भीतरी वातावरण (internal environement) में एक संतुलित समायोजन (balanced adjustment) कर पाता है। इस तरह के आंतरिक संतुलन को मनोवैज्ञानिकों ने *समावस्थान या समस्थिति* (homeostasis) की संज्ञा दी है।

अन्तःस्रावी ग्रन्थि का अर्थ एवं प्रकार
(Meaning and Types of Endocrine gland)

हमारे शरीर में दो तरह की ग्रन्थियाँ हैं—वहिःस्रावी ग्रन्थि (exocrine gland) तथा अन्तःस्रावी ग्रन्थि (endocrine gland)। *वहिःस्रावी ग्रन्थि* उन ग्रन्थियों को कहा जाता है जिसका स्राव विशेष पथ (path or duct) द्वारा शरीर के बाहर निकल जाता है। अतः इन ग्रन्थियों का स्राव (secretion) खून में नहीं मिल पाता है। जैसे—अश्रु ग्रन्थियाँ (tear glands) पसीना ग्रन्थि तथा लार ग्रन्थियाँ (saliva glands) वहिःस्रावी ग्रन्थि के उदाहरण हैं। इन ग्रन्थियों को *पथ ग्रन्थि* (duct gland) भी कहा जाता है। व्यक्तित्व के विकास में इन ग्रन्थियों का कोई महत्त्वपूर्ण योगदान नहीं हो पाता है।

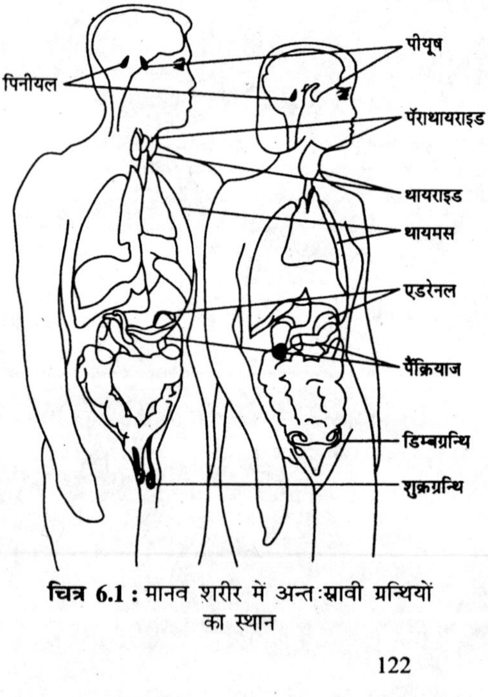

चित्र 6.1 : मानव शरीर में अन्तःस्रावी ग्रन्थियों का स्थान

अन्तःस्रावी ग्रन्थि वैसे ग्रन्थियों को कहा जाता है जिसका स्राव (secretion) खून में मिल जाता

है क्योंकि इनके स्राव निकलने के लिए कोई विशेष पथ (duct) नहीं होता है। यही कारण है कि इन्हें *पथहीन ग्रन्थि* (ductless gland) भी कहा जाता है। अन्तःस्रावी ग्रन्थि के स्राव को हार्मोन्स (hormones) कहा जाता है जिसका शरीर के विकास तथा व्यक्ति के सांवेगिक विकास (emotional development) पर काफी पड़ता है। हारमोन एक ऐसा रासायनिक तत्त्व होता है जो शरीर के एक भाग में बनता है तथा शरीर के दूसरे भाग को प्रभावित करता है। सचमुच में 'इन्डोक्राइन' शब्द ग्रीक शब्द 'endn' जिसका अर्थ होता है भीतर एवं 'krinein' जिसका अर्थ होता है स्राव करना (secrete) से बना है। हार्मोन्स तन्त्रिका आवेग की तुलना में धीमी गति से संचारित होता है। हारमोन जब रक्त में मिलता है, तो वह सभी अंगों को प्रभावित नहीं करता है बल्कि उन्हीं अंगों को प्रभावित करता है जिनमें उस हारमोन को ग्रहण करने का ग्राहक कोश (receptor cell) मौजूद होते हैं। इसे लक्ष्य अंग कोश (target organ cell) कहा जाता है। जैसे, एलडोस्ट्रोन (aldosterone) जो एड्रीनल ग्रन्थि से निकलता है, द्वारा सिर्फ गुर्दा (kidney) का कार्य प्रभावित होता है क्योंकि इस हारमोन को ग्रहण करनेवाली कोशिकाएँ सिर्फ गुर्दा में ही होती है। मनोवैज्ञानिकों की अभिरुचि न्यूरोहारमोन्स (neurohormones) में अधिक रही है। न्यूरो हारमोन्स से तात्पर्य वैसे हारमोन्स से होता है जो तन्त्रिका तन्त्र (nervous sytem) को प्रभावित करते हैं तथा उसके साथ अन्तःक्रिया करते हैं। न्यूरोहारमोन्स तन्त्रिका की क्रियाओं को प्रभावित करते हैं। परन्तु चूँकि वे ग्रन्थि से निकलकर व्यक्ति के रक्त में सीधे मिल जाते हैं न कि संधिस्थल पर निकलते हैं, इसलिए इनका प्रभाव तन्त्रिकाओं पर देर से परन्तु अधिक समय तक होता है। हमारे शरीर में कई अन्तःस्रावही ग्रन्थियाँ (endorcine gland) हैं जो शरीर के भिन्न-भिन्न भागों में अवस्थित (localized) होती हैं चित्र 6.1 देखें)। अंतःस्रावी ग्रन्थि की सूची में हाइपोथैलमस भी सम्मिलित है। व्यक्तित्व विकास में प्रमुख अन्तःस्रावी ग्रन्थियों के महत्त्व का वर्णन निम्नांकित हैं—

1. पीयूष ग्रन्थि *(Pituitary gland)*—पीयूष ग्रन्थि मस्तिष्क में अवस्थित होता है। इसे *हाइपोफिसिस* (hypophysis) भी कहा जाता है। इस ग्रन्थि का वजन लगभग एक ग्राम तथा मात्रा (volume) 1cm^3 होता है। पीयूष ग्रन्थि के दो भाग होते हैं—*अग्रवर्ती पीयूष ग्रन्थि* (anterior pituitary gland) तथा *परवर्त्ती पीयूष ग्रन्थि* (posterior pituitary gland)। अग्रवर्त्ती पीयूष ग्रन्थि को *एडेनोहाइपोफिसस* (adenohypophysis) तथा परवर्ती पीयूष ग्रन्थि को *न्यूरोहाइपोफिसिस* (neurohypophysis) भी कहा जाता है। एडेनोहाइपोफिसिस की उत्पत्ति ग्रन्थीय उत्तकों (glandular tissues) से तथा न्यूरोहाइपोफिसिस की उत्पत्ति तन्त्रीय उत्तकों (neural tissues) से हुई है। अग्रवर्ती तथा परवर्ती पीयूष ग्रन्थि के कार्य पूर्णतः एक दूसरे से भिन्न होते हैं।

पीयूष ग्रन्थि हाइपोथैलमस से उत्तकों (tissues) के एक पतले भाग द्वारा जुड़ा होता है जिसे पीयूष डंठल (pituitary stalk) कहा जाता है। इस डंठल में बहुत सारे एक्सॉन (axons) होते हैं तथा रक्त नलिकाएँ (blood vessels) भी काफी होती हैं। एक्सॉन सिर्फ परवर्ती पीयूष ग्रन्थि तक ही फैला होता है। रक्त नलिकाओं द्वारा सिर्फ अग्रवर्ती पीयूष ग्रन्थि को ही सूचनाएँ भेजी जाती है। पीयूष डंठल के जड़ में कुछ विशिष्ट न्यूरोन्स (specialized neurons) होते हैं जिसे *न्यूरोसिक्रिटरी कोशिका* (neurosecretory cells) कहा जाता है, तथा जिसके द्वारा हाइपोथैलमिक हार्मोन (hypothalmic hormone) का स्राव होता है। फिर ये हार्मोन से अग्रवर्त्ती पीयूष ग्रन्थि

उत्तेजित होता है जिससे फिर यह ग्रन्थि अपना हार्मोन का स्राव करता है। उदाहरणस्वरूप, हाइपोथैलमस से ग्रैंडोट्रोपिन निमुर्क्ति हार्मोन (grandotropin releasing hormone) निकलता है जिससे अग्रवर्ती पीयूष प्रभावित होकर ग्रैंडोट्रोपिक हार्मोन (grandotropic hormone) का उत्सर्जन करता है जो पुनरुत्पादक व्यवहार (reproductive behaviour) में महत्त्वपूर्ण भूमिका निभाता है।

अग्रवर्ती पीयूष ग्रन्थि से कई तरह के हार्मोन्स निकलते हैं जिन्हें संयुक्त रूप से ट्रोपिक हार्मोन्स (tropic hormones) कहा जाता है। ट्रॉपिक हार्मोन्स द्वारा अग्रवर्ती पीयूष अन्य कई अंतःस्रावी ग्रन्थियों पर यथा एड्रीनल ग्रन्थि, कंठग्रन्थि (thyroid gland) तथा यौन ग्रन्थि (sex gland) पर अपना नियन्त्रण बनाकर रखता है। यही कारण है कि अग्रवर्ती पीयूष ग्रन्थि को *मास्टर ग्रन्थि* (master gland) भी कहा जाता है। प्रयोगात्मक अध्ययनों से यह स्पष्ट हो गया है कि इन तीनों ग्रन्थियों में से कोई भी ग्रन्थि यदि अपना कार्य ठीक ढंग से नहीं कर पाता है तो वैसी हालत में पीयूष ग्रन्थि का यह अग्रवर्ती भाग उससे उत्पन्न कमी को बहुत हद तक दूर कर देता है। ऐसे ट्रोपिक हार्मोन्स में निम्नांकित छह प्रमुख हैं—

(i) **एड्रीनोकार्टिकोट्रौपिक हार्मोन्स** (*Adrenocorticotropic hormone or ACTH*)—इस हार्मोन के माध्यम से अग्रवर्ती पीयूष ग्रन्थि, एड्रीनल कार्टेक्स (जो एड्रीनल ग्रन्थि का एक भाग है) से निकलने वाले हार्मोन के उत्सर्जन (release) पर अपना नियन्त्रण रखता है। फलतः एड्रीनल कार्टेक्स से स्टेरोआयड हार्मोन्स (steroid hormones) निकलना प्रारम्भ हो जाता है।

(ii) **थायराड-उत्तेजक हार्मोन** (*Thyroid-stimulating hormone or TSH*)—इस हार्मोन के माध्यम से अग्रवर्ती पीयूष ग्रन्थि थायरायड या कंठ ग्रन्थि पर नियत्रण रखता है। इस हार्मोन से उत्तेजित होकर कंठ ग्रन्थि से थायराड हार्मोन अधिक मात्रा में निकलने लगता है और फिर उस हार्मोन से कंठ ग्रन्थि का आकार भी प्रभावित हो जाता है।

उपर्युक्त दो हार्मोन के अतिरिक्त निम्नांकित चार ऐसे हार्मोन हैं जिनमें से प्रथम दो से यौन ग्रन्थि (sex gland) प्रभावित होता है और अन्तिम दो हार्मोन से व्यक्ति का शारीरिक विकास एवं वर्द्धक प्रभावित होता है।

(iii) **लूटिनाइजिंग हार्मोन** (*Luteinizing hormone or LH*)—इस हार्मोन का प्रभाव महिला तथा पुरुष के यौन ग्रन्थियों पर पड़ता है। इससे महिलाओं के डिम्बग्रन्थि (ovary) से अंडा (egg) के निषेचन में मदद करता है तथा गर्भित अण्डाणु (fertized egg) को गर्भाशय के दिवाल से चिपकने में मदद करता है। पुरुषों में यह हार्मोन अंड ग्रन्थि (testicle) के इंटरस्टीसियल कोशिका (interstitial cell) को उत्तेजित करके टेस्टोस्ट्रोन (testosterone) के उत्सर्जन में मदद करता है।

(iv) **फौलिस्ल उत्तेजक हार्मोन** (*Follicle-stimulating hormone or FSH*)—पुरषों में टेस्टोस्टेरोन का उत्सर्जन करता है। इससे अंडे एवं शुक्राणु का उत्पादन भी प्रभावित होता है।

(v) **प्रोलैकटिन** (*Prolactin*)—यह हार्मोन महिलाओं के स्तनीय विकास (mamillary development) को उन्नत बनाता है ताकि वे ठीक ढंग से दुग्धस्रवण (lactation) कार्य कर सके।

(vi) **वर्द्धन हार्मोन** (*Growth Hormone or GH*)—इस हार्मोन को *सोमैटोट्रोपिन* (somatotropin) या *सोमैटोट्रोपिक हार्मोन* (somatotropic hormone) भी कहा जाता है। यह हार्मोन प्रोटीन चयापचय (protein metabolism) को प्रभावित करके पूरे शरीर की कोशिकाओं (cells) एवं उत्तकों (tissues) के वर्द्धन को प्रभावित करता है। प्रतिदिन वर्द्धन हार्मोन ठीक ढंग से उत्सर्जित हो, इसके लिए उत्तम नींद, रक्त में चीनी का स्तर का कम होना, भूख लगना, कसरत आदि को आवश्यक माना गया है।

नवीनतम अध्ययनों से यह स्पष्ट हुआ है कि ट्रौपिक हार्मोन का स्राव मूलतः हाइपोथैलमस से निकलने वाला निमुर्क्ति हार्मोन (releasing hormone) द्वारा निर्धारित होता है जो हाइपोथैलेमिक-पीयूष पोर्टल तन्त्र (hypothalamic pituitary portal system) के रक्तनलिकाओं द्वारा पूर्ववर्ती पीयूष ग्रन्थि (anterior pituitary gland) तक पहुँचता है।

परवर्ती पीयूष ग्रन्थि (posterior pituitary gland) से दो भिन्न प्रकार का हार्मोन का स्राव होता है—*ऑक्सीटोसिन* (oxytocin) तथा अर्गिनाइन भैसोप्रेसीन (arginine vasopressin or AVP) जिसे संक्षेप में सिर्फ भैसोप्रेसीन (vasopressin) भी कहा जाता है। भैसोप्रेसीन का मुख्य कार्य गुर्दा (kidney) से पेशाब उत्सर्जन की क्रिया को नियमित करना होता है। आक्सीटोसिन मुख्य रूप से दो कार्य करता है। यह महिलाओं के गर्भाशय में सिकुड़न पैदा करता है जिससे गर्भवती महिलाएँ जल्दी से बच्चे को जन्म दे पाती हैं और साथ-ही-साथ यह महिलाओं में दूध उतरने (milk letdown) की प्रक्रिया को भी सरल करता है क्योंकि स्तनीय ग्रन्थि (mamillary gland) की कोशिकाओं (cells) में संकुचन (constriction) पैदा करता है। दूध उतरने में सम्मिलित प्रक्रम (mechanism) व्यवहार एवं हार्मोन उत्सर्जन (hormone relase) के बीच हुए अंतःक्रिया का एक उत्तम उदाहरण है। जब बच्चा माँ के स्तन के स्तनाग्र (nipple) को चूसता है, तो करीब उसके 1 मिनट के बाद दुग्ध उसके मुँह में आना प्रारम्भ हो जाता है। इस देर का कारण दूध उतरने के पहले के कुछ चरणों का एक क्रम होता है। स्तनाग्र के चूसने से त्वचा के ग्राहक उत्तेजित हो जाते हैं जो न्यूरोन्स तथा संधि स्थलों के श्रृंखला से सूचनाओं को हाइपोथैलेमिक कोशिकाओं जिसमें आक्सीटोसीन (oxytocin) होता है, उत्तेजित करता है। जब ये कोशिकाएँ पर्याप्त मात्रा में उत्तेजित हो जाती है, तो परवर्ती पीयूष ग्रन्थि से हार्मोन निकलता है जो संवहनी तन्त्र (vascular system) से होते हुए स्तनीय ग्रन्थि पहुँचता है जहाँ दुग्ध से घिरे स्थान पर की कोशिकाओं में सिकुड़न पैदा करता है और तब दूध स्तनाग्र से बाहर निकलने लगता है। इस पूरे प्रकम को चित्र 6.2 में दिखलाया गया है।

आक्सीटोसिन तथा भैसोप्रेसीन हाइपोथैलमस के उन न्यूरोन द्वारा उत्पन्न होते हैं जिनका एक्सॉन (axon) पीयूष डंठल के नीचले भाग तक आते हैं और परवर्ती पीयूष ग्रन्थि में समाप्त हो जाते हैं। ये हार्मोन्स उन न्यूरोन्स के एक्सोप्लाज्म (axoplasm) के द्वारा पुटिकाओं (vesicles) में ही ले जाये जाते हैं और परवर्ती पीयूष ग्रन्थि के सीमावर्ती वूटोन्स (terminal buttons) में जमा होते हैं। जब ये एक्सॉन उत्तेजित होते हैं, तो सीमावर्ती वूटोन्स में संचित हार्मोन्स का उत्सर्जन होने लगता है।

अभी हाल में कार्टर (Carter, 1992) द्वारा किये शोधों से आक्सीटोसीन (oxytocin) की एक नयी भूमिका का पता चला है जिसके अनुसार यह हार्मोन पुरुष एवं महिला दोनों में पाया जाता है और लैंगिक उत्तेजन एवं स्नेहपूर्ण अनुक्रिया को मजबूत करता है। चूँकि पुरुष तथा महिलाओं दोनों में लैंगिक कार्य करते समय यह हार्मोन अधिक मात्रा में निकलता पाया गया है, अतः शोधकर्त्ताओं का विश्वास है कि यह लैंगिक चरमोत्कर्ष (sexual climax) में मिलने वाले सुखाभास का निर्धारण करता है।

2. एड्रीनल ग्रन्थि (*Adrenal gland*)— एड्रीनल ग्रन्थि का स्थान हमारे शरीर के दोनों वृक्क (kidney) के ऊपर होता है। एड्रीनल ग्रन्थि के भी दो भाग हैं—बाहरी भाग (outer part) तथा भीतरी भाग (inner part)। बाहरी भाग को एड्रीनल कॉर्टेक्स (adrenal cortex) तथा भीतरी भाग को एड्रीनल मेडुला (adrenal medulla) भी कहते हैं। एड्रीनल कार्टेक्स कोशिकाओं के कई सतह होते हैं और प्रत्येक सतह विभिन्न तरह के स्टेरोआड [illegible] (steriod hormones) उत्पन्न करते हैं। एड्रीनल कार्टेक्स एड्रीनल ग्रन्थि का करीब 80% हिस्सा होता है। एड्रीनल कार्टेक्स से निकलने वाला हारमोन्स द्वारा शरीर के कार्बोहाइड्रेट (carbohydrate) तथा नमक (salt) चयापचय (meta-bolism) का निर्धारण होता है और ऐसा देखा गया है कि यदि एड्रीनल ग्रन्थि का यह भाग अपना कार्य ठीक ढंग से नहीं करता है या किसी कारणवश कार्य करना बन्द कर देता है तो इससे सम्बन्धित चयापचय (metabolism) में गड़बड़ी आ जाती है तथा धीरे-धीरे प्राणी (organism) की मृत्यु भी हो जाती है। एड्रीनल कार्टेक्स (adrenal cortex) से विभिन्न प्रकार के स्टीरोआड हारमोन्स (steroid hormones) निकलता है जिसे एक साथ मिलाकर *एड्रीनोकार्टिकोआयड्स* (adrenocorticoids) या *एड्रीनल स्टीरोआड* (adrenal steroid) की संज्ञा दी जाती है। इस हार्मोन के एक उपसमूह (subgroup) को *ग्लूकोकार्टिकोआयड्स* (glucocorticoids) कहा जाता है जो कार्बोहाइड्रेट (carbohydrate) तथा ग्लूकोज (glucose) के चयापचय (metabolism) पर अपना प्रभाव डालता है। इस समूह के हार्मोन जैसे कॉर्टिजोल (cortisol) से रक्त ग्लूकोज की मात्रा में वृद्धि हो जाती है तथा इससे प्रोटीन को तोड़ने या विश्लेषित करने की प्रक्रिया तीव्र होती है। इसकी सांद्रता (concentration) अधिक होने से या घायल

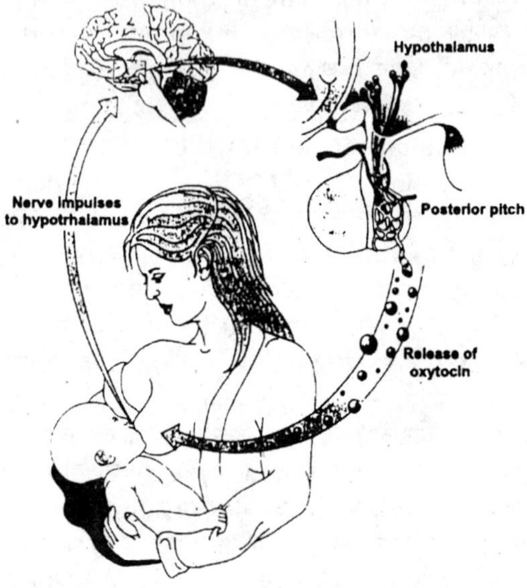

चित्र 6.2

होने या संक्रामण (infection) होने से उत्पन्न फूलन (swelling) में कमी होती है। कार्टिकोस्टीरोआयड की मात्रा अधिक होने पर यह न्यूरोन को बर्बाद भी कर देता है।

एड्रीनल-स्टीरोआयड हार्मोन का दूसरा उपसमूह *मिलर्नोकार्टिकोआयड्स* (mineralocorticoids) है जो मूलतः गुर्दा में आयन सांद्रता (ion concentration) पर अपना प्रभाव डालता है। इस समूह का सबसे प्रमुख हर्मोन का नाम है—*एल्डोस्टेरोन* (aldosterone) जो गुर्दा को इस ढंग से प्रभावित करता है कि वह सोडियम (sodium) को धारण कर सके और इस तरह से पेशाब की मात्रा को रोककर शरीर में पानी के स्तर को बनाये रखता है।

एड्रीनल कार्टेक्स से यौन हार्मोन (sex hormone) भी निकलता है। एड्रीनल कार्टेक्स से उत्पन्न होने वाला प्रमुख यौन हार्मोन *एण्ड्रोस्टेनेयोइन* (androstenedione) है जो पुरुष तथा महिलाओं में वयस्कावस्था में शरीर पर उगने वाले बालों के पैर्टन का निर्धारण करता है। कुछ महिलाएँ ऐसी होती है जिनमें एड्रनील कार्टेक्स सामान्य से अधिक मात्रा में इस हार्मोन का उत्सर्जन करता है जिसके परिणामस्वरूप इन महिलाओं का रूप-रंग पुरुषों के समान हो जाता है।

एड्रीनल मेडुला (adrenal medulla) द्वारा दो तरह का हार्मोन्स (hormones) निकलता है—एक को इपाइनफ्राइन (epinephrine) या एड्रीनल (adrenaline) तथा दूसरे को नारइपाइनफ्राइन (norepinephrine) या नारएड्रीनालीन (noradrenaline) कहा जाता है। ये दोनों एमाइन हार्मोन (amine hormone) के उदाहरण हैं जो अनुकम्पी तन्त्रिका तन्त्र (sympathetic nervous system) के तन्त्रिका आवेग के अनुक्रिया के प्रति क्रियाशील होता है। इन दोनों तरह के हार्मोन्स को एक संयुक्त नाम अर्थात केटकोल हार्मोन्स (catechol hormones) का नाम भी दिया जाता है। इन दोनों तरह के हार्मोन्स में इपाइनफ्राइन (epinephrine) या एड्रीनालीन का महत्व अधिक है, क्योंकि इसका सम्बन्ध व्यक्ति के सांवेगिक स्थिति (emotional state) पर सीधा पड़ता है। जब रक्त में एड्रीनालीन मिलता है तो इससे व्यक्ति में तीव्र संवेग (emotion) उत्पन्न हो जाता है और व्यक्ति में निम्नांकित परिवर्तन होने लगते हैं ताकि वह बाहर के आपतकालीन स्थिति (emergency situation) के साथ ठीक ढंग से समायोजन कर सके।

(i) एड्रीनालीन के रक्त में मिलने से ऐच्छिक मांसपेशियाँ (volunatry muscles) या धारीदार मांसपेशियों (striped muscles) में कम्पन (tremor) उत्पन्न हो जाता है।

(ii) एड्रीनालीन के रक्त में मिलने से अनैच्छिक मांसपेशियाँ (involuntary muscles) या चिकनी मांसपेशियाँ विश्राम (relaxation) की स्थिति में आ जाती है।

(iii) एड्रीनालीन के रक्त में मिलने से धारीदार मांसपेशियों का थकान समाप्त हो जाता है क्योंकि एड्रीनालीन समायोजक (adjustor) तथा प्रभावक (effector) के बीच संचरण को बढ़ावा देता है।

(iv) एड्रीनालीन के रक्त में मिलने से शरीर में खून के वितरण में परिवर्तन आ जाता है। ऐच्छिक मांसपेशियों (voluntary muscles) में खून की आपूर्ति (supply)

बढ़ जाती है तथा पाचन तन्त्रों (digestive tract) में खून की आपूर्ति कम हो जाती है।

(v) एड्रीनालीन के रक्त में मिलने से रक्तचाप (blood pressure) बढ़ जाता है।

(vi) एड्रीनालीन जब रक्त में मिलता है, तो रक्त में जमने (clotting) की प्रवृत्ति तेज हो जाती है, यही कारण है कि क्रोध, भय आदि की अभिव्यक्ति (expression) में हमारे शरीर की त्वचा (skin) यदि कहीं कट-फट भी जाती है, तो उस अवस्था में उससे खून बहुत नहीं निकलता है क्योंकि बाहर निकलने पर खून तुरन्त ही जमने लगता है ताकि और अधिक खून नहीं निकल जाये।

(vii) एड्रीनालीन के खून में मिलने से फेफड़ा (lungs) में जाने वाली श्वासनालिकाओं (bronchioles) में फैलाव उत्पन्न हो जाती है।

(viii) एड्रीनालीन के खून में मिलने से यकृत (liver) अधिक क्रियाशील हो जाता है जिसके परिणामस्वरूप खून में चीनी (sugar) की मात्रा बढ़ जाती है।

(ix) एड्रीनालीन के रक्त में मिलने से प्लीहा (spleen) अधिक उत्तेजित हो जाता है जिसके फलस्वरूप रक्त में लाल कणों (red corpuscls) की संख्या बढ़ जाती है।

नॉरएड्रीनालीन (noradrenaline) के रक्त में मिलने से एड्रीनालीन के रक्त में मिलने के ठीक विपरीत प्रतिक्रिया होती है। लेकिन हमेशा ऐसा होता नहीं पाया गया है। कभी-कभी इन दोनों तरह के हार्मोन्स का प्रभाव एक समान होते देखा गया है। अभी इससे सम्बन्धित कुछ और शोध (research) की जरूरत है ताकि नॉरएड्रीनालीन के प्रभाव को अधिक स्पष्ट रूप से जाना जा सके।

3. पिनीयल ग्रन्थि *(Pineal gland)*—यह ग्रन्थि मस्तिष्क में अवस्थित होता है तथा यह एक मटर के आकार का होता है। इससे निकलने वाले हार्मोन को *मेलाटोनिन* (melatonin) कहा जाता है जो एक इमाइन हार्मोन (amine hormone) है। यह ग्रन्थि अनुकम्पी तन्त्रिका तन्त्र (symphathetic nervous system) विशेषकर श्रेष्ठ सर्भिकल गैंगालियन (superior cervical ganglion) से अनुप्राणित (numervate) होता है। सुबह में जब रोशनी की स्तर में वृद्धि होती है, तो इससे पिनीयल ग्रन्थि उत्तेजित हो जाता है जिससे मेलाटोनिन की मात्रा में कमी आ जाती है। इसका परिणाम यह होता है कि शरीर का तापक्रम बढ़ जाता है तथा प्राणी अधिक सक्रिय (active) हो जाता है और वह अपने आप को दैनिक कार्य के लिए तैयार करता है। संध्या होने पर जब रोशनी के स्तर में कमी आ जाती है तो पिनीयल ग्रन्थि से अत्यधिक मात्रा में मेलाटोनिन निकलता है और शरीर का तापक्रम कम हो जाता है और व्यक्ति का समग्र क्रिया स्तर में कमी आ जाती है और व्यक्ति सोने की तैयारी करने लगता है। लेविनथाल (Levinthal, 1990) ने अपने अध्ययन में पाया है कि इस तरह का प्रभाव छोटे-छोटे पशुओं में विशेषकर चिड़ियों एवं चूहों में स्पष्ट रूप से देखने को मिलता है। आधुनिक मनोवैज्ञानिकों का मत है कि जिन व्यक्तियों में मौसमी भावात्मक विकृति (seasonal affective disorder) उत्पन्न हो जाता है जिसमें शरद ऋतु के दिनों में रोशनी का स्तर काफी कम होने से उनमें ऐसी विकृति होती है, का कारण धीमी रोशनी के चलते पिनीयल ग्रन्थि से मेलाटोनिन का

अत्यधिक स्राव का होना माना गया है। हालांकि अभी इस तरह के अनुमान की प्रयोगात्मक पुष्टि होना आवश्यक है।

4. कंठ ग्रन्थि (*Thyroid gland*)—इसका स्थान कंठ के पास होता है। कंठ ग्रन्थि के दो भाग होते है जो श्वसनलिका (windpipe) के दोनों ओर कंठ के पास होते हैं। इस ग्रन्थि द्वारा भी कई तरह के हार्मोन उत्पन्न होते हैं जिनमें दो प्रमुख हैं—*थायरौक्सीन* (thyroxine) तथा *ट्रिआइओडोथाइरोनाईन* (triodothyronine)। इन दोनों को थायरायड हार्मोन (thyroid hormone) भी कहा जाता है। इसके अतिरिक्त कैलकिटोनिन (calcitonin) नामक हार्मोन का भी उत्पादन थायराइड ग्रन्थि द्वारा होता है जो हड्डियों में कैलसियम जमा होने में मदद करता है।

कंठ ग्रन्थि अन्य अंतःस्रावी ग्रन्थियों से इस विशेष अर्थ में अनोखा होता है कि यह अपने आप में अत्यधिक मात्रा में हार्मोन संचित करके रखता है और इसे धीरे-धीरे मुक्त करता है। सामान्यतः यह ग्रन्थि करीब 100 दिनों तक आपूर्ति करने के बराबर हार्मोन को अपने आप में संचित करके रखता है। यद्यपि थायरायड हार्मोन एमाइन हार्मोन (amine hormone) होते हैं (क्योंकि वे एमिनो अम्ल से बने होते हैं), उनका व्यवहार स्टीरोआयड हार्मोन के तरह होता है। वे कोशिकाओं के भीतर पाये जाने वाले विशिष्ट ग्राहकों (specialized receptors) से जुड़कर प्रभाव डालते हैं। इस तरह से थायरायड हारमोन-ग्राहक प्रक्रम डीएनए (DNA) से जुड़कर जीन अभिव्यक्ति (gene expression) को भी प्रभावित करते हैं।

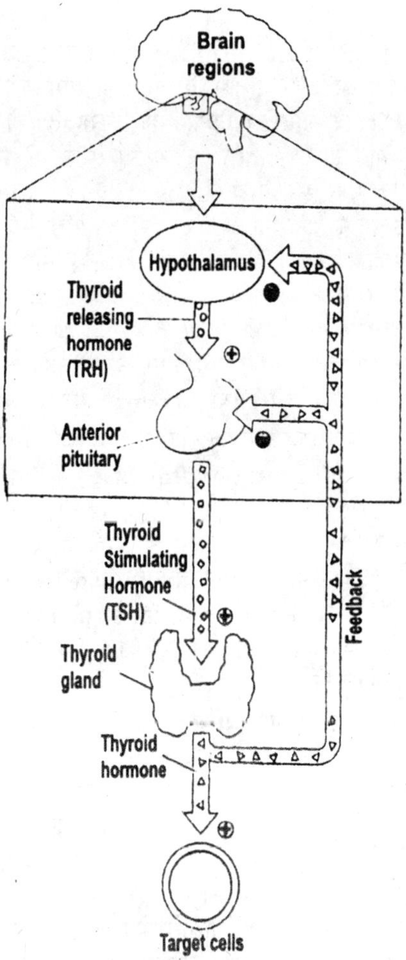

चित्र 6.3 : थायरायड हार्मोन का नियन्त्रण प्रक्रम

अब प्रश्न यह उठता है कि रक्त में थायरक्सीन की उचित मात्रा या स्तर बनाये रखने के लिए जो नियन्त्रण नेटवर्क (control network) होता है, यह किस ढंग से कार्य करता है? सचमुच में इस नियन्त्रक नेटवर्क में अग्रवर्ती पीयूष ग्रन्थि से निकने वाला हार्मोन जिसे थायरायड-उत्तेजक हार्मोन (Thyroid-stimulating hormone or TSH) कहा जाता है, की भूमिका अहम् होती

है। सचमुच में TSH का अग्रवर्ती पीयूष ग्रन्थि द्वारा निकलना दो मुख्य कारकों द्वारा प्रभावित होता है : पहला कारक है रक्त में थायरायड हार्मोन के स्तर से प्राप्त ऋणात्मक पुनर्निर्वेशन (negative feedback)। इसका स्तर रक्त में अधिक हो जाने से अग्रवर्ती पीयूष ग्रन्थि को TSH का उत्सर्जन रोकने की आज्ञा दिया जाता है। दूसरा कारक हाइपोथैलमस से उत्पन्न होने वाला थायरोट्रोपिन-निमुर्क्ति हार्मोन (Thyrotropin releasing hormone or TRH) होता है जो अग्रवर्ती पीयूष ग्रन्थि से निकलने वाले TSH को उत्तेजित करता है। जब रक्त में थायरायड हार्मोन का स्तर कम हो जाता है, तो TRH तथा TSH दोनों ही का स्राव होने लगता है। जब TSH थायरायड ग्रन्थि के सम्पर्क में आकर प्रभाव डालता है, तो इससे थायरायड हार्मोन का उत्पादन तथा उत्सर्जन (release) होने लगता है। इस पूरे नियन्त्रण प्रक्रम को चित्र 6.3 में दिखलाया गया है।

थायरायड हार्मोन का रक्त में सामान्य से ज्यादा स्तर को *हायपरथायराडिज्म* (hyperthyroidism) तथा कम स्तर को *हाइपोथायराडिज्म* (hypothyroidism) कहा जाता है। ये दोनों ही बहुत ही सामान्य विकृतियाँ (disorders) हैं। जब कंठ ग्रन्थि TSH के प्रति अनुक्रिया नहीं करता है, तो उसके फलस्वरूप हाइपोथायरायडिज्म की स्थिति उत्पन्न होती है। अध्ययनों से यह भी स्पष्ट हुआ है कि थायरायड हार्मोन शरीर का मात्र एक ऐसा तत्त्व (substance) है जिसमें आयोडिन (iodine) होता है और उसका उत्पादन होना निश्चित रूप से आयोडिन की आपूर्ति पर निर्भर करता है। जिन लोगों के भोजन में आयोडिन की कमी होती है, उनमें हाइपोथायराडिज्म की स्थिति उत्पन्न हो जाती है। ऐसी अवस्था में थायरायड ग्रन्थि बड़ा हो जाता है क्योंकि TSH की मात्रा उच्च से उच्चतर होते चली जाती है। TSH का सम्मान करते हुए कंठ ग्रन्थि अधिक-से-अधिक थायरायड हार्मोन उत्पन्न करने की कोशिश करता है जिसके परिणामस्वरूप ग्रन्थि में फूलन हो जाता है और घेघा (goiter) रोग हो जाता है।

थायरायड हार्मोन चयापचयी प्रक्रियाओं (metabolic processes) खासकर कार्बोहाइड्रेट के उपयोग (carbohydrate use) में भी महत्त्वपूर्ण भूमिका निभाता है। इस हार्मोन से शारीरिक वर्द्धन (bodily growth) भी प्रभावित होता है। अगर बाल्यावस्था में ही थायरायड हार्मोन की कमी हो जाती है, तो शारीरिक वर्द्धन अवरुद्ध है तथा व्यक्ति का चेहरा असामान्य दीखने लगता है। इतना ही नहीं, मस्तिष्कीय आकार (brain size) तथा कोशिकीय संरचना (cellular structure) में भी कमी हो जाती है। इस अवस्था को *क्रेटीनिज्म* (cretinism) कहा जाता है और इसमें मानसिक मंदता (mental retardation) पायी जाती है।

5. उपकण्ठ ग्रन्थि *(Parathyroid gland)*—उपकण्ठ ग्रन्थि का स्थान कण्ठ ग्रन्थि के बगल में होता है तथा आकार में यह बहुत ही छोटा ग्रन्थि होता है जिसका वजन .1 ग्राम के करीब होता है। इस ग्रन्थि से निकलने वाले हार्मोन्स (hormones) को पाराथोरमोन (parathormone) कहा जाता है जिसके द्वारा खून में कैलसियम तथा फास्फेट की मात्रा का निर्धारण होता है। जब खून में पाराथोरमोन की मात्रा अधिक होती है तो उसमें कैलसियम का स्तर (level) भी ऊँचा होता है परन्तु फास्फेट का स्तर कम होता है। दूसरे तरफ, यदि पाराथोरमोन की मात्रा में कमी होती है तो खून में कैलसियम का स्तर कम हो जाता है तथा फॉस्फेट का स्तर बढ़ जाता है। खून में कैलसियम का स्तर द्वारा

तन्त्रिका ऊत्तक (nerve tissue) में उत्तेजनशीलता नियन्त्रित होती है। कैल्शियम अधिक होने से तन्त्रिकाओं में उत्तेजनशीलता बनी रहती है। दूसरी तरफ यदि खून में पाराथोरमोन की कमी हो जाती है तो इससे तन्त्रिकाओं का सामान्य कार्य नहीं होता है और व्यक्ति शिथिल दीख पड़ता है। विटेकर (Whittaker, 1970) के अनुसार कुछ ऐसे प्रयोग पशुओं पर किये गये हैं जिनके शरीर से उपकंठ ग्रन्थि को ऑपरेशन करके निकाल दिया गया था। परिणाम में यह देखा कि धीरे-धीरे इन पशुओं में शिथिलता बढ़ती गयी और एक दिन उसकी मृत्यु भी हो गयी।

6. पैंक्रियाज *(Pancreas)*—इस ग्रन्थि का स्थान आमाशय (stomach) के नीचे होता है। पैंक्रियास, कोशिकाओं (cells) के एक गुच्छ (clusters) से बना होता है जिसे *इसलेट ऑफ लैंगरहान्स* (islets of langerhans) कहा जाता है। यह ग्रन्थि वहिस्रावी ग्रन्थि (exocrine gland) तथा अन्तःस्रावी ग्रन्थि (endorcine gland) दोनों के रूप में कार्य करता है। वहिस्रावी ग्रन्थि के रूप में इसका स्राव (secretion) छोटी आँत (small intestine) में जाता है जिससे भोजन से प्रोटीन (protein) तथा वसा (fats) अलग हो जाते हैं। अन्तःस्रावी ग्रन्थि (endocrine gland) के रूप में इससे दो तरह के हार्मोन्स निकलते हैं जो इस ग्रन्थि में स्थित दो विभिन्न कोशिकाओं (cells) से आते हैं—बीटा कोशिका (beta) से निकलने वाला हार्मोन्स को इन्सुलिन (insulin) तथा अल्फा कोशिका से निकलने वाले हार्मोन्स को ग्लुकागोन (glucagon) कहा जाता है। इन्सुलिन तथा ग्लकोगोन दोनों ही प्रोटीन हार्मोन के श्रेणी के हैं।

इन दोनों तरह के हार्मोन्स में से इन्सुलिन का महत्त्व अधिक है। रक्त में चीनी (blood sugar) की मात्रा इन्सुलिन द्वारा ही नियन्त्रित होती है। रक्त में चीनी की मात्रा के ऑक्सीकरण (oxidation) से शरीर को ऊर्जा (energy) प्राप्त होता है। पैंक्रियाज से उचित मात्रा में इन्सुलिन निकलने पर रक्त में चीनी की मात्रा का ऑक्सीकरण (oxidisation) होता है जिससे शरीर को पर्याप्त ऊर्जा मिलती है। इन्सुलिन की मात्रा कम निकलने पर रक्त में चीनी की मात्रा का स्तर अधिक हो जाता है। (क्योंकि चीनी का ऑक्सीकरण नहीं हो पाता है और पेशाब के सहारे चीनी की मात्रा बाहर आने लगती है जिसे हम मधुमेह (diabetes) रोग कहते हैं।) दूसरी तरफ जब इन्सुलिन अधिक मात्रा में उत्पन्न होता है तो इससे रक्त में चीनी की मात्रा का ऑक्सीकरण अधिक होता है। फलस्वरूप रक्त में चीनी की मात्रा जरूरत से कम हो जाता है। इस अवस्था को *हाइपोग्लिसेमिया* (hypoglycemia) कहा जाता है। ऐसी अवस्था में व्यक्ति में सुस्ती, चिड़चिड़ापन तथा थकान आदि बढ़ जाता है।

ग्लूकागोन (glucagon) पैंक्रियाज से निकलने वाला दूसरा हार्मोन्स है जिसका प्रभाव इन्सुलिन (insulin) के प्रभाव के विपरीत होता है। इससे रक्त में चीनी की मात्रा बढ़ती है। परन्तु इसका प्रभाव बहुत ही कम समय के लिए होता है। यद्यपि ग्लोकागोन तथा इन्सुलिन का कार्य एक दूसरे से परस्पर विरोधी होता है (क्योंकि ग्लूकागोन से रक्त में चीनी की मात्रा बढ़ती है जबकि इन्सुलिन से यह मात्रा घटती है) फिर भी रक्त में चीनी की मात्रा को संतुलित स्तर पर बनाये रखने में दोनों मिलकर कार्य करते हैं।

7. यौन ग्रन्थि *(Sex glands)*—महिलाओं के यौन ग्रन्थि (sex gland) को डिम्ब ग्रन्थि (ovary) तथा पुरुष के यौन ग्रन्थि को *अंडग्रन्थि* (testicle) कहा जाता है।

यौन ग्रन्थि को गोनाड्स (gonads) भी कहा जाता है। डिम्ब ग्रन्थि तथा अंडग्रन्थि दोनों में ही दो-दो भिन्न उपभाग (subcompartment) होते हैं—एक भाग से हार्मोन पैदा होता है तथा दूसरे भाग से युग्मक (gamete) अर्थात् शुक्राणु (sperm) तथा अंडा (egg) पैदा लेता है। इनमें हार्मोन उत्पादन (hormone production) गोनाड्स में युग्मक उत्पन्न करने तथा मस्तिष्क में प्रजनन व्यवहार (reproductive behaviour) करने के लिए दोनों ही काफी महत्त्वपूर्ण माना गया है।

जहाँ तक पुरुष यौन ग्रन्थि (male sex gland) अर्थात् अंडग्रन्थि (testicle) का सवाल है, इस ग्रन्थि के भीतर कई तरह की कोशिकाएँ (cells) पायी जाती है। इनमें सरटोली कोशिका (sertoli cell) तथा लेडिग कोशिका (leydig cell) महत्त्वपूर्ण है। स्टोली कोशिका शुक्राणु-उत्पन्न करने वाला कोशिका होता है तथा लेडिग कोशिका द्वारा टेस्टोस्टेरोन (testosterone) हार्मोन उत्पन्न होता है। टेस्टोस्टेरोन तथा अन्य पुरुष हार्मोन जैसे एण्ड्रोस्टेरोन (androsterone) को *एण्ड्रोजेन* (androgen) कहा जाता है। टेस्टोस्टेरोन का उत्पादन (production) एवं उत्सर्जन (release) का नियमन अग्रवर्ती पीयूष ग्रन्थि से निकलने वाला लूटिनाइजिंग हार्मोन (Luteinizing hormone or LH) से होता है। दूसरे तरफ, इस पीयूष हार्मोन का नियन्त्रण हाइपोथैलमस से निकलने वाला हार्मोन जिसे गोनाडोट्रोपिन-निमुर्क्ति हार्मोन (gonadotropin-releasing hormone or GNRH) या लूटिनाइनिंग हार्मोन-निमुर्क्ति हार्मोन (luteinizing hormone-releasing hormone) भी कहा जाता है, द्वारा होता है। टेस्टोस्टेरोन द्वारा कई तरह के शारीरिक परिवर्तनों जो यौवनावस्था में पाये जाते हैं, स्पष्ट रूप से देखे जाते हैं। इन परिवर्तनों में मूँछ उगना, शरीर के खास-खास अंगों पर घने बाल उगना, आवाज भारी होना, जनेन्द्रियों का आकार बड़ा हो जाना आदि सम्मिलित होता है। इन्हें *गौण यौन गुण* (seconday sex characteristics) कहा जाता है। गोनाड्स (Gonads), आन्तरिक यौन अंग (internal sex organs) एवं बाह्य जनेन्द्रिय (external genitalia) को *प्राथमिक यौन गुण* (primary sex characteristics) की संज्ञा दी जाती है।

स्त्री के यौन ग्रन्थि जिसे डिम्बग्रन्थि (ovary) कहा जाता है, एक युग्म (pair) में होता है और इससे भी परिपक्व युग्मक (gamete) अर्थात् अंडे (egg) एवं हार्मोन (hormone) निकलते हैं। परन्तु डिम्बग्रन्थि से निकलने वाला हार्मोनल स्राव पुरुष के अंडग्रंथि (testicle) से निकलने वाला स्राव से अधिक जटिल होता है। डिम्बग्रन्थि से निकलने वाला हार्मोन एक चक्र (cycle) में निकलता है जिसकी अवधि भिन्न-भिन्न प्रजातियों में भिन्न-भिन्न होता है। मानव में यह चक्र चार सप्ताह का होता है परन्तु चूहों में मात्र चार दिन का होता है। डिम्बग्रन्थि से मात्र दो तरह का स्टीरियोयाड हार्मोन उत्पन्न होता है: *एस्ट्रोजेन्स* (estrogens) तथा *प्रोजेस्टीन* (progestin)। सबसे महत्त्वपूर्ण एस्ट्रोजेन को *एस्ट्राडिओल* (estradiol) एवं एस्ट्रोन (estrone) तथा सबसे महत्त्वपूर्ण प्रोजेस्टीन को *प्रोजेस्टेरोन* (progesterone) कहा जाता है। ये सारे स्त्री हार्मोन का नियन्त्रण अग्रवर्ती पीयूष ग्रन्थि (anterior pituitary gland) के दो ट्रोपिक हार्मोन अर्थात् फौलिक्लि-उत्तेजक हार्मोन (Follicle-stimulating hormone or FSH) तथा लूटिनाईजिंग हार्मोन (Luteinizing Hormone or LH) द्वारा होता है। इन ट्रौपिक हार्मोन्स का उत्सर्जन (release) हाइपोथैलमस के गोनाडोट्रोपिन-निमुर्क्ति हार्मोन (Gonadotropin-Releasing Hormone or GnRH) द्वारा होता है। एस्ट्रोजेन्स

द्वारा महिलाओं में सभी गौण यौन गुण जैसे आवाज महीन होना, शरीर के खास अंगों पर बाल उग आना, स्तन बढ़ जाना आदि का विकास होता है। प्रोजेस्ट्रोन द्वारा गर्भाशय को ठीक ढंग से कार्य करने में मदद मिलता है जिसके फलस्वरूप भ्रूण (fetus) का विकास ठीक ढंग से होता है।

गोनाडल हार्मोन्स (चाहे स्त्री का हो या पुरुष का) मूलतः चार विभिन्न जगहों से विभिन्न मात्राओं में स्रावित होता है। ये चार जगह : *डिम्बग्रन्थि* (ovary), *अंडग्रन्थि* (testicle), *एड्रीनल कॉर्टेक्स* (adernal cortex) तथा *प्लेसेन्टा*। परंतु एण्ड्रोजेन मुख्यतः अंडग्रन्थि से, एस्ट्रोजेन मुख्यतः डिम्बग्रन्थि तथा प्लेसेन्टा से तथा प्रोजेस्टीन (progestin) मुख्यतः अंडग्रन्थि तथा गर्भवती महिलाओं के प्लेसेन्टा से उत्पन्न होता है। एण्ड्रोजेन्स, एस्ट्रोजेन्स, एवं प्रोजेस्टीन रसायनिक रूप से इस ढंग से सम्बन्धित होता है कि एस्ट्रोजेन्स एण्ड्रोजेन्स से तथा एण्ड्रोजेन्स प्रोजेस्टीन से उत्पन्न किया जा सकता है। इतना ही नहीं, एण्ड्रोजेन्स, एस्ट्रोजेन्स तथा प्रोजेस्टीन्स तथा एड्रीनल स्टीरोओयड्स (steroids) हार्मोन्स सभी कोलेस्ट्रोल (cholestrol) से बनते हैं और सभी की संरचनाएँ चार अंतरसंद्ध कार्बन घेरा (carbon rings) से होता है। स्त्री और पुरुष दोनों में ही गोनाडल हार्मोन्स के यही प्रकार पाये जाते हैं। अन्तर सिर्फ सापेक्ष रूप से उनकी मात्राओं में होता है। जैसे, अंडग्रन्थि (testicle) टेस्टोस्टेरोन के कम मात्रा को ही एस्ट्राडियोल (estradiol) में बदलता है। फलतः पुरुषों में यह कम मात्रा में होता है। दूसरे तरफ डिम्बग्रन्थि अधिकतर टेस्टोस्टेरोन को एस्ट्राडियोल में बदल देता है जिससे स्त्रियों में इसकी अधिकता होती है।

व्यक्तियों एवं पशुओं में यौन इच्छा यौन ग्रन्थि के सुचारु रूप से कार्य करने पर निर्भर करता है। हालाँकि व्यक्तियों में ऐसी इच्छा यौन ग्रन्थि के अलावा सामाजिक परिस्थितियों पर भी निर्भर करता है। पशुओं में विशेषकर चूहों पर अनेकों अध्ययन कर यह स्पष्ट रूप से दिखला दिया गया है कि जब महिला चूहों का यौन ग्रन्थि ऑपरेशन द्वारा निकाल दिया जाता है तो उसमें यौन क्रियाओं (sex activities) में कमी आ जाती है। परन्तु फिर यदि उसके खून में एस्ट्रोजेन्स (estrogens) को सूई दे दिया जाता है तो यौन क्रियाएँ पूर्ववत देखने को मिलता है। यही बात पुरुष चूहों (male rats) के साथ भी देखा गया है। क्लार्क (Clark, 1945) ने कुछ प्रयोग बन्दर पर किये हैं जिसमें यौवनावस्था प्रारम्भ होने से पहले ही कुछ मादा बन्दर (female monkey) की यौन ग्रन्थि को ऑपरेशन द्वारा निकला दिया गया। परिणाम में यह देखा गया कि इन बन्दरों में समान्य मादा बन्दरों (जिनका ऑपरेशन नहीं किया गया था) की अपेक्षा यौन क्रियाओं में काफी कमी आ गयी थी।

8. म्यूकोसा ऑफ डूओडेनम तथा पाइलोरिक म्यूकोसा ऑफ स्टॉमक (*Mucosa of duodenum and Pyloric mucosa of stomach*)—म्यूकोसा ऑफ डूओडेनम तथा पाइलोरिक म्यूकोसा ऑफ स्टॉमक ऐसा अंतःस्रावी ग्रन्थि है जो व्यक्ति के उदर में होता है और इसका कार्य क्षेत्र काफी सीमित है। इसलिए इसका महत्त्व भी तुलनात्मक रूप से कम है। म्यूकोसा ऑफ डूओडेनम से तीन तरह के हार्मोन निकलते हैं—*सिक्रेटीन* (secretin) *कोलिसी स्टाकिनिन* (choleycystokinin or CCK) तथा *इन्ट्रोगैसट्रोन* (enterogestrone)। सिक्रेटीन से पैंक्रियोटिक रस (pancreatic juice) का निकलना

प्रभावित होता है। CCK से गालब्लाडर (gall blader) से पित्त (bile) का निकलना प्रभावित होता है तथा इन्ट्रोगैसट्रोन से गैसट्रीक रस (gastric juice) का स्राव अवरुद्ध होता है। जहाँ तक पाइलोरक म्यूकोसा ऑफ स्टॉमक के प्रश्न है, इससे निकलने वाले हार्मोन को गैस्ट्रीन (gastrin) कहा जाता है और इससे गैसट्रीक रस (gastric juice) का स्राव का निकलना उत्तेजित होता है।

अन्तःस्रावी ग्रन्थि द्वारा निकले हार्मोन्स का महत्त्व कुछ विशेष प्रकार के संलक्षणों (syndromes) के अध्ययनों से और भी अधिक स्पष्ट ढंग से दिखलाया जा सकता है। ऐसे संलक्षणों (syndrome) में दो अधिक सामान्य है—एडरेनोजेनाइटल संलक्षण (adrenogenital syndrome) तथा एडरेनोजेनिक असंवेदनशीलता संलक्षण (adrenogenic insensitivity syndrome)। एडरेनोजेनाइटल संलक्षण में एड्रीनल एण्ड्रोजेन्स (adrenal androgens) जो एक ऐसा हार्मोन्स हैं जिसकी मात्रा पुरुषों में महिलाओं की अपेक्षा अधिक होती है, की अधिकता पायी जाती है। जब यह स्थिति पुरुषों में होता है, तो उनमें गौण यौन गुण (secondary sex charcteristics) तीव्रता से विकसित होती है तथा उनमें तरुणावस्था (puberty) के लक्षण जल्दी से विकसित होते पाये जाते हैं। परन्तु यदि महिलाओं में एड्रीनल एण्ड्रोजेन्स अधिक मात्रा में उत्पन्न होती है, तो इसके कुप्रभाव स्पष्ट रूप से देखने को मिलते हैं। ऐसी स्थिति में महिलाओं में पुरुषों के गुण तथा पुरुषों की अभिरुचि की प्रधानता होती है। उसके यौन अंगों का आकार प्रकार तथा विकास पुरषों के यौन अंगों के समान होने लगता है। ऐसी परिस्थिति में उसकी स्थिति को सुधारने के लिए मेडिकल हस्तक्षेप (medical intervention) करना आवश्यक हो जाता है।

एडरेनोजेनिक इनसेनसिटीभिटी संलक्षण (adrenogenic insensitivity syndrome) में जननात्मक पुरुषों (genetic males) की कोशिकाओं में एण्ड्रोजेन (androgen) के ग्राहक (receptor) की कमी पायी जाती है। परिणामस्वरूप, ऐसे पुरुषों की ज्ञानेन्द्रियाँ (genitals) जन्म से ही महिलाओं के जनेन्द्रिय के समान होती हैं। मनी तथा एरहार्ड (Money & Ehrhardt, 1972) के अनुसार, ऐसे बालकों में बचपन में खेलने की रुचि, यौन व्यवहार तथा मातृत्व अभिरुचियाँ सभी बहुत कुछ एक परम्परागत महिला की भूमिका से मिलती-जुलती है। इन सबके बावजूद ऐसे पुरुष एक साधारण महिला के सामन बच्चा को जन्म नहीं दे पाते हैं क्योंकि उनमें गर्भाशय (ovary) तथा अन्य आन्तरिक महिला यौन अंगों (internal female sex organs) की कमी होती है।

उपर्युक्त दोनों तरह के हारमोन्स का मानव व्यवहार पर पड़ने वाले प्रभावों से यह स्पष्ट है कि अन्तस्रावी ग्रन्थि विशेष्रकर यौन ग्रन्थि स्रावित हारमोन्स का व्यक्ति के शारीरिक विकास, सामाजिक तथा संज्ञानात्मक विकास (cognitive develpment) पर स्पष्ट प्रभाव पड़ता है।

ऊपर वर्णन किये गये तथ्यों से यह स्पष्ट हो जाता है कि भिन्न-भिन्न अन्तःस्रावी ग्रन्थियों (endocrine glands) का कार्य अलग-अलग है तथा उससे अलग-अलग ढंग के व्यवहारों का नियन्त्रण होता है। परन्तु सच्चाई यह है कि इन ग्रन्थियों द्वारा आपस में अन्तःक्रिया (interaction) होता है। यही कारण है कि यदि कोई एक ग्रन्थि का कार्य कुछ ढीला पड़ जाता है, तो उसकी क्षतिपूर्ति दूसरी ग्रन्थि द्वारा बहुत हद तक कर लिया

जाता है। हाँ, यह भले ही संभव है कि कभी-कभी दूसरा ग्रन्थि भी क्षतिपूर्ति करने में पूर्णतः समर्थ नहीं हो पाता है। लूरी (Luri, 1935) ने एक प्रयोग कर यह दिखला दिया है कि अन्तःस्रावी ग्रन्थियों द्वारा सामान्य रूप से कार्य नहीं किये जाने पर व्यवहार में बहुत ढंग की असामान्यताएँ (abnormalities) देखने को मिलता है। इनके अध्ययन के अनुसार पीयूष ग्रन्थि (pituitary gland), कंठ ग्रन्थि तथा यौन ग्रन्थि में गड़बड़ी का प्रभाव व्यवहारों पर अधिक स्पष्ट रूप से दिखलाई देता है।

स्पष्ट हुआ कि अन्तःस्रावी तन्त्र (endocrine system) एक महत्त्वपूर्ण तन्त्र है जो तन्त्रिका तन्त्र (nervous system) को प्रभावित करता है। इनका प्रभाव व्यक्ति के शारीरिक विकास, सांवेगिक विकास तथा संज्ञानात्मक विकास पर सबसे अधिक पड़ता पाया गया है।

हार्मोन की ऐतिहासिक खोज
(Historical Development of Hormone)

जैसा कि हम जानते हैं, हार्मोन (hormone) ग्रीक पद 'Hormon' से बना है जिसका अर्थ क्रियाओं (actions) या व्यवहारों को उत्तेजित करना। सचमुच में हारमोन्स वहिस्रावी ग्रन्थि (endocrine gland) या विशिष्ट कोशिका (specialized cells) द्वारा स्रावित एक ऐसा रसायनिक मिश्रण (chemical compound) होता है जो रक्त में सीधे मिल जाता है और शरीर के अन्य भागों में जाकर तरह-तरह के दैहिक प्रभाव (physiological effect) पैदा करता है। हारर्मोन्स केवल मनुष्यों में ही नहीं बल्कि पशुओं (animals) तथा पौधों (plants) में भी पाये जाते हैं। सिर्फ रीढ़धारी प्राणी में ही ऐसे विशिष्ट वहिःस्रावी ग्रन्थि (endorcine gland) होते हैं जो हार्मोन को उत्पन्न करते हैं तथा संचित करते है परन्तु सच्चाई यह है कि इस तरह के हार्मोनल कार्य के बारे में जानकारी वहिस्रावी ग्रन्थियों के बारे में पता चलने से काफी पहले से ही हो गयी थी। अभी नवीनतम शोधों से यह भी पता चला है कि कुछ मानव हार्मोन्स (human hormones) ऐसे हैं जो वहिस्रावी ग्रन्थियों से न उत्पन्न होकर हाइपोथैलेमस (hypothalamus) के न्यूरोन्स (neurones) या पाचन क्षेत्र (digestive tract) के सीमाओं (lining) पर पाये जाने वाले कोशिकाओं (cells) से भी निकलता है। रोजेनविग, लिमैन एवं ब्रीडलव (Roesenzweig, Leiman & Breedlove, 1996) के अनुसार हृदय (heart) से भी एक हार्मोन (hormone) निकलता पाया गया है जो व्यक्ति के रक्त चाप (blood pressure) तथा शरीर के सोडियम संतुलन (sodium balance) को संतलित करके रखने में महत्त्वपूर्ण भूमिका निभाता है।

सबसे पहला बड़ा वहिस्रावी प्रयोग (endocrine experiment) 1849 में ए॰ए॰ बर्थोल्ड (A.A. Berthold) जो जर्मनी के गोटिनजेन विश्वविद्यालय (Gottingen university) में प्रोफेसर थे, द्वारा किया गया। इन्होंने अपना प्रयोग पालतू मुरगा (roosters) पर किया था। इन्होंने अपने अध्ययन में पाया कि जब इन्होंने ऐसे पालतू मुरगा को जन्म के कुछ ही दिन बाद बधिया (castrate) कर दिया तो सयाना होने पर उनमें पुनरूत्पादक व्यवहार (reproductive behaviour) तथा गौण यौन विशेषता दोनों में ही कमी होते देखी गयी। परन्तु जब एक अंड ग्रन्थि (testicle) को फिर उसके शरीर में रख दिया गया, तो उसके सभी यौन व्यवहार (sexual behaviour) सामान्य हो गए।

ऐसा इसलिए हुआ क्योंकि अंडग्रन्थि से निकलने वाला रसायनिक मिश्रण जिसे आज हम हार्मोन कहते हैं, पुनः उसके शरीर में स्रावित होने लगा था। बर्थोल्ड का यह प्रयोग इसलिए महत्त्वपूर्ण बतलाया गया है क्योंकि व्यवहारपरक अन्तःस्रावीशास्त्र (behavioural endocirnology) में यह पहला प्रयोग था। बाद में फ्रेंच शरीरक्रिया विज्ञानी(physiologist) क्लाऊड वर्नाड (Cloude Bernard) ने 19वीं शताब्दी में अन्तःस्रावीशास्त्र को एक विज्ञान का दर्जा देने में मदद किया क्योंकि उन्होंने आंतरिक वातवरण (internal environment) जिसमें अंतस्रावी ग्रन्थियों की भूमिका अधिक होती है, के महत्व पर काफी बल डाला है। इन्होंने कहा कि बाह्य वातावरण में स्वच्छ एवं स्वतन्त्र रूप से कार्य करने के लिए एक सतत एवं स्थिर आंतरिक वातावरण की आवश्यकता होती है। इस तथ्य को बाद में वाल्टर वी कैनन (Walter B. Cannon) जो एक अमेरिकन शरीरक्रिया विज्ञानी थे, ने *समस्थिति* (homeostasis) की संज्ञा दिया है।

'हार्मोन' (hormone) पद को सबसे पहले-पहल उपयोग 1905 में दो अंग्रेजी शरीरक्रिया विज्ञानी विलियम एम॰ वेलिस (William M. Bayliss) तथा अर्नेस्ट एच॰ स्टाररलिंग (Ernest H. Starling) द्वारा किया गया जिन्होंने यह खोज की कि पेट (stomach) से जब भोजन गुजरता है, तो आँत से एक तत्त्व (substance) निकलता है जिससे फिर पैंक्रियाटिक तरल पदार्थ (pancreatic fluid) का स्राव होता है। आँत से निकलने वाले इस तथ्य को *सिक्रेटीन* (secretin) कहा जाता है, जो एक हार्मोन (hormone) है।

बीसवीं शताब्दी में कुछ नयी-नयी प्रविधियों (techninques) की खोज की गयी जो वैज्ञानिकों को बहुत सारे भिन्न तरह के हार्मोन (hormone) की पहचान में मदद किया। हार्मोन की संरचना के निर्धारण के लिए कई वैज्ञानिकों को नोबुल पुरस्कार (Nobel prize) भी दिया गया। जैसे, 1955 में भाइनसेट डु भिगनिउड (Vincent du Vigneaud) ने दो हार्मोन अर्थात् *आक्सीटोसिन* (oxytocin) तथा *भैसोप्रोसिन* (vasopressin) को संगठित किया और उसके लिए उसे नोबुल पुरस्कार (Nobel prize) दिया गया। फ्रेडरिक सैंगर (Frederick Sanger) ने 1958 में इंसुलिन नामक हार्मोन के रसायनिक संरचना (chemical sturcture) का पता लगाया और इसके लिए उसे नोबुल पुरस्कार दिया गया। 1971 में अर्ल सुदरलैंड (Earl Sutherland) को हार्मोन क्रिया के प्रक्रम में द्वितीय वाहक (second messanger) की भूमिका निभाने की पहचान करने के लिए नोबुल पुरस्कार दिया गया। हार्मोन के लघु मात्राओं (quantities) को मापने के लिए विकसित संवदेनशील प्रविधि जिसे *रेडियोइमूनोआसे* (radio immunoassay) कहा जाता है, की खोज के लिए रोजालिन यालो (Rosalin Yalow) को 1978 में नोबुल पुरस्कार दिया गया।

हार्मोन्स का वर्गीकरण
(Classification of Hormones)

हार्मोन्स को मोटे तौर पर तीन भागों में बाँटा गया है—

(a) प्रोटीन हार्मोन (Protein hormone)

(b) स्टेरोआड हार्मोन (Steroid hormone)

(c) ऐमाइन हार्मोन (Amine hormone)

इन तीनों का संक्षिप्त वर्णन इस प्रकार है—

(a) प्रोटीन हार्मोन (*Protein hormone*)—इस वर्ग के हार्मोन की विशेषता यह होती है कि वे एमिनो अम्ल (amino acid) के रेशे (strings) से बने होते हैं। विभिन्न तरह के प्रोटीन हार्मोन्स एमिनो अम्ल के विभिन्न संयोगों (combinations) से बने होते हैं। पेपटाइड (peptide) जो एक तरह का लघु प्रोटीन (small protein) है अर्थात् एमिनो अम्ल का एक छोटा रेशा है, को भी प्रोटीन हारर्मोन में रखा जाता है। प्रोटीन हार्मोन के कुछ प्रमुख उदाहरण है—एड्रीनोकार्टिकाट्रोपिक हार्मोन (adrenocorticotropic hormone or ACTH), थायरायड-स्टीमुलेटिंग हार्मोन (Thyroid-stimulating hormone or TSH), वर्द्धन हार्मोन (growth hormone), प्रोलैक्टीन (prolactin), इन्सुलिन (insulin), ग्लूकागोन (glucagon), आक्सीटोसिन (oxytocin), भैसोप्रेसीन (vassopressin) तथा अन्य निमुर्क्ति हार्मोन (Releasing hormone) अर्थात् कार्टिकोट्रोपिन-मुक्ति हार्मोन (Corticotropin-releasing hormone or CRH), गोनाडोट्रोपिन-मुक्ति हार्मोन (Gonadotropin-Releasing hormone or GNRH) आदि इसके प्रमुख उदाहरण हैं।

(b) स्टेरोआड हार्मोन (*Steroid hormone*)—स्टेरोआयड हार्मोन वैसे हार्मोन को कहा जाता है जो एमिनो अम्ल (amino acid) से बना हुआ नहीं होता है बल्कि कार्बन परमाणु के अंतरसम्बन्ध चक्र (interconnected ring) से बना होता है। विभिन्न तरह के स्टेरोआड हार्मोन इस चक्र से जुड़े परमाणु के प्रकार (kinds) एवं संख्या (numbers) के ख्याल से एक दूसरे से भिन्न होते हैं। स्टेरोआड हार्मोन इस तरह से प्रोटीन हार्मोन से भिन्न होता है और यह अंतर इसलिए भी महत्त्वपूर्ण होता है क्योंकि ये दोनों तरह के हार्मोन विभिन्न तरह के ग्राहकों (receptors) के साथ विभिन्न प्रक्रमों (mechanisms) को अपनाते हुए अंतक्रिया करते हैं। स्टेरोआड हार्मोन के कुछ उदाहरण हैं—गोनाडल हार्मोन (Gonadal hormone) यथा एस्ट्रोजेन्स (estrogens), प्रोजेस्टीन (progestin) तथा एण्ड्रोजेन्स (androgens) एवं एड्रीनल हार्मोन (Adrenal hormone) यथा ग्लूकोकार्टिकोआयड (Gluco-corticoids) अर्थात् कार्टिसोल (Cortisol) तथा मिनरलोकार्टिकोआयड्स (Mineralocarticoids) अर्थात् एलडोस्टेरोन (aldosterone) आदि प्रमुख है।

(c) एमाइन हार्मोन (*Amine hormone*)—एमाइन हार्मोन वैसे हार्मोन को कहा जाता है जिसके मिश्रण (compound) में एक ही एमिनो अम्ल (amino acid) होता है जो सम्बन्धित अणु (molecule) में परिमार्जित (modified) हो जाते हैं। इमाइन हार्मोन के उदाहरण हैं—इपानफ्राईन (epinephrine) या एड्रीनालिन (adrenaline), नोरइपानफ्राईन (norepinephrine), थायरायड हार्मोन (thyroid hormone) तथा मेलाटोनिन (melatonin)।

स्पष्ट हुआ कि हार्मोन के कई प्रकार के होते हैं। इन सबों का प्रभाव व्यक्ति के व्यवहार पर पर्याप्त पड़ता है। इन तीनों प्रमुख वर्ग तथा प्रत्येक में आने वाले हार्मोन्स को तालिका 6–C में दिखलाया गया है।

तालिका 6–C : हार्मोन्स के मुख्य प्रकार

हार्मोन का वर्ग (Class of Hormone)	हार्मोन का नाम (Names of Hormone)
एमाइन का हार्मोन्स (Amine Hormones)	1. इपाइनफ्राईन (Epinephrine) 2. नोरइपाइन फ्राईन (Norepinphrine) 3. थायरायड हार्मोन (Thyroid hormone) 4. मेलाटोनिन (Melatonin)
प्रोटीन हार्मोन्स (Protein Hormones)	1. एड्रेनोकार्टिकोट्रोपिक (Adrenocorticotropic hormone or ACTH) 2. लूटिनाइजिंग हार्मोन (Luteinizing hormone or LH) 3. फौलिविल-उत्तेजन हार्मोन (Follicle-stimulations hormone or FSH) 4. थायरायड-उत्तेजन हार्मोन (Thyroid stimulating hormone or TSH) 5. वर्द्धन हार्मोन (Growth hormone) 6. इन्सुलिन (Insulin) 7. प्रोलैक्टिन (Prolactin) 8. ग्लूकोगोन (Glucagon) 9. आक्सीटोसिन (Oxytocin) 10. भैसोप्रेसीन (Vasopressin) (AVP, ADH) **निमुर्क्ति हार्मोन** *(Releasing hormones)* 1. कार्टिकोट्रोपिन-निमुर्क्ति हार्मोन (Corticotropin Releasing hormne (CRH) 2. थायरोट्रोपिन निमुर्क्ति हार्मोन (Thyrotropin Releasing hormone or TRH) 3. गोनाडोट्रोपिन-निमुर्क्ति हार्मोन (Gonadotropin Releasing hormone or GNRH) 4. सोमैटोक्रिनिन (Somatocrinin) जो वर्द्धन हार्मोन का निमुर्क्ति करता है। 5. सोमैटोस्टैनिन (Somatostanin) जो वर्द्धन हार्मोन को अवरुद्ध करता है।
स्टीरोआड हार्मोन्स (Steroid Hormones)	**गोनाडल हार्मोन** *(Gonadal Hormones)* 1. एस्ट्रोजेन्स (Estrogens) जैसे एस्ट्रोडिल (estrodil) 2. प्रोजेस्टीन (Progestins) जैसे प्रोजेस्ट्रोन (progesterone) 3. एण्ड्रोजेन्स (Androgens) जैसे टेस्टोस्ट्रोन (testosterone)

	एड्रीनल हार्मोन्स (*Adrenal hormones*) 1. ग्लूकोकार्टिकोआयड्स (glucocorticoids) जैसे कॉर्टिजोल (cortisol) 2. मिनरलोकॉर्टिकोआयड्स (Mineralocorticoids) जैसे एलडोस्टेरोन (aldosterone)

हार्मोन क्रिया के दस नियम
(Ten Principles of Hormone Action)

जीव के शरीर में विभिन्न तरह के हार्मोन पाये जाते हैं और वे कई विमाओं (dimensions) के आधार पर एक दूसरे से भिन्न भी होते हैं। फिर भी उनकी क्रियाएँ दस सामान्य नियमों द्वारा निदेशित होती है। वे दस नियम निम्नांकित हैं—

(1) हार्मोन प्रायः क्रमिक (gradual) ढंग से प्रभाव उत्पन्न करता है तथा रक्त में मिलने के बहुत बाद व्यक्ति में व्यवहारात्मक तथा दैहिक परिवर्तन उत्पन्न करता है। इसका परिणाम यह होता है कि कभी-कभी अध्ययनकर्त्ता या शोधकर्त्ता को यह निर्धारण करना मुश्किल हो जाता है कि व्यक्ति में अमुक दैहिक या व्यवहारात्मक परिवर्तन का कारण हार्मोन है या कोई अन्य कारक।

(2) जब हार्मोन व्यक्ति के व्यवहार में परिवर्तन करता है, तो वे उत्पन्न व्यवहार (evoked behaviour) की तीव्रता में परिवर्तन करके अपना प्रभाव उत्पन्न करते हैं न कि वे उस व्यवहार को पूर्णतः उत्पन्न कर या उसे बंद करके अपना प्रभाव उत्पन्न करते हैं।

(3) प्रत्येक हार्मोन का विभिन्न अंगों, उत्तकों (tissues) तथा व्यवहार (behaviour) पर बहुप्रभाव (multiple effect) पड़ता है तथा इसके विपरीत एक ही तरह का व्यवहार या दैहिक परिवर्तन (physiological change) बहुत सारे विभिन्न हार्मोन से उत्पन्न हो सकते हैं। इस तथ्य को चित्र 6.4 में दिखलाया गया है। इस चित्र में हार्मोन A तथा C के बहुप्रभाव अर्थात् A_1, A_2 तथा A_3 एवं C_1 तथा C_2 दिखलाये गए हैं। उसी तरह से एक ही क्रिया या शारीरिक अंग (bodily organ) जो बक्स (box) के भीतर हैं, पर हर्मोन A, B तथा C तीनों का प्रभाव पड़ता देखा जा रहा है।

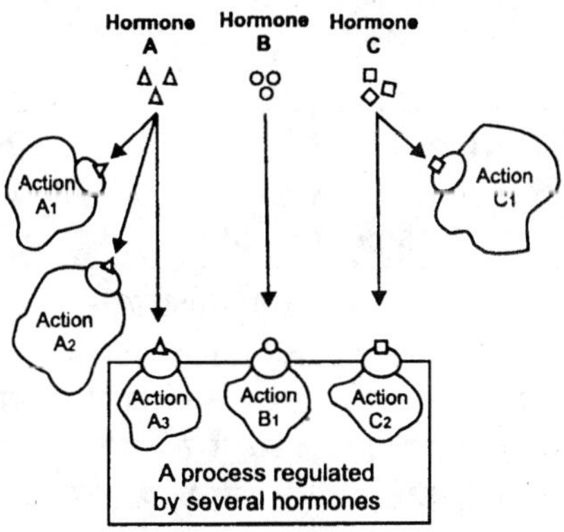

चित्र 6.4 : हार्मोन का बहुप्रभाव

(4) हार्मोन के प्रकार (types) तथा मात्रा (quantities) दोनों ही पर्यावरणी (environmental) तथा अंतर्जात (endogenous) कारकों द्वारा प्रभावित होता है। व्यवहार तथा हार्मोन के बीच का सम्बन्ध एक-तरफा न होकर दो-तरफा होता है। हार्मोन से व्यवहार प्रभावित होता है तथा व्यवहार हार्मोन स्तर को परिवतर्तित करता है। जैसे, टेस्टोस्टरोन (testosterone) का उच्च स्तर का सम्बन्ध आक्रमकता से होता है तथा किसी भी आक्रमकपूर्ण व्यवहार में हारने वाले व्यक्ति में टेस्टोस्टरोन का स्तर में कमी आ जाती है जबकि जीतने वाले व्यक्ति में इसके स्तर में थोड़ा-सा ही परिवर्तन होता है।

(5) हार्मोन का उत्पादन थोड़े मात्रा में होता है तथा प्रायः इसका स्राव एक प्रष्कोठ (brust) के रूप में होता है। स्राव का यही तरीका कभी-कभी इसलिए महत्त्वपूर्ण माना जाता है क्योंकि थोड़े मात्रा में उत्पन्न हुए हार्मोन इस तरह से प्रभावी बन जाता है।

(6) बहुत हार्मोन का स्तर दिन भर लयबद्ध ढंग से (rhythmically) परिवर्तित होता रहता है और कई हार्मोनल तन्त्र मस्तिष्क के ''सरकाडियन घड़ी'' (circadian clocks) द्वारा भी नियन्त्रित होते पाये गये हैं।

(7) हार्मोन अधिकतर कोशिकाओं के चयापचय प्रक्रियाओं (metabolic processes) को प्रभावित करता है जिसमें कार्बोहाइड्रेट, लिपिड (lipid) तथा प्रोटीन (protein) का टूटना (breakdown) तथा बनना (build up) भी सम्मिलित होता है। इस अर्थ में तब यह कहा जाता है कि हार्मोन का दीर्घकालीन चयापचय परिवर्तन पर भी सार्थक प्रभाव पड़ता है।

(8) हार्मोन आपस में भी अंतःक्रिया करते हैं। एक हार्मोन का प्रभाव दूसरे हार्मोन के प्रभाव से स्पष्ट रूप से परिवर्तित होता है।

(9) सभी रीढ़धारी प्राणी में हार्मोन की रसायनिक सरंचना लगभग समान ही होती है परन्तु किसी एक हार्मोन द्वारा किया गया कार्य विभिन्न प्रजाति के प्राणी में अलग-अलग हो सकते हैं।

(10) हार्मोन का प्रभाव सिर्फ उन्हीं कोशिकाओं (cells) पर पड़ता है जिसमें उसका ग्राहक प्रोटीन (receptor protein) होता है जो उसकी पहचान करके उसे स्वीकार करता है तथा कोशिका के कार्य में परिवर्तन करता है। रीढ़धारी प्राणियों में, एक ही मस्तिष्कीय क्षेत्र में प्रायः समान ढंग के ग्राहक पाये जाते हैं।

हार्मोन उपर्युक्त दस नियमों का पालन करते हुए प्राणी के व्यवहार को प्रभावित करता है।

हार्मोनल संचार तथा तंत्रकीय संचार का तुलनात्मक अध्ययन (A Comparative Study of Hormonal Communication and Neural Communication)

तन्त्रिका तन्त्र (nervous system) तथा हार्मोनल तन्त्र (hormonal system) मानव शरीर के दो प्रधान संचार तन्त्र (communication system) हैं। तन्त्रिका तन्त्र में होने वाला संचार तन्त्रकीय संचार कहलाता है तथा हार्मोनल तन्त्र में होने वाला संचार हार्मोनल संचार कहलाता है। इन दोनों तन्त्र अर्थात् तन्त्रिका तन्त्र तथा हार्मोनल तन्त्र कई स्तरों पर आपस में अन्तःक्रिया करते हैं। ऐसी अंतःक्रियाएँ मस्तिष्क में सर्वाधिक होता है और इसे 'न्यूरोइन्डोक्राइन' (neuroendocrine) कहा जाता है।

हार्मोनल संचार तथा तन्त्रकीय संचार में कुछ विभिन्नताएँ (differences) तथा कुछ समानताएँ (similarities) हैं।

इन दोनों में प्रमुख समानताएँ (similarities) निम्नांकित हैं—

(1) जिस तरह से न्यूरोन (neuron) अपना संचार रसायन तत्त्व (transmitter chemical) उत्पन्न करता है तथा भविष्य के लिए संचित करके रखता है, ठीक उसी तरह से अंतःस्रावी ग्रन्थि भी हार्मोन उत्पन्न करता है तथा भविष्य के लिए उसे संचित करके रखता है।

(2) न्यूरोन्स दूसरे न्यूरोन द्वारा उत्तेजित होकर क्रिया विभव (action ptential) उत्पन्न करता है जो प्राक्संधिस्थलीय टरमिनल (presynaptic terminals) को संचार रसायन उत्पन्न करने के लिए बाध्य करता है। उसी तरह से अंतःस्रावी ग्रन्थि भी उत्तेजित होने के बाद रक्त प्रवाह में हार्मोन का स्राव करता है। कुछ अंतःस्रावी ग्रन्थि तन्त्रकीय सूचनाओं तथा कुछ रसायनिक सूचनाओं से उत्तेजित होती हैं।

(3) संधिस्थलीय संचार तत्त्व (transmitter) उत्तरसंधिस्थलीय झिल्ली (post synaptic membrane) के सतह पर पाये जाने वाले विशिष्ट ग्राहक अणु (Receptor molecule) के साथ प्रतिक्रिया करता है। ठीक उसी तरह से हार्मोन लक्ष्य कोशिका (target cell) के भीतर या सतह पर पाये जाने वाले विशिष्ट ग्राहक अणु के साथ प्रतिक्रिया करते हैं। अधिकतर अंगों में एक विशेष दिये हुए हार्मोन के लिए ग्राहक नहीं होते हैं। अतः वे उसके साथ अंतःक्रिया नहीं करते हैं।

(4) जिस तरह से भिन्न तरह के संधिस्थलीय संचार तत्त्व होते हैं, ठीक उसी तरह से विभिन्न तरह के हार्मोन (hormones) होते हैं। सच्चाई यह है कि दिनोंदिन बहुत सारे ऐसे रसायनों (chemicals) का पता लगाया जा रहा है जो इन दोनों तरह के तत्त्वों को समान रूप से संपोषित करता हो। जैसे, इपाइनफ्राईन तथा नोरइपानफ्राईन दो ऐसे तत्त्व हैं जो कई मस्तिष्कीय संधिस्थल (brain synapses) पर संचार साधन के रूप में कार्य करते हैं और साथ-ही-साथ एक हार्मोन के रूप में एड्रीनल ग्रन्थि से भी स्रावित होते हैं।

(5) जब हार्मोन लक्ष्य कोशिका के सतह पर ग्राहक अणु (receptor molecules) के साथ क्रिया करते हैं तो उस लक्ष्य कोशिका के भीतर एक द्वितीय संदेशवाहक[1] (second messanger) की उत्पत्ति होती है जिसका उद्देश्य उस कोशिका के भीतर परिवर्तन करना होता है। यह प्रक्रिया अंतःस्रावी तन्त्र (endocirne system) में काफी अध्ययन किया गया है। कुछ तन्त्रकीय प्रभाव (neural effect) में उत्तर संधिस्थलीय न्यूरोन (post-synaptic neuron) में भी इसी तरह का द्वितीय संदेशवाहक की उत्पत्ति होती है। इसके अतिरिक्त एक ही यौगिक (compound) यथा साइक्लिक एएमपी (cyclic AMP) तथा जी प्रोटीन (G protein) दोनों ही तन्त्रों अर्थात् तन्त्रिका तन्त्र तथा अंतःस्रावी तन्त्र में द्वितीय संदेशवाहक के रूप में कार्य करते हैं।

(6) जिस तरह से तन्त्रिका तन्त्र विशिष्ट जैवरसायनिक तत्त्व (biochemical substance) जिसे न्यूरोट्रांसमीटर कहा जाता है, का उपयोग संधिस्थलीय जोड़ों पर करके सूचनाओं को संचारित करता है, ठीक उसी तरह से अंतःस्रावी ग्रन्थि भी हार्मोन का उपयोग करके संदेश का संचार करता है। हालाँकि इन दोनों तरह के संचार में रसायनिक संवेदवाहकों (chemical messangers) द्वारा तय की गयी दूरी में काफी भिन्नता होती

है—संधिस्थलीय जोड़ों पर न्यूरोट्रांसमीटर का प्रभाव उसी दूरी तक अर्थात् संधिस्थलीय दरार (synaptic cleft) की दूरी जो लगभग 30 नैनोमीटर (30×10^{-9} मीटर) चौड़ा होता है, तक ही सीमित होता है जबकि हारमोन का प्रभाव स्राव के जगह से लक्ष्य अंग की दूरी एक मीटर दूर होने तक भी होता है।

इन समानताओं के बावजूद तन्त्रकीय संचार (neural communication) तथा अंतस्रावी संचार (endocrine communication) में कुछ अंतर है। ऐसे प्रमुख अंतरों की व्याख्या हम इस प्रकार कर सकते हैं—

(1) तन्त्रकीय सूचनाएँ (neural message) तीव्र होता है तथा इसे मिलीसेकेंड (millisecond) में मापना सम्भव होता है जबकि हारर्मोनल सूचनाएँ मंद होती हैं तथा उन्हें सेकेण्ड तथा मिनट में ही मापे जाते हैं।

(2) अधिकतर तन्त्रकीय सूचनाएँ आंगुलिक (digitized) और पूर्ण-या-कुछ-भी नहीं (all-or-none) आवेग होते हैं जबकि हारमोनल सूचनाएँ एनालौग (analog) अर्थात् तीव्रता या शक्ति में क्रमित (graded) होते हैं।

(3) ऐच्छिक नियन्त्रण (voluntay control) के ख्याल से भी तन्त्रकीय संचार तथा हारमोनल संचार (hormonal communication) एक दूसरे से भिन्न होते हैं। व्यक्ति अपनी इच्छा से हारमोन के उत्पादन को घटा या बढ़ा नहीं सकता है या अपनी इच्छा से अंतःस्रावी तंत्र द्वारा ऐच्छिक क्रिया को नहीं कर सकता है। परन्तु तन्त्रकीय संचार द्वारा ऐच्छिक क्रियाएँ जैसे हाथ उठाना, लिखना, दौड़ना आदि क्रियाएँ कर सकता है। ऐसी सारी क्रियाएँ न्यूरोपेशीय नियन्त्रण (neuromuscular control) के अधीन होती हैं। परन्तु इस अन्तर को निरपेक्ष (absolute) नहीं माना जा सकता है क्योंकि बहुत सारे ऐसे न्यूरोपेशीय क्रियाएँ हैं जिसपर व्यक्ति का कोई नियन्त्रण नहीं होता है जैसे, हृदय का धड़कना तथा गुर्दा का कार्य ऐसे ही क्रिया के उदाहरण हैं।

(4) तन्त्रकीय संचार (neural communication) एक दूरभाष तन्त्र (telephone system) जैसा कार्य करता है जबकि हार्मोनल तन्त्र एक दूरदर्शन प्रसारण तन्त्र (television broadcasting system) के समान कार्य करता है। तन्त्रकीय संचार में अपनी मंजिल तक सूचनाएँ एक निश्चित चैनेल (fixed channels) पर संचारित होती है। न्यूरोन्स के बीच संरचनात्मक सम्बन्ध (anatomical connection) द्वारा एक कोशिका से दूसरी कोशिका तक सूचनाओं का संचरण का निर्धारण होता है। इसके विपरीत हारमोलन संचार जो एक दूरदर्शन प्रसारण तन्त्र के रूप में कार्य करता है, में बहुत तरह के अंतःस्रावी सूचनाएँ पूरे शरीर में फैल जाता है और तब उसे पूरे शरीर में विखरित या फैले हुए उन कोशिकाओं (cells) द्वारा ग्रहण किया जाता है जिसमें उनके ग्राहक (receptor) होते हैं। कुछ हारमोन ऐसे भी होते हैं जो मात्र स्थानीय रूप से ही प्रसारित होते हैं। जैसे, हाइपोथैलमस से निकलने वाला हारमोन रक्त नलिकाओं द्वारा कुछ ही मिलीमीटर अर्थात् अग्रवर्ती पीयूष ग्रन्थि (anterior pituitary gland) तक ही प्रसारित होता है।

स्पष्ट हुआ कि तन्त्रकीय संचार तथा हार्मोनल संचार में समानता होने के बावजूद कुछ विभिन्नताएँ हैं।

रसायनिक संचार के विभिन्न प्रकार
(Different Types of Chemical Communication)

आधुनिक शोधों से प्राप्त तथ्यों के आधार पर प्राणी के शरीर के भीतर तथा एक प्राणी से दूसरे प्राणी के बीच होने वाले रसायनिक संचार (chemical communication) के कुछ महत्त्वपूर्ण तथ्यों पर प्रकाश डाला गया है। आजकल कई ऐसे तत्त्वों की पहचान की गयी है जिन्हें संयुक्त रूप से हारमोन्स (hormones) कहा जाता है या वे हारमोन की समान गुण वाले होते हैं। निम्नांकित कुछ ऐसे ही रसायनिक संकेतों (chemical signals) का वर्णन किया गया जिनके माध्यम से प्राणी के भीतर या एक प्राणी से दूसरे प्राणी में रसायनिक सचांर होते हैं–

(1) संधिस्थलीय संचार (synaptic communication) से संधिस्थलीय संचार तत्त्व (synaptic transmitter) कार्य में कुछ ऐसे रसायनिक संकेत (chemical signals) संधस्थिलीय दरार में उत्पन्न होते हैं जिससे उत्तरसंधिस्थलीय झिल्ली (postsynaptic membrane) के ध्रुवीकरण (polarization) में परिवर्तन हो जाता है। इस तरह का संधिस्थलीय संचार कार्य काफी सीमित (localized) होता है।

(2) औटोक्राइन संचार (autocrine communication) एक अन्य दूसरा प्रमुख रसायनिक संचार है जिसमें जिस कोशिका से हारमोन निकलता है, वह (अर्थात् हारमोन) का प्रभाव उसी कोशिका पर पड़ता है और उसकी क्रिया को प्रभावित करता है। औटोक्राइन कार्य का एक उत्तम उदाहरण उन तन्त्रिका कोशिकाओं में देखा जाता है जिनमें औटोग्राहक (autoreceptos) होते हैं जो उत्सर्जित संधिस्थलीय संचार अणुओं (molecules) से प्रभावित होते हैं और स्वयं अपने ही क्रियाओं का मानीटर करते हैं। इस तरह की परिस्थिति में संकेत अणु औटोक्राइन (autocrine) तथा संधिस्थलीय संचार तत्त्व दोनों का ही कार्य करता है।

(3) पाराक्राइन संचार (paracrine communication) एक अन्य रसायनिक संचार होता है जिसमें उत्सर्जित रसायनिक संकेत नजदीक के लक्ष्य कोशिकाओं के बीच के बहिकोशिकीय स्थान (extracellular space) के माध्यम से फैल जाता है। अतः इस तरह के संचार में सबमें तीव्र प्रभाव नजदीकी कोशिका (nearest cell) पर ही पड़ता है।

(4) अंतःस्रावी संचार (endocrine communication) में रसायनिक संकेत हार्मोन (hormone) होता है जो रक्त प्रवाह में अंतःस्रावी ग्रन्थियों द्वारा उत्सर्जित होता है तथा जिसे लक्ष्य अंगों (target organs) द्वारा चयनात्मक रूप से ग्रहण किया जाता है। प्रायः ऐसे अंग ग्रन्थियों से दूरी पर अवस्थित होते हैं।

(5) हारर्मोन का उपयोग सिर्फ प्राणी के शरीर के भीतर के संचार के लिए ही नहीं किया जाता है बल्कि इसके माध्यम से एक प्राणी से दूसरी प्राणी तक भी सूचनाओं का संचार किया जाता है। *फेरोमोन्स* (pheromones) एक ऐसा ही हारमोन्स हैं जो प्राणी के शरीर के भीतर तो उत्पन्न होता है परंतु उसे शरीर से बाहर निकालकर दूसरे समान प्रजाति के प्राणी को एक विशेष क्रिया करने के लिए प्रोत्साहित करता है। कुत्तिया फेरेमोन्स के माध्यम से कुत्ता को अपने ओर आकर्षित करके यौन व्यवहार करने के लिए उसे

प्रोत्साहित करता है। उसी तरह से कुत्ते या भेड़िया विभिन्न जगहों पर पेशाब करके अपने क्षेत्र को चिह्नित करते हैं। दूसरे कुत्ते या भेड़िया उस फेरोमोन्स को सूँघ कर या तो उसे चुनौती देते हैं या फिर उसकी क्षेत्रीयता को स्वीकार कर लेते हैं।

(6) ब्राऊन (Brown, 1968) द्वारा किये गए अध्ययनों से यह स्पष्ट हुआ है कि कुछ रासायनिक संकेत एक प्रजाति के सदस्यों द्वारा उत्सर्जित किये जाते हैं और वे दूसरी प्रजाति के प्राणियों के व्यवहार को प्रभावित करते हैं। ऐसे हारमोन्स को *एलोमोन्स* (allomones) कहा जाता है। एलोमोन्स द्वारा पशुओं के विभिन्न प्रजातियों या पौधों से पशुओं तक सूचनाओं को संचारित कराया जाता है। जैसे, फूल से सुगंध निकलते हैं ताकि कीड़े (insects) तथा चिड़िया उनके पास आये और उसके पराग (pollen) वितरित हो सके।

स्पष्ट हुआ कि रसायनिक संचार के कई प्रकार हैं जिनमें विभिन्न संकेत (chemical signal) सम्मिलित होते हैं।

कोशप्रक्रमों पर हारमोन्स का प्रभाव
(Inpact of Hormones on Cell Mechanisms)

हारमोन्स का प्रभाव कोशिकाओं (cells) पर पड़ता है और यह प्रभाव कुछ प्रक्रमों द्वारा सम्पन्न होता है। यहाँ हम ऐसे ही कुछ प्रभावों का वर्णन करेंगे जो इस प्रकार हैं—

(1) हारमोन्स कोशिकाओं को उसके वर्द्धन तथा क्रियाओं को प्रभावित करके अपना प्रभाव दिखलाता है *(Hormones affect cells by influencing their growth and activity)*—हार्मोन का प्रभाव विभिन्न उत्तकों (tissues) एवं अंगों (organs) की कोशिकाओं (cells) पर पर्याप्त पड़ता है। यह प्रभाव हार्मोन्स द्वारा दो तरह की प्रक्रियाओं द्वारा सम्पन्न किया जाता है—

पहली प्रक्रिया वह है जिसमें हार्मोन्स कोशिकाओं के वर्द्धन (growth), प्रचुरोद्भवन (proliferous) तथा विभेदन या विशिष्टीकरण (differentiation) को उन्नत बनाता है तथा दूसरी प्रक्रिया वह है जिसमें वह कोशिका के क्रियाओं को अनुकूलित (modulate) करता है। जैसे, व्यक्ति का आरम्भिक विकासात्मक प्रक्रियाएँ मूलतः विभिन्न तरह के हार्मोन्स विशेषकर थायरायड हार्मोन्स (thyroid hormones) से प्रभावित होता है। इस हार्मोन्स के अभाव में मस्तिष्क में बहुत कम कोशिका बन पाता है तथा व्यक्ति का मानसिक विकास (mental development) मंद हो जाता है। कुछ हारमोन्स जैसे पुरुष या स्त्री हार्मोन्स ऐसे होते हैं जो व्यक्ति के बाद के विकास में कोशिकाओं को विभाजित होने तथा उसे वर्द्धन होने में मदद करता है जिसे पुरुष या महिलाओं में गौण यौन गुण (secondary sex characteristics) विकसित हो जाते हैं। जिन कोशिकाओं में विशिष्टीकरण या विभेदीकरण पहले ही हो चुका होता है, हारमोन्स से उन कोशिकाओं के कार्य को ठीक ढंग अनुकूलित किया जाना सम्भव हो पाता है। उदाहरणस्वरूप, थायरायड हार्मोन्स तथा इन्सुलिन हारमोन्स हमारे शरीर के अधिकतर कोशिकाओं के चयापचयी दर (metabolic rate) को उन्नत बनाने में मदद करते हैं।

(2) ग्राहक अणुओं से सम्पर्क कर हार्मोन्स क्रियाओं का आरम्भ करते हैं। *(Hormones initate actions by binding to receptor molecules)*—हार्मोन्स के तीनों प्रकार लक्ष्य

अंगों (target organs) पर प्रभाव निम्नांकित दो तरीकों से डालते हैं—

(i) प्रोटीन हारमोन्स कुछ विशिष्ट ग्राहक (specific receptors) पर ही अपना प्रभाव डालते हैं। ऐसे ग्राहक लक्ष्य कोशिकाओं के झिल्ली के सतह (surface) पर पाये जाते हैं। जब ऐसे कोशिकाओं के झिल्ली के सतह उत्तेजित हो जाते हैं, तो उसके कोशिका में फिर द्वितीय संदेशवाहक (second messanger) की उत्पत्ति होती है। प्रोटीन हारमोन्स इस प्रक्रम का उपयोग करके उस प्रोटीन के स्तर में परिवर्तन ला देता है जो पहले से कोशिकाओं में मौजूद होते हैं। अधिकतर ऐमिनो हारमोन्स (amino hormones) भी सतही ग्राहक (surface receptor) तथा द्वितीय संदेशवाहक के ही माध्यम से अपना प्रभाव डालते हैं। परन्तु थायरायड हारमोन्स इस प्रक्रम का एक अपवाद होता है। प्रोटीन एवं एमिनो हारमोन्स उपर्युक्त प्रक्रिया को अपनाकर अपना प्रभाव तेजी से कोशिकाओं पर डालते हैं जिससे व्यक्ति का व्यवहार तेजी से प्रभावित होता है।

(ii) स्टेरोआयड हारमोन्स लक्ष्य कोशिका के झिल्ली द्वारा गुजरते हैं तथा कोशिका के भीतर के विशिष्ट ग्राहक प्रोटीन (specific receptor protein) से जुड़ जाते हैं। इसके बाद यह स्टेरोआयड ग्राहक जोड़ (steriod-receptor complex) कोशिका के केन्द्रक के डीएनए (DNA) से जुड़ (bind) जाते हैं और इस तरह का बन्धकी विशिष्ट जीनों के प्रतिलेखन (transcription) को कुछ प्रोटीन के उत्पादकता को बढ़ाकर तथा कुछ प्रोटीन की उत्पादकता को कम करके प्रभावित करता है। अतः स्टेरोआड हारमोन्स जीन अभिव्यक्ति (gene expression) को प्रभावित करके अपनी क्रिया करता है और इस तरह से प्रोटीन की उत्पादकता में भी परिवर्तन लाता है। प्रोटीन उत्पादकता में परिवर्तन लाकर स्टेरोआयड का कोशिकाओं के कार्य एवं विकास पर धीमा (slow) परन्तु दीर्घकालीन प्रभाव (long-lasting effect) पड़ता है।

(3) पुनर्निर्वेशन नियन्त्रण प्रक्रम से हारमोन्स के स्राव का नियमन होता है *(Feedback control mechanisms regulate the secretion of hormones)*—सभी हार्मोनल तन्त्र की एक मुख्य विशेषता यह है कि यह न केवल हार्मोन का उत्पादन करता है बल्कि वह हारमोन्स के प्रभाव को जानने की कोशिश भी करता है तथा साथ-ही-साथ उसका मूल्यांकन (evaluation) भी करता है। इसके परिणामस्वरूप इस तन्त्र से निकालने वाला स्राव का नियमन एवं नियन्त्रण भी करता है ताकि उसका स्राव का दर शारीरिक क्रियाओं एवं आवश्यकताओं के अनुकूल बना रहता है। इसके लिए जो मौलिक नियन्त्रण तन्त्र का उपयोग किया जाता है, उसे ऋणात्मक पुनर्निवेशन तन्त्र (negative feedback system) कहा जाता है। पुनर्निवेशन नियन्त्रण प्रक्रम तीन तरह का होता है जिसे चित्र 6.5 के अ, ब तथा स में दिखलाया गया है।

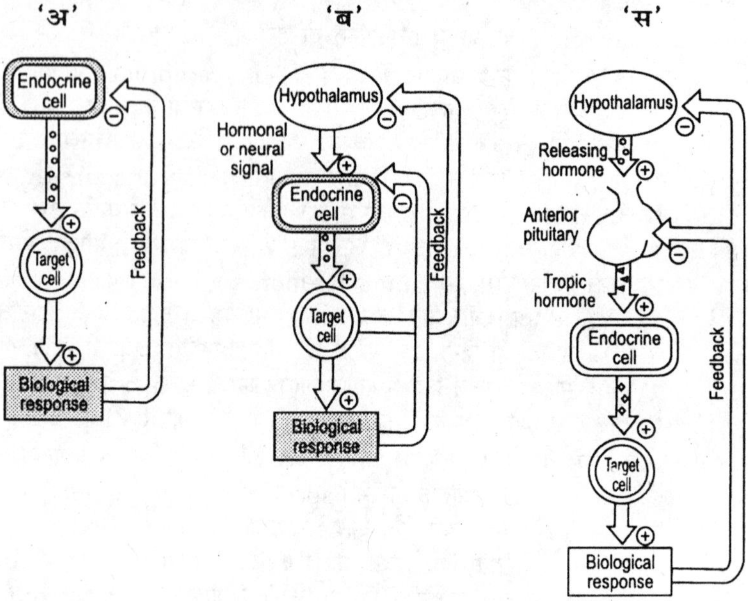

चित्र 6.5 : अतःस्रावी पुनर्निवेशन लूप (Endcrine feedback loop)

सबसे सरलतम नियन्त्रण तन्त्र को चित्र 6.5 अ में दिखलाया गया है। इसमें अंतःस्रावी कोशिका एक हारमोन्स का उत्सर्जन करते दिखलाया गया है जो लक्ष्य कोशिका को क्रियाशील कर या उत्तेजित करके एक खास तरह का जैविक प्रभाव उत्पन्न करता है। इस तरह के प्रभाव की पहचान फिर अंतःस्रावी कोशिका द्वारा पुनर्निवेशन (feedback) के माध्यम से किया जाता है जिसके परिणामस्वरूप कोशिका फिर आगे हारमोंन्स का उत्सर्जन बंद कर देता है। इसे एक उदाहरण द्वारा इस प्रकार समझाया जा सकता है, भोजन करने के बाद भोजन से प्राप्त ग्लूकोज रक्त प्रवाह तथा वहिकोशकीय तरल (extracellular fluid) में प्रवेश करता है जिससे पैंक्रियाज (pancreas) से इन्सुलिन निकलने लगता है। इन्सुलिन वहिकोशकीय ग्लूकोज को मांसपेशीय एवं वसा कोशिकाओं में प्रवेश करने के लिए बाध्य करता है तथा उन्हें ग्लूकोज का उपयोग करने के लिए उत्तेजित करता है। रक्त में ग्लूकोज का स्तर जैसे ही कमता है, पैंक्रियाज से इनसुलिन का निकलना कम हो जाता है ताकि एक संतुलन बना रहे। हारमोन का यह ऋणात्मक पुनर्निवेशन तन्त्र (negative feedback system) एक थर्मोस्टैट (thermostat) के समान ही कार्य करता है। चित्र 6.5 'ब' में पुनर्निवेशन तन्त्र के एक जटिल स्तर को दिखलाया गया है। इस तन्त्र में हाइपोथैलमस भी उस सर्किट का एक भाग होता है जो अंतःस्रावी ग्रन्थि (endocrine gland) को नियन्त्रित करता है। इस तरह से इस नियन्त्रण तन्त्र में मस्तिष्क भी सम्मिलित होता है। हाइपोथैलमस अंतःस्रावी ग्रन्थि को तन्त्रकीय (neural) या हार्मोनल संकेत (hormonal signal) के माध्यम से अंतःस्रावी ग्रन्थि को उत्तेजित करता है जिससे हार्मोन उत्सर्जित होकर लक्ष्य कोशिका को प्रभावित करके जैविक अनुक्रियाएँ (biological responses) उत्पन्न करता है। जैसे, हाइपोथैलमस तन्त्रकीय

सम्बन्ध (neural link) स्थापित कर एड्रीनल मेडुला (adrenal medulla) को प्रभावित करता है। एड्रीनल मेडुला से इपानफ्राईन (epinephrine) का स्राव होता है और इससे फिर लक्ष्य कोशिका (target cells) प्रभावित होता है। इसके बाद ऋणात्मक पुनर्निवेशन अंतःस्रावी ग्रन्थि अर्थात् एड्रीनल मेडुला को छोड़ते हुए सीधे हाइपोथैलमस में पहुँचता है जो हार्मोन उत्पादन के आगे की प्रक्रिया को कम करने की आज्ञा देता है।

चित्र 6.5 'स' में और भी अधिक जटिल पुनर्निर्वेशन तन्त्र को दिखलाया गया है जिसमें हाइपोथैलमस के अलावा अग्रवर्त्ती पीयूष ग्रन्थि (anterior pituitary gland) को सहभागी बनाया गया है। इस नियन्त्रण प्रक्रम (control mechanism) में अग्रवर्ती पीयूष ग्रन्थि से कई तरह के हारमोन्स जिसे ट्रौपिक हार्मोन (tropic hormone) कहा जाता है, निकलता है जो अन्य अंतःस्रावी ग्रन्थियों को प्रभावित करता है। हाइपोथैलमस से अन्य दूसरे तरह का हामोन्स जिसे निमुर्क्ति हारमोन्स (releasing hormones) कहा जाता है, का भी स्राव होता है जो ट्रौपिक हारर्मोन्स को नियन्त्रित करता है। इस तरह से हाइपोथैलमस के निमुर्क्ति हार्मोन द्वारा पीयूष ग्रन्थि का ट्रौपिक हार्मोन प्रभावित होता है जो दूसरे अंतःस्रावी ग्रन्थि से निकलने वाले हार्मोन को प्रभावित करता है। इस तरह के नियन्त्रण तन्त्र में पुनर्निवेशन अंतःस्रावी ग्रन्थि के हार्मोन से हाइपोथैलमस तथा अग्रवर्ती पीयूष (anterior pituitary) दोनों में पहुँचता है।

स्पष्ट हुआ है कि अंतःस्रावी ग्रन्थियों का कोशकीय प्रक्रमों (cellular mechanisms) के विभिन्न प्रकारों पर सार्थक प्रभाव पड़ता है।

हार्मोन का व्यवहार पर प्रभाव
(Impact of Hormones upon Behaviour)

नवीनतम अध्ययनों से यह स्पष्ट हुआ है कि हार्मोन का विभिन्न तरह के मानक व्यवहार पर काफी ठोस प्रभाव पड़ता है। हम यहाँ कुछ ऐसी ही प्रभाव का वर्णन निम्नांकित तीन प्रमुख शीर्षकों के तहत करेंगे—

(1) हार्मोन से समस्थिति बनाये रखने में मदद मिलती है *(Hormones help in maintaing homeostasis)*— हार्मोन से व्यक्ति अपने आंतरिक वातवरण (internal environment) में एक तरह का संतुलन (balance) बना कर रखता है। इस अवस्था को समस्थिति (homeostasis) की संज्ञा दी जाती है। जैसे रक्त में ग्लूकोज या शर्करा (glucose) के सांद्रता (concentration) एवं नियमन को समस्थिति में हार्मोनल भूमिका के उदाहरण के रूप में लिया जा सकता है। रक्त में ग्लूकोज के सांद्रता का सामान्य स्तर 80 एवं 130 मिलीग्राम प्रति 100 मिलीलिटर के परास (range) में होता है। कुछ हार्मोन्स जैसे ग्लूकागोन (glucagon), वर्द्धन हार्मोन (growth hormone) तथा कार्टिजोल (cortisol) ऐसे होते है, जिनमें रक्त में ग्लूकोज की सांद्रता बढ़ती है। इनसुलिन से रक्त में ग्लूकोज की सांद्रता में कमी आती है। अतः इन हारमोन्स के बीच संतुलन से रक्त में चीनी या ग्लूकोज का स्तर सामान्य परास में बना रहता है जिससे व्यक्ति को विभिन्न परिस्थितियों में सर्वाधिक शक्ति मिलती रहती है और उसका आंतरिक वातावरण में संतुलन भी बना रहता हे। अगर इस ढंग की समस्थिति में किसी ढंग की गड़बड़ी आ जाती है जैसे इन्सुलिन का निकलना कम हो जाता है, तो व्यक्ति में मधुमेह (diabetes) रोग हो जाता है।

(2) हार्मोन्स का प्रभाव अधिगम एवं स्मृति पर भी पड़ता है *(Hormones affect learning and memory)*—हार्मोन का प्रभाव सीखने एवं स्मृति की क्षमता पर काफी पड़ता है। अध्ययनों से यह स्पष्ट हुआ है कि थायरायड हार्मोन (thyroid hormone) से तन्त्रिका तन्त्र के विकास पर उत्तम प्रभाव पड़ता है। अगर इस तरह का हार्मोन कम मात्रा में विकास की आरम्भिक अवस्था में निकलता है, तो इससे मानसिक मंदता (mental defciencey) की अवस्था उत्पन्न होती है जिसे *हाइपोथारायडिज्म* (hypothyroidism) की संज्ञा दी जाती है। डैवेनपोर्ट (Davenport, 1996) ने एक अध्ययन चूहों पर करके यह दिखला दिया है कि यदि चूहों में ऐसे औषध दिये जाते हैं जिनसे थायरायड ग्रन्थि से थायरायड का निकलना कम हो जाता है, तो उनके व्यवहारों में कई तरह की कमी या अधूरापन दीखता है। गाँघ (Gaugh, 1992), सुल्टी एवं मार्टिनेज (Schulteis & Martinez, 1992) द्वारा किये गए अध्ययनों से यह स्पष्ट हुआ है कि वयस्क पशुओं में सीखने एवं याद रखने की क्षमता हाइपोथैलमिक हार्मोन्स अर्थात् एसीटीएच (ACTH), एभीपी (AVP) तथा आक्सीटोसीन (oxytocin) से काफी प्रभावित होता है। इसके साथ ही उसपर नोरइपाईनफ्राइन (norepinephrine), एपाइनफ्राइन (epinephrine) तथा एड्रीनल मेडुला के केटकोलामिनर्जिक हारमोन्स (catecholaminergic hormone) से काफी अधिक प्रभावित होता है।

(3) अंतःस्रावी विकृति से मानव व्यवहार पर अन्त्य प्रभाव पड़ सकता है *(Endocrine pathology may produce extreme impact upon human behaviour)*—नवीनतम अध्ययनों से यह स्पष्ट हुआ है कि हार्मोन स्राव अत्यधिक होने या काफी कम होने से व्यक्ति के व्यवहार पर काफी सार्थक प्रभाव पड़ता है और जैसा कि अरहार्ड एवं गोल्डमैन (Erhardt & Goldman, 1992) ने बतलाया है कि इस ढंग का अन्त्य स्राव (extreme secretion) का सम्बन्ध मनुष्य के दैहिक एवं व्यवहारपरक विकृतियों (behavioural disorders) से अधिक होता है। जैसे, पाराथारायड हार्मोन कम मात्रा में निकलने से वेसल गैंगलियन (basal ganglion) में अत्यधिक कैलसियम जमा हो जाता है और तब व्यक्ति कुछ ऐसा लक्षण दिखलाने लगता है जो गम्भीर मानसिक रोग अर्थात् मनोविदालिता (schizophrenia) से मिलता-जुलता होता है। उसी तरह से जिन व्यक्तियों में अत्यधिक थायरायड हार्मोन निकलता है, उसमें चिंता (anxiety) का स्तर काफी अधिक बड़ा हुआ होता है तथा जिनमें इसका स्राव कम मात्रा में होता है, उनमें संज्ञानात्मक दोष (cognitive impairment) तथा विषाद (depression) अधिक मात्रा में होते हैं। उसी तरह से एड्रीनल कार्टेक्स से अत्यधिक मात्रा में ग्लूकोकार्टिकोआयड (glucocorticoid) से व्यक्ति में थकान, विषाद (depression) अत्यधिक बाल उगना तथा अन्य ऐसे परिवर्तन जो स्वायत्त तन्त्रिका तन्त्र से जुड़े होते हैं, उत्पन्न होते हैं। इस स्थिति को *कुशिंग संलक्षण* (Cushing syndrome) कहा जाता है। कई अध्ययनों से यह भी पता चला है कि भावात्मक परिवर्तन (affective changes) विशेषकर विषाद उस परिस्थिति में भी व्यक्ति में उत्पन्न होता है जब कार्टिसोल (cortisol) का स्राव अत्यधिक मात्रा में होता है। कुछ लोग जैसे व्यायामी (athlete) जो ग्लूकोकोर्टिकाआयड अत्यधिक मात्रा में लेते हैं, उनमें मनश्चिकित्सीय लक्षण (psychiatric symptoms) विशेषकर तीव्र मनोविक्षिप्त व्यवहार (psychotic behaviour) उत्पन्न हो जाते हैं।

स्पष्ट हुआ कि अंतःस्रावी ग्रन्थियों के स्राव से व्यक्ति का भावात्मक, संवेगात्मक एवं संज्ञानात्मक व्यवहार काफी अधिक प्रभावित होता है।

हार्मोनल तन्त्र एवं तन्त्रकीय तन्त्र में अंत:क्रिया (Interaction between Hormonal System and Neural System)

हार्मोनल तन्त्र तथा तन्त्रकीय तन्त्र (neural system) दोनों आपस में इस ढंग से अंतःक्रिया करते हैं कि व्यक्ति वातावरण के उद्दीपकों के प्रति एक समन्वित ढंग से व्यवहार कर पाता है। उद्दीपक पहले व्यक्ति में तन्त्रिका आवेग (nerve impulse) पैदा करते हैं जो मस्तिष्क के विभिन्न क्षेत्र यथा प्रमस्तिष्कीय कार्टेक्स (cerebral cortex), लघुमस्तिष्क (cerebellum) तथा हाइपोथैलमस (hypothalamus) आदि में पहुँचते हैं। फिर वहाँ से तन्त्रिका आवेग पेशीय अंगों में पहुँचते हैं जिनके फलस्वरूप व्यक्ति व्यवहार करता है। इसी बीच अंतःस्रावी तन्त्र (endorcine system) भी क्रियाशील हो जाता है और व्यक्ति के अनुक्रिया को अधिक यथोचित एवं परिस्थिति के अनुकूल बना देता है। अगर व्यक्ति यह समझता है कि उद्दीपक का स्वरूप कुछ ऐसा है कि उसके प्रति तीव्र क्रिया की जाय, तो व्यक्ति में अतिरिक्त ऊर्जा (energy) हार्मोनल पथ (hormonal route) से निकलना प्रारम्भ हो जाता है। इस हार्मोन के कारण व्यक्ति का संवेदी अंगों में कुछ परिमार्जन हो सकता है जिसके कारण वह उद्दीपकों का मूल्यांकन कुछ और भिन्न तरीके से कर सकता है।

बहुत ऐसे व्यवहार होते हैं जिनमें तन्त्रकीय एवं हार्मोनल समन्वय (coordination) की जरूरत होती है। जैसे, जब व्यक्ति का तन्त्रकीय संवेदी तन्त्र किसी परिस्थिति को तनावपूर्ण (stressful) समझता है तो हार्मोनल स्राव व्यक्ति को अधिक उर्जस्वी (energetic) बना देता है। 'भिड़ो या भागो' अनुक्रिया (fight or flight response) में पेशीय गति (muscular movements) का नियन्त्रण तन्त्रकीय (neurally) होता है परन्तु वांछित ऊर्जा का संचारित होना हार्मोनल स्राव पर निर्भर करता है। महिलाओं में दूध उतरने की अनुक्रिया भी तन्त्रकीय (neural) एवं हार्मोनल समन्वय का एक उत्तम उदाहरण हैं।

अध्ययनों से यह स्पष्ट हुआ है कि एक ऐसे तन्त्र (system) में जहाँ तन्त्रिका कोशिका (nerve cell) तथा अंतःस्रावी कोशिका (endocrine cell) दोनों ही सम्मिलित होते हैं, एक कोशिका से दूसरे कोशिका तक चार तरह के संकेत (signals) उपस्थित हो सकते हैं—*तन्त्रकीय-से-तन्त्रकीय* (neural-to-neural), *तन्त्रकीय-से-अंतःस्रावी* (neural-to-endocrine) *अंतःस्रावी-से-अंतःस्रावी* (endocrine-to endocrine) तथा *अंतःस्रावी-से-तन्त्रकीय* (endocrine-to-neural)। इन चार संकेतों के माध्यम से सूचनाओं का संचरण (transmission) शरीर में होता है और इसका सबसे उत्तम उदाहरण हमें फ्रिडमैन (Friedman, 1977) के उस मशहूर प्रयोग से मिलता है जिसमें उन्होंने ध्वर (पंडुक) (ring dove) के प्रणय-याचन व्यवहार (courtship behaviour) का अध्ययन किया। नर-पंडुक जब मादा-पंडुक को देखता है, तो उसमें तन्त्रकीय-से-तन्त्रकीय संचरण (neural-to-neural transmission) सम्मिलित होता है। इसके बाद उसमें तन्त्रकीय-से-अंतःस्रावी संचरण उत्पन्न होता है जो नर-पंडुक के हाइपोथैलमस के न्यूरोस्रावीय कोशिकाओं (neuro secretary cells) को उत्तेजित करके एलएच अर्थात्

ल्यूटिनाइजिंग हार्मोन (luteinizing hormone) पैदा करता है। इसके बाद अंतःस्रावी-से-अंतःस्रावी संकेत उत्पन्न होते हैं जिससे टेस्टोस्टरोन (testosterone) हार्मोन का उत्सर्जन होने लगता है। टेस्टोस्टरोन हार्मोन कुछ न्यूरोन के उत्तेजनशीलता को अंतःस्रावी-से-तन्त्रकीय पथ को परिवर्तित कर देता है और इसके परिणामस्वरूप नर-पंडुक प्रणय-चयन व्यवहार करना प्रारम्भ कर देता है। मादा-पंडुक नर-पंडुक के उस व्यवहार के प्रति अनुक्रियाशील हो जाती है जिससे नर-पंडुक को पुनः नया दृष्टि उत्तेजन (visual stimulation) मिलता है और फिर मस्तिष्क में तन्त्रकीय से तन्त्रकीय संकेत उत्पन्न हो जाता है।

अनुभावात्मक हस्तक्षेप (experiential intervention) से भी बहुत सारे अंतःस्रावी ग्रन्थियों से निकलने वाले हार्मोन में परिवर्तन करते पाये गये हैं जिनसे प्राणी का व्यवहार प्रभावित होता है। जैसे, थायरायड हार्मोन का उत्सर्जन बहुत सारे पर्यावरणी कारकों से प्रभावित होता पाया जाता है। कसरत करने से रक्त में थायरोक्सीन (thyroxine) का स्तर बढ़ जाता है। पशुओं को ठंडे तापक्रम (cold temperature) में रखने से थायरायड क्रियाओं में वृद्धि हो जाती है और इतना ही नहीं, यह भी पाया गया है कि ऐसे वातावरण में रहने से थायरायड ग्रन्थि (thyroid gland) के आकार में भी वृद्धि हो जाती है। दूसरे तरफ दैहिक तनाव, दर्द एवं दुःखद संवेगात्मक परिस्थिति से थायरायड उत्पादकता में काफी कमी आ जाती है जिसका संभवतः कारण यह होता है कि हाइपोथैलमस से थायरोट्रोपिन-निमुर्क्ति हार्मोन (Thyrotropin-Releasing hormone or TRH) का स्राव कम हो जाता है।

अध्याय सारांश (Chapter Summary)

1. मानव व्यवहार पर विभिन्न तरह की अंतःस्रावी ग्रन्थियों के स्रोतों का महत्त्वपूर्ण प्रभाव पड़ते पाया गया है।
2. आठ प्रकार के अन्तःस्रावी ग्रन्थियों तथा उनका व्यवहार पर पड़ने वाले प्रभावों का वर्णन किया गया है।
3. हार्मोन्स के मुख्य तीन प्रकार हैं—प्रोटीन हार्मोन, स्टेरोआड हारर्मोन तथा ऐमाइन हारर्मोन।
4. हार्मोन क्रिया के मुख्य दस नियम हैं जिनकी भी चर्चा की गयी है।
5. हार्मोनल संचार तथा तंत्रीकीय संचार का तुलनात्मक अध्ययन करने से इन दोनों के बीच कुछ विभिन्नताएँ एवं समानताओं का पता चला है।
6. रसायनिक संचार के पाँच प्रकार बतलाये गये हैं।
7. हार्मोन्स का प्रभाव कोशकीय प्रकमों तथा मानव व्यवहार दोनों पर ही पड़ता देखा गया है।

❑

अध्याय 7

कुछ प्रमुख व्यवहारों का न्यूरोदैहिक आधार
(NEUROPHYSIOLOGICAL BASE OF SOME IMPORTANT BEHAVIOUR)

मानव व्यवहार किसी घटना/उद्दीपक या अन्य व्यक्तियों के प्रति किया गया एक अनुक्रिया होता है। प्रत्येक मानसिक प्रक्रिया जैसे प्रत्यक्षण, अभिप्रेरण, संवेग, अधिगम, स्मृति आदि से संबद्ध जो व्यवहार प्राणी करता है, उसका एक दैहिक आधार (physiological base) होता है। दूसरे शब्दों में यह कहा जाता है कि प्रत्येक ऐसे व्यवहार का संचालन एवं नियंत्रण कुछ आंतरिक दैहिक क्रियाओं से होता है। इसमें शरीर के केन्द्रीय तंत्रिका तंत्र (central nervous system), परिधीय तंत्रिका तंत्र (peripheral nervous system), ज्ञानेन्द्रियाँ (sense organs) तथा प्रभावक (effectors) अर्थात् मांशपेशियां तथा ग्रन्थियों (glands) की संरचनाएँ (structures) एवं विशिष्ट कार्य आदि सम्मिलित होते हैं। इस पूरे प्रक्रम को न्यूरोमनोवैज्ञानिकों ने मानव व्यवहारों का **न्यूरोदैहिक आधार** (neurophysiological base) कहा है। इस अध्याय में कुछ प्रमुख व्यवहारों का न्यूरोदैहिक आधारों की चर्चा की जायेगी—

1. प्रत्यक्षण का न्यूरोदैहिक आधार (Neurophysiological base of Perception)
2. अभिप्रेरण का न्यूरोदैहिक आधार (Neurophysiological base of Motivation)
3. संवेग का न्यूरोदैहिक आधार (Neurophysiological base of Emotion)
4. नींद तथा जाग्रत का न्यूरोदैहिक आधार (Neurophysiological base of sleep and waking)
5. अधिगम का न्यूरोदैहिक आधार (Neurophysiological base of Learning)
6. स्मृति का न्यूरोदैहिक आधार (Neurophysiological base of Memory)

इन सबों का वर्णन हम अलग-अलग अनुच्छेद में करेंगे।

प्रत्यक्षण का न्यूरोदैहिक आधार
(Neurophysiological Base of Perception)

प्रत्यक्षण एक जटिल मानसिक प्रक्रिया है जिसमें दृष्टि (vision), श्रवण (audition), स्पर्श एवं अन्य त्वक् प्रत्यक्षण (touch and other skin senses) रसायनिक संवेदन (chemical sense) अर्थात् गंध (smell) एवं स्वादन (taste) तथा काइनेस्थेसिया

(Kinesthesia) एवं भेस्टीबुलर ज्ञान (vestibular sense) आदि सम्मिलित होते हैं। इन विभिन्न प्रक्रियाओं में दृष्टि तथा श्रवण प्रत्यक्षण पर न्यूरोमनोवैज्ञानिकों का ध्यान तुलनात्मक रूप से अधिक गया है। अतः इन दोनों पर तुलनात्मक रूप से अधिक बल डाला जायेगा।

1. दृष्टि प्रत्यक्षण का न्यूरोदैहिक आधार *(Neurophysiological base of visual perception)*—सभी ज्ञानेन्द्रियों में आँख का महत्त्व सबसे अधिक बतलाया गया है। आँख से हमें दृष्टि प्रत्यक्षण (visual perception) होता है जो बहुत ही एक सरल प्रक्रिया मालूम पड़ती है। परन्तु यदि हम इसकी दैहिक आधारों (physiological base) का विश्लेषण करें तो यह स्पष्ट होगा कि इसमें सरलता कम जटिलताएँ अधिक हैं।

रोशनी सिर्फ आँख से प्रवेश करती है और हमलोग देखते हैं मस्तिष्क से। इससे इतना तो स्पष्ट हो जाता है कि आँख अपने आप में नहीं देख सकता है जबतक कि उसका मस्तिष्कीय आधार (brain base) का समर्थन नहीं हो। जैसा कि हम जानते हैं कि रोशनी आँख में परितारिका (iris), पुतली (pupil), लेन्स (lens) होते हुए अक्षिपटल (retina) पर पड़ती है जहाँ शलाकाएँ (rods) तथा सूचियाँ (cones) उन्हें ग्रहण करती हैं। शलाकाएँ धूमिल रोशनी तथा रात में क्रियाशील होते हैं जबकि सूचियाँ तीव्र रोशनी में क्रियाशील होती हैं। प्रत्येक आँख के दृष्टिपटल में शलाकाओं की संख्या करीब 120 मिलियन तथा सूचियों की संख्या करीब 8 मिलियन होती है। शलाकाएँ एवं सूचियाँ रोशनी द्वारा उत्तेजित होने पर तंत्रकीय सूचनाओं (neural information) को अन्य न्यूरोन्स (neurons) जिसे *द्विध्रुवीय कोशिकाएँ* (bipolar cells) कहा जाता है, में भेजती हैं। ये कोशिकाएँ फिर अन्य दूसरे न्यूरोन्स जिसे *गैंगलियन कोशिकाएँ* (ganglian cells) कहा जाता है, उन्हें उत्तेजित करती हैं। गैंगलियन कोशिकाओं की संख्या करीब एक मिलियन (million) होती हैं जो शलाकाएँ (rods) तथा सूचियों (cones) की संख्या से काफी कम होती हैं। अतः सारे शलाकाओं एवं सूचियों से प्राप्त होने वाली बहुत सूचनाओं को संयोजित (combined) या लघुकृत (reduced) कर दिया जाता है ताकि गैंगलियन कोशिकाएँ उन्हें ग्रहण करके सूचनाओं को मस्तिष्क में आगे बढ़ा सके। हुवेल तथा लिभिंगस्टोन (Hubel & Livingstone, 1990) तथा लिभिंगस्टोन तथा हुवेल (Livingstone & Hubel, 1988) द्वारा किये गये शोधों से यह पता चला है कि लघुकृत करने की यह प्रक्रिया किस तरह से संपन्न होती है। इन लोगों के शोधों से यह स्पष्ट हुआ है कि अक्षिपटल में कम-से-कम दो तरह के गैंगलियनन कोशिकाएँ होती हैं—

मैगनोसेलुलर कोशिका (Magnocellular cell or M cell) तथा **पारभोसेलुलर कोशिका** (parvocellular cell or P cell)। एम-कोशिका दृष्टि क्षेत्र के बड़े हिस्से को देखता है, रोशनी में विभिन्न क्षेत्रों के बीच लघु अंतरों (small differences) का प्रत्यक्षण करता है तथा गति के प्रति संवेदनशील होता है। ऐसी कोशिकाएँ आकार में बड़ी (large) भी होती हैं। पी-कोशिका आकार में तुलनात्मक रूप से छोटी होती हैं। यह दृष्टि क्षेत्र के छोटे भागों को देख पाता है, रोशनी में उच्च विरोधाभास (high contrast) या अंतर को देख पाता है, दृष्टि क्षेत्र में परिवर्तन की उपेक्षा करता है परन्तु

रंग के प्रति संवेदनशील होता है। संक्षेप में यह कहा जा सकता है कि एम-कोशिकाओं द्वारा धीमी रोशनी में तथा पी-कोशिकाओं द्वारा पर्याप्त रोशनी में देखने का कार्य संपन्न होता है। इस तरह से शलाकाएँ एवं सूचियों की सूचनाओं को दो सामान्य श्रेणियों में विभक्त करके उन्हें लघुकृत कर दिया जाता है। गैंगलियन कोशिकाओं से एक्सान्स (axons) अभिमुख (converge) होकर दृष्टि तंत्रिका (optic nerve) का निर्माण करते हैं और फिर दृष्टि सूचनाएँ मस्तिष्क (brain) में थैलमस होते हुए मुख्य दृष्टि क्षेत्र (primary visual cortex) में पहुँचती हैं। प्रत्येक आँख से निकलने वाले दृष्टि तंत्रिका (optic nerve) कुछ तो अपने ही तरफ के दृष्टि कार्टेक्स में जाते हैं तथा कुछ एक-दूसरे को क्रास (cross) करते हुए विपरीत कार्टेक्स (अर्थात् बायें आँख से आने वाले तंत्रिका दायें कार्टेक्स में तथा दायें आँख से आने वाले कार्टेक्स बायें कार्टेक्स में) जाते हैं। इस क्रॉस बिन्दु को *दृष्टि काइज्मा* (visual chiasma) कहा जाता है (देखें चित्र 7.1) गैंगलियन कोशिकाओं द्वारा लाये गए सूचनाओं को थैलमस के लेट्रल जेनिकुलेट न्यूक्लिअस (Lateral geniculate nucleus or LGN) द्वारा ग्रहण करके उसे दृष्टि कार्टेक्स में प्रक्षेपित (project) किया जाता है जहाँ उन्हें विशिष्ट ढंग से संसाधित किया जाता है (देखें चित्र 6.1)। कास्सिन (Kassin, 1955) के अनुसार दृष्टि कार्टेक्स में करीब 100 मिलियन न्यूरोन्स होते हैं। हुवेल तथा विजेल (Hubel & Wiesel, 1979) ने कई अध्ययन ऐसे किये जिनके माध्यम से वे दृष्टि कार्टेक्स में न्यूरोन्स की भूमिका का सविस्तार अध्ययन किया। इस कार्य की महत्ता को देखते हुए हुवेल तथा विजेल को 1981 में नोबुल पुरस्कार (Nobel prize) से भी सम्मानित किया गया। इन्होंने अपने इन अध्ययनों के आधार पर यह बतलाया कि मुख्य दृष्टि कार्टेक्स में तीन तरह की न्यूरोन (neurons) होते हैं जो विशिष्ट तरह का कार्य करते हैं। *साधारण न्यूरोन या कोशिका* (simple cell), *जटिल कोशिका* (complex cells) तथा *अतिजटिल कोशिकाएँ* (hyper complex cells)। इन कोशिकाओं को *विशेषता अनुवेदक* (feature detectors) भी कहा जाता है।

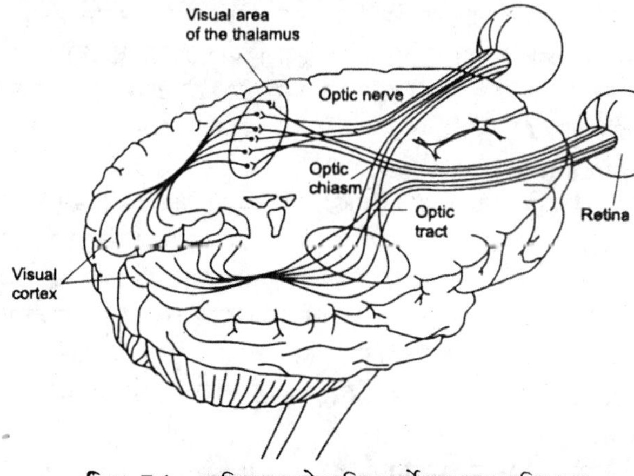

चित्र 7.1 : अक्षिपटल से दृष्टि कार्टेक्स तक दृष्टि पथ
(Visual pathways from retina to visual cortex)

साधारण कोशिका वैसे कोशिकाओं (cells) को कहा जाता है जो विशेष तरह की प्रतिमा (image) से ही उत्तेजित (stimulate) होती हैं। जैसे ऐसे न्यूरोन किसी 'रेखा' (line) के प्रति तब ही अनुक्रिया करते हैं जब उन्हें विशिष्ट परिपेक्ष्य (orientation) में उपस्थित किया जाता है। उदाहरणार्थ, कुछ साधारण कोशिकाएँ ऐसी होती हैं जो तब उत्तेजित होती हैं जब सीधी रेखा को पर्दे के बीच में उपस्थित किया जाता है परन्तु कुछ साधारण कोशिकाएँ ऐसी होती हैं जो तब अनुक्रियाशील होती हैं जब सीधी रेखा को पर्दे के बीच में न उपस्थित करके किसी एक कोने (corner) में उपस्थित किया जाता है। जटिल कोशिकाएँ (complex cells) वैसी कोशिकाएँ होती हैं जो उन उद्दीपकों के प्रति अनुक्रियाशील होते हैं जो विशेष दिशा में घूमती है और उनमें विशेष उन्मुखता होती है। जैसे, जब खड़ी रेखा या झुकी हुई रेखा बायें से दायें या दायें से बायें दिशा में जाती हैं, तो इनके प्रति ऐसी कोशिकाएँ अनुक्रियाशील होती हैं। अतिजटिल कोशिकाएँ वैसी कोशिकाएँ होती हैं जो दृष्टि उद्दीपकों को और भी जटिल पहलुओं जैसे लम्बाई, आकार तथा चौड़ाई (width) के प्रति अनुक्रिया करती हैं। जैसे, यदि कोई एक साधारण कोशिका '/' से उत्तेजित होती है, दूसरा साधारण कोशिका '\' से उत्तेजित होती है और तीसरी कोशिका '—' से उत्तेजित होती हैं तो एक अतिजटिल कोशिका इन तीनों विशेषताओं (features) के संयोजन (combination) के प्रति अनुक्रिया कर सकती है जैसा कि अक्षर 'A' के प्रत्यक्षण में होते पाये जाते हैं।

उपर्युक्त तथ्यों के आधार पर न्यूरोमनोवैज्ञानिकों ने यह मत जाहिर किया कि मस्तिष्क दृष्टि सूचनाओं को पदानुक्रमिक ढंग से (hierarchically) संसाधित करता है। इस विचारधारा के अनुसार न्यूरोन्स का एक समूह दृष्टि सूचनाओं के साधारण पहलुओं को विश्लेषित करता है और इसका परिणाम न्यूरोन्स के अन्य समूहों को भेजता है जो उसको आगे विश्लेषित करता है। इस प्रक्रिया में आगे जटिल दृष्टि सूचनाओं का विश्लेषण किया जाता है तथा उसे संकलित किया जाता है और तब अन्त में हमें किसी वस्तु का एक संगत एवं स्पष्ट दृष्टि प्रत्यक्षण होता है।

उक्त परिणाम के समान ही हाल में किये गये शोधों से यह स्पष्ट हुआ है कि दृष्टि कार्टेक्स (visual cortex) के विभिन्न क्षेत्र द्वारा विशेष प्रकार की दृष्टि सूचनाओं को संसाधित किया जाता है। जैसे किसी एक क्षेत्र द्वारा रंग, तो दूसरे क्षेत्र द्वारा गति, तीसरे क्षेत्र द्वारा चमकीलापन (brightness) आदि का संसाधन होता है। फेलेमैन तथा भान इस्सेन (Pellemann & Van Essen, 1991) के अनुसार दृष्टि कार्टेक्स में 30 से ज्यादा ऐसे क्षेत्र हैं जिनके माध्यम से विशिष्ट तरह की सूचनाएँ संसाधित होती हैं। किसी एक क्षेत्र में क्षति होने से सम्बन्धित कार्य पूर्णतः समाप्त नहीं हो जाता है क्योंकि दृष्टि कोशिकाएँ (visual cells) सूचना संसाधन में एक गत्यात्मक भूमिका (dynamic role) में होती हैं। ऐसी कोशिकाओं का कार्य निश्चित (fixed) नहीं होता है बल्कि जैसे-जैसे व्यक्ति का ध्यान परिवर्तित होता रहता है, या दृष्टि उद्दीपकों की व्यक्तिगत संगतता (personal relevance) में परिवर्तन होते रहता है, उनका कार्य भी परिवर्तित होते रहता है।

कुछ ऐसी दृष्टि पहचान विकृतियाँ (disorders of recognition) हैं जिनके अध्ययन से भी दृष्टि क्षेत्रों की विशिष्टता तथा दृष्टि प्रत्यक्षण के दैहिकी आधार का पता

एगनोसिया पद का प्रतिपादन सिगमंड फ्रायड (Sigmund Freud) द्वारा 1891 में किया गया और उन्होंने इस पद का उपयोग एक ऐसी अवस्था के लिए किया था जिसमें व्यक्ति को दृष्टि वातावरण (visual environment) के बारे में कोई ज्ञान नहीं रहता है क्योंकि व्यक्ति को उसके बारे में ज्ञान ही समाप्त हो जाता है या ज्ञान किसी कारण से अप्राप्त (unavailable) होते हैं। न्यूरोमनोवैज्ञानिक एगनोसिया पद का उपयोग बिना मुख्य संवेदी दोष (primary sensory impairment) के ही व्यक्ति द्वारा किसी वस्तु/चीज या व्यक्ति को पहचानने की असमर्थता की स्थिति बतलाने के लिए करते हैं। एगनोसिया की विकृति वाले व्यक्ति की सामान्य विशेषता यह है कि वे दृष्टि पहचान के किसी विशेष पहलू में असमर्थता दिखलाते हैं हालांकि उनकी दृष्टि क्षमता सामान्य होती है। जैसे *प्रोसोपैगनोसिया* (prosopagnosia) एक ऐसी विकृति है जिसमें व्यक्ति जाने-पहचाने व्यक्तियों को उनका चेहरा देखकर पहचान नहीं पाता है परन्तु अन्य दृष्टिकोणों से उनका दृष्टि प्रत्यक्षण सामान्य रहता है। इससे यह पता चलता है कि व्यक्ति दृष्टि क्षमता के कुछ पहलुओं को खोकर भी अन्य पहलुओं जैसे आकार (form), गति (motion) तथा रंग आदि का प्रत्यक्षण सामान्य बनाये रख पाता है। इससे इस तथ्य की संपुष्टि होती है कि दृष्टि तंत्र (visual system) में विभिन्न क्षेत्रों द्वारा भिन्न-भिन्न कार्य संपन्न होते हैं। न्यूरोमनोवैज्ञानिकों ने इस तरह के सबूत के आधार पर तब इस निष्कर्ष पर पहुँचे हैं कि दृष्टि प्रत्यक्षण में मस्तिष्क में प्रवेश करने वाले संवेदी सूचनाएँ (sensory messages) कई तरह के पथ होते हुए विभिन्न क्षेत्रों में समकालिक या समक्षणिक संसाधन (simultaneous processing) के लिए पहुँचता है। इस तरह के निष्कर्ष को कुछ ऐसे अध्ययनों से भी समर्थन मिला है जिसमें रोगी का मुख्य दृष्टि कार्टेक्स[1] (primary visual cortex) जिसे *सैचिरेट कार्टेक्स* (striate cortex) भी कहा जाता है, क्षतिग्रस्त हो जाता है और ऐसे रोगी का अक्षिपटल (retina) तथा दृष्टि तंत्रिका (optic nerve) बिलकुल ही ठीक होता है परन्तु फिर भी उनमें आंशिक या सम्पूर्ण अंधापन (total blindness) होता है। इनमें से कुछ रोगी में 'अन्ध दृष्टि' (blind sight) की घटना भी देखने को मिलती है। ऐसे रोगी इस तरह व्यवहार करते हैं मानों वे आकार (forms), रंग तथा गति (motion) आदि को देख रहे हैं परन्तु फिर भी उनका दावा यह रहता है कि उन्हें कुछ भी नहीं दिखलाई देता है। इसकी व्याख्या करते हुए शोधकर्त्ताओं ने यह कहा है कि ऐसा रोगी निम्न मस्तिष्कीय क्षेत्रों (lower brain areas) जैसे सुपरियर कौलिकुलस (superior colliculus) से न कि दृष्टि कार्टेक्स (visual cortex) से देख पाता है। गाज्जानिगा (Gazzaniga, 1994) के अनुसार इसका मतलब तब यह हुआ कि दृष्टि कार्टेक्स के अतिरिक्त मस्तिष्क का अन्य भाग दृष्टि सूचनाओं को संसाधित करने में मदद करता है।

नवीनतम अध्ययनों से यह भी स्पष्ट हुआ है कि दृष्टि कार्टेक्स में क्षेत्र V_1 (मुख्य दृष्टि क्षेत्र) के बाहर पड़ने वाले न्यूरोन्स (neurons) भी आकार प्रत्यक्षण (form perception) में अपना योगदान करते हैं। इनमें V_2, V_4 तथा शंख क्षेत्र (temporal area) में कुछ ऐसे न्यूरोन्स पाये जाते हैं जो थैलमस के लेट्रल जेनिकुलेट न्यूक्लिअस

1. मुख्य दृष्टि कार्टेक्स (primary visual cortex) को दृष्टि क्षेत्र-1 (visual area 1) या V_1 भी कहा जाता है।

area) में कुछ ऐसे न्यूरोन्स पाये जाते हैं जो थैलमस के लेट्रल जेनिकुलेट न्यूक्लिअस (Lateral geniculate nucleus or LGN) से सीधे सूचनाओं को प्राप्त करते हैं। इतना ही नहीं, इन क्षेत्रों के बहुत सारे कोशिकाएँ (cells) में V_1 क्षेत्र के न्यूरोन की तुलना में अधिक जटिल ग्राह्य क्षेत्र (receptive area) है। भान इस्सेन, एण्डरसन तथा फेल्लेमैन (Van Essen, Anderson & Felleman, 1992) द्वारा बन्दर पर किये गए अध्ययनों से यह स्पष्ट हुआ है कि करीब 30 स्पष्ट कार्टिकल क्षेत्र ऐसे होते हैं जो दृष्टि कार्यों में संलग्न हैं। मानव मस्तिष्क का दृष्टि क्षेत्र इतना तो स्पष्ट नहीं है परन्तु सामान्यतः इसकी रूप-रेखा (layout) भी लगभग समान ही है।

2. श्रवण प्रत्यक्षण का न्यूरोदैहिक आधार *(Neurophysiological base of auditory perception)*—जब ध्वनि तरंग कर्णपट्ट (ear drum) के साथ टकराता है तो श्रवण की प्रक्रिया प्रारंभ होती है। जब कर्णपट्ट में कम्पन होता है, तो मध्यकर्ण की तीन पतली-पतली हड्डियाँ (tiny bones) अर्थात् *मुगदर* (hammer), *निहाई* (auvil) तथा *रकाव* (stirr up) एक-दूसरे से एक क्रम (sequence) में टकराती हैं। इनमें अंतिम हड्डी अर्थात् रकाव (stirr up) एक विशेष झिल्ली (membrane) से जुड़ा होता है जिसे *अंडाकार खिड़की* (oval window) कहा जाता है और इस अंडाकार खिड़की के नीचे एक दूसरी झिल्ली होती है जिसे *गोलाकार खिड़की* (round window) कहते हैं जो रकाब का गोलाकार खिड़की से टकराने से भीतरी कर्ण (inner ear) में उत्पन्न दबाव को संतुलित करता है। रकाव द्वारा जब अंडाकार खिड़की को उत्तेजित किया जाता है, तो इसका भीतरी कर्ण (inner ear) पर गहरा प्रभाव पड़ता है। इसके बाद वह कंम्पन, कोकल्यिा (cochlea) में पहुँचता है जो लम्बाई के अनुसार वेसिलर झिल्ली (basilar membrane) से विभाजित होता है। मानव कोकल्यिा खोपड़ी (skull) के शंख हड्डी (temporal bone) में अवस्थित होता है तथा इसका व्यास (diameter) लगभग 4 मिलीमीटर होता है। वेसिलर झिल्ली गोलाकार खिड़की तथा अंडाकार खिड़की के पास थोड़ा कड़ा होता है परन्तु जैसे-जैसे हम इसके दूसरे छोर की ओर बढ़ते हैं, यह अधिक लचीला (flexible) होता चला जाता है। जब कोकल्यिा के भीतर के तरल पदार्थ में गति उत्पन्न होता है, तो उसी के अनुरूप वेसिलर झिल्ली में भी कम्पन होने लगता है। कोकलियर पथ (cochlear duct) के भीतर तथा वेसिलर झिल्ली (basilar membrane) के ऊपर *आर्गन ऑफ कोर्टी* (organ of corti) होता है जिसमें तीन मुख्य संरचनाएँ (structure) होती हैं—संवेदी कोशिका (sensory cells) जिसे केश कोशिकाएँ (hair cells) भी कहा जाता है, समर्थन प्रदान करने वाले कोशिकाओं का गुच्छ (group of supporting cells) तथा श्रवण तन्तु (auditory nerve fibers) की सीमाएँ (termination of auditory nerve fibres)। आर्गन ऑफ कोर्टी सुनने में महत्त्वपूर्ण भूमिका निभाता है।

प्रत्येक कान में संवेदी कोशिकाओं (sensory cells) के दो सेट होते हैं—3500 आंतरिक केश कोशिकाओं (inner hair cells or IHCs) का एक कतार (row) तथा करीब 12,000 बाह्य केश कोशिकाओं (outer hair cells or OHC) के तीन कतार (rows)। आंतरिक केश कोशिकाएँ फ्लास्क आकारीय (flask shaped) होती हैं जबकि वाह्य केश कोशिकाएँ बेलनाकार (cylindrical) होती हैं और इनका व्यास (diameter) लगभग 5 माइक्रोमीटर (micrometer) तथा इसकी लम्बाई 20 से 70

माइक्रोमीटर की होती है। प्रत्येक केश कोशिका में करीब 50 से 200 तक तुलनात्मक रूप से कड़े बाल (stiff hairs) होते हैं जिन्हें *स्टिरियोसिलिया* (stereocilia) कहा जाता है।

श्रवण तंत्रिका तन्तु (auditory nerve fibers) केश कोशिकाओं (hair cells) के निचले वाले भाग अर्थात् आधारीय भाग (basal portion) के साथ सम्पर्क स्थापित करता है। प्रत्येक IHC करीब 20 श्रवण तंत्रिका तन्तु (auditory nerve fibers) से सम्बन्धित होता है और बहुत ही कम श्रवण तंत्रिका तन्तु का सम्बन्ध बहुत सारे OHC से होता है। सच्चाई यह है कि IHC से सम्पर्क स्थापित करते हुए निकलने वाले तंत्रिका तन्तु (nerve fibers) में करीब 90 से 95% संवेदी या अभिवाही श्रवण तन्तु (afferent auditory nerves) होते हैं जिसका मतलब यह हुआ कि IHC द्वारा ध्वनि को मस्तिष्क (brain) में ले जाया जाता है। OHC का भिन्न कार्य होता है अर्थात् यह ध्वनि उत्तेजनों को अनुकूलित (modulate) करता है। वे ध्वनि सूचनाओं को श्रवण तंत्रिका के सहारे केन्द्रीय तंत्रिका तंत्र (central nervous system) में भेजते हैं परन्तु वे केन्द्रीय तंत्रिका तंत्र से बाहर भी सूचनाओं को ले जाने वाले अपवाही (पेशीय) तंत्रिका तन्तु (efferent nerve fibers) से भी सम्पर्क रखते हैं। जब अपवाही तंत्रिका तन्तु उत्तेजित होते हैं, तो OHC की लम्बाई में परिवर्तन हो जाती है जिससे कोकल्यिा प्रभावित हो जाता है और इससे आवाज में तीक्ष्णता (sharpness) बढ़ जाती है।

आर्गन ऑफ कोर्टी (organ of corti) में चार तरह के सूत्रयुग्मन (synapse) एवं तंत्रिका तन्तु (nerve fibers) होते हैं। इनमें से दो ध्वनि सूचनाओं को केश कोशिकाओं (hair cells) से मस्तिष्क में पहुँचाते हैं और अन्य दो तंत्रिका तन्तु ध्वनि सूचनाओं को मस्तिष्क से केश कोशिकाओं में पहुँचाते हैं। विभिन्न प्रकार के सूत्र युग्मनीय न्यूरोट्रांसमीटर (synaptic neurotransmitter) सूत्र युग्मन के प्रत्येक प्रकार पर पाये जाते हैं। चार तरह के तंत्रिका तन्तु (nerve fibers) तथा उनसे सम्बन्धित चार तरह के सूत्रयुग्मनीय न्यूरोट्रांसमीटर (synapse neurotransmitter) का वर्णन इस प्रकार है—

(a) **आइएचसी/अभिवाही तंत्रिका तन्तु** *(IHC/afferent fibers)*—श्रवण तंत्रिका (auditory nerve) में यह मुख्य तन्तु होता है और ऐसी अभिवाही तंत्रिका तन्तु जो IHC पर सूत्रयुग्मित (synapse) होती हैं, बड़े व्यास (large diameter) वाले तन्तु होते हैं और ध्वनि सूचनाओं को मस्तिष्क तक पहुँचाते हैं जिनके परिणामस्वरूप व्यक्ति उन्हें सुन पाता है। इससे सम्बन्धित न्यूरोट्रांसमीटर **उत्तेजक एमिनो अम्ल ग्लूरामेट** (excitatory amino acid glutamate) होता है (देखें चित्र 7.2 का a)।

(b) **आइएचसी/अपवाही तंत्रिका तन्तु** *(IHC/efferent nerve fibers)*—ऐसे तंत्रिका तन्तु सूचनाओं को मस्तिष्क से बाहर लाती हैं तथा IHC के प्रगुख अभिवाही तन्तु अन्तःस्थ (afferent fiber termianls) पर प्राक्सूत्रयुग्मनीय अवरोधक सीमाएँ (presynaptic inhibitory endings) के साथ मौजूद होती हैं। ऐसे अपवाही तंत्रिका तन्तु एसिटिलकोलाइन (Acetylcholine or ACh) नामक न्यूरोट्रांसमीटर उत्सर्जित करता है (देखें चित्र 7.2 का a)।

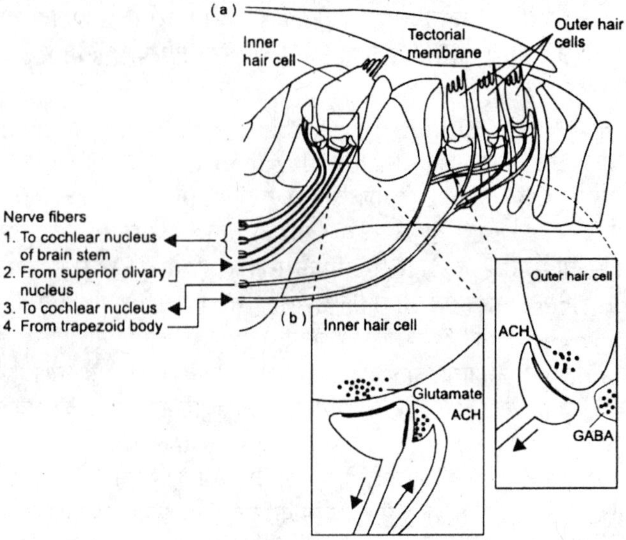

चित्र 7.2 : आर्गन ऑफ कोर्टी में सूत्रयुग्मित न्यूरोट्रांसमीटर

(c) **ओ एच सी/अभिवाही तंत्रिका तन्तु** *(OHC/afferent nerve fiber)*— ओएचसी, एसिटिलकोलाइन (acetylcholine or Ach) का उपयोग करते हुए लघु-व्यास तन्तु जो सूचनाओं को मस्तिष्क तक ले जाते हैं, को उत्तेजित करता है।

(d) **ओएचसी/अपवाही तंत्रिका तन्तु** *(OHC/efferent nerve fiber)*—अपवाही तंत्रिका तन्तु जो ओएचसी पर जाकर समाप्त हो जाते हैं। वे गामा-एमिनोब्युट्रिक अम्ल (gamma-aminobutyric acid or GABA) को न्यूरोट्रांसमीटर के रूप में उपयोग करते हैं।

मानव सिर के दोनों तरफ कोकलिया से करीब 30,000 से 50,000 श्रवण तन्तु (auditory nerves) मिलकर आठवाँ कपालीय तंत्रिका (eight cranial nerve) अर्थात् श्रवण वेस्टिवुलर (auditory vestibular) का निर्माण करते हैं। ये सभी अपवाही तंत्रिका (afferent nerve) होते हैं जो सूचनाओं को आईएचसी से आगे मस्तिष्क की ओर ले जाते हैं। प्रत्येक आइएचसी द्वारा कई तंत्रिका तन्तु (nerve fibers) उत्तेजित होते हैं। श्रवण तंत्रिका से निकलने वाली सूचनाएँ मस्तिष्क के दोनों तरफ जटिल ढंग से बँट जाते हैं। प्रत्येक तंत्रिका तन्तु जब मस्तिष्कीय स्तंभ (brain stem) में प्रवेश करता है, तो दो शाखाओं में बँट जाता है। प्रत्येक शाखा डार्सल (dorsal), तथा भेन्ट्रल कोकलियर केन्द्रक (cochlear nuclei) में अलग-अलग कोशिकाओं (cells) में प्रवेश करते हैं। कोकलियर केन्द्रक से सूचनाएँ कई पथों से होते हुए बाहर आती हैं। कुछ पथों का एक सेट *सुपरियर ओलिभरी कम्पलेक्स* (superior olivary complex) में जाता है जो सचमुच में बायाँ एवं दायाँ दोनों ही कोकलियर केन्द्रकों से सूचनाओं को प्राप्त करते हैं। कई अन्य समानान्तर पथों द्वारा सूचनाएँ मध्य

मस्तिष्क के *इन्फेरियर कोल्लिकुलस* (inferior colliculus) की ओर अभिमुख (converge) होतीं हैं। यह मध्य मस्तिष्क का प्रमुख श्रवण केन्द्र होता है। इन्फेरियर कोल्लिकुलस से सूचनाएँ थैलमस के *मेडीयल जेनीकुलेट केन्द्रक* (Medial geniculate nucleus or MGH) में जाती हैं। इसके कम-से-कम दो विभिन्न पथों के माध्यम से MGN से सूचनाएँ कई श्रवण कार्टिकल क्षेत्रों (auditory cortical areas) में जाते हैं और श्रवण प्रत्यक्षण होता है।

कोकलिया (cochlea) से लेकर श्रवण कार्टेक्स (auditory cortex) तक प्रत्येक स्तर की एक मुख्य विशेषता यह है कि न्यूरोन्स (neurons) एक क्रमबद्ध नक्शा (orderly map) में सुव्यवस्थित होते है जो उद्दीपकों की बारबारता (frequencies) को प्रतिबिम्बित (reflect) करता है। उच्च आवृत्ति वाले ध्वनि के प्रति अनुक्रियाशील कोशिकाएँ निम्न आवृत्ति वाले ध्वनि के प्रति अनुक्रियाशील कोशिकाओं से दूरी पर अवस्थित होते हैं। उद्दीपक की बारंबारता या आवृत्ति के अनुसार श्रवण तंत्र में तंत्रकीय क्षेत्रों का इस तरह के सुव्यवस्थित मानचित्रण (mapping) को *टोनोटोपिक संगठन* (tonotopic orgnization) कहा जाता है।

श्रवण प्रत्यक्षण के कुछ विकृतियों (disorders) के अध्ययनों से भी इसके न्यूरोदैहिक आधार का ज्ञान होता है। श्रवण विकृतियाँ मुख्यतः तीन तरह की होती हैं—*चालकत्व बहरापन* (conductive deafness), *संवेदी-तंत्रकीय बहरापन* (sensori neural deafness) तथा *केन्द्रीय बहरापन* (central deafness)। चालकत्व बहरापन में ध्वनि कोकलिया (cochlea) तक अंतरित नहीं हो पाती है क्योंकि वाह्य या मध्य कर्ण (middle ears) के कोटर (cavity) में कुछ दोष उत्पन्न हो जाते हैं। इससे यह स्पष्टतः पता चलता है कि मध्य कर्ण के अंगों की संलिप्तता श्रवण प्रत्यक्षण में होता है। संवेदी तंत्रकीय बहरापन (sensorineural deafness) में बहरापन का कारण कोकलिया (cochlea) या श्रवण तंत्रिका (auditory nerve) का क्षतिग्रस्त (destruction) हो जाना होता है। ऐसी स्थिति में श्रवण तंत्रिका तन्तु सामान्य ढंग से उत्तेजित नहीं हो पाता है और व्यक्ति को सुनने की शिकायत हो जाती है। प्रायः ऐसी स्थिति में केश कोशिकाएँ (hair cells) नष्ट हो जाती हैं। केन्द्रीय बहरापन (central deafness) में बहरापन का कारण मस्तिष्कीय क्षति (brain lesion) होता है जिसका स्वरूप जटिल होता है। इसमें श्रवण केंद्रों जिसमें मस्तिष्कीय तंत्र, थैलेमस या कार्टेक्स आदि सम्मिलित होता है, में क्षति (lesion) उत्पन्न हो जाता है। शब्द बहरापन (word deafness) तथा कार्टिकल बहरापन (cortical deafness) केन्द्रीय बहरापन के दो प्रमुख प्रकार हैं। शब्द बहरापन एक ऐसी विकृति है जिसमें व्यक्ति सामान्य ढंग से संभाषण (speech) करता है तथा साधारण आवाज को सुनता है परन्तु बोले गये शब्दों (spoken words) की पहचान नहीं कर पाता है। कुछ शोधकर्ताओं का मत है कि शब्द बहरापन (word deafness) का कारण श्रवण निवेश (auditory inputes) का काफी मंद गति से विश्लेषण किया जाना है। कार्टिकल बहरापन (cortical deafness) में रोगी शाब्दिक तथा अशाब्दिक दोनों तरह के उद्दीपकों की पहचान करने में कठिनाई का अनुभव करता है। कार्टिकल बहरापन एक विरल संलक्षण (rare syndrome) है जो तब उत्पन्न होता है जब श्रवण कार्टेक्स का द्विपार्श्विक क्षति (bilateral destruction) होता है। सतत

कार्टिकल बहरापन (persistent cortical deafness) तब उत्पन्न होता है जब शंख मध्य कार्टेक्स (temporal parietal cortex) के अतिरिक्त मस्तिष्क के श्वेत पदार्थ (white matter) या प्रक्षेपण तन्तुओं (projection fibers) में आघात (strokes) पहुँचता है। इस तथ्य की संपुष्टि टानाका (Tanaka, 1991) द्वारा अपने अध्ययनों से किया है।

3. स्पर्श एवं अन्य त्वक् प्रत्यक्षण का न्यूरोदैहिक आधार *(Neuroiphysiological base of touch and other skin perception)*—त्वचा सबसे बड़ा संवेदी अंग (sensory organ) है और इससे तरह-तरह की अनुभूतियाँ होती हैं। इसमें कई त्वक् प्रत्यक्ष जैसे, स्पर्श (या दबाव), गर्म (warmth), ठंड (cold) एवं दर्द (pain) आदि सम्मिलित होते है। प्रत्येक संवेदन में एक उपयुक्त उद्दीपक (stimulus) को स्नायविक ऊर्जा (neural energy) में बदल दिया जाता है और मस्तिष्क उस स्नायविक ऊर्जा की व्याख्या कर विशेष मनोवैज्ञानिक अनुभूति व्यक्ति में उत्पन्न करता है। त्वचा ग्राहक अन्तः मस्तिष्क (inner brain) के कायिक संवेदी कार्टेक्स (samatosensory cortex) में सूचनाओं को भेजता है जो भित्तीय पालि में (parietal lobe) में मौजूद होते हैं। इन तीनों त्वचा संवेदनों की न्यूरोदैहिक आधार की व्याख्या हम अलग-अलग करेंगे—

(क) स्पर्श एवं दबाव *(Touch and Pressure)*—मानव शरीर की त्वचा से स्पर्श एवं दबाव की संवेदन अनुभूति एक प्रमुख अनुभूति होती है। इसे समझने के लिए मानव त्वचा की संरचना को समझना आवश्यक है। मानव त्वचा में तीन तहें या सतह (layers) होती हैं—*इपिडरमिस* (epidermis), *डरमिस* (dermis) तथा *हाइपोडरमिस* (hypordermis)। इपिडरमिस त्वचा का सबसे ऊपरी सतह होती है और यह मुख्यतः मृत कोशिकाओं (dead cells) से बना होता है तथा मोटाई में भिन्न होता है। जैसे, चेहरा पर यह पतला होता है जबकि पैर की ऐड़ी पर काफी मोटा होता है। इपिडरमिस की कोशिकाएँ हमेशा परिवर्तित होते रहती हैं। सचमुच में प्रत्येक 25 दिनों पर पुराना इपिडरमिस के जगह पर नया इपिडरमिस बन जाता है। इपिडरमिस के ठीक नीचे की सतह को डरमिस (dermis) कहा जाता है। यह जीवित कोशिकाओं से बना होता है तथा इसमें खून एवं तंत्रिका समाप्ति (nerve endings) की आपूर्ति होती है। इसमें केश कोशिका (hair cells) तथा तेल उत्पन्न करने वाले ग्रन्थि (oil-producing glands) भी होते हैं। डरमिस तथा इपिडरमिस दोनों मिलकर तापक्रम एवं दबाव (pressure) में होनेवाले तीव्र परिवर्तनों से मानव शरीर की सुरक्षा करते हैं। सबसे अंतिम सतह हाइपोडरमिस होता है जो एक मोटा इन्सुलेटिंग कुशन के रूप में कार्य करता है। उसे *उपत्वचीय उत्तक* (subcutaneous tissue) भी कहा जाता है। त्वचा के इन स्तरों के भीतर कई प्रकार के तंत्रिका तन्तु (nerve fibers) होते हैं। मौलिक रूप से वैज्ञानिकों का यह विश्वास था कि *क्राऊस एंड वल्ब* (Krause and Bulbs) से ठंडा का संवेदन, *रूफ्फिनी इंडिन्स* (Ruffini endings) से गर्म का संवेदन, *मिस्सनर कारपसल्स* (Meissner's Corpuscles) तथा रोमकूप (hair follicles) से स्पर्श (touch) तथा मुक्त तंत्रिका समाप्ति (free nerve endings) से दर्द के संवेदन की अनुभूति होती थी। दूसरे शब्दों में, एक समय ऐसा था जब वैज्ञानिकों को यह विश्वास था कि कोई खास उद्दीपक से उत्पन्न त्वचीय संवेदन का कारण उत्तेजित तंत्रिका का प्रकार होता है न कि उद्दीपक की

विशेषता। परन्तु अब सिद्धान्त की वैधता समाप्त हो गयी है और केनशालों एवं नेफ (Kenshalo & Nafe, 1962), मेलजैक एवं वॉल (Melzeck & Wall, 1962) द्वारा किये गए अध्ययनों से यह स्पष्ट हो गया है कि अब त्वचा के अधिकतर ग्राहक (receptors) या कोशिकाएँ एक से अधिक उद्दीपकों के प्रति अनुक्रियाशील होते हैं।

त्वचा के भीतर कई तरह के ग्राहक (receptors) होते हें जिनके आकार भिन्न-भिन्न होते हैं जिनमें प्रमुख हैं—*पैसिनियन कार्पसल्स* (Pacinian Corpuscle), *मिस्सनर कार्पसल्स* (Meissner Corpuscle), *मर्केल डिस्क* (Merkel discs) तथा *रूफ्किनि समाप्ति* (Ruffini's endings) (देखें चित्र 7.3)। पैसिनियन कार्पसल्स डरमिस (dermis) के गहरे भीतर पाया जाता है और कुछ त्वचा क्षेत्रों में माँशपेशियों, संधि, (joint) तथा आँत (gut) के भीतर सबसे बड़े ग्राहक के रूप में मौजूद होते हैं। यह तीव्र गति से अनुक्रिया करने वाले ग्राहक (fast-responding receptors) होते हैं। पैगिनियन कार्पसल्स उद्दीपक बारम्बारता के विभिन्न परासों (range) के प्रति त्वचा के कम्पन के प्रति अनुक्रियाशील होते हैं परन्तु उनमें स्थानिक उद्दीपकों (spatial stimuli) के बीच विभेदन करने की क्षमता नहीं होती है। *मिस्सनर कार्पसल्स* (Meissner's corpuscles) वैसे त्वचा क्षेत्रों (skin regions) में घने रूप से वितरित होते हैं जहाँ संवेदनशील स्थानिक विभेदन (sensitive spatial discrimation) सम्भव है परन्तु ऐसे ग्राहक कम्पित उद्दीपकों (vibrating stimuli) के प्रति बहुत कम अनुक्रिया करते हैं। जीभ, होठ तथा अंगुली के छोर (fingertips) पर ऐसे कार्पसल्स काफी पाये जाते हैं। *मर्केल डिस्क* (Merkel's discs) अंड-आकारीय (oval shaped) ग्राहक होते हैं जो कभी-कभी बण्डल (bundles) में पाये जाते हैं और वे स्पर्श के प्रति संवेदनशील (sensitive) होते हैं। ये भी जीभ, होंठ तथा अँगुली के छोरों (finger tips) पर पाये जाते हैं। रूफिफनि समाप्ति (Ruffini's endings) से गर्म तथा ठंडा के संवेदन की पहचान होती है। इस तरह की पहचान में एक अन्य ग्राहक जिसे क्राऊस अन्त बल्ब (Kranse's end bulb) कहा जाता है, की भी अहम भूमिका होती है।

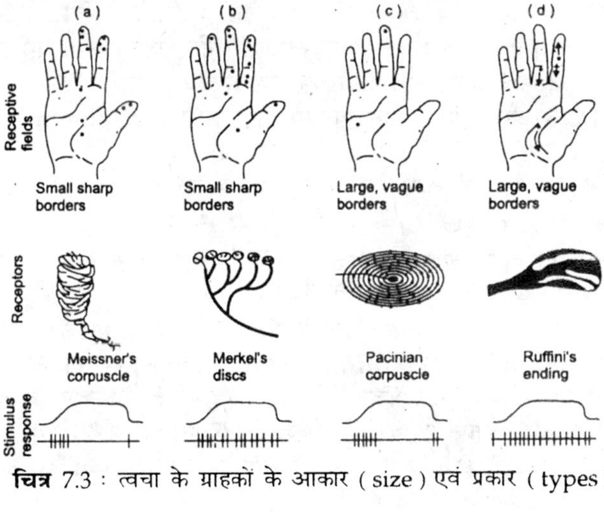

चित्र 7.3 : त्वचा के ग्राहकों के आकार (size) एवं प्रकार (types)

मनोवैज्ञानिकों ने *निष्क्रिय स्पर्श* (passive touch) तथा *सक्रिय स्पर्श* (active touch) में अंतर किया है। निष्क्रिय स्पर्श वैसे स्पर्श को कहा जाता है जिसमें कोई वस्तु अपने आप त्वचा के सम्पर्क में आ जाती है। सक्रिय स्पर्श वैसे स्पर्श को कहा जाता है जिसमें व्यक्ति अपने हाथ या शरीर के अन्य भागों को किसी वस्तु के सम्पर्क में लाता है। मैटलिन तथा फोले (Matlin & Foley, 1987) के अनुसार व्यक्ति सक्रिय स्पर्श के माध्यम से वस्तुओं की पहचान उत्तम ढंग से करता है क्योंकि अँगुलियों एवं हाथ की गति से प्राप्त होने वाले पुनर्निवेशन (feedback) भी इसमें हमें प्राप्त होता है।

पेट (PET) अध्ययनों से यह स्पष्ट हुआ है कि मनुष्यों में पार्श्विक या भित्तीय कार्टेक्स (parietal cortex) के पश्च भाग (posterior part) स्पर्श द्वारा वस्तु की खोजबीन के दौरान उत्तेजित हो जाता है। रोलैंड तथा लारसन (Roland and Larson, 1976) ने इस तथ्य का प्रयोगात्मक समर्थन प्रदान किया है। इस प्रयोग में निम्नांकित तीन अवस्थाओं में भित्तीय कार्टेक्स में होने वाले रक्त प्रवाह का रिकार्ड किया गया—

(i) पहली परिस्थिति में प्रयोगकर्त्ता उद्दीपक वस्तु (stimulus object) पर प्रयोज्य के निष्क्रिय हाथ (passive hand) को स्पर्श किया।

(ii) दूसरी परिस्थिति में प्रयोज्य अपने हाथ को जोर लगाकर घुमाया परन्तु किसी वस्तु को स्पर्श नहीं किया।

(iii) तीसरी परिस्थिति में व्यक्ति स्पर्श करके वस्तु की खोजबीन किया।

परिणाम में देखा गया कि इन तीन अवस्थाओं में से सिर्फ अंतिम अवस्था में ही पश्च भित्तीय कार्टेक्स (posterior parietal lobe) में विशिष्ट उत्तेजन (specific activation) पाया गया जिससे यह पता चलता है कि यह क्षेत्र सक्रिय स्पर्श (active touch) में विशेष रूप से सम्मिलित होता है।

(ख) तापक्रम *(Temperature)*—इसके तहत न्यूरो मनोवैज्ञानिकों तथा अन्य विशेषज्ञों द्वारा ठंड तथा गर्म के संवेदन का अध्ययन किया जाता है। मानव शरीर का आधारीय तापक्रम (baseline temperature) कर्णपालि (ear lobe) पर करीब 28 डिग्री सेन्टीग्रेड से अग्रवाँह (forearm) पर करीब 37 डिग्री सेन्टीग्रेड तक के परास (range) में होता है। तापक्रम का वह न्यूनतम परिवर्तन जो व्यक्ति में गर्म या ठंड का संवेदन उत्पन्न कर सकता है, 0.01 डिग्री सेन्टीग्रेड से लेकर करीब 8 डिग्री सेन्टीग्रेड तक परिवर्तित होता है और साथ-ही-साथ न्यूनतम ग्राह्य अंतर (minimum noticeable difference) बहुत कुछ आधारीय तापक्रम, उत्तेजित किये जानेवाले शरीर का भाग तथा अन्य चर पर भी निर्भर करता है। केनशालो, डेकर तथा हैमिल्टन (Kenshelo, Decker & Hamilton, 1967) के अध्ययन से यह स्पष्ट हुआ है कि सामान्यतः यदि शरीर के बड़ा सतह क्षेत्र (surface area) को उत्तेजित किया जाता है, तो तापक्रम की संवेदनशीलता भी उतनी ही अधिक होती है।

जैसा कि हम ऊपर बता चुके हैं, पहले यह समझा जाता था कि गर्म संवेदन का होना रूफ्फिनी तंत्रिका एण्डींग्स (Ruffini nerve endings) पर तथा ठंड संवेदन का होना क्राऊस एण्ड वल्व के उत्तेजित होने पर निर्भर करता है। परन्तु आजकल इस सिद्धान्त की मान्यता समाप्त हो गयी है। गेल्डार्ड (Geldard, 1972) के अध्ययन के अनुसार त्वचा के वे सभी क्षेत्रों जिनमें रूफ्फिनी तथा क्राऊस तंत्रिका एण्डिंस अधिक मात्रा

में पाया जाता है, गर्म तथा ठंडे के प्रति संवेदनशील होते हैं। केशालो तथा नेफ (Keshalo & Nafe, 1962) के अनुसार, तापक्रम संवेदन का एक समकालीन (contemporary) सिद्धान्त *न्यूरोभसकुलर सिद्धान्त* (neurovascular theory) है। इस सिद्धान्त के अनुसार तापक्रम में परिवर्तन संवहनी तंत्र (vascular system) के मुक्त तंत्रिका समाप्ति (free nerve endings) के यांत्रिक उत्तेजनों द्वारा होता है। जैसे-जैसे रक्त नलिकाएँ गर्म एवं ठंडा होती हैं, वे सिकुड़ती एवं फैलती हैं। इस यांत्रिक उत्तेजन (mechanical stimulation) से तंत्रिका आवेग उत्पन्न होता है जिसके आधार पर हमें तापक्रम में परिवर्तन का अनुभव होता है। यहाँ यांत्रिक आवेग का स्थानिक (spatial) एवं सामयिक पैटर्न (temporal pattern) जो मस्तिष्क में पहुँचता है, उसे महत्त्वपूर्ण माना जाता है न कि मुक्त तंत्रिका समाप्ति के प्रकार को। ऐसा समझा जाता है कि मस्तिष्क में ही कुछ ऐसे क्षेत्र हैं जो ऐसे पैटर्न के प्रति अनुक्रिया करते हैं जिससे हमें गर्म तथा ठंड का संवेदन होता है।

इस न्यूरोभसकुलर सिद्धान्त के साथ कठिनाई यह है कि गर्म संवेदन की अनुभूति होने में तथा ठंड संवेदन की अनुभूति होने में लगने वाला समय एक समान न होकर भिन्न होता है। अगर ये दोनों संवेदन की उत्पत्ति एक ही मुक्त तंत्रिका समाप्ति (free nerve endings) के उत्तेजन से होता है, तो दोनों तरह के संवेदनों की अनुभूति होने में लगने वाला समय एक समान होना चाहिए। परन्तु ऐसा नहीं है।

आधुनिक शोधों से यह भी स्पष्ट हो गया है कि मानव मस्तिष्क विभिन्न तरह के जटिल सूचनाओं का उपयोग विभिन्न त्वचा ग्राहकों द्वारा उत्पन्न क्रियाओं के पैटर्न को समझने तथा संवेदनों में विभेदन करने के लिए करता है। जैसे, कुछ ठंड तंत्रिका तन्तु (cold nerve fibers) होते हैं जो त्वचा के ठंड होते ही, अपनी उत्तेजनशीलता में वृद्धि कर देते हैं तथा त्वचा के गर्म होते ही अपनी उत्तेजनशीलता में कमी कर देते हैं। इसके विपरीत कुछ गर्म तंत्रिका तन्तु होते हैं जो त्वचा के गर्म होने पर अपनी उत्तेजनशीलता बढ़ा देते हैं तथा ठंड होने पर अपनी उत्तेजनशीलता में कमी कर देते हैं। मस्तिष्क इन दोनों तरह के तंत्रिका तन्तु से मिलने वाले संयोजित सूचना (combined information) का उपयोग त्वचा तापक्रम को पता लगाने में करता है। अगर दोनों तरह के तंत्रिका तन्तु एक साथ उत्तेजित हो जाते हैं, तो मस्तिष्क इन दोनों के संयोजित उत्तेजनशीलता (firings) को मात्र गर्म संवेदन के रूप में पहचान करता है। अतः व्यक्ति को ऐसा महसूस होता है कि वह कोई गर्म वस्तु को स्पर्श कर रहा है जबकि सच्चाई यह है कि वह गर्म तथा ठंड दोनों वस्तुओं को स्पर्श कर रहा है। इसे मनोवैज्ञानिकों ने *विरोधाभास गर्म* (paradoxical heat) की संज्ञा दी है।

(ग) दर्द *(Pain)*—दर्द संवेदन को सबसे जटिल संवेदी अनुभूति माना गया है। सामान्यतः यह समझा जाता है कि शारीरिक चोट या आघात से दर्द की अनुभूति होती है परन्तु बहुत सारी परिस्थितियों में ऐसा देखा गया है कि व्यक्ति को शारीरिक चोट तो लगती है परन्तु उसे दर्द का अनुभव उस समय नहीं होता है। दूसरे तरफ कुछ ऐसी परिस्थितियाँ भी होती हैं जिनमें व्यक्ति को दर्द की अनुभूति तो होती है परन्तु कोई शारीरिक चोट उसे नहीं पहुँची हुई होती है।

मनोवैज्ञानिकों का मत है कि व्यक्ति को दर्द की अनुभूति तब होती है जब दर्द ग्राहक

(pain receptor) उत्तेजित होते हैं। अधिकतर शोधकर्त्ताओं का विश्वास है कि मुक्त तंत्रिका समाप्ति (free nerve ending) जो पूरे शरीर में अवस्थित होता है, के उत्तेजनशील होने से व्यक्ति को दर्द का अनुभव होता है। परन्तु अध्ययनों से यह भी पता चला है कि यह ग्राहक, दवाब (pressure) या स्पर्श (touch) के संवेदन में भी उत्तेजित होता है।

मनोवैज्ञानिकों द्वारा किये गये अध्ययनों से यह स्पष्ट हुआ है कि दो व्यक्तियों के संवेदन की अनुभूति में वैयक्तिक विभिन्नता (individual difference) पायी जाती है। कुछ लोग दर्द के प्रति काफी असंवेदनशील होते हैं। जैसे, बाक्सटर एवं औल्सजेवेसकी (Baxter & Olszewski, 1960) ने एक अध्ययन कनाडा के लड़की पर किया और पाया कि इस लड़की के जीभ का एक भाग को घायल कर देने पर तथा गर्म रेडियेटर (hot radiator) से उसमें तृतीय डिग्री जलन (three degree burns) उत्पन्न कर देने पर भी उसे कोई दर्द संवेदन नहीं होता था। दूसरे तरफ कुछ लोग ऐसे होते हैं कि उनके दर्द सीमान्त (pain threshold) काफी निम्न होता है और वह दर्द उद्दीपक की निम्न तीव्रता से भी दर्द का काफी अनुभव करता है। फ्लोर तथा टर्क (Flor & Truk, 1989) के अनुसार कुछ रसायनिक पदार्थ, गर्म (heat), ठंड (cold) तथा बिजली का आघात (electrical shock) आदि को दर्द उद्दीपक के रूप में उपयोग किया जाता है। व्यक्ति का अपना विश्वास भी दर्द संवेदन की अनुभूति को प्रभावित करता है। जैसे, डाईमेट्टो तथा फ्रिडमैन (Dimetteo & Frieman, 1982) के अध्ययन में पाया गया कि अस्पताल के जिन रोगियों में यह विश्वास था कि अमुक मेडिकल प्रविधि से कम दर्द होता है, सचमुच में उससे कम दर्द का अनुभव उसे हुआ। कुछ अध्ययनों से यह स्पष्ट हुआ है कि दर्द का प्रत्यक्षण व्यक्ति के सांवेगिक एवं अभिप्रेरणात्मक अवस्थाओं से भी प्रभावित होता है। वीकर (Beecher, 1972) ने अपने अध्ययन में पाया कि लड़ाई के दौरान घायल सिपाहियों में से मात्र 25% सिपाहियों ने ही दर्द को कम करने के लिए दवा की माँग किया जबकि समान मात्रा के घाव (या घायल होने पर) करीब 80% सर्जिकल रोगियों ने दर्द को कम करने के लिए दवा की माँग की। शायद यही कराण है कि खेलाड़ियों को खेल के मैदान में हुए चोट से दर्द का अनुभव तबतक नहीं होता है जबतक कि खेल प्रतिस्पर्धा समाप्त नहीं हो जाती है।

अब प्रश्न उठता है कि मनोवैज्ञानिकों द्वारा दर्द संवेदनशीलता में इस तरह की विभिन्नता की व्याख्या किस तरह से की गयी है। मनोवैज्ञानिकों द्वारा इनकी व्याख्या करने के लिए एक विशेष सिद्धान्त जिसे *द्वार-नियंत्रण सिद्धान्त* (Gate-control theory) कहा जाता है, विकसित किया गया है। इस सिद्धान्त का प्रतिपादन मेलजैक एवं वॉल (Melzack & Wall, 1965, 1983) द्वारा किया गया। इस सिद्धान्त के अनुसार सुषुम्ना (spinal cord) में एक 'स्नायुविक द्वार' (neurological gate) होता है जो मस्तिष्क में दर्द संवेदनों के संचरण को नियंत्रित करता है। अगर यह द्वार खुला होता है, तो मस्तिष्क को अधिक दर्द का स्नायु प्रवाह मिलते हैं। फलतः व्यक्ति को दर्द अधिक अनुभव होता है। परन्तु जब यह द्वार बंद होता है तो मस्तिष्क को दर्द को स्नायु प्रवाह (nerve impulse) नहीं प्राप्त होता है और तब व्यक्ति को दर्द का अनुभव नहीं होता है। इस स्नायविक द्वार का खुलना या बंद होना दो तरह के संवेदी तंत्रिका तन्तुओं

(nerve fibers) के बीच हुई प्रतियोगिता पर निर्भर करता है। एक तरफ तो बड़े संवेदी तंत्रिका तन्तु होते हैं जिनके उत्तेजित होने से जो स्नायु प्रवाह सुषुम्ना में पहुँचता है, उससे 'स्नायविक द्वार' बंद हो जाते हैं क्योंकि ऐसे तन्तुओं द्वारा सिर्फ दर्द संवेदन की अनुभूति ही नहीं बल्कि अन्य संवेदी अनुभूतियाँ भी वहन की जाती है। दूसरे तरफ छोटी संवेदी तंत्रिका तन्तु होते हैं जिनके उत्तेजित होने पर जो स्नायु प्रवाह सुषुम्ना पहुँचता है, और इससे 'स्नायुविक द्वार' खुल जाते हैं और मस्तिष्क को दर्द का संवेदन अधिक मात्रा में प्राप्त होता है। इस सिद्धान्त द्वारा इस बात की भी व्याख्या होती है कि सांवेगिक एवं संज्ञानात्मक कारक भी दर्द प्रत्यक्षण को प्रभावित करते हैं। मेलजैक एवं बाल का यह विचार है कि कभी-कभी मस्तिष्क ही सुषुम्ना में कुछ ऐसी सूचना अपनी ओर से भेजता है जिससे स्नायुविक द्वार पर ही अधिक दर्द स्नायु प्रवाहों को रोक दिया जाता है और तब दर्द प्रत्यक्षण व्यक्ति को कम होता है। इस तथ्य से इस बात की स्पष्ट व्याख्या हो जाती है कि सम्मोहन की अवस्था में सर्जिकल ऑपरेशन होने से उसे कम दर्द का अनुभव होता है या लड़ाई के दौरान घायल सैनिक को उत्पन्न घाव से कम दर्द का अनुभव होता है। इस तरह से द्वार नियंत्रण सिद्धान्त द्वारा इस विशेष तथ्य की व्याख्या हो जाती है कि परिस्थिति समान होने पर भी एक व्यक्ति क्यों अत्यधिक दर्द का अनुभव करता है जबकि दूसरे दर्द का अनुभव बहुत कम या न के बराबर होता है। इस सिद्धान्त के अनुसार ऐसी वैयक्तिक विभिन्नता के निम्नांकित तीन सम्भावित कारण हो सकते हैं—

(i) दर्द अनुभूति में वैयक्तिक विभिन्नता का कारण व्यक्ति में छोटे तंत्रिका तन्तु तथा बड़े तंत्रिका तन्तु की संख्या हो सकती है। बड़े तंत्रिका तन्तु की संख्या तुलनात्मक रूप से अधिक होने पर व्यक्ति को दर्द की अनुभूति कम होगी।

(ii) मस्तिष्क द्वारा स्नायविक द्वार के प्रक्रम पर यदि विभेदात्मक स्तर के नियंत्रण किये जाते हों तो इससे भी दर्द संवेदन में अंतर होगा।

(iii) कुछ व्यक्तियों में स्नायुविक द्वार (neurological gate) ही दोषपूर्ण हो सकता है जिससे दर्द अनुभूति में अंतर हो सकता है।

दर्द सूचना के वर्तमान न्यूरोमनोवैज्ञानिक अध्ययनों (neuropsychological studies) से यह स्पष्ट हुआ है कि परिधीय तंत्रिका तंत्र तथा केन्द्रीय तंत्रिका तंत्र में कुछ पथ होते हैं जिनके माध्यम से दर्द (pain) व्यवहित (mediate) होती हैं। परिधीय तंत्रिका तंत्र में दर्द की सूचनाओं की उत्पत्ति होती है। अधिकतर केसेज में दर्द की आरम्भिक उद्दीपक कुछ विशेष तंत्रिका तन्तु के अगल-बगल के ऊतकों (tissues) में आंशिक क्षति होना या उनका आंशिक रूप से घायल होना होता है। ऊतकों में इस ढंग का परिवर्तन होने से कुछ विशेष तरह का रसायन तत्व (chemical substance) उत्पन्न होता है जिससे त्वचा में दर्द तन्तु (pain fibers) उत्तेजित हो जाते हैं। ऐसे रसायनिक तत्वों में न्यूरोपेपटाइड (neuropeptides), सेरोटोनिन (serotonin), हिस्टामाइन (histamine) आदि प्रधान हैं। अब प्रश्न उठता है कि क्या कुछ ऐसे परिधीय ग्राहक (peripheral receptors) तथा तंत्रिका तन्तु (nerve fibers) हैं जो हानिकर उद्दीपक (noxious stimuli) के बारे में सूचना देता है? कुछ शोधकर्त्ताओं का मत है कि कोई विशिष्ट ग्राहक (receptors) या तन्तु (fibers) नहीं होते हैं जो हानिकर उद्दीपकों के प्रति अनुक्रिया करते हैं बल्कि दर्द की उत्पत्ति परिधीय अभिवाही तन्तु (peripheral afferent fibers) के एक बड़े समूह के पैटर्न द्वारा प्रारंभ होता है। कुछ अन्य शोधकर्त्ताओं का मत है कि दर्द की उत्पत्ति में अभिवाही तन्तु का एक विशिष्ट समूह सम्मिलित होता है जो धीरे-धीरे सूचनाओं को संचारित करता है। पेर्ल (Perl, 1980) ने अपने अध्ययनों के आधार पर यह स्पष्ट किया है कि परिधीय अभिवाही तन्तु (peripheral afferent nerves) के कई भिन्न-भिन्न समूह होते हैं जो हानिकर उद्दीपकों के प्रति अनुक्रिया करते हैं। एक वर्ग में *माइलिनेटेड उच्च दहेली मैकनोग्राहक* (myelinated high-threshold mechano receptors) होते हैं तथा दूसरे समूह में पतला माइलिनेटेडरहित तन्तु (thin myelinated fibers) होता है जिसे 'सी' तन्तु ('C' fibers) कहा जाता है। ऐसे तन्तु तीव्र यांत्रिक उत्तेजकों (strong mechanical stimulation) तथा अन्य हानिकर उद्दीपकों जैसे ताप (heat) के प्रति अनुक्रिया करते हैं जिनसे दर्द उत्पन्न होता है। ऐसे ग्राहकों को *नोसीग्राहक* (nociceptors) कहा जाता है।

केन्द्रीय तंत्रिका तंत्र (central nervous system) विशिष्ट पथों द्वारा दर्द व्यवहित (mediate) होता है। परिधीय तंत्रिका तंत्र से आने वाले अभिवाही तन्तु (afferent fibers) जिसमें हानिकर उद्दीपकों से प्राप्त होने वाली सूचनाएँ सम्मिलित होती हैं, वे सषुम्ना के डार्सल हिस्से (dorsal part) के न्यूरोन्स में जाकर विलिन हो जाते हैं। सुषुम्ना में कई विभिन्न विशिष्ट पथ (tract) होते हैं जो दर्द की सूचनाओं को मस्तिष्क में पहुँचाते हैं। इन पथों में सबसे महत्त्वपूर्ण पथ सुषुम्नीयथैलमिक पथ (spinal thalmic tract) होता है। दर्द तन्तुओं (pain fibers) सुषुम्ना होते हुए थैलमस के विभिन्न केन्द्रकों (nuclei) में पहुँचते हैं। सुषुम्ना के भीतर अन्य दर्द पथों (pain pathways) भी होती हैं जिनकी पहचान की गयी है। इन दर्द पथों का एक दिलचस्प बात यह है कि यदि उनके साथ क्रमभंग या व्यवधान (interruption) किया जाता है, तो इससे दर्द प्रत्यक्षण में थोड़े देर के लिए कमी आ जाती है। सुषुम्ना का यदि कोई पथ को काट दिया जाता है, तो इसे दर्द में कमी आ जाती है परन्तु कुछ हफ्तों या महीनों के बाद दर्द फिर से प्रारंभ हो जाता है।

4. रसायनिक संवेदनों का न्यूरादैहिक आधार (*Neurophysiological base of Chemical senses*)—वातावरण के रसायनिक उद्दीपकों (chemical stimuli) के प्रति संवेदनशीलता प्राणी को जीवित रखने के लिए काफी महत्त्वपूर्ण माना जाता है। रसायनिक संवेदनों में मूलतः गंध (smell) तथा स्वादन (taste) को रखा जाता है। हालांकि ये दोनों दो अलग-अलग संवेदन है फिर भी दो कारणों से इन्हें साथ-साथ न्यूरोमनोवैज्ञानिकों द्वारा अध्ययन किया जाता है। पहला कारण तो यह है कि ये दोनों ही किसी घोल (solution) में के तत्त्व जैसे तरल (fluid) या गैस प्रायः पानी या हवा में घुले तत्वों के प्रति अनुक्रियाशील होते हैं। शायद यही कारण है कि इन्हें *रसायनिक संवेदन* (chemical senses) कहा जाता है। दूसरा कारण यह है कि गंध तथा स्वाद दोनों ही अंतरबंधित (interrelated) होते हैं।

स्वाद संवेदन के लिए मुख्य ग्राहक (receptor) स्वाद कली (taste bud) होता है। जब द्रव्य (substances) स्वाद कलियों (taste buds) के सम्पर्क में आते हैं, तो हमें स्वाद का अनुभव होता है। आधुनिक अध्ययनों से यह पता चला है कि स्वाद कलियाँ

न केवल जिह्वा (tongue) में पायी जाती हैं, बल्कि तालु (palate), ग्रसनी (pharynx), टांसिल (tonsils), होठ (lips), गाल (cheeks) तथा जिह्वा के नीचे वाले भागों में भी पायी जाती हैं। परन्तु स्वाद कलियों का सबसे ज्यादा संख्या *पापिलै* (papillae) में पाया जाता है जो जीभ के सतह पर ऊतकों (tissues) का पालि (lobes) होता है। प्रत्येक पापिलै में करीब 200 या उससे अधिक स्वाद कलियाँ होती हैं और प्रत्येक स्वाद कली में 60 से 100 स्वाद ग्राहक या कोशिकाएँ होती हैं। ऐसा अनुमान लगाया गया है कि एक सामान्य व्यस्क में 10,000 स्वाद कलियाँ होती हैं। विडलर तथा स्मालमैन (Beidler & Smallman, 1965) के अनुसार प्रत्येक 10 दिन पर स्वाद कोशिकाएँ मर जाती हैं और उनके जगह नयी कोशिकाएँ अपने आप बन जाती हैं। वारटोशक (Bartoshuk, 1989) के अध्ययन के अनुसार जीभ के अगले छोर (tip) पर सबसे ज्यादा संख्या में स्वाद कलियाँ पायी जातीं हैं, पिछले छोरों पर कम संख्या में पायी जाती हैं तथा बीच में स्वाद कलियाँ बिलकुल ही नहीं होती हैं। उम्र बीतने के साथ व्यक्ति के स्वाद कलियों की संख्या कमती जाती है। शायद यही कारण है कि बहुत वृद्ध लोग प्रायः यह कहते सुने जाते हैं कि वैसे भोजन में भी उन्हें अब कम स्वाद लगता है जो पहले बहुत ही स्वादपूर्ण लगते थे।

अध्ययनों से यह स्पष्ट हुआ है कि मनुष्यों द्वारा मात्र चार तरह के स्वाद गुणों (taste qualities) की पहचान की जाती है—मीठा (sweet), खट्टा (sour), नमकीन (salty) तथा कडुआ (bitter) । अन्य स्वाद यही चार स्वाद गुणों के मिलने के फलस्वरूप उत्पन्न होते हैं। वुड एवं वुड (Wood & Wood, 1996) ने स्पष्टतः यह बतलाया है कि पिछले हाल के कुछ वर्षों तक अधिकतम पाठ्य-पुस्तकों में एक जिह्वा नक्शा (tongue map) दिखलाया जाता था जिसमें चार प्रमुख स्वाद को जीभ के विभिन्न भागों में अवस्थित होते दिखलाया जाता था। जैसे, मीठा स्वाद संवेदन का स्थान जीभ के नोंक (tip) पर बतलाया जाता था, खट्टा तथा नमकीन स्वादों को जीभ के दोनों बगल (side) में अवस्थित बतलाया जाता था तथा कड़ुवा स्वाद जीभ के पिछले भाग में अवस्थित बतलाया जाता था। लेकिन आजकल यह स्थापित हो चुका है कि जिह्वा नक्शा एक त्रुटि (error) था जो 1901 में जर्मन मनोदैहिक विज्ञानी (psychophysicist) जो विलहेल्म वुंट के प्रयोगशाला में कार्य करते थे, द्वारा प्रकाशित एक लेख (article) का गलत अनुवाद के परिणामस्वरूप हुआ था। आधुनिक शोधकर्त्ताओं जैसे वारटोशक एवं बीऊकैम्प (Bartoshuk & Beauchamp, 1994) द्वारा किये गए विस्तृत अध्ययन जिसमें चार स्वाद संवेदनों के गहन स्थानिक जाँच (spatial testing) किया गया, यह पाया गया है कि ये चारों स्वाद संवेदन जीभ के सभी भागों में अवस्थित स्वाद कलियों द्वारा उत्पन्न होते हैं। ब्राउन (Brown, 1975) के अध्ययन के अनुसार कडुआ एवं खट्टा स्वाद का संवेदन जीभ से ज्यादा तालु (palate) से होता देखा गया है।

जैसा कि ऊपर कहा जा चुका है कि स्वाद कलियों (taste buds) की सबसे ज्यादा संख्या *पापिलै* (Papillae) में पाया जाता है। न्यूरोमनोवैज्ञानिकों के अनुसार स्वाद पापिलौ तीन तरह के होते हैं—*फुनगीफार्म पापिलै* (fungiform papillae), *कमभैलेट पापिलै* (cumvallate pupillae) तथा *फोलियेट पापिलै* (foliate papillae) (देखें चित्र 7.4)। फुनगीफार्म पापिलै सबसे अधिक संख्या में पायी जाती है तथा आकार

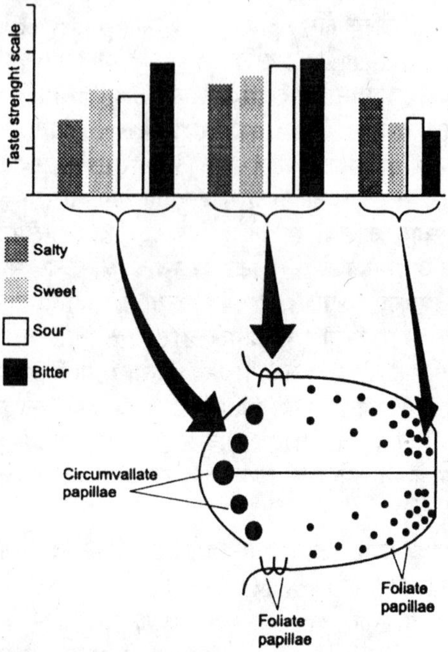

चित्र 7.4 : तीन तरह का पापिलै (papillae)

में यह बटन छत्रक (button mushroom) के समान दिखता है। जीभ पर सैकड़ों फुनगीफार्म पापिलै होते हैं परन्तु एक व्यक्ति से दूसरे व्यक्ति में इसकी संख्या काफी भिन्न होती है। एक फुनगीफार्म पापिलै में सामान्यतः एक ही स्वाद कली (taste bud) होती है। कमभैलेट पापिलै तथा कोलिपेट पापिलै में एक से अधिक स्वाद कलियाँ होती हैं।

चूँकि भिन्न-भिन्न स्वाद कोशिकाएँ चार मुख्य स्वाद के लिए उत्तरदायी होते हैं, अतः ऐसा स्पष्टतः प्रतीत होता है कि स्वाद कलियों से प्रारंभ होने वाले अभिवाही एक्सान (afferent axon) द्वारा सिर्फ एक ही तरह के स्वाद के बारे में सूचनाएँ ले जायी जाती हैं। इस तरह के विचार को *विशिष्ट पथ प्राक्कल्पना* (specific pathway hypothesis) कहा जाता है। दूसरे प्राक्कल्पना जिसे *पैटर्न कोडिंग* (pattern coding) कहा जाता है, प्रत्येक एक्सान कुछ हद तक एक से अधिक स्वाद के प्रति अनुक्रिया करता है और इनमें स्वाद विभेदन के लिए विभिन्न अभिवाही (या संवेदी) एक्सान से आने वाले सापेक्ष क्रियाओं के केन्द्रीय संसाधन (central processing) पर निर्भर करता है। फाफ्मान, फ्रैंक एवं नोरग्रेन (Pfaffamnn, Frank & Norgen, 1979) द्वारा किये गए अध्ययनों से यह स्पष्ट हुआ है कि प्रत्येक स्वाद एक्सान एक स्वाद उद्दीपक के निम्न सांद्रता (low concentration) के प्रति अनुक्रिया करता है परन्तु अन्य स्वादों (other tastes) के उच्च सांद्रता के प्रति भी अनुक्रिया करता है। फलस्वरूप, एक एक्सान (axon) मीठे उद्दीपकों (sweet stimuls) के प्रति तेजी से अनुक्रिया करता है परन्तु वह सांद्रित नमक (concentrated salt) या तीखे घोल (bitter solution) के प्रति भी अनुक्रिया करता है। अतः इस कोशिका की सक्रियता के आधार पर यह नहीं कहा जा सकता है कि वह मीठे घोल के प्रति अनुक्रियाशील है या तीव्र नमकीन घोल के प्रति अनुक्रियाशील है। परन्तु कई न्यूरोन्स से उत्पन्न अनुक्रियाओं के पैटर्न का जब केन्द्रीय विश्लेषण (central analysis) किया जाता है, तब ही उपयुक्त उद्दीपक की पहचान हो पाती है।

न्यूरोमनोवैज्ञानिकों द्वारा स्वाद ज्ञान (gustatory senses) के बारे में एक महत्त्वपूर्ण न्यूरोदैहिक आधार की खोज करते हुए यह स्पष्ट किया गया है कि स्वादन तंत्र (gustatory system) स्वाद ग्राहक कोशिका से होते हुए मस्तिष्कीय स्तंभ केंद्रक (brain stem nuclei) तथा थैलमस से प्रमस्तिष्कीय कार्टेक्स तक फैला होता है।

प्रत्येक स्वाद कोशिका कई अभिवाही तन्तुओं (afferent fibers) को सूचनाएँ प्रसारित करता है और प्रत्येक अभिवाही तन्तु कई स्वाद कोशिकाओं से सूचनाएँ प्राप्त करता है। अभिवाही तन्तुएँ तीन विभिन्न कपालीय तंत्रिका (cranial nerves) अर्थात् आनन (facial) यानी कपालीय तंत्रिका संख्या VII, ग्लोसोफेरिनजिल (glossopharyngeal) यानी कपालीय तंत्रिका संख्या IX तथा भेगस तंत्रिका (vagus nerve) यानी कपालीय तंत्रिका संख्या X से होकर गुजरती है। इनमें से प्रत्येक तंत्रिका में स्वादन तन्तु (gustatory fibers) मेडुला (medulla) में पहुँचता है। यहाँ वे द्वितीय क्रम के स्वादन तन्तु (second-order gustatory fibers) के साथ सूत्रयुग्मित (synapse) होते हैं जो फिर थैलमस के भेन्ट्रल पश्च मध्य केन्द्रक (ventral posterior medial nucleus) तक जाते हैं। इसके बाद फिर वे तृतीय क्रम के स्वादन तन्तु (third order gustatory fibers) के साथ सूत्रयुग्मित होकर कायिक संवेदी कार्टेक्स (samtosensory cortex) के कार्टिकल स्वाद क्षेत्र (cortical taste area) में पहुँचते हैं।

घ्राण (olfaction) एक दूसरे तरह का रसायनिक प्रत्यक्षण है। कुछ पशुओं जैसे कुत्तों में घ्राण ग्राहक (olfactory receptors) मनुष्यों की तुलना में काफी अधिक होते हैं। मनुष्यों में भी घ्राणेन्द्रियाँ काफी विकसित होती हैं। डीभ्राईज एवं स्टूईभर (Devrie's & Stuiver, 1961) के अध्ययन के अनुसार मानव घ्राणेन्द्रियाँ एकाकी गंधमय अणु (single odorous molecule) से उत्तेजित हो सकता है। गंधमय अणु नाक में प्रवेश करके घ्राणेन्द्रिय (olfactory receptor) को प्रभावित कर देता है। ऐसी घ्राणेन्द्रियाँ प्रत्येक नासा छिद्र (nostril) के ऊपर में जिसे घ्राण इपिथेलियम (olfactory epithelium) कहा जाता है पर अवस्थित होती हैं। घ्राण इपिथेलियम एक वर्ग इंच में ऊतकों (tissue) का एक समूह होता है। दोनों नाक में एक-एक घ्राण इपिथेलियम होता है जिनसे करीब 10 मिलियन घ्राण कोशिकाएँ (receptor cells) होती हैं।

घ्राणेन्द्रियाँ अन्य संवेदी ग्राहकों (sensory receptors) से भिन्न होती हैं। ये सभी कुछ विशिष्ट प्रकार के न्यूरोन होते हैं जो संवेदी उद्दीपकों (sensory stimuli) से सीधे सम्पर्क में आते हैं और फिर सीधे मस्तिष्क में पहुँच जाते हैं। अन्य सभी न्यूरोन से भिन्न स्वरूप होता है क्योंकि इनकी जीवन अवधि (life span) लघु होती है अर्थात् 8 सप्ताह से भी कम होता है तथा जैसा कि फार्वमैन (Farbman, 1992) ने कहा है, वे सतत प्रतिस्थापित (replace) होते रहती हैं। घ्राण ग्राहकों (olfactory receptors) के एक्सान (axons) गंधमय सूचनाओं को सीधे घ्राण बल्ब (olfactory bulb) में भेजते हैं। यह बल्क दियासलाई के काठी के आकार का होता है जो नासिछद्र के ठीक ऊपर होता है और मस्तिष्क का विशेष संरचना होता है। घ्राण बल्व से फिर गंधमय सूचनाओं को मस्तिष्क के विभिन्न भागों में प्रसारित कर दिया जाता है। अभी हाल तक शोधकर्त्ताओं को यह पता नहीं था कि कितने भिन्न प्रकार के घ्राण ग्राहक (olfactory receptors) होते हैं और विभिन्न गंधों का कूटानुवाद (decoding) मुख्यतः नाक में ही होता है या घ्राण ग्राहकों की संख्या कम होने के कारण मस्तिष्क में ही मूलतः इनका कूटानुवाद होता है। परन्तु हाल ही में बक तथा एक्सेल (Buck & Axel, 1991) द्वारा किये गए शोधों से यह स्पष्ट हुआ है कि 100 से ज्यादा विभिन्न प्रकार के घ्राण ग्राहक होते हैं तथा इनकी सम्पूर्ण संख्या इनसे भी कहीं ज्यादा हो सकती है। इन लोगों के शोधकार्य के आधार पर

यह पूर्णतः स्पष्ट हो गया है कि गंधों के विभेदन का कार्य घ्राण ग्राहक (olfactory receptor) ही करते हैं।

घ्राण तंत्रिका के बहुत सारे एक्सान (axons) मस्तिष्क अग्रवर्ती भाग जिसे घ्राण बल्ब (olfactory bulb) कहा जाता है, के जटिल संरचनाओं में विलिन हो जाता है। घ्राण इपिथैलियम (olfactory epithelium) के घ्राण बल्ब (olfactory bulb) में किये गए प्रक्षेपण (projections) का एक क्षेत्रीय वितरण (zonal distribution) होता है। घ्राण बल्व में कई भिन्न-भिन्न सतहें (layers) होती हैं तथा एक विस्तृत सरकिट (circuit) भी होता है। इन कोशिकाओं की क्रियाएँ घ्राण बल्व के न्यूरोन्स के अन्य प्रकार द्वारा अनुकूलित (modulate) होती हैं। घ्राण बल्ब के भीतर का सरकिट का योगदान विस्तृत पुनर्निवेशन नियंत्रण (elaborate feedback control) तथा घ्राण बल्ब की क्रियाओं का अनुकूलन में काफी होता है। यहाँ भी स्पष्ट कर देना उचित होगा कि मनुष्यों में पशुओं विशेषकर बिल्ली एवं कुत्तों की अपेक्षा घ्राण बल्ब का आकार मस्तिष्क के अन्य भागों की तुलना में काफी छोटा होता है।

घ्राण बल्ब से निकलने वाली सूचनाएँ मस्तिष्क के अन्य क्षेत्रों विशेषकर प्रिपाइरिफार्म कार्टेक्स (prepyriform cortex), एमिगडाला (amygdala) तथा हाइपोथैलमस (hypothalamus) आदि में पहुँचते हैं। घ्राण तंत्र (olfactory system) ही मात्र एक ऐसा संवेदी तंत्र है जिसमें सूचनाएँ घ्राण इपिथेलियम से कार्टेक्स (cortex) तक पहुँचने में थैलमस में सूत्रयुग्मित (synapse) नहीं होती हैं।

5. गतिबोधक एवं प्रघाणीय प्रत्यक्षण का न्यूरोदैहिक आधार *(Neurophysiological base of Kinesthetic and Vestibular perception)*—गतिबोधक प्रत्यक्षण (kinesthetic perception) से तात्पर्य वैसे प्रत्यक्षण से होता है जो हमें हमारे शरीर के अंगों का एक दूसरे के संदर्भ में अवस्थिति (location) की सूचना देता है तथा हमें संयोजित ढंग से विशेष गति करने में जैसे नाचने, कार चलाने, मोटरसाइकिल चलाने, तैरने आदि में मदद करता है। गतिबोधक सूचनाएँ संधि (joints), मांसपेशीय तन्तु (musculer fibers) तथा अस्थिबन्ध (ligaments) में के ग्राहकों (receptors) से प्राप्त होते हैं। जब हमलोग अपने शरीर को गतिशील करते हैं तो इन ग्राहकों (receptors) की गति की दर (speed) तथा हमारे अवयव (limb) में हड्डियों (bones) के कोण में परिवर्तन की दर को इन ग्राहकों द्वारा ग्रहण किया जाता है और तब इन तंत्रीय संकेतों (neural signals) को मस्तिष्क में भेजा जाता है। दृष्टि (vision) एवं स्पर्श (touch) द्वारा भी हमें कुछ हद तक गतिबोधन (kinesthasia) का प्रत्यक्षण होता है।

जहाँ गतिबोधक (kinesthasia) हमारे शरीर के अंगों को एक-दूसरे के संदर्भ में अवस्थिति (location) के बारे में ज्ञान देता है, प्रघाणीय प्रत्यक्षण (vestibular perception) में हमें शारीरिक गति में संतुलन (equilibrium) का ज्ञान होता है। प्रघाणीय प्रत्यक्षण के लिए ग्राहक (receptors), अन्तकर्ण (inner ear) में कोकलिया (cochlea) के बगल में तीन अर्द्धचंद्राकार नलियाँ (samicircular canals) जिसमें कुछ तरल पदार्थ भरे होते हैं, होती हैं। ये तीनों नलिकाएँ अपने आधार पर कुछ पुटिका या थैली के समान संरचना (saclike structure) से जुड़े होते हैं जिन्हें *यूट्रिकल*

(utricle) कहा जाता है। इसके नीचे एक दूसरा छोटा सा तरल पदार्थ से भरा पुटिका (sac) होता है, जिसे *साक्कुली* (saccule) कहा जाता है। इन संरचनाओं में जो केश कोशिकाएँ (hair cells) उत्तरदायी होती हैं, वे ग्राहक (receptors) का कार्य करती हैं और इसमें झुकाव होने से तंत्रिका तन्तु (nerve fibers) उत्तेजित हो जाता है। तीनों अर्द्धचन्द्राकार नलिकाओं में केश कोशिकाएँ (hair cells) एक बड़े क्षेत्र जिसे *एम्पुल्ला* (ampulla) कहा जाता है, में फैले होते हैं। यह एम्पुल्ला नलिका (canal) तथा यूट्रिकल के संधिस्थल (junction) पर अवस्थित होता है। तीनों अर्द्धचन्द्राकार नलिकाएँ एक-दूसरे से विशेष कोण पर अवस्थित होते हैं और इस तरह से वे शारीरिक गति को किसी भी दिशा में हुए वृद्धि (acceleration) की पहचान करते हैं। साक्कुली (saccule) तथा यूट्रिक्ल में के ग्राहक सिर के स्थिरावस्था के प्रति अनुक्रिया करते हैं। जिलेटिनस झिल्ली (gelatinous membrane) जिसे *ओटोलिथ्स* (otoliths) कहा जाता है, पर छोटे हड्डीनुमा क्रिस्टल (small bony crystals) जो होते हैं, उनसे इन ग्राहकों का गति के प्रति संवेदनशीलता काफी बढ़ जाती है। इन ग्राहकों के केश कोशिकाओं के जड़ (base) में कुछ ऐसे तंत्रिका तन्तु (nerve fibers) होते हैं जिनका केश कोशिकाओं के साथ कुछ उसी ढंग का सम्बन्ध होता है जैसे अन्तकर्ण के श्रवण क्षेत्रों में होता है।

अन्तकर्ण के भेस्टीवुलर ग्राहक में तंत्रिका तन्तु (nerve fibers) मस्तिष्क स्तंभ (brain steim) के निम्न स्तरों (lower levels) में प्रवेश करते हैं और केन्द्रकों (nuclei) के एक समूह जिन्हें *भेष्टीवुलर केन्द्रक* (vestibular nucleus) कहा जाता है, के साथ सूत्रयुग्मित (synapse) करते हैं। कुछ तंत्रिका तन्तु (nerve fibers) इस संरचना के बगल से सीधे निकलकर लघुमस्तिष्क (cerebellum) जो पेशीय नियंत्रण (motor control) का केन्द्र होता है, में चला जाता है। वेस्टीवुलर केन्द्रकों (vestibular nuclei) के प्रभाव जटिल होते हैं और वे पेशीय तंत्र को प्रभावित करते हैं। इनसे बाहर आने वाले सूचना प्रवाह अन्य क्षेत्रों के अलावा नेत्र मांशपेशियों के केन्द्रकों, थैलमस (thalamus) तथा प्रमस्तिष्कीय कार्टेक्स (cerebral cortex) में जाते हैं जिनके परिणामस्वरूप व्यक्ति अपने शारीरिक गति में एक संतुलन बनाये रखता है।

स्पष्ट हुआ कि प्रत्यक्षण का चाहे जो प्रकार जैसे दृष्टि प्रत्यक्षण, श्रवण प्रत्यक्षण, स्पर्श एवं त्वक् प्रत्यक्षण, रासायनिक संवेदन (chemical senses), गतिबोधक (kinesthesia) एवं प्रधाणीय प्रत्यक्षण (vestibular perception) क्यों न हो। इन सबका स्पष्टतः एक न्यूरोदैहिक आधार (neurophysiological base) होता है अर्थात् इन सबों तरह के प्रत्यक्षण की प्रक्रिया के पीछे एक स्पष्ट तंत्रकीय (neural) एवं मस्तिष्कीय प्रक्रियाएँ होती हैं।

अभिप्रेरण का न्यूरोदैहिक आधार
(Neurophysiological base of Motivation)

प्राणी तरह-तरह के अभिप्रेरित व्यवहार (motivational behaviour) करता है जिसमें भोजन (food), जल एवं अन्य तरल पदार्थ (fluid), यौन (sex) तथा तापक्रम नियमन (temperature regulation) से सम्बन्धित व्यवहार काफी महत्त्वपूर्ण हैं। भोजन से सम्बन्ध व्यवहार को *भूख अभिप्रेरक* (hunger motive), जल एवं अन्य

तरल पदार्थ से सम्बन्धित अभिप्रेरण को *प्यास अभिप्रेरक* (thirst motivation), यौन से संबद्ध व्यवहार को *यौन अभिप्रेरण* (sex motivation) तथा शारीरिक तापक्रम को एक निश्‍चित सीमा से बनाकर रखने से सम्बन्ध व्यवहार को *तापक्रम नियमन* (temperature regulation) कहा जाता है। इन चारों तरह के अभिप्रेरणों के स्पष्ट न्यूरोदैहिक आधार है जिनकी चर्चा हम अलग-अलग उपअनुच्छेद में करेंगे—

1. भूख अभिप्रेरक का न्यूरोदैहिक आधार *(Neurolophysiological base of hunger motivation)*—भूख अभिप्रेरक में व्यक्ति भोजन करता है और उससे अपने भूख की संतुष्टि करता है। शरीर की कोशिकाओं (cells) को महत्त्वपूर्ण पोषक तत्त्व मिलने के लिए यह आवश्यक है कि खाया गया भोजन साधारण रसायन (simple chemicals) में बदल दिया जाय। ये साधारण तत्त्व (substances) सचमुच में पाचन (digestion) का प्रतिफल (products) होता है और इस पाचन की प्रक्रिया में पाचन क्षेत्र (digestive tract) में कई तरह के रासायनिक तथा यांत्रिक प्रक्रियाएँ सम्मिलित होती हैं। पाचन क्षेत्र की शुरुआत मुँह से होता है जहाँ भोजन को पाचन का रासायनिक प्रक्रियाओं के लिए तैयार करने की प्रक्रिया में यांत्रिक रूप से छोटे-छोटे टुकड़ों में तोड़ा जाता है। लार भोज को गलाता है और इसमें एक इनजाइम (enzyme) होता है जो कार्बोहाइड्रेट (carbohydrate) का रासायनिक विश्‍लेषण (chemical breakdown) करने में लग जाता है। चबाने एवं स्वादन (tasting) की प्रक्रिया से कुछ ऐसे संकेत (signals) भी मिलते हैं जो पेट में पाचन इनजाइम (enzyme) उत्पन्न करता है।

न्यूरोमनोवैज्ञानिक जो भूख अभिप्रेरक के अध्ययन में अभिरुचि दिखलाये हैं, ने यह समझने की कोशिश किये हैं कि जब भूख लगता है तो केन्द्रीय तंत्रिका तंत्र (central nervous system) क्या मानीटर (monitor) करता है और इस प्रक्रिया से किस तरह का मस्तिष्कीय एवं अंतःस्रावी अनुक्रियाएँ फिर उत्पन्न होती हैं। कई लोगों ने खाने के व्यवहार को ऊर्जा समस्थिति (energy homeostatis) के रूप में व्याख्या करने की कोशिश किया है। उदाहरणस्वरूप जब अनुकम्पी तंत्रिका तंत्र (sympathetic nervous system) सक्रिय होता है, तो शरीर ऊर्जा का उपयोग कर रहा होता है और जब उपअनुकंपी तंत्र (parasympathetic nervous systems) सक्रिय होता है तो शरीर ऊर्जा संचित कर रहा होता है तथा इस तथ्य का सम्बन्ध भोजन करने के व्यवहार से है। शोधकर्त्ताओं का मत है भोजन करने की प्रक्रिया अनुकम्पी तंत्रिका तंत्र (sympathetic nervous system) से विलोमतः (inversely) सम्बन्धित है।

ऐतिहासिक तौर पर (historically) ऐसा समझा जाता था कि भोजन करने का व्यवहार हाइपोथैलमस के दो केन्द्रकों (nuclei) की क्रियाओं के रूप में समझा जा सकता है। यह विचारधारा 1950 वाले दशक के आरम्भिक वर्षों में प्रचलित था। इस सिद्धान्त को *द्वैध केन्द्र सिद्धान्त* (double centre theory) कहा जाता है। इस सिद्धान्त के अनुसार हाइपोथैलस में भूख (hunger) तथा परितृप्ति (satiety) का मुख्य केन्द्र होता है। लेटरल हाइपोथैलमस (lateral hypothalamus or LH) में भूख का केन्द्र (hunger centre) होता है, जिसमें प्राणी में भोजन करने का व्यवहार नियंत्रित होता है तथा भेन्ट्रोमिडीयल हाइपोथैलमस (ventromedial hypothalamus or VMH) जो परितृप्ति केन्द्र (satiety centre) होता है जिसके द्वारा भोजन न करने

की प्रवृत्ति नियंत्रित की जाती है। 1951 में आनन्द एवं ब्रोवेक (Anand & Brobeck) ने यह बतलाया कि यदि LH में द्विपार्श्विक क्षति (bilateral destruction) उत्पन्न कर दिया जाता है, तो इससे बिल्ली या चूहे भोजन करना बंद कर देते हैं। भोजन न करने की इस विशेष स्थिति को *एफागिया* (aphagia) कहा जाता है। अतः LH को 'भूख केन्द्र' (hunger centre) माना गया। उसी तरह से VMH को परितृप्ति केन्द्र (satiety centre) कहा गया क्योंकि इसको क्षतिग्रस्त कर देने से पशुओं में ऐसे भूख व्यवहार होता पाया गया कि जिसमें चाहे, वे कितना भोजन क्यों न कर लिये हों, उनमें परितृप्ति उत्पन्न होती ही नहीं थी। अतः VMH क्षतिग्रस्त हो जाने से पशुओं में भोजन करने से उत्पन्न परितृप्ति नहीं हो पाती है और खाते-खाते उनमें मोटापा काफी बढ़ जाता है। इस तरह की असामान्य स्थिति को *हाइपरफागिया* (hyperphagia) कहा जाता है। अतः शोधकर्त्ताओं ने VHM को 'परितृप्ति केन्द्र' (satiety centre) कहा है।

परन्तु बाद में किये गए शोधों से द्वैध केन्द्र सिद्धान्त (dual centre theory) की वैधता समाप्त ही गयी क्योंकि एक बिन्दु के बाद VMH में क्षति उत्पन्न होने के बावजूद भी पशु अधिक भोजन न करके सामान्य ढंग से भोजन करने लगे तथा LH में क्षति उत्पन्न पशु भी एक समय के बाद कुछ भोजन करना प्रारंभ कर दिया। इससे यह साबित हो जाता है कि LH तथा VMH को क्रमशः *भूख केन्द्र* (hunger centre) तथा *परितृप्ति केन्द्र* (satiety centre) थोड़े ही समय के लिए माना जा सकता है।

नवीनतम अध्ययनों से यह स्पष्ट हुआ कि भूख व्यवहार हाइपोथैलमस के अतिरिक्त मस्तिष्क के अन्य क्षेत्रों जैसे *एमिगडालाआड केन्द्रकों* (amygdaloid nuclei), *अग्र कार्टेक्स* (frontal cortex) तथा *सबस्टानसिया निग्रा* (substantia nigra) द्वारा भी नियंत्रित होता है। इसके आधार पर तब यही कहा जा सकता है कि भूख और परितृप्ति (satiety) किसी एक मस्तिष्कीय क्षेत्र में अवस्थित नहीं होते हैं बल्कि पूरे मस्तिष्क में कोशिकाओं का एक नेटवर्क होता है जो इन कार्यों के लिए उत्तरदायी होती है।

इसके अतिरिक्त कुछ अन्य शारीरिक तत्त्वों (bodily substances) की भूमिका भूख व्यवहार में प्रधान होती है। इनमें कुछ मोनोएमाइन्स (monoamines) तथा पेपटाइड हारमोन्स (peptide hormones) की भूमिका मुख्य रूप से उल्लेखनीय है। मोनोएमाइन्स में नोरइपाइनफ्राइन (nore-epinephrine), सिरोटोनिन (serotonin) विशेषकर 5HT तथा डोपामाइन (dopamine) मुख्य है। नोरपाइनफ्राइन द्वारा कुछ परितृप्ति उत्पन्न करने वाली कोशिकाएँ (satiety producting cells) की क्रियाओं को अवरुद्ध किया जाता है। फलतः जिन चूहों को नोरइपाइनफ्राइन का सूई दिया गया था, वे अन्य चूहों की तुलना में जिन्हें गात्र रालाइन (salinc) दिया गया था, तीन गुणा अधिक भोजन करते पाये गए। 5-HT द्वारा परितृप्ति उत्पन्न होते पाया गया। लेट्रल हाइपोथैलमस में डोपामाइन (dopamine) भोजन करने की क्रिया को मंदित करते पाया गया है।

इन सबों के अलावा पेपटाइड हार्मोन (peptide hormone) द्वारा भी भोजन की प्रक्रिया नियमित होती है। न्यूरोपेपटाइड वाई (Neuropeptide Y or NPY) कुछ अन्य पेपटाइड जेसै— *गालानिन* (galanin) तथा *कार्टिकोएस्ट्रेजेन* (corticosterone) के साथ अन्तःक्रिया करके कुछ इस तरह के दैहिक परिवर्तन उत्पन्न कर देते हैं जिससे

भूख में वृद्धि हो जाती है। डायनोरफिन (dynorphin) से प्राणी में भोजन करने की प्रवृत्ति में वृद्धि होती है। मैक्कारिनो एवं हेवार्ड (Vaccarnio & Hayward, 1988) ने अपने अध्ययन के आधार पर इस सिलिसले में अगली कड़ी जोड़ते हुए यह कहा है कि हाइपोथैलमिक वर्द्धन हार्मोन-मुक्ति कारक (hypothalamic growth hormone relating factor) से पशुओं में भोजन करने की प्रवृत्ति उग्र होती है। कुछ अन्य पेपटाइड्स (peptides) जैसे बाम्बेसिन (bombesin) तथा न्यूरोटेनसिन (neurotensin) ऐसे हैं जिनसे परितृप्ति (satiety) उत्पन्न होता है। उसी तरह से *कोलेसिस्टोकिनिन* (cholecystokinin or CCK) से भी प्राणी में भोजन न करने की प्रवृत्ति अर्थात् परितृप्ति (satiety) उत्पन्न होता है। सचमुच में भोजन जब पेट तथा आँत (instestine) में पहुँचता है तो उनसे कई तरह के पेपटाइड हार्मोन निकलते हैं जिनमें CKK मुख्य हैं। जब भोजन में वसा तथा/या प्रोटीन की मात्रा अधिक होती है, तो CCK अधिक मात्रा में उत्पन्न होती है। CCK एक तरह से परितृप्ति संकेत भेजता है जब पेट या आँत में भोजन मौजूद रहता है, तो CCK का स्तर ऊँचा होता है तथा जब पेट या आँत खाली रहता है, तो CCK का स्तर निम्न होता है। मस्तिष्क में CCK न्यूरोट्रांसमीटर का कार्य करता है तथा इससे मस्तिष्क को भी परितृप्ति की सूचना मिलती है।

2. प्यास अभिप्रेरक का न्यूरोदैहिक आधार *(Neurophysiological base of thirst motive)*—व्यक्ति के शरीर में जल दो मुख्य कक्ष (compartment) के बीच आगे पीछे विचरण करते रहता है। शरीर के करोड़ों कोशिकाओं (cells) के भीतर अधिक जल मौजूद होते हैं और इन्हें *अंतराकोशकीय कक्षा* (intracellular compartment) कहा जाता है। परन्तु कुछ तरल पदार्थ इन कोशिकाओं से बाहर भी होते हैं जिन्हें *बहिकोशकीय कक्ष* (extracellular compartment) भी कहा जाता है। वहिकोशकीय कक्ष को दो उप खंडों में अर्थात् दो कोशिकाओं के बीच का तरल जिसे *अन्तरस्टिसियल तरल* (interstitial fluid) तथा रक्त प्लाविक (blood plasma) जो एक तरह का प्रोटीन युक्त तरल होता है जिसमें लाल तथा श्वेत रक्त कण मौजूद होते हैं, बँटे होते हैं। परम्परानुसार पेट या गेस्ट्रोआन्त्र पथ (gestrointestinal tract) के किसी भी भाग में उपस्थित जल को शरीर से बाहर माना जाता है अर्थात् उन्हें न तो अंतराकोशकीय कक्ष और न ही वहिकोशकीय कक्ष में उपस्थित माना जाता है। जल जब गैस्ट्रोआन्त पथ को छोड़कर आगे बढ़ता है तो शरीर उसका उपयोग प्रारंभ कर देता है। उसी तरह से जल जो मूत्राशय (bladder) में पहुँच चुका होता है, उसे पुनः शरीर को लौटाया नहीं जा सकता है। अतः ऐसे तरल को भी शरीर के बाहर समझा जाता है।

न्यूरोमनोवैज्ञानिकों का मत है कि हमारे शरीर की कोशिकाएँ (cells) तभी ठीक ढंग से कार्य करते हैं जब अंतराकोशकीय कक्ष (intracellular compartment) में नमक (salt or NaCl) तथा अन्य आयन्स (ion) की सांद्रता (concentration) एक संक्रमित परास (critical range) के भीतर होती है। बहिकोशकीय कक्ष (extracellular compartment) जल के प्रतिस्थापन का एक स्रोत होता है तथा अंतराकोशकीय कक्ष एवं बाहरी वातावरण के बीच एक प्रतिरोधक (buffer) के रूप में कार्य करता है। प्रतिरोधक के रूप में कार्य करने के अतिरिक्त वहिकोशकीय तरल (extracellular fluid) अंतराकोशकीय कक्ष के भीतर की अवस्थाओं के बारे में भी

सूचना देता है। सच्चाई यह है कि तंत्रिका तंत्र बहुत ही सावधानीपूर्वक वहिकोशकीय कक्ष का मानीटर इस बात के लिए करते रहता है कि व्यक्ति को कब पानी पीने की जरूरत पड़ती है। न्यूरोमनोवैज्ञानिकों ने यह स्पष्ट किया है कि दो ऐसे संकेत (cues) हैं जिनसे यह पता चलता है कि व्यक्ति को पानी पीने की जरूरत है—निम्न बहिकोशकीय मात्रा (low extracellular volume) तथा उच्च वहिकोशकीय विलय[1] सांद्रता (high extracellular solute concentration)। पहले संकेत से उत्पन्न प्यास को *हाइपोभोलेमिक* (hypovolemic thirst) तथा दूसरे संकेत से उत्पन्न प्यास को *औसमोटिक प्यास* (osmotic thirst) कहा जाता है। इन दोनों तरह के प्यासों के न्यूरोदैहिक आधार का वर्णन हम अलग-अलग उपखंडों (subsections) में करेंगे:—

(क) हाइपोभोलेमिक प्यास *(Hypovolemic thirst)*—जब व्यक्ति के शरीर से किसी कारण से रक्त बाहर निकल जाता है, तो उसके शरीर में रक्त की कुल मात्रा में स्पष्टतः कमी आ जाती है। रक्तचाप (blood pressure) कम हो जाता है और व्यक्ति को प्यास का अनुभव होने लगता है। रक्त निकलने या अतिसार (diarrhea) तथा कै (vomiting) आदि के माध्यम से व्यक्ति के शरीर में जो जल की कमी होती है, उससे वहिकोशकीय तरल (extracellular fluid) या अंतराकोशकीय तरल (intracellular fluid) की सांद्रता में परिवर्तन नहीं होता है क्योंकि नमक तथा अन्य आयन (ions) तरल पदार्थ के साथ निकल जाते हैं। ऐसी परिस्थिति में वहिकोशकीय तरल की मात्रा (volume) ही सिर्फ प्रभावित होती हैं (देखें चित्र 7.5 का a)। परन्तु यदि बहिकोशकीय तरल का लगातार इसी तरह से शरीर के बाहर निकलते रहता है तो अंतराकोशकीय कक्ष के भीतर से तरल बाहर आकर कुछ हद तक इसकी क्षतिपूर्ति का प्रयास करते हैं। जब कोशिकाओं में नमक एवं अन्य आयन की सांद्रता में कमी आ जाती है, तो इससे कोशिकाओं के भीतर जल का विसरण (diffusion) बढ़ जाता है और बहिकोशकीय कक्ष में पानी की कमी हो जाती है। इससे उत्पन्न होने वाले प्यास को *हाइपोभोलेमिक प्यास* (hypovolemic thirst) या संक्षेप में *भोलेमिक प्यास* (volemic thirst) कहा जाता है (देखें चित्र 7.5 का a)। *वैरोग्राहक* (baroreceptors) जो मुख्य रक्त नलिकाओं तथा हृदय (heart) में मौजूद होते हैं, द्वारा वहिकोशकीय तरल की मात्रा में हो रहे ह्रास (loss) की सूचना मस्तिष्क को स्वायत्त तंत्रिका तंत्र (autonomic nervous system) के माध्यम से दी जाती है। इसके परिणामस्वरूप मस्तिष्क व्यक्ति को प्यास का अनुभव कराता है ताकि व्यक्ति जल पीना प्रारंभ कर दे। मस्तिष्क उक्त कार्य

---

1. कोशिका की झिल्ली (membrane) के तरल पदार्थ को विलायक (solvent) कहा जाता है तथा ठोस जैसे नमक (salt) जो इसमें घुल जाते है, को विलेय (solute) कहा जाता है। सामान्यतः नमक (salt or NaCl) की सांद्रता वहिकोशकीय तरल में करीब 0.9% [भार (weight) की मात्रा (volume) के संदर्भ में] होता है। इसका मतलब यह हुआ कि प्रत्येक 100 मिलीलीटर जल के लिए NaCl की मात्रा करीब 0.9 ग्राम होती है। एक ऐसा घोल जिसमें नमक की यह सांद्रता (concentration) मौजूद होती हैं, उसे *दैहिक लवण* (physiological saline) कहा जाता है तथा इस स्थिति को *आइसोटोनिक* (isotonic) कहा जाता है क्योंकि व्यक्ति के बर्हिकोशकीय तरल में नमक की सांद्रता स्तर इतनी ही होती है। ऐसा घोल जिसमें नमक अधिक मात्रा में होते हैं, उसे *हाइपरटोनिक* (hypertonic) तथा जिसमें नमक कम मात्रा में होती है उसे *हाइपोटोनिक* (hypotonic) कहा जाता है।

को एक विशेष हार्मोन जिसे *भैसोप्रेसीन* (vasopressin) कहा जाता है, को निर्मुक्त करके करता है। इसे *एन्टीडाइयूरेटिक हार्मोन* (antidiuretic hormone or ADH) भी कहा जाता है जो एक तरह का पेपटाइड हार्मोन (peptide hormone) है और हाइपोथैलमस में बनता है परन्तु पश्च पीयूष ग्रन्थि (posterior pituitary gland) द्वारा निर्मुक्त (release) किया जाता है। भेसोप्रोसीन रक्त नलिकाओं को संकुचित कर देता है तथा वृक्क (kidney) को मूत्राशय में पानी भेजने से तुरंत रोकने लगता है। इस तरह से वेसोप्रेसीन के निर्मुक्ति से हमलोगों को प्यास अनुभव करने के पहले ही वृक्क पानी को संग्रहित करना प्रारम्भ कर देता है। मधुमेह (diabetes) के रोगियों में भेसोप्रेसीन का निकलना बंद हो जाता है जिसके परिणामस्वरूप वृक्क जल को कम मात्रा में संरक्षित कर पाता है और अधिक मात्रा में मूत्राशय को भेज देता है जिससे ऐसे रोगियों को पेशाब बार-बार लगता है।

वृक्क (kidney) की एक अन्य भूमिका भी यहाँ बहुत ही महत्त्वपूर्ण होती है। हाइपोभोलेमिया में होने वाले रक्त की मात्रा में कमी की पहचान वृक्क द्वारा भी की जाती है और ऐसी स्थिति में वह एक हार्मोन निर्मुक्त करता है जिसे *रेनिन* (renin) कहा जाता है। रक्त में रेनिन के मिलने से रक्त में पहले से मौजूद प्रोटीन जिसे *एनजियोरेनसिनोजेन* (angiorensinogen) कहा जाता है को एनजियोटेनसीन I (angiotensin I) में बदल देता है और फिर एनजियोटेनसीन I को एनजियोटेनसीन II (angiotensin II) में बदल दिया जाता है जो तुलनात्मक रूप से अधिक सक्रिय होता है। एनजियोटेनसीन II के कई जल संरक्षण कार्य (water conserving function) होते हैं और इस हार्मोन के तीन प्रमुख प्रभाव होते हैं। पहला यह एड्रीनल ग्रन्थि के कार्टेक्स (cortex) से अलडोस्टेरोन (aldosterone) को निर्मुक्त करता है जिससे वृक्क में सोडियम का स्तर संरक्षित रहता है। दूसरा, यह पीयूष ग्रन्थि से भेसोप्रेसीन (vasopressin) की निर्मुक्ति करवाता है। तीसरा, यह जल तथा नमक (salt) की चाहत को बढ़ावा देता है जिससे व्यक्ति जल पीने का व्यवहार करता है। इसके अतिरिक्त इस हार्मोन से रक्तचाप (blood pressure) में भी वृद्धि होती है तथा रक्त नलिकाओं में संकुचन (contraction) भी बढ़ जाता है। इसका प्रभाव यह होता है कि हाइपोभोलेमिया की स्थिति में सुधार होती है। नवीनतम अध्ययनों से यह स्पष्ट हुआ है कि एनजियोटेनसिन II का प्रभाव अंशतः मस्तिष्क के सरकमभेन्ट्रीकुलर अंगों (circumventricular organs) के भीतर अवस्थित ग्राहकों के उत्तेजित होने से नियमित होता है। एक ऐसा ही मस्तिष्कीय क्षेत्र को *सवफोरनिकल अंग* (subfornical organ or SFO) कहा जाता है जो फोरनिक्स (fornix) के ठीक भीतर अवस्थित होता है। जब इस संरचना में क्षति या घाव (lesion) उत्पन्न कर दिया जाता है, तो रक्त में मौजूद एनजियोटेनसिन II के प्रति पानी पीने की अनुक्रिया करना समाप्त हो जाता है और यदि थोड़ी मात्रा में भी एनजियोटेनसिन II की मात्रा को यहाँ पहुँचा दिया जाता है, तो इससे पानी पीने का व्यवहार फिर से होने लगता है। पूरे रेनिन-एनजियो टेनसीन क्रमप्रपात (renin-angiotensian cascade) को चित्र 7.6 में दिखलाया गया है।

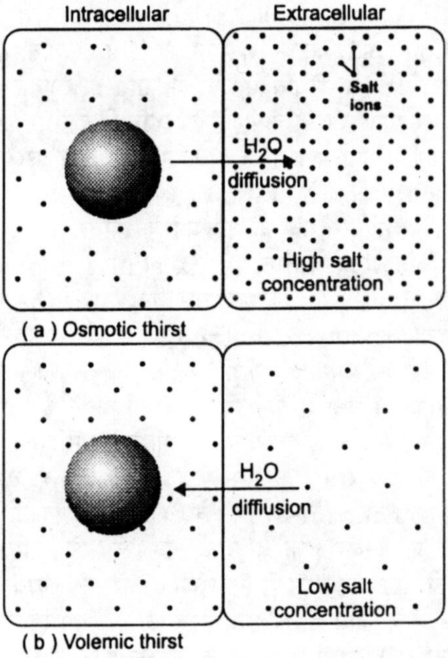

चित्र 7.5 : दो तरह के प्यास की स्थिति में वहिकोशकीय तथा अंतराकोशकीय तरल की स्थिति

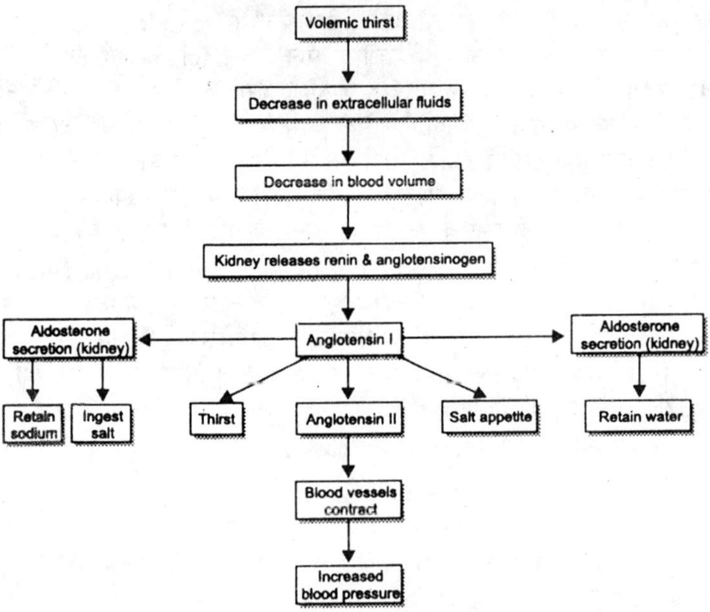

चित्र 7.6 : रेनिन-एनजियोटोनसीन क्रमप्रपात

(ख) ओसमोटिक प्यास *(Osmotic thirst)*—जब व्यक्ति के शरीर से पेशाब, श्वेदन (perspiration) आदि के कारण जल की कमी हो जाती है, तो इससे भी उसे प्यास का अनुभव होता है। ऐसी स्थिति में जल के साथ ही साथ नमक की भी कमी हो जाती है परन्तु ज्यादातर पानी की ही कमी ऐसी स्थिति में होती है। इस तरह की स्थिति में वहिकोशकीय तरल की मात्रा में कमी होने के साथ ही साथ इस तरह के तरल पदार्थ का विलेय सांद्रता (solute concentration) में वृद्धि हो जाती है (देखें चित्र 6.5 का 'b')। इसका परिणाम यह होता है कि कोशिकाओं के भीतर से जल को बाहर ले जाया जाता है क्योंकि शरीर वहिकोशकीय तरल (extracellular fluid) तथा अंतराकोशकीय तरल (intracellular fluid) के बीच संतुलन बनाये रखने के लिए प्रयत्नशील हो उठता है। विलेय सांद्रता (solute concentration) में इस तरह की वृद्धि से जो प्यास की उत्पत्ति होती है, उसे *औसमोटिक प्यास* (osmotic thirst) कहा जाता है। स्पष्ट हुआ कि यदि वहिकोशकीय कक्ष में पानी की कमी हो जाती है, तो कोशिका के बाहर नमक तथा अन्य आयन की सांद्रता कोशिका के भीतर के नमक तथा अन्य आयन की सांद्रता से अधिक होती है। इससे एक विसरण (diffusion) उत्पन्न होता है क्योंकि ओसमोटिक दबाव (osmotic pressure) के कारण कोशिकाओं के भीतर से जल बाहर की ओर आना प्रारंभ कर देता है। वैकल्पिक रूप से कोशिकाओं के बाहर के आइकोनिक सांद्रता को पानी का मात्रा में बिना कमी किये भी बढ़ाया जा सकता है। जैसे जब हम कोई नमकीन चीज खाते हैं, तो इसी तरह का परिणाम मिलता है। वहिकोशकीय तरल में नमक आयन्स की सांद्रता बढ़ने से कोशिकाओं के भीतर से पानी वहिकोशीय कक्ष में आ जाते हैं। जैसा कि हम जानते हैं, कोशिकाओं के भीतर पानी की कमी होने से जो प्यास उत्पन्न होती है, तो उसे *ओसमोटिक प्यास* (osmotic thirst) कहा जाता है। इस तरह के प्यास में अंतराकोशकीय तरल में सांद्रता कम हो जाती है तथा वहिकोशकीय तरल में विलेय सांद्रता बढ़ जाती है जैसा कि चित्र 7.5b में बिन्दुओं की सघनता से दिखलाया गया है। हाइपोभोलेमिक प्यास में चूँकि इस तरह की विलेय सांद्रता में कोई परिवर्तन नहीं होता है, अतः दोनों ही कक्षों में बिन्दुओं की सघनता एक समान दिखलाया गया है। औसमोटिक प्यास में व्यक्ति पानी पीकर अंतराकोशकीय कक्ष की कोशिकाओं को पानी की कमी के कारण क्षतिग्रस्त होने से बचा लेता है।

3. यौन अभिप्रेरण का न्यूरोदैहिक आधार *(Neurophysical base of sex motivation)*—व्यक्तियों में यौन अभिप्रेरण एक महत्त्वपूर्ण व्यवहार है और इस व्यवहार का भी स्पष्ट न्यूरोदैहिक आधार है। यह एक ऐसा अभिप्रेरक है जिसमें स्त्री तथा पुरुष लैंगिक संसर्ग (sexual intercourse) करने की तत्परता दिखलाते हैं। इस अभिप्रेरक के न्यूरोदैहिक आधार को निम्नांकित दो खंडों में बाँटकर प्रस्तुत किया गया है—

(क) हार्मोनल आधार (hormonal base)

(ख) तंत्रकीय आधार (neural base)

इन दोनों खंडों का वर्णन इस प्रकार है—

(क) हार्मोनल आधार *(Hormonal base)*—हार्मोन के दो समूह अर्थात् पेपटाइड (peptide) तथा स्टीरियाड (steroid) संयोजित होकर यौन अभिप्रेरण को नियंत्रित करते हैं। जैसा कि हम जानते हैं, महिलाओं के यौन ग्रन्थि (sex gland) को *डिम्ब*

ग्रन्थि (ovary) तथा पुरुष के यौन ग्रन्थि को अंडग्रंथि (testicle) कहा जाता है। यौन ग्रन्थि को गोनाड्स (Gonads) भी कहा जाता है।

डिम्ब ग्रन्थि तथा अंडग्रन्थि दोनों में ही दो-दो भिन्न उपभाग (subcompartment) होते हैं—एक भाग से हार्मोन पैदा होता है तथा दूसरे भाग से युग्मक (gamete) अर्थात् शुक्राणु (sperm) तथा अंडा (egg) पैदा लेता है। इनमें हार्मोन उत्पादन (hormone production) गोनाड्स में युग्मक उत्पन्न करने तथा मस्तिष्क में प्रजनन व्यवहार (reproductive behaviour) करने के लिए दोनों ही उपभागों को काफी महत्त्वपूर्ण माना गया है।

जहाँ तक पुरुष यौन ग्रन्थि (male sex gland) अर्थात् अंडग्रन्थि (testicle) का सवाल है, इस ग्रन्थि के भीतर कई तरह की कोशिकाएँ (cells) पायी जाती हैं। इनमें सरटोली कोशिका (sertoli cell) तथा लेडिग कोशिका (Leydig cell) महत्त्वपूर्ण है। सरटोली कोशिका शुक्राणु-उत्पन्न करने वाला कोशिका होता है तथा लेडिग कोशिका द्वारा टेस्टोस्टेरोन (testosterone) हार्मोन उत्पन्न होता है। टेस्टोस्टेरोन तथा अन्य पुरुष हार्मोन जैसे एण्ड्रोस्टेरोन (androsterone) को *एण्ड्रोजेन* (androgen) कहा जाता है। टेस्टोस्टेरोन का उत्पादन (production) एवं उत्सर्जन (release) का नियमन अग्रवर्ती पीयूष ग्रन्थि से निकलने वाला लूटिनाइजिंग हार्मोन (Luteinizing hormone or LH) से होता है। दूसरे तरफ, इस पीयूष हार्मोन का नियन्त्रण हाइपोथैलमस से निकलने वाला हार्मोन जिसे गोनाडोट्रोपिन-निमुर्क्ति हार्मोन (gonadotropin-releasing hormone or GNRH) या लूटिनाइनिंग हार्मोन-निमुर्क्ति हार्मोन (luteinizing hormone-releasing hormone) भी कहा जाता है, द्वारा होता है। टेस्टोस्टेरोन द्वारा कई तरह के शारीरिक परिवर्तनों जो यौवनावस्था में पाये जाते हैं, स्पष्ट रूप से देखे जाते हैं। इन परिवर्तनों में मूँछ उगना, शरीर के खास-खास अंगों पर घने बाल उगना, आवाज भारी होना, जनेन्द्रियों का आकार बड़ा हो जाना आदि सम्मिलित होता है। इन्हें *गौण यौन गुण* (seconday sex characteristics) कहा जाता है। गोनाड्स (Gonads), आन्तरिक यौन अंग (internal sex organs) एवं बाह्य जनेन्द्रिय (external genitalia) को *प्राथमिक यौन गुण* (primary sex characteristics) की संज्ञा दी जाती है।

स्त्री के यौन ग्रन्थि जिसे डिम्बग्रन्थि (ovary) कहा जाता है, एक युग्म (pair) में होता है और इससे भी परिपक्व युग्मक (gamete) अर्थात् अंडे (egg) एवं हार्मोन (hormone) निकलते हैं। परन्तु डिम्बग्रन्थि से निकलने वाला हार्मोनल स्राव पुरुष के अंडग्रंथि (testicle) से निकलने वाला स्राव से अधिक जटिल होता है। डिम्बग्रन्थि से निकलने वाला हार्मोन एक चक्र (cycle) में निकलता है जिसकी अवधि भिन्न-भिन्न प्रजातियों में भिन्न-भिन्न होता है। मानव में यह चक्र चार सप्ताह का होता है परन्तु चूहों में मात्र चार दिन का होता है। डिम्बग्रन्थि से मात्र दो तरह का स्टीरियोयाड हार्मोन उत्पन्न होता है: *एस्ट्रोजेन्स* (estrogens) तथा *प्रोजेस्टीन* (progestin)। सबसे महत्त्वपूर्ण एस्ट्रोजेन को *एस्ट्राडिओल* (estradiol) एवं एस्ट्रोन (estrone) तथा सबसे महत्त्वपूर्ण प्रोजेस्टीन को *प्रोजेस्टेरोन* (progesterone) कहा जाता है। ये सारे स्त्री हार्मोन का नियन्त्रण अग्रवर्ती पीयूष ग्रन्थि (anterior pituitary gland) के दो ट्रोपिक हार्मोन अर्थात् फौलिक्लि-उत्तेजक हार्मोन (Follicle-stimulating hormone or FSH) तथा लूटिनाईजिंग हार्मोन (Luteinizing Hormone or LH) द्वारा होता है। इन ट्रौपिक

हार्मोन्स का उत्सर्जन (release) हाइपोथैलमस के गोनाडोट्रोपिन-निमुर्क्ति हार्मोन (Gonadotropin-Releasing Hormone or GnRH) द्वारा होता है। एस्ट्रोजेन्स द्वारा महिलाओं में सभी गौण यौन गुण जैसे आवाज महीन होना, शरीर के खास अंगों पर बाल उग आना, स्तन बढ़ जाना आदि का विकास होता है। प्रोजेस्ट्रोन द्वारा गर्भाशय को ठीक ढंग से कार्य करने में मदद मिलती है जिसके फलस्वरूप भ्रूण (fetus) का विकास ठीक ढंग से होता है।

गोनाडल हार्मोन्स (चाहे स्त्री का हो या पुरुष का) मूलतः चार विभिन्न जगहों से विभिन्न मात्राओं में स्रावित होता है। ये चार जगह : *डिम्बग्रन्थि* (ovary), *अंडग्रन्थि* (testicle), *एड्रीनल कॉर्टेक्स* (adrenal cortex) तथा *प्लेसेन्टा*। परन्तु एण्ड्रोजेन मुख्यतः अंडग्रन्थि से, एस्ट्रोजेन मुख्यतः डिम्बग्रन्थि तथा प्लेसेन्टा से तथा प्रोजेस्टीन (progestin) मुख्यतः अंडग्रन्थि तथा गर्भवती महिलाओं के प्लेसेन्टा से उत्पन्न होता है। एण्ड्रोजेन्स, एस्ट्रोजेन्स, एवं प्रोजेस्टीन रसायनिक रूप से इस ढंग से सम्बन्धित होता है कि एस्ट्रोजेन्स एण्ड्रोजेन्स से तथा एण्ड्रोजेन्स प्रोजेस्टीन से उत्पन्न किया जा सकता है। इतना ही नहीं, एण्ड्रोजेन्स, एस्ट्रोजेन्स तथा प्रोजेस्टीन्स तथा एड्रीनल स्टीरोओयड्स (steroids) हार्मोन्स सभी कोलेस्ट्रोल (cholestrol) से बनते हैं और सभी की संरचनाएँ चार अंतरसंबद्ध कार्बन घेरा (carbon rings) से होता है। स्त्री और पुरुष दोनों में ही गोनाडल हार्मोन्स के यही प्रकार पाये जाते हैं। अन्तर सिर्फ सापेक्ष रूप से उनकी मात्राओं में होता है। जैसे, अंडग्रन्थि (testicle) टेस्टोस्टेरोन के कम मात्रा को ही एस्ट्राडियोल (estradiol) में बदलता है। फलतः पुरुषों में यह कम मात्रा में होता है। दूसरे तरफ डिम्बग्रन्थि अधिकतर टेस्टोस्टेरोन को एस्ट्राडियोल में बदल देता है जिससे स्त्रियों में इसकी अधिकता होती है।

कुछ पशुओं में यौन अभिप्रेरक का दैहिक आधार में हार्मोन्स (hormones) की भूमिका न होकर एक अन्य समान रसायनिक तत्त्व की भूमिका होती है जिसे *फेरोमोन्स* (pheromones) कहा जाता है। 'फेरोमोन्स' पद का प्रतिपादन कारलसन एवं लूस्कर (Karlson & Luscher, 1959) द्वारा किया गया। जैसा कि हम जानते हैं, हारमोन्स में सूचनाएँ शरीर के एक भाग (अन्तःस्रावी ग्रन्थि) से दूसरे भाग (लक्ष्य ऊतक) तक पहुँचायी जाती है। परन्तु फेरोमोन्स में एक पशु से दूसरे पशु तक सूचनाएँ पहुँचायी जाती हैं। एक पशु द्वारा स्रावित फेरोमोन्स से दूसरे पशु का व्यवहार विशेषकर लैंगिक व्यवहार प्रभावित होता है। अधिकतर फेरोमोन्स को पशु सूँघकर पहचानते हैं परन्तु कुछ ऐसे भी फेरोमोन्स होते हैं जो त्वचा द्वारा सोख लिए जाते हैं और इस तरह से वे पशु द्वारा पहचान लिये जाते हैं। फेरोमोन्स के चार तरह के प्रभाव जननीय व्यवहार (reproductive behaviour) पर पड़ते हैं। वे चार प्रभाव हैं—*ली-बूट प्रभाव* (Lee-Boot effect), *ह्विट्टेन प्रभाव* (Whitten effect), *भैनडेनवर्ग प्रभाव* (Vandenberg effect) तथा *ब्रुस प्रभाव* (Bruce effect)। जब चूहियों के एक समूह को भैन्डर ली तथा बूट (Van der Lee & Boot, 1955) द्वारा किये गए प्रयोग में एक ही जगह या स्थान पर कुछ दिनों तक रखा गया तो परिणाम में यह पाया गया कि लैंगिक चक्र (estrus cycle) मंद पड़ गया और अन्त में रूक भी गया। इसे *ली-वूट प्रभाव* कहा गया। ह्विट्टेन (Whitten, 1059) ने अपने प्रयोग में यह पाया कि जब चूहियों के एक समूह को नर-चूहों के गंध (odor) या उनके पेशाब (urine) से अनावृत्त (expose) किया गया तो उनमें फिर

से लैंगिक चक्र होने लगे और उनका यह चक्र भी नियमित हो गया। इसे *ह्विट्टेन प्रभाव* (Whitten effect) कहा गया। भैनडेनवर्ग, ह्विटसेट्ट तथा लोमबार्डी (Vanderbegh, Whitselt & Lombardi, 1975) ने अपने प्रयोग में पाया.कि मादा कृन्तक (female rodents) को जब पुरुष कृन्तक के गंध से अनावृत्त किया जाता है, तो वे तुरंत यौवनावस्था में प्रवेश कर जाती हैं। इसे *भैनडेनबर्ग प्रभाव* (Vendenbergh effect) कहा गया। अध्ययनों से यह भी स्पष्ट हुआ है कि ह्विट्टेन प्रभाव तथा भैनडेनबर्ग प्रभाव दोनों ही व्यस्क नर के पेशाब में उपस्थित फेरोमोन्स के कारण ही होता है। किशोर या बधियाकृत नर का इन दोनों तरह की घटनाओं पर कोई प्रभाव नहीं पड़ता है। ब्रुस (Bruce, 1960) ने अपने प्रयोग में देखा कि जब हाल में ही गर्भवती चूहिया किसी नये या दूसरे नर चूहा से संभोग कर लेती है तो उसका पहले का गर्भ खराब हो जाता है और उसमें इस नये नर चूहा के संभोग के कारण नया गर्भ ठहर जाता है। इस तरह के प्रभाव को *ब्रुस प्रभाव* (Bruce effect) कहा गया और यह प्रभाव का कारण नर-चूहा के पेशाब में एक विशेष तरह का तत्त्व (substance) की उपस्थिति माना गया।

अध्ययनों से यह स्पष्ट हुआ है कि फेरोमोन्स के ये चारों तरह के प्रभा र की मध्यस्थता एक अन्य महत्त्वपूर्ण अंग जिसे *भोमेरोनसल अंग* (vomeronasal organ) कहा जाता है, द्वारा होता है। यह संवेदी ग्राहकों (sensory receptors) का ऐसा समूह होता है जो एक पथ (duct) के सहारे नासाछिद्र (nostril) के दिवाल से सम्बन्धित होते हैं। भोमेरोनसल अंग से सूचनाएँ मस्तिष्क में घ्राण बल्ब (olfactory bulb) के पीछे अवस्थित सहायक घ्राण बल्ब (accessory olfactory bulb) भेजी जाती हैं जो वायु उत्पन्न अणु (air borne moleculae) की पहचान कर लेते हैं। हालपर्न (Halpern, 1987) ने अपने अध्ययन में पाया कि सहायक घ्राण बल्ब (accessory olfactory bulbs) को काट कर हटा देने से फेरोमोन्स के उक्त चारों तरह के प्रभाव भी समाप्त हो जाते हैं। सहायक घ्राण बल्ब से एक्सान (axon) कार्टेक्स के एमिंगडाला मेडियल केन्द्रकों (medial nucleus) में पहुँचते हैं जहाँ से सूचनाएँ अग्र हाइपोथैलमस (anterior hypothalamus), प्राक् आपटिक क्षेत्र (preoptic area) तथा हाइपोथैलमस के भेन्ट्रोमेडियल केन्द्रकों (ventromedial nucleus) में पहुँचती हैं। स्पष्ट हुआ कि फेरोमोन्स के इन बहुप्रभावों (multi effects) के लिए जो तंत्रकीय सर्किट (neural circuit) उत्तरदायी हैं, उनमें प्राक्आपटिक क्षेत्र, मेडीयल एमिंगडाला (medial amygdala) तथा हाइपोथैलमस का भेन्ट्रोमेडियल क्षेत्र (ventromedial area) मुख्य रूप से महत्त्वपूर्ण हैं।

(ख) तंत्रकीय आधार *(Neural base)*—यौन अभिप्रेरक चाहे मनुष्य के हों या पशु के, उनमें मस्तिष्कीय अंगों की भूमिका होती है। कुछ पशुओं में यौन अभिप्रेरक किस तरह तंत्रकीय सर्किट द्वारा नियंत्रित होता है, का एक लघु संदर्भ ऊपर प्रस्तुत किया जा चुका है। अधिकतर अध्ययन चूँकि पशुओं पर किये गए हैं, अतः हम उनके यौन अभिप्रेरक के तंत्रकीय आधार की व्याख्या सविस्तार करेंगे। चूँकि नर पशुओं तथा मादा पशुओं में भिन्न तरह के मस्तिष्कीय प्रक्रम (brain mechanism) सम्मिलित होते हैं, अतः इसकी चर्चा हम अलग-अलग अनुच्छेदों में करेंगे।

(i) नर पशुओं में यौन अभिप्रेरक का मस्तिष्कीय प्रक्रम *(Brain mechanisms of sex motives in male animals)*—नर पशुओं विशेषकर प्रयोगशाला के नर-पशुओं

यथा बिल्ली, चूहे, कुत्ते, बन्दर आदि के अध्ययनों से यह स्पष्ट हुआ है कि मेडियल प्राक्औपटिक क्षेत्र (Medial Preoptic Area or MPA) जो हाइपोथैलमस के ठीक पीछे अवस्थित होता है, एक ऐसा अग्रमस्तिष्क क्षेत्र है जो नर पशुओं के लैंगिक व्यवहार को नियंत्रित एवं नियमित करने में महत्त्वपूर्ण भूमिका निभाता है। MPA के वैद्युतीय उत्तेजनों (electrical stimulation) से नर पशुओं में लैंगिक या संयुग्मित व्यवहार (copulatory behaviour) उत्पन्न होने लगता है और संयुग्मित व्यवहार से MPA में चयापचयी क्रियाएँ (metabolic activities) काफी तीव्र हो जाती हैं। हिमर तथा लारस्लन (Heimer & Larson, 1966) ने अपने अध्ययन में यह पाया कि यदि MPA को क्षतिग्रस्त कर दिया जाता है, नर लैंगिक व्यवहार (male sexual behaviour) में काफी कमी आ जाती है।

महत्त्वूपर्ण नर हार्मोन्स अर्थात् एण्ड्रोजेन (androgen) MPA के न्यूरोन्स पर अपना उत्तेजनपूर्ण प्रभाव (activational effects) डालता है। अगर व्यस्कावस्था में नर चूहा को बधियाकृत कर दिया जाता है, तो उसका लैंगिक व्यवहार समाप्त हो जाता है। परन्तु यदि MPA में सीधे यदि थोड़ी मात्रा में भी टेस्टटोस्ट्रोन (testosterone) दे दिया जाता है तो उसमें लैंगिक व्यवहार पुनः होने लगती है। रोजेल्ली, हंडा तथा रेस्को (Roselli, Handa & Resko, 1989) द्वारा किये गए अध्ययनों से यह स्पष्ट हुआ है कि नर चूहों के इस मस्तिष्कीय क्षेत्र (MPA) में मादा चूहों की अपेक्षा एण्ड्रोजेन ग्राहक (androgen receptors) चूहिया या मादा-चूहा की तुलना में पाँच गुणा अधिक होता है। गोर्स्की तथा उनके सहयोगियों (Gorski et. al., 1978) ने यह बतलाया कि नर चूहों के MPA में एक केन्द्रक (nucleus) होता है जो मादा-चूहों के MPA के उसी केन्द्रक से तीन से सात गुणा अधिक बड़ा होता है। इस केन्द्रक को सेक्सुअली डीमार्फिक न्यूक्लिअस (Sexually Dimorphic Nucleus or SDN) कहा गया। भ्रूणीय विकास (fetal development) के दौरान एण्ड्रोजेन की मात्रा से SDN के आकार का नियंत्रण होता है। एण्डरसन तथा उनके सहयोगियों (Anderson et al., 1986) ने अपने अध्ययन में पाया कि SDN के आकार का सम्बन्ध नर-चूहों के लैंगिक क्रियाओं से प्रत्यक्ष रूप से होता है। अगर SDN को क्षतिग्रस्त कर दिया जाता है तो इससे नर चूहों के लैंगिक व्यवहार में कमी आ जाती है। अतः SDN नर-चूहों में लैंगिक व्यवहार का प्रमुख न्यूरोदैहिक आधार प्रदान करता है।

नर-चूहों में MPA कुछ ऐसी सूचनाओं को अभिमुख (converge) करता है जिससे उसे लैंगिक व्यवहार करने में मदद मिलता है। मध्यमस्तिष्क में न्यूरोन्स जनेन्द्रियों (genitals) के सम्पर्क होने से मिलने वाले सूचनाओं को प्राप्त करता है तथा भोमेरोनेजल अंगों (vomeronsal organ) एवं घ्राण ग्राहकों (olfactory receptors) द्वारा प्राप्त किये गए सूचनाओं को मेडियल एमिगडाला (medial amygdala) के न्यूरोन्स ग्रहण करते हैं। MPA इन दो तरह के उद्दीपकों से प्राप्त होने वाले सूचनाओं जो लैंगिक व्यवहार के लिए महत्त्वपूर्ण होता है, के लिए एक अभिमुखता केन्द्र (convergence centre) के रूप में कार्य करता है। अगर मेडियन एमिंगडाला (medial amygdala) को क्षतिग्रस्त कर दिया जाता है, तो फेरोमोन्स (pheromones) द्वारा उत्पन्न होने वाले प्रभाव लगभग समाप्त हो जाते हैं। हाईन्स, ऐलोन तथा गोर्स्की (Hines, Allen & Gorksi,

1992) द्वारा किये गए अध्ययन से यह स्पष्ट हुआ है कि मेडीयल एमिगडाला का एक क्षेत्र जिसमें एण्ड्रोजन ग्राहकों की सांद्रता (concentration) सबसे अधिक होती है, नर-चूहों में मादा-चूहों की अपेक्षा करीब 85% बड़ा होता है। इसके अतिरिक्त यह भी देखा गया है कि यदि मेडीयल एमिगडाला को क्षतिग्रस्त कर दिया जाता है, तो नर-चूहों में लैंगिक व्यवहार काफी कम हो जाता है। कुछ उच्च श्रेणी के पशुओं (high animals) के लैंगिक व्यवहार में शंखपालि (temporal lobe) की अहं भूमिका देखी गयी है। बिल्लों (male cats) में यदि शंख पालि क्षतिग्रस्त हो जाती है, तो उनमें उचित यौन साथी (appropriate sex partner) चुनने की क्षमता समाप्त हो जाती है और जो भी उसके सामने आता है जैसे कुतिया, छोटा भालू आदि उसके साथ लैंगिक व्यवहार करने लगता है।

मनुष्यों में शंख पालि (temporal lobe) में उत्पन्न दुष्क्रिया (dysfunctions) का सम्बन्ध लैंगिक व्यवहार से पाया गया है। मोरैल्ल (Morrell, 1991) ने अपने अध्ययन में पाया कि शंखपालि में उत्पन्न क्षति या घाव (lesion) से व्यक्ति लैंगिक क्रियाओं में अभिरुचि खो देता है। हेथ (Heath, 1972) ने अपने अध्ययन में यह पाया कि चिकित्सीय उद्देश्यों से दो व्यक्तियों के लिम्बिक तंत्र (limbic system) को इलेक्ट्रोड (electrode) द्वारा जब उत्तेजित किया गया तो वे लैंगिक सुख (sexual pleasure) का अनुभव होते बतलाये।

(ii) मादा पशुओं में यौन अभिप्रेरक का न्यूरोदैहिक आधार *(Neuro-physiological base of sex motive in female animals)*—प्रयोगशाला में मादा-पशुओं पर किये गये प्रयोगों से यह स्पष्ट हुआ है कि मस्तिष्क का एक विशेष भाग जिसे हाइपोथैलमस का भेन्ट्रोमेडियल केन्द्रक (ventromedial nucleus hypothalamus or VMH) कहा जाता है, लैंगिक व्यवहार को करने में महत्त्वपूर्ण भूमिका निभाता है। अध्ययनों से यह पता चला है कि जिन मादा-चूहों के VMH में द्विपार्श्विक घाव या क्षति (bilateral lesion) उत्पन्न कर दिया जाता है, तो उन्हें एसट्राडियोल (estradiol) तथा प्रोजेस्ट्रोन (progesterone) से उपचार करने के बाद भी उनमें लैंगिक व्यवहार नहीं होता है। फाफ्फ तथा सकुना (Pfaff & Sakuna, 1979) ने अपने अध्ययन में पाया कि जब ऐसे मादा चूहो को किसी कोने में नर-चूहा द्वारा घेर लिया जाता है, तो वह आक्रामक हो उठती है। इन्होंने यह भी अपने अध्ययन में पाया कि जब ऐसे मादा-चूहों के भेन्ट्रोमेडीयल केन्द्रकों (ventromedial nucleus) को विद्युतीय रूप से उत्तेजित किया जाता है, तो उनमें लैंगिक व्यवहार होने लगता है।

भेन्ट्रोमेडीयल केन्द्रक के न्यूरोन्स मध्य मस्तिक के पेरीएक्यूडक्टल ग्रे मैटर (Periaqueductal Gray Matter or PAG) में एक्सान भेजते हैं और PAG प्रमस्तिष्कीय एक्यूडक्ट (cerebral aqueduct) के चारों ओर घिरा होता है। मादा लैंगिक व्यवहार (female sexual behaviour) में इस क्षेत्र का भी महत्त्वपूर्ण हाथ है। सकुमा तथा फाफ्फ (Sukuma & Pfaff, 1979) ने अपने अध्ययन में पाया कि PAG के वैद्युतीय उत्तेजन (electrical stimulation) से मादा चूहों में लैंगिक व्यवहार की आवृत्ति बढ़ जाती है परन्तु यदि उसे क्षतिग्रस्त कर दिया जाता है तो लैंगिक व्यवहार मंदित हो जाता है। इसके अतिरिक्त हेन्नेस्से तथा उनके सहयोगियों (Hennessey et.

al., 1990) ने अपने अध्ययन में यह पाया कि ऐसा क्षति जिससे VMH तथा PAG एक दूसरे से असम्बन्धित हो जाते हैं, से मादा चूहों तथा बिल्लियों में लैंगिक व्यवहार काफी कम हो जाता है।

स्पष्ट हुआ कि नर एवं मादा पशुओं में लैंगिक व्यवहार का तंत्रीय आधार (neural base) थोड़ा भिन्न होता है।

4. तापक्रम नियमन का न्यूरोदैहिक आधार (*Neurophysiological base of temperature regulation*)—व्यस्क मानव को जीवित रहने के लिए यह आवश्यक है कि उनके शरीर का तापक्रम 37°C के आस-पास रहे। बहुत अधिक या उससे बहुत कम होने पर व्यक्ति की जिंदगी प्रभावित हो जाती है। जब मानव कोशिकाएँ (human cells) पर्याप्त रूप से गर्म (warm) होतीं हैं तो करीब सारे रसायनिक प्रतिक्रियाएँ तेजी से होती हैं। जब कोशिकाओं के भीतर तापक्रम कम हो जाता है अर्थात् वे ठंडी हो जाती हैं, तो रसायनिक प्रतिक्रियाएँ मंद पड़ जाती हैं। अधिक तापक्रम होने पर प्रोटीन के अणु (molecules) बेढंगे ढंग से आपस में मुड़ जाते हैं और उन्हें जैसा कार्य करना चाहिए, वे नहीं कर पाते हैं। बहुत उच्च तापक्रम पर एमिनो अम्ल (amino acid) जो प्रोटीन का निर्माण करते हैं, अलग-अलग टुकड़ों में बँटने लगते हैं और यादृच्छिक ढंग से (randomly) आपस में मिश्रित हो जाते हैं और तब हम कहते हैं कि ऊतक आवद्ध (fixed) हो गया है। मस्तिष्क की कोशिकाएँ (brain cells) शरीर के उच्च तापक्रम के प्रति अधिक संवेदनशील होते हैं। यही कारण है कि व्यक्ति जब लम्बे समय तक उच्च बुखार में होता है, तो उससे मस्तिष्कीय केन्द्र जो शरीर के मुख्य अंगों जैसे हृदय गति एवं श्वसन गति को नियंत्रित करता है, को खत्म कर देता है और तब रोगी की मृत्यु हो जाती है।

कुछ प्राणी ऐसे होते हैं जो अपने शरीर के भीतर से गर्मी (heat) उत्पन्न करते हैं तथा कुछ ऐसे होते हैं जो पर्यावरण से गर्मी प्राप्त करते हैं। इस तथ्य पर आधृत आधुनिक समय में दो महत्त्वपूर्ण संप्रत्यय (concepts) हैं—*इन्डोथर्म* (endotherms) तथा *एक्टोथर्म* (ectotherm) इन्डोथर्म वैसे प्राणी होते हैं जो अपने आंतरिक चयापचयी प्रक्रियाओं (internal metabolic processes) के माध्यम से शरीर के तापक्रम को नियमित (regulate) करते हैं जबकि एक्टोथर्म (ectotherms) वैसे प्राणी होते हैं जो अपने शरीर का तापक्रम वाह्य वातावरण से ताप प्राप्त करके नियमित करते हैं। अधिकतर एक्टोथर्म व्यवहार तरीकों (behavioural means) के माध्यम से शरीर का तापक्रम नियमित करते हैं। इनमें कोई नये जगह या स्थान पर चले जाना या फिर वातावरण से ताप ग्रहण कर कोई नयी विधि को अपनाना आदि सम्मिलित होते हैं। इन्डोथर्म जैसे कुछ चिड़िया या स्तनपायी (mammals) भी कुछ अनुकूल वातावरण में जाकर शरीर के तापक्रम को नियमित करते हैं परन्तु वे अपने शारीरिक तापक्रम का नियमन प्रायः आंतरिक समायोजन करके ही करते हैं।

अध्ययनों से यह स्पष्ट हुआ है कि तंत्रिका तंत्र (nervous system) द्वारा ही ताप उत्पत्ति (heat production) तथा ताप ह्रास (heat loss) की प्रक्रियाओं का नियमन होता है। इसमें अन्तःस्रावी तंत्र (endocrine system) का भी सहारा लिया जाता है। 1880 के दशक में कुछ दैहिक शास्त्रियों (physiologists) ने प्रयोग कर यह दिखलाया

कि यदि कुत्ता के हाइपोथैलमस में छोटी क्षति या घाव (lesion) उत्पन्न कर दिया जाता है, तो इससे उसके शरीर का तापक्रम बढ़ जाता है। वारवोर (Barbour, 1912) ने एक प्रयोग किया जिसमें कुत्तों के हाइपोथैलमस में चाँदी का तार घुसाकर हाइपोथैलमस के तापक्रम को बढ़ाया तथा घटाया। जब तार को गर्म कर दिया जाता था, तो कुत्ता के शरीर का तापक्रम गिर जाता था और जब तार को ठंडा का दिया जाता था, तो उसके शरीर का तापक्रम बढ़ जाता था। इस परिणाम के आधार पर इस निष्कर्ष पर पहुँचा गया कि शरीर का तापक्रम का मानीटरिंग हाइपोथैलमस (hypothalamus) द्वारा होता है और जब तापक्रम वांछित स्तर से विचलित होता है, तो क्षतिपूर्तिक क्रियाएँ उत्पन्न हो जाती हैं। 1950 वाले दशक में अग्र हाइपोथैलमस तथा पूरे प्राक्औपटिक क्षेत्र (preoptic area or POA) के कोशिकाओं को वैद्युतीय रिकार्डिंग करने के बाद यह पता चला कि मस्तिष्कीय तापक्रम में वृद्धि या कमी होने पर इन कोशिकाओं के उत्तेजित होने की दर में परिवर्तन हो जाता है।

स्तनधारियों (mammals) पर किये गए क्षति प्रयोगों (lesion experiments) से यह स्पष्ट हुआ है कि तापक्रम के दो तरह के नियमन (regulation) के लिए मस्तिष्क में दो अलग-अलग स्थान होते हैं—

(a) पहला नियमन वैसा होता है जिसे इन्डोथर्म (endotherms) तथा एक्टोथर्म (ectotherm) दोनों ही द्वारा अपनाया जाता है, तथा इसमें लोकॉमोटर तथा अन्य व्यवहार करके तापक्रम का नियमन प्राणी करते हैं।

(b) दूसरा नियमन वैसा होता है जिसे इन्डोथर्म (endotherm) द्वारा ही अधिक उपयोग में लाया जाता है तथा इसमें दैहिक परिवर्तनों के माध्यम से ही तापक्रम का नियमन होता है।

चूहों के लेटरल हाइपोथैलमस में क्षति या घाव (lesion) उत्पन्न कर देने से उनमें शरीर के तापक्रम को व्यवहारपरक नियमन (beheviоural regulation) द्वारा नियंत्रित करने की प्रक्रिया नहीं होते देखी गयी परन्तु इससे स्वतः ताप नियमक अनुक्रियाएँ (autonomic themoregulatory responses) जैसे कम्पन (shivering) तथा वाहिका संकीर्ण (vasoconstriction) समाप्त नहीं हुई। दूसरे तरफ जब चूहों के POA में क्षति या घाव उत्पन्न किया गया तो इससे स्वतः तापनियमक अनुक्रियाएँ प्रभावित हो गईं परन्तु कुछ अन्य अनुक्रियाएँ जैसे ताप लैम्प (heating lamps) को चालू करने के लिए या ठंढ उत्पन्न करने वाले पंखा को बन्द करने या चालू करने के लिए लीभर दबाने की अनुक्रिया समाप्त नहीं हुई। यह परिणाम जोरेन तथा स्ट्रीकर (Zoeren & Stricker, 1977) के प्रयोग से प्राप्त हुआ था। इस परिणाम से यह स्पष्ट होता है कि ताप को नियमित करने के लिए दो समानान्तर विधियाँ (parallel methods) उपलब्ध हैं।

शरीर के त्वचा के ग्राहकों (receptors) द्वारा भी कुछ हद तक तापक्रम का नियमन होता है। शायद यही कारण है कि किसी ठंडे कमरे में या गर्म कमरे में प्रवेश करते ही हमें क्रमशः ठंड या गर्म का अनुभव होने लगता है। सचमुच में त्वचा केन्द्रीय सर्किट (central circuit) को सूचना प्रदान करता है जो तुरंत ही सत या अभ्यन्तर तापक्रम (core temperature) में परिवर्तन के उम्मीद से सुधारात्मक क्रिया प्रारंभ कर देता है।

स्पष्ट हुआ कि दोनों तरह के प्राणियों अर्थात् इन्डोथर्म (endotherm) तथा एक्टोथर्म (ectotherm) द्वारा जो शारीरिक तापक्रम का नियमन होता है, उसके कुछ निश्चित न्यूरोदैहिक आधार (neurophysiological base) होते हैं।

संवेग का न्यूरोदैहिक आधार
(Neurophysiological Base of Emotion)

संवेगात्मक व्यवहार का स्पष्ट न्यूरोदैहिक आधार होता है जिसपर न्यूरोमनोवैज्ञानिकों तथा तंत्रिकाशास्त्रियों (neurologists) द्वारा काफी गहराई से अध्ययन किया गया है। संवेग के न्यूरोदैहिक आधार की व्याख्या निम्नांकित दो शीर्षकों के तहत की गयी है—

(क) संवेग में मस्तिष्कीय कारकों का नियंत्रण (Control of brain factors in emotion)

(ख) संवेग का हार्मोनल नियंत्रण (Hormonal Control of emotion)

(क) संवेग में मस्तिष्क कारकों का नियंत्रण *(Control of brain factors in emotion)*—संवेग में सिर्फ स्वायत तंत्रिका तंत्र ही नहीं बल्कि केन्द्रीय तंत्रिका तंत्र(central nervous system) भी क्रियाशील होता है और महत्त्वपूर्ण कार्य करता है। शरीरक्रिया मनोवैज्ञानिकों (physiological psychologists) ने केन्द्रीय तंत्रिका तंत्र में विशेषकर मस्तिष्क (brain) का महत्त्व इसमें काफी बतलाया है। लगभग 100 वर्ष पहले वैज्ञानिकों को यह पता था कि संवेग मूलतः निम्न मस्तिष्कीय केन्द्रों (lower brain centers) के क्रियाशील होने पर उत्पन्न होता है। कुछ अध्ययनों में यह देखा गया है कि कुत्तों के कार्टेक्स को काटकर निकाल देने से क्रोध अनुक्रिया घटने के बजाय बढ़ ही गया परन्तु जब थैलमस को काटा गया तो क्रोध अनुक्रिया में कमी आ गयी। फिर बाद में यह पता चला कि हाइपोथैलमस न कि थैलेमस की भूमिका संवेगात्मक व्यवहार में होती है। फिर बाद में क्लूभर तथा बुसी (Kluver & Bucy, 1937) ने अपने अध्ययन के आधार पर यह दिखलाया है कि यदि बंदरों एवं बिल्लियों के मस्तिष्क के शंख पालि(temporal lobe) को क्षतिग्रस्त कर दिया जाता है, तो उनके संवेगात्मक संवेदनशीलता में काफी कमी आ जाती है। ऐसे पशु ऑपरेशन के पहले मनुष्यों से काफी डरते थे तथा उनका व्यवहार काफी भयावह एवं जंगली (wild) प्रकृति का था, अब अर्थात् ऑपरेशन के बाद वे काफी सौम्य या शांत हो गया तथा न तो उनके व्यवहार में आक्रमकता थी और न ही किसी प्रकार का डर। इसके अतिरिक्त ऐसे पशुओं में विभिन्न वस्तुओं को शांतिपूर्वक खाने की प्रवृत्ति तीव्र हो गयी। इनमें लैंगिकता की बारंबारता भी पहले से तीव्र हो गयी। मनुष्यों में भी कुछ ऐसे ही संलक्षण(syndrome) देखे गए। सचमुच में कुल्मर-वुसी संलक्षण में पाँच तरह के व्यवहारात्मक परिवर्तन (behavioural change) होता है—*डर में कमी* (decreased fear), *मनोअंधापन* (psychic blindness), *मुखा प्रवृत्ति* (oral tendencies), *हाइपरमेटामौरफोसिस* (Hypermeta-morphosis) तथा *लैंगिक व्यवहार में परिवर्तन* (changes in sexual behaviour)। मनोअंधापन में प्राणी पहले से देखे गए वस्तुओं की पहचान नहीं कर पाता है हालांकि वह अन्धा नहीं होता है। इस तरह से इनमें दृष्टि एगानोसिया (visual organism) होता है। मुखा प्रवृत्ति में प्राणी किसी वस्तु को मुख में रखकर उससे उत्पन्न स्पर्श संवेदन के आधार पर उसकी पहचान करने की कोशिश करते हैं। हाइपरमेटामोरफोसिस

में पशु अपने वातावरण के प्रत्येक चीज की छान-बीन करने की एक निरन्तर प्रेरणा होती है। लैनस्का तथा लैनस्का (Lanska & Lanska, 1994) तथा फोर्स्टल तथा उनके सहयोगियों (Forstal et al., 1993) ने मनुष्यों के कुछ ऐसे केसेज इकट्ठा किये हैं जिनमें कुछ विकृतियों (disorders) जैसे आनुवंशिक विकृतियों (hereditary disorders), अल्जीमर रोग (Alzheimer's disease) तथा मस्तिष्कीय फूलन (brain inflammation) आदि के कारण उनका शंख पालि(temporal lobe) क्षतिग्रस्त हो गयी थी और इनमें *क्लुभर-वुसी संलक्षण* (Kluver-Bucy Syndrome) स्पष्ट रूप से देखे गए। इस संलक्षण से यह पता चलता है कि संवेग का आधार शंखपालि जैसी संरचनाएँ भी होती हैं। मैकलीन (Mac Lean, 1990) ने इस संदर्भ में किये गए विभिन्न शोधों के आधार पर एक *त्रियेक मस्तिष्क प्राक्कल्पना* (Triune brain hypothesis) का प्रतिपादन किया जिसके अनुसार *रेपटिलियन मस्तिष्क* (reptilian brain) अर्थात् मस्तिष्क स्तंभ (brain steem) का हिस्सा द्वारा मौलिक जैविक कार्य (biological functions) जैसे भोजन करना, यौन क्रियाएँ आदि संपन्न होते हैं, पेलियोमैमालियन मस्तिष्क (Paleomammalian brain) या जिसे लिम्बिक तंत्र (limbic system) कहा जाता है, से संवेग एवं सामाजिक भाव (social feeling) का नियंत्रण होता है तथा *मैमालियन मस्तिष्क* (neomammalian brain) या जिसे नया मस्तिष्कीय कार्टेक्स (newer cerebral cortex) कहा जाता है, द्वारा मात्र वैसे संवेग की उत्पत्ति होती है जिससे कुछ दिशा निर्देश(guidance) या नियंत्रण की प्रक्रियाएँ व्यक्ति कर पाता है। मैकलीन (MacLean) के अनुसार मनुष्यों तथा अन्य उच्च स्तनपायियों (advanced mammls) में ये तीनों तरह के मस्तिष्क पाये जाते हैं जो एक पदानुक्रम (hierarchy) में विकसित होते हैं (देखें चित्र 7.7)। मैकलीन ने यह भी दावा किया है कि निम्न स्तनपायियों (lower mammals) में केवल पेलोमैमिलियम (paleomammalian) तथा रेपटिलियन मस्तिष्क (reptilian brain) होते हैं। अन्य सभी रीढ़धारियों में सिर्फ रेपटिलियन मस्तिष्क होते हैं। पेलोमैमिलियन मस्तिष्क के विकास (evolution) हो जाने से प्राणी न केवल सिर्फ उन्हीं संवेगों की अभिव्यक्ति करता है जो रेपटियिल मस्तिष्क द्वारा निर्धारित किये जाते हैं बल्कि वैसे कई नये संवेगों की भी अभिव्यक्ति वह कर पाता है। न्यूरोमैमिलियन मस्तिष्क के विकास हो जाने से संवेगों की अभिव्यक्ति में और भी अधिक लचीलापन दिखाने में व्यक्ति सक्षम हो पाता है। इस मस्तिष्क के कारण संवेग की अभिव्यक्ति में वह जटिल व्याख्यात्मक प्रक्रियाओं (interpretive processes) तथा समस्या-समाधान एवं दीर्घकालीन योजनाओं (long term planning) आदि का भी उपयोग कर पाता है। इसलिए मस्तिष्क प्राक्कल्पना से भी यह स्पष्ट होता है कि संवेग में मस्तिष्कीय कारकों का एक मजबूत पदानुक्रमिक आधार होता है।

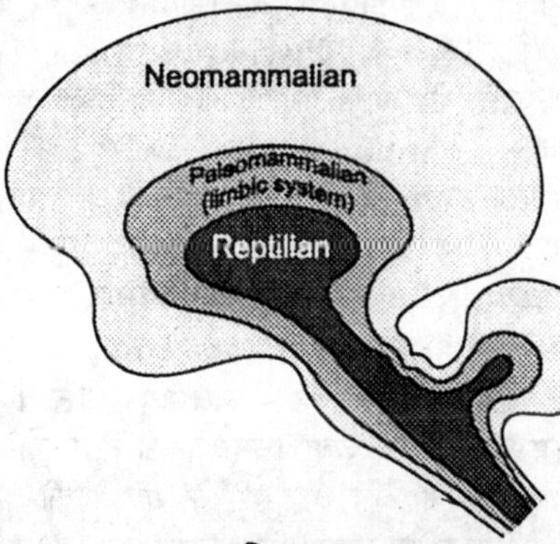

चित्र 7.7

हैरिंगटन (Harrington, 1995) द्वारा किये गए अध्ययनों से यह स्पष्ट हुआ है कि दायाँ प्रमस्तिष्कीय गोलार्द्ध (right cerebral hemisphere) की भूमिका सांवेगिक अनुभूतियों में काफी होता है। यह गोलार्द्ध सांवेगिक सूचनाओं को संसाधित करने में विशिष्टता दिखलाती पायी गयी है। हेल्लर (Heller, 1997), हेल्लर, निटस्की तथा मिल्लर (Heller, Nitschke & Miller, 1998) के अध्ययनों में यह पाया गया कि जिन व्यक्तियों का दायाँ गोलार्द्ध क्षतिग्रस्त हो जाता है, उनमें दूसरे व्यक्ति के सांवेगिक आवाज (emotional tone) के अर्थ को समझने में दिक्कत होती है या फिर किसी सांवेगिक दृश्य की व्याख्या करने में वे असमर्थता महशूश करते हैं। बोरोड (Borod, 1993) ने अपने अध्ययन में पाया कि दायाँ गोलार्द्ध क्षतिग्रस्त वाले व्यक्ति अपने आवाज के माध्यम से अपने संवेगों की अभिव्यक्ति करने में असमर्थ पाते हैं। लादारास, ऊमिल्टा एवं रिक्की-विट्टी (Ladaras, Umilta & Ricci-Bitti, 1980) ने अपने अध्ययन में पाया कि मानसिक रूप से स्वस्थ्य व्यक्ति जिनका गोलार्द्ध (दायाँ या बायाँ-गोलार्द्ध) क्षतिग्रस्त नहीं था, जब सूचनाओं को दायाँ गोलार्द्ध न कि बायाँ गोलार्द्ध के तरफ उपस्थित किया जाता था, तो वे दूसरों के संवेगों की पहचान उत्तम ढंग से कर पाते थे। इतना ही नहीं मस्तिष्क के दायाँ और बायाँ गोलार्द्ध में संवेग के दो पहलुओं अर्थात् *कर्षण-शक्ति* (valence) तथा *उत्तेजन* (arousal) में भी अंतर होता है। हेल्लर, निटस्की तथा मिल्लर (Heller, Nitschke & Miller, 1998) ने अपने अध्ययन में पाया कि बायाँ गोलार्द्ध को उत्तेजित करने पर धनात्मक भाव (positive feeling) अर्थात् सुखाभास व्यक्ति में उत्पन्न होता है जबकि दायाँ गोलार्द्ध को उत्तेजित करने पर व्यक्ति में नकारात्मक भाव (negative affect), विमुखता (aversion) उत्पन्न करने वाले उद्दीपकों से अलगाव आदि अनुक्रियाएँ होती हैं। गोलार्द्धों के अग्रवर्ती क्षेत्रों (anterior regions) का सम्बन्ध मूलतः संवेग के कर्षण-शक्ति (valence) अर्थात् सुखद-दुःखद विमा से होता है जबकि उत्तरकालीन क्षेत्र का सम्बन्ध उत्तेजन (arosal) अर्थात् संवेग की तीव्रता से होता है। मस्तिष्क के खास-खास हिस्सों (parts) के महत्त्व को संवेग में मनोवैज्ञानिकों द्वारा काफी बल डाला गया है। इन विभिन्न हिस्सों (part) के महत्त्व का वर्णन हम इस प्रकार से कर सकते हैं—

(i) हाइपोथैलमस *(Hypothalamus)*—हाइपोथैलमस का महत्त्व संवेग में काफी अत्यधिक हैं। इस अत्यधिक महत्त्व का मुख्य कारण यह है कि सचमुच में यह अनुकम्पी तंत्र (sympathetic system) तथा उपअनुकम्पी तंत्र (parasympathetic system) दोनों पर कुछ हद तक अपना नियंत्रण बनाये रखता है। मनोवैज्ञानिकों ने संवेग में हाइपोथैलमस के महत्त्व को दिखलाने के लिए निम्नांकित तीन तरह के प्रयोगात्मक सबूतों (experimental evidences) को प्रदान किया है—

(a) बार्ड (Bard, 1928) ने एक ऐसा प्रयोग किया जिसमें कुछ कुत्ते तथा बिल्लियों के हाइपोथैलमस (hypothalamus) को ऑपरेशन द्वारा काटकर निकाल दिया गया परन्तु प्रमस्तिष्क वल्क (cerebral cortex) को ज्यों-का-त्यों छोड़ दिया गया। दूसरी तरफ कुछ कुत्तों तथा बिल्लियों में प्रमस्तिष्क वल्क (cerebral cortex) को ऑपरेशन द्वारा काटकर निकाल दिया गया तथा हाइपोथैलमस को ज्यों-का-त्यों छोड़ दिया गया। परिणाम में देखा गया कि पहली श्रेणी के पशु (जिसका हाइपोथैलमस निकाल दिया गया था) में कोई

संवेग नहीं हुआ जबकि दूसरी श्रेणी के पशु में सांवेगिक अनुक्रियाएँ (emotional reaction) होते पायीं गयीं। इससे स्पष्ट रूप से यह साबित हो जाता है कि हाइपोथैलमस का महत्त्व संवेग में काफी है।

(b) अगर हाइपोथैलमस सचमुच में संवेग का मुख्य केन्द्र है तो इसे उत्तेजित करने पर जीव (organism) में भिन्न-भिन्न तरह का संवेग होना चाहिए। यासुकोची (Yasukochi, 1960), (Hess, 1954) तथा ब्रेडी (Brady, 1960) ने कई ऐसे प्रयोग किये हैं जिनमें बिल्लियों एवं कुत्तों के हाइपोथैलमस को इलेक्ट्रोड (electrode) द्वारा हल्का बिजली प्रवाह (electric current) देकर उत्तेजित किया गया और परिणाम में पाया गया कि इन पशुओं में भिन्न-भिन्न प्रकार के संवेग जैसे—क्रोध, डर, चिड़चिड़ापन (irritation), आक्रमणशीलता (attack) आदि होते देखे गये। इससे साबित हो जाता है कि हाइपोथैलमस का महत्त्व संवेग में काफी है।

(c) कुछ मनोवैज्ञानिकों ने हाइपोथैलमस के महत्त्व को परोक्ष रूप से दिखलाया है। इन लोगों द्वारा हाइपोथैलमस में छोटा घाव (lesion) पैदा करके जीव के संवेगात्मक व्यवहार (emotional behaviour) पर पड़नेवाले प्रभावों का अध्ययन किया है। अगर हाइपोथैलमस द्वारा संवेग नियंत्रित होता है तो ऐसी अवस्था में यानी हाइपोथैलमस में घाव उत्पन्न कर देने पर, जीव में संवेग नहीं होना चाहिए। रेनसन (Ranson, 1939) तथा ह्वीटलियू (Wheatleu, 1944) ने कुत्तों तथा बिल्लियों पर कुछ प्रयोग करके यह दिखला दिया है कि यदि इनके हाइपोथैलेमस में किसी प्रकार का घाव उत्पन्न कर दिया जाता है तो ऐसी परिस्थिति में पशुओं में कोई निश्चित संवेगात्मक पैटर्न (emotional pattern) नहीं देखने को मिलता है। इससे साबित हो जाता है कि हाइपोथैलमस का महत्त्व संवेग में काफी है।

ऊपर वर्णन किये गये तीनों प्रयोगात्मक सबूतों के आधार पर हम इस निष्कर्ष पर पहुँचते हैं कि संवेग में हाइपोथैलमस का योगदान एक प्रमुख न्यूरोदैहिक आधार प्रदान करता है।

(ii) प्रमस्तिष्कीय वल्क *(Cerebral cortex)*—कुछ ऐसे प्रयोग किये हैं जिनमें पशुओं के प्रमस्तिष्कीय वल्क (cerebral cortex) को अंशतः ऑपरेशन द्वारा काटकर निकाल दिया गया और संवेग पर पड़ने वाले प्रभावों का अध्ययन किया गया है। परिणाम में देखा गया है कि ऐसे पशुओं के संवेगात्मक व्यवहार (emotional behaviour) सामान्य पशुओं के संवेगात्मक व्यवहार से काफी भिन्न थे। बार्ड तथा मांऊटकाशल (Bard & Mountcastle, 1947) ने कई प्रयोग पशुओं (कुत्तों तथा बिल्लियों) पर किये और परिणाम में पाये कि प्रमस्तिष्क वल्करहित पशुओं के संवेग के तीन पहलुओं (aspects) में महत्त्वपूर्ण परिवर्तन हुए। वे तीन पहलू हैं—सीमान्त (threshold), दिशा (direction) तथा सांवेगिक व्यवहार का समय (timing of emotional behaviours)। सांवेगिक व्यवहार की सीमान्त (threshold) काफी कम (lower) थी। इसका मतलब यह हुआ कि एक सांवेगिक उद्दीपक (emotional stimulus) देने पर पशु में इतना अत्यधिक संवेग उत्पन्न हो जाता था जितना कि उसी उद्दीपक द्वारा किसी सामान्य पशु

(जिसके प्रमस्तिष्क वल्क का ऑपरेशन नहीं हुआ था) में संवेग उत्पन्न नहीं होता था। इसका मतलब यह हुआ कि प्रमस्तिष्क वल्क संवेग की तीव्रता पर नियंत्रण रखता है। रूक (Ruch, 1967) ने मनुष्य पर एक प्रयोग किया जिसमें उसके प्रमस्तिष्कीय वल्क (cerebral cortex) को अलकोहल द्वारा काफी प्रभावित कर दिया गया। परिणाम में देखा गया कि इस व्यक्ति को संवेग की तीव्रता पर कोई नियंत्रण नहीं रह गया। प्रायः वह उतना संवेग दिखलाता था जितना कि उस परिस्थिति में उसे दिखाना नहीं चाहिए था।

प्रमस्तिष्कीय वल्करहित पशुओं (decorticated animals) के संवेग की दिशा (direction) में भी अन्तर पाया गया। बार्ड तथा मांउटकाशल (Bard & Mountcastle, 1947) जब इस तरह के कुत्ते की पूँछ को कसकर दबाते थे तो कुत्ते में क्रोध उत्पन्न होता था और वह आगे की ओर आक्रमण करना चाहता था न कि पीछे की ओर, जिधर से उसकी पूँछ दबाया जा रहा है। इससे यह पता चलता है कि इस तरह के पशुओं में संवेगात्मक व्यवहार के अभिव्यक्ति की उचित दिशा का अभाव हो जाता है।

प्रमस्तिष्क वल्करहित पशुओं के संवेगात्मक व्यवहार (emotional behaviour) की निरंतरता (continuity) में भी अन्तर होता है। इस तरह के पशुओं में संवेगात्मक व्यवहार उत्पन्न होकर तुरंत समाप्त हो जाता है जबकि सामान्य पशुओं में एक बार यदि कोई संवेग उत्पन्न हो गया तो वह कुछ समय तक बना होता है। जैसे, इस तरह के एक कुत्ते में क्रोध का संवेग उत्पन्न करने के एक मिनट के बाद बार्ड (Bard) ने उस कुत्ता के मुँह में अँगुली डाला और कुत्ता बिल्कुल शांत खड़ा रहा। इससे साबित होता है कि प्रमस्तिष्कीय वल्क (cerebral cortex) संवेग निरंतरता कुछ समय तक बनाये रखता हैं।

ऊपर किये गये वर्णन के आधार पर यह स्पष्ट हो जाता है कि प्रमस्तिष्कीय वल्क (cerebral cortex) का महत्त्व संवेग में काफी अत्यधिक हैं।

(iii) लिम्बिक तंत्र *(Limbic system)*—संवेग में लिम्बिक तंत्र की भूमिका काफी महत्त्वपूर्ण बतलायी गयी है। अग्रमस्तिष्क के विभिन्न भागों जैसे हिपोकैम्पस, (hippocampus), ऐमिंगडाला (amygdala), सेप्टम (septum), हाइपोथैलेमस (hypothalamus), मैम्मिलियरी वॉडिज (mammilliary bodies) तथा फोनिक्स (fonnix) आदि को मोटे तौर पर मिलाकर लिम्बिक तंत्र (limbic system) कहा जाता है। हाइपोथैलमस के महत्त्व की चर्चा अलग से पहले की जा चुकी हैं। हाल में किये गये अध्ययनों से यह स्पष्ट हुआ है कि लिम्बिक तंत्र के अन्य क्षेत्रों का भी संवेग में महत्त्वपूर्ण स्थान हैं।

इन क्षेत्रों को उत्तेजित करके या फिर उनमें घाव (lesion) उत्पन्न करके संवेगात्मक व्यवहार तथा अनुभूति में आने वाले परिवर्तनों का अध्ययन करके इन क्षेत्रों की भूमिका को समझने की कोशिश की गयी है। जैसे, फ्रिड (Fried, 1972) ने अपने अध्ययन में पाया कि सेप्टम (septum) का सम्बन्ध क्रोध संवेग को कम करने में सार्थक रूप से होता है। ब्रेडी तथा नाऊटा (Brady & Nauta, 1955) ने कई अध्ययन बिल्लियों पर किये जिसमें बिल्लियों के सेप्टम में घाव (lesion) उत्पन्न कर दिया गया और फिर संवेगात्मक व्यवहार पर पड़ने वाले प्रभावों का अध्ययन किया गया। इन बिल्लियों के प्राक् (pre) तथा उत्तर आपरेटिव (postoperative) व्यवहारों की तुलना पाँच बिन्दुओं पर की गयी। प्राक् आपरेटिव अवस्था की तुलना में उत्तर आपरेटिव अवस्था में इनमें क्रोध संवेग में तेजी

आयी तथा मांसपेशीय तनाव, पेशाब-पैखाना करना आदि व्यवहारों में भी पर्याप्त तेजी आयी।

एमिगडाला (amygdala) एक दूसरा महत्त्वपूर्ण क्षेत्र है जिसका सम्बन्ध संवेग से बतलाया गया है। अर्सीन तथा काडा (Ursin & Kaada, 1960) के अध्ययन के अनुसार एमिगडाला को उत्तेजित करने से प्रयोज्यों में क्रोध संवेग की प्रबलता देखी गयी। ठीक इसके विपरीत एग्लेटन तथा पासींघम (Aggleton & Passingham, 1981) ने अपने अध्ययन में पाये कि जब पशुओं के एमिंगडाला को उत्तेजित न करके क्षतिग्रस्त कर दिया जाता है, तो ऐसे पशु सांवेगिक रूप से शांत एवं अत्यधिक आज्ञाधीन (docile) हो जाते हैं। आज्ञाधीनता की इस अवस्था को *कुल्भर वुसी संलक्षण* (Kluver-Bucy syndrome) की संज्ञा दी गयी क्योंकि इस तरह की अवस्था को सर्वप्रथम कुल्भर एवं वुसी (Kluver & Bucy, 1937) ने बिल्लियों पर प्रयोग करके देखा था। कुछ विशेषज्ञों के अनुसार सांवेगिक अनुक्रिया की कमी का प्रधान कारण यह होता है कि जब एमिगडाला को क्षतिग्रस्त कर दिया जाता है तो इससे हाइपोथैलमस एवं कार्टेक्स से आने वाले संवेदी सूचनाओं को संगठित (integrate) करना सम्भव नहीं हो पाता है और तब इन पशुओं के लिए संवेग उत्पन्न करने वाले उद्दीपक अपना स्वाभाविक महत्त्व खो देते हैं।

जेम्स डब्लू पापेज (James W. Papez) जो एक न्यूरोशरीर संरचनाशास्त्री (neuroanatomist) थे, ने 1937 में संवेग का एक *तंत्रकीय सर्किट* (neural circuit) का निर्माण किया जिससे भी यह पता चलता है कि लिम्बिक तंत्र के विभिन्न भाग की क्रियाएँ संवेगों की उत्पत्ति का एक मुख्य आधार है। इन्होंने कुछ ऐसे मनुष्यों जिन्हें सांवेगिक विकृतियाँ थीं या जो मनश्चिकित्सीय रोगी (psychatric patient) थे, के मस्तिष्क का अध्ययन किया तथा कुछ कुत्तों के मस्तिष्कों का भी अध्ययन किया। ऐसे अध्ययनों के आधार पर वे इस निष्कर्ष पर पहुँचे कि जब लिम्बिक तंत्र में कुछ अंतरसम्बद्ध पथों (interconnected pathways) को क्षतिग्रस्त कर दिया जाता है, तो प्राणी में संवेग की अभिव्यक्ति बाधित हो जाती है। इसे *पापेज सर्किट मॉडल* (Papez's Circuit Model) या *पापेज सिद्धान्त* (Papez's theory) की संज्ञा दी गयी है। इस मॉडल के अनुसार संवेगात्मक अभिव्यक्ति में अन्तराव्यव अंगों (visceral organs) का हाइपोथैलमिक नियंत्रण सम्मिलित होता है तथा हाइपोथैलमस, साइनगलगेट गाइरस (cingulate gyrus), हिप्पोकैम्पस (hippocampus), फोरनिक्स (fornix), मैमिलियरी बांडी (mamilliary bodies), अग्र थैलमस (anterior thalamus) आदि मिलकर एक सर्किट का निर्माण करते हैं। तंत्रिका आवेगों द्वारा इस सर्किट का सम्बन्ध पूरा होने से विशेष तरह का संवेगात्मक भाव (emotional feeling) उत्पन्न होता है। इससे तब स्पष्ट हो जाता है कि लिम्बिक तंत्र के विभिन्न भाग आपस में सम्बन्धता का निर्माण कर एक सर्किट बनाते हैं जो संवेग को समझने के लिए एक प्रमुख न्यूरोदैहिक आधार प्रस्तुत करता है।

कुछ अध्ययनों में सुखद संवेग के जैविक आधारों का पता लगाने के लिए पशुओं के मस्तिष्क को इलेक्ट्रोड द्वारा वैद्युतीय प्रवाह से उत्तेजित किया गया है। जैसे, ओल्डस (Olds, 1962) तथा ओल्डस एवं ओल्डस (Olds & Olds, 1963) द्वारा किये गए अध्ययनों से यह स्पष्ट हुआ है कि लिम्बिक तंत्र के कुछ क्षेत्र जैसे हाइपोथैलमस,

एमिगडाला, हिप्पोकैम्पस (hippocampus) तथा सेप्टम (septum) का सम्बन्ध ऐसे सुखद संवेगों की उत्पत्ति से प्रत्यक्ष ढंग से होता है। इन अध्ययनों से यह भी पता चलता है कि सबसे प्रबल सुखद केन्द्र (predominant pleasure centre) *मेडियल अग्रमस्तिष्क बंडल* (medial forebrain bundle) है जो हाइपोथैलमस के पिछले भाग में अवस्थित होता है। मनुष्यों में भी सामान्तर सुखद संवेग का केन्द्र का पता चला है। कुछ रोगियों खास कर मिरगी के रोगियों के उपचार के दौरान यह पता चला है कि सेप्टम के पिछले भाग को उत्तेजित करने से ऐसे रोगियों में सुखद संवेग उत्पन्न होते हैं। उन्हें इतना अधिक सुखाभास अनुभव होता है कि वे इस भाग को स्वयं ही उत्तेजित करने के लिए तैयार हो जाते थे (विशोप, एल्डर तथा हेथ, 1963) (Bioshop, Elder & Heath, 1963)।

कुछ अध्ययनों में बिल्ली एवं बन्दरों के मस्तिष्क को इलेक्ट्रोड के सहारे उन्हें वैद्युतीय प्रवाह (electric current) से उत्तेजित किया तथा इसके आधार पर सांवेगिक अनुक्रियाओं (emotional responses) के वितरण का नक्शा (maps) तैयार किया गया है। इन अध्ययनों में मूलतः लिम्बिक तंत्र के क्षेत्रों पर बल डाला गया है और उनका नक्शा तैयार किया गया है। इन नक्शों से स्पष्टतः यह पता चलता है कि संवेग के स्वायत्त (autonomic) एवं व्यवहारपरक अनुक्रियाओं के अलग-अलग तत्त्वों को लिम्बिक तंत्र तथा हाइपोथैलमस के कुछ चयनित क्षेत्रों में अवस्थित (located) होता पाया गया है। लिम्बिक तंत्र के विभिन्न क्षेत्रों को प्रत्यक्ष रूप से वैद्युतीय ढंग से उत्तेजित करने के फलस्वरूप प्राप्त अनुक्रियाओं का वर्णन पैंकसेप्प (Panksepp, 1982) द्वारा किया गया। इन अनुक्रियाओं में 'प्रत्याशा' (expectancy), 'क्रोध' (anger), 'डर' (fear), तथा 'भीषिका' (panic) आदि प्रमुख हैं। लिम्बिक तंत्र को वैद्युतीय उत्तेजन से उत्पन्न विभिन्न व्यवहारों का प्रेक्षण करने से यह स्पष्ट हुआ है कि लिम्बिक तंत्र के निम्नांकित तीन प्रमुख स्तर होते हैं–

(a) हाइपोथैलमस के विभिन्न क्षेत्र जिसमें मेडियल अग्रमस्तिष्क बंडल (medial forebrain bundle) सम्मिलित होते हैं तथा जो मेसेनसिफैलिक लिम्बिक संरचनाओं (mesencephalic limbic system) से अपना सम्बन्ध भी स्थापित करते हैं।

(b) दूसरा क्षेत्र सेप्टल, एमिंगडालायड संरचना (amygdaloid structures) तथा हिप्पोकैम्बल क्षेत्र तथा घ्राण क्षेत्र (olfactory zones) आदि से बना होता है।

(c) तीसरा क्षेत्र लिम्बिक पालि (limbic lobe) का होता है जिमें साइनगुलेट गाइरस (cingulate gyrus) तथा पाराहिप्पोकैम्सल गाइरस (parahippocampal gyrus) मुख्य होते हैं।

इन तीनों क्षेत्रों को यदि हल्के वैद्युतीय धारा से उत्तेजित किया जाता है, तो प्राणी में अलग-अलग तरह के सांवेगिक अनुक्रियाएँ होती पायी जाती हैं।

(ख) संवेग का हार्मोनल नियंत्रण *(Hormonal control of emotion)*— संवेग के न्यूरोदैहिक आधार का पता हमें कुछ हार्मोनल परिवर्तनों से भी होता है। संवेग में कई अन्तःस्रावी ग्रन्थियों (endocrine gland) की सहभागिता होती है परन्तु एड्रीनल ग्रन्थि की भूमिका सबसे अधिक सराहनीय है। एड्रीनल मेडुला (adrenal medulla) से दो सम्बन्धित हार्मोन्स निकलते हैं जिन्हें **इपाइनफ्राइन** (epinephrine) तथा **नोरपाइनफ्राईन** (norepinephrine) कहा जाता है। संवेगात्मक अनुभूतियों में होने वाले अन्तःस्रावी परिवर्तनों को मूलतः दो स्तरों के रूप में मापा जाता है—

(a) इपानफ्राइन (epinephrine) तथा एड्रीनल ग्रन्थि द्वारा अनुकम्पी क्रियाओं (sympathetic activities) का प्रतिविम्बन (reflection) से तथा

(b) रक्त या पेशाब में 17 हाइड्रोक्सीकार्टिकोस्टेरोआयड्स की मात्रा द्वारा जिससे पीयूष-एड्रीनल कार्टिकल तंत्र (pituitary adrenal cortical system) की क्रियाओं का पता चलता है।

सांवेगिक परिस्थिति में पेशाब या खून में इपाइनफ्राइन या नोरइपानफ्राइन का स्तर बढ़ जाता है। एल्माडजियान, होप एवं लैमसन (Elmadjiam, Hope & Lamson, 1978) ने अपने अध्ययन के आधार पर यह दिखलाया है कि रक्त में नोरइपाइनफ्राइन के स्तर का सम्बन्ध सांवेगिक व्यवहार की तीव्रता (intensity) से होता है। जिन व्यक्तियों में सांवेगिक तीव्रता होती है, उनके रक्त में नोरइपाइनफ्राइन का स्तर भी बढ़ा होता है। परन्तु नोरइपाइनफ्राइन के स्तर से सांवेगिक अनुभूति के प्रकार (type) का पता नहीं चलता है क्योंकि लेभी (Levy, 1965) ने एक अध्ययन में यह पाया कि महिलाएँ जिन्हें कुछ ऐसी फिल्म सामग्रियाँ (film materials) दी गयी थी जिनमें कुछ से सुखद तथा कुछ से दुखद अनुभूतियाँ होती थीं, में दोनों ही परिस्थितियों में नोरइपानफ्राइन का स्तर लगभग एक समान था। एड्रीनोकार्टिकल अनुक्रियाएँ (adrenocortical responses) से भी संवेग के प्रकार में अंतर नहीं हो पाता है। ब्राऊन तथा हेनिनगर (Brown & Heninger, 1975) ने अपने अध्ययन में पाया कि वैसे फिल्म जो कामोद्दीपक (erotic) या विलंबकारी (suspenseful) थे, दोनों को देखने से रक्त में कार्टिजोल स्तर समान ढंग से बढ़ा हुआ पाया गया हालाँकि दोनों में दो तरह के संवेग हो रहे थे। कुछ अध्ययन बन्दरों पर किये गए जिनमें उन्हें लीभर दबाकर बिजली के आघात से बचने की अनुक्रिया को सीखना था। ऐसी अनुक्रिया को करने में रक्त में कुछ हार्मोन का स्तर बढ़ गया। जैसे रक्त में इपाइनफ्राइन, 17-हाइड्रोक्सीकार्टिकोस्टेरोआइडस (hydroxycorticosteroids), थायरायड स्राव (thyroid secretions) तथा वर्द्धन हार्मोन (growth hormone) में वृद्धि हो गई परन्तु इनसुलिन तथा टेस्टोस्टेरोन स्तर (testosterone level) में कमी आ गयी।

कुछ विशेष रोग या विकृति (disorder) होने पर जब व्यक्ति में हार्मोन का स्तर कम हो जाता है, तो उनसे भी कुछ सांवेगिक अनुभूतियाँ प्रभावित हो जाती हैं। जैसे, जब किसी कारण से थायरायड से हार्मोन कम मात्रा में निकलता है तो इससे विषादी अनुभूतियाँ (depressive experiences) व्यक्ति में उत्पन्न होती है। एड्डीसन रोग (Addison disease) जिसका सम्बन्ध एड्रीनल ग्रन्थि (adrenal gland) की विकृति से होता है, अर्थात् इसमें ग्लूकोकार्टिकोआयड स्राव (glucocorticoid secretions) कम जाता है, में भी व्यक्ति को विषादी अनुभूतियाँ होती हैं।

स्पष्ट हुआ कि संवेग में कई तरह की हार्मोनल परिवर्तन (hormonal changes) व्यक्ति में होते हैं। इन परिवर्तनों से एक विशेष तरह की दैहिक स्थिति उत्पन्न होती है जिनसे व्यक्ति को सांवेगिक अनुभूति होती है और वह उचित सांवेगिक व्यवहार कर पाता है।

नींद तथा जाग्रत का न्यूरोदैहिक आधार
(Neurophysiological base of Sleep and Waking)

नींद तथा जाग्रत के न्यूरोदैहिक आधार का वर्णन करने के पहले नींद के बारे में कुछ सामान्य बातों की जानकारी दे देना आवश्यक है जो इस प्रकार है—

नींद अन्य व्यवहारों के समान एक प्रमुख व्यवहार है जिसका न्यूरोमनोवैज्ञानिकों ने विस्तृत अध्ययन किया है। नींद चेतना का एक परिवर्तित अवस्था (altered state) होती है जिसमें थोड़े समय के लिए व्यक्ति में शिथिलता एवं निष्क्रियता बढ़ जाती है। नींद के मुख्य दो प्रकार होते हैं—*तीव्र नेत्र गतिक नींद* (rapid eye movement or REM sleep) तथा *अतीव्र नेत्र गतिक नींद* (non-rapid eye movement or Non-REM Sleep)।

अतीव्र नेत्र गतिक नींद में व्यक्ति को गहरी नींद आती है और इसमें नेत्र गोलक (eye ball) में गति नहीं के बराबर होती है। इसमें व्यक्ति का श्वसन गति तथा हृदय गति काफी धीमी हो जाती है और उसके शरीर का रक्तचाप भी काफी कम हो जाता है। दूसरी तरफ तीव्र नेत्र गतिक नींद (rapid eye movement sleep) अतीव्र नेत्र गतिक नींद के ठीक विपरीत होता है। इस तरह के नींद में व्यक्ति का नेत्र-गोलक में काफी तीव्र गति होते देखने को मिलता है। इस तरह के नींद में हृदय एवं श्वसन गति काफी तेज एवं अनयमित हो जाती है। व्यक्ति को गहरी नींद नहीं आती है और उसे महशूश होता है कि वह आधा सोया तथा आधा जगा हुआ है। क्लिटमैन (Kleitman, 1958) के अनुसार सामान्य नींद का करीब 20% नींद ऐसा ही होता है। नींद के दौरान मस्तिष्क में होने वाले वैद्युतीय परिवर्तनों को एल्कट्रोएनसिफेलोग्राम (electroencephalogram or EEG) द्वारा मस्तिष्क तरंगों के रूप में रिकार्ड किया जाता है।

मस्तिष्क तरंगों के पैटर्न के विश्लेषण से यह स्पष्ट हुआ है कि जब व्यक्ति शांतिपूर्वक आराम कर रहा होता है और वह ध्यानमग्न नहीं होता है और न तो कोई कठिन कार्य कर रहा होता है तो उसके मस्तिष्क में अल्फा तरंग (alpha wave) बनते हैं जो एक नियमित तथा मध्य-आवृत्ति वाला तरंग (middle frequency wave) यानी 8 से 12Hz वाला होता है। उसी तरह से जब व्यक्ति पूर्णतः जगा हुआ एवं सतर्क (alert) होता है तो EEG द्वारा उसके मस्तिष्क से बीटा तरंग (beta wave) बनता है जो प्रति सेकेंड 14-30 चक्र अर्थात् उच्च आवृत्ति वाला होता है। इस तरह अल्फा तरंग तथा बीटा तरंग दोनों ही जाग्रतावस्था में बनने वाले तरंग होते हैं (देखें चित्र 6.8)। नींद की पाँच अवस्थाएँ होती हैं और अंतिम अवस्था REM नींद की होती है। इन पाँच अवस्थाओं तथा उनके चक्र (cycle) का वर्णन इस प्रकार है—

1. पहली अवस्था *(Step 1)*—जब व्यक्ति सोने के उद्देश्य से लेटता है, तो उसके मस्तिष्क में अल्फा तरंगें बनना समाप्त हो जाती हैं तथा कम ऊँचाई की मस्तिष्क तरंगें जिनकी बारंबारता प्रति सेंकेड 2 से 7 तक की होती है, बनने लगती हैं। इसे थीटा तरंग (theta wave) की संज्ञा दी जाती है (देखें चित्र 7.8)।

2. दूसरी अवस्था *(Step 2)*—करीब 10 मिनट तक पहली अवस्था में रहने पर नींद की दूसरी अवस्था में मस्तिष्कीय तरंगों के स्वरूप में काफी परिवर्तन आता है। इस

अवस्था में थीटा तरंग से अधिक तीव्र गति से अर्थात् करीब 14-16 चक्र (या बारम्बारता) प्रति सेंकड की दर से मस्तिष्क तरंगें बनने लगतीं हैं जिसे मनोवैज्ञानिकों ने *तकला* (spindle) की संज्ञा दिया है जो दो से पाँच बार प्रति मिनट होता है। इसके अतिरिक्त इसमें *के कम्पलेक्स* (K complex) भी होते हैं जो अचानक तेज तरंग प्रारूप के होते हैं और प्रत्येक एक मिनट में एक बार होता है।

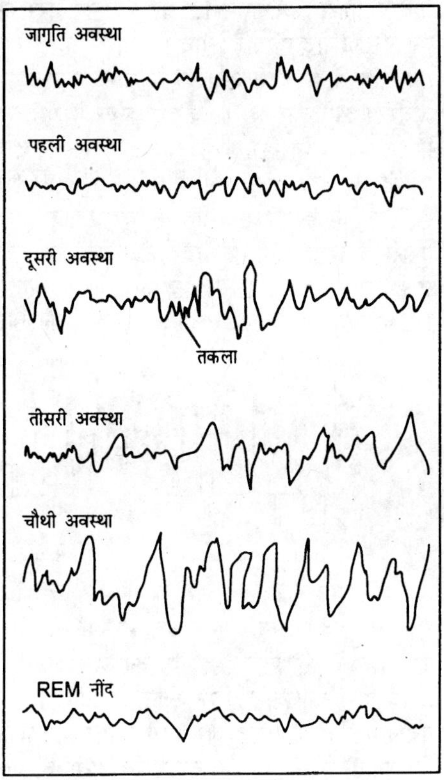

चित्र 7.8 : नींद के विभिन्न अवस्थाओं के दौरान मस्तिष्क तरंगें

3. तीसरी अवस्था *(Stage 3)*—इस अवस्था में जो मस्तिष्कीय तरंगें बनती हैं, वे काफी धीमी तरंगें (slow waves) अर्थात् प्रति सेंकड 1 से 2 चक्र बनती हैं। ऐसे तरंगों को डेल्टा तरंगें (delta waves) कहा जाता है। इस अवस्था में व्यक्ति गहरी नींद में होता है और उसे उठाना थोड़ा कठिन है।

4. चौथी अवस्था *(Stage 4)*—चौथी अवस्था सबसे गहरी नींद की अवस्था होती है। इसमें जितने भी मस्तिष्कीय तरंगें बनती हैं उसका करीब 50% से अधिक डेल्टा तरंगें होती हैं। तीसरी अवस्था के समान ही इस अवस्था में होने पर व्यक्ति को नींद से जगाना कठिन होता है।

उपर्युक्त चारों अवस्थाएँ NERM नींद की होती है। तीसरे तथा चौथे अवस्था को *मंद-तरंग नींद* (slow wave sleep) भी कहा जाता है।

5. REM अवस्था *(REM Stage)*—यह अवस्था NREM की पहली अवस्था में पाये जाने वाले मस्तिष्कीय तरंगें पुनः बनने लगती हैं। दूसरे शब्दों में, इस अवस्था में पुनः ऐसी तरंगें बनने लगती हैं जिसकी ऊँचाई कम होती है और जो कम नियमित होती है। इससे डेल्टा तरंग का बनना समाप्त हो जाता है। रात के नींद की यह पहली REM अवस्था होती है जो सबसे कम अवधि अर्थात् करीब 5 से 10 मिनट की होती है। रात के बाकी अवधि में प्रत्येक 80 से 90 मिनट के बाद REM अवस्था की पुनरावृत्ति होती है और उसकी अवधि लगभग 50 से 60 मिनट तक की होती है।

प्रत्येक रात व्यक्ति का नींद एक पूर्वकथनीय पैटर्न का अनुसरण करता है। व्यक्ति के नींद का चक्र (cycle) होता है और प्रत्येक नींद चक्र (sleep cycle) करीब 90 मिनट का होता है और अधिकतर लोग एक रात्रि में करीब 5 नींद चक्र (7½ से 8 घंटा) बना

पाते हैं जिसमें औसतन 1.5 घंटे का मंद-तरंग नींद (गहरी नींद) तथा औसतन 1.5 घंटे का REM नींद होता है। नींद में व्यक्ति पहली अवस्था से दूसरी और दूसरे से तीसरी और फिर तीसरी से चौथी अवस्था में जाने के बाद पुनः चौथी से तीसरी और तीसरी से दूसरी अवस्था होते हुए REM की अवस्था में पहुँचता है। इस पूरे प्रक्रम में उसे लगभग 90 मिनट का समय लगता है और इस तरह नींद का एक चक्र (cycle) पूरा हो जाता है (देखें चित्र 7.9)। पहला नींद चक्र में REM अवस्था मात्र लगभग 10 मिनट का होता है और फिर इसके बाद नींद का दूसरा चक्र प्रारम्भ होता है जिसमें REM से सीधे व्यक्ति दूसरी अवस्था और फिर वहाँ से तीसरी तथा चौथी अवस्था में आता है और पुनः उसी तरह व्यक्ति वापस REM की अवस्था में आता है। इस बार की REM अवस्था पहली REM अवस्था से थोड़ी अधिक अवधि की होती है।

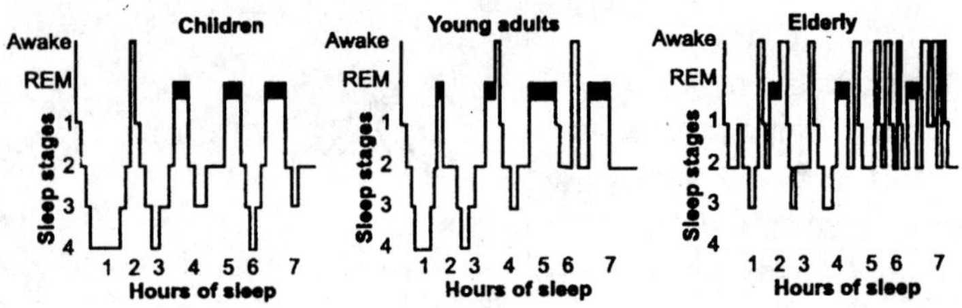

चित्र 7.9 : नींद चक्र का परिवर्त्य लय (Changing rhythm of sleep)

सामान्यतः एक व्यस्क एक रात में चार से पाँच नीद चक्र बना पाता है। परन्तु जैसे-जैसे रात बीतती जाती है, नींद की अवस्थाओं में होने वाले पैटर्न में परिवर्तन होते जाता है। जैसा कि चित्र 7.9 से स्पष्ट है, प्रारम्भ में नींद में तीसरी तथा चौथी अवस्था की प्रबलता होती है परन्तु जैसे-जैसे समय बीतता जाता है तीसरी तथा चौथी अवस्था छोटी होते जाती है और अन्तोगत्वा पूर्णतः समाप्त होते जाती है। व्यक्ति नींद की दूसरी अवस्था तथा REM के बीच ही वैकल्पिक रूप से अपना समय बीताता है। रात के अन्त में REM की अवधि करीब 30 से 40 मिनट की होती है। इस तरह से पूरी रात्रि में करीब व्यक्ति का समय 40 से 45 प्रतिशत दूसरी अवस्था में बीतती है जबकि REM नींद में करीब 25 प्रतिशत समय व्यक्ति बीताता है।

न्यूरोदैहिक आधार (*Neurophysiological base*)

अब प्रश्न यह उठता है कि न्यूरोमनोवैज्ञानिकों ने कौन-कौन ऐसे दैहिक आधारों का पता लगा रखे हैं जिनके कारण नींद तथा उसका प्रतिपक्ष (conterpart) जाग्रत (waking) की व्याख्या होती है। यहाँ पर हम यह बिलकुल ही स्पष्ट कर देना चाहते हैं कि व्यक्ति को नींद इसलिए नहीं आती है कि न्यूरोन्स थक जाते हैं और धीरे-धीरे उत्तेजित होना प्रारंभ कर देते हैं। अन्य व्यवहारों के समान नींद तभी आती है जब कुछ तंत्रकीय सर्किट (neural circuit) सक्रिय होते हैं।

न्यूरोमनोवैज्ञानिकों ने नींद के दो प्रकारों अर्थात् *मन्द तरंग नींद* (slow wave sleep) तथा *REM नींद* (REM sleep) के अध्ययन में विशेष रुचि दिखलायी है। अतः हम यहाँ इन दोनों प्रकारों के नींद के न्यूरोदैहिक आधारों का सविस्तार चर्चा करेंगे :—

1. REM नींद का न्यूरोदैहिक आधार (*Neurophysilogical base of REM* *sleep)*—जैसा कि ऊपर वर्णन किया गया है, REM नींद एक नींद का महत्त्वपूर्ण प्रकार है जिसमें व्यक्ति में नेत्र गोलक की तीव्र गति, मांशपेशीय शिथिलता, तथा बीटा तरंग आदि सम्मिलित होते हैं। REM नींद के दौरान प्रमस्तिष्कीय चयापचय (cerebral metabolism) की दर उतना ही ऊँचा होता है जितना कि जाग्रतावस्था का होता है। प्रयोगशाला पशुओं जैसे बिल्ली, चूहों आदि में यह भी देखा गया है कि इनके REM नींद में पीजीओ तरंग, (PGO waves) भी सम्मिलित होते हैं, पीजीओ तरंग पोन्स (pones), जेनिकुलेट (geneculate) तथा दृष्टि (optical) से सम्बन्ध तरंग होते हैं जो इन पशुओं में REM नींद का सबसे प्रथम अभिव्यक्ति सूचक होता है। इस तरह का तरग मनुष्यों में नहीं होता है।

अध्ययनों से यह स्पष्ट हुआ है कि REM नींद का नियंत्रण एवं नियमन उन दैहिक प्रक्रमों द्वारा होता है जो मस्तिष्कीय स्तंभ (brain stem) विशेषकर सेतु (pons) के भीतर अवस्थित होते हैं। इसमें वैसे न्यूरोन्स (neurons) जिनसे ऐसीटलकोलाइन (acetylcholine or ach) का स्राव होता है, द्वारा नींद का नियंत्रण होता है। सीताराम, मूर्रे तथा गिल्लिन (Sita Ram, Moore & Gillin, 1978) ने अपने अध्ययन के आधार पर इस निष्कर्ष पर पहुँचे कि एसीटिलकोलाइन का समर्थक अर्थात् ऐरेकोलाइन (arecoline) देने से REM नींद कीं अवधि के बीच का समयांतर छोटा हो गया तथा इसका विरोधी अर्थात् स्कोपोलामाइन (scopolamine) देने से वह समयान्तर बड़ा हो गया। जैसपर तथा टीस्सर (Jasper & Tessier, 1969) ने बिल्लियों के प्रमस्तिष्कीय कार्टेक्स (cerebral cortex) के अन्तस्थ बुटोन (terminal buttons) द्वारा स्रावित एसीटिलकोलाइन के स्तर का विश्लेषण किया और पाया कि REM नींद तथा जाग्रतावस्था में Ach का स्तर सबसे अधिक था परन्तु मंद तरंग नींद (slow wave sleep) के दौरान इसका स्तर सबसे कम था।

मस्तिष्क में कई एसीटिलकोलिनर्जिक पथ (acetylcholinergic pathways) होते हैं जो REM नींद में महत्त्वपूर्ण भूमिका निभाता है। ऐसे पथ डोसोलेट्रल सेतु (dorsolateral pons) में विशेषकर *पेडुनकूलोपोन्टाइन टेगमेन्टल न्यूक्लिअस* (pedunculopontine tagmental nucleus or PPT) तथा *लेट्रोड्रोंसल टेगमेन्टल न्यूक्लिअस* (laterodorsal tagmental nucleus or LDT) में पाये जाते हैं। ये एसीटिलकोलिनर्जिक न्यूरोन्स (acetylcholinegic neurons) के एक्सान सचमुच में रेटिकुलर उत्तेजन तंत्र (reticular activating system) का हिस्सा बनते हैं और वे अग्र मस्तिष्क (forebrain) थैलमस (thalamus), वेसल गैंगलिया (basal ganglia), बेसल अग्रमस्तिष्क क्षेत्र (basal forebrain region), हिप्पोकैम्पस (hippocampus), साइनगलगेट कॉर्टेक्स (cingulgate cortex) तथा मस्तिष्कीय स्तंभ के अन्य क्षेत्र जो दृष्टि कार्यों (visual functions) से सम्बन्धित होते हैं, में अपना प्रक्षेपण (projection) करते हैं अर्थात् तंत्रिका आवेग को भेजते हैं। कुछ अध्ययनों में देखा गया है कि अगर डारसोलेट्रल सेतु (dorsolateral pons) में थोड़ा सा भी ऐसिटिलकोलिनर्जिक एगोनिस्ट (acetylcholingergic agonist) दे दिया जाता है, तो वैसी अवस्था में पशु सिर्फ PGO तरंग दिखलाते हैं, या सिर्फ मांशपेशीय शिथिलन (muscular paralysis) सिर्फ दिखलाते हैं या फिर REM नींद के सभी लक्षण दिखलाते हैं। वेवस्टर एवं जोन्स

(Webster & Jones, 1988) ने अपने अध्ययन में पाया कि यदि डोर्सोलेट्रल सेतु (dorsolateral pons) में एक्साइटोटोमिक घाव या क्षति (excitotoxic lesion) उत्पन्न कर दिया जाता है, तो इसे REM नींद में बहुत तेजी से कमी आती है। अध्ययनों से यह भी स्पष्ट हुआ है कि LDT-PPT क्षेत्र में किसी भी एसिटिलकोलिनर्जिक न्यूरोन (acetylcholinergic neurons) की क्रियाओं का सम्बन्ध नींद चक्र (sleep cycle) से होता है। REM नींद के दौरान या REM नींद तथा सक्रिय जांग्रतावस्था दोनों में ही इस क्षेत्र के न्यूरोन्स बहुत तेजी से उत्तेजित होते हैं। शायद इन्हीं न्यूरोन्स की क्रियाओं से REM नींद उत्पन्न होती है।

न्यूरोमनोवैज्ञानिकों का ऐसा मानना है कि यदि मंद-तरंग नींद (slow wave brain) का कार्य मस्तिष्क को ठंडा (cold) पहुँचाना है तो REM नींद मस्तिष्क को थोड़ा गर्म कर देता है। REM नींद के दौरान मस्तिष्कीय क्रियाएँ बढ़ जाती हैं जिनसे मस्तिष्क का तापक्रम थोड़ा बढ़ जाता है जो फिर मंद तरंग नींद के दौरान कम जाता है। इस तरह से REM नींद मस्तिष्क को जरूरत से ज्यादा ठंडा होने से तब बचा लेता है।

कुछ ऐसे न्यूरोन्स हैं जिनकी क्रियाओं से REM नींद में बाधा (inversion) उत्पन्न होता है। राफे केन्द्रक[1] (Raphe nuclei) के सेरोटोनर्जिक न्यूरोन्स (Sereotonergic neurons) तथा लोकस[2] कोरूलस (locus coeruleus) का नोरएड्रीनर्जिक न्यूरोन्स (noradrenergic neruon) की क्रियाएँ REM नींद में काफी धीमी हो जाती हैं। अध्ययनों से यह भी स्पष्ट हुआ है कि लोकस कोरूलस के न्यूरोन्स से तथा डार्सल राफे केन्द्रक (dorsal raphe nuclei) से सामान्यतः डार्सोलेट्रल सेतु (dorsolateral pons) का एसिटिलकोलिनर्जिक न्यूरोन्स (acetylcholinergic neurons) की क्रियाएँ बाधित हो जाती हैं और इस तरह से REM नींद को फिर से उत्पन्न होने की क्रिया को रोकता है। अतः जब इन केन्द्रकों की क्रियाओं में कमी आती है, तो उनसे व्यक्ति में REM नींद की उत्पत्ति होती है। डेन लिंगर तथा उनके सहयोगियों (Denlinger et. al., 1988) ने अपने अध्ययन में यह पाया है कि नोरएड्रीनर्जिक एनटागोनिस्ट (noradenergic antagnoist) को जब सीधे डार्सोलेट्रल सेतु (dorsolateral pons) में निषेचन (infusion) किया जाता है तो इससे REM नींद की मात्रा बढ़ जाती है जबकि डार्सल राफे केन्द्रक का वैद्युतीय उत्तेजन (electrical stimulation) से REM नींद की मात्रा कम हो जाती है।

स्पष्ट हुआ कि REM नींद का न्यूरोदैहिक आधार इस तथ्य की ओर इशारा करता है कि REM नींद उस समय उत्पन्न होती है जब डासोलेट्रल सेतु (dorsolateral pons) में एसिटिलकोलिनर्जिक न्यूरोन्स (acetylcholinergic neurons) सक्रिय हो जाते हैं और यह घटना तब होती है जब राफे केन्द्रक तथा लोकस कोरूलस के सेरोटोनर्जिक तथा नोरएड्रीनर्जिक न्यूरोन्स निष्क्रिय या शांत हो जाते हैं।

---

1. राफे केन्द्रक (Raphe nuelie) से तात्पर्य केन्द्रकों के एक ऐसे समूह से होता है जो मेडुला, सेतु (pons) तथा मध्यमस्तिष्क के रेटिकुलर फारमेशन के मध्य में अवस्थित होते हैं।
2. नोरएड्रिनेर्जिक कोश शरीर (noradrenergic cell bodies) एक ऐसा समूह है जो सेतु (pons) में चौथे भेन्ट्रीकल के सतह के रोस्ट्रल अन्त (rostral end) के नजदीक होता है।

मंद तरंग नींद का न्यूरोदैहिक आधार (*Neurophysiological base of slow-wave sleep*)—यद्यपि न्यूरोमनोवैज्ञानिकों तथा न्यूरोशरीशास्त्रियों (neuroanatomists) को REM नींद का न्यूरोदैहिक आधार का पता लगाने में काफी सफलता मिली है, परन्तु मंद तरंग नींद का न्यूरोदैहिक आधार का पता लगाने में तुलनात्मक रूप से कम सफलता मिली है। जैसा कि हम जानते हैं, मंद तरंग नींद एक अतीव्र नेत्र गतिक नींद (non-REM sleep) है जो मूलतः इस नींद की तीसरी तथा चौथी अवस्था में उत्पन्न होती है। अध्ययनों से यह स्पष्ट हुआ है कि वेसल अग्रमस्तिस्क क्षेत्र (basal forebrain region) जो हाइपोथैलमस के बगल में होता है, मंद तरंग नींद के लिए उत्तरदायी होता है। अगर इस क्षेत्र को क्षतिग्रस्त कर दिया जाता है, तो पशुओं में पूर्णतः अनिद्रा (insomania) उत्पन्न हो जाता है और बाद में पशु बेहोशी की अवस्था में चले जाते हैं जहाँ उनकी मृत्यु भी कभी-कभी हो जाती है। मैकगिन्टी (McGinty, 1996) के अध्ययन से यह पता चला है कि यदि वेसल अग्रमस्तिष्क क्षेत्र में काइनिक अम्ल (Kainic acid) को निषेचित (infusion) किया जाता है, तो इस क्षेत्र से होकर गुजरने वाले एक्सान को बिना क्षतिग्रस्त किये ही इस क्षेत्र के कोश शरीर (cell bodies) को नष्ट कर देता है और तब उससे प्राणी में इस तरह के नींद की कमी हो जाती है। कुछ अध्ययनों में वेसल अग्रमस्तिष्क क्षेत्र को हल्का विद्युत प्रवाह से उत्तेजित करने पर निद्रालुता (dorwsiness) उत्पन्न होती है।

वेसल अग्रमस्तिष्क का एक हिस्सा जिसे भेन्ट्रोलेट्रल प्रीऔपटिक क्षेत्र (Ventrolateral preoptic area or VLPA) कहा जाता है, में कुछ ऐसे न्यूरोन्स होते हैं जिससे तापक्रम नियमन (temperature regulation) की क्रिया संपन्न होती है। इसमें से कुछ न्यूरोन्स मस्तिष्कीय तापक्रम में होने वाले परिवर्तनों के प्रति अधिक संवेदनशील होते हैं और कुछ ऐसे होते हैं जो त्वचा में अवस्थित थर्मोसंवेदक (thermosensors) से सूचनाएँ प्राप्त करते हैं। प्रीऔप्टिक क्षेत्र (preoptic area) को गर्म होने से (वैद्युतीय उत्तेजन के समान) निद्रालुता (dowsiness) तथा नींद उत्पन्न होने लगता है। मैकगिन्टी तथा स्जीमुसियाक (McGinty & Szymusiak, 1990) ने अपने अध्ययन के आधार पर यह बतलाया है कि मस्तिष्कीय कार्य तापक्रम (temperature) से घनिष्ठ रूप से सम्बन्धित होता है। जैसे, पूरे दिन में व्यक्ति की सर्तकता (alertness) उसके शरीर के तापक्रम से सम्बन्धित होता है। जब व्यक्ति के मस्तिष्क में दिन में गरमाहट उत्पन्न हो जाती है, तो फिर उसे रात में अच्छी और गहरी नींद आती है। इस तरह से यह स्पष्ट होता है कि मंद तरंग नींद (slow wave sleep) एक ऐसा प्रक्रम (mechanism) है जो मस्तिष्क को ठंढक (cool) पहुँचाता है तथा मस्तिष्क के चयापचयी दर (metabolic rate) को कम करता है।

जैसा कि हम जानते हैं, प्रीऔपटिक क्षेत्र थैलमस के बगल का क्षेत्र होता है। कई अध्ययनों में यह देखा गया है कि इस क्षेत्र में क्षति पहुँचाने से अनिद्रा (insomania) जिसके बाद बेहोशी (coma) और अन्त में मृत्यु तक हो जाती है। चूहों तथा बिल्लियों पर किये गए प्रयोगों से इस तथ्य की संपुष्टि होती है। स्टरमैन क्लेमेन्टे (Sterman & Clemente, 1962) ने अपने अध्ययन के आधार पर यह देखा है कि प्रीऔपटिक क्षेत्र के वैद्युतीय उत्तेजन से ठीक इसका विपरीत जैसे निद्रालुता (drowsiness) एवं नींद आदि उत्पन्न होता है। संरचनात्मक (structural) एवं हिस्टोकेमिकल (histochemical)

अध्ययनों से यह स्पष्ट हुआ है कि VLPA में अवरोधक गावा उत्पन्न करने वाले न्यूरोन्स (inhibitory GABA—Seketing nerouns) होते हैं और ऐसे न्यूरोन्स का एक्सान्स (axons) उन सारे वैसे क्षेत्रों में पहुँचता है जिससे मस्तिष्कीय उत्तेजन होता है। चूँकि उसका स्वरूप अवरोधक होता है, अतः उससे मस्तिष्कीय उत्तेजन में कमी आ जाती है और धीरे-धीरे व्यक्ति नींद में चला जाता है।

उत्तेजन तथा जाग्रत का न्यूरोदैहिक आधार *(Neurophysiological base of awaking and arousal)*—जैसा कि हम जानते हैं नींद में एक एकात्मक अवस्था (unitary stage) न होकर इसमें भिन्न-भिन्न अवस्थाएँ होतीं हैं और प्रत्येक अवस्था की अपनी-अपनी कुछ विशेषताएँ होती हैं। ठीक उसी तरह से जाग्रतावस्था में समरूपता नही होती है। कभी-कभी तो हमलोग काफी अधिक सतर्क एवं ध्यानमग्न होते हें तो कभ-कभी हमलोग अपने इर्द-गिर्द होने वाली घटनाओं पर ध्यान भी नहीं दे पाते हैं। सच्चाई यह है कि नींद की अवस्था का प्रभाव जाग्रतावस्था पर भी पड़ता है। अगर व्यक्ति को जगे रहने के लिए बहुत कोशिश करनी पड़ती है, तो इस कोशिश का परिणाम यह होता है कि इससे व्यक्ति में अन्य क्रियाओं या चीजों पर ध्यान केन्द्रित करने की क्षमता में कमी आ जाती है। परन्तु दिन प्रतिदिन का अनुभव इस बात का सबूत है कि जब व्यक्ति नींद की अवस्था में नहीं भी होता है, तो उसकी सर्तकता स्तर में परिवर्तन होता है। जैसे, जब व्यक्ति कोई बहुत ही प्रिय एवं मनोरंजक चीज को देखता है, तो उस समय वह अधिक सक्रिय हो जाता है और इर्द-गिर्द की चीजों पर अधिक ध्यान भी देना प्रारम्भ कर देता है।

न्यूरोमनोवैज्ञानिकों द्वारा किये गए अध्ययनों से यह स्पष्ट हुआ है कि मस्तिष्कीय स्तंभ (brain stem) में कुछ वैसे न्यूरोन्स (neurons) होते हैं जिनसे पशुओं में सतर्कता (alertness) तथा जाग्रतावस्था का नियमन होता है। मोरूऊडजी तथा मागोअन (Moruzzi & Magoun, 1949) द्वारा किये गए अध्ययनों से यह स्पष्ट हुआ है कि मस्तिष्क स्तंभ के रेटिकुलर फारमेशन (reticular formation) के वैद्युतीय उत्तेजन से प्राणी में सक्रियता बढ़ती है। रेटिकुलर फारमेशन आरोही संवेदी पथों (ascending sensory pathway) से कुछ समानान्तर एक्सान (collateral axons) प्राप्त करते हैं। इन संवेदी पक्षों से मिलने वाली सूचनाओं से समानान्तर एक्सान के माध्यम से रेटिकुलर फारमेशन उत्तेजित होता है। उत्तेजित रेटिकुलर फारमेशन दो पथों (pathways) के माध्यम से प्रमस्तिष्कीय कार्टेक्स (cerebral cortex) को उत्तेजित करता है: डार्सल पथ, मेडीयल थैलेमस (medial thalamus) में प्रक्षेपण करता है (अर्थात् तंत्रिका आवेग भेजता है) जो फिर प्रमस्तिष्कीय कॉटेक्र्स (cerebral cortex) में प्रक्षेपण भेजता है। भेन्ट्रल पथ से सूचनाएँ लेट्रल हाइपोथैलमस, वेसल गैंगलिया तथा वेसल अग्रमस्तिष्क क्षेत्र (basal forebrain region) में पहुँचती हैं। वेसल अग्रमस्तिष्क का एक विशेष हिस्सा प्रमस्तिष्कीय कार्टेक्स में सूचनाओं को भेजता है तथा उसका दूसरा भाग हिप्पोकैम्पस में सूचनाओं को भेजकर प्राणी में सक्रियता उत्पन्न करता है।

न्यूरोन्स के पाँच तंत्र (systems) जाग्रतावस्था (wakefulness) तथा सतर्कता (altertness) में अपनी भूमिका निभाते हैं। वे पाँच तंत्र हैं : *नोरएड्रीनर्जिक* (noradrenergic), *एसिटिलकोलिनर्जिक* (acetylcholinergic) तथा *सेरोटोनर्जिक* (serotonergic), हिस्टामाइनर्जिक न्यूरोन्स (histaminergic neuron) तथा हाइपोक्रिटीनर्जिक न्यूरोन्स (hypocretinergic neuron)। इन तीनों न्यूरोन्स द्वारा

अलग-अलग कार्य संपन्न किये जाते हैं। सामान्यतः यह देखा गया है कि नोरएड्रीनर्जिक न्यूरोन्स द्वारा ध्यान (attention) तथा सर्तकता (vigilance) का कार्य संपन्न होता है जबकि सेरोटोनर्जिक तथा एसिटिलकोलिनर्जिक द्वारा व्यवहारात्मक सक्रियता (behavioural activation) का कार्य संपन्न होता है। अध्ययनों से यह स्पष्ट हुआ है कि केटकोलामाइन एगोनिस्ट (catecholamine agonist) जैसे एम्फीटामाइन (amphetamine) से अनिद्रा तथा उत्तेजन (arousal) की स्थिति उत्पन्न होती है। इस तरह के प्रभाव का नियमन मूलतः डार्सल सेतु (dorsal pons) में अवस्थित लोकस कोरूलस (locus coeruleus) का नोरएड्रीनर्जिक तंत्र (noradrenergic system) द्वारा होता है। लोकस कोरूलस के न्यूरोन्स से निकलने वाले एक्सान्स (axons) न्यूरोकार्टेक्स, हिप्पोकैम्पस (hippocampus), थैलमस (thalamus), प्रमस्तिष्कीय कार्टेक्स, सेतु तथा मेडुला (medulla) आदि में पहुँचते हैं और इन क्षेत्रों में नोरइपानफ्राइन को निर्मुक्त करता है और प्राणी में सक्रियता उत्पन्न करता है। अध्ययनों में यह भी पाया गया कि REM नींद के दौरान लोकस कोरूलस में नोरएड्रीनर्जिक न्यूरोन्स को क्रियाशील होने की दर (living rate) करीब-करीब शून्य होता है और जब पशु जाग्रतावस्था में होता है, तो इस दर में पर्याप्त वृद्धि हो जाती है।

दूसरा न्यूरोट्रांसमीटर जिसे एसिटिलकोलाइन (acetylcholine) कहा जाता है, की भी भूमिका उत्तेजन तथा जाग्रतावस्था में काफी अधिक बतलायी गयी है। जैसा कि हम जानते हैं, रेटिकुलर फारमेशन से थैलमस तथा वेसल अग्रमस्तिष्क (basal forebrain) जाने वाले अधिकतर एक्सान का स्वरूप एसिटिलकोलिनर्जिक (acetylecholine) होता है। निष्कर्षतः कई शोधकर्त्ताओं द्वारा इस तथ्य पर पहुँचा गया है कि एसिटिलकोलिनर्जिक एनटागोनिस्ट (acetylcholinergic antagonist) से मस्तिष्क उत्तेजन के EEG संकेतों में कमी आ जाती है तथा एसिटिलकोलिनर्जिक एगोनिस्ट से ऐसे संकेतों में वृद्धि आती है।

तीसरे तरह का न्यूरोट्रांसमीटर जिसे सिरेटोनिन (serotonin) (अर्थात् 5-HT) कहा जाता है, की भी भूमिका जाग्रतावस्था तथा सतर्कता को बनाये रखने में पर्याप्त होता है। मस्तिष्क का करीब सभी सेरेटोनर्जिक न्यूरोन्स (serotonergic neurons) राफे केन्द्रक (raphe nuclei) में अवस्थित होता है और राफे केन्द्रक, रेटिकुलर फारमेशन (reticular formation) के विशेष क्षेत्र में अवस्थित होता है। पेक तथा वैण्डरओल्फ (Peck & Vanderwolf, 1991) ने अपने अध्ययन में पाया कि राफे केन्द्र के उत्तेजन से मस्तिष्कीय उत्तेजन (cortical arousal) उत्पन्न होता है तथा वैसा औषध जिसके लेने से सेरोटोनिन का संश्लेषण (synthesis) रूक जाता है, मस्तिष्क उत्तेजन में कमी आ जाती है। जैसा कि हम जानते हैं, तनावपूर्ण परिस्थिति में नोरएड्रीनर्जिक न्यूरोन्स (noradrenergic neurons) में क्रियाशीलता की दर (rate of living) बढ़ जाती है परन्तु सेरोटोनर्जिक न्यूरोन्स ऐसी परिस्थिति में उद्दीपकों के प्रति अनुक्रिया नहीं करते पाये जाते हैं।

चौथे तरह का न्यूरोट्रांसमीटर जिससे उत्तेजन (arousal) एवं जागृतावस्था (wakfulness) नियंत्रित होता है, वह है—हिस्टामाइन (histamine)। अध्ययनों से यह स्पष्ट हुआ है कि हिस्टामिनर्जिक न्यूरोन्स (histaminergic neuron) हाइपोथैलमस के ट्यूबरोमैम्मिल्लियरी न्यूक्लिस (tuberomammillary nucleus) में अवस्थित

होते हैं। ऐसे न्यूरोन्स के एक्सॉन (axon) मूलतः प्रमस्तिष्कीय कार्टेक्स (cereberal cortex), थैलमस (thalamus), वेसल गैंगलिया (basal ganglia) वेसल अग्रमस्तिष्क (basal forebrain) तथा हाइपोथैलमस में प्रक्षेपित (project) होते हैं। प्रमस्तिष्कीय कार्टेक्स में ऐसे प्रक्षेपण से मस्तिष्क में उत्तेजन एवं सक्रियता प्रत्यक्ष रूप से बढ़ती है जबकि वेसल अग्रमस्तिष्क एवं डार्सल सेतु (dorsal pons) परोक्ष रूप से प्रमस्तिष्कीय कार्टेक्स में एसिटिलकोलाइन (acetylcholine) की मात्रा में वृद्धि कर मस्तिष्क में उत्तेजन को बढ़ाकर व्यक्ति को सक्रिय करता है। लिन, सकाई तथा जाउभेट (Lin, Sakai & Jauvet, 1988) द्वारा किये गए अध्ययन से यह स्पष्ट हुआ है कि जब व्यक्ति में ऐसे औषध का सूई (injection) दिया जाता है जिससे हिस्टामाइन एच ग्राहक (histamine H_1 receptors) अवरुद्ध हो जाता है, तो इससे व्यक्ति को नींद आने लगती है और उसमें उत्तेजन एवं सक्रियता में कमी आ जाती है। स्टिनइनगर (Steininger, 1996) ने अपने अध्ययन के आधार पर यह बतलाया है कि हिस्टामिनर्जिक न्यूरोन्स की क्रियाएँ जाग्रता अवस्था में अधिक होती है जबकि नींद की अवस्था में कम होती है।

पाँचवें तरह का न्यूरोन्स जो व्यक्ति में सक्रियता तथा उत्तेजन बनाये रखने में महत्त्वपूर्ण भूमिका निभाता है, का नाम हाइपोक्रेटिनर्जिक न्यूरोन्स (hypocetinergic neurons) है। ऐसे न्यूरोन्स का कोश शरीर (cell bodies) तथा हाइपोक्रेटीन (hypocretin) या जिसे औरेक्सिन (orexin) भी कहा जाता है, लेट्रल हाइपोथैलमस में अवस्थित होता है। ऐसे न्यूरोन्स के एक्सॉन (axon) कई क्षेत्रों जैसे प्रमस्तिष्कीय कार्टेक्स (cerebral cortex), लोकस कोरूलियस (locus coeruleus), राफे न्यूक्लियाई (raphe nuclei), ट्यूबरोमैम्माल्लियरी न्यूक्लियस (tuberomanomillary nucleus), वेसल अग्रमस्तिष्क (basal forebrain) तथा डार्सल सेतु (dorsal pons) के एसिटिलकोलिनर्जिक न्यूरोन्स (acetylcholinergic neurons) में जाकर समाप्त होते हैं। इन सभी क्षेत्रों में हाइपोक्रोटिन व्यक्ति में उत्तेजन एवं विनिद्रता (wakeful) को मजबूत करता है। एस्टाब्रुकी तथा उनके सहयोगियों (Estabroake et. al., 2001) ने अपने अध्ययन में पाया है कि हाइपोक्रेटिनर्जिक न्यूरोन्स (hypocretinergic neurons) विनिद्रता के दौरान काफी सक्रिय रहते हैं तथा नींद के दौरान निष्क्रिय होते हैं।

स्पष्ट हुआ कि REM नींद, मंद तरंग गति (slow wave sleep) तथा जाग्रतावस्था तीनों में जो न्यूरोदैहिक आधार होते हैं उनमें कुछ विशिष्टता होती है।

अधिगम का न्यूरोदैहिकी
(Neurophysiology of Learning)

व्यवहार में अभ्यास या अनुभूति से उत्पन्न होने वाली परिवर्तन को अधिगम कहा जाता है। अधिगम के सहारे व्यक्ति नये ज्ञान को अर्जित करता है। प्रत्येक अधिगम में न्यूरोदैहिक प्रक्रियाएँ (neurophysiological process) सम्मिलित होती हैं जिनका अध्ययन आवश्यक है। परन्तु इसके पहले यह जरूरी है कि अधिगम के सामान्य प्रकारों के बारे में ज्ञान प्राप्त कर लें। मौटे तौर पर अधिगम के दो प्रकार बतलाये गए है—

(क) असहचर्यात्मक अधिगम (Nonassociative learning) तथा

(ख) साहचर्यात्मक अधिगम (Associative learning)

असहचर्यात्मक अधिगम सबसे सरल प्रकार का अधिगम होता है। इसमें एक ही उद्दीपक (stimulus) होता है। फलतः इसका सम्बन्ध अनेक उद्दीपकों के बीच साहचर्य से कदापि नहीं होता है। असहचर्यात्मक अधिगम तीन प्रकार के होते हैं—*अभ्यसन* (habituation), *अनाभ्यसन* (dishabituation) तथा *संवेदीकरण* (sensitization)। अभ्यसन में व्यक्ति किसी कमजोर उद्दीपक के आवृत्तीय उपस्थिति की उपेक्षा करना सीखता है। इसमें उद्दीपक के प्रति होने वाली अनुक्रिया धीरे-धीरे अपनी शक्ति खोते चली जाती है। फलतः ऐसी अनुक्रिया के होने की सम्भावना कम जाती है क्योंकि व्यक्ति उसमें अभ्यस्त सा हो जाता है। अभ्यसन का एक उत्तम उदाहरण उस समय बनता है जब व्यक्ति टोपी पहनना प्रारम्भ कर देता है और प्रारंभ में टोपी सिर पर आते ही उसका हल्का भार का अनुभव होता है। परन्तु कुछ दिनों तक पहनने के बाद टोपी सर पर होते हुए भी व्यक्ति को यह महशुश नहीं होता है कि टोपी सर पर है। परन्तु कई दिनों तक उसे पहनना छोड़ कर जब फिर पहनना व्यक्ति प्रारम्भ कर देता है, तो व्यक्ति को टोपी की भार का अनुभव होने लगता है। इस प्रक्रिया को *अनाभ्यसन* (dishabituation) कहा जाता है जिसमें व्यक्ति पुनः उद्दीपक के प्रति वैसा ही अनुक्रिया करना प्रारंभ कर देता है जैसा पहले वह करता था परन्तु बाद में वह समाप्त हो गया था। संवेदीकरण एक ऐसा अधिगम है जिसमें व्यक्ति पहले उपस्थित हुए हानिकर या धमकीपूर्ण उद्दीपक के प्रति अपनी अनुक्रिया बढ़ा देता है। जैसे अगर कोई व्यक्ति भूकम्प का अनुभव कर चुका होता है, तो बाद में थोड़ा-सा पर्यावरणी कम्पन या आवाज होने पर काफी डर जाता है। यह संवेदीकरण का उदाहरण बनता है और संवेदीकरण को अभ्यसन के माध्यम से विलोमित (reverse) किया जा सकता है।

साहचर्यात्मक अधिगम में दो या दो से अधिक उद्दीपक होते हैं और उनमें साहचर्य स्थापित कर व्यक्ति एक खास अनुक्रिया करना सीखता है। साहचर्यात्मक सीखना के मुख्य चार प्रकार होते हैं—प्रत्यक्षज्ञानात्मक सीखना (perceptual learning), उद्दीपक-अनुक्रिया अधिगम (stimulus-response learning), पेशीय अधिगम (motor learning) तथा सम्बन्धात्मक अधिगम (relational learning)। क्लासिकी अनुबंधन (classicial conditioning) तथा साधनात्मक अनुबंधन (instrumental conditioning) उद्दीपक-अनुक्रिया अधिगम के उत्तम उदाहरण हैं तथा प्रेक्षणात्मक अधिगम (observational learning), स्थानिक अधिगम (spatial learning) तथा प्रासंगिक अधिगम (episodic learning) आदि सम्बन्धात्मक अधिगम के उदाहरण हैं।

अधिगम का जिस प्रकार का अध्ययन चाहे किया जाय, न्यूरोमनोवैज्ञानिकों का मत है कि उसका स्पष्ट न्यूरोदैहिक आधार (neurophysiological base) होता है। इस न्यूरोदैहिक आधार का अध्ययन तीन निभिन्न तरीकों से करके कुछ महत्त्वपूर्ण एवं उत्तेजनपूर्ण तथ्य सामने लाये गए हैं। इन तरीकों एवं सम्बन्ध तथ्यों का वर्णन इस प्रकार है—

(क) शरीर रचनात्मक प्रविधियों पर आधृत न्यूरोदैहिक सबूत (Neurphysiological evidences based upon anatomical techniques)

(ख) वैद्युतीय प्रविधियाँ पर आधृत न्यूरोदैहिक सबूत (Neurophysiological evidences based upon electrical techniques)

(ग) रसायनिक प्रविधि पर आधृत न्यूरादैहिक सबूत (Neurophysiological evidences based upon chemical techniques)

इन सभी तत्वों एवं सम्बन्धों का वर्णन निम्नांकित हैं—

(क) शरीररचनात्मक प्रविधियों पर आधृत न्यूरोदैहिक सबूत (*Neurophysiological evidences based upon anatomical techniques*)—इस प्रविधि में न्यूरोवैज्ञानिक (neuroscientists) मस्तिष्क के कुछ अंश को क्षतिग्रस्त कर देते हें या उन्हें काटकर निकाल देते हैं और तब प्रभावित व्यवहार का अध्ययन करते हैं। इसमें मूलतः दो तरह से अधिगम के न्यूरोदैहिकी (neurophysiology) का अध्ययन किया गया है—*घाव या चोट उत्पन्न करके* (lesion work) तथा *विभक्त मस्तिष्क अध्ययन* (split brain studies)।

न्यूरोमनोवैज्ञानिक द्वारा लिम्बिक तंत्र (limbic system), थैलेमस, प्रमस्तिष्कीय कार्टेक्स (cerebral cortex) आदि में घाव (lesion) उत्पन्न करके प्राणी द्वारा सीखे गए व्यवहार पर या सीखे जाने वाले व्यवहार पर पड़ने वाले प्रभावों का अध्ययन कर कुछ महत्त्वपूर्ण तथ्य प्रकाश में लाये गए हैं। फुस्टर तथा जरर्की (Fuster & Jervy, 1981) ने एक अध्ययन किया जिसमें बन्दर के निम्न शंख कार्टेक्स (inferior temporal cortex) में घाव उत्पन्न करके जब उसे क्षतिग्रस्त कर दिया गया, तो पाया गया कि ऐसे बन्दरों में विभिन्न चाक्षुष उद्दीपकों (visual stimuli) के बीच विभेदित करने की क्षमता में कमी आ गयी। डोटी तथा उनके सहयोगियों (Doty et al., 1999) ने यह पाया है कि जब पशुओं के पश्च हाइपोथेलमस (posterior hypothalamus) में घाव उत्पन्न कर दिया गया तो ऐसे पशुओं (बिल्लियों) द्वारा आपरेशन से पहले की अनुबंधित अनुक्रिया (conditioned response) बिलकुल ही नहीं की गयी अर्थात् वे समाप्त हो गयीं। कुछ ऐसा ही निष्कर्ष कुल्लर (Culler, 1999) ने अपने अध्ययन में पाया जिसमें वे कुत्तों के पश्च हाइपोथैलमस में घाव उत्पन्न कर एक अध्ययन किये थे।

अभी हाल के वर्षों में डाऊन तथा स्कूगेन्स (Dawn & Schugens, 1996) वुडरक-पाक (Woodruff-Pak, 1999), स्टीनमेज (Steinmetz, 1996) तथा थाम्पसन तथा उनके सहयोगियों (Thomson et. al., 1997) ने पशुओं में नेत्र-मुलमुलाने का क्लासिकी अनुबंधन (eye-blink classical conditioning) का अध्ययन किया और पाया कि आँख मुलमुलाने की अनुबंधित अनुक्रिया (conditioned response) लघुमस्तिष्क (cerebellum) से नियंत्रित होती है। थाम्पसन तथा करुपा (Thompson & Karupa, 1994) ने अपने अध्ययन से यह दिखलाया है कि यदि पशु के लघुमस्तिष्क को सर्जिकल आपरेशन द्वारा क्षतिग्रस्त कर दिया जाता है या उसमें घाव (lesion) उत्पन्न कर दिया जाता है, तो पशु पहले ऐसे सीखे गये अनुबंधित अनुक्रिया को नहीं कर पाते हैं या उनमें नयी ऐसी साहचर्यात्मक अनुक्रिया को सीखने की क्षमता समाप्त हो जाती है। स्टिनमेज (Steinmetz, 1999) ने अपने शोध के आधार पर यह बतलाया है कि पशुओं के मस्तिष्क का अन्य भाग जो नेत्र-मुलमुलाने के क्लासिकी अनुबन्धन में प्रत्यक्ष रूप से उत्तरदायी होता है, के नाम हैं—हिप्पोकैम्पस (hippocampus), एमिगडाला (amygdala) तथा मस्तिष्कीय स्तंभ (brain stem) क्षेत्र जो लघुमस्तिष्क को सूचनाएँ भेजते हैं और यहाँ से आने वाली सूचनाओं को ग्रहण करते हैं।

मनुष्यों से प्राप्त सबूत भी कुछ ऐसे ही हैं। डाऊम तथा स्कूगेन्स (Daum & Schugens, 1996) तथा रोपका तथा उनके सहयोगियों (Topka et. al., 1993) ने

कुछ ऐसे मानव केसेज का अध्ययन किया जिनका लघु मस्तिष्क या अन्य सम्बन्ध संरचनाएँ किसी दुर्घटना में क्षतिग्रस्त हो गयी थीं। इन लोगों ने अपने अध्ययन में पाया कि ऐसे व्यक्ति सामान्य नेत्र मुलमुलाने की अनुक्रिया तो आसानी से कर लेते थे, अर्थात् इनके आँख पर जब हवा का एक झोंका दिया जाता था तो वे पलक मुलमुलाने लगते थे। परन्तु नेत्र मुलमुलाने की इस अनुक्रिया को किसी अन्य उद्दीपक (हवा छोड़कर) से उनमें अनुबंधित करना मुश्किल होता था। आँख मुलमुलाने की अनुक्रिया सामान्य रूप से होने का मतलब यह हुआ कि उनका पेशीय कार्य तथा बाह्य उद्दीपकों के प्रति अनुक्रिया करने की क्षमता ठीक-ठाक थी।

विभक्त-मस्तिष्क अध्ययन (split-brain studies) से भी कुछ ऐसे तथ्य प्राप्त हुए जिनसे अधिगम के जैविक आधारों का पता चलता है। प्रमस्तिष्कीय कार्टेक्स संरचना के ख्याल से द्विपक्षीय रूप से सममित (bilaterally symmetrical) होता है। दूसरे शब्दों में, कार्टेक्स का बायाँ गोलार्द्ध (left hemisphere) तथा दायाँ गोलार्द्ध (right hemisphere) संरचना के ख्याल से लगभग एक समान होते हैं। एक भाग से दूसरे भाग में सूचनाएँ तंत्रिका तन्तु के एक बण्डल (bundle) द्वारा आते-जाते हैं। इसे कारपस कैलोजम (corpus callosum) कहा जाता है। जब कारपस कैलोजम को काट दिया जाता है, तो एक खोपड़ी में दो स्वतंत्र मस्तिष्क होने की स्थिति हो जाती है क्योंकि अब बायाँ गोलार्द्ध तथा दायाँ गोलार्द्ध में बिलकुल ही संचार नहीं हो पाता है। इस स्थिति को *विभक्त मस्तिष्क* (split brain) कहा जाता है।

विभक्त मस्तिष्क अध्ययनों से यह स्पष्ट हुआ है कि बायाँ गोलार्द्ध तथा दायाँ गोलार्द्ध द्वारा अलग-अलग प्रकार के कार्य किये जाते हैं। फलस्वरूप दोनों गोलार्द्धों द्वारा विभिन्न प्रकार के अधिगम संपन्न होते हैं। इन अध्ययनकर्त्ता में स्पेरी (Sperry, 1961), गाजानिगा (Gazzaniga, 1970, 1972), गाजानिगा तथा स्पेरी (Gazzaniga & Sperry, 1967) के नाम प्रमुख हैं। इन अध्ययनों से यह स्पष्ट हुआ है कि शाब्दिक सीखना (verbal learning), तार्किक एवं विश्लेषणात्मक सीखना (logical and analytical learning), विवेकी (rational) क्रियाएँ एवं वस्तुनिष्ठ (objective) क्रियाएँ बायाँ गोलार्द्ध द्वारा किया जाता है जबकि अशाब्दिक सीखना (nonverbal learning), सांश्लेषिक सीखना (synthetic learning) एवं आत्मनिष्ठ (subjective) तथा अन्तर्ज्ञान (initive) क्रियाएँ दायाँ गोलार्द्ध द्वारा सम्पन्न किया जाता है। स्पष्ट हुआ कि विभिन्न तरह के व्यवहार एवं अधिगम (learning) कार्टेक्स के दो गोलार्द्धों द्वारा अलग-अलग ढंग से संपन्न किये जाते हैं।

(ख) वैद्युतीय प्रविधियाँ पर आधृत न्यूरोदैहिकी सबूत *(Neurophysiological evidences based upon electrical techniques)*—इस प्रविधि में मस्तिष्क के कुछ भागों को वैद्युतीय प्रवाह (electrical current) द्वारा उत्तेजित करके या मस्तिष्कीय सतह पर मौजूद वैद्युतीय क्रियाओं का रिकार्ड करके उनका अधिगम पर पड़ने वाले प्रभावों का अध्ययन किया गया है तथा इसके न्यूरोदैहिक आधार का पता लगाया गया है। मस्तिष्कीय स्तपर पर मौजूद वैद्युतीय क्रियाओं का रेकार्डिंग जिस प्रविधि द्वारा किया जाता है, उसे *एलकट्रोएनसिफैलोग्राफ* (Electroencephalograph or EEG) कहा जाता है। यहाँ शोधकर्त्ताओं की अभिरूचि इस बात में रही है कि क्या जब प्राणी कोई व्यवहार को

सीखता है, तो उसके मस्तिष्क से रिकार्ड किये गए EEG पैटर्न में कोई परिवर्तन होता है या नहीं। जॉन तथा किलियम (John & Killiam, 1989) द्वारा एक ऐसा ही अध्ययन किया गया है। इन्होंने अपने प्रयोग में बिल्लियों को एक विशेष तरह के रोशनी से दूर रहने के लिए सीखलाया। इसके बाद इन बिल्लियों के सामान्यीकरण (generalization) की जाँच की गयी जिसमें उन्होंने इनका परिहार अनुक्रिया (avidence response) की जाँच एक ऐसी रोशनी के प्रति किया गया जो मौलिक रोशनी के समान था परन्तु समरूप (identical) नहीं। परिणाम में देखा गया कि सामान्यीकरण हुई अर्थात् नयी जाँच उद्दीपक के प्रति बिल्लियों ने ठीक वैसी ही अनुक्रिया की जैसा कि मौलिक उद्दीपक के प्रति वे किया करती थी। इन बिल्लियों के मस्तिष्क में लगाये इल्कट्रोड से प्राप्त EEG रिकार्ड से यह पता चला कि नये जाँच उद्दीपक के प्रति मस्तिष्क की वैद्युतीय क्रियाएँ ठीक वैसीं हीं थीं जैसा कि मौलिक उद्दीपक से उत्पन्न वैद्युतीय क्रियाएँ थीं। इससे साबित होता है कि अनुबंधन अधिगम में मस्तिष्क की वैद्युतीय क्रियाओं में परिवर्तन होता है।

मस्तिष्क के वैद्युतीय क्रियाओं के रिकार्ड करने के अतिरिक्त कुछ अध्ययनों में मस्तिष्क के कुछ विशेष भाग को वैद्युतीय धारा से उत्तेजित करके उसका अधिगम पर पड़ने वाले प्रभावों का भी अध्ययन किया गया है। अनुबंधन अधिगम में होने वाले न्यूरोदैहिक परिवर्तनों की व्याख्या करने के लिए मस्तिष्क में वैद्युतीय उत्तेजन को दो तरह से उपयोग किया गया है। पहला तरीका वह है जिसमें वैद्युतीय उद्दीपक (electrical stimulus) को अनुबंधित उद्दीपक (conditioning stimulus or CS) या फिर स्वाभाविक उद्दीपक (unconditional stumulus or UCS) के प्रतिस्थापित रूप (substitute form) में उपयोग किया गया है तथा दूसरा तरीका वह है जिसमें यह देखने की कोशिश की गयी है कि वैद्युतीय उद्दीपक का अनुबंधित अनुक्रिया पर कैसा प्रभाव अर्थात् धनात्मक प्रभाव (positive effect) या ऋणात्मक प्रभाव (negative effect) पड़ता है? धनात्मक प्रभाव में प्राणी उस अनुबंधित अनुक्रिया को दोहराना चाहता है। इसका प्रभाव लाभप्रद (rewarding) होता है। ऋणात्मक प्रभाव में प्राणी उस अनुक्रिया को दोहराता नहीं है या उससे दूर रहना चाहता है। इसका प्रभाव दंडात्मक (punishment) होता है।

कुछ प्रयोगों में मस्तिष्क में वैद्युतीय उद्दीपक (electrical stimulus) को अनुबंधित उद्दीपक (conditioned stimulus) के रूप में प्रयोग कर यह देखा गया कि क्या ऐसी परिस्थिति में भी अनुबंधन होता है? लोउक्स (Loucks, 1938) ने इस सिलसिले में सबसे पहला प्रयोग किये। इस प्रयोग में कुत्तों को भोजन के प्रति लार स्राव की अनुक्रिया करना सीखलाया गया। कुत्तों के कार्टेक्स के दृष्टि क्षेत्र का वैद्युतीय उत्तेजन (electric stimulation) किया गया जो अनुबंधित उद्दीपक (conditioned stimulus or CS) के रूप में कार्य करता था। दूसरे शब्दों में, भोजन देने के पहले रोशनी उपस्थित करने के लिए सचमुच में रोशनी न देकर उसके दृष्टि क्षेत्र का वैद्युतीय उत्तेजन किया गया जिससे उसे रोशनी दिखलाई देने का अनुभव होता था। परिणाम में देखा गया कि जब वैद्युतीय उत्तेजन को अनुबंधित उद्दीपक के रूप में उपयोग किया गया तो सामान्य ढंग से अनुबंधन की प्रक्रिया हुई। इतना ही नहीं, डोटी एवं रूटलेज (Doty & Routledge, 1959) ने सामान्यीकरण (generalization) के लिए भी इस तरह के वैद्युतीय उद्दीपक को उचित ठहराया। इन्होंने अपने अध्ययन में बिल्लियों को बिजली के आघात से बचने के लिए CS के प्रति अग्रपैर मोड़ (foreleg flexion) की अनुक्रिया को करना सीखलाया। कुछ

बिल्लियों के लिए CS घंटी की आवाज थी, कुछ के लिए बल्ब की रोशनी, कुछ के लिए श्रवण कार्टेक्स में वैद्युतीलय उत्तेजन तथा कुछ के लिए दृष्टि कार्टेक्स में दिया गया वैद्युतीय उत्तेजन। जब प्रशिक्षण खतम हो गया, तो CS के समान अन्य उद्दीपकों को देकर सामान्यीकरण की जाँच की गयी। परिणाम में पाया गया कि दृष्टि तथा श्रवण दोनों ही उद्दीपकों के प्रति सामान्यीकरण होते पाया गया तथा जिन बिल्लियों को रोशनी देकर प्रशिक्षित किया गया था, वे दृष्टि क्षेत्र के वैद्युतीय उत्तेजन के प्रति भी वैसे ही अनुक्रिया की तथा जिन बिल्लियों को घंटी की आवाज देकर प्रशिक्षित किया गया था, वे भी श्रवण क्षेत्र के वैद्युतीय उत्तेजन के प्रति वैसे ही अनुक्रिया कीं। इससे स्पष्ट होता है कि मस्तिष्क वैद्युतीय उत्तेजन के प्रति सामान्यीकरण की अनुक्रिया भी होती है।

अनुबंधन अधिगम में मस्तिष्क के वैद्युतीय उत्तेजन (electrical stimulation) को स्वाभाविक उद्दीपक (unconditioned stimulus) के रूप में भी प्रयोग करके यह देखने की कोशिश की गयी है कि उससे अनुबंधित अनुक्रिया किस तरह से प्रभावित होती है। इसके लिए आरंभिक शोधकर्त्ताओं ने प्रमस्तिष्कीय कार्टेक्स (cerebral cortex) के पेशीय क्षेत्र (motor area) को चुना जिसमें वैद्युतीय उत्तेजन देने से पशुओं में पाँव सिकुड़ाने (leg contraction) की अनुक्रिया स्पष्ट रूप से की जाती थी। लाऊक्स (Laucks, 1936) तथा डोरी एवं गियूरगिया (Doty & Giurgea, 1961) ने बिल्लियों, कुत्तों एवं बंदरों के पेशीय कार्टेक्स का वैद्युतीय उत्तेजन क्रिया जिससे पैर सिकुड़ाने की अनुक्रिया करते पाये गए। अतः ऐसे उत्तेजन को स्वाभाविक उद्दीपक के रूप में उपयोग किया। CS के रूप में कुछ प्रयोगों में घंटी की आवाज तथा बल्व की रोशनी का उपयोग किया गया। परिणाम में पाया गया कि सामान्य परिस्थिति के समान ही इस तरह के वैद्युतीय उत्तेजन को स्वाभाविक उद्दीपक (unconditioned stimulus) के रूप में उपयोग करने पर पैर सिकुड़ाने की अनुबंधित अनुक्रिया पशुओं द्वारा सीखी गयी।

अधिगम पर मस्तिष्क में वैद्युतीय उत्तेजन के धनात्मक तथा ऋणात्मक प्रभावों का भी विशेष रूप से अध्ययन हाल के वर्षों में किया गया है। ओल्डस एवं माइनर (Olds & Miner, 1954) ने चूहों पर प्रयोग करके यह दिखलाया है कि अधिगम के ख्याल से मस्तिष्क में कुछ *पुनर्बलन केद्र* (reinforcement centres) होते हैं जिनका यदि वैद्युतीय उत्तेजन कियाजाता है तो पशु ठीक वैसा ही व्यवहार करते हैं मानों भूखे पशु को भोजन या प्यासे पशु को पानी दिया जा रहा हो। ऐसी परिस्थिति में पशु सीखी जाने वाली अनुक्रिया को बार-बार दोहराना भी चाहता है। बाद में कुत्तों, बंदरों, कबूतरों एवं मनुष्यों के भी मस्तिष्क में ऐसे पुर्नबलन केन्द्र होने के प्रयोगात्मक सबूत उपस्थित किये गए हैं। डियूट्श तथा होवार्थ (Deutsch & Howarth, 1963) का मत है कि मस्तिष्कीय उत्तेजन दो कार्य करता है। पहला, यह गत अनुक्रियाओं को पुनर्बलित करता है तथा दूसरा, यह पशुओं को फिर से अनुक्रिया करने के लिए प्रेरित (motivate) करता है। ओल्डस एवं फोबेस (Olds & Fobes, 1981) ने अपने शोधों के आधार पर यह बतलाया है कि मस्तिष्क के कई हिस्सों का वैद्युतीय उत्तेजन करके उसके पुनर्बलात्मक प्रभाव को देखा जा सकता है परन्तु सबसे उत्तम एवं विश्वसनीय क्षेत्र मेडियल अग्रमस्तिष्क बंडल (Medial Forebrain Bundle या MFB) है जिसमें एक्सान (axons) का ऐसा बंडल पाया जाता है जो मध्यमस्तिष्क (mid brain) से लेकर अग्रमस्तिष्क (forebrain) तक

जाता है। MFB को जब वैद्युतीय धारा द्वारा उत्तेजित किया जाता है, तो उसका पुनर्बलात्मक प्रभाव इसलिए होता है क्योंकि इसमें सम्मिलित न्यूरोन्स द्वारा डोपामाईन (dopamine) नामक न्यूरोट्रांसमीटर (neurotransmitter) का स्राव होता है। ओल्डस तथा फोबेस (Olds & Fobes, 1999) ने कुछ ऐसे प्रयोग किये हैं जिनमें चूहों के मस्तिष्क में एल्कट्रोड लगे हुए थे और वे एक भूलभूलैया में सही दौड़ लगाना सीख रहे थे या फिर स्कीन्नर बकस में लीबर दबाना सीख रहे थे। परिणाम में देखा गया कि चूहों द्वारा उपयुक्त अनुक्रिया को उसी ढंग से सही-सही करना सीख लिया गया मानों उसे ऐसी अनुक्रिया करने के लिए भोजन (food) दिया जा रहा हो।

मस्तिष्क के विशेष भाग को वैद्युतीय उत्तेजन देकर जब पुनर्बलित किया जाता है, तो इसकी कुछ खाश-खाश ऐसी विशेषताएँ होतीं हैं जो भोजन या पानी देकर उत्पन्न पुनर्बलन की विशेषताओं से भिन्न होतीं हैं। ऐसी विशेषताओं में निम्नांकित प्रमुख हैं—

(i) जब मस्तिष्क को सीधे वैद्युतीय धारा से उत्तेजित करके उसे पुनर्बलक (reinforcer) के रूप में उपयोग किया जाता है, तो इसके लिए प्राणियों में वंचन (deprivation) उत्पन्न करने की आवश्यकता नहीं होती है।

(ii) ऐसी परिस्थिति में पशुओं में संतुष्टि (satisfaction) उत्पन्न नहीं होती है। जब भोजन या पानी को पुनर्बलक के रूप में उपयोग किया जाता है, तब एक बिन्दु ऐसी आती है जहाँ पशु में इससे पूर्णतः संतुष्टि उत्पन्न हो जाती है, और वे अनुक्रिया करना बंद कर देते हैं। परन्तु जब मस्तिष्क को वैद्युतीय धारा से प्रत्यक्ष रूप से उत्तेजित किया जाता है, तो उनमें कभी संतुष्टि नहीं होती है और वह हमेशा अनुक्रिया करता जाता है।

(iii) मस्तिष्क को प्रत्यक्ष रूप वैद्युतीय धारा से उत्तेजित करने पर उत्पन्न प्रणोद (drive) अन्य पुनर्बलकों से उत्पन्न प्रणोद से तीव्र होते हैं।

(iv) ऐसी परिस्थिति में देखा गया है कि अनुक्रिया करने का दर काफी तीव्र होता है। परन्तु जैसे ही मस्तिष्कीय उत्तेजन को बंद कर दिया जाता है, विलोपन (extinction) भी तेजी से होता है अर्थात् पशु अनुक्रिया करना तुरंत बंद कर देते हैं।

(v) ऐसी परिस्थिति में चूँकि मस्तिष्कीय उत्तेजन को समाप्त होते ही बहुत तेजी से विलोपन होता है, पुनर्बलन का कोई भी अनुसूचि जो अनुक्रिया तथा पुनर्बलन के बीच कुछ विलम्ब उत्पन्न करता है, ठीक ढंग से कार्य नहीं कर पाता। उदाहरणस्वरूप, ऐसी परिस्थिति में अगर अनुक्रिया तथा पुनर्बलक के बीच 15 सेकेंड से अधिक का विलम्ब होते पाया जाता है, तो पशु अनुक्रिया करना बंद कर देते हैं।

मस्तिष्क को वैद्युतीय धारा से प्रत्यक्ष रूप से उत्तेजित कर अध्ययन करने वाले शोधकर्त्ताओं द्वारा मस्तिष्क में पुनर्बलन केन्द्र (reinforcement centre) के अतिरिक्त कुछ दंड क्षेत्र (punishment area) का भी पता लगाया है। प्रायः ऐसे दंड क्षेत्र या केन्द्र पुनर्बलन क्षेत्र से कुछ मिलीमीटर की दूरी पर ही अवस्थित होते हैं। जब ऐसे क्षेत्र को उत्तेजित किया जाता है तो देखा जाता है कि पशु तुरंत ही उस अनुक्रिया को करना सीख लेते हैं जिसके करने से इस क्षेत्र के वैद्युतीय उत्तेजन को आगे जारी नहीं रखा जा सकता

है या एक ऐसी अनुक्रिया को करना सीख लेते हैं जो ऐसे उत्तेजन को रोकता है। मनुष्यों के मस्तिष्क के ऐसे क्षेत्र को उत्तेजित करने से उनमें चिंता या डर का अनुभव होता है। कई अध्ययन ऐसे किये गए हैं जिनसे यह देखा गया है कि मस्तिष्कीय क्षेत्र विशेषकर लिम्बिक क्षेत्र (limbic system) तथा रेटिकुलर फारमेसन को वैद्युतीय रूप से उत्तेजित करने से सीखने की प्रक्रिया पर बाधक प्रभाव पड़ता है। रोसमोल्ड, डेलगाडो एवं मिलनर (Rosvold, Delgado & Milner, 1998) ने एक अध्ययन बंदरों पर किया जिनमें उन्हें विलम्बित परिवर्तन कार्य (delayed alternation task) को करना सीखलाया गया जिसमें वे एक भोजन कप में रखे भोजन की खोज करते थे और कुछ देर के बाद दूसरे भोजन कप के भीतर रखे गये भोजन की खोज करते थे और इसी तरह से फिर थोड़े देर के बाद तीसरे भोजन कप के भीतर रखे गये भोजन की खोज करते थे। इन बन्दरों को सरल दृष्टि विभेदन करने का भी प्रशिक्षण दिया गया। इन सब कार्यों को सीख लेने के बाद मस्तिष्क के विशेष भाग अर्थात् काऊडेड न्यूक्यिस (caudet nucleus) में वैद्युतीय उत्तेजन किया गया। परिणाम में देखा गया कि ऐसे उत्तेजन से विलम्बित परिवर्तन कार्य बुरी तरह प्रभावित हो गया। नौट एवं मिलनर (Knott & Milner, 1990) ने एक दूसरा अध्ययन किया जिसमें कुछ बिल्लियों को लीभर दबाने की अनुक्रिया करना सीखाया गया। जब बिल्लियाँ लीभर दबाने की अनुक्रिया सीख रही थी, तो उनके मस्तिष्क के कुछ भागों यानि हिप्पोकैम्पस, काऊडेट न्यूक्लिअस (caudet neucleus), हाइपोथैलमस, सेप्टम तथा थैलमस (thalamus) को वैद्युतीय धारा से उत्तेजित किया गया। जब बिल्लियों के हिप्पोकैम्पस, काऊडेट न्यूक्लिअस, थैलेमस को उत्तेजित किया गया तो इससे लीभर दबाने की अनुक्रिया सीखना न के बराबर पर प्रभावित हुई। परन्तु जब सेप्टम तथा हाइपोथैलमस को उत्तेजित किया गया, तो लीभर दबाने की अनुक्रिया बुरी तरह प्रभावित हुई। प्रयोगकर्त्ताओं के अनुसार मस्तिष्क के इन दोनों क्षेत्रों की भूमिका संवेग में काफी अधिक होती है। इन्हें उत्तेजित करने से बिल्लियों में संवेगात्मक अनुक्रियाएँ उत्पन्न हो जाती हैं जिनसे उनके द्वारा सीखी जाने वाली लीभर दबाने की अनुक्रिया भी प्रभावित हो जाती है। गिल्कमैन (Glickman, 2000) ने एक अध्ययन किया जिसमें यह देखा गया कि कुत्तों के रेटिकुलर फारमेशन को वैद्युतीय ढंग से उत्तेजित करने पर उनमें ध्यान विचलन (distraction of attention) उत्पन्न होगया और तब उनके द्वारा सीखी जाने वाली अनुक्रिया की दर बुरी तरह प्रभावित हो गयी।

(ग) रसायनिक प्रविधियों पर आधृत न्यूरोदैहिक सबूत *(Neurophysiological evidences based upon chemical techniques)*—सीखने का कुछ न्यूरोदैहिक सबूत उन अध्ययनों से मिलता है जिनमें रसायनिक प्रविधियों का उपयोग किया गया है। यहाँ हमलोग दो तरह के शोधों या अध्ययनों जिनमें रसायनिक प्रविधियों का उपयोग किया गया है, का वर्णन करेंगे—

1. पहली श्रेणी में उन शोधों/अध्ययनों को रखेंगे जिनमें सीखने के दौरान *कोशिकाओं के भीतर* (within cell) के रसायनिक परिवर्तनों का उल्लेख किया गया है।
2. दूसरी श्रेणी में उन शोधों/अध्ययनों को रखेंगे जिनमें सीखने के दौरान दो या दो से अधिक कोशिकाओं (between two or more than two cells) में होने वाले रसायनिक परिवर्तनों का उल्लेख किया गया है

जहाँ तक पहली श्रेणी के अध्ययनों या शोधों का प्रश्न है, इनसे यह स्पष्ट हुआ है कि कुछ रसायनिक संरचनाएँ ऐसी हैं जिनसे अधिगम तथा स्मृति की प्रक्रिया सम्पन्न होती हैं। इनमें सबसे महत्त्वपूर्ण डीएनए (DNA or deoxyribonucleic acid), आरएनए (RNA or ribonucleic acid) तथा प्रोटीन (protein) हैं। नवीनतम शोधों से यह स्पष्ट हुआ है कि किसी सूचना को सीखने में या उसे स्मृति में संचित करने में ये तीनों तत्त्व सम्मिलित होते हैं। अधिगम में चूँकि इन तीनों की भूमिका काफी सम्बन्धित होती है, अतः इन तीनों को एक साथ मिलाकर ही अध्ययन किया गया है। वेविक, जैकोवसन, वुवाश तथा जैकोपसन (Babich, Jacobson, Bubash and Jacobson, 1965) ने एक अतिमहत्त्वपूर्ण प्रयोग किया जिसमें डीएनए-आरएनए-प्रोटीन की महत्ता अधिगम तथा स्मृति में दिखलाया गया है। इनलोगों ने स्कीन्नर बकस में भूखे चूहों को एक क्लिक (click) का आवाज होने पर भोजन कप के नजदीक आना सीखलाया गया। जब-जब चूहे भोजन कप के समीप आते थे, उन्हें एक विशेष प्रकार के भोजन तत्त्व देकर पुनर्बलित किया जाता था। जब चूहों द्वारा प्रशिक्षण प्राप्त कर लिया गया, तो उन्हें इथर (ether) देकर मार दिया गया और उनके मस्तिष्क को आपरेशन करके हटा लिया गया। इसके बाद उनके मस्तिष्क से आरएनए को एक विशेष प्रविधि द्वारा अलग कर लिया गया। उसी तरह से प्रयोगकर्त्ताओं ने अप्रशिक्षित चूहों (जो नियंत्रित समूह के सदस्य थे) को जिन्हें क्लिक की आवाज पर भोजन पाने की प्रशिक्षण प्राप्त नहीं थी, के मस्तिष्क से भी आरएनएन को निकाल लिया। दोनों तरह के समूहों से आरएनए को निकालने के आठ घंटे बाद इन दोनों तरह के आरएनए को चूहों के एक नये समूह में सूई देकर मस्तिष्क में डाल दिया गया। इसके बाद ऐसे नये चूहों की अधिगम तथा स्मृति की जाँच स्कीन्नर बकस में रखकर की गयी। परिणाम में देखा गया कि जिन चूहों को प्रशिक्षित चूहों के आरएनए को दिया गया था, वे भोजन कप के पास उन चूहों की अपेक्षा अधिक बार गये जिनमें नियंत्रित या अप्रशिक्षित समूह का आरएनए का सूई दिया गया था। इस परिणाम से स्पष्ट होता है कि आरएनए की भूमिका अधिगम तथा इससे सम्बन्धित मानसिक प्रक्रिया अर्थात् स्मृति में काफी है। इसके बाद अन्य कई अध्ययनकर्त्ताओं जैसे ब्राड (Braud, 1970), ब्राड तथा हॉफमैन (Braud & Hoffman, 1973) ने भी उक्त प्रयोग के डिजाइन के अनुसार प्रयोग किये हैं और उनके परिणाम की पुष्टि किया है। इसके अतिरिक्त भी कुछ ऐसे प्रयोगात्मक सबूत हैं जिनके आधार पर यह कहा जाता है कि आरएनए की भूमिका स्मृति तथा अधिगम में है। जैसे, कैमेरोन (Cameron, 1958, 1963) ने कुछ ऐसे अध्ययनों का उल्लेख किया है जिसमें वृद्ध रोगियों के अधिगम एवं स्मृति को उन्नत बनाने के ख्याल से आरएनए अधिक मात्रा में दिया गया। परिणाम में पाया गया कि आर एन ए में वृद्धि होने से वृद्ध व्यक्तियों के अधिगम तथा स्मृति की क्षमता में पर्याप्त वृद्धि हो गयी।

जहाँ तक दूसरे श्रेणी के अध्ययनों का प्रश्न है, शोधकर्त्ताओं की प्रमुख प्राक्कलपना यह रहा है कि अधिगम में संधिस्थलीय संचरण (synaptic transmission) में वृद्धि हो जाती है। इन अध्ययनों में न्यूरोन्स के बीच या संधि स्थल में होने वाले रसायनिक घटनाओं पर बल डाला जाता है। डियूट्श (Deutsch, 1968, 1971) तथा डियूट्श एवं डियूट्श (Deutsch & Deutsch, 1973) का मत है कि अधिगम में संधिस्थल पर प्राक्संधिस्थलीय कोशिका (presynaptic cell) के अन्तस्थ (terminal) पर की पुटिकाओं (vesicles) से एसिटिलकोलाइन (acetylchaline or ACh) के अधिक

मात्रा में स्रावित होने से संधिस्थलीय अंतरण (synaptic transmission) में वृद्धि हो जाती है। इस तरह का रसायनिक प्रक्रम फिर अन्य संधिस्थलों पर होता है जिससे वैद्युतीय आवेग (electrical impulse) का संचरण बहुत तेजी से होता है। इस तरह के रसायनिक परिवर्तनों को कुछ लोगों ने *संधिस्थलीय सुनम्यता* (synaptic plasticity) कहा है।

अधिगम में होने वाले संधिस्थलीय परिवर्तनों के बारे में अधिकतर ज्ञान एवं तथ्य उन अध्ययनों पर आधारित है जिनमें एक सरल अरीढ़ीदार (invertebrate) समुद्री पशु जिसे एप्लिसा (Aplysia) कहा जाता है, के तंत्रिका तंत्र का अध्ययन किया गया है। कुछ अन्य समुद्री जीव जन्तुओं जिनका तंत्रिका तंत्र की बनावट सरल था, का भी अध्ययन किया गया है। पशुओं के अध्ययन में केन्डल एवं हाकिन्स (Kandel & Hawkins, 1992) ने यह स्पष्ट रूप से पाया कि अभ्यसन (habituation), संवेदीकरण (sensitization) तथा अनुबंधन (conditioning) अधिगम में तंत्रिका कोशिकाओं में पर्याप्त परिवर्तन हो जाते हैं।

इसी ढंग का संधिस्थलीय परिवर्तन (synaptic changes) अभी हाल में रीढ़ीदार प्राणियों (vertebrate organisms) के लिम्बिक तंत्र का एक विशेष भाग जिसे हिप्पोकैम्पस (hippocampus) कहा जाता है, में अधिगम के दौरान होते देखा गया है। 1973 में विल्सि (Bliss) तथा लोमों (Lomo) ने हिप्पोकैम्पस दैहिकी के बारे में एक महत्त्वपूर्ण खोज किया जिससे अधिगम तथां स्मृति के न्यूरोजैविक आधार (neurobiological base) का स्पष्ट रूप से पता चलता है। जैसा कि हम जानते हैं, व्यस्कावस्था में शरीर नये न्यूरोन्स (neurons) का निर्माण करता नहीं है। सच्चाई यह है कि जैसे-जैसे उम्र बीतती जाती है, न्यूरोन्स कमती जाती है। ऐसी स्थिति में प्रश्न यह उठता है कि तब हमलोग नये अधिगम एवं स्मृति के लिए किस तरह से नये न्यूरोन्स का सृजन करते हैं? इस सिलसिले में इनका खोज यह था कि हिप्पोकैम्पस की ओर जाने वाले उत्तेजन मार्ग (excitatory pathways) को जब थोड़े समय परन्तु उच्च आवृतीय (high frequency) वैद्युतीय रूप से उत्तेजित किया जाता है, तो उससे उत्तेजित किये जाने वाले संधिस्थलों की शक्ति लम्बे समय तक बढ़ जाती है। इस तरह के प्रभाव को आजकल *दीर्घकालीन प्रभावकारिता* (Long term potentiation or LTP) कहा जाता है। इस तरह से दीर्घकालीन प्रभावकारिता एक तरह का क्रिया-आधृत (activity-dependent) संधिस्थलीय सुनम्यता (synaptic plasticity) है जो मूलतः हिप्पोकैम्पस में ही घटित होता है और अधिगम एवं स्मृति दोनों पर अच्छा प्रभाव डालता है। इस क्षेत्र के अध्ययनकर्त्ताओं ने यह स्पष्ट रूप से पाया है कि जब हिप्पोकैम्पस का कोई भाग को वैद्युतीय धारा से उत्तेजित किया जाता है, तो उससे निकलने वाले तंत्रकीय मार्ग (neural pathway) में हल्की अनुक्रिया उत्पन्न होती है। अगर हिप्पोकैम्पस के उसी क्षेत्र को फिर से उत्तेजित किया जाता हैं तो पहले के उत्तेजन से बने सर्किट अत्यधिक शक्ति के साथ उत्तेजित होते हैं। सम्भवतः इसका कारण यह होता है कि इसके पहले के उत्तेजन से सर्किट अत्यधिक संवेदीकृत (sensitize) हो गया हो। ऐसा मालूम पड़ता है कि हिप्पोकैम्पस में इस तरह के उत्तेजन से नये संधिस्थल बन रहे हों तथा पहले से मौजूद संधिस्थल अत्यधिक मजबूत हो जा रहे हों। इस प्रक्रिया को दीर्घकालीन प्रभाविता (long-term potentiation) कहा जाता जिससे अधिगम और परिणामतः स्मृति भी मजबूत हो जाती है।

दीर्घकालीन प्रभाविता की कुछ विशेषताएँ होती हैं जो इस प्रकार हैं–

(i) LTP को चंद सेकेंड में उत्पन्न किया जा सकता है।

(ii) LTP उत्पन्न होने के बाद यह कई दिनों या हफ्तों तक बना होता है।

(iii) LTP में एक अस्थायी दृढ़ीकरण (labile consolidation) अवधि होती है जो इसे उत्पन्न होने के कुछ मिनटों तक बनी होती है।

(iv) यद्यपि LTP की क्रिया हिप्पोकैम्स तक ही सीमित होती है परन्तु यह मस्तिष्क के अन्य क्षेत्रों में भी कमोबेश होते देखा गया है।

इन विशेषताओं के ही आलोक में कई अध्ययनकर्त्ताओं ने यह सुझाव दिया है कि LTP एक ऐसा संधिस्थलीय अन्मयता (synaptic plasticity) है जो अधिगम तथा स्मृति में होती है। इसलिए इन लोगों द्वारा निम्नांकित दो तरह की प्राक्कल्पनाओं की जाँच पर बल डाला गया है–

(i) क्या LTP की विशेषताएँ अधिगम तथा स्मृति की विशेषताओं के समान है?

(ii) क्या औषध का प्रभाव LTP, अधिगम तथा स्मृति पर एक समान पड़ते हैं?

वारनेस (Barnes, 1979) ने अपने अध्ययन में पाया है कि चूहों द्वारा भूलभूलैया सीखने की दर तथा उनमें उत्पन्न की गयी LTP की मात्रा में धनात्मक सहसम्बन्ध होता है। शार्प, मैकनाऊघटोन व वारनेस (Sharp, McNaughton & Barnes, 1983) ने अपने अध्ययन में यह पाया है कि जब चूहों को एक जटिल वातावरण को अन्वेषित (explore) करने का मौका दिया जाता है, तो इससे उसका स्थानिक अधिगम (spatial learning) मजबूत हो जाती है और साथ ही साथ उनके हिप्पोकैम्पस में LTP की मात्रा में भी वृद्धि हो जाती है। वर्गर (Berger, 1984) ने अपने अध्ययन के आधार पर यह बतलाया है कि हिप्पोकैम्स को उच्च वारंबारता वैद्युतीय उत्तेजन देने से खरगोश में LTP की मात्रा बढ़ जाती है और यह आँख-मूलमूलाने की अनुबंधन (eye blink conditioning) को मजबूत कर देता है। इसके अतिरिक्त LTP तथा अधिगम के बीच समानता दिखलाने के लिए कुछ ऐसे प्रयोग किये गए हैं जिसमें चूहों का विशेष जीन (gene) को नष्ट करके उसका अधिगम पर पड़ने वाले प्रभावों का अध्ययन किया गया है। ग्रान्ट तथा उनके सहयोगियों (Grant et. al., 1992) ने एक ऐसा प्रयोग किया जिसमें चूहों के चार विभिन्न समूहों में चार विभिन्न तरह के किनास (Kinase) (जो एक तरह का जीन है) को नष्ट किया गया। परिणाम में देखा गया कि जिन चूहों में फिन (fyn) नामक किनास जीन को नष्ट किया गया था, सिर्फ उनके ही हिप्पोकैम्स में LTP की मात्रा कम हो गयी और इनके द्वारा भूलभूलैया अधिगम की प्रक्रिया भी मंदित हुई। अन्य किनास के नष्ट होने पर न तो हिप्पोकैम्स में LTP की मात्रा में कमी हुई और न ही भूलभूलैया सीखने की प्रक्रिया ही प्रभावित हुई।

कुछ औषधों का भी उपयोग करके LTP तथा अधिगम पर पड़ने वाले प्रभावों की समानता का अध्ययन किया गया है। हुबर, मॉक तथा केली (Huber, Muck & Kelly, 1995) ने एक अध्ययन किया जिसमें यह पाया गया कि जब चूहों में एक ऐसा औषध सूई द्वारा दिया गया जो NMDA ग्राहकों को अवरुद्ध कर देता था तो इससे LTP की क्रियाएँ मंदित हो जाती थीं तथा साथ-ही-साथ इनके द्वारा स्थानिक अधिगम (spatial learning) की प्रक्रिया भी मंदित हो जाती थी। प्लड तथा उनके सहयोगियों (Flood et al., 1975) ने अपने अध्ययन में पाया कि प्रोटीन संश्लेषण (protein synthesis) के अवरोधक (inhibitors) से दीर्घकालीन स्मृति अवरुद्ध होती है तथा वे LTP के निर्माण की प्रक्रिया को भी अवरूद्ध कर देते हैं और ऐसी अवरुद्धता कई घंटों तक बना होती है।

उक्त अध्ययनों एवं अन्य समान अध्ययनों को ध्यान में रखते हुए **मार्टिनेज** एवं **डेरिक**[1] (Martinez & Derrick, 1996) ने LTP तथा अधिगम एवं इससे सम्बद्ध स्मृति के सम्बन्धों पर इस तरह का निष्कर्ष प्रदान किया है, *''संधिस्थलीय परिवर्तन के प्रमुख कोशीय प्रक्रिया जो रीढ़ीदार प्राणियों के मस्तिष्क के अधिगम तथा स्मृति में होता है, के लिए LTP इकलौता प्रवेशार्थी है।''*

स्पष्ट हुआ कि अधिगम की प्रक्रिया की न्यूरोदैहिकी काफी मजबूत एवं स्पष्ट है। अधिगम से जुड़ी संज्ञानात्मक प्रक्रिया अर्थात् स्मृति को भी इस तरह के न्यूरोदैहिकी के आधार पर समझने की कोशिश की गयी है।

स्मृति के न्यूरोजैविक आधार
(Neurobiological bases of Memory)

व्यक्ति के स्मृति के न्यूरो जैविक आधारों को जानने का प्रयास मनोवैज्ञानिकों द्वारा किया गया है। सम्भवतः यह समझा जाता है कि व्यक्ति जो कुछ सीखता है, उससे उनके मस्तिष्क में कुछ स्मृति चिह्न (memory traces) उत्पन्न होते हैं और इन स्मृति चिह्नों के जीवित रहने पर वे उनका बाद में प्रत्याह्वान (recall) कर पाते हैं। इन चिह्नों को *इनग्राम* (engram) भी कहा जाता है। मनोवैज्ञानिकों ने स्मृति चिह्नों के न्यूरो जैविक आधार के बारे में जानने की उत्सुकता दिखलायी है और वे इस आधार को जानने के लिए अपने पास उपलब्ध साधनों एवं स्रोत की तहकीकात भी किये हैं। इस सिलसिले में उनका कई प्रश्न काफी महत्त्वपूर्ण रहा है—स्मृति चिह्नों का निर्माण कैसे होता है ? स्मृति-चिह्न मस्तिष्क में कहाँ संचित होते हैं ? स्मृति चिह्नों मस्तिष्क में कैसे संचित होते हैं ? आदि-आदि। इन प्रश्नों का सही-सही उत्तर यद्यपि मनोवैज्ञानिक अभी तक दे पाने में पूर्णतः समर्थ नहीं हुए हैं, फिर भी उनके द्वारा किये गए प्रयास निश्चित रूप से सराहनीय हैं।

स्मृति चिह्न (memory trace) क्या है ? या यह कहा जाय कि जब स्मृति में कोई सूचना का प्रवेश होता है तो मस्तिष्क में क्या परिवर्तन होते हैं, एक महत्त्वपूर्ण प्रश्न है जिसपर मनोवैज्ञानिकों ने काफी गम्भीरता से विचार किया है। हालांकि अभी भी इन लोगों में इस प्रश्न के उत्तर पर सहमति नहीं दीखता है। आधुनिक अध्ययनों से यह पता चला है कि दीर्घकालीन स्मृतियों (long-term memories) का निर्माण में कुछ विशिष्ट न्यूरोट्रांसमीटर विशेषकर ऐसीटीलको लाइन (acetylelcoline) की उत्पत्ति के दर में परिवर्तन हो जाता है। इस तरह के स्नायविक परिवर्तन का परिणाम यह होता है कि स्नायविक सूचना मस्तिष्क में एक जगह से दूसरे जगह काफी आसानी से प्रवाहित होते हैं और इनसे *स्थानीकृत स्नायविक सरकिट* (localized neural circuit) या *स्नायविक नेटवर्क* (neural network) उत्पन्न होते हैं। थॉम्पसन (Thompson, 1989) ने

1. "LTP remains the best single candidate for the primary cellular process of synaptic change that underlies learning and memory in the verteberate brain."

पशुओं पर शोध करके इस तथ्य की संपुष्टि किया है। टेलर तथा डिसीन्ना (Taylor & Discenna, 1984) ने अपने अध्ययन के आधार पर इस तथ्य का भी खुलाशा किया है कि दीर्घकालीन स्मृति में न्यूरोन में कुछ विशेष ऐसे परिवर्तन होते हैं जो विशिष्ट संधिस्थलों (synapses) से होकर गुजरने वाले संचार (communication) को मजबूत करते हैं। जैसे, किसी पाठ या चीज को सीखने के बाद विशिष्ट न्यूरोन की शाखिका (dendrites) की संरचना में स्पष्ट परिवर्तन हो जाता है और इन परिवर्तनों से कुछ विशेष न्यूटोट्रांसमीटर के प्रति न्यूरोन्स की अनुक्रियाशीलता (responsiveness) बढ़ जाती है। इनमें से कुछ परिवर्तन बहुत तेजी से होता है तथा कुछ परिवर्तन ऐसे होते हैं जिनमें काफी समय लगता है। स्क्वायर तथा स्पैनिस (Squire & Spains, 1984) ने यह बतलाया है कि यही कारण है कि नये स्मृति चिह्न बनने के बाद उनमें कुछ समय तक विघटन की प्रक्रिया जारी रहती है।

अब प्रश्न यह उठता है कि स्मृति चिह्न (memory traces) मस्तिष्क में कहाँ अवस्थित (located) होते हैं? प्रारंभ से ही इस प्रश्न के उत्तर पर विशेषज्ञों एवं मनोवैज्ञानिकों में कोई एक विचार नहीं रहा है। एक विचारधारा तो यह रहा है कि स्मृतिचिह्न मस्तिष्क में एक जगह विशेष रूप से केन्द्रित होते हैं। इस विचारधारा के समर्थक लैरी सक्वियर (Larry Squire, 1990) हैं जिनका दावा है कि स्मृति न्यूरोन्स के विभिन्न सरकिटों (circuits) या विभक्त सेटों (discrete sets) में अवस्थित होते हैं। इनका विशेष दावा यह है कि अधिकतर स्मृतियाँ करीब 1000 न्यूरोन्स के समूह में एकत्रित होतीं हैं। दूसरी विचारधारा यह है कि स्मृति चिह्न मस्तिष्क के विभिन्न क्षेत्रों में स्नायविक क्रियाओं (neural activity) के विशेष पैटर्न द्वारा निर्धारित होते हैं। इसे *वितरित* या *समान अंतःशक्ति* (equipotential) विचारधारा कहा जाता है। इस विचारधारा के प्रबल समर्थक कार्ल लैशले (Carl Lashley, 1950) हैं जिन्होंने चूहों पर प्रयोग कर यह दिखलाया दिया है कि इनके मस्तिष्क के विभिन्न क्षेत्रों को क्षतिग्रस्त कर देने या काटकर हटा देने से भी भूलभूलैया के रास्तों को याद रखने में कोई विशेष कठिनाई नहीं होती है। आधुनिक मनोवैज्ञानिकों तथा विशेषज्ञों ने इन दोनों विचारधाराओं को सही ठहराया है। स्मृति के कुछ पहलू ऐसे होते हैं जो मस्तिष्क के विशिष्ट भागों में या मस्तिष्क के विशिष्ट कोशों (cells) में अवस्थित होते हैं। जैसे, डेसिमोन एवं अनगरलिडर (Desimone & Ungerlieder, 1989) ने बंदरों पर किये गए अध्ययनों में यह स्पष्ट रूप से पाया है कि बंदरों के कार्टेक्स में कुछ कोश (cell) ऐसे होते हैं जो अन्य बंदरों या मानव के चेहरों के प्रति अधिक अनुक्रिया करते हैं। अतः वे मस्तिष्क के भीतर एक *स्थानीय विशेषज्ञ* (local specialist) के रूप में कार्य करते हैं। दूसरे तरफ जैसा कि वितरित विचारधारा (distributed viewpoints) से स्पष्ट है, कई विभिन्न तरह के स्मृति कार्यों में मस्तिष्क क्षेत्रों का नेटवर्क (network) सम्मिलित होता है।

इन सभी तथ्यां के आलोक में यह प्रश्न कि स्मृति चिह्न कहाँ अवस्थित होते हैं, का सबसे उत्तम उत्तर यही है कि इसका कोई एक उत्तर नहीं है। स्मृति के स्वरूप या संचित किये जाने वाले सूचनाओं के स्वरूप के आधार पर यह कहा जा सकता है कि स्मृति चिह्न वैयक्तिक न्यूरोन्स (individual neurons) में, न्यूरोन्स के बीच सम्बन्धों में पूरे मस्तिष्क में पाये जाने वाले संरचनाओं के नेटवर्क में या इनसबों में अवस्थित हो सकते हैं। इस अनुच्छेद में हम कुछ ऐसे ही तथ्यों एवं सम्बन्धित अध्ययनों पर और विस्तार से

विचार निम्नांकित दो ढंग से करेंगे–

(क) STM का न्यूरो जैविक आधार (Neuro-biological bases of STM)

(ख) LTM का जैविक आधार (Neuro-biological bases of LTM)

(क) STM का न्यूरो जैविक आधार *(Neuro biological bases of STM)*— कई शोधकर्त्ताओं जिनमें गोडार्ड (Goddard, 1980) तथा हेब (Hebb, 1949, 1972) का नाम प्रमुख है, ने यह मत जाहिर किया है कि STM में अन्तर्संबंध न्यूरोन्स (interconnected neurons) के जटिल रूप में थोड़े समय के लिए एक तरह का वैद्युतीय संचरण (electrical circulation) होता है। जब तक यह संचरण होता रहता है, STM में व्यक्ति सूचनाओं को संचित रखे रहता है। चूँकि यह संचरण बहुत थोड़े समय के लिए अर्थात चंद सेकंड के लिए ही होता है, इसलिए STM में सूचनाओं को व्यक्ति मात्र 20-30 सेकंड के लिए संचित रख पाता है। इन सिद्धान्त के समर्थन को कुछ प्रत्यक्ष (direct) तथा अप्रत्यक्ष (indirect) सबूत उपलब्ध हैं। अधिक प्रत्यक्ष सबूत उन अध्ययनों से मिलता है जिसमें शोधकर्त्ताओं ने पशुओं के मस्तिष्क को एल्क्ट्रोड (electrode) से उत्तेजित किया है और पाया है कि विभिन्न उद्दीपकों (stimulus) पर ध्यान देने से वैद्युतीय क्रियाओं के विभिन्न संचरित पैटर्न (circulating pattern) दीख पड़ते हैं। अप्रत्यक्ष सबूत कुछ वैसे अध्ययनों से प्राप्त होता है जिसमें यह देखा गया है कि वैसी घटनाएँ जैसे सिर पर जोर से मार देना, कार्बन मोनोक्साइड से प्रभावित हो जाना या तीव्र स्मृति विलोप से ग्रसित होना आदि जिनसे तंत्रकीय क्रियाएँ दब जाती हैं या जिनसे फिर न्यूरोन असंगत रूप से उत्तेजित होने लगता है, से STM में संचित सूचनाएँ लुप्त हो जाती हैं। इन दोनों तरह के सबूतों से यह स्पष्ट हुआ है कि STM में अल्पावधि के लिए वैद्युतीय आवेग (electrical impulses) प्रवाहित होती है जो स्मृति चिह्नों को जीवित रखती है।

(ख) LTM का न्यूरो जैविक आधार *(Neurobiological bases of LTM)*— LTM की स्मृति अधिक स्थायी (stable) होती है। फलस्वरूप इस पर कुछ कारकों जैसे हल्का ढंग से मस्तिष्क में चोट लगना, वैद्युतीय आपेक्षी आघात (electroconvulsive shock or ECS) आदि का जिससे तंत्रकीय क्रियाएँ (neural activities) अस्थायी तौर पर लुप्त हो जातीं हैं, प्रभाव नहीं पड़ता है। अतः LTM द्वारा न्यूरोन्स का आपस में संचरित (communicate) करने का तरीका (ways) या ढंग में सापेक्ष रूप से स्थायी परिवर्तन (relatively permanent changes) होने का आभास मिलता है। आधुनिक विचारधारा के अनुसार LTM के स्मृति चिह्नों में व्यक्ति के संधिस्थलों (synapses) पर निम्नांकित दो तरह के परिवर्तन होने का सबूत मिलता है–

(i) संरचनात्मक परिवर्तन *(Structural changes)*—संरचनात्मक परिवर्तन से तात्पर्य संधिस्थल पर पाये जाने वाले संरचनाओं जैसे कोशिका झिल्ली (cell membrane), शाखिका (dendrites), एक्सॉन (axon) आदि में परिवर्तन से होता है। जैसे, टेलर एवं डीसीन्ना (Taylor & Descenna, 1984) ने अपने अध्ययन के आधार पर बतलाया है कि किसी चीज को सीखने के बाद कुछ विभिन्न तरह के न्यूरोन्स की शाखाओं की संरचनाओं में इस ढंग का परिवर्तन हो जाता है कि न्यूरोट्रांसमीटर (neurotransmitter) की प्रति

उनकी अनुक्रियाशीलता में वृद्धि हो जाती है। कभी-कभी शाखिकाओं में कुछ अतिरिक्त संरचनाएँ विकसित हो जातीं हैं ताकि कुछ विशिष्ट प्रकार के न्यूरोट्रांसमीटर को आसानी से ग्रहण किया जा सके। इनमें से कुछ संरचनात्मक परिवर्तन तो तुरंत हो जाते हैं परन्तु कुछ संरचनात्मक परिवर्तन ऐसे होते हैं जिनके पूरा होने में काफी समय लग जाता है। शायद यही कारण है कि नये स्मृति चिह्न बनने के एक खास अवधि तक इन्हें विलोपित होने की संभावना तीव्र बनी रहती है। पहले के वैज्ञानिकों का यह विश्वास था कि यह अवधि अधिक-से-अधिक कुछ घंटों की होती है। परन्तु हाल मं स्क्वायर एवं स्पैनिस (Square & Spanis, 1984) द्वारा किये गए शोधों से यह स्पष्ट हुआ है कि स्मृति चिह्नों द्वारा उत्पन्न संरचनात्मक परिवर्तन की यह प्रक्रिया जिसके पूरा होने पर चिह्नों का सुदृढ़ीकरण (consolidation) निर्भर करता है, की अवधि कई महीनों या यहाँ तक कई वर्षों तक की हो सकती है।

(ii) **रसायनिक परिवर्तन** *(Chemical changes)*—रसायनिक परिवर्तन से तात्पर्य वैसे परिवर्तन से होता है जो न्यूरोट्रांसमीटर (neurotransmitter) जैसे तत्त्वों की मात्रा या संरचना जिनके द्वारा संधिस्थल पर तंत्रीय सूचनाओं को ढोये जाते हैं, में होता है। आधुनिक शोधों से यह स्पष्ट हुआ है कि LTM के स्मृति चिह्नों के कारण विशेष तरह के न्यूरोट्रांसमीटर की उत्पत्ति तथा प्रवाह की दर में विशिष्ट परिवर्तन होता है। यानकनर तथा उनके सहयोगियों (Yankaner et al., 1990) के अनुसार, एसिटीलकोलाइन (acetylehcoline) नामक न्यूरोट्रांसमीटर की कमी होने से LTM के स्मृति चिह्नों का प्रत्याह्वान बुरी तरह से प्रभावित होता है।

अब प्रश्न उठता है कि LTM में स्मृति चिह्नों को मस्तिष्क के किस भाग या हिस्सा में संचित किया जाता है ? इस प्रश्न का उत्तर देने के लिए न्यूरोमनोवैज्ञानिकों ने कई स्रोतों से सबूत इकट्ठा किया है जिनमें निम्नांकित प्रधान है—

(i) स्मृति लोप (Amnesia)

(ii) कोरसाकोफ्फ संलक्षण (Korsakoff syndrome)

(iii) आणविक सिद्धान्त (Molecular theory)।

इन तीनों का वर्णन निम्नांकित है—

(i) स्मृति लोप *(Amnesia)*—स्मृति लोप में व्यक्ति सीखे गये या अर्जित अनुभूतियों की पहचान या प्रत्यक्षण (recall) करने में कई कारणों जैसे दुर्घटना, बीमारी, औषध सेवन, आदि से विफल रहता है। स्मृति लोप दो तरह के होते हैं—*पश्चगामी स्मृति लोप* (retrograde amnesia) तथा *अग्रगामी स्मृति लोप* (anterograde amnesia)। पश्चगामी स्मृति लोप में व्यक्ति उन अनुभूतियों या साहचर्यों को LTM में संचित नहीं रख पाता है जो स्मृति लोप उत्पन्न करने वाले घटना से पहले प्राप्त हुए रहते हैं। दूसरे शब्दों में, इस तरह की अवस्था में व्यक्ति स्मृति लोप उत्पन्न होने के दिन से पहले की अनुभूतियों की याद खो देता है। अग्रगामी स्मृति लोप में व्यक्ति LTM में उन अनुभूतियों तथा साहचर्यों को संचित नहीं रख पाता है जो स्मृति लोप उत्पन्न करने वाले घटना के बाद प्राप्त हुए हों। दूसरे शब्दों में, इस अवस्था में व्यक्ति स्मृति लोप उत्पन्न होने के दिन के

बाद जो अनुभूतियाँ प्राप्त करता है, उसे LTM में संचित रखने में असमर्थ पाता है। इन दोनो तरह के स्मृति लोपों के अध्ययन से LTM में समृति चिह्नों का मस्तिष्क के किसी अमुक भाग में उपस्थित होने का पर्याप्त सबूत मिला है। मिलनर, कोरकिन एवं टीयूबर (Milner, Corkin & Teuber, 1968) के अनुसार, एक व्यक्ति जिसे H.M. के नाम से संबोधित किया गया, 27 साल की आयु में मिरगी रोग को ठीक कराने के लिए मेडिकल डाक्टर के पास गया जिन्होंने उसके मस्तिष्क के दोनों शंखपालियों (temporal lobes) के मध्यवर्ती भाग (middle portion) को काट कर निकाल दिया। इस ऑपरेशन से तो उसका मिरगी रोग दूर हो गया परन्तु उसमें अग्रगामी स्मृतिलोप तथा पश्चगामी स्मृतिलोप दोनों उत्पन्न हो गये। पश्चगामी स्मृति लोप तो साधरण था क्योंकि वह ऑपरेशन के गत एक या दो साल की घटनाओं तथा अनुभूतियों को ही याद कर पाता था परन्तु उससे पहले की अनुभूतियों को वह ठीक ढंग से याद नहीं कर पाता था। परन्तु अग्रगामी स्मृति लोप की मात्रा काफी गंभीर थी। इस व्यक्ति के STM तथा LTM दोनों ही ठीक थे परन्तु मुख्य समस्या यह थी कि वह STM से नये सूचनाओं को LTM में अंतरण नहीं कर पाता था जिसका परिणाम यह होता था कि कुछ मिनट जिस व्यक्ति से उसे बातचीत हुई होती थी, उनके साथ दोबारा दिखने पर वे उसे नहीं पहचान पाते थे। अन्य दृष्टिकोण से H.M. सामान्य था। चूँकि H. M. का शंखपालियों (temporal lobes) को ऑपरेशन द्वारा काटकर हटा दिया था, अतः अनुसंधानकर्त्ताओं द्वारा इस निष्कर्ष पर पहुँच गया कि मस्तिष्क का यह भाग द्वारा स्मृति चिह्नों को सुदृढ़ीकरण (consolidation) होता है अर्थात इस भाग द्वारा STM से सूचनाएँ LTM में प्रवेश करतीं हैं। कुछ अन्य अध्ययनों से भी इस बात की संपुष्टि की गयी है। जैसे जोला-मार्गन एवं उनके सहयोगियों (Zola-Moran et al., 1986) ने एक अध्ययन किया जिसमें एक हृदय रोगी को हृदय वाईपास ऑपरेशन के समय कुछ मस्तिष्कीय क्षति हुई थी जिसमें उसमें H.M. के समानसमृति लोप की अवस्था उत्पन्न की गयी थी। कुछ दिनों के बाद हृदय आघात के कारण उनकी मृत्यु हो गयी और जब उसके मस्तिष्क को खोला गया तो पाया गया कि हिपोकैम्पस (hippocampus) जो लिम्बिक तंत्र का ही एक विशेष भाग होता है, काफी क्षतिग्रस्त था। इन अध्ययनों के आलोक में मिले सबूत से यह पता चलता है कि LTM के स्मृति चिह्नों को लिम्बिक तंत्र (limbic system) तथा उनके विशेष संरचना जैसे हिपोकैम्पस (hippocampus) में संचित किया जाता है।

(ii) कोरसाकोफ संलक्षण एवं अलझिमर संलक्षण *(Korsakoff syndrome and Alzheimer Syndrome)*—कोरसाकोफ संलक्षण एक ऐसी अवस्था है जो अधिक दिनों तक शराब पीने से उत्पन्न होता है और इससे व्यक्ति में गम्भीर पश्चगामी स्मृति लोप (retrograde amnesia) उत्पन्न हो जाता है। ऐसे व्यक्तियों की मृत्यु के बाद उनके मस्तिष्क के विभिन्न भागों का अध्ययन करने पर पता चला है कि इनका डाइयनसीफेलोन (diencephalon) के अंश विशेषकर थैलेमस (thalamus) तथा हाईपोथैलैमस (hypothalamus) काफी क्षतिग्रस्त होते हैं। इससे यह पता चलता है कि LTM के स्मृति चिह्नों को थैलेमस तथा हाईपोथैलेमस में भी संचित कर रखा जाता है। इस सिलसिले में और अधिक मजबूत एवं ठोस सबूत एक व्यक्ति जिसे मनोविज्ञान में N.A. के उपनाम से सम्बोधित किया गया है, के अध्ययन से मिलता है। N.A. को एक विशेष दुर्घटना हो जाने के कारण उसमें गंभीर पश्चगामी स्मृति लोप (retrograde amnesia) की स्थिति

उत्पन्न हो गयी थी। वह गत दो वर्षों में घटित किसी भी अनुभूति को याद करने में असमर्थ था। जब उसके मस्तिष्क का CAT स्कैन करवाया गया तो पाया कि उसके थैलमस काफी क्षतिग्रस्त हो गये थे जिसके कारण उसमे स्मृति लोप की अवस्था उत्पन्न हो गयी थी। इससे भी साबित होता है कि LTM के स्मृति चिह्नों को थैलेमस में भी संचित किया जाता है।

अभी हाल में कुछ किये गए अनुसंधानों से यह स्पष्ट हुआ है कि अलझिमर रोग (Alzheimer's disease) में भी स्मृति लोप खासकर पश्चगामी स्मृति लोप के सबूत मिले हैं और ऐसे रोगी के मस्तिष्क के अध्ययनों से भी LTM के स्मृति चिह्नों की अवस्थिति (location) का पता चला है। इस तरह का रोग 65 वर्ष की आयु या उससे अधिक आयु की व्यक्तियों के करीब 5 या 6 प्रतिशत व्यक्तियों में होता पाया गया है। व्यक्ति प्रारंभ में अपना दूरभाष संख्या, कोई व्यक्ति का नाम आदि को भूलता है और धीरे-धीरे इसकी गंभीरता बढ़ते जाती है और बाद में वह अपने बच्चों एवं परिवार के सदस्यों को ही पहचान नहीं पाता है। ऐसे रोगियों का चलन स्मृति (working memory), अर्थगत स्मृति (semantic memory) प्रासंगिक स्मृति (episodic memory), कौशलों की समृति (memory for skills) तथा आत्मचरित स्मृति (autobiographical memory) भी क्षुब्ध (disturbed) होते हैं। **हाबरलैंड**[1] (Haberlandt, 1999) ने ऐसे रोगियों पर सटीक टिप्पणी करते हुए कहा है, *"अपने स्मृतियों के साथ ऐसे रोगी अपने भूत तथा अपने आत्मा को भी खो देते हैं।"* मृत्यु के बाद ऐसे रोगी के मस्तिष्क का अध्ययन करने से यह पता चला है कि इनमें एक विशेष तरह का तत्त्व जिसे *एमीलाआयड बेटा प्रोटीन* (amyloid beta protein) कहा जाता है, अधिक मात्रा में पाया गया। कोयल (Coyle, 1987) के अनुसार इस तरह के तत्त्व से वैसे न्यूरोन्स क्षतिग्रस्त हो जाते हैं जो न्यूरोट्रांसमीटर विशेषकर एसीटीलकोलाइन (acetylecholine) की मदद से सूचनाओं का अंतरण करते हैं। अतः इस अध्ययन से यह स्पष्ट हो जाता है कि LTM के स्मृति चिह्नों को सजग बनाये रखने में एसीटीलकोलाइन की भूमिका महत्त्वपूर्ण होती है। एसीटीलकोलाइन-आधृत तत्त्वों की भूमिका अधिक मजबूत होने के सबूत इस बात से भी मिलता है कि अलझिमर रोग के व्यक्तियों में सामान्य से कम मात्रा में एसीटीलकोलाइन की मात्रा पायी जाती है।

(iii) आणविक सिद्धान्त *(Molecular theory)*—इस सिद्धान्त के अनुसार DNA (Deoxyribonucleic acid) तथा RNA (ribonucleic acid) जो जीन (gene) के दो प्रमुख संरचना हैं, के अणुओं (molecules) के रूप में विशेषकर RNA के अणुओं के रूप में LTM की व्याख्या की गयी है। हाइड्रेन एवं इघाजी (Hyden & Eghazi, 1963) ने एक अध्ययन किया जिसमें LTM में RNA की भूमिका की पहचान की गयी। इस प्रयोग में चूहों को 45^0 कोण पर एक रखे जाली पर चलने की प्रशिक्षण दी गयी। इस कार्य में पर्याप्त संतुलन (balance) बनाये रखने की आवश्यकता थी जिनका नियंत्रण एक खास प्रकार के न्यूरोन्स जिसे बेस्टीबुलर न्यूकिल्यस (vestibular nucleus) कहा जाता है, द्वारा होता है। इस प्रयोग में चूहों का दो समूह था—एक समूह वह था जिसे जाली पर चढ़ने का सक्रिय प्रशिक्षण दिया गया था तथा चूहों का दूसरा समूह

---

1. "Along with their memories, the patients lose their pasts and their, souls."
—Hoberlandt : *Human memory : Exploration and Application*, 1999, p. 266

वह था जो नियंत्रित एवं असक्रिय था जिसे ऐसा प्रशिक्षण नहीं दिया गया था। बाद में इन दोनों तरह के समूह के चूहों के वेस्टीबुलर न्यूक्लियस के केन्द्रक (nuclei) में पाये जाने वाले (RNA) का विश्लेषण किया गया और पाया गया कि प्रशिक्षण पाने वाले समूह के वेस्टीबुलर न्यूक्लियस के केन्द्रक में RNA की संख्या तुलनात्मक रूप से अधिक थी। इतना ही नहीं, प्रशिक्षण पाने वाले समूह के RNA की संरचना प्रशिक्षण नहीं पाने वाले समूह के RNA की संरचना से थोड़ा भिन्न थी। इस तरह के परिणाम के आधार पर प्रयोगकर्त्ता इस निष्कर्ष पर पहुँचे कि RNA की संरचना में प्राणी कुछ ऐसी अनुभूतियों को संचित रखता है जिसका उपयोग वह सीखने के दौरान करता है। फ्लेक्सनर (Flexner, 1967) ने भी एक अध्ययन किया जिसमें चूहों को एक विशेष औषध (drugs) की सूई दी गयी। सूई देने से चूहों में RNA का निर्माण होना बंद हो गया। परिणाम में देखा गया कि सूई देने के बाद वे उन साधारण कार्यों की अनुभूति को याद करने में भी असमर्थ रहे जिन्हें वे काफी आसानी से पहले किये थे। इस अध्ययन से भी स्पष्ट होता है कि LTM में स्मृति चिह्नों का संचयन RNA में होता है।

उपर्युक्त तथ्यों के अलावा नवीनतम शोधों से कुछ ऐसे तथ्य प्राप्त हुए हैं जिनसे स्मृति का न्यूरोजैविक आधार होने का स्पष्ट सबूत मिलता है। ऐसे कुछ स्पष्ट तथ्य निम्नांकित हैं:—

(i) डायनसिफेलोन जिसमें थैलेमस, हाइपोथैलमस तथा चूचुकीय तंत्र (mamillary bodies) होते हैं, में घाव (lesion) उत्पन्न कर देने से नयी सूचनाओं को स्मृति में कूटलेखन (encoding) करने में दिक्कत होने लगती है।

(ii) नवीनतम शोधों से यह भी पता चला है कि मानव मस्तिष्क का विशेष भाग जिसे हिप्पोकैम्पस (hippocampus) कहा जाता है, द्वारा ही तथ्य आधृत सूचनाएँ STM से LTM में स्थानांतरित होती हैं। जिन व्यक्तियों का हिप्पोकैम्पस किसी कारण से क्षतिग्रस्त हो जाता है, वे तुरंत की घटित घटनाओं को तो याद रख पाते हैं परन्तु वे इन्हें लम्बे अरसे तक याद रखने में असमर्थ रहते हैं।

(iii) आधुनिक शोधकर्त्ताओं को यह विश्वास है कि हिप्पोकैम्पस मस्तिष्क को नये संधिस्थलों (synapses) का निर्माण करने में तथा मस्तिष्क के न्यूरोन्स में नये सम्बन्धों को स्थापित करने में मदद करता है जिससे स्मृति (memory) विकसित एवं मजबूत होती है। आजकल वैज्ञानिक द्वारा यह दिखलाया गया है कि जब हिप्पोकैम्पस के किसी भाग को वैद्युत धारा द्वारा उत्तेजित किया जाता है, तो उससे स्नायविक रास्ते में उत्पन्न अनुक्रिया को आसानी से मापा जाता है। अगर हिप्पोकैम्पस के इसी भाग को पुनः उत्तेजित किया जाता है तो ऐसा प्रतीत होता है कि हिप्पोकैम्पस के माध्यम से उत्पन्न उत्तेजन से नये संघिस्थलों का निर्माण हो जाता है तथा पहले से निर्मित संघिस्थल काफी मजबूत हो जाते हैं। इस प्रक्रिया को दीर्घकालन प्रभावकारिता (Long-term potentiation or LTP) कहा जाता है और यह अधिगम (learning) तथा स्मृति (memory) दोनों के निर्माण में मुख्य भूमिका निभाता है।

सचमुच में LTP, जैसा कि मार्टिनेज एवं डेरिक (Martinez & Derrick, 1996), शुमैन तथा मैडिसन (Schuman & Madison, 1994) के अध्ययनों से स्पष्ट हुआ है,

में संधिस्थलों पर स्नायविक अतंरण (neural transmission) की क्षमता में वृद्धि हो जाती है जो कुछ दिन या सप्ताह तक बने होते हैं। LTP तब तक नहीं उत्पन्न होता है जब तक कि सूचना देने वाला न्यूरोन्स तथा सूचना ग्रहण करने वाला न्यूरोन्स दोनों उच्च आवृत्ति वाले उत्तेजन से एक साथ उत्तेजित न हो जाय। इतना ही नहीं, सूचना प्राप्त करने वाला न्यूरोन उत्तेजन प्राप्त करते ही उत्तेजित होने के लिए तैयार यदि नहीं हो, तो LTP नहीं उत्पन्न होगा। हिप्पोकैम्पस में LTP एक सामान्य बात है तथा इकेनवाम तथा ओट्टो (Eichenbaum & Otto, 1993) के अनुसार घोषणात्मक स्मृति (declarative memory) के लिए यह अति आवश्यक है।

(iv) स्मृति के क्षेत्र में किये गये शोधों द्वारा न्यूरोन या तंत्रिका कोश में कुछ जैवरसायनिक परिवर्तन (biochemical changes) की भी पहचान की गयी है जिसके माध्यम से स्मृति का निर्माण होता है। बाराबन (Baraban, 1993) ने अपने अध्ययन के आधार पर यह दिखलाया है कि LTP में विशेष प्रकार का ग्राहक जिसे एन-मेथाइल-डी-एस्पारटेट (N-methyl-D-aspartate or NMDA) कहा जाता है, काफी सक्रिय होता है क्योंकि ऐसे ग्राहकों की क्रियाओं को अवरूद्ध करने से LTP में अवरूद्धता उत्पन्न हो जाती है। आधुनिक शोधो से LTP में कैलशियम की भी अहम् भूमिका का पता चला है।

(v) ऐसे भी काफी ठोस सबूत मिले हैं जिनसे यह पता चला है कि जब स्मृति का निर्माण होता है, न्यूरोन्स के दैहिक विशेषताओं में काफी परिवर्तन आ जाते हैं। इसे *कोलिनरजिक प्राक्कल्पना* (cholinergic hypothesis) कहा जाता है जिससे विशेष रूप से यह पता चलता है कि स्मृति निर्माण का एक महत्त्वपूर्ण भाग कुछ विशेष न्यूरोन की संवेदनशीलता में वृद्धि होना होता है।

(vi) मैक कौरमिक तथा उनके सहयोगियों (Mc Cormick et al. 1982) द्वारा कुछ ऐसे अध्ययन किये गए हैं जिनमें यह दिखलाया गया है कि कुछ ऐसी स्मृतियाँ होती हैं जो मस्तिष्क के विशिष्ट भाग में अवस्थित होती हैं। जैसे, क्लासिकी अनुबंधन द्वारा होने वाली अनुभूतियाँ मस्तिष्क के विशेष भाग जिसे लघुमस्तिष्क (cerebellum) कहा जाता है, में अवस्थित होतीं हैं। इसके विपरीत कुछ ऐसे भी अध्ययन हुए हैं जिनमें यह दिखलाया गया है कि स्मृतियों को मस्तिष्क के किसी खास भाग में संचित नहीं किया जा सकता है। जैसे लैशले (Lashley, 1950) ने एक महत्त्वपूर्ण प्रयोग किया जिसमें उन्होंने चूहों के मस्तिष्क के विभिन्न भागों को हटा दिया। परिणाम में देखा गया है कि ऐसे चूहों की स्मृति थोड़ी कमजोर अवश्य पड़ गयी परन्तु फिर भी उसकी स्मृति मौजूद थी।

(vii) आधुनिक समय में स्मृति प्रतिबिम्बन प्रविधि (memory imaging techniques) जैसे पेट (PET या Positron Emission Tomography) जिसमें मस्तिष्क के विभिन्न क्षेत्रों की क्रियाओं को प्रत्येक क्षेत्र द्वारा किये गये चीनीय या ग्लूकोज अवचूषण (absorption) के माध्यम से दिखलाया जाता है, से पता चला है कि—

(a) कलुर तथा उनके सहयोगियों (Kapur et. al., 1994) के अनुसार गहरा कूटसंकेतन (deep encoding) की क्रियाओं का सम्बन्ध मस्तिष्क के अग्रपालिक (frontal lobe) से होता है।

(b) जोला (Zola, 1996) के अध्ययन के अनुसार शंखपालि (temporal lobe) का सम्बन्ध संरचनात्मक रूप से देखे जाने वाले वस्तुओं के प्रमिंग (priming) से सम्बन्धित होता है जबकि हिप्पोकैम्पस (hippocampus) का सम्बन्ध ऐसी वस्तुओं के प्रासंगिक पहचान (episodic recognition) से होता है।

(c) भित्तीय पालि (parietal lobe) का सम्बन्ध चलन स्मृति (working memory) के उच्चारण लूप (articulatory loop) से होता है।

(d) एमिंगडाला (amygdala) का सम्बन्ध संवेगात्मक अनुभूतियां के संचयन से होता है।

निष्कर्षतः यह कहा जा सकता है कि स्मृति के कुछ स्पष्ट न्यूरो जैविक आधार (neuro biological bases) हैं जिनका पता मनोवैज्ञानिकों को विभिन्न तरह के स्रोतों से प्रत्यक्ष या अप्रत्यक्ष रूप से पता चला है। आधुनिक शोधकर्त्ताओं के विचारों को एक जगह संग्रहण करते हुए स्क्यिूर (Squire, 1987) ने कहा है कि सचमुच में मस्तिष्क के भीतर दो भिन्न संचयन तंत्र (storage system) हैं। एक तरह के तंत्र में उन सारी सूचनाओं को संचित रखा जाता है जिन्हें दृष्टि प्रतिमा (visual image) या शाब्दिक प्रस्तावों (verbal propositions) के रूप में चेतन में लाये जाते हैं। इसमें *प्रासंगिक स्मृति* (episodic memory) तथा *अर्थगत स्मृति* (semantic memory) दोनों ही सम्मिलित होते हैं। इस तरह के संचयन तंत्र (storage system) को *घोषणात्मक स्मृति* (declarative memory) कहा जाता है। इस तरह का संचयन तंत्र थैलेमस तथा लिम्बिक तंत्र के विशेष संरचनाओं जैसे हिप्पोकैम्पस (hippocampus) आदि में अवस्थित (located) होता है। दूसरा संचयन तंत्र (storage system) वह है जिसमें उन सारी सूचनाओं को संचित किया जाता है जो व्यक्ति के चेतन के सीधे पहुँच में नहीं होता है। प्रायः ऐसी सूचनाएँ व्यक्ति में अभ्यास तथा अनुबंधन (conditioning) से उत्पन्न होतीं हैं। जैसे, कार चलाने या साइकिल चलाने से उत्पन्न अनुभूतियाँ इसी श्रेणी की अनुभूति होती है। इस तरह के संचयन तंत्र को *कार्य-विधि स्मृति* (procedural memory) कहा जाता है और इस तरह की स्मृति लघुमस्तिष्क (cerebellum) तथा अन्य संरचनाओं जैसे थैलेमस एवं हाईपोथैलमस में उपस्थित होता है। संवेगात्मक अनुभूति की स्मृतियाँ एमिगडाला (amygdala) जो लिम्बिक तंत्र का ही एक अंश है, से नियंत्रित होतीं हैं। अन्तिम निष्कर्ष यह है कि मस्तिष्क के कई भागों में LTM में संचित होने वाली सूचनाएँ अवस्थित होती है। इस अन्तिम निष्कर्ष की संपुष्टि स्मृति के नवीनतम मॉडल जिसे *समानान्तर वितरित प्रक्रिया मॉडल* (Parallel distributed processing model) कहा जाता है, उससे भी होता है क्योंकि यह मॉडल इस बात पर बल डालता है कि मस्तिष्क के भीतर सूचनाओं का संसाधन एक साथ विभिन्न बिन्दुओं या स्थानों पर प्रारम्भ हो जाता है ताकि उनका संसाधन एक-एक करके एक साथ हो सके।

अध्याय सारांश
(Chapter Summary)

1. प्राणी द्वारा किये गये कुछ प्रमुख व्यवहार यथा अधिगम, स्मृति, प्रत्यक्षण, अभिप्रेरण, संवेग, नींद तथा जाग्रत आदि का स्पष्ट न्यूरोदैहिक आधार होता है। न्यूरोदैहिक आधार से तात्पर्य

एक ऐसे आधार से होता है जो यह बतलाता है कि व्यवहार की उत्पति में मस्तिष्कीय क्षेत्रों, अन्तःस्रावी ग्रन्थियों एवं विभिन्न तरह के न्यूरोट्रांसमीट्र की एक परिभाषित भूमिका होती है।

2. प्रत्यक्षण का स्पष्ट न्यूरोदैहिक आधार है। प्रत्यक्षण के विभिन्न प्रकार जैसे श्रवण प्रत्यक्षण, स्पर्श एवं त्वक् प्रत्यक्षण, रसायनिक संवेदनों (chemical senses) का प्रत्यक्षण, गतिबोधक (kinesthetic) तथा प्रघाणीय (vestibular) प्रत्यक्षण आदि सबों का न्यूरोदैहिक आधार है तथा उनकी अपनी-अपनी विशिंष्टता भी है।

3. विभिन्न तरह के अभिप्रेरणों का भी न्यूरोदैहिक आधार होता है। भूख, प्यास, यौन तथा तापक्रम नियमन (temperature regulation) में निश्चित न्यूरोदैहिक आधार बतलाया गया है। भूख के लिए हाइपोथैलमस, एमिगडालाआड केन्द्रक, अग्र कार्टेक्स तथा सबस्टानसिया निग्रा (substansia nigra) आदि की क्रियाओं को तथा प्यास अभिप्रेरण में अंतराकोशकीय तरल (intracellular fluid), वहिकोशकीय तरल (extracellular fluid) की गति तथा भैसोप्रेसीन (vasopression) आदि की भूमिका महत्त्वपूर्ण होती है। यौन अभिप्रेरक में विभिन्न तरह का स्ट्रोजेन (estrogen) तथा एण्ड्रोजेन (androgen) एक मुख्य दैहिक आधार का निर्माण करता है। इसके अतिरिक्त कुछ मस्तिष्कीय अंगों यथा मेडियल एमिगडाल (medial amygdala) तथा भेन्ट्रोमिडीयल केन्द्रक (ventromedial nuclei) की भूमिका महत्वपूर्ण है। ताप नियमन (temperature regulation) में लेट्रल हाइपोथैलमस (lateral hypothalamus) की भूमिका प्रधान बतलायी गयी है हालांकि इसमें कुछ अन्तःस्रावी ग्रन्थियों की भूमिका भी महत्त्वपूर्ण हैं।

4. संवेग का भी न्यूरोदैहिक आधार स्पष्ट होता है। इसमें हाइपोथैलमस (hypo-thalamus), प्रमस्तिष्कीय वल्क (cerebral cortex) तथा लिम्बिक तंत्र (limbic system) द्वारा प्रमुख न्यूरोदैहिक आधार का निर्माण होता है। इन मस्तिष्कीय कारकों द्वारा मनुष्यों तथा पशुओं दोनों में ही विभिन्न तरह के संवेगों का नियमन होता है। इसके अतिरिक्त हारमोनल कारक भी हैं जिनकी भूमिका ऐसे आधार के निर्माण में सराहनीय है।

5. नींद तथा जाग्रत (waking) जैसे व्यवहार में भी न्यूरोदैहिक आधार होता है। नींद में चाहे वह REM नींद हो य़ा मंद तरंग नींद (slow wave sleep) हो, में कुछ मस्तिष्कीय कारकों द्वारा एक मजबूत आधार प्रदान किया जाता है। REM नींद में सेतु (pons) के भीतर के वैसे न्यूरोन्स जिनसे ऐसिटिलकोलाइन (acetylcholine) का स्राव होता है, REM नींद का एक प्रमुख दैहिक आधार बनाता है। मंद-तरंग नींद में वेसल अग्रमस्तिष्क क्षेत्र (basal forebrain region) की भूमिका अहम् बतलायी गयी है। उत्तेजन तथा जाग्रत का न्यूरोदैहिक आधार मस्तिष्कीय स्तंभ (brain stem) विशेषकर रेटिकुलर फारमेशन (reticular formation) होता है।

6. अधिगम (learning) का न्यूरोदैहिक आधार की सबूतें तीन तरह के अनुसंधानों अर्थात् शरीर रचनात्मक अनुसंधान (anatomical investigation), वैद्युतीय अनुसंधान तथा रसायनिक अनुसंधान (chemical investigations) से प्राप्त हुआ है। दीर्घकालीन प्रभाविता (long-term potential or LTP) अधिगम का एक प्रमुख दैहिक आधार है जिसके माध्यम से कई तरह के अधिगम की व्याख्या की गयी है।

7. स्मृति चाहे दीर्घकालीन स्मृति (long term memory or LTM) हो या लघुकालीन स्मृति (short term memory or STM) हो, में भी विशिष्ट न्यूरोदैहिक आधार होता है। स्मृति में हिप्पोकैम्प्स (hippocampus) द्वारा एक महत्त्वपूर्ण दैहिक आधार का निर्माण होता है।

❑

अध्याय 8

न्यूरोमनोवैज्ञानिक मूल्यांकन
(NEUROPSYCHOLOGICAL ASSESSMENT)

न्यूरोमनोवैज्ञानिक मूल्यांकन के अर्थ एवं उद्देश्य
(Meaning and Purpose of Neuropsychological Assessment)

नैदानिक मनोविज्ञान के नवीनतम क्रिया-कलापों पर यदि हम ध्यान दें तो यह स्पष्ट हो जाएगा कि इसमें न्यूरोमनोवैज्ञानिक मूल्यांकन (neuropsychological assessment) की महत्ता बढ़ी है। गोल्डेन तथा कुपरमैन (Golden & Kumerman, 1980) के अनुसार आधुनिक समय में नैदानिक मनोवैज्ञानिकों की अभिरुचि मस्तिष्कीय व्यवच्छेदन (brain anatomy) तथा मानव व्यवहार के सम्बन्धों के अध्ययन में बढ़ने से न्यूरोमनोवैज्ञानिक मूल्यांकन में भी अभिरुचि बढ़ गयी है। **फेयर्स**[1] (Phares, 1986) के शब्दों में न्यूरोमनोवैज्ञानिक मूल्यांकन को इस प्रकार परिभाषित किया जाता है, *''न्यूरोमनोवैज्ञानिक मूल्यांकन मस्तिष्कीय कारकों तथा रोगी द्वारा दिखलाये गए समस्यात्मक व्यवहारों से सम्बन्धित प्रश्नों का उत्तर देने का प्रयास करता है।''*

नैदानिक मनोवैज्ञानिकों के यहाँ आने वाले मानसिक रोगियों में से कुछ ऐसे होते है जिनकी समस्या का कारण आंगिक (organic) होता है तथा जिनमें सूक्ष्म मस्तिष्कीय क्षति (subtle brain damage) के चिह्न होते हैं। जब ऐसे मस्तिष्कीय क्षति काफी सुस्पष्ट (pronounced) होते हैं, तो मेडिकल विशेषज्ञ जैसे मनोरोगविज्ञानी (psychiatrists) अपने विशेष प्रविधियों जैसे एक्स-रे (X-ray) तथा EEG (Electro-encephalogram) द्वारा उसका आसानी से पता लगा लेते हैं और रोगी की समस्यात्मक व्यवहारों (problematic behaviour) के कारणों को निरूपित कर लेते हैं और उसी संदर्भ में उनका उपचार भी प्रारम्भ हो जाता है। परंतु जब मस्तिष्कीय क्षति का स्वरूप हल्का एवं सूक्ष्म होता है, तो उनकी पहचान इन मेडिकल प्रविधियों से नहीं हो पाती है और ऐसे रोगी को किसी नैदानिक मनोवैज्ञानिक के यहाँ उपचार (treatment) के लिए भेज दिया जाता है। नैदानिक मनोवैज्ञानिक को ऐसे रोगियों का जिनमें व्यवहारात्मक समस्या (behavioural problems) का कारण सूक्ष्म मस्तिष्कीय क्षति होता है, उपचार करना सबसे कठिन कार्य होता है। फिर भी अपने विशेष मनोवैज्ञानिक परीक्षणों का उपयोग करके वे ऐसे रोगियों की पहचान करते हैं तथा उनके उपचार के लिए विशेष सिफारिशें (recommendations) करते हैं। इस पूरी प्रक्रिया को न्यूरोमनोवैज्ञानिक

1. "Neuropsychological assessment attempts to answer questions about the relationship between brain factors and the problems being exhibited by the patient." —Phares : *Clinical Psychology,* 1986, p. 260

मूल्यांकन (neuropsychological assessment) कहा जाता है। इसके मुख्य उद्देश्य निम्नांकित हैं—

(i) न्यूरोमनोवैज्ञानिक मूल्यांकन में कुछ वैसे विशिष्ट परीक्षणों (specialized tests) का उपयोग किया जाता है जिनका उद्देश्य मस्तिष्कीय दुष्क्रिया (brain dysfunction) की पहचान सम्भव है।

(ii) न्यूरोमनोवैज्ञानिक मूल्यांकन का एक उद्देश्य मस्तिष्कीय क्षति या दुष्क्रिया (dysfunction) के स्वरूप (nature) की पहचान करना होता है। जैसे—क्या यह प्रत्यक्षणात्मक क्षति (perceptual loss) है या संज्ञानात्मक क्षति (cognitive loss) है।

(iii) इस तरह के मूल्यांकन में यह भी सुनिश्चित करने की कोशिश की जाती है कि क्या सचमुच में वास्तविक मस्तिष्कीय क्षति है जो रोगी में समस्यात्मक व्यवहार उत्पन्न कर रहा है? यदि हाँ, तो उसका स्वरूप क्या है? क्या क्षति मस्तिष्क के किसी खास भाग में है या वह अधिकतर भागों में फैला है? किसी खास भाग में मस्तिष्कीय क्षति होने से सिर्फ उससे सम्बन्धित व्यवहार भी प्रभावित होते हैं परन्तु यदि क्षति मस्तिष्क के कई भागों में फैले होते हैं, तो उससे रोगी के कई तरह के व्यवहार में समस्याएँ उत्पन्न हो जाती हैं।

(iv) न्यूरोमनोवैज्ञानिक मूल्यांकन का उद्देश्य रोगी के देख-रेख (care) तथा पुनर्वास (rehabilitation) में भी मदद करना होता है। इस तरह के क्रमिक मूल्यांकन से चंगा होने की दर तथा पूर्व जीवन शैली को प्रारम्भ करने की उम्मीद के बारे में भी पर्याप्त सूचना मिलती है।

(v) न्यूरोमनोवैज्ञानिक मूल्यांकन द्वारा कुछ वैसा साधारण मस्तिष्कीय क्षति की उपस्थिति की पहचान किया जा सकता है जिसके पहचान करने में अन्य नैदानिक परीक्षणों (dignostic tests) के परिणाम संदेहजनक रहे हैं।

(vi) न्यूरोमनोवैज्ञानिक मूल्यांकन का एक सम्बन्धित लक्ष्य असाधारण मस्तिष्कीय संगठन (unusual brain organization) जो वामहस्तिक (left-handers) व्यक्तियों में या फिर वैसे लोगों में जिनमें बाल्यावस्था में मस्तिष्कीय चोट पहुँची हो, की पहचान करना होता है।

ग्रिगोरी[1] (Gregory, 2004) के अनुसार, *''न्यूरोमनोवैज्ञानिक मूल्यांकन ज्ञात या संदिग्ध मस्तिष्कीय दुष्क्रिया वाले व्यक्तियों की पहचान करने और उपचार करने के लिए विशिष्ट परीक्षणों का अनुप्रयोग है।''*

नैदानिक मनोवैज्ञानिकों द्वारा किये गए अध्ययनों से यह स्पष्ट हुआ है कि मस्तिष्कीय क्षति (brain damage) के कई तरह के प्रभाव देखने को मिले हैं जिनमें बौद्धिक ह्रास (intellectual deterioration), दृष्टि प्रत्यक्षण, श्रवण प्रत्यक्षण तथा गति-सम्बन्धी प्रत्यक्षण में दोष, ऐच्छिक कार्यात्मक समन्वय (voluntary motor-co-ordination) की कमी, स्मृति, भाषा, ध्यान, संप्रत्यात्मक व्यवहार, सांवेगिक प्रतिक्रियाओं में कमी आदि प्रधान हैं।

---

1. "Neuropsychological assessment is the application of specialized tests for purposes of diagnosing and treating individuals with known or suspected brain dysfunction." —Gregory : *Psychological Testing*, 2004, p. 327

न्यूनतम मस्तिष्कीय दुष्क्रिया का संप्रत्यय
(Concept of Minimal Brain Dysfunction or MBD)

आधुनिक नैदानिक मनोवैज्ञानिकों के बीच यह एक महत्त्वपूर्ण संप्रत्यय (concept) है। न्यूनतम मस्तिष्कीय दुष्क्रिया (Minimal Brain Dysfunction or MBD) एक ऐसी श्रेणी है जिसमें उन सभी बच्चों को रखा जाता है जिनमें तरह-तरह के संज्ञानात्मक (cognitive) एवं व्यवहारात्मक (behavioural) विकृतियाँ (disorders) देखने को मिलती हैं। ऐसे बच्चों में तंत्रिका विज्ञानी (neurologists) मस्तिष्कीय क्षति का कोई स्पष्ट चिह्न नहीं पाते हैं। ऐसे बच्चों के व्यवहारों में अन्य बातों के अलावा अतिउत्तेजना, समन्वय समस्या (co-ordination problem), लघु अवधान विस्तार (short attention span), एकाग्रता की अक्षमता, आवेगशीलता (impulsivity), पठन समस्याएँ (reading problems), अवज्ञा (disobedience), लड़ाई-झगड़ा (fighting) आदि प्रमुख हैं। ऐसे बच्चों का वर्ग में निष्पादन (performance) काफी खराब होता है। राई एवं राई (Rie & Rie, 1980) तथा सौण्डर्स (Saunders, 1989) द्वारा इस क्षेत्र में किये गए अध्ययनों की समीक्षा (review) करने के बाद इस निष्कर्ष पर पहुँचा गया कि ऐसे बच्चों में जो सूक्ष्म मस्तिष्कीय क्षति होती है तथा जिसकी पहचान न्यूरोनैदानिक विधियों (neurodiagnostic methods) द्वारा नहीं हो पाती है, नैदानिक मनोवैज्ञानिकों के लिए एक विशेष चुनौती का कार्य रहा है। वे ऐसे बच्चों द्वारा दिखलाए जाने वाले व्यवहारात्मक समस्याओं को परिभाषित करने एवं उसे अन्य व्यवहारों से अलग करने में तल्लीन हैं हालाँकि कुछ ऐसे लोग भी हैं जिनका विश्वास यह है कि MBD जैसी श्रेणी हकीकत में नहीं होता है और यह उन लोगों के मस्तिष्क की उपज है जो मस्तिष्कीय कार्यों के स्वरूप को ठीक ढंग से नहीं समझते हैं।

न्यूरोमनोवैज्ञानिक मूल्यांकन का अनुप्रयोग
(Applications of Neuropsychological Assessment)

न्यूरोमनोवैज्ञानिक मूल्यांकन का उपयोग कुछ खास-खास विकृतियों की पहचान करने तथा सम्बन्धित रोगियों की देखभाल करने में काफी उपयोगी सिद्ध हुआ है। इस तरह के मूल्यांकन का विशेष अनुप्रयोग निम्नांकित है—

1. न्यूरोमनोवैज्ञानिक मूल्यांकन वैसे रोगियों के लिए अधिक उपयोगी सिद्ध हुआ है जिनमें प्रमस्तिष्कीय भैसकुलर विकृति (cerebral vascular disorders), तीव्र आघातीय क्षति (acute traumatic lesion), न्यूप्लाज्म (neoplasm) तथा मिरगी (epilepsy) के केसेज काफी मुख्य होते हैं। परंतु यह वैसे रोगियों के केसेज में बहुत उपयोगी नहीं बतलाया गया है जिनमें मस्तिष्क संदूषण (infection) से ग्रसित हो, बहुस्लेटोसिस (multiple sclerosis) या डिमेनसिया (dementia) से ग्रसित हो क्योंकि इनमें से कोई भी विकृति या रोग स्थानीकृत (localized) नहीं होता है।
2. प्रमस्तिष्कीय टयूमर (cerebral tumours) के केसेज में न्यूरोमनोवैज्ञानिक मूल्यांकन द्वारा कुछ ऐसे आधाररेखा (baselines) प्रस्तुत किये जाते हैं ताकि सर्जरी, किरणन (irradiation) या रसायनचिकित्सा (chemotherapy)

का आरंभिक तथा उत्तर (later) प्रभावों के बारे में जानने में विशेष रूप से सहायता मिलता है। किरणन सबूतों (radiological evidences) के अभाव में न्यूरोमनोवैज्ञानिक अध्ययनों द्वारा नैदानिक न्यूरोलोजिक मूल्यांकन (clinical neurological assessment) को इन रोगों के परिणामस्वरूप होने वाले मस्तिष्कीय दुष्क्रिया (brain dysfunction) के बारे में सबूत प्रदान करके उन्हें उन्नत बनाया जा सकता है।

3. फोकल मिरगी (focal epilepsy) में उत्पन्न मस्तिष्कीय चोट या क्षति (lesion) के प्राक्आपरेटिव स्थानीकरण (preoperative localization) की पहचान में न्यूरोमनोवैज्ञानिक मूल्यांकन महत्त्वपूर्ण भूमिका निभाता है। प्रायः यह देखा गया है कि ऐसे मिरगी रोगियों द्वारा किरणन या अन्य न्यूरोलोजिकल परीक्षणों (neurological tests) में कोई धनात्मक लक्षण के सबूत नहीं मिलते हैं हालांकि उनमें स्पष्टतः स्थानीकृत व्यवहारात्मक कमियाँ (behavioural deficits) पाये जाते हैं। इतना ही नहीं, शंखपालिक मिरगी (temporal lobe epilepsy) में तो न्यूरोलौजिकल मूल्यांकन द्वारा हिप्पोकैम्पल क्षति की पहचान तो असम्भव ही सा होता है। अतः इसकी भी यथोचित पहचान करने में न्यूरोमनोवैज्ञानिक मूल्यांकन काफी सहायता प्रदान करता है।

4. न्यूरोमनोवैज्ञानिक मूल्यांकन का उपयोग विभिन्न तरह की गति विकृतियों (movement disorders) जैसे पारकिन्सन रोग (Parkinson's disease) में जो औषधीय उपचार (pharamacological treatments) किये जाते हैं, उनका अवांछित पार्श्वप्रभाव (side effect) की गम्भीरता को पहचानने में भी काफी किया जाता है। ऐसे औषधों का सेवन करने से रोगी में जो पार्श्वप्रभाव होते हैं, उसकी अभिव्यक्ति संज्ञानात्मक कार्यों में अवांछित ह्रास के रूप में होती है। इसका अंदाजा न्यूरोमनोवैज्ञानिक मूल्यांकन से आसानी से हो जाता है।

हालांकि इन प्रमुख अनुप्रयोगों (applicating) के अलावा भी न्यूरोमनोवैज्ञानिक मूल्यांकन की भूमिका विभिन्न तरह के निदान (diagnosis) तथा उपचार में काफी है, फिर भी इसकी कुछ परिसीमाएँ (limitations) हैं जिनपर भी विचार करना आवश्यक है। न्यूरोमनोवैज्ञानिक मूल्यांकन एक जटिल प्रक्रिया होती है और इसमें प्राप्त परिणाम का मानांकन (evaluation) करने के लिए विस्तृत एवं गहन प्रशिक्षण की जरूरत होती है। कुछ मनोवैज्ञानिक परीक्षणों यथा बुद्धि परीक्षणों तथा व्यक्तित्व परीक्षणों के परिणाम की व्याख्या करने का अनुभव मात्र के आधार पर न्यूरोमनोवैज्ञानिक मूल्यांकन प्रारम्भ करना एक जोखिम भरा कार्य के समान होता है। ऐसे न्यूरोमनोवैज्ञानिक को अर्धपरिपक्व न्यूरोमनोवैज्ञानिक[1] कहा जायेगा जो एक साधारण व्यक्ति से भी बदतर माने जायेंगे (A half-baked neuropsychologist is worst than none at all)।

---

1. यह कथन हेब्ब (Hebb) के उस मशहुर कथन पर आधृत है जिसमें उन्होंने कहा था कि अर्धपरिपक्व मनोवैज्ञानिक एक साधारण व्यक्ति से भी बदतर माने जाते हैं ("A half-baked psychlogist is worse than none at all")।

मस्तिष्क-व्यवहार सम्बन्ध का मॉडल
(Model of Brain-Behaviour Relationship)

न्यूरोमनोवैज्ञानिक परीक्षण के कई प्रकार हैं। इनमें से कुछ ऐसे परीक्षण हैं जिनका स्वरूप वैयक्तिक (individual) है और वे व्यक्ति या रोगी की जरूरतों को ध्यान में रखकर उपयोग में लाये जाते हैं। दूसरे तरह कुछ ऐसे निश्चित परीक्षणमाला (fixed test batteries) भी है जिनमें कई तरह के उपपरीक्षण (sub tests) हैं और उनका उपयोग अधिकतर रोगियों या व्यक्तियों के न्यूरोमनोवैज्ञानिक स्थिति को मापने के लिए प्रायः किया जाता है। इस तरह से स्पष्ट होता है कि न्यूरोमनोवैज्ञानिक परीक्षण के कई प्रकार हैं। इन सबों को एक संगठनात्मक आकार (organizational shape) देने के ख्याल से वेन्नेट्ट (Bennett, 1988) ने मस्तिष्क-व्यवहार सम्बन्ध (brain-behaviour relationship) का सरलतम मॉडल (simplified model) का निर्माण किया है। इस मॉडल की खाशियत यह है कि इसके ही अनुसार विभिन्न न्यूरोमनोवैज्ञानिक परीक्षणों को एक संगठित प्रारूप दिया जाना सम्भव हो पाया है। इस मॉडल के अनुसार प्राप्त होने वाली सूचनाओं को मस्तिष्क द्वारा विभिन्न श्रेणियों में विश्लेषित करके उसे क्रिया में बदला जाता है और न्यूरोमनोवैज्ञानिक परीक्षण द्वारा एक या उससे अधिक श्रेणी का मापन किया जाता है। इन श्रेणियों का वर्णन निम्नांकित है—

1. संवेदी निवेष (Sensory input)
2. अवधान एवं सांद्रता (Attention and Concentration)
3. अधिगम एवं स्मृति (Learning and Memory)
4. भाषा (Language)
5. स्थानिक एवं परिचालनीय परीक्षण (Spatial and manipulatory ability)
6. कार्यपालक कार्य (Exceutive functions)
   (a) तार्किक विश्लेषण (Logical analysis)
   (b) संप्रत्यय निर्माण (Concept formation)
   (c) तर्कणा (Reasoning)
   (d) नियोजन (Planning)
   (e) चिन्तन में लचीलापन (Flexibility in thinking)
7. पेशीय निर्गत (Motor output)

इन सातों श्रेणियों का ऊपर वर्णित क्रम में ही मस्तिष्क द्वारा सूचनाओं को विश्लेषित किया जाता है जिसका चित्रण चित्र 8.1 में किया गया है।

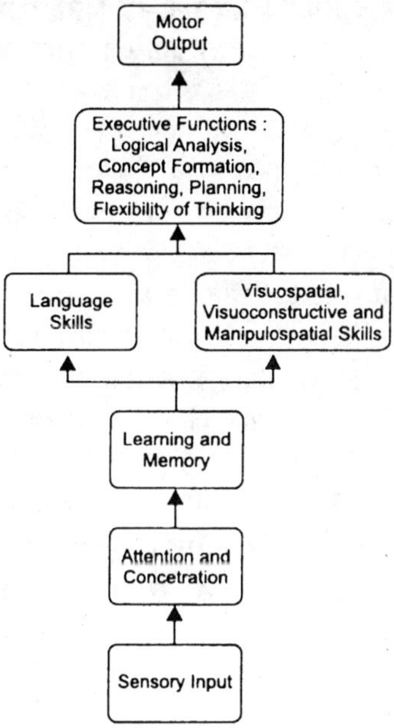

चित्र 8.1 : मस्तिष्क व्यवहार-संबंध का संप्रत्यात्मक मॉडल (Conceptural Model of brain-behaviour relatioship)

संवेदी निवेश का न्यूरोमनोवैज्ञानिक मापन
(Neuropsychological Assessment of Sensory Input)

कुछ महत्त्वपूर्ण प्रक्रियाओं यथा प्रत्यक्षण, चिन्तन, नियोजन (planning) तथा क्रियाओं (actions) की परिशुद्धता (accuracy) के लिए यह आवश्यक है कि विभिन्न ज्ञानेन्द्रियों के माध्यम से प्राप्त होने वाली संवेदी सूचनाओं को ठीक ढंग से ग्रहण किया जाए। इस क्षेत्र में किये गए न्यूरोमनोवैज्ञानिक मापन (neuropsychological assessment) में संवेदी क्षमताओं का बहुआयामी परीक्षा (multimodal examination) होती है। ऐसे तो इस तरह के मापन के लिए कई विधियों एवं परीक्षणों का उपयोग किया जाता है, परंतु इनमें निम्नांकित दो तुलनात्मक रूप से अधिक लोकप्रिय हैं—

1. संवेदी-प्रत्यक्षज्ञानात्मक परीक्षा *(Sensory-Perceptual Examination)*— रीटान तथा क्लोभ (Reitan & Klove, 1995) ने एक ऐसी ही परीक्षा विधि विकसित किया जिसके माध्यम से संवेदी-प्रत्यक्षज्ञानात्मक क्षमताओं की जाँच कर व्यक्ति के मस्तिष्कीय दुष्क्रियाओं (brain dysfunction) के बारे में अनुमान लगाया जाता है। इस परीक्षा विधि में दृष्टि (vision), श्रवण (learning) तथा स्पर्श (touch) के क्षेत्र में किये गए एक पार्श्वी (unilateral) तथा द्विपार्श्वी (bilateral) उत्तेजनों के बारे में व्यक्ति को बतलाना होता है। इसमें दिया गया कार्य या उत्तेजन (stimulation) इतना सरल होता है कि एक सामान्य व्यक्ति शायद ही कभी कोई त्रुटि करता है। जैसे, व्यक्ति या रोगी का आँख बंदकर या उस पर पट्टी बाँधकर उससे पूछा जाता है कि उसके किस हाथ को स्पर्श किया जा रहा है या किस कान द्वारा चुटकी बजाने की आवाज द्वारा सुना गया है या उसके हथेलियों पर किस संख्या का अनुरेखन (tracing) किया गया है। अगर व्यक्ति लगातार शरीर के किसी एक भाग के उत्तेजन की पहचान करने में दूसरे भाग के उत्तेजन की पहचान की अपेक्षा अधिक त्रुटि करता है, तो इससे मस्तिष्कीय दुष्क्रिया की स्थिति का पता चलता है। जैसे, जो व्यक्ति दायें हाथ में किए गए उत्तेजनों की पहचान करने में त्रुटि करता है, तो इससे सामान्यतः बायें भित्तीय पालि (left parietal lobe) के उत्तरकेन्द्रीय गाइरस (postcentral gyrus) में क्षति (lesion) होने का अनुमान लगाया जाता है। उसी तरह से दायें तरफ का दृष्टि दोष (visual defects) से बायें दृष्टिपालि में मस्तिष्कीय दोष का पता चलता है तथा दायें कान द्वारा आवाज को संसाधित करने में कठिनाई से बायें शंख पालि (left temporal lobe) के सुपिरियर भाग (superior portion) में क्षति (lesion) होने का अंदाज लगाया जाता है।

2. अँगुली स्थानीकरण परीक्षण *(Finger localization test)*—इस परीक्षण द्वारा मस्तिष्कीय क्षति ह्रास उत्पन्न सम्भावित संवेदी नुकसान (sensory losses) के माध्यम से पता लगाया जाता है या यूँ कहा जाय कि संवेदी नुकसान या क्षति के आधार पर मस्तिष्कीय दुष्क्रिया के बारे में अंदाज लगाया जाता है। अधिकतर अँगुली स्थानीकरण परीक्षण में व्यक्ति को बिना देखे यह बतलाना होता है कि कौन-कौन अँगुली को स्पर्श किया गया है। वेन्टन (Benton, 1994) ने एक ऐसा ही मशहूर अँगुली स्थानीकरण परीक्षण विकसित किया है जिसमें 60 एकांश होते हैं और उसके तीन भाग (parts) होते हैं—पहला भाग में कुल मिलाकर 20 प्रयास किये जाते हैं जिसमें प्रत्येक हाथ के लिए

10-10 प्रयास होते हैं। व्यक्ति के हाथ की किसी अँगुली को एक पेंसिल के माध्यम से स्पर्श किया जाता है जिसे वह देखता रहता है। व्यक्ति को स्पर्श किये गए अँगुली के बारे में उसका नाम बतलाकर या उसे स्पर्श करके बतलाना होता है। दूसरा भाग में भी कुल 20 प्रयास किये जाते हैं जिसमें 10-10 प्रयास दोनों हाथ की अँगुलियों के साथ दिये जाते हैं। इस भाग में व्यक्ति अपने हाथ की अँगुलियों को देख नहीं पाता है और उसे स्पर्श किये गए अँगुली के बारे में उसका नाम लेकर या उसे छूकर बतलाना होता है। तीसरा भाग में भी कुल 20 प्रयास किये जाते हैं जिसमें 10-10 प्रयास प्रत्येक हाथ की अँगुलियों के लिए दिये जाते हैं। इस भाग में व्यक्ति की नजर से हाथ की अँगुलियाँ ओझल होती हैं और उसके दो अँगुली को एक साथ स्पर्श किया जाता है जिसके बारे में उन्हें उन अँगुलियों का नाम लेकर या उन्हें स्पर्श करके बतलाना होता है। इस परीक्षण में इस तरह कुल 60 प्रयास दिये जाते हैं और प्रत्येक प्रयास में दिये गए उत्तर को 'सही' या 'गलत' के रूप में प्राप्तांक लेखन किया जाता है। एक सामान्य व्यक्ति इन अनुक्रियाओं को करने में नाम मात्र की त्रुटि करता है और लगभग उनके सही उत्तरों का माध्य (Mean) 56 से 60 (प्रत्येक सही अनुक्रिया के लिए एक प्राप्तांक देने पर) के बीच होता है। परंतु यदि किसी व्यक्ति में मस्तिष्कीय दुष्क्रिया होती है तो इस तरह का अँगुली स्थानीकरण विशेष कर दूसरे तथा तीसरे भाग में किये जाने वाले अँगुली स्थानीकरण का कार्य वह ठीक से नहीं कर पाता है और बहुत सारी त्रुटियाँ होते पायी जाती हैं।

अवधान तथा एकाग्रता का न्यूरोमनोवैज्ञानिक मापन
(Neuropsychological Assessment of Attention and Concentration)

मस्तिष्क का अवधानात्मक क्षमता (attentional capacity) के माध्यम से व्यक्ति अर्थपूर्ण उद्दीपकों पर ध्यान दे पाता है तथा बहुत सारे उद्दीपकों (stimulus) में से असंगत उद्दीपकों को छाँट देता है और परिस्थिति की माँग के अनुरूप विभिन्न वैकल्पिक उद्दीपकों पर ध्यान भी दे पाता है। इस तरह के अवधानात्मक क्षमता एवं एकाग्रता में उत्पन्न कमी से व्यक्ति की मस्तिष्कीय दुष्क्रिया (brain dysfunction) का पता चलता है। कुछ प्रमुख ऐसे परीक्षण (tests) निम्नांकित हैं—

1. दिन प्रतिदिन अवधान का परीक्षण *(Test of Everyday Attention or TEA)*—इस परीक्षण का निर्माण लंदन में रोबर्टसन, वार्ड, रिजर्व तथा निम्मोस्मीथ (Robertson, Ward, Ridgeway & Nimmosmith, 1994, 1996) द्वारा किया गया। TEA द्वारा अवधान के विभिन्न उपतत्त्व (subcomponents) जैसे दीर्घकृत अवधान (sustained attention), चयनात्मक अवधान (selective attention), विभाजित अवधान (divided attention) तथा अवधानात्मक स्वीपिंग (attentional switching) का मापन होता है। इस परीक्षण में आठ उपपरीक्षण हैं जिनके प्राप्तांकों के माध्यम से मस्तिष्कीय क्षति के बारे में अंदाज लगाया जाता है। सामान्यतः ऐसे व्यक्तियों का इन परीक्षणों पर घटिया निष्पादन (poor performance) होता है।

2. सतत निष्पादन परीक्षण *(Continuous Performance Test or CPT)*—इस परीक्षण का निर्माण रोसभोल्ड, मीटस्की, सारासन (Rosvold, Mitskey & Sarason, 1956) द्वारा किया गया तथा इसके द्वारा दीर्घीकृत अवधान (sustained attention)

या जिसे सर्तकता (vigilance) भी कहा जाता है, का मापन होता है। इस परीक्षण में पर्दे पर कुछ अक्षरों की सतत उपस्थिति (continuous presentententation) प्रस्तुत की जाती है। कुछ प्रयासों (trials) में व्यक्ति को विशेष अक्षर (जैसे D) उपस्थित होने पर उसे कुंजी दबाना होता है तथा कुछ अन्य प्रयासों में व्यक्ति को तब कुंजी दबाना होता है जब कोई अक्षर विशेष अक्षर के बाद उपस्थित होता है। जब व्यक्ति लक्ष्य उद्दीपक (target stimulus) को देखकर कुंजी दबाने में असफल होता है, तो इससे लुप्ति की त्रुटि (error of omission) समझा जाता है और जब व्यक्ति किसी गैर लक्ष्य उद्दीपक (nontarget stimulus) के प्रति कुंजी दबाता है, तो इसे करण त्रुटि (error of commission) समझा जाता है। सामान्य व्यक्तियों में ऐसी त्रुटियाँ न के बराबर होती हैं परंतु मस्तिष्कीय क्षति (brain damaged) वाले व्यक्ति तथा मस्तिष्कीय दोष उत्पन्न करने वाली अवस्थाएँ (brain impairing conditions) जिनमें अतिक्रियाशीलता (hyper-activity), औषध प्रभाव (drug effects), मनोविदालिता (schizophrenia) आदि प्रधान होते हैं, में व्यक्ति का निष्पादन बहुत ही घटिया होता है।

3. गतिमान श्रवण क्रमिक जोड़ कार्य *(Paced Auditory Serial Addition Task or PASAT)*—ग्रौनवाल तथा राइटसन (Gronwall & Wrightson, 1974) के अनुसार PASAT को मानसिक खोज (mental tracking) का एक महत्त्वपूर्ण सूचक माना है। यह एक सरल परीक्षण है जिसमें व्यक्ति ध्यानपूर्वक औडियोटेप के माध्यम से प्रस्तुत किये गये अंकों के क्रम (series) को सुनता है और अंकों के प्रत्येक आनुक्रमिक जोड़े (successive pairs) को जोड़ता है। इस प्रकार से यदि अंकों का क्रम 5-2-7-3-4 है, तो उसे 7-9-10-7 के रूप में अनुक्रिया करना होगा। PASAT में 10 अंकों की अभ्यास शृंखला होती है जिसमें प्रत्येक 2.4 सेकेंड के बाद नया अंक उपस्थित किया जाता है। इस परीक्षण में 61 उद्दीपक (अतः इसमें 60 बार जोड़ की क्रिया की जरूरत होती है) होते हैं तथा चार उपस्थित गति (presentation speed) होती है। अंकों के बीच 2.4 सेकेंड, 2.0 सेकेंड, 1.6 सेकेंड तथा 1.2 सेकेंड का अंतर हो। प्रत्येक उपस्थिति दर पर अंकों के लिए गए जोड़ों में परिशुद्धता का प्रतिशत ज्ञात करके इस परीक्षण पर चार प्राप्तांक ज्ञात किये जाते हैं। इस परीक्षण में कार्य को संप्पन करने में जटिल मानसिक प्रक्रियाएँ सम्मिलित होती हैं। इस परीक्षण पर उत्तम निष्पादन के लिए यह आवश्यक है कि व्यक्ति दो अंकों को लघु-कालीन स्मृति में रखें, मन-ही-मन उसे जोड़े, उत्तर बतलावे, लघुकालीन स्मृति में अंतिम दो संख्याओं को रखें, शृंखला के नवीनतम अंक को लघुकालीन स्मृति में स्थापित करे और तब फिर उसी पूरे क्रम को दोहराये। सामान्य व्यक्ति तो इस ढंग का मानसिक कार्य कुछ कठिनाई के साथ अवश्य कर लेते हैं परंतु मस्तिष्कीय क्षतिग्रस्त व्यक्ति को इस ढंग का जटिल मानसिक कार्य करने में समय तथा त्रुटियाँ दोनों ही अधिक होती हैं। कनकूसन (concussion) के रोगियों की पहचान करने में PASAT की भूमिका अहम् है। कनकूसन में सिर पर चोट लगने के कारण चेतना की एक परिवर्तित अवस्था उत्पन्न होती है जिसमें अस्थायी स्मृतिलोप (amnesia), मिचली, कमजोर नब्ज, मंद श्वसनगति (slow respiration) आदि लक्षण मुख्य होते हैं। हालाँकि कोई स्पष्ट आंगिक मस्तिष्कीय क्षति (organic brain damage) नहीं पायी जाती है।

4. क्रमिक रूप से सात को घटना *(Substracting Serially sevens)*—यह

एक ऐसा सरल कार्य है जिसमें व्यक्ति में अवधनात्मक क्षमता तथा एकाग्रता की माप आसानी से होती है तथा इसका उपयोग 'मानसिक स्थिति परीक्षा' (Mental Status Examination) में प्रायः होता है। इससे व्यक्ति को 100 की संख्या से प्रारम्भ करके उसमें से सात घटाते हुए आगे तबतक बढ़ने के लिए कहा जाता है जबतक कि ऐसा न हो। जैसे 97, फिर उसमें से सात घटाने पर 90, फिर उसमें से 7 घटाने पर 83, और इसी तरह आगे तबतक कार्य करने के लिए कहा जाता है जब ऐसा करना सम्भव नहीं हो। परीक्षण (examiner) यहाँ अन्य बातों के अलावा निम्नांकित तीन बातों पर ध्यान देता है—पहला, व्यक्ति ने कितना गलत घटाव (subtraction) किया, दूसरा प्रत्येक घटाव में कितना समय लिया तथा तीसरा कितने बार घटाने के सिलसिले में 5 सेकंड से ज्यादा ठहराव किया। स्ट्रव तथा ब्लैक (Strub & Black, 1985) ने अपने अध्ययन के आधार पर यह बतलाया है कि सामान्य व्यक्ति जिनमें किसी प्रकार की मस्तिष्कीय क्षति नहीं हुई होती है, यह कार्य तो आसानी से कर लेता है परंतु जिनमें ऐसी क्षति होती है, वे घटाव की क्रिया बहुत धीरे-धीरे कर पाते हैं, उनमें त्रुटि की दर उच्च होती है तथा उनमें घटाव का कार्य करते हुए आगे बढ़ने की तीव्र अक्षमता पायी जाती है।

उपर्युक्त प्रमुख परीक्षणों के अलावा कुछ ऐसे परीक्षण है जिनके माध्यम से अवधानात्मक कारक की जाँच होती है। जैसे वेक्सलर बुद्धि परीक्षण का अंक विस्तार परीक्षण (digit span test) तथा अंकगणितीय परीक्षण (arithmetic test) द्वारा तात्कालिक श्रवण अवधान (immediate audition attention) की उत्तम माप होती है। उसी तरह से वेक्सलर परीक्षण का अंक संकेत परीक्षण (digit symbol test) से अवधानात्मक विकर्षणता (attentional destractibility) से स्वतंत्रता (freedom) की माप होती है और मस्तिष्कीय क्षति वाले व्यक्ति की पहचान की जाती है।

अधिगम तथा स्मृति न्यूरोमनोवैज्ञानिक मापन (Neuropsychological Assessment of Learning and Memory)

कुछ ऐसे परीक्षण हैं जिनके माध्यम से अधिगम तथा उसके सम्बन्धित मानसिक प्रक्रिया स्मृति की माप करके व्यक्ति में मस्तिष्कीय दुष्क्रिया (brain dysfunctioning) के बारे में अनुमान लगाया जाता है। ऐसे न्यूरोमनोवैज्ञानिक परीक्षणों में कुछ प्रमुख परीक्षण निम्नांकित हैं—

1. वेक्सलर स्मृति मापनी तृतीय *(Wechsler Memory Scale-III)*—इस मापनी का निर्माण मौलिक रूप से वेक्सलर (Wechsler) द्वारा 1945 में किया गया जिसका तीसरा संस्करण टुलस्की, झू तथा लेडवेयर (Tulsky, Zhu & Ledbetter, 1997) द्वारा प्रकाशित किया गया। इस परीक्षण में स्मृति के कई आयामों का मापन 17 उपपरीक्षणों (subtests) द्वारा होता है। इसमें 10 प्राथमिक उपपरीक्षण (primary subtests) हैं तथा 7 ऐच्छिक (optional) उपपरीक्षण हैं। इन परीक्षणों में 10 प्राथमिक उपपरीक्षण (primary subtests) हैं जिनके नाम इस प्रकार हैं—

तात्कालिक प्रत्याह्वान उप परीक्षण *(Immediate Recall Substests)*

1. तार्किक स्मृति I *(Logical Memory I)*—व्यक्ति को सुनाये गए लघु कहानियों से कुछ आवश्यक तत्त्वों का प्रत्याह्वान करना होता है।

2. आकृति I (*Faces I*)—इस लक्ष्य आकृतियों को दिखलाने के बाद 'हाँ-नहीं' में प्रत्याह्वान लिया जाता है। प्रत्येक आकृति को दो-दो सेकेंड के लिए दिखलाया जाता है।
3. शाब्दिक युग्मित साहचर्य I (*Verbal Paired Associates I*)—इसमें आठ युग्मित एकांशों में से प्रत्येक का पहला पद दिखाने पर व्यक्ति दूसरा पद का प्रत्याह्वान करता है।
4. पारिवारिक तस्वीर I (*Family Picture I*)—पारिवारिक दृश्यों में व्यक्तियों की क्रियाओं के स्थानीकरण का प्रत्याह्वान करना।
5. अक्षर संख्या शृंखला (*Letter-Number Sequencing*)—इसमें व्यक्ति यादृच्छिक संख्याओं एवं अक्षरों को एक सही क्रम में सुव्यवस्थित करता है।
6. स्थानिक विस्तार (*Spatial span*)—इसमें कुछ ब्लॉक (blocks) होते हैं जिसपर संख्या लिखे होते हैं। व्यक्ति को अग्रगामी (forward) एवं पश्चगामी (backward) शृंखलाओं में इसे क्रमबद्ध करना होता है।

विलम्बित प्रत्याह्वान उपपरीक्षण (*Delayed Recall Substests*)

7. तार्किक स्मृति II (Logical Memory II)
8. आकृति II (Faces II)
9. शाब्दिक युग्मित साहचर्य II (Verbal Paired Associates II)
10. पारिवारिक तस्वीर II (Family Pictures II)

विलम्बित प्रत्याह्वान उपपरीक्षणों में तात्कालिक उपपरीक्षण के ही उद्दीपकों का प्रत्याह्वान 30 मिनट विलम्ब से लिया जाता है।

इन परीक्षणों के माध्यम से स्मृति के इन प्रमुख आयामों का वर्णन होता है—*श्रवण तात्कालिक* (auditory immediate), *श्रवण विलम्बित* (auditory delayed), *दृष्टि तात्कालिक* (visual immediate), *दृष्टि विलम्बित* (visual delayed), *तात्कालिक स्मृति* (immediate memory), *श्रवण प्रत्यभिज्ञान विलम्बित* (auditory recognition delayed), *सामान्य स्मृति* (general memory) तथा *कार्यरत स्मृति* (working memory)। जिन व्यक्तियों में मस्तिष्कीय दुष्क्रिया तथा तंत्रकीय विकृतियाँ (neurological disorders) होती हैं, उनका निष्पादन स्मृति के इन सभी आयामों पर घटिया होता है और इस तरह से ऐसे व्यक्ति की पहचान आसानी से की जाती है।

2. रे श्रवण शाब्दिक अधिगम परीक्षण (*Rey Auditory Verbal Learning Test or RAVLT*)—19वीं शताब्दी के आरम्भ में इडोआर्ड क्लापैरेड (Edouard Claparede) ने स्मृति परीक्षण का निर्माण किया था जिसमें व्यक्ति को 15 शब्दों की एक सूची होती है जिसके प्रत्येक शब्दों को बारी-बारी से सुनाया जाता है और फिर व्यक्ति उसका मुक्त प्रत्याह्वान (free recall) करता है। रे (Ray, 1964) द्वारा इनमें कुछ संशोधन किया गया और फिर इसे रे *श्रवण शाब्दिक अधिगम परीक्षण* (Rey Auditory Verbal Learning Test or RAVLT) के नाम से जाना गया। इस परीक्षण में परीक्षक (examiner) प्रति शब्द एक सेकेंड की दर से 15 संज्ञा शब्दों को पढ़ता है। व्यक्ति इनमें से जितना हो सके उन शब्दों का प्रत्याह्वान किसी भी क्रम में करता

है। फिर दूसरी बार परीक्षक पूरी सूची को उसी दर से पढ़ता है और उन सभी शब्दों को (जिसका प्रत्याह्वान पहली बार कर चुके भी हैं) का प्रत्याह्वान किसी भी क्रम में करने के लिए कहता है। इस तरह से पाँच बार पूरी सूची उपस्थित किया जाता है और फिर उसका प्रत्याह्वान किया जाता है। इसके बाद एक बाधक प्रयास (interference trial) दिया जाता है जिसमें शब्दों की नयी सूची दी जाती है। इसके बाद एक प्रत्यभिज्ञान प्रयास (recognition trial) दिया जाता है जिसमें व्यक्ति या परीक्षार्थी को एक लम्बा लिखित पाराग्राफ दिया जाता है जिसमें बाधक सुने शब्दों को चिह्नित करना होता है। इस तरह से RAVLT द्वारा कई तरह के निष्पादनों (performance) के लिए प्राप्तांक मिलते हैं—प्रत्येक आरंभिक पाँच प्रयासों में प्रत्याह्वान किये गए शब्दों की संख्या (अधिकतम 15), सभी पाँच प्रयासों में प्रत्याह्वान किये गए शब्दों की संख्या (अधिकतम 75), बाधक सूची देने के बाद तात्कालिक प्रत्याह्वान (immediate recall) तथा प्रत्यभिज्ञान प्राप्तांक (recognition score)। तंत्रकीय समस्या (neurological problems) तथा विशेष तरह के मस्तिष्कीय क्षति वाले रोगियों का निष्पादन इन सभी आयामों पर घटिया (poor) होता है। ऐसे घटिया निष्पादन के आधार पर ऐसे रोगियों की पहचान न्यूरोमनोवैज्ञानिक आसानी से कर लेते हैं।

3. फूल्ड वस्तु-स्मृति मूल्यांकन *(Fuld object-memory evaluation)*—इस परीक्षण का निर्माण फूल्ड (Fuld, 1977) द्वारा किया गया। इसके द्वारा प्रौढ़ व्यक्तियों में स्मृति दोष (memory impairement) का मापन होता है। इस परीक्षण में 10 सामान्य घरेलू वस्तुओं जैसे गेंद, बोतल, चमचा, कैंची आदि को बारी-बारी से एक छोटा थैला में रखकर परीक्षार्थी को इस निर्देश के साथ दिया जाता है कि बंद थैले में ऊपर से छू कर बतलावें कि वस्तु क्या है। इसके बाद फिर उन्हें उस वस्तु का थैला से निकालने के लिए कहा जाता है ताकि वे यह देख लें कि वे सही थे या गलत। इस तरह से जब सभी 10 वस्तुओं की पहचान सही-सही कर ली जाती है, व्यक्ति के सामने एक बाधक कार्य (distractor task) दिया जाता है जिसमें विशेष अर्थगत श्रेणी (semantic category) जैसे 'सब्जी', 'भोजन', व्यक्ति का नाम आदि के भीतर के शब्दों को जिनसे व्यक्ति में सुख या दुःख का भाव उत्पन्न होता है, उपस्थित किये जाते हैं जिन्हें उन्हें पढ़कर बतलाना होता है। इसके बाद परीक्षार्थी से पहले देखे गये वस्तुओं (थैला के) में से जितना का प्रत्याह्वान कर सकता है, उसे करने के लिए कहा जाता है। प्रत्येक प्रत्याह्वान के बाद उसे यह बतला दिया जाता है कि वह किस वस्तु का नाम अभी नहीं बतला पाया है। इस प्रविधि को *चयनात्मक स्मरण* (selective reminding) कहा जाता है। इस तरह से परीक्षार्थी को चार और अतिरिक्त प्रयास दिये जाते हैं जिनमें उन्हें उन वस्तुओं का प्रत्याह्वान करना होता है। प्रत्येक प्रयास के बाद बाधक कार्य (distractor task) भी दिये जाते हैं। पाँच मिनट का अंतराल देकर विलम्बित प्रत्याह्वान (delayed recall) की भी जाँच की जाती है। अन्त में इस परीक्षा में एक बहुवरण प्रत्यभिज्ञान परीक्षण (multiplication recgognition test) का भी उपयोग किया जाता है।

कई अध्ययनों से यह स्पष्ट हुआ है कि फूल्ड परीक्षण का उपयोग अलज़ीमर रोग (Alzheimer's disease) से उत्पन्न तंत्रकीय समस्या (neurological problems) की पहचान में सफलतापूर्वक किया गया है। इस रोग की आरंभिक अवस्था का सबसे प्रमुख लक्षण स्मृति लोप (memory loss) होता है। ऐसा देखा गया है कि प्रौढ़ व्यक्ति

जिनमें स्मृति दोष पाया जाता है, इस परीक्षरण पर कम प्राप्तांक ला पाते हैं तथा साथ-ही-साथ चयनात्मक स्मरण (selective reminding) से इन्हें नाम मात्र का फायदा होता है।

इसके अतिरिक्त और भी कई ऐसे स्मृति एवं अधिगम परीक्षण हैं जिनका उपयोग मस्तिष्कीय दुष्क्रिया (brain dysfunctioning) की पहचान करने के लिए किया जाता है। इनमें कैलिफोर्निया शाब्दिक अधिगम परीक्षण II (California Verbal Learning Test II), वेन्टन दृष्टि धारण परीक्षण (Benton Visual Retention Test), रीभरमीड व्यवहारपरक स्मृति परीक्षण (Rivermead Behavioural Memory Test) आदि प्रधान हैं।

भाषाई कार्यों का न्यूरोमनोवैज्ञानिक मापन (Neurological Assessment of Language Functions)

न्यूरोमनोवैज्ञानिक मापन व्यक्ति के भाषाई कार्यों (language functions) के माध्यम से भी किया जाता है। न्यूरोमनोवैज्ञानिकों की अभिरुचि इस बात में प्रबल होती है कि व्यक्ति में बोलने, पढ़ने, लिखने तथा दूसरों की बातों को समझने की क्षमता कितनी है। इन क्षमताओं के आधार पर वे बायाँ प्रमस्तिष्कीय गोलार्द्ध (left cerebral hemisphere) की सम्पूर्णता (integrity) के बारे में आसानी से अंदाज लगा पाते हैं। न्यूरोमनोवैज्ञानिक कई तरह के भाषाई दोषों तथा दुष्क्रियाओं (dysfunction) जिन्हें सामूहिक रूप से (collectively) *एफासिया* (aphasia) कहा जाता है, का मापन करके मस्तिष्कीय क्षति (brain damage) की स्थिति का पता लगाते हैं। जैसा कि हम जानते हैं, एफाशिया की उत्पत्ति का सम्बन्ध किसी-न-किसी तरह की मस्तिष्कीय क्षति से होता है। एफाशिया की मापन में न्यूरोमनोवैज्ञानिक सामान्यतः निम्नांकित तीन प्रविधियों का उपयोग करते हैं—

1. अमानकीकृत नैदानिक परीक्षण (Non-standardized clinical examination)
2. मानकीकृत स्क्रीनिंग परीक्षण (Standardized screening test)
3. एफाशिया का एक सघन नैदानिक परीक्षण (Comprehensive diagnostic test)

इन तीनों प्रविधियों का वर्णन निम्नांकित है—

1. अमानकीकृत नैदानिक परीक्षण *(Non-standardized clinical examination)* —इस तरह की परीक्षा में व्यक्ति में उत्पन्न एफाशिया के विभिन्न पहलुओं का गहन प्रेक्षण किया जाता है। रिटान (Reitan, 1984, 85) तथा लीजाक (Lezak, 1995) इसके प्रमुख समर्थक रहे हैं। एफाशिया की इस परीक्षा में जिन तत्त्वों के मापन पर बल डाला जाता है, उनमें प्रमुख हैं—*स्वतः सम्भाषण* (spontaneous speech), *वाक्यों एवं वाक्यांशों की पुनरावृत्ति* (repetition of sentences and phrases), *बोले गए भाषा का बोध* (comprehension of spoken language), *शब्द खोज* (word finding), *पठन* (reading), *लेखन एवं नकल करना* (writing copying) तथा *परिकलन* (calculation)। इन तत्त्वों का प्रेक्षण करके परीक्षक फिर एफाशिया की

गंभीरता (severity) का पता लगाने के लिए एक रेटिंग मापनी (rating scale) का उपयोग करते हैं। एफाशिया के लिए किया गया इस तरह का नैदानिक परीक्षा (clinical examination) का विशेष लाभ यह है कि इसमें सरलता, लचीलापन एवं संक्षिप्पतता (brevity) का गुण मौजूद होता है जिससे इसकी लोकप्रियता अधिक है।

2. मानकीकृत स्क्रिनिंग परीक्षण *(Standardized Screening Test)*—इस तरह का परीक्षण अमानकीकृत नैदानिक परीक्षा (nonstandardized clinical examination) के ही समान लगभग होता है। अंतर इतना ही है कि मानकीकृत स्क्रिनिंग परीक्षण में परीक्षण के क्रियान्वयन एवं प्राप्तांक-लेखन (scoring) के लिए वस्तुनिष्ठ एवं ठोस निर्देश होता है जबकि ऐसी वस्तुनिष्ठता अमानकीकृत नैदानिक परीक्षण में नहीं होती है। इस तरह के कई परीक्षण उपलब्ध हैं जिनके माध्यम से एफाशिया की गंभीरता की माप होती है। इनमें से *रिटान-इनडियाना एफाशिया स्क्रिनिंग परीक्षण* (Reitan-Indiana Aphasia Screening Test) काफी मशहूर है। इस परीक्षण के एकांशों के माध्यम से कुछ ऐसे कार्य परीक्षार्थी को दिये जाते हैं जिनका वह नाम बतलाता है, या हिज्जे करता है या पढ़ता है, या उसे दोहराता है या फिर कुछ परिकलन (calculation) करता है। सामान्य व्यक्ति को इन कार्यों को संपन्न करने में न तो कोई कठिनाई होती है और न ही कोई त्रुटि ही। परंतु एफाशिया से ग्रस्त व्यक्ति को इन कार्यों को करने में कठिनाई होने के साथ-ही-साथ त्रुटि भी काफी होती है। माननीकृत स्क्रिनिंग परीक्षण का सामान्य दोष यह है कि इसके द्वारा एफाशिया के सूक्ष्म प्रकार की पहचान सामान्यतः नहीं हो पाती है।

3. एफाशिया की माप के लिए सघन परीक्षण *(Comprehensive diagnostic test for aphasia)*—इस तरह का परीक्षण एक काफी विस्तृत एवं सघन परीक्षण होता है जिसका उपयोग तब किया जाता है जब परीक्षक या अनुसंधानकर्त्ता को यह भलिभाँति ज्ञात होता है कि व्यक्ति एफाशिया का रोगी है। इस परीक्षण के माध्यम से भाषाई कौशलों (language skills) की एक ऐसी रूपरेखा (profile) सामान्यतः तैयार की जाती है कि जिसके आधार पर उपचार के बारे में कोई योजना (planning) करने में सुविधा होती है। कुछ प्रुख ऐसे परीक्षणों का संक्षिप्त विवरण निम्नांकित है—

(i) वोस्टोन डायगनोस्टिक एफाशिया परीक्षा *(Boston Diagnostic Aphasia Examination)*—यह एक काफी विस्तृत परीक्षण है जिसमें 46 उपमापनी (subscales) हैं जिनके माध्यम से संगीत (music), स्थानिक (spatial), परिकलन (computation) तथा लेखन कौशल के सात प्रकारों के अलावा एफाशिया के कुछ पारम्परिक माप (traditional measures) भी उपलब्ध है जिनके फ्रेंच एवं हिन्दी वर्तनी (version) भी उपलब्ध हैं। इस परीक्षरण का निर्माण गुडग्लास, काप्लान तथा वार्रेसी (Goodglass, Kaplan & Barresi, 2000) द्वारा किया गया है।

(ii) वेस्ट्रन एफाशिया बैट्री *(Western Aphasia Battery)*—इस परीक्षण का निर्माण कर्टेज (Kertesz, 1979) द्वारा किया गया। इस परीक्षण में शाब्दिक प्रवाहिता (verbal fluency), श्रवण बोध (auditory comprehension) तथा एफाशिया संलक्षण (aphasia syndrome) की पहचान करने के

विशिष्ट उद्देश्य से बोले गए शब्दों की पुरावृत्ति (repetition) आदि सम्मिलित होते हैं।

(iii) पोर्थ इन्डेक्स ऑफ कमुनिकेटिव एविलिटी(*Porch Index of Communicative Ability*)—यह एक ऐसा परीक्षणमाला (battery) जिसमें 18 उपपरीक्षण होते हैं और प्रत्येक उपपरीक्षण में 10-10 एकांश होते हैं। इन 18 उपपरीक्षण में चार शाब्दिक, आठ हाव-भाव संबद्ध(gestural) तथा छह आलेखीय(graphic) प्रवृति के होते हैं। यह एक बहुत ही विश्वसनीय माप है और इसके द्वारा रोगी के निष्पादन में हुए लघु परिवर्तनों की भी माप आसानी से हो जाती है। इस परीक्षण का निर्माण पोर्च (Porch, 1983) द्वारा किया गया।

(v) बहुभाषीय एफाशिया परीक्षा (*Multilingual Aphasia Examination*)—इस परीक्षण में 11 उपपरीक्षण तथा कुछ रेटिंग मापनी (rating scales) होते हैं और इनके माध्यम से दृष्टि नामकरण (visual naming), पुनरावृत्ति (repetition), प्रवाहिता (fluency), हिज्जे (spelling) तथा अन्य भाषाई चरों का मापन होता है।

स्पष्ट हुआ कि इन परीक्षणों के माध्यम से व्यक्ति में एफाशिया की स्थति की गंभीरता का पता लगाकर फिर उसके आधार में मस्तिष्कीय क्षति या अन्य न्यूरोलोजिकल समस्याओं के बारे में अंदाज लगाया जाता है।

स्थानिक एवं हस्तकौशल क्षमताओं का न्यूरोमनोवैज्ञानिक मापन
(Neuropsychological Assessment of Spatial and Manipulatory ability)

स्थानिक (spatial) तथा हस्तकौशल क्षमता (manipulatory ability) को मापने वाले परीक्षणों का एक साथ मिलाकर *रचनात्मक निष्पादन का परीक्षण* (Tests of constructional Performance) भी कहा जाता है। सचमुच में रचनात्मक निष्पादन परीक्षण में प्रत्यक्षज्ञानात्मक क्रिया (perceptual activity) क्रियात्मक अनुक्रिया (motor response) के साथ संयोजित होती है और इसमें हमेशा स्थानिक तत्त्व (spatial component) भी सम्मिलित होता है। चूँकि रचनात्मक क्षमता में कई तरह के जटिल कार्य (complex functions) सम्मिलित होते हैं, अतः हल्का मस्तिष्क दुष्क्रिया से भी रचनात्मक निष्पादन (constructional performance) में कुछ-न-कुछ दोष उत्पन्न हो जाते हैं। रचनात्मक निष्पादन के परीक्षणों को मोटे तौर पर दो भागों में बाँटा गया है—

(1) आरेखण परीक्षण (Drawing tests)

(2) सज्जीकरण परीक्षण (Assembly tests)

इन दोनों परीक्षणों का वर्णन निम्नांकित है—

(1) आरेखण परीक्षण (*Drawing tests*)—इस परीक्षण में व्यक्ति को कुछ उद्दीपक आकृति (stimulus figures) दे दिये जाते हैं और वह इन आकृतियों को जितना सही ढंग से हो सकता है, दिये गए कागज के सादे पन्ने पर आरेखित करता है और आरेखण में हुए त्रुटियों के आधार पर मस्तिष्क क्षति (brain damage) का अंदाज लगाया जाता है।

इस श्रेणी का सबसे उत्तम परीक्षण **वेन्डर दृष्टि पेशीय गेस्टाल्ट परीक्षण** (Bender Visual Motor Gestalt Test) है जिसका निर्माण एक महिला मनोरोगविज्ञानी (psychiatrist) लाऊरेटा बेण्डर (Lauretta Bender) द्वारा 1938 में किया गया। ये अमेरिका के न्यूयार्क सिटी में वेल्यभ्यू अस्पताल (Bellevue hospital) में कार्यरत थीं। इन्होंने गेस्टाल्ट मनोविज्ञान (Gestalt psychology) में जो एक जर्मन स्कूल था, के योगदानों से कुछ साधारण डिजाइन (simple design) का चयन किया और उनका उपयोग उन्होंने व्यक्तित्व विकृतियों से ग्रसित रोगियों के प्रत्यक्षणात्मक प्रक्रियाओं (perceptual processes) के अध्ययन में किया और बाद में उसका उपयोग मस्तिष्कीय क्षति (brain damage) वाले रोगियों की पहचान में सफलतापूर्वक की जाने लगी। इस परीक्षण में कुल 9 अति साधारण चित्र होते हैं। रोगी को एक-एक चित्र बारी-बारी से दिया जाता है जो चित्र को सामने रखकर वैसा ही चित्र बनाने की कोशिश करता है (चित्र 8.2 देखें)।

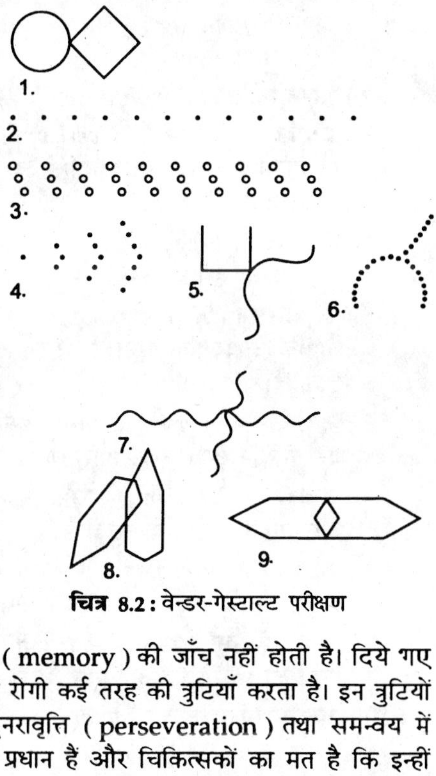

चित्र 8.2 : वेन्डर-गेस्टाल्ट परीक्षण

स्पष्टतः तब इस परीक्षण में स्मृति (memory) की जाँच नहीं होती है। दिये गए आकृति या चित्र के समान चित्र बनाने में रोगी कई तरह की त्रुटियाँ करता है। इन त्रुटियों में चित्र घूर्णन (figure rotation), पुनरावृत्ति (perseveration) तथा समन्वय में कमी (integration failures) आदि प्रधान हैं और चिकित्सकों का मत है कि इन्हीं त्रुटियों से मस्तिष्कीय क्षति (brain damage) वाले रोगियों की पहचान की जाती है। लुबिन तथा उनके सहयोगियों (Lubin et al., 1971) के अनुसार यह परीक्षण मस्तिष्कीय क्षति (brain damage) की परख करने में सबसे अधिक प्रयोग होने वाला परीक्षण है। इस परीक्षण का प्राप्तांक-लेखन योजना (scoring scheme) बच्चों के लिए अलग है तथा वयस्कों के लिए अलग है। बहुत से चिकित्सक इस प्राप्तांक-लेखन योजना का उपयोग न करके इसके जगह पर अपने अनुभवों (experiences) तथा अन्तर्ज्ञान (intuition) का उपयोग करते हैं। लैक्स (Lacks, 1982) जो एक महिला न्यूरोमनोवैज्ञानिक हैं, के अनुसार यह परीक्षण कम समय लेने वाला एक कम खर्चीला प्रविधि है तथा इसका प्रयोग मस्तिष्कीय क्षति के रोगियों की पहचान में काफी अधिक किया गया है। टोलोक तथा ब्राननिगन (Tolok & Brannign, 1980) ने अपने अध्ययनों के आधार पर यह बतलाया है कि इस परीक्षण का सफलतापूर्वक उपयोग विषाद (depression), दुश्चिंता प्रतिक्रिया (anxiety reaction), समायोजन से सम्बन्धित समस्याओं एवं सीखने से सम्बन्धित कठिनाइयों की पहचान करने में भी की जाती है।

लैक्स (Lacks, 1999) ने अपने विशिष्ट शोधों के आधार पर 13 ऐसे गुणात्मक संकेतों की पहचान किया है जिनमें से यदि आरेखण के विश्लेषण में कोई पाँच संकेत उपस्थित मिलते हैं, तो यह समझा जाता है कि व्यक्ति में मस्तिष्कीय क्षति (brain damage) के लक्षण मौजूद हैं। वे 13 बिंदु निम्नांकित हैं—

(1) **घूर्णन** *(Rotating)*—आरेखण (drawing) में आकृति को 80° से 180° तक घुमाया गया हो।

(2) **सरलीकरण** *(Simplification)*—चित्र को अधिक सरल बना दिया गया हो।

(3) **अंशछादन कठिनाई** *(Overlapping difficulty)*—किसी एक ऐसी आकृति के हिस्से को आरेखित करने में कठिनाई महशूश करना जिसे अंशछादित होना चाहिए।

(4) **विखंडन** *(Fragmentation)*—आरेखण में आकृति को इतना खंडित कर दिया जाता है कि उसका समग्र गेस्टाल्ट समाप्त हो जाता है।

(5) **पश्चगमन** *(Retrogression)*—इसमें दिये गए उद्दीपक आकृति की अपेक्षा अधिक अपरिष्कृत गेस्टाल्ट प्रारूप (primitive gestalt form) उपस्थित होता है।

(6) **दृढ़प्रतिज्ञता** *(Perseveration)*—इसमें व्यक्तिगत उद्दीपक आकृति की विशेषताओं को वर्तमान आकृति के आरेखण में दिखलाता है।

(7) **टकराव** *(Collision)*—इसमें दो अलग-अलग आकृतियों को एक दूसरे पर आच्छादित दिखलाया जाता है।

(8) **असमर्थता** *(Impotence)*—इसमें आरेखण में आकृति को अपने व्यक्तिगत संतुष्टि के लिए मिटाया जाता है तथा फिर बनाया जाता है।

(9) **बन्दी की कठिनाई** *(Closure difficulty)*—इसमें व्यक्ति आकृति के विभिन्न नजदीकी हिस्सों को आपस में स्पर्श कराने में असमर्थता दिखलाता है।

(10) **पेशीय असमन्यव** *(Motor incoordination)*—आरेखित आकृति में हुआ कम्पन स्पष्ट रूप से दीखता है।

(11) **कोणीय कठिनाई** *(Angular difficulty)*—इसमें आरेखण में व्यक्ति कोणीय अंशों (angular parts) को दिखलाने में कठिनाई महशूश करता है।

(12) **संसक्ति** *(Cohesion)*—इसमें किसी एक आरेखण के उपभाग के आकार में पृथक कमी या बढ़ोत्तरी (isolated decrease or increase) होता है।

(13) अगर पूरे परीक्षण के सभी चित्रों के आरेखण में वह 15 मिनट से अधिक समय लेता है, तो इसे एक अन्य त्रुटि में गिनती की जाती है।

बेण्डर-गेस्टाल्ड परीक्षण (Bender-Gestalt test) का सबसे महत्त्वपूर्ण अनुकूलन (adaptation) हट्ट (Hutt, 1977) द्वारा किया गया। इस अनुकूलन में बेण्डर-गेस्टाल्ट परीक्षण के प्राप्तांक-लेखन विधि (scoring method) को काफी उन्नत बनाया गया तथा इसमें इस परीक्षण को एक प्रक्षेपण परीक्षण (projective test) के रूप में व्यवहृत किया गया। यहाँ पूर्वकल्पना (assumption) की जाती है कि आकृतियों के रेखांकन (drawings) को बनाने तथा उसका स्पष्टीकरण (elaboration) करने में

रोगी अपने मानसिक संघर्षों एवं प्रमुख आवश्यकताओं (needs) का प्रक्षेपण करता है। हट्ट (Hutt) द्वारा किए गए अनुकूलन (adaptation) को *'बेण्डर-गेस्टाल्ट का हट्ट अनुकूलन'* (Hutt adaptation of Bender-Gestalt) कहा गया है और इसकी तीन अवस्थाएँ हैं जो निम्नांकित हैं—

(a) **नकल अवस्था** (*Copy phase*)—इस अवस्था में बेण्डर-गेस्टाल्ट परीक्षण के आकृतियों को रोगी को दे दिया जाता है जो उन आकृतियों का नकल अलग कागज पर उतारता है।

(b) **विस्तरण अवस्था** (*Elaboration phase*)—इस अवस्था में रोगी को बेण्डर-गेस्टाल्ट परीक्षण के मूल आकृतियों (original figures) को तथा उनके द्वारा रेखांकित किये गए आकृतियों को दे दिया जाता है और उन रेखांकित आकृतियों को अपनी इच्छानुसार परिवर्तित करने के लिए कहा जाता है ताकि वह पहले से अधिक उत्तम या उन्नत दीख पड़े।

(c) **साहचर्य अवस्था** (*Association phase*)—इस अवस्था में रोगी बेण्डर-गेस्टाल्ट परीक्षण के मूल आकृतियों को देखता है तथा साथ-ही-साथ अपने द्वारा रेखांकित आकृतियों को भी देखता है तथा वह परीक्षक को यह बतलाने की कोशिश करता है कि प्रत्येक आकृति से उसके मन में कैसे साहचर्य आते हैं।

इस परीक्षण के प्रोटोकाल (test protocol) की व्याख्या करने में रेखांकित किए गए आकृतियों की विशेषताओं, इन आकृतियों को उन्नत बनाने के लिए किए गए विस्तरण (eleboration) का स्वरूप तथा साहचर्य का प्रकार आदि को ध्यान में रखा जाता है। बेन्डर-गेस्टाल्ट परीक्षण के हट्ट अनुकूलन के प्राप्तांक-लेखन (scoring) में रेखांकित आकृतियों के कम-से-कम निम्नांकित आठ विशेषताओं पर अधिक ध्यान दिया जाता है क्योंकि उनसे नैदानिक मनोवैज्ञानिक को विशेष नैदानिक संकेत (clinical cues) मिलते हैं। वे विशेषताएँ हैं:—

(i) रेखांकन का क्रम (sequences of drawings), (ii) प्रथम रेखांकन की स्थिति (position of first drawing), (iii) जगह का प्रयोग (use of space), (iv) संघट्टन (collision), (v) कोर का प्रयोग (use of margin), (vi) समापन से सम्बन्धित कठिनाई (closure difficulty), (vii) सरलीकरण (simplification), (viii) गति की दिशा में संगतता (consistency in direction of movement)।

बेण्डर-गेस्टाल्ट परीक्षण की एक परिसीमा (limitation) यह बतलायी गयी है कि इसकी वैधता कार्यात्मक मनोविक्षिप्ति (functional psychosis) की पहचान में पर्याप्त नहीं है। कुछ लोगों का मत है कि यह परीक्षण मस्तिष्कीय क्षति (brain damage) का एक स्थूल निदान (gross diagnosis) करने में सफल होता है परन्तु एक विशिष्ट एवं स्थान-निर्धारित निदान (localized diagnosis) करने में सफल नहीं है। इस परीक्षण का प्राप्तांक-लेखन (scoring) वस्तुनिष्ठ न होकर काफी आत्मनिष्ठ (subjective) है। **मालोनी एवं वार्ड**[1] (Maloney & Ward, 1976) के शब्दों में इस अन्तिम निष्कर्ष

1. "Despite its widespread use in screening for brain damage, the Bender-Gestalt is not considered a sensitive measure of the general effects of cerebral dysfunction."
—Moloney & Ward : *Psychological Assessment*, 1976, p. 269

पर पहुँचा जा सकता है, *''मस्तिष्कीय क्षति के रोगियों को पहचानने में यद्यपि उसका प्रयोग व्यापक ढंग से हुआ है, बेण्डर-गेस्टाल्ट परीक्षण को मस्तिष्कीय दुष्क्रिया के सामान्य प्रभाव का एक संवेदनशील माप के रूप में स्वीकृत नहीं किया जा सकता है।''*

इसके अतिरिक्त रिटान एवं ओल्फसन (Reitan & Wolfson, 1993) ने एक विशेष तरह का आरेखण कार्य जिसे ग्रीक क्रास (Greek Cross) आरेखण कार्य कहा गया, के सहारे भी मस्तिष्कीय दोष (brain impairment) को समझने की कोशिश किया। चित्र 8.3 में ग्रीक क्रास (Greek cross) को दिखलाया गया और इसका आरेखण व्यक्ति को अलग कागज पर बिना पेंसिल उठाये ही करना होता है। आरेखण में हुए गुणात्मक त्रुटियाँ (qualitative errors) के आधार पर व्यक्ति के मस्तिष्कीय क्षति (brain damage) की गंभीरता के बारे में अनुमान लगाया जाता है।

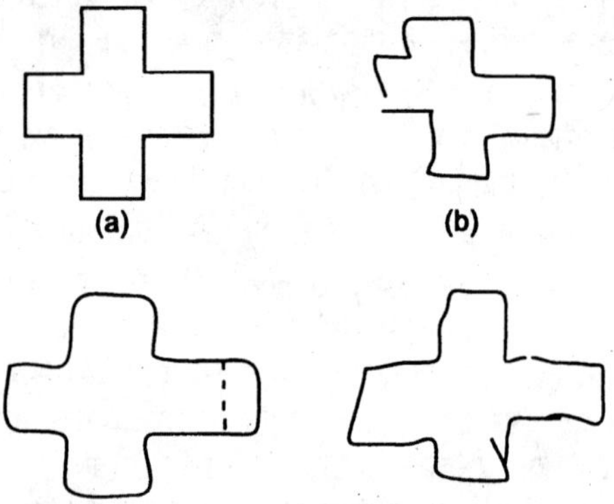

चित्र 8.3 : ग्रीक क्रास कार्य (Greek Cross task)

2. सज्जीकरण परीक्षण *(Assembly test)*—इस तरह के परीक्षण में व्यक्ति को एक त्रिविमीय निर्माण कार्य (three dimension construction tasks) करने के लिए दिया जाता है और इसमें हुई त्रुटि के आधार पर मस्तिष्कीय क्षति (brain damage) की गम्भीरता के बारे में अनुमान लगाया जाता है। वेन्टन (Benton et. al., 1994) ने *त्रिविमीय ब्लाक रचना परीक्षण* (three dimensional block construction test) का निर्माण किया जिसमें तीन ब्लाक मॉडल होते हैं और जिसे व्यक्ति या रोगी को एक-एक करके सामने उपस्थित किया जाता है। व्यक्ति को अलग ट्रे में रखे गए ब्लाकों में से उचित ब्लाक की मदद से दिये गए मॉडल का वास्तविक प्रारूप तैयार करने के लिए कहा जाता है। ब्लाक निर्माण में हुई लुप्ति (omission), जोड़ (additions), प्रतिस्थापन (substitutions) तथा विस्थापन (displacement) जिसके लिए अलग-अलग प्राप्तांक दिये जाते हैं, कें आधार पर मस्तिष्कीय दुष्क्रिया (brain dysfunction) के बारे में अंदाज लगाया जाता है।

स्पष्ट हुआ कि स्थानिक (spatial) एवं हस्त-कौशल क्षमताओं (manipulation abilities) के आधार पर भी न्यूरोलोजिक विकृतियों (neurological disorders) का पता लगाया जाता है।

कार्यपालक क्रियाओं का न्यूरोमनोवैज्ञानिक मापन
(Neuropsychological Measurement of Executive Functions)

कार्यपालक क्रियाओं (executive functions) का मापन करके भी न्यूरोमनोवैज्ञानिक मस्तिष्कीय क्षति का अंदाज लगाते हैं। इन क्रियाओं में कई तरह के कार्य यथा तार्किक विश्लेषण (logical analysis), संप्रत्ययकरण (conceptualization), तर्कणा (reasoning), योजना (planning) तथा चिंतन में लचीलापन (flexibility) आदि सम्मिलित होते हैं। इन कार्यपालक कार्यों का मापन न्यूरोमनोवैज्ञानिकों के लिए एक असाधारण उलझन तो अवश्य पैदा करता है परंतु इस उलझन का समाधान कुछ विशेष परीक्षणों का उपयोग करके करते हैं। *पोर्टेस मेज परीक्षण* (Porteus Mazes Test), *विसकौनसीन कार्ड सॉर्टिंग परीक्षण* (Wisconsin Card Sorting Test) तथा *टिंकरटाय परीक्षण* (Tinkertoy test) होल्ड-डान्डहोल्ड परीक्षण (Hold-Don't Hold test) आदि कुछ ऐसे ही परीक्षणों के उदाहरण हैं जिनके माध्यम से कार्यपालक कार्यों को मापा जाता है। इनका वर्णन इस प्रकार है—

1. पोर्टेस भूलभूलैया परीक्षण *(Porteus Maze Test)*—इस परीक्षण का निर्माण पोर्टेस (Porteus, 1965) द्वारा किया गया। इसके द्वारा व्यक्ति में नियोजन (planning) करने की क्षमता तथा दूरदर्शिता (foresightedness) की माप होती है। इस परीक्षण में बिना पेंसिल को उठाये हुए व्यक्ति को उन भूलभूलैया के रास्ते में एक लाइन खींचनी होती है जिनकी कठिनता स्तर धीरे-धीरे बढ़ते जाती है। स्मीथ (Smith, 1960) तथा टो (Tow, 1955) के अध्यनानुसार जिन व्यक्तियों के अग्रपालि (frontal lobe) में क्षति (damage) हुई होती है, वे लोग इस कार्य को करने में काफी कठिनाई महशूश करते हैं तथा साथ-ही-साथ अधिक त्रुटि भी करते हैं। मैक तथा पैटर्सन (Mack & Patterson, 1995) ने अपने अध्ययन के आधार पर यह बतलाया है कि पोर्टेस भूलभूलैया परीक्षण वैसे प्रौढ़ रोगियों जो अल्झीमर रोग (Alzheimer disease) से ग्रस्त है, कार्यपालक क्षमताओं (executive functions) की माप उत्तम ढंग से करता है।

2. विसकोनसिन कार्ड सॉर्टिंग परीक्षण *(Wisconsion Card Sorting Test)*— इस परीक्षण द्वारा भी व्यक्ति के कार्यापालक क्षमता (exceutive functions) की माप आसानी से की जाती है। इस परीक्षण के द्वारा भी अग्रपालि (frontal lobe) की क्षति का अनुमान लगाया जाता है। इस परीक्षण का उद्देश्य व्यक्ति के अमूर्त्त चिन्तन (abstract thinking) तथा सेट (set) को परिवर्तित करने की क्षमता का मापन होता है। इस परीक्षण में व्यक्ति या रोगी को 64 कार्ड का एक पैकेट दिया जाता है। प्रत्येक कार्ड पर कार्ड संख्या, चार संकेतों (त्रिभुज, तारा, क्रास या सर्किल) में से कोई एक संकेत तथा चार रंगों (लाल, हरा, पीला या नीला) में से कोई एक रंग छपा होता है। कोई भी दो कार्ड एक समान नहीं होता है। व्यक्ति को इन सभी कार्डों को एक अज्ञात नियम के अनुसार छाँटना होता है। जैसे, अज्ञात नियम हो सकता है कि रंग के अनुसार छाँटा जाय या आकृति के अनुसार छाँटा जाय। छाँटने के बाद परीक्षक 'सही' या 'गलत' के रूप में अपनी अनुक्रिया देता है। जब किसी एक कतार (row) में व्यक्ति 10 सही अनुक्रिया कर चुका होता है, तो परीक्षक बिना बतलाये नियम बदल देता है। इस तरह से सॉर्टिंग का कार्य तबतक चलता रहता है जबतक कि 10 सही अनुक्रियाओं का कम-से-कम छह

कतार न हो जाए। ग्रिभ तथा उनके सहयोगियों (Greve et al, 2002) के अनुसार इस परीक्षण द्वारा आसानी से वैसे रोगियों में होने वाले प्रगति की माप की जाती है जिनमें हाल में ही किसी प्रकार का मस्तिष्कीय आघात (brain waves) के शिकार होने के फलस्वरूप उपचार किया जा रहा हो।

3. टिंकरटाय परीक्षण *(Tinkertoy Test)*—इस परीक्षण का निर्माण लिजाक (Lezak, 1982) द्वारा किया गया। यह एक ऐसा परीक्षण है जिसमें रोगी या व्यक्ति को एक संरचित प्रारूप (structured format) के भीतर अपने कार्यपालक क्षमताओं (executive functions) को दिखलाने का पर्याप्त मौका दिया जाता है। टिंकरटाय सेट का 50 टुकड़ों को एक टेबूल पर रखकर व्यक्ति से कहा जाता है कि इन टुकड़ों के सहारे कम-से-कम 5 मिनट के भीतर जो भी रचना करना चाहते हैं, करें। यदि किसी रचना में आप ज्यादा समय लेना चाहते हैं, तो ले सकते हैं। इन विभिन्न रचनाओं के बनाने में प्रयोग किये गए टुकड़ों की संख्या, रचना में गतिशीलता (mobility), सममिति (symmetry) तथा रचनाओं के नामकरण आदि के आधार व्यक्ति को सामान्यतः –1 से +12 तक का प्राप्तांक दिया जाता है। अध्ययनों से यह स्पष्ट हुआ है कि मस्तिष्कीय क्षतिग्रस्त वाले रोगी बहुत कम टुकड़ों का उपयोग कर कोई विशेष रचना या डिजाइन तैयार करते हैं और ऐसी डिजाइन में बिखराव एवं अस्पष्टता भी काफी होती है। इतना नहीं, ऐसे व्यक्ति अपने द्वारा बनाये गये रचनाओं का नामकरण भी नहीं कर पाते हैं।

4. होल्ड-डोन्ट होल्ड परीक्षण *(Hold-Don't Hold Test)*—होल्ड-डोन्ट होल्ड परीक्षण द्वारा भी मस्तिष्कीय क्षति (brain damage) के रोगियों की पहचान की जाती है। इस परीक्षण की एक पूर्वकल्पना (assumption) यह है कि विभिन्न गति से उम्र बीतने के साथ मानसिक कार्यों (mental functions) में ह्रास होते हैं। नैदानिक मनोवैज्ञानिकों का मत है कि उम्र बीतने से या मस्तिष्कीय क्षति होने से शाब्दिक कौशलों (verbal skills) में कोई विशेष ह्रास नहीं होता है। ऐसे कौशलों (skills) को मापने वाले परीक्षणों को *होल्ड परीक्षण* (Hold test) कहा जाता है। परन्तु कुछ ऐसे कौशल हैं जिनमें उम्र बीतने के साथ तेजी से ह्रास होता है। इसे *डोन्ट-डोल्ड परीक्षण* (Don't Hold test) कहा जाता है। वेक्सलर बुद्धि मापनी (Wechsler intelligence scale) में अंक-विस्तार परीक्षण (Digit Span test), समानता परीक्षण (similarities test), अंक-चिह्न (Digit-Symbol test), तथा ब्लॉक डिजाइन परीक्षण (Block Design test), डोन्ट-होल्ड परीक्षण के उदाहरण हैं तथा शब्दावली परीक्षण, सूचना परीक्षण (Information test), वस्तु-सज्जीकरण परीक्षण (object-assembly test) चिह्न-आपूर्ति परीक्षण (Picture Completion test) होल्ड परीक्षण (Hold test) के उदाहरण हैं।

नैदानिक मनोवैज्ञानिकों द्वारा शाब्दिक कौशलों (verbal skills) में शब्दावली (vocabulary) को एक ऐसा विमा माना है जो उम्र बीतने से या मस्तिष्कीय क्षति से होने से सबसे कम प्रभावित होता है या इसमें सबसे कम कमी होती है। यही कारण है कि शब्दावली में हुए ह्रास को इन लोगों द्वारा आधार रेखा (base-line) बनाया गया है और अन्य कौशलों में हुए ह्रास की तुलना शब्दावली में हुए ह्रास से किया है। इस पूर्वकल्पना (assumption) को आधार मानकर वैबकॉक (Babcock) ने मानसिक

ह्रास (mental deterioration) का एक परीक्षण बनाया जिसे *वैबकॉक मानसिक ह्रास परीक्षण* (Babcock Test of Mental Deterioration) कहा जाता है। इस परीक्षण में दो भाग (parts) हैं—पहला भाग में स्टैनफोर्ड-बिने मापनी (Stanford-Binet Scale, 1916) के शब्दावली परीक्षण (vocabulary test) को रखा गया हे तथा दूसरे भाग में रोगी की मानसिक दक्षता (mental efficiency) को मापने के लिए गति (speed) एवं नयी सीखना (new learning) से सम्बन्धित एकांशों को रखा गया है। बौद्धिक ह्रास (intellectual derioration) की मात्रा को शब्दावली परीक्षण (vocabulary test) तथा मानसिक दक्षता परीक्षण अर्थात् गति एवं नये सीखना परीक्षण के प्राप्तांकों में हुए अंतर के आधार पर आँका जाता है। मस्तिष्कीय क्षति वाले रोगियों में यह अन्तर अधिक होता है। ऐसे रोगियों का शब्दावली परीक्षण पर के निष्पादन में तो कोई विशेष कमी नहीं आती है परन्तु मानसिक दक्षता परीक्षण पर के निष्पादन में काफी कमी आ जाती है।

मानसिक ह्रास (mental deterioration) को मापने के लिए वैबकॉक (Babcock) के ही समान एक दूसरा परीक्षण शिपले (Shipley) तथा हार्टफोर्ड रिट्रिट (Hartford Retreat) द्वारा 1940 में बनाया गया तथा इसका नाम *शिपले-हार्टफोर्ड मापनी* (Shipley-Hartford Scale) रखा गया है। इस परीक्षण के दो भाग हैं—पार्ट I तथा पार्ट II । पार्ट I में शब्दावली परीक्षण (vocabulary test) को रखा गया है तथा दूसरे पार्ट II में अमूर्त चिन्तन परीक्षण (abstract thinking test) को रखा गया है। रोगी के इन दोनों परीक्षणों के निष्पादन (performance) में होने वाले अन्तरों के आधार पर उसका बौद्धिक ह्रास (intellectual deterioration) की माप की जाती है। इन दोनों परीक्षणों पर के प्राप्तांकों के सम्बन्धों को संप्रत्यात्मक लब्धि (conceptual quotient) के रूप में अभिव्यक्त किया जाता है। मस्तिष्कीय क्षति वाले रोगियों में संप्रत्यात्मक लब्धि काफी कम होती है।

1939 में जब वेक्सलर ने वैक्सलर-वैलेभ्यू बुद्धि परीक्षण (Wechsler-Bellevue Intelligence Scale) का प्रतिपादन किया तो मानसिक ह्रास (mental deterioration) के अध्ययन में एक नया मोड़ उत्पन्न हो गया। इस परीक्षण में क्रियात्मक मापनी (performance scale) तथा शाब्दिक मापनी (verbal scale) है और इन दोनों के कई उपपरीक्षण (subtests) हैं। इस मापनी में, जैसा कि ऊपर कहा गया है, कुछ होल्ड परीक्षण (Hold test) हैं तथा कुछ डोन्ट-परीक्षण (Don't Hold test) हैं। इन दोनों परीक्षणों के तुलनात्मक अध्ययन करके वैक्सलर ने ह्रास-सूचक (Deterioration Index or DI) ज्ञात किया है जिसका सूत्र इस प्रकार है—

$$\text{Deterioration Index} = \frac{\text{Hold} - \text{Don't Hold}}{\text{Hold}}$$

इस DI से आंगिक मस्तिष्कीय क्षति (organic brain damage) की पहचान होती है हालाँकि कुछ नैदानिक मनोवैज्ञानिकों ने इसे एक असंतोषजनक सूचक बता कर अस्वीकृत कर दिया है। वेक्सलर परीक्षण में मस्तिष्कीय क्षति (brain damage) के रोगियों की पहचान परिमाणात्मक (quantatively) तथा गुणात्मक (qualitatively) दोनों ही ढंग से होती है। जब रोगी का क्रियात्मक बुद्धि लब्धि (performance IQ)

शाब्दिक बुद्धि लब्धि (verbal IQ) से अधिक कम होती है, तो इससे मस्तिष्कीय क्षति (brain damage) के संकेत मिलते हैं। ऐसे रोगियों का ब्लॉक डिजाइन परीक्षण तथा अंक-चिह्न परीक्षण (Digit-Symbol test) पर निष्पादन विशेषकर अधिक खराब होता है। ऐसे रोगियों का शाब्दिक अमूर्त क्षमता (verbal abstract ability) जिसका मापन समानता परीक्षण (similarity test) से होता है, पर भी निष्पादन (performance) काफी खराब होता है। इन परिमाणात्मक सूचकों के अलावा वेक्सलर बुद्धि मापनी में मस्तिष्कीय क्षति के कुछ गुणात्मक संकेत (qualitative signs) भी उपलब्ध होते हैं। इनमें धीमी अनुक्रिया (slow responses), निष्फल, चिन्तन, कुंठा, सहन (frustration toleration) की क्षीण शक्ति तथा भावशून्यता (apathy) आदि प्रधान होते हैं जिसका अवलोकन परीक्षक (examiner) परीक्षण-कार्य (testing) के दौरान के व्यवहारों को स्पष्ट रूप से करता है।

स्पष्ट हुआ कि व्यक्ति के कार्यपालक क्षमताओं की माप के आधार पर भी व्यक्ति में मस्तिष्कीय क्षति की स्थिति का पता लगाया जाता है।

पेशीय निर्गत का न्यूरोमनोवैज्ञानिक मापन (Neuropsychological Assessment of Motor Output)

न्यूरोमनोवैज्ञानिकों द्वारा व्यक्ति के हस्तकौशल गति (manipulative skills) तथा परिशुद्धता (accuracy) का मापन करके भी उसके मस्तिष्कीय क्षति की स्थिति का पता लगाने की कोशिश की गयी है। लिजाक (Lezak, 1995) इस क्षेत्र के अग्रणी अनुसंधानकर्त्ता हैं। इनके अनुसार हस्तकौशल गति एवं परिशुद्धता जिन्हें एक साथ मिलाकर पेशीय निर्गत (motor output) कहा जाता है, को तीन तरह के प्रमुख परीक्षणों द्वारा मापने की कोशिश की गयी है जो इस प्रकार है—

1. फिंगर-टैपिंग परीक्षण *(Finger-Tapping Test)*—इस परीक्षण द्वारा पेशीय दक्षता (motor dexterity) की माप होती है। इस परीक्षण में व्यक्ति दोनों हाथ के तर्जनी (index finger) से 10 सेकेंड तक टेलिग्राफ कुंजी जैसे लीभर को दबाता तथा छोड़ता है। यह कार्य दोनों हाथों से कई प्रयासों तक करना होता है तथा फिर दोनों हाथों के तर्जनी द्वारा किए गए इन निष्पादनों का औसत ज्ञात किया जाता है। सामान्यतः यह देखा गया है कि अप्रबल हाथ (nondominant hand) अर्थात् बायाँ हाथ का निष्पादन अर्थात् टैपिंग दर (tapping rate) प्रबल हाथ अर्थात् दायाँ हाथ का निष्पादन अर्थात् टैपिंग दर (tapping rate) दायाँ हाथ के निष्पादन का मात्र 80% होता है। यदि इस मानक में परिवर्तन होता है तो इससे उस मस्तिष्कीय गोलार्द्ध में क्षति (lesion) का अनुमान लगाया जाता है जो मंद हाथ के विपरीत पड़ता है। दूसरे शब्दों में यदि बायाँ हाथ का निष्पादन दायाँ हाथ के निष्पादन का मात्र 50% होता है, तो इसका मतलब यह हुआ कि व्यक्ति दायाँ गोलार्द्ध में क्षति (lesion) उत्पन्न हुई है।

2. परडू पेगबोर्ड परीक्षण *(Purdue Pegboard Test)*—पेशीय हस्तकौशल (motor manipulative) को मापने का यह एक लोकप्रिय परीक्षण है। इसमें व्यक्ति को बायें हाथ, दायें हाथ तथा फिर दोनों हाथ से एक साथ दिये गये कुछ खूटियों (pegs) को छेद (holes) में रखना होता है। बायें हाथ से 30 सेकेंड, दायें हाथ से 30

सेकेंड तथा फिर दोनों हाथ से 30 सेकेंड तक यह कार्य करना होता है। इसका मतलब यह हुआ कि सम्पूर्ण परीक्षण का क्रियान्वयन चन्द मिनट में हो जाता है। यदि किसी हाथ द्वारा खूँटी लगाने का कार्य मंद गति से होता है, तो इससे यह अनुमान लगाया जाता है कि व्यक्ति के मस्तिष्क के उस हाथ के विपरीत गोलार्द्ध में क्षति (lesion) है। जैसे बायाँ हाथ द्वारा यदि मन्द गति से कार्य होता है, तो इसका मतलब दायाँ गोलार्द्ध में क्षति हुई होती है। परंतु यदि दोनों हाथ द्वारा खूँटी लगाने की अनुक्रिया मंदित होती है, तो इसका मतलब द्विपार्श्विक मस्तिष्कीय क्षति (bilateral brain damage) से होता है।

क्लोभ (Klove, 1963) ने पेग-बोर्ड परीक्षण का एक परिवर्तित प्रारूप प्रस्तुत किया है जिसे *ग्रुभड पेग बोर्ड परीक्षण* (Groved Pegboard Test) कहा जाता है। इस परिवर्तित परीक्षण में प्रत्येक खूँटी में एक तरफ एक पीठ (ridge) होता है। इस पीठ या उभरे भाग के कारण प्रत्येक खूँटी को छेद में रखकर उसे ठीक से फिट करने के लिए उसे घुमाना भी होता है, अतः इस कार्य में पेशीय दक्षता (motor dexterity) के अतिरिक्त जटिल समन्वय (complex coordination) की भी आवश्यकता होती है। हालैंड तथा डिलानी (Hoaland & Delaney, 1981) के अनुसार पार्श्वीय मस्तिष्कीय क्षति (lateralized brain damage) को मापने का यह एक उत्तम परीक्षण है।

3. रेखा आरेखण कार्य *(Line Tracing Task)*—लिजाक (Lezak, 1995) का मत है कि पेशीय कौशल को मापने के लिए कोई जरूरी नहीं है कि एक परीक्षण हो ही। अतः इन्होंने रेखा आरेखण कार्य को ही पेशीय समन्वय एवं कौशल मापने का एक उत्तम माध्यम बतलाया है। इस कार्य को सम्पन्न करने के लिए व्यक्ति को एक कलम तथा एक कागज जिसपर कुछ आकृति बने होते हैं, दे दिया जाता है। उनसे यह कहा जाता है कि इस कागज पर की आकृति के आकार पर जितना तेजी से हो सके, उस पेंसिल से रेखा खींचे। इन रेखाओं को खींचने में हुई त्रुटियाँ जैसे लाइन को अधूरा छोड़ देना, आकृतियों के बाहर भी रेखा खींचना आदि के आधार पर उसके मस्तिष्कीय दुष्क्रिया (brain dysfunction) का अंदाज लगाया जाता है।

स्पष्ट हुआ कि मस्तिष्क-व्यवहार सम्बन्ध के मॉडल के अनुसार सात विभिन्न मानसिक प्रक्रियाओं का न्यूरोमनोवैज्ञानिक मापन करके मस्तिष्कीय क्षति का पता लगाया जाता है। इसके अतिरिक्त इस तरह के मापन के लिए कुछ परीक्षण मालाएँ (test batteries) भी विकसित किये गए हैं। इस तरह की परीक्षणमालाओं की विशेषता यह है कि इसमें प्रत्येक परीक्षण (test) में कई उपपरीक्षण (subtests) हैं जिनके माध्यम से विभिन्न तरह के मानसिक, संवेदी एवं पेशीय कार्यों में अनियमितता को मापकर मस्तिष्कीय क्षति के बारे में अनुमान लगाया जाता है। अतः यहाँ उनकी चर्चा अपेक्षित है।

न्यूरोमनोवैज्ञानिक मापन के लिए परीक्षणमालाएँ (Test Batteries for Neuropsychological Assessment)

न्यूरोमनोवैज्ञानिक मापन के लिए अबतक कई वैयक्तिक परीक्षणों (individual tests) की चर्चा की जा चुकी है। परंतु व्यवहारिक दृष्टिकोण से ऐसा देखा गया है कि अधिकतर न्यूरोमनोवैज्ञानिक मापन के लिए वैयक्तिक परीक्षण का उपयोग न करके एक निश्चित परीक्षण माला (fixed battery) का ही उपयोग करना अधिक महत्त्वपूर्ण समझते हैं। यहाँ हम दो ऐसे महत्त्वपूर्ण परीक्षणमालाओं (test batteries) का जिक्र

करेंगे जिनका नाम है—*हालस्टीड-रिटान न्यूरोमनोवैज्ञानिक परीक्षण माला* (Halsteed-Reitan Neuropsychological Battery) तथा *लूरिया-नेब्रास्का न्यूरोमनोवैज्ञानिक परीक्षणमाला* (Luria-Nebraska Neuropsychological Battery)। परंतु इन दोनों परीक्षणों का विस्तृत जानकारी देने के पहले हम इन न्यूरोमनोवैज्ञानिक परीक्षणमाला के मुख्य उद्देश्यों (purposes) की चर्चा करेंगे।

न्यूरोमनोवैज्ञानिक परीक्षणमाला के उद्देश्य (Purposes of Neuropsychological Test Batteries)

न्यूरोमनोवैज्ञानिक परीक्षणमाला के कई उद्देश्य (purposes) हैं। स्मीथ (Smith, 1995) के अनुसार ऐसे उद्देश्यों को निम्नांकित चार प्रमुख भागों में बाँटकर बतलाया जा सकता है—

1. **न्यूरोनिदान में मदद करना** *(To aid in neurodiagnosis)*—न्यूरोनिदान की संपुष्टि में न्यूरोमनोवैज्ञानिक परीक्षण काफी उपयोगी सिद्ध हुए हैं। कई बार न्यूरोलौजिक अवस्थाएँ (neurological condition) ऐसी होती हैं जिनके लिए उचित निदान (diagnosis) मुश्किल होती है। जैसे कुछ रोगी ऐसे होते हैं जिनके न्यूरोलौजिकल कारण (neurological cause) तथा कार्यात्मक विकृति (functional disorder) जैसे मनोविदालिता (schizophrenia) में अस्पष्टता होती है। ऐसी परिस्थिति में न्यूरोमनोवैज्ञानिक परीक्षणमालाओं द्वारा उचित निदान करने में काफी सहायता मिलती है।
2. **भविष्य के निष्पादन को मापने के लिए आधार रेखा स्थापित करना** *(To establish baseline for measuring future performances)*—न्यूरोमनोवैज्ञानिक परीक्षणों का उद्देश्य रोगी के भविष्य के निष्पादन की उचित व्याख्या एवं मापन के लिए एक आधाररेखा (baseline) की स्थापना करना भी होता है। अगर मस्तिष्कीय दुष्क्रिया के रोगियों को उपचार प्रारम्भ करने के पहले न्यूरोमनोवैज्ञानिक परीक्षण देकर उसकी स्थिति की जाँच कर ली जाती है, तो इससे फिर बाद में किये गए ऐसे परीक्षणों के माध्यम से यह आसानी से जाना जा सकता है कि रोगी में उपचार देने से उन्नति हुई है या नहीं।
3. **रोगी के बारे में पूर्वानुमानिक कथन तैयार करने में मदद करना** *(To help in making prognostic statement about clients)*—न्यूरोमनोवैज्ञानिक परीक्षणों के आधार पर यह पूर्वानुमान लगाया जा सकता है कि रोगी को दिये जाने वाले उपचार से भविष्य में किस दर से चंगा हो सकता है। मियर तथा स्मीथ (Meier & Smith, 1994) का मत है कि इस तरह के पूर्वानुमानिक कथन से मस्तिष्कीय दुष्क्रिया वाले रोगियों के पुनर्वास (rehabilitation) के बारे में कोई योजना बनाने में भी पर्याप्त मदद मिलती है।
4. **पुनर्वास के लिए योजना बनाने में मदद** *(Aid in planning for rehabilitation)*—गोल्डेन तथा एण्डरसन (Golden & Anderson, 1978) का मत है कि न्यूरोमनोवैज्ञानिक परीक्षणों के माध्यम से मस्तिष्कीय क्षति रोगियों (brain injured patients) के लिए पुनर्वास कार्यक्रम (rehabilitation

programme) सुनिश्चित करना काफी आसान हो जाता है। मस्तिष्क क्षति का विस्तृत क्षेत्र एवं उसके व्यवहारपरक स्वरूप (behavioural nature) को न्यूरोमनोवैज्ञानिक परीक्षण के ही आधार पर सही-सही ढंग से जाना जा सकता है तथा फिर उसके संदर्भ में उनके पुनर्वास की रूप-रेखा तैयार किया जा सकता है।

स्पष्ट हुआ कि न्यूरोमनोवैज्ञानिक परीक्षण के कई विशिष्ट उद्देश्य हैं। इन उद्देश्यों की प्राप्ति बहुत हद तक उचित परीक्षणमाला का चयन तथा परीक्षक का अपना अन्तर्ज्ञात (intuition) निर्भर करता है।

हाल्स्टीड-रिटान न्यूरोमनोवैज्ञानिक परीक्षणमाला (Halstead-Reitan Neuropsychological Test-battery)

इस परीक्षणमाला का निर्माण हालस्टीड (Halstead, 1947) द्वारा किया गया जिसका संशोधित एवं वर्द्धित प्रारूप उनके ही छात्र रिटान (Reitan, 1974) द्वारा प्रकाशित किया गया तथा इसका नाम *हालस्टीड-रिटान न्यूरोमनोवैज्ञानिक परीक्षणमाला* रखा गया है। इस परीक्षणमाला का उपयोग 15 साल एवं उससे अधिक आयु के व्यक्तियों में मस्तिष्कीय क्षति (brain damage) की पहचान करने के लिए किया जाता है परन्तु इसके दो और तर्जुमा या रूपांतर (version) हैं जिनका उपयोग 9 से 14 एवं 5 से 8 साल के बच्चों के लिए अलग-अलग किया जाता है। इस परीक्षण को पूरा करने में करीब 6 घंटा या उससे कुछ अधिक समय लगता है। इस परीक्षण के आधार पर *इन्डेक्स ऑफ इम्पयेरमेन्ट* (Index of impairment) ज्ञात किया जाता है। इसके अतिरिक्त यह विभिन्न कौशलों (skills) में व्यक्ति के कार्यों का भी मापन करता है। इस परीक्षणमाला में निम्नांकित 11 मापनियों (scales) को सम्मिलित किया गया है—

(i) **माइनेसोटा मल्टीफेजिक पर्सनालिटी इन्वेन्ट्री** *(Minnesota Multiphasic Personality Inventory)*—इस परीक्षण द्वारा 10 नैदानिक आयामों (clinical dimensions) का मापन होता है। इसके मौलिक प्रारूप में 550 एकांश हैं तथा इसके संशोधित प्रारूप (revised form) जिसे MMPI-2 कहा जाता है, में 567 एकांश हैं और इसके द्वारा भी वही 10 नैदानिक आयामों पर रोगी की स्थिति का आकलन होता है। वे दस नैदानिक आयाम या मापनी हैं—रोगभ्रम (hypochondriasis), विषाद (depression), हिस्ट्रीया (hysteria), मनोविकृत विचलन (psychopathic deviation), पुरुषत्व-नारीत्व (masculinity-feminity), स्थिर-व्यामोह (paranoia), मलेदौर्बल्यता (psychesthenia), मनोविदालिता (schizophrenia), अल्पोन्माद (hyppomania) तथा सामाजिक अन्तर्मुखता (social introversion) है।

(ii) **बेक्सलर वयस्क बुद्धि मापनी-संशोधित** *(Wechsler Adult Intelligence Scale Revised or WAIS-R)*—इस परीक्षण द्वारा रोगी की बुद्धि एवं अन्य सम्बन्ध आयामों जैसे ह्रास सूचक (deterioration index) आदि का पता लगाया जाता है। इसके दो भाग हैं—शाब्दिक मापनी (verbal scale) जिसमें छह उपपरीक्षण अर्थात् सूचना (information) परीक्षण, बोध परीक्षण (comprehension test), अंक-विस्तार परीक्षण (digit span test), शब्दावली परीक्षण (vocabulary test), अंकगणितीय परीक्षण (arithmetic test) तथा समानता परीक्षण (similarity test) हैं। क्रियात्मक मापनी (performance scale) में पाँच उपपरीक्षण अर्थात् चित्र पूर्ति परीक्षण (picture completion test), चित्र व्यवस्था परीक्षण (picture arrangement test), ब्लॉक डिजाइन परीक्षण (block design test), वस्तु सज्जीकरण परीक्षण (object assembly test) तथा अंकप्रतीक परीक्षण (digit symbol test)।

(iii) **श्रेणी परीक्षण** *(Category Test)*—इस परीक्षण में 208 स्लाइड्स (slides) होते हैं और उसे देखकर व्यक्ति को उन्हें सही-सही श्रेणियों में छाँटना होता है। आरंभ में तो यह कार्य आसान रहता है परन्तु आगे चलकर इसकी कठिनता स्तर में वृद्धि हो जाती है। परीक्षण द्वारा व्यक्ति की मानसिक दक्षता (mental efficiency) तथा अमूर्त्त संप्रत्ययों के निर्माण करने की क्षमता का मापन होता है।

(iv) **स्पर्श निष्पादन परीक्षण** *(Tactual performance Test)*—इस परीक्षण द्वारा व्यक्ति की पेशीय गति (motor speed), स्पर्श तथा गतिबोधक प्रत्यक्षण (kinesthetic perception) एवं अप्रसांगिक स्मृति (incidental memory) का मापन होता है। इसमें व्यक्ति के आँख पर पट्टी बाँध दिया जाता है और उसके सामने एक ऐसा बड़ा बोर्ड (board) रखा जाता है जिसमें 10 विभिन्न आकारों के ब्लॉक को फिट किया जा सकता है। व्यक्ति को यह कार्य तीन बार करना होता है—एक बार अपने एक हाथ से, फिर दूसरे बार दूसरे हाथ से और अंतिम बार दोनों हाथों से कार्य सम्पन्न होने के बाद बोर्ड को हटा दिया जाता है और आँख पर से पट्टी भी हटा दिया जाता है। व्यक्ति को अपनी स्मृति से बोर्ड तथा उसके उपयुक्त जगह में रखे गये विभिन्न ब्लाकों के चित्र का आरेखण अपनी स्मृति से करना होता है।

(v) **लय परीक्षण** *(Rhythm Test)*—इस परीक्षण द्वारा व्यक्ति के अशाब्दिक श्रव्य प्रत्यक्षण (nonverbal auditory perception), ध्यान एवं एकाग्रता (concentration) की क्षमता का मापन होता है। इसमें लय ताल (rhythm bits) के 30 जोड़े होते हैं जिन्हें एक-एक करके सुनने के बाद व्यक्ति को यह बतलाना होता है कि लय ताल का जोड़ा एक-दूसरे के समान है या भिन्न है।

(vi) **संभाषण-आवाज प्रत्यक्षण परीक्षण** *(Speech-Sound Perception Test)*—इस परीक्षण द्वारा व्यक्ति के शाब्दिक श्रव्य प्रत्यक्षण (verbal auditory perception), ध्यान एवं एकाग्रता की क्षमता का मापन होता है। इसमें सुने गये अर्थहीन शब्दों को दिये गए सूची में खोजकर वैसे ही शब्दों के साथ व्यक्ति को मिलान करना होता है।

(vii) **अंगुली टैपिंग परीक्षण** *(Finger Tapping Test)*—इस परीक्षण द्वारा पेशीय गति (motor speed) का मापन होता है। इसमें व्यक्ति को अपने तर्जनी से 10 सेकेंड तक के लिए जितना तेजी से हो सके लीभर (lever) दबाना होता है। दोनों हाथों से कई प्रयासों तक यह कार्य किया जाता है और फिर उसका आपस में तुलना किया जाता है।

(viii) **ट्रेल मेकिंग परीक्षण** *(Trail Making Test)*—इसमें व्यक्ति को वृत्तों का एक सेट दिया जाता है और ये सभी वृत्त क्रमांकित या अक्षरांकित होते हैं और

उन्हें तेजी के साथ एक सतत क्रम (consecutive sequence) में एक रेखा खींचते हुए जोड़ना होता है। इसके द्वारा व्यक्ति के दृष्टि स्कैनिंग (visual scanning) की क्षमता तथा विभिन्न सेट को समन्वित करने की क्षमता आदि का मापन होता है।

(ix) **पकड़ शक्ति परीक्षण** *(Strength of grip test)*—इस परीक्षण में व्यक्ति डायनेमोमीटर (dynamometer) को प्रत्येक हाथ से दबाता है और उसके आधार पर दायाँ हाथ तथा बायाँ हाथ के पकड़ की शक्ति का तुलनात्मक अध्ययन हो पाता है।

(x) **संवेदी प्रत्यक्षणात्मक परीक्षण** *(Sensory Perceptual test)*—इस परीक्षण में व्यक्ति को स्पर्श, श्रवण एवं दृष्टि उत्तेजनों का प्रत्यक्षण करना होता है। वह इन उद्दीपकों को शरीर के प्रत्येक भाग पर बारी-बारी से और फिर दोनों तरफ एक साथ दिया जाता है। इन तीनों में से प्रत्येक प्रत्यक्षण को वैयक्तिक रूप से तथा फिर कोई मानक परिवर्तन (standard variation) से तुलना करके किया जाता है।

(xi) **एफासिया स्क्रिनिंग परीक्षण** *(Aphasia Screening Test)*—इस परीक्षण द्वारा प्रत्यभिज्ञान (recognition) तथा भाषा अनुप्रयोग (language usage) के कई पहलुओं का मापन होता है। साथ-ही-साथ, ज्यामितीय प्रारूप को पुनरुत्पादन करने तथा साधारण क्रियाओं को मूकाभिनय (pantomime) करने की क्षमता आदि का मापन होता है।

सही अर्थ में श्रेणीपरीक्षण, स्पर्श निष्पादन परीक्षण, लय परीक्षण, संभाषण-आवाज प्रत्यक्षण परीक्षण तथा अंगुली टैपिंग परीक्षण ही मिलकर हालस्टीड-रिटान परीक्षणमाला का निर्माण कर देते हैं परंतु व्यावहारिक रूप से इस परीक्षणमाला में छह अन्य परीक्षणों को भी सम्मिलित किया जाता है।

इस परीक्षणमाला पर व्यक्ति का मूल्यांकन निम्नांकित चार तरीकों से किया जाता है—

(i) रोगी के निष्पादन के स्तर की तुलना मानक समूह (standard group) के निष्पादन से किया जाता है। उन परीक्षणों के निष्पादन के लिए क्षति या हानि सूचकांक (impairment index) ज्ञात किया जाता है जिसमें रोगी का निष्पादन नैदानिक रूप से घटिया पसार (deficient range) में पड़ता है।

(ii) परीक्षण पर के निष्पादन का पैटर्न विश्लेषण (pattern analysis) किया जाता है जिसमें परीक्षणमाला के विभिन्न परीक्षणों पर के निष्पादन का आपस में तुलना की जाती है। जैसे—अक्सर शाब्दिक बुद्धिलब्धि प्राप्तांक की तुलना क्रियात्मक बुद्धिलब्धि प्राप्तांक से करके रोगी के मस्तिष्कीय क्षति का अंदाज लगाया जाता है।

(iii) व्यक्ति के शरीर के दायें अंगों के निष्पादन की तुलना शरीर के बायें अंगों के निष्पादन से की जाती है और यदि इन दोनों में अधिक अंतर होता है, तो मस्तिष्क के दोनों गोलार्द्धों (hemisphere) के दोषपूर्ण कार्यों के बारे में अंदाज लगाया जाता है।

(iv) न्यूरोमनोवैज्ञानिक हमेशा विकारी चिह्नों (pathognomanic signs) का भी पता लगाने की कोशिश करते हैं क्योंकि इन चिह्नों से कुछ ऐसे आंगिक समस्याओं का पता चलता है जो स्पष्टतः किसी विकृति की ओर इशारा करता है।

लूरिया-नेव्रासका न्यूरोमनोवैज्ञानिक परीक्षणमाला
(Luria-Nebraska Neuropsychological Battery)

न्यूरोमनोवैज्ञानिक मापन के लिए लूरिया-नेव्रास्का न्यूरोमनोवैज्ञानिक परीक्षणमाला (Luria-Nebraska Neuropsychological Battery or LNNB) एक अतिमहत्त्वपूर्ण निश्चित परीक्षणमाला (fixed battery) है। इस परीक्षण के विकास का आधार मशहूर रूसी मनोवैज्ञानिक (psychiatrist) ऐलेक्जेण्डर लूरिया (Alexander Luria) द्वारा कई वर्षों तक न्यूरोलोजिक रोगियों पर किया गया शोधकार्य है। यह परीक्षण वर्तमान समय में अपने तीसरे संस्करण में है जिसे LNNB-III कहा गया है।

इस परीक्षण में कुल 269 एकांश (items) हैं। इन एकांशों के माध्यम से 11 विभिन्न तरह के न्यूरोमनोवैज्ञानिक निष्पादन (neuropsychological performance) के बारे में सूचना मिलती है। क्रियान्वयन (administration) तथा प्राप्तांक-लेखन (scoring) मैनुअल में उल्लेखित कसौटी के अनुरूप सभी एकांशों में 0, 1 या 2 का प्राप्तांक देकर प्राप्तांक-लेखन किया जाता है। सभी समान एकांशों को एक श्रेणी में रखा जाता है और इस तरह इसमें कुल 11 मापनी हैं जिन्हें C_1 से C_{11} तक में बाँटा गया है। प्रत्येक मापनी द्वारा एक स्वतंत्र क्षमता (ability) का मापन होता है जिसका उल्लेख निम्नांकित है—

C_1 पेशीय *(C_1 Motor)*—इसके एकांशों द्वारा समन्वय, गति, आरेखण (drawing) तथा अन्य जटिल क्षमताओं का मापन होता है।

C_2 लय *(C_2 Rhythm)*—इसके एकांशों द्वारा शाब्दिक लयबद्ध उद्दीपकों (verbal rhythmic stimuli) तथा अशाब्दिक लयबद्ध उद्दीपकों पर ध्यान देने, विभेदित करने तथा उन्हें उत्पन्न करने की क्षमता का मापन होता है।

C_3 स्पर्श *(C_3 Tactile)*—इसमें व्यक्ति को स्पर्श उद्दीपकों अर्थात् उद्दीपकों को छूकर बतलाना होता है तथा साथ-ही-साथ कलाई पर आरेखित उद्दीपकों को भी बतलाना होता है।

C_4 दृष्टि *(C_4 Visual)*—इसमें व्यक्ति को कुछ आरेखन (drawings) की पहचान करनी होती है। इस तरह के आरेखन में परस्परछादी आरेखन (overlapping drawings) तथा अस्पष्ट आरेखण की भी पहचान करनी होती है। इससे व्यक्ति आनुक्रमिक मैट्रीसेज (progressive matrices) का समाधान भी करता है।

C_5 ग्रहणशील संभाषण *(C_5 Receptive Speech)*—इसके द्वारा व्यक्ति में ध्वनिग्राम (phonemes) में अन्तर करने की क्षमता तथा वाक्यों, वाक्यांशों (phrases) तथा शब्दों को समझने की क्षमता का मापन होता है।

C_6 अभिव्यंजक संभाषण *(C_6 Expressive Speech)*—इसके द्वारा आवाजों, शब्दों एवं वाक्यों को धारा प्रवाह ढंग से उच्चारण करने की क्षमता तथा वर्णित (described) वस्तु या चित्रित वस्तुओं (pictured objects) की पहचान करने की क्षमता की माप होती है।

C_7 लेखन *(C_7 Writing)*—इसके द्वारा सामान्यतः पेशीय-लेखन क्षमता (motor writing abilities) का मापन होता है तथा श्रुत लेखन (dictation) की क्षमता की भी माप होती है।

C_8 पठन (*C_8 Reading*)—इसके द्वारा व्यक्ति में अक्षरों, शब्दों तथा वाक्यों को पढ़ने की क्षमता का मापन होता है तथा साथ-ही-साथ अक्षरों को शब्दों तथा आवाजों में संश्लेषित करने की क्षमता का भी मापन होता है।

C_9 अंकगणित (*C_9 Arithmetic*)—इसमें व्यक्ति को साधारण गणितीय परिकलन करना होता है तथा गणितीय चिह्नों एवं संख्या संरचनाओं को समझने की क्षमता की भी माप होती है।

C_{10} स्मृति (*C_{10} Memory*)—इसमें व्यक्ति को आनुमानिक (inference) तथा अनानुमानिक (non-inference) अवस्थाओं में शाब्दिक तथा अशाब्दिक उद्दीपकों को याद करने की क्षमता का मापन होता है।

C_{11} बुद्धि (*C_{10} Intelligence*)—इसके द्वारा बुद्धि के कुछ तत्त्व जैसे तर्कणा, संप्रत्यय निर्माण (concept formation) तथा जटिल गणितीय समस्या समाधान की क्षमता आदि का मापन होता है।

प्रत्येक मापनी पर के मूल प्राप्तांक (raw score) को ही टी प्राप्तांक (T score) में बदल दिया जाता है जिसका माध्य (Mean) = 50 तथा मानक विचलन (Standard deviation) = 10 होता है। इस परीक्षण पर उच्च प्राप्तांक से अधिक मनोरोग (psychopathology) होने का अंदाज मिलता है। 70 से ऊपर का प्राप्तांक द्वारा मस्तिष्कीय दोष (brain impairment) होने का अनुमान लगाया जाता है। इस पूरे परीक्षण के क्रियान्वयन में 2½ घंटे का समय लगता है।

इस परीक्षण पर के निष्पादन (performance) के आधार पर तीन सार मापनी (summary scale) की व्युत्पत्ति (derivation) की गयी है—

S_1 विकारी (*S_1 Pathognomonic*)—इसके द्वारा वास्तविक दैहिक पुनर्लाभ (actual physical recovery) तथा मस्तिष्क के कार्यात्मक पुनर्संगठन (functional reorganization) के बाद होने वाले क्षतिपूर्ति की मात्रा का पता चलता है। इस पर उच्च प्राप्तांक आने से यह पता चलता है कि ऐसी क्षतिपूर्ति कम हुई है। इस मापनी के एकांश का स्वरूप कुछ ऐसा होता है कि उनका उत्तर कोई भी सामान्य व्यक्ति दे पाता है परंतु मस्तिष्कीय क्षतिग्रस्त व्यक्ति शायद ही उनका उत्तर दे पाते हैं।

S_2 बायाँ गोलार्द्ध (*S_2 Left hemisphere scale*)—इसके द्वारा शरीर के दायें तरफ के पेशीय एवं संवेदी कार्यों का मापन होता है। फलतः जब कोई व्यक्ति अपने शरीर के दायें हिस्से वाले अंगों से यथोचित कार्य नहीं कर पाता है, तो यह पता चलता है कि उसका बायाँ गोलार्द्ध क्षतिग्रस्त है।

S_3 दायाँ गोलार्द्ध (*S_3 Right hemisphere scale*)—इस मापनी द्वारा शरीर के बायें भाग के पेशीय एवं संवेदी कार्यों का मापन होता है। इस भाग में क्षति होने से व्यक्ति अपने शरीर के बायें अंगों द्वारा ठीक ढंग से पेशीय एवं संवेदी क्रियाओं को नहीं कर पाता है।

LNNB के कुछ लाभ (advantages) तथा अलाभ (disadvantages) भी बतलाये गए हैं। इसके प्रमुख लाभ (advantages) निम्नांकित हैं—

(i) LNNB के क्रियान्वयन में लगभग 2½ घंटे का समय लगता है जबकि हालस्टीड-रिटान परीक्षण (Halstead Reitan test) के क्रियान्वयन में छह घंटे से अधिक का समय लगता है।

(ii) कई मनोवैज्ञानिकों का मत है कि LNNB द्वारा मस्तिष्कीय क्षति के ऐसे सूक्ष्म प्रभावों की भी पहचान आसानी से कर ली जाती है जिसे अभी तक अन्य न्यूरोलोजिक परीक्षाओं (neurological examinations) द्वारा पहचानना सम्भव नहीं हो पाता है।

(iii) LNNB द्वारा शिक्षा के स्तर पर पड़ने वाले प्रभावों को नियंत्रित करना आसान हो पाता है। ब्रिकमैन तथा सेलिगमैन (Brickman & Seligman, 2006) का मत है कि इस परीक्षण द्वारा शिक्षा के स्तर को इस तरह से नियंत्रित किया गया है कि जो व्यक्ति कम पढ़ा-लिखा है, वह इसी बात के कारण कम प्राप्तांक परीक्षण पर नहीं प्राप्त कर सके।

LNNB के कुछ अलाभ (disadvantages) भी हैं जो इस प्रकार हैं—

(i) LNNB का हालस्टीड रिटान परीक्षण के समान विस्तृत पृष्ठभूमि या उपयोग अबतक नहीं बतलाया गया है।

(ii) LNNB द्वारा वांछित सूचनाओं की माँग यह होती है कि जो व्यक्ति उसका उपयोग करने जा रहा हे उसे उस सैद्धान्तिक तंत्र (theoretical system) का विस्तृत ज्ञान होना चाहिए जिसपर परीक्षण आधारित होता है। यह अलाभ इस बात से कोई खास महत्त्व नहीं रखता है कि इस ढंग की जरूरत करीब-करीब सभी परीक्षणों की होती है।

स्पष्ट हुआ कि LNNB का लाभ की तुलना में अलाभ की बिन्दुएँ उतनी मजबूत नहीं हैं।

लाभदायक न्यूरोमनोवैज्ञानिक परीक्षण की विशेषताएँ (Characteristics of Useful Neuropsychological Tests)

किसी भी न्यूरोमनोवैज्ञानिक परीक्षण को लाभदायक होने के लिए यह आवश्यक है कि उसमें कुछ अपेक्षित गुण या विशेषताएँ हों। कई अध्ययनों की समीक्षा के बाद इस निष्कर्ष पर पहुँचा गया है कि एक न्यूरोमनोवैज्ञानिक परीक्षण के अपेक्षित गुण (merits) निम्नांकित पाँच हैं—

1. **सम्पूर्णता** *(Thoroughness)*—किसी भी न्यूरोमनोवैज्ञानिक परीक्षण को तभी लाभप्रद माना जा सकता है जब उसमें विभिन्न तरह के कार्यों को मापने की क्षमता हो। जैसे, इस परीक्षण में उस गोलार्द्ध (hemisphere) को पहचान करने की क्षमता हो जिससे भाषा नियंत्रित होता हो, सामान्य बुद्धि तथा स्मृति की माप करता हो, उसमें संवेदी (sensory), प्रत्यक्षज्ञानात्मक (perceptual), तथा पेशीय कार्यों (motor functions) को मापने की क्षमता हो; भाषाई कार्यों (language functions) को भी मापने की क्षमता हो तथा बायाँ एवं दायाँ अग्रपालि (frontal lobe) के कार्यों को मापने की क्षमता हो।

2. **समय** *(Time)*—एक लाभप्रद (useful) न्यूरोमनोवैज्ञानिक परीक्षण की अन्य विशेषता यह है कि उसे क्रियान्वयवन करने में कम से कम समय लगे क्योंकि मस्तिष्कीय क्षति (brain damage) वाले रोगी प्रायः कमजोर होते हैं और आसानी से थक जाते हैं।

3. **सुगमता एवं खर्च** *(Ease and Cost)*—ऐसे परीक्षण में सुगमता (easiness) का गुण होना अनिवार्य है। परीक्षण में कियान्वयन (admistration) के ख्याल से सुगमता (easiness) होना चाहिए। परीक्षा का स्वरूप ऐसा होना चाहिए कि उनका क्रियान्वयन तो आसान हो ही साथ-ही-साथ उनके परिणाम की व्याख्या करने में संगतता (consistency) हो। इसके लिए यह आवश्यक है कि परीक्षण का एक मानक प्रारूप (standard format) हो तथा उसका प्राप्तांक लेखन (scoring) वस्तुनिष्ठ ढंग से किया जाना सम्भव हो। परीक्षण की कीमत भी बहुत अधिक नहीं हो क्योंकि इससे परीक्षण का उपयोग कुप्रभावित होता है।
4. **अनुकूलनशीलता** *(Adaptability)*—प्रायः यह देखा गया है कि मस्तिष्कीय क्षति वाले रोगी बहुत ही चलंत (mobile) नहीं होते हैं क्योंकि या तो वे बिछावन से जकड़े (bedridden) होते हैं या फ़िर चक्रकुर्सी (wheelchair) पर ही इधर-उधर चलने वाले होते हैं। अतः न्यूरोमनोवैज्ञानिक परीक्षणों का स्वरूप रोगी या व्यक्ति के स्वास्थ्य के आलोक में निर्धारित सीमा (constraints) से अनुकूलनीय (adaptable) तथा सुबह (portable) हो।
5. **लचीलापन** *(Flexibility)*—न्यूरोमनोवैज्ञानिक परीक्षणों को अन्य मनोवैज्ञानिक परीक्षणों के समान लगातार शोधों के नये परिणाम के आलोक में उन्नत बनाया जाता है। अतः न्यूरोमनोवैज्ञानिक परीक्षण का स्वरूप ऐसा होना चाहिए कि उन्हें इस नये आँकड़ों से उन्नत बनाया जा सके। कभी-कभी ऐसा देखा गया कि कुछ न्यूरोमनोवैज्ञानिक परीक्षण में इतने जटिल सूत्र तथा अन्य प्राप्तांक (score) का उल्लेख होता है कि परीक्षण को उन्नत बनाने की दिशा में रुकावट पैदा करते हैं। इससे परीक्षण में लचीलापन का गुण बनता है।

स्पष्ट हुआ कि एक लाभप्रद एवं उत्तम न्यूरोमनोवैज्ञानिक परीक्षण के कुछ निश्चित गुण होते हैं जिसके कारण उनकी लोकप्रियता अन्य परीक्षणों के कारण अधिक होती है।

भारतवर्ष में न्यूरोमनोवैज्ञानिक मापन
(Neuropsychological Assessment in India)

भारत में न्यूरोमनोवैज्ञानिक मापन (Neuropsychological assessment) के तीन प्रकार हैं—

1. न्यूरोमनोवैज्ञानिक परीक्षणमाला (Neuropsychological battery)
2. वेद्युतीय दैहिक मापन (Electrophysiological measures)
3. सूचना संसाधन परीक्षण (Information processing test)

इन तीनों न्यूरोमनोवैज्ञानिक मापन का वर्णन निम्नांकित है—

1. न्यूरोमनोवैज्ञानिक परीक्षणमाला *(Neuropsychological battery)*—भारत में लूरिया-नेब्रास्का न्यूरोमनोवैज्ञानिक परीक्षणमाला (Luria-Nebraska Neuropsychological Battery or LNNB) का अनुकूलन मार्वा तथ वार्नेस (Marwah & Barnes, 1991) द्वारा किया गया है और इसका सफलतापूर्वक उपयोग भारत में अग्रपालि (frontal lobe), शंखपालि (temporal lobe) तथा भित्तीय पालि (parietal lobe) में क्षति (lesion) के प्रभाव की पहचान करने के लिए मुकुन्दन, राव, जैन, जयकुमार तथा शैलजा (Mukundan, Rao, Jain, Jayakumar & Shailaja, 1991) द्वारा किया गया। इस अनुकूलित परीक्षण का सफलतापूर्वक उपयोग पंडा (Panda, 1988) द्वारा भी मस्तिष्कीय क्षति के रोगियों की पहचान करने के लिए किया।

2. वैद्युतीय-दैहिक माप *(Electrophysiological measures)*—इस तरह के माप में व्यक्ति या रोगी के विभिन्न तरह के विकृतियों के उत्पन्न होने में मस्तिष्कीय एवं दैहिक परिवर्तनों को मापा जाता है और उसके आधार पर विकृति की गंभीरता का अंदाज लगाया जाता है। जैसे, मुकुन्दन, रेड्डी, हेज तथा शंकर (Mukunda, Reddy, Hedge & Shanker, 1990) सिर में उत्पन्न आघात (head trauma) के दीर्घकालीन प्रभाव को मापने के लिए एक इस तरह का अध्ययन किए। खन्ना, मुकुन्दन तथा चन्नावासावन्ना (Khanna, Mukandan & Channabasavanna, 1989) ने मनोग्रस्ति-बाध्यता विकृति (obsessive-compulsive disorders) में अग्रपालि (frontal lobe) की भूमिका का अध्ययन ऐसे ही मापों से किया था।

3. सूचना संसाधन परीक्षण *(Information Processing Test)*—इन परीक्षणों के माध्यम से सिर के चोट (head injury) का मापन एवं उसका उपचार (remediation) के लिए उपयोग किया जाता है जिसमें विभिन्न मस्तिष्कीय कार्यों की जाँच एक क्रम में करके उसके बारे में अंदाज लगाया जाता है। राव, गंगधार एवं हेज (Rao, Gangadhar and Hedge, 1985) ने इन परीक्षणों का उपयोग सफलतापूर्वक इस कार्य के लिए किया तथा मिरगी रोगियों के मस्तिष्कीय लय का सफलतापूर्वक अध्ययन करने के लिए प्रसादराव तथा राव (Prasadrao & Rao, 1992) किया है।

इन तीन तरह के परीक्षणों का आशय (implication) विभिन्न तरह के केसेज या रोगियों के प्रबंधन में बहुत ही महत्त्वपूर्ण है। जहाँ मस्तिष्कीय दुष्क्रिया (brain dysfunction) के परीक्षण रोगियों के मस्तिष्कीय कमी (deficits) के स्थानीकरण (localization) तथा उसके पार्श्विकरण (lateralization) के रूप में भिन्नता करने में मदद करता है और इस तरह से परोक्ष रूप में पुनर्वास (rehabilitation) में मदद करता है, वहाँ सूचना संसाधन परीक्षण निदान (diagnosis) तथा उपचार को नियमित बनाने में मदद करता है।

अध्याय सारांश
(Chapter Summary)

1. न्यूरोमनोवैज्ञानिक मूल्यांकन (neuropsychological assessment) ज्ञात या संदिग्ध मस्तिष्कीय दुष्क्रिया वाले व्यक्तियों की पहचान करने और उपचार करने के लिए विशिष्ट परीक्षणों का एक महत्त्वपूर्ण अनुप्रयोग है।
2. न्यूनतम मस्तिष्कीय-दुष्क्रिया (Minimum Brain Dysfunction or MBD) एक ऐसी श्रेणी होती हैं जिसमें उन सभी बच्चों को रखा जाता है जिनमें तरह-तरह के संज्ञानात्मक एवं व्यवहारात्मक विकृतियाँ तो देखने को मिलतीं हैं परंतु मस्तिष्कीय क्षति (brain damage) का कोई स्पष्ट सबूत नहीं मिलता है।
3. न्यूरोमनोवैज्ञानिक मूल्यांकन के कई अनुप्रयोग हैं जिनमें चार प्रमुख अनुप्रयोगों पर अधिक बल डाला गया है।

4. मस्तिष्क-व्यवहार सम्बन्ध मॉडल (brain-behaviour relationship model) मस्तिष्क को प्राप्त होने वाली सूचनाओं को मस्तिष्क द्वारा विभिन्न श्रेणियों में विश्लेषित करके उसे क्रिया में बदलकर अध्ययन करता है और न्यूरोमनोवैज्ञानिक परीक्षण द्वारा एक या उससे अधिक श्रेणी का मापन किया जाता है। इस मॉडल के अनुसार ऐसी सात श्रेणियों की पहचान की गयी है।
5. एक श्रेणी में संवेदी निवेश (sensory input) का न्यूरोमनोवैज्ञानिक मापन रखा गया है जो संवेदी-प्रत्यक्षज्ञानात्मक परीक्षण (sensory-perceptual examination) तथा अँगुली स्थानीकरण परीक्षण (finger localization test) द्वारा संपन्न होता है।
6. दूसरी श्रेणी में अवधान एवं एकाग्रता (concentration) का न्यूरोमनोवैज्ञानिक मापन रखा गया है जिसके लिए दिन-प्रतिदिन अवधान का परीक्षण (Test of Everyday Attention or TEA), गतिमान श्रवण क्रमिक जोड़ कार्य (Paced Auditory Serial Addition Task or PASAT), क्रमिक रूप से सात को घटाना (subtracting serial seven) आदि का उपयोग किया जाता है।
7. तीसरी श्रेणी में अधिगम (learning) तथा स्मृति (memory) का न्यूरोमनोवैज्ञानिक मापन को रखा गया है तथा इसके लिए वेक्सलर स्मृति मापनी तृतीय (Wechsler Memory Scale-III), रे श्रवण शाब्दिक अधिगम परीक्षण (Rey Auditory Verbal Learning Test or RAVLT), फूल्ड वस्तु स्मृति मूल्यांकन (Fuld Object Memory Evaluation) का उपयोग किया जाता है।
8. चौथी श्रेणी में भाषाई कार्यों (language functions) का न्यूरोमनोवैज्ञानिक मापन को रखा गया है जिसके लिए अमाननीकृत नैदानिक परीक्षण, माननीकृत स्क्रीनिंग परीक्षण तथा एफाशिया का एक सघन नैदानिक परीक्षण का उपयोग किया जाता है।
9. पाँचवीं श्रेणी में स्थानिक (spatial) तथा हस्तकौशल क्षमताओं का न्यूरोमनोवैज्ञानिक मापन को रखा गया है तथा इस कार्य के लिए आरेखणपरीक्षण (drawing test) तथा सज्जीकरण परीक्षण (assembly test) प्रमुख हैं। वेन्डर-गेस्टाल्ट परीक्षण (Bender-Gestalt test) आरेखण परीक्षण का एक प्रमुख प्रकार है।
10. कार्यपालक क्रियाओं (executive functions) के न्यूरोमनोवैज्ञानिक मापन को एक छठी श्रेणी में रखा गया है तथा इस कार्य के लिए पोटेर्स भूलभूलैया परीक्षण (Porteus Maze test), विसकोनसिन कार्ड सॉर्टिंग परीक्षण (Wisconsin Card sorting test), टिकरटाय परीक्षण तथा होल्ड-डान्ट होल्ड परीक्षण (Hold-Don't Hold test) को रखा गया है।
11. सातवीं श्रेणी में पेशीय निर्गत (motor output) का न्यूरोमनोवैज्ञानिक मापन को रखा गया है तथा इस कार्य के लिए फिंगर टैपिंग परीक्षण (Finger-Tapping test) परडू पेगबोर्ड परीक्षण (Purdue Pegboard test), रेखा आरेखण कार्य आदि परीक्षणों का उपयोग किया जाता है।
12. न्यूरोमनोवैज्ञानिक मापन के लिए कुछ निश्चित परीक्षणमालाओं (test batteries) का उपयोग किया जाता है जिनमें दो प्रमुख हैं—हालस्टीड-रिटान न्यूरोमनोवैज्ञानिक परीक्षणमाला (Halstead-Reitan Neuropsycholgical Battery) तथा लूरिया-नेब्रास्का न्यूरोमनोवैज्ञानिक परीक्षणमाला (Luria-Nebraska Neuropsy-chological Battery) प्रमुख हैं।
13. एक उत्तम एवं लाभदायक न्यूरोमनोवैज्ञानिक परीक्षण के पाँच विशेष गुण बतलाये गए हैं—सम्पूर्णता, समय, सुगमता एवं खर्च, अनुकूलनशीलता तथा लचीलापन।

❑

अध्याय 9

पालिरूप संलक्षण
(LOBULAR SYNDROME)

जैसा कि हम जानते हैं कि मानव मस्तिष्क दो गोलार्द्धों (hemisphere) में बँटा हुआ है—बायाँ गोलार्द्ध (left hemisphere) तथा दायाँ गोलार्द्ध (right hemisphere)। प्रत्येक गोलार्द्ध को चार पालियों (lobes) में बाँटा गया है—*अग्र पालि* (frontal lobe), *भित्तीय पालि* (parietal lobe), *पश्चकपाल पालि* (occipital lobe), तथा *शंख पालि* (temporal lobe)। इन चारों पालियों की संरचनाओं (structure), कार्य (functions) तथा उनमें क्षति (lesion) या अन्य विकृति (distrortions) के होने पर उत्पन्न समान लक्षण (similar symptoms) जिसे तकनीकी रूप से *पालिरूप संलक्षण* (lobular syndrome) कहा जाता है, का वर्णन यहाँ हम अलग-अलग अनुच्छेदों में करेंगे।

अग्रपालि की सरचना एवं कार्य
(Structure and Function of Frontal Lobe)

अग्रपालि मस्तिष्क में मानव चेहरा के ठीक नजदीक वाले भाग में अवस्थित होता है तथा यह गहरे केन्द्रीय दरार (deep central fissure) से घिरा हुआ होता है। अग्रपालि मस्तिष्क का सबसे विकसित हिस्सा है। मनुष्यों में यह प्रमस्तिष्कीय गोलार्द्ध के वजन का करीब एक तिहाई हिस्सा होता है। इस अनुच्छेद में हम अग्रपालि की संरचना (structure) तथा कार्य (functions) एवं अगले अनुच्छेद से अग्रपालि संलक्षण (frontal lobe syndrome) की चर्चा सविस्तार करेंगे।

मानव मस्तिष्क में अग्रपालि केन्द्रीय सुलकस (central sulcus) के आगे होता है और इसे न्यूरोशरीरशास्त्रियों (neuro-anatomists) द्वारा चार उपभागों में बाँटा गया है जिसका संक्षिप्त विवरण यहाँ इस प्रकार है—

(a) पेशीय क्षेत्र (motor area)—जो प्राक्केन्द्रीय गाइरस (precentral gyrus) को अपने में सम्मिलित किये रहता है (देखें चित्र 9.1)।

(b) प्राक्पेशीय क्षेत्र (premotor area)—जो पेशीय क्षेत्र (motor area) के पीछे होता है तथा जिसमें ब्रोडमान क्षेत्र संख्या 6 एवं 8 का कुछ अंश सम्मिलित होता है (देखें चित्र 9.1)।

(c) प्राक्भाग क्षेत्र (prefrontal area)—जिसमें ब्राडमैन क्षेत्र संख्या 9, 10, 45 तथा 46 सम्मिलित होते हैं।

(d) पालि का वैसोमेडियल भाग जिसमें ब्रोडमैन क्षेत्र संख्या 9 से 13, 24 एवं 32 सम्मिलित हो सकते हैं (देखें चित्र 9.1)

बाद के दो उपखंडों का एक साथ मिलकर *प्राक्‌अग्र क्षेत्र* (prefrontal area) कहा जाता है। डार्सोलेटरल सतह (dorsolateral surface) पर बीच में एक विशिष्ट क्षेत्र होता है जिसे *अग्र नेत्र क्षेत्र* (frontal eye field) कहा जाता है जिससे प्राक्‌अग्र

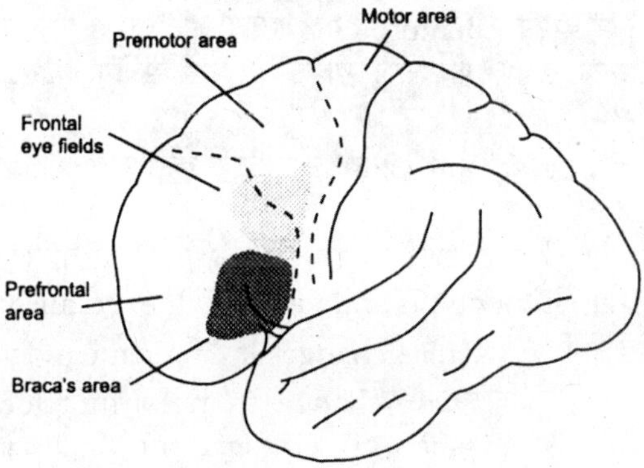

चित्र 9.1 : अग्रपालि की संरचना

prefrontal) तथा अग्रपेशीय कार्टेक्स (premotor cortex) अर्थात् ब्राडमान क्षेत्र संख्या 9, 8 तथा 6 का अंश क्षेत्र सम्मिलित होता है (देखें चित्र 9.1)। इस क्षेत्र में किये गए उत्तेजन विशेषकर क्षेत्र संख्या 8 के उत्तेजन से इसके विपरीत भाग के नेत्र में गति (movements) उत्पन्न करता है। न्यूरोमनोवैज्ञानिकों द्वारा इसे ऐच्छिक (voluntary) तथा अनैच्छिक नेत्र गतियों का मध्यस्थता करने वाला क्षेत्र समझा जाता है और प्राक्-अग्र कार्टेक्स (prefrontal cortex) से सूचनाओं को प्राप्त करके पेशीय तंत्र (motor system) में रिले करता है। अग्रपालि में ब्रोका क्षेत्र (Broca area) भी सम्मिलित है (देखें चित्र 9.1)।

अध्ययनों से यह स्पष्ट हुआ है कि अग्रपालि का प्राक्‌केन्द्रीय क्षेत्र (precentral region) में ग्रेनुलर परत (granular layer) II तथा IV (कार्टेक्स के छह परतों में से दो परत) बिल्कुल ही नहीं होते हैं। यही कारण है कि इसे *एग्रेनुलर कार्टेक्स* (agranular cortex) कहा जाता है जहाँ परत III एवं V काफी विकसित होते हैं। एग्रेनुलर कार्टेक्स अग्रपालि के पश्च भाग (posterior part) में होता है जो केन्द्रीय सुलकस (central sulcus) के आगे होता है और उसे पेशीय कार्टेक्स (motor cortex) भी कहा जाता है। क्षेत्र संख्या 4 एवं 6 तथा ब्राडमान क्षेत्र का 8 एवं 44 इसी में सम्मिलित होता है। पेशीय कार्टेक्स के आगे वाले भाग को कई मूल क्षेत्रों में बाँटा जा सकता है परंतु चूँकि ग्रेनुलर परतें (परत III एवं V) विभिन्न मात्रा में पाये जाते हैं, अतः इस क्षेत्र को ढीले-ढाले शब्दों में *अग्र ग्रैनुलर कार्टेक्स* (frontal granular cortex) भी कहा जाता है। अग्रपालि का अग्र कार्टेक्स (frontal cortex) में विकसित अपवाही तंत्रिका कोशिकाएँ (efferent nerve cells) होती हैं जो कार्टेक्स से निम्न मस्तिष्कीय केन्द्र (lower brain centres) तथा तंत्रिका तंत्र के परिधीय भागों (peripheral parts) में जाती हैं। यहाँ से अपवाही प्रेक्षण (efferent projections) थैलमस तथा अन्य संरचनाओं में पहुँचता है। अग्र कार्टेक्स (frontal cortex) में अभिवाही तन्तु (afferent nerves) भी होती है जो तंत्रिका आवेग को थैलमस से यहाँ लाती है।

अग्रपालि संलक्षण
(Frontal lobe syndrome)

विस्तृत अर्थ में बेन्टन (Benton, 1968, 1970) के अनुसार अग्रपालि संलक्षण से तात्पर्य चार तरह के लक्षण परिवर्तनों या उनके कुछ संयोग (combination) से होता है—

(1) व्यक्तित्व (personality) तथा सामाजिक व्यवहार (social behaviour) में परिवर्तन

(2) बौद्धिक कार्यों एवं अन्य संज्ञानात्मक कार्यों में परिवर्तन (changes in intellectual functions and various other cognitive functions)

(3) भाषाई कार्यों में परिवर्तन (changes in linguistic functions)

(4) पेशीय कार्यों में परिवर्तन (changes in motor functions)।

इन चारों तरह के परिवर्तनों एवं उनसे सम्बन्धित समान लक्षणों का वर्णन निम्नांकित है:—

1. व्यक्तित्व तथा सामाजिक व्यवहार में परिवर्तन *(Changes in personality and social behaviour)*—अग्रपालि के आरबिटोमेडियल (orbitomedial) या बेसोमेडियल (basomedial) क्षेत्र क्षतिग्रस्त होने पर व्यक्तित्व में सार्थक परिवर्तन आते हैं। मनुष्यों में अग्रपालि क्षति (frontal lobe damage) तथा उसके स्पष्ट प्रभाव व्यक्ति के सामाजिक व्यवहार (social behaviour) तथा व्यक्तित्व में हुए परिवर्तन के रूप में स्पष्ट ढंग से दीखते हैं। अग्रपालि क्षति से उत्पन्न होने वाला सबसे महत्त्वपूर्ण विख्यापित (publicized) उदाहरण फिनिअस गेग (Phineas Gage) का है, जिसे 1868 में सर्वप्रथम हारलो (Harlow) द्वारा प्रकाश में लाया गया था। ब्लमर तथा बेनसन (Blumber & Benson, 1975) के अनुसार गेग एक डायनामिट कार्यकर्त्ता (dynamite worker) था और वह एक विस्फोट में इस तरह से घायल हो गया था कि उसके अग्रपालि में 3 फीट 7 ईंच लम्बा मोटा लोहे का डंडा घुस गया था जिससे उसकी अग्र हड्डियाँ (frontal bones) तो टूट ही गये थे तथा दायाँ अग्रपालि गंभीर रूप से क्षतिग्रस्त हो गया था। परंतु इतना होने पर भी वह अचेत कभी नहीं हुआ था हालांकि थोड़े देर के लिए सम्भ्रान्ति (confusion) से ग्रस्त वह अवश्य रहता था। उसकी बौद्धिक क्षमता और पाशविक प्रवृत्तियों (animal propensities) म सतुलन खतम हो गया था। उसमें जिद्दी प्रवृत्तियाँ मजबूत हो गयी थीं। वह किसी कार्य को करने की योजना तो बना लेता था परंतु तुरंत ही किसी अन्य योजना के पक्ष में उसे त्याग देता था। जब उसकी व्यक्तिगत राय किसी दूसरे व्यक्ति की राय से टकराती थी, तो वह अपना धैर्य खो देता था। वह मनमौजी (fitful) तथा श्रद्धाहीन (irreverent) प्रकृति का हो गया था।

बेन्टन (Benton, 1968, 1970) ने अपने अध्ययन में पाया है कि जब अग्रपालि में द्विपार्श्विक क्षति (bilateral damage) होता है तो इससे व्यक्तित्व में काफी सार्थक

परिवर्तन होते हैं। जैसे ऐसी रोगियों या व्यक्तियों में चिन्ता का स्तर सामान्य से काफी कम हो जाता है। इन्हें अपने भविष्य की भी कोई चिंता नहीं होती है। व्यवहार में लापरवाही बढ़ जाती है। इनके व्यवहार में आवेगशीलता (impulsiveness) काफी तीव्र हो जाती है। व्यक्ति प्रायः उल्लास (euphoria) की अवस्था में रहता है। उनमें विनोदशीलता (faetiousness) की प्रवृत्ति अधिक तीव्र हो जाती है। उनके व्यवहार में पहलता (initiativeness) तथा स्वाभाविकता (spontaneity) की कमी होती है। लिशमैन (Lishman, 1968) तथा ग्राफमैन तथा उनके सहयोगियों (Grafman et. al., 1986) द्वारा किये गए अध्ययनों से यह स्पष्ट हुआ है कि प्राक्अग्र क्षति (prefrontal lesion) वाले व्यक्ति में घबराहट (nervous), ध्यान विकर्षकता (distractibility) तथा अतिक्रियाशीलता (hyperactivity) की स्थिति मजबूत होती है। इनमें चिड़चिडाहट अधिक होती है। ऐसे लोगों को इस बात की परवाह नहीं होती है कि उनके द्वारा किये जा रहे व्यवहार का प्रभाव दूसरों पर क्या होगा। ब्लमर तथा बेनसन (Blumer & Benson, 1975) ने इसे *मिथ्यामनोविकृति* (pseudopsychopathy) कहा है। ऐसे व्यक्ति कभी-कभी स्पष्ट रूप से अतिलैंगिक (hypersexual) कार्य करते हैं जिसे देखकर यह कहा जा सकता है कि इसमें मूल प्रवृतिक प्रणोदों (instinctual drives) के प्रति अवरोध (inhibition) समाप्त हो गयी है।

इसके अतिरिक्त व्यक्तित्व में इस तरह के परिवर्तन (मिथ्यामनोविकृति) होने पर कुछ अन्य लक्षण जैसे अपरिपक्व व्यवहार, होशियारी तथा अवरोध की कमी, घटिया भाषा, स्वच्छन्दसंभोगी (promiscuous sexual behviour) आदि प्रधान होते हैं। ब्लमर तथा बेन्सन (Blumer & Bensen, 1975) ने अग्रपालि में क्षति के बाद उत्पन्न व्यक्ति परिवर्तन के एक दूसरे प्रकार का भी वर्णन किया है जिसे *मिथ्याविषाद* (pseudodepression) कहा जाता है जिसमें मुख्य रूप से वाह्य भावशुन्यता (outward apathy), पहल (initiative) की कमी, लैंगिक अभिरुचि में कमी, थोड़ा स्पष्ट संवेग (little overt emotion) तथा थोड़ा शाब्दिक व्यवहार आदि प्रमुख हैं।

प्राक्अग्र कार्टेक्स (prefrontal cortex) में क्षति (lesion) उत्पन्न होने से व्यक्तित्व में क्षुब्ध उत्तेजन (disturbed arousal) की स्थिति उत्पन्न हो जाती है। लूरिया (Luria, 1966) द्वारा किये गए शोधों से यह स्पष्ट हुआ है कि डारसोलेट्रल प्राक्अग्र क्षति (dorsolateral prefrontal lesions) के बाद व्यक्ति में सतर्कता (alertness) तथा उत्तेजन (arousal) का स्तर काफी गिर जाता है जिनसे उनके व्यवहार में काफी परिवर्तन आ जाता है। क्लैग्स (Klages, 1994) के अध्ययन के अनुसार ऐसे व्यक्ति में स्वाभाविकता (spontaneity) काफी कम हो जाती है और वे पर्यावरण के प्रति अपने आप को न के बराबर उत्तरदायी (responsible) मानते हैं।

प्राक्अग्र कार्टेक्स (prefrontal cortex) में क्षति उत्पन्न होने से रोगी या व्यक्ति के व्यक्तित्व में उदासीनता या भावशून्यता (apathy) भी उत्पन्न हो जाता है। ऐसे व्यक्ति इस तरह से व्यवहार करते हैं मानो उनके सामने कोई लक्ष्य ही नहीं हो। इस तरह की भावशुन्यता से व्यक्ति के संज्ञानात्मक (cognitive) तथा सांवेगिक प्रक्रियाएँ (emotional processing) काफी प्रभावित होती है। कुम्मिंग्स (Cummuings, 1953) एवं स्टूस तथा बेनसन (Stuss & Benson, 1986) द्वारा किये गए अध्ययनों

से यह स्पष्ट हुआ है कि प्राक् अग्र भावशुन्यता (prefrontal apathy) के कई प्रारूप हो सकते हैं जिनमें वातावरण के प्रति हल्की जागरूकता, हल्का पहल (initative), कुंठित सांवेगिक अभिव्यक्ति (blunted emotional expression), ह्रासित सांवेगिक अनुभूति एवं अनुक्रियाशीलता प्रधान है। कोल्ब एवं टेलर (Kolb & Taylor, 1981) के अनुसार ऐसे व्यक्तियों में करीब सभी क्षेत्रों में ह्रासित गति (diminished movement) होते देखे गए हैं जिसमें बातचीत, आनन अभिव्यक्ति (facial expression) तथा सामान्य गतिशीलता (mobility) मुख्य हैं। ऐसे व्यक्तियों में किसी गति को आरंभ करने तथा हो रहे गति को रोकने की अक्षमता भी पायी जाती है। लूरिया (Luria, 1966) ने इसे *मनोजड़ता* (psychic inertia) कहा है।

कुछ अध्ययनों से इस बात के भी सबूत मिले हैं कि डोर्सोलेट्रल प्राक्अग्र क्षति (dorsolateral prefrontal lesion) से व्यक्ति में विषादी व्यक्तित्व (depressed personality) की उत्पत्ति होती है। गाइनोट्टी (Gainotti, 1972) तथा राबिन्सन तथा उनके सहयोगियों (Robinson et. al., 1984) द्वारा किये गए अध्ययनों से यह स्पष्ट हुआ है कि दायाँ गोलार्द्ध के प्राक्अग्र क्षति (prefrontal lesion) की तुलना में बायाँ गोलार्द्ध के प्राक्अग्र क्षति से व्यक्ति में विषादी लक्षण (depressive symptoms) उत्पन्न होते हैं।

2. बौद्धिक कार्यों एवं अन्य संज्ञानात्मक कार्यों में परिवर्तन *(Changes in intellectual and various other cognitive functions)*—बौद्धिक कार्यों एवं अन्य संज्ञानात्मक कार्यों (cognitive functions) में अग्रपालि का डार्सोलेट्रल (dorsolateral) क्षेत्र में क्षति होने पर महत्त्वपूर्ण परिवर्तन आते हैं जिनका संक्षिप्त विवरण हम इस प्रकार प्रस्तुत कर सकते हैं—

(i) **सामान्य बुद्धि में परिवर्तन** *(Changes in general intelligence)*—कई अध्ययनों में यह देखा गया है कि अग्रपालि क्षति (frontal lobe lesion) से रोगी की सामान्य बुद्धि लब्धि जैसा कि बुद्धि के मानक परीक्षणों द्वारा मापा जाता है, में कोई परिवर्तन नहीं होता है। इस तथ्य की पुष्टि स्टस्स तथा बेनसन (Stuss & Benson, 1986) के अध्ययन से होता है। परंतु इन परीक्षणों के उन भागों (components) पर ऐसे रोगियों का निष्पादन निश्चित रूप से घटिया होता है जिनके द्वारा चलन स्मृति (working memory), जैसे वेक्सलर वयस्क बुद्धि परीक्षण का अंकगणित परीक्षण (Arithmetic test) एवं अंकविस्तार परीक्षण (Digit span test) का मापन होता है। परंतु डनकन, बरगेस तथा इमस्ली (Duncan, Burgess & Emslie, 1995) ने अपने अध्ययन के आधार पर यह बतलाया है कि अग्रपालि क्षति वाले व्यक्ति की बुद्धिलब्धि यदि कोई जटिल बुद्धि परीक्षण द्वारा मापा जाता है, तो उसपर उनकी बुद्धिलब्धि निम्न आती है।

(ii) **आविष्कारशीलता, प्रवाहिता तथा अपसारी चिन्तन में परिवर्तन** *(Changes in Inventiveness, fluency and divergent thinking)*—जिन व्यक्तियों का अग्रपालि क्षति ग्रस्त हो जाता है, उनके चिन्तन में लचीलापन (flexibility) कम हो जाता है तथा उनके द्वारा सीमित आविष्कारशीलता (limited inventiveness) दिखलायी जाती है। जोन्स-गोटमैन तथा मिलनर (Jones-Gotman & Milner, 1977) ने एक प्रयोग किया जिसमें उन्होंने यह पाया कि प्राक्अग्र क्षति (prefrontal lesion) वाले व्यक्तियों को यदि चार-चार मिनट का समय देकर यह कहा जाता है कि चार रेखाओं के सहारे जितना आरेखण (drawings) बना सकते हैं, बनावें तो ऐसे लोग सामान्य व्यक्ति की तुलना में बहुत कम ही आरेखण बना पाने में सक्षम होते हैं। इससे यह पता चलता है कि अग्रपालि में क्षति होने से व्यक्ति के चिंतन में लचीलापन तो कमता ही है साथ-ही-साथ उनकी आविष्कारशीलता में भी कमी आ जाती है।

इसी तरह अग्रपालि क्षति वाले व्यक्तियों में प्रवाहिता (fluency) तथा अपसारी चिंतन (divergent thinking) से सम्बन्धित भी कुछ संलक्षण (syndrome) पाये जाते हैं। प्रवाहिता तथा अपसारी चिन्तन का सम्बन्ध एक ऐसे चिन्तन से होता है जिसमें व्यक्ति आरंभ बिन्दु से बाहरी दिशा में सोचता है ताकि नये-नये विचारों का सृजन हो सके। जैंगविल (Zangwill, 1966) तथा पेनफिल्ड एवं इभान्स (Penfield & Evans, 1968) के अध्ययनों से यह स्पष्ट हुआ कि अग्रपालि क्षति होने पर व्यक्ति के चिन्तन में प्रवाहिता कम हो जाती है तथा अपसारी चिन्तन (divergent thinking) की क्षमता भी लगभग समाप्त हो जाती है। परंतु ऐसे व्यक्तियों का अभिसारी चिन्तन (conventional thinking) अधिक प्रभावित नहीं रहता है।

(iii) **अमूर्त तथा संप्रत्यात्मक चिंतन** *(Abstract and conceptual thinking)*— अग्रपालि क्षति होने पर व्यक्ति में अमूर्त चिंतन (abstract thinking) तथा संप्रत्यात्मक चिंतन (conceptual thinking) से सम्बन्धित संलक्षण (syndrome) देखने को मिलते हैं। कुछ अध्ययनों में यह देखा गया है कि जब अग्रपालि क्षति वाले रोगियों को दो वस्तुओं में समानता के आधार पर कोई अनुक्रिया करने के लिए कहा जाता है, तो वे मूर्त अनुक्रिया (concrete response) ही अधिक करते है तथा अमूर्त अनुक्रिया के बारे में सोचते ही नहीं हैं। जैसे, जब उनसे यह कहा जाता है कि 'सेव' तथा 'नासपाती' (pear) में क्या समानता है तो वे प्रायः यह कहते हैं कि दोनों के ऊपर एक छिलका (skin) होता है न कि वे यह कहते हैं कि दोनों फल (fruits) है। इस तरह के उत्तर से यह पता चलता है कि ऐसे व्यक्तियों में अमूर्त चिन्तन (abstract thinking) की कमी होती है। उसी तरह से अग्रपालि क्षति वाले व्यक्ति किसी कहावत (proverb) की व्याख्या लाक्षणिक (metaphorical) अर्थ में न करके आक्षरिक अर्थ (literal sense) में करते हैं। मशहूर कहावत 'अकेला चना भाड़ नहीं फोड़ता' का अर्थ ऐसे व्यक्ति चना का एक दाना तथा मिट्टी का भाड़ के सम्बन्ध के रूप में अधिक व्याख्या करता है न कि उसके लाक्षणिक अर्थ के रूप में वह व्याख्या करता है।

अग्रपालि संलक्षण (frontal lobe syndrome) में चिन्तन से संबद्ध एक अन्य लक्षण यह पाया जाता है कि ऐसे व्यक्तियों में आनुमानिक चिंतन (inferential thinking) का पर्याप्त अभाव पाया जाता है। दूसरे शब्दों में यह कहा जा सकता है कि ऐसे व्यक्ति पहले से अर्जित ज्ञान (acquired knowledge) के आधार पर कुछ

अनुमान लगाने में पर्याप्त रूप से समर्थ नहीं होते हैं। जैसे शैलाइस तथा इभान्स (Shallice & Evans, 1978) ने एक अध्ययन किया जिसमें प्रयोज्यों से यह अनुमान लगाने के लिए कहा गया कि एक औसत महिला के सुषुम्ना (spinal cord) की लम्बाई कितनी होती है? इस प्रश्न का सही-सही उत्तर देने के लिए यह आवश्यक है कि व्यक्ति पहले से अर्जित कुछ ऐसे ज्ञान का सहारा ले जो इस बात से सम्बन्धित हो कि एक महिला की औसत ऊँचाई कितनी होती है तथा उनके समग्र ऊँचाई की सापेक्षता में सुषुम्ना की लम्बाई क्या होती है। सामान्य प्रयोज्य तो इस कार्य को आसानी से कर लेते पाये गए परंतु अग्रपालि क्षति वाले व्यक्तियों में इस ढंग का अनुमान लगाकर उत्तर ढूँढना थोड़ी टेड़ी खीर साबित होती थी। इससे यह भी स्पष्ट हो जाता है कि ऐसे रोगियों में आनुमानिक चिंतन (inferential thinking) का सर्वथा अभाव पाया जाता है।

अग्रपालि संलक्षण में संप्रत्यात्मक चिन्तन (conceptual thinking) से सम्बन्धित लक्षण भी कुछ प्रबल होते हैं। डेलिस तथा उनके सहयोगियों (Delis et. al., 1992) द्वारा किये गए शोधों से यह स्पष्ट हुआ है कि अग्रपालि क्षतिग्रस्त होने पर व्यक्ति में संप्रत्यात्मक चिंतन (conceptual thinking) तथा संप्रत्यात्मक श्रेणीकरण की क्षमता काफी कम हो जाती है। इस अति मशहूर अध्ययन में अग्रपालि से क्षतिग्रस्त व्यक्तियों को छह कार्ड दिये गए जो आठ विमाओं में एक-दूसरे से भिन्न थे जिन्हें दो समूहों में छाँटना था। चूँकि ये सभी कार्ड आठ विमाओं में एक-दूसरे से भिन्न थे, अतः आठ विभिन्न संप्रत्यात्मक आधारों पर उन्हें छाँटा जा सकता था। परिणाम में देखा गया कि ऐसे रोगियों को इन कार्डों को छाँटने में पर्याप्त कठिनाई हुई। जब उन्हें कुछ संकेत (cues) भी दिये गए, तो उन्हें छाँटने के इस कार्य में उसे कोई मदद नहीं मिल पायी। यहाँ तक कि ऐसे रोगियों द्वारा जो कुछ भी छाँटने का कार्य किया गया था, उनका वे आधार नहीं बतला पाते थे। यहाँ तक कि प्रयोगकर्त्ता द्वारा छाँटे गए कार्डों जिनका वे प्रेक्षण किये थे, का आधार बतलाने में वे असमर्थ रहे। ऐसे परिणाम से यह स्पष्ट हो जाता है कि अग्रपालि के क्षतिग्रस्त हो जाने पर व्यक्तियों में संप्रत्यात्मक चिंतन से सम्बद्ध संलक्षण (syndrome) उत्पन्न होते हैं। कुछ अध्ययनों में यह भी पाया गया है कि अग्रपालिक क्षतिग्रस्त व्यक्तियों में अपने द्वारा किये गए व्यवहार के पुनर्निवेशन (feedback) के आधार पर भी वे अपने आप को सफलतापूर्वक निदेशित नहीं कर पाते हैं।

(iv) योजना बनाने, समस्या समाधान करने तथा लक्ष्य-निर्देशित व्यवहार को संगठित करने की क्षमता में परिवर्तन *(Changes in the ability to do planning, to solve problem and to organize goal-directed behaviour)*—अनेक अध्ययनों से यह स्पष्ट हुआ है कि जब किसी व्यक्ति का अग्रपालि क्षतिग्रस्त हो जाता है, तो उनकी कार्यपालक क्षमताओं (executive abilities) में काफी परिवर्तन आ जाता है तथा उनसे सम्बन्धित कई तरह के लक्षण उत्पन्न हो जाते हैं। ऐसे रोगियों में नियोजन (planning) करने की क्षमता काफी दोषपूर्ण एवं क्षीण हो जाती है। इस तथ्य की सम्पुष्टि एसलिंगर तथा डामासियो (Eslinger & Damasio, 1985) के अध्ययन से स्पष्ट रूप से हुआ है। अध्ययनों से यह स्पष्ट हुआ है कि कोई योजना बनाने तथा उनका कार्यरूप देने में निम्नांकित कदम (steps) सम्मिलित होते हैं—

(a) लक्ष्य (goal) तथा उपलक्ष्य (subgoal) की पहचान करना तथा उन तक पहुँचने के लिए प्रेरित होना।

(b) उन लक्ष्यों को पाने के लिए योजना (plan) तथा उपयोजना (subplan) बनाना।

(c) स्मृति (memory) में उन योजनाओं को रखना ताकि उनका जरूरत पड़ने पर पुनर्मूल्यांकन (reevaluation) किया जाय तथा उन्हें कार्यरूप या फिर अस्वीकृत किया जाय।

(d) पेशीय क्रिया (motor activities) के रूप में उन योजनाओं को कार्यरूप देना।

इन चार तत्वों में से कोई भी एक तत्त्व की कमी से योजना बनाने तथा उन्हें कार्यरूप देने की क्रिया असफल हो सकती है। क्षतिग्रस्त अग्रपालि वाले व्यक्तियों में प्रायः उक्त तत्त्वों में से कोई एक या उससे अधिक तत्त्व अनुपस्थित रहते हैं जिनसे उनमें योजना बनाने की क्षमता कुप्रभावित रहता है। कई अध्ययनों से यह तथ्य उजागर हुआ है कि चलन स्मृति (working memory) किसी समस्या के समाधान में सही क्रमों की योजना बनाने में तथा उन क्रमों को कार्यरूप देने में एक महत्त्वपूर्ण भूमिका निभाता है। चलन स्मृति के उस पहलु को जो भविष्य की घटनाओं का अनुमान लगाने तथा योजनाओं को कार्यरूप देने में विशेष महत्त्व रखता है, को **अग्रदर्शी स्मृति** (prospective memory) कहा जाता है। इगंवार (Ingvar, 1985) के अध्ययन के अनुसार क्षतिग्रस्त प्राक्अग्र (lesioned prefrontal) रोगियों में अग्रदर्शी स्मृति न के बराबर होती हैं।

अग्रपालि में क्षति उत्पन्न होने में **दृष्टि खोज कार्य** (visual search task) पर व्यक्ति का निष्पादन खराब हो जाता है और उसके आधार पर भी योजना बनाने की दोषपूर्ण क्षमता (impaired ability) का अंदाज मिलता है। टयूबर (Teuber, 1964) ने एक महत्त्वपूर्ण अध्ययन इस सिलसिले में किया है। इन्होंने अपने प्रयोज्यों को एक विशिष्ट आकार (specific shape) को अन्य आकारों के बीच में से खोजने के लिए कहा। जिन प्रयोज्यों का अग्रपालि क्षतिग्रस्त था, वे लक्ष्य आकृति को खोजने में सामान्य व्यक्तियों की तुलना में असफल रहे। इससे स्पष्ट होता है कि अग्रपालि क्षतिग्रस्त व्यक्तियों में समस्या समाधान के लिए एक निश्चित योजना बनाकर कार्य करने की क्षमता प्रबल नहीं रह जाती है। कारपोव, लुरिया तथा यारवस्स (Karpov, Luria & Yarbuss, 1968) द्वारा किये गए अध्ययन से भी इस तथ्य की संपुष्टि होती है। इन्होंने अपने प्रयोज्यों को कुछ फोटोग्राफ दिखलाया और फोटोग्राफ के लोगों के बारे में उनसे विशिष्ट प्रश्न पूछे गये जिनका उत्तर उन्हें देना था। परिणाम में देखा गया कि सामान्य प्रयोज्यों द्वारा पूछे गये प्रश्न के अनुरूप फोटोग्राफ के विभिन्न पहलुओं पर क्रमबद्ध रूप से नेत्र गति (eye movements) किया गया। परंतु अग्रपालि क्षतिगस्त रोगियों का नेत्र गति अक्रमबद्ध एवं असंगठित (disorganized) था जिनसे यह निष्कर्ष पर पहुँचा गया कि इनका व्यवहार लक्ष्य निदेशित योजना (goal-directed plan) से नियंत्रित नहीं हो रहा था।

कुछ ऐसे भी अध्ययन किये गये हैं जिनसे ऐसे कार्यों (task) पर अग्रपालि क्षतिग्रस्त व्यक्तियों के निष्पादन की तुलना सामान्य व्यक्तियों के निष्पादन से किया गया जिनमें आत्म-उत्पन्न (self-initiated) तथा आत्म-क्रमित (self-ordered) व्यवहार

को सुनियोजित करने की आवश्यकता होती थी। कारमाथ एवं बालेस्क (Karmath & Wallesch, 1992) तथा ग्राफमैन (Grafman, 1995) द्वारा किये गए अध्ययनों से यह स्पष्ट हुआ कि अग्रपालि क्षतिग्रस्त व्यक्तियों का निष्पादन ऐसे कार्यों पर सामान्य व्यक्तियों के निष्पादन की तुलना में घटिया होता है।

(v) **स्मृति कार्यों में परिवर्तन** *(Changes in memory functions)*—अग्रपालि क्षतिग्रस्त होने पर व्यक्तियों की स्मृति कार्यों (memory functions) में काफी परिवर्तन हो जाता है। स्मृति संलक्षणों (memory syndromes) में निम्नांकित प्रमुख हैं—

(a) अग्रपालि के विशेषकर प्राक्अग्रपालि क्षति (prefrontal lesion) होने पर व्यक्ति किसी कार्य या वस्तु पर ध्यान केन्द्रित ठीक से नहीं कर पाता है। फलतः इससे उनकी स्मृति शक्ति स्वतः प्रभावित हो जाती है। इतना ही नहीं, हीकेन तथा अलवर्ट (Hecaen & Albert, 1978) ने अपने अध्ययन में यह भी पाया है कि ऐसे रोगियों या व्यक्तियों को याद रखी जाने वाली चीजों में कोई अभिरुचि नहीं रहती है और इनमें चूँकि एक सामान्य भावशून्यता या उदासीनता (apathy) होती है, अतः इनकी स्मरण शक्ति प्रभावित हो जाती है।

(b) अग्रपालि क्षतिग्रस्त व्यक्तियों की सामयिक स्मृति (temporal memory) भी प्रभावित हो जाती है। सामयिक स्मृति से तात्पर्य उद्दीपकों के अनुक्रम (sequence) के तैथिक क्रम (chronological order) से होता है। इसका मतलब यह हुआ है कि उनसे यह पूछने पर कि उन्होंने हाल में ही देखे गये दो भिन्न उद्दीपकों (stimuli) में से किसे उन्होंने पहले देखा है, तो वे इसे बतलाने में असमर्थ रहते हैं। ऐसे व्यक्तियों का निष्पादन सामान्य प्रत्यभिज्ञान परीक्षण (recognition test) पर भी घटिया होता है।

(c) अग्रपालि क्षतिग्रस्त होने पर व्यक्तियों की स्मृति की संगठनात्मक प्रक्रियाएँ (organizational process) में भी परिवर्तन हो जाते हैं।

कई अध्ययनों से यह स्पष्ट हुआ है कि अग्रपालि क्षति वाले व्यक्तियों में स्मृति के किसी भी अवस्था अर्थात् *कूटसंकेतन* (coding), *संचयन* (storage) तथा *पुनःप्राप्ति* (retieval) में संगठनात्मक प्रक्रियाएँ प्रभावित होती हैं। यही कारण है कि ऐसे रोगी उद्दीपकों का उपयोग करने में, उन्हें बाद में प्रत्याह्वान करने में तथा उनमें विशेष तरह का संगठन (organization) उत्पन्न करने में असफल रहते हैं। पेट्राइड्स तथा मिलनर (Petrides & Milner, 1982) द्वारा किये गए अध्ययन से यह भी पता चला है कि जब प्रयोज्यों को एक ऐसा कार्य दिया जाता है जिसमें याद किये जाने वाले उद्दीपकों में आत्मगत संगठन (subjective organization) उत्पन्न करना आवश्यक होता है, तो ऐसे व्यक्तियों का निष्पादन नितान्त घटिया होता है।

(d) अग्रपालि क्षतिग्रस्त व्यक्तियों में स्रोत स्मृतिलोप (source amentia) भी उत्पन्न हो जाता है। ऐसा देखा गया है कि ऐसे रोगियों से जब किसी सूचना के स्रोत के बारे में पूछा जाता है, तो वे उस स्रोत का स्मरण नहीं कर पाते हैं।

(e) ऐसे रोगियों या व्यक्तियों के मेटास्मृति (meta memory) में भी परिवर्तन

आ जाता है। मेटास्मृति से तात्पर्य व्यक्ति के अपनी ही स्मृति क्षमताओं को मूल्यांकन करने की क्षमता से होती है। स्मीथ तथा मिलनर (Smith & Milner, 1984) ने अपने अध्ययन में पाया है कि अग्रपालि क्षतिग्रस्त होने पर व्यक्ति की मेटास्मृति की क्षमता कुप्रभावित हो जाती है। अतः ऐसे लोग कई परिस्थितियों में अपने ही स्मरण शक्ति का मूल्यांकन ठीक से नहीं कर पाते।

(f) **चलन स्मृति में दोष** *(Impairement in working memory)*—अग्रपालि के क्षतिगस्त हो जाने पर व्यक्ति की चलन स्मृति (working memory) जिसमें लघुकालीन स्मृति (short term memory) तथा सूचनाओं को संसाधित करने की प्रक्रियाएँ दोनों ही सम्मिलित होती हैं, प्रभावित हो जाती हैं। जैकोबसन (Jacobsen, 1936) तथा फूस्टर (Fuster, 1989) द्वारा किये गए शोधों से यह स्पष्ट हुआ है कि अग्रपालि क्षतिग्रस्त प्राणियों में *विलम्बित-अनुक्रिया कार्य* (delayed response task) पर निष्पादन बहुत ही घटिया होता है। इस तरह के कार्य में प्राणी को देखे गए उद्दीपकों की स्थिति (location) को याद रखकर वर्तमान समय में अनुक्रिया करनी होती है।

स्पष्ट हुआ कि अग्रपालि क्षतिग्रस्त होने पर व्यक्ति महत्त्वपूर्ण स्मृति संलक्षण (memory syndrome) दिखलाता है।

(vi) **अनम्यता तथा प्रमस्तिष्कीय दोष** *(Rigidity and Cerebral impairement)* —कई ऐसे सबूत मिले हैं जिनसे यह स्पष्ट होता है कि प्राक्अग्रपालि (prefrontal) क्षेत्र में क्षति होने से व्यक्ति अपने व्यवहार के विभिन्न पहलुओं में लोचहीनता (inflexibility) दिखलाता है। सामान्यतः ऐसी लोचहीनता व्यवहार के निम्नांकित तीन तरह के पहलुओं में अधिक देखने को मिलता है—

(a) सामान्य व्यक्तियों की तुलना में ऐसे रोगी या व्यक्ति एक संप्रत्यय (concept) से दूसरे संप्रत्यय (concept) पर अपने आप को स्थानान्तरित करने में सक्षम नहीं हो पाते हैं।

(b) मैकी तथा वेक (Mackie & Beck, 1966) के अनुसार ऐसे रोगी अपने व्यवहार में दृढ़ता (rigidity) तथा घिसा-पिटा या रूढ़िबद्ध व्यवहार (stereotyped behaviour) अधिक दिखलाते हैं।

(c) मानसिक सेट (mental set) के प्रभाव के प्रति ऐसे व्यक्ति संवेदनशीलता अधिक दिखलाते हैं।

लूरिया (Luria, 1965) तथा मिलनर (Milner, 1964) द्वारा किये गए अध्ययनों से यह स्पष्ट हुआ है कि जब अग्रपालि का डार्सोलेट्रल क्षेत्र (dorsolateral region) न कि आरबिटोमेडियल क्षेत्र (orbitomedial region) में अधिक क्षति उत्पन्न हुई होती है, तो उस व्यक्ति के उक्त तरह के व्यवहार में लोचहीनता (inflexibility) अधिक पायी जाती है। इनके अध्ययनों से यह भी स्पष्ट हुआ है कि उस ढंग की लोचहीनता (inflexibility) या संतनन (perseveration) उस समय अधिक देखने को मिलता है जब कार्य कठिन होता है या फिर रोगी में थकान अधिक उत्पन्न हो जाता है।

3. भाषाई कार्यों में परिवर्तन *(Changes in linguistic functions)*—अग्रपालि के क्षतिग्रस्त होने पर व्यक्ति के भाषाई कार्यों में भी परिवर्तन आता है। कई अध्ययनों से

यह स्पष्ट हुआ है कि जब इन्फेरियर अग्र गाइरस (inferior frontal gyrus) के ही पिछले भाग (posterior portion) जिसे ब्राडमान का क्षेत्र 44 तथा 45 भी कहा जाता है, (अर्थात् ब्रोका क्षेत्र) तो इससे एक विशेष प्रकार का वाचाघात या वाग्लोप (aphasia) उत्पन्न होता है, जिसे सामान्यतः ब्रोका वाचाघात (Broca aphasia) कहा जाता है। इससे व्यक्ति धीरे-धीरे बहुत कोशिश करने पर कुछ बोल पाता है और जो भी बोलता है, वह अस्पष्ट, अधाराप्रवाह (nonfluent) तथा व्याकरण दोषयुक्त होता है। अग्रपालि के प्राक्पेशीय क्षेत्र (premotor area) (अर्थात् क्षेत्र संख्या 6) क्षतिग्रस्त होने पर भाषा में सहजता (spontaneity) तथा स्वाभाविक प्रवाह बाधित हो जाता है। अगर पूरक पेशीय क्षेत्र (supplementary motor area) में गंभीर क्षति होती है, तो रोगी पूर्णतः अनुच्चरित या मौन (mute) हो जाता है।

जब अग्रपालि के प्राक्अग्र क्षेत्र (prefrontal area) में क्षति उत्पन्न होती है तो इससे अभिव्यंजक वाचाघात(expressive aphasia) तो उत्पन्न नहीं होता है परंतु इससे व्यक्ति द्वारा बोले जा रहे शब्दों या वाक्यों में परिमार्जन इस ढंग से हो जाता है कि उसमें अस्पष्टता आ जाती है। गोल्डस्टीन(Goldstein, 1948) ने इसे *केन्द्रीय पेशीय वाचाघात* (central motor aphasia) कहा है जबकि लूरिया(Luria, 1970) ने इसे *अग्रगत्यात्मक वाचाघात* (frontal dynamic aphasia) तथा फूस्टर (Fuster, 1997) ने इसे *प्राक्अग्र वाचाघात* (prefrontal aphasia) कहा है। ऐसे वाचाघात में व्यक्ति कम बोलता है, शाब्दिक धारा प्रवाहिता (verbal fluency) में ह्रास हो जाता है तथा बोलकर अभिव्यक्ति करने में इन्हें कठिनाई का सामना करना पड़ता है। ऐसे व्यक्तियों द्वारा बोले गए वाक्य न केवल लघु होते हैं बल्कि व्याकरण की दृष्टिकोण से काफी सरल होते हैं। वेन्टन (Benton, 1974) का मत है कि इस ढंग का संलक्षण बायाँ या दायाँ प्राक्अग्र कार्टेक्स (prefrontal cortex) में क्षति होने से होता है परंतु बायाँ प्राक्अग्र कार्टेक्स में क्षति होने से संलक्षण की गम्भीरता अधिक तीव होती है।

बायाँ अग्रपालि में क्षति होने से व्यक्ति की भाषा संतनन (language perseveration) या गंभीर केसेज में *इकोलैलिया* (echolalia) के लक्षण देखने को मिलते हैं। दूसरे शब्दों में कहा जा सकता है कि ऐसे रोगी एक ही शब्द को सुनकर या देखकर उसे बार-बार बोलते हैं या अपने द्वारा बोले जा रहे शब्दों की प्रतिध्वनि (echo) को ही बार-बार दोहराते हैं। अध्ययनों से यह स्पष्ट हुआ है कि ऐसे व्यक्ति या रोगी आसानी से किसी एक शब्द या सरल वाक्य को दोहरा लेते हैं परंतु यदि शब्दों का क्रम बदल जाता है, तो फिर बदले हुए क्रम को दोहराना उनके लिए मुश्किल हो जाता है और वे पुराने ही क्रम को दोहराते पाये जाते हैं। जैसे, ऐसे रोगी 'बिल्ली-जंगल-घर' जैसे क्रम को आसानी से दोहरा लेते हैं परंतु यदि 'घर-जंगल-बिल्ली' या 'जंगल-बिल्ली-घर' जैसा क्रम परिवर्तन करने पर वे उसे दोहराने में कठिनाई महसूस करते हैं और वही मौलिक क्रम को ही दोहराते जाते हैं। अग्रपालि में क्षति होने पर रोगी में निर्जीवता (adynamia) के भी लक्षण दिखलाई पड़ते हैं जिसमें रोगी के भाषा व्यवहार में सहजता (spontaneity) तथा ऐच्छिक क्रिया (voluntary action) की नितान्त कमी पायी जाती है।

4. पेशीय कार्यों में परिवर्तन *(Changes in motor functions)*—अग्रपालि के विभिन्न क्षेत्रों विशेषकर पेशीय क्षेत्र (motor area) तथा प्राक्पेशीय क्षेत्र (premotor area) में क्षति होने से व्यक्ति की पेशीय क्रियाओं से सम्बन्धित क्षुब्धता (disturbances)

उत्पन्न हो जाती है। मुख्य पेशीय कार्टेक्स (primary motor cortex) में क्षति होने से व्यक्ति में उत्तम एवं स्वतंत्र आंगुलिक गति (independent finger movement) करने की क्षमता कम हो जाती है। इसके अतिरिक्त हाथ एवं शरीर के किनारे-किनारे अवस्थित अंगों द्वारा कार्य करने की गति (speed) एवं शक्ति दोनों में काफी कमी आ जाती है।

अग्रपालि के पूरक पेशीय कार्टेक्स (supplementary motor cortex) में क्षति होने से पेशीय क्रियाओं में समन्वय (coordination) की कमी हो जाती है। रोलैंड, लार्सन, लासेन तथा स्वीनहोज (Roland, Larson, Lassen & Skinhoj, 1980) द्वारा किये गए शोधों जिसमें इस कार्टेक्स को उत्तेजित करके, उसमें क्षति उत्पन्न करके तथा रक्त प्रवाह (blood flow) का अध्ययन करके इस निष्कर्ष पर पहुँच गया है कि पूरक पेशीय क्षेत्र पेशीय कार्यों का एक *प्रोग्रामिंग केन्द्र* (programming centre) होता है जो व्यक्ति द्वारा किये गए विभिन्न पेशीय कार्यों में समन्वय उत्पन्न करता है। यहाँ तक कि मानव संभाषण (human speech) जो एक तरह की पेशीय क्रिया है, में भी समन्वय का कार्य इसी क्षेत्र द्वारा किये जाते है। यदि यह क्षेत्र क्षतिग्रस्त हो जाता है, तो इन पेशीय क्रियाओं में पर्याप्त समन्वय नहीं रह जाता है। कोल्ब तथा मिलनर (Kolb & Milner, 1981) द्वारा किया गया प्रयोग से भी इस तथ्य का समर्थन मिलता है कि पूरक पेशीय क्षेत्र (supplementary motor area) क्षतिग्रस्त होने से पेशीय कार्यों में प्रोग्रामिंग या समन्वय में क्षुब्धता उत्पन्न हो जाता है। इस प्रयोग में दायाँ अग्रपालि (right frontal lobe) क्षतिग्रस्त एवं बायाँ अग्रपालि क्षतिग्रस्त रोगियों को कुछ बाँह की गतियों (arm movement) का नकल (copy) करने के लिए कहा गया। परिणाम में देखा गया कि दायाँ अग्रपालि क्षतिग्रस्त रोगियों का इस कार्य पर निष्पादन बायाँ अग्रपालि क्षतिग्रस्त रोगियों के निष्पादन की अपेक्षा कम घटिया था। इसकी तुलना में वैसे रोगी जिनका बायाँ और दायाँ दोनों ही अग्रपालि क्षतिग्रस्त था, उनका निष्पादन आनन गतियों (facial movements) को नकल करने के कार्य में काफी घटिया था। आनन-गति कार्य (facial-movement task) के विश्लेषण पर जब अग्रपालि क्षतिग्रस्त समूह की तुलना सामान्य व्यक्तियों या अन्य रोगियों से किया गया तो यह पाया गया कि अग्रपालि क्षतिग्रस्त व्यक्तियों द्वारा उक्त कार्य में अनुक्रमों (sequences) से सम्बन्धित बहुत सारी त्रुटियाँ की गयीं। दूसरे शब्दों में यह कहा जा सकता है कि अग्रपालि क्षतिग्रस्त रोगी द्वारा गतियों की शृंखला में अनुक्रम (sequence) के विभिन्न तत्त्वों को क्रमिक (order) करने में तुलनात्मक रूप से अधिक त्रुटियाँ हुईं।

निष्कर्षतः यह कहा जा सकता है कि अग्रपालि संलक्षण में विभिन्न तरह के लक्षण उन व्यक्तियों या रोगियों द्वारा दिखलाये जाते हैं जिनमें अग्रपालि क्षतिग्रस्त हो जाता है। इन लक्षणों के आधार पर ऐसे रोगियों का उपचार तथा पुनर्वास से संबद्ध कार्यक्रम को एक निश्चित प्रारूप देने में अधिक मदद मिलती है।

अग्रपालि क्षति का नैदानिक न्यूरोमनोवैज्ञानिक मूल्यांकन (Clinical Neuropsychological Assessment of Frontal Lobe Damage)

जैसा कि हम देख चुके हैं, अग्रपालि क्षति से सम्बन्धित कई तरह के लक्षण व्यक्ति में पाये जाते हैं। इन लक्षणों को सही-सही ढंग से मूल्यांकन करने के लिए न्यूरोमनोवैज्ञानिकों

द्वारा कई तरह के परीक्षणों को विकसित किया गया जिनमें निम्नांकित की चर्चा अनिवार्य है—

1. विसकोनसिन कार्ड-सार्टिंग परीक्षण (Wisconsin Card-sorting test) एक ऐसा परीक्षण है जिसका उपयोग डार्सोलेट्रल अग्र कार्टेक्स (dorsolateral frontal cortex) के कार्यों का मूल्यांकन करने के लिए किया जाता है। इस परीक्षण में व्यक्ति को दिये गये कार्डों को विभिन्न उद्दीपक कार्डों की श्रेणी में छाँटना पड़ता है। ये सभी उद्दीपक कार्ड एक-दूसरे से *रंग, प्रारूप* (form) तथा *उसपर छपे तत्त्वों की संख्या* में एक-दूसरे से भिन्न होते हैं। व्यक्ति को मात्र इतना ही मदद किया जाता है कि उसे प्रत्येक बार यह बतला दिया जाता है कि उनका चयन (choice) सही है या गलत। परीक्षण इस सिद्धान्त पर कार्य करता है—सही समाधान पहले रंग के आधार पर होता है। जैसे ही व्यक्ति इसे पता कर लेता है, सही समाधान तब प्रयोज्य को बिना कुछ कहे, प्रारूप (forms) के आधार पर हो जाता है। ऐसी परिस्थिति में व्यक्ति को अब रंग के आधार पर कार्डों को छाँटने की अनुक्रिया को रोक कर प्रारूप (form) के आधार पर कार्डों को छाँटने की प्रक्रिया प्रारम्भ करनी होती है। जैसे ही व्यक्ति प्रारूप के आधार पर कार्ड को छाँटने की प्रक्रिया प्रारम्भ करता है, तो फिर सही समाधान पुनः बिना व्यक्ति को सूचित किये ही बदल कर कार्ड पर छपे तत्त्वों (elements) की संख्या हो जाती है। अगर इसे भी व्यक्ति सही-सही करना प्रारम्भ कर देता है, तो फिर सही समाधान रंग के आधार पर किया जाता है। इस तरह से परीक्षण के क्रियान्वयन के दौरान अनुक्रिया योजना (response strategies) परिवर्तित होते रहता है। जिन व्यक्तियों में अग्रपालि में क्षति होती है, वे अनुक्रिया अवरोध (response inhibition) नहीं कर पाते हैं और वे पहले ही अनुक्रिया योजना के अनुसार कार्ड छाँटते रहते हैं हालाँकि वे अनुभव भी करते हैं कि उसे अपनी अनुक्रिया योजना में परिवर्तन करना चाहिए।

2. सेम्मस बॉडी-पेलेसिंग परीक्षण (Semmes Body-Placing test) द्वारा अग्रपालि में उत्पन्न क्षति के प्रभाव का मूल्यांकन किया जाता है। इस परीक्षण द्वारा व्यक्तिगत स्थानिक उन्मुखता (Personal spatial orientation) का मापन होता है। अग्रपालि में क्षति होने से व्यक्ति में स्थानिक उन्मुखता (spatial orientation) में कमी हो जाती है। इस परीक्षण में दो समानान्तर परीक्षण (parallel tests) होते हैं—*व्यक्तिगत उन्मुखता परीक्षण* (personal orientation test) तथा *अव्यक्तिगत उन्मुखता परीक्षण* (extrapersonal orientation test)। व्यक्तिगत उन्मुखता परीक्षण द्वारा आत्मकेन्द्रित स्थानिक सम्बन्ध (egocentric spatial relation) तथा अव्यक्तिगत उन्मुखता परीक्षण द्वारा एलोसेन्ट्रिक स्थानिक सम्बन्ध (allocentric spatial relation) का मापन होता है। व्यक्तिगत उन्मुखता परीक्षण में रोगी या व्यक्ति को मानव चित्र में दिखलाये गये संख्या वाले अंगों को अपने शरीर पर छूकर बतलाना होता है (देखें चित्र 9.2A)। एलोसेन्ट्रिक परीक्षण (allocentric test) में व्यक्ति को कई नक्शा (map) दिये जाते हैं। वह एक कमरा में एक समय में एक नक्शा को ले जाता है जहाँ के सतह पर समान दूरी पर 9 बिन्दुएँ पेन्टिंग से दिखलाये हुए होते हैं। अपने साथ लिये गए नक्शे में दर्शाये गए पथ के अनुसार सतह पर बने बिन्दुओं को मिलाते हुए वैसा ही पथ (route) बनाना होता है (देखें चित्र 9.2B)। परिणाम में देखा गया कि अग्रपालि में क्षति वाले रोगी का

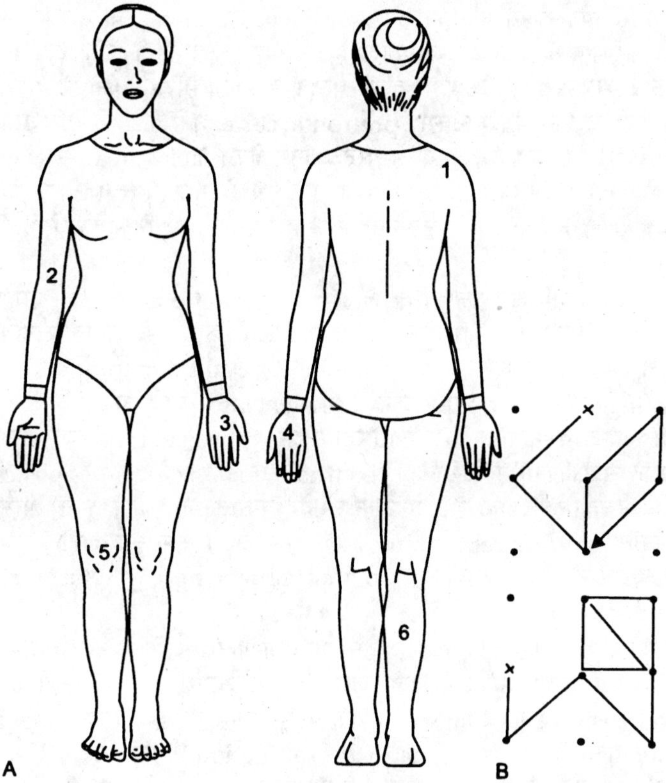

चित्र 9.2 : सेम्मस परीक्षण के एकांश के सदृश एक एकांश का नमूना

निष्पादन आत्मकेन्द्रित परीक्षण (egocentric test) पर घटिया था परंतु एलोसेन्ट्रिक परीक्षण पर उसका कोई कुप्रभाव नहीं था परंतु भित्तीय पालि (parietal lobe) में क्षति उत्पन्न वाले रोगी का निष्पादन एलोसेन्ट्रिक परीक्षण पर खराब था परंतु आत्मकेन्द्रित परीक्षण पर उस क्षति को कोई खास प्रभाव नहीं देखा गया। यह भी देखा गया कि जब रोगी के बायाँ गोलार्द्ध में क्षति उत्पन्न होती थी, तो उसका निष्पादन इन दोनों परीक्षणों पर दायाँ गोलार्द्ध के क्षतिग्रस्त होने की तुलना में काफी अधिक प्रभावित हो जाता था। सेम्मस तथा उनके सहयोगियों ने इस परिणाम की व्याख्या करते हुए कहा कि अग्रपालि में क्षति उत्पन्न होने से व्यक्ति वातावरण में अपने शरीर की उन्मुखता का सही-सही मूल्यांकन नहीं कर पाता है तथा भित्तीय पालि में क्षति उत्पन्न होने से व्यक्ति उसे व्यवहारों को करने में कठिनाई महसूस करता है जिसमें वाह्य उद्दीपकों (external stimuli) के साथ स्थानिक सम्बन्ध (spatial relationship) पर बल डाला जाता है।

3. अग्रपालि में क्षति से व्यवहार में उत्पन्न क्षुब्धताओं का मापन कुछ हद तक *थर्स्टन शब्द प्रवाहिता परीक्षण* (Thurstone Word Fluency test) द्वारा किया जाता है। इस परीक्षण में व्यक्ति या रोगी को 5 मिनट के भीतर दिये गये अक्षर में प्रारम्भ होने वाले शब्दों को अधिक-से-अधिक संख्या में लिखना या बोलना होता है और उसके बाद दिये

गए अक्षर से चार अक्षरों का जितना शब्द हो सके, उसे लिखना या बोलकर बतलाना होता है। परिणाम में अक्सर देखा जाता है कि बायाँ बोलार्द्ध में क्षति उत्पन्न होने से व्यक्ति का निष्पादन ऐसे परीक्षण पर काफी घटिया हो जाता है। अध्ययनों से यह भी स्पष्ट हुआ कि ऐसे तो प्राक्अग्र कार्टेक्स (prefrontal cortex) में कहीं भी क्षति उत्पन्न होने से इस परीक्षण पर निष्पादन घटता है परंतु आनन क्षेत्र (facial area) में क्षति उत्पन्न होने से निष्पादन सबसे अधिक खराब हो जाता है तथा नेत्रगुहा (orbital) या नेत्र कोटर (eye socket) के क्षेत्र में क्षति उत्पन्न होने से इस परीक्षण पर निष्पादन थोड़ा ही उत्तम होता है।

4. पेशीय कार्यों का परीक्षण (tests of motor functions) द्वारा भी अग्रपालि में उत्पन्न क्षति से व्यवहार में परिवर्तनों तथा अन्य प्रभावों के बारे में अंदाज लगाया जाता है। पेशीय कार्यों के परीक्षण में हाथ डायनेमोमीटर (hand dynamometer), फिंगर टेपिंग (finger tapping) तथा क्रम (sequencing) आदि को सम्मिलित किया जाता है। हाथ डायनेमोमीटर द्वारा शारीरिक पकड़ (physical grip) का पता चलता है। जब क्षति अग्रपालि के प्राक्केन्द्रीय (precentral) या उत्तरकेन्द्रीय गायरी (postcentral gyri) के नजदीक में होता है, तो ठीक उसके विपरीत भाग के हाथ की पकड़ तथा अँगुली-टैपिंग गति (finger tapping speed) में काफी कमी आ जाती है। अग्रपालि में क्षति उत्पन्न होने पर पेशीय क्रम (motor sequencing) की क्षमता भी व्यक्ति में घटिया (poor) हो जाती है।

5. संकेत परीक्षण (token test) द्वारा भी अग्रपालि में क्षति से व्यवहारों में उत्पन्न कमी (deficits) का आकलन किया जाता है। इसके द्वारा भाषा बोध (language comprehension) की क्षमता का आंशिक या पूर्ण क्षति (loss), हिज्जे (spelling) तथा ध्वन्यात्मक विभेदन (phonetic discrimination) आदि के बारे में सूचना मिलती है। अध्ययनों से यह स्पष्ट हुआ है कि ब्रोका क्षेत्र (Broca area) के नजदीक में बायाँ अग्रपालि में क्षति होने से किसी भाषा को समझने एवं बोलने दोनों में कठिनाई होती है। यदि आनन क्षेत्र (facial area) में क्षति उत्पन्न होती है, तो इससे व्यक्ति में हिज्जे करने की क्षमता प्रभावित हो जाती है जिसका आकलन मानक हिज्जे परीक्षण (spelling test) से किया जाता है। आनन क्षेत्र (facial area) में क्षति का अनुमान ध्वन्यात्मक विभेदन परीक्षण (phonetic discrimination test) द्वारा भी हो जाता है। इसमें निरर्थक शब्दों (nonsense words) के कई शब्द व्यक्ति को दिये जाते हैं और उन्हें शब्द के पहला व्यंजन आवाज (constant sound) की पहचान करना होता है। जैसे, व्यक्ति को 'APTN' देकर इसमें पहला व्यंजन आवाज (अर्थात् P) की पहचान करना होता है। आनन क्षेत्र विशेषकर बायाँ अग्रपालि के आनन क्षेत्र में क्षति उत्पन्न होने पर ऐसे परीक्षण पर व्यक्ति का निष्पादन (performance) काफी कम जाता है। अध्ययनों से यह भी स्पष्ट हुआ है कि अग्रपालि क्षति जो आनन क्षेत्र (facial area) से बाहर भी होते हैं, से भी इस परीक्षण पर निष्पादन काफी खराब हो जाता है।

स्पष्ट हुआ कि अग्रपालि क्षति से उत्पन्न लक्षणों के बारे में अनुमान लगाने के लिए कई तरह के न्यूरोमनोवैज्ञानिक परीक्षण (neuropsychological tests) उपलब्ध हैं जिनका उपयोग न्यूरोमनोवैज्ञानिकों द्वारा प्रायः किया जाता है।

भित्तीय पालि की संरचना एवं कार्य
(Structure and Function of Parietal Lobe)

संरचना *(Structures)*—प्रमस्तिष्कीय गोलार्द्ध (cerebral hemisphere) का मध्य तीसरा (middle third) क्षेत्र जो अग्रपालि (frontal lobe), पश्चकपालपालि (occipital lobe) तथा शंख पालि (temporal lobe) के बीच अवस्थित है, को *भित्तीय पालि* (parietal lobe) कहा जाता है। यह कार्यात्मक रूप से (functionally) इन तीनों क्षेत्रों या पालियों से काफी सम्बन्धित होता है। भित्तीय पालि की संरचना (anatomy) को और भी स्पष्ट करते हुए यह कहा जा सकता है कि यह प्रमस्तिष्कीय कार्टेक्स (cerebral cortex) में भित्तीय कपाल हड्डी (parietal skull lobe) के भीतर का क्षेत्र होता है। शायद यही कारण है कि इसे भित्तीय पालि के रूप में नामकरण किया गया है। भित्तीय पालि का क्षेत्र मौटे तौर पर आगे से (anteriorly) केन्द्रीय फिशर (central fissure) से, पीछे से (posteriorly) भित्तीय-दृष्टि सुलकस (parietal-visual sulcus) से, पृष्ठीय रूप से (dorsally) साइनगलगेट गाइरस (cingulgate gyrus) तथा भेन्ट्रली (ventrally) सिलभियन फिशर (sylvian fissure) से सीमांकित (demarcated) होता है। भित्तीय पालि के प्रमुख क्षेत्रों को इस प्रकार दिखलाया जा सकता है—

(a) **उत्तरकेन्द्रीय गाइरस** (Postcentral gyrus) जो ब्राडमान (Broadmann) का क्षेत्र संख्या 1, 2 तथा 3 होता है (देखें चित्र 9.3 A तथा B)।

(b) **श्रेष्ठ भित्तीय लोबुल** (Superior parietal lobule) जो ब्राडमान का क्षेत्र संख्या 5 एवं 7 होता है (देखें चित्र 9.3 A तथा B)।

(c) **निम्न भित्तीय लोबुल** (Inferior parietal lobule) जो ब्राडमान का क्षेत्र संख्या 40 एवं 43 होता है (देखें चित्र 9.3 A तथा B)

(d) **एगुलर गाइरस** (angular gyrus) जो ब्राडमान का क्षेत्र संख्या 39 होता है (देखें चित्र 9.3 A तथा B)।

A

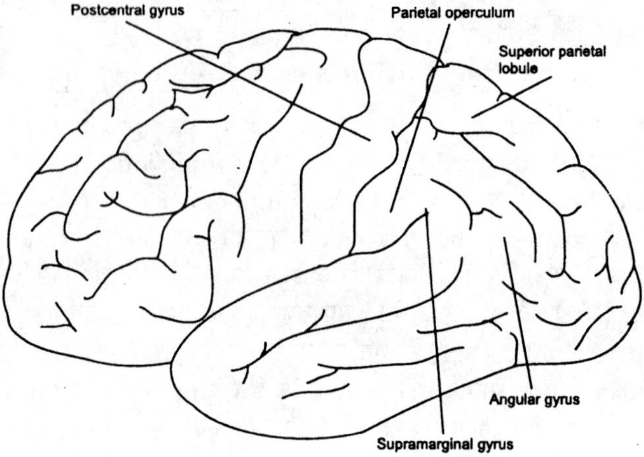

B

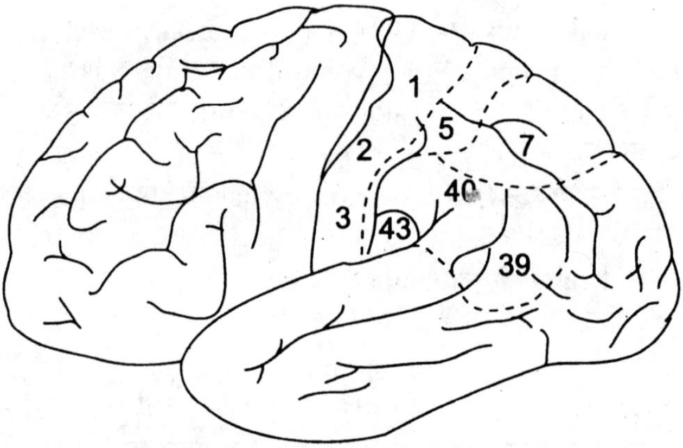

चित्र 9.3 : भित्तीय पालि की संरचना का चित्र

भित्तीय पालि के उक्त क्षेत्रों को तीन कार्यात्मक क्षेत्र (functional zones) में बाँटा जा सकता है—अग्रक्षेत्र (anterior zone) जिसमें ब्राडमान का क्षेत्र 1, 2, 3, 43 एवं क्षेत्र 5 का कुछ अंश शामिल होता है और यह क्षेत्र मूलतः मुख्य (primary) तथा गौण (secondary) कायिक संवेदी कार्टेक्स (somatosensory cortex) होता है। इसके अलावा दो पश्च क्षेत्र (posterior zones) जिसमें क्षेत्र 7 एवं क्षेत्र 39 तथा 40 सम्मिलित होते हैं, होते हैं। पश्च क्षेत्र टरशियरी कार्टेक्स (tertiary cortex) होता है और इसे *पश्च भित्तीय कार्टेक्स* (posterior parietal cortex) भी कहा जाता है।

भित्तीय पालि संलक्षण
(Parietal Lobe Syndrome)

भित्तीय पालि संलक्षण से तात्पर्य लक्षणों या व्यवहार में उत्पन्न वैसी क्षुब्धताएँ (disturbances) से होती हैं जो इस पालि में उत्पन्न क्षति (lesion) के फलस्वरूप

होती हैं। इस क्षेत्र की क्षति से उत्पन्न लक्षणों को मोटे तौर पर तीन भागों में बाँटा जा सकता है—

(अ) बायाँ भित्तीय पालि के क्षति से सम्बद्ध संलक्षण (Syndrome associated with left parietal lobe lesion)

(ब) दायाँ भित्तीय पालि के क्षति से सम्बद्ध संलक्षण (Syndromes associated with right parietal lobe lesion)

(स) विशिष्ट तरह के लक्षण (Specific types of symptoms)

इन तीनों का वर्णन निम्नांकित है—

(अ) बायाँ भित्तीय पालि के क्षति से सम्बद्ध संलक्षण *(Syndromes associated with left parietal lobe lesion)*—कुछ ऐसे अध्ययन किये गए हैं जिनमें रोगी का बायाँ भित्तीय पालि क्षतिग्रस्त हो गया था और उसमें विशेष तरह के लक्षणों का गुच्छ (cluster) देखा गया। 1924 में जोसेफ गेरस्टमान (Josef Gerstmann) ने अपने अध्ययन में पाया कि बाँया भित्तीय पालि के क्षतिग्रस्त होने के फलस्वरूप सामान्यतः चार लक्षणों का एक गुच्छ उत्पन्न होता है—*अँगुली* का नाम बतलाने या उसे पहचानने में व्यक्ति असमर्थ रहता है; *दायें-बायें का संभ्राति* (right-left confusion), *एग्राफिया* (agraphia) जिसमें व्यक्ति कुछ लिखने में असमर्थ रहता हे तथा *एकैलकुलिया* (acalculia) जिसमें व्यक्ति किसी गणितीय परिकलन (mathematical calculation) नहीं कर पाता है। इन चार लक्षणों को एक साथ मिलाकर *गेरस्टमान संलक्षण* (Gerstamann Syndrome) कहा गया। ग्रेस्टमान तथा उनके सहयोगियों का मत था कि यह संलक्षण बायाँ भित्तीय पालि (left parietal lobe) के एक विशेष भाग अर्थात् एनगुलर गाइरस (angular gyrus) अर्थात् क्षेत्र संख्या 39 में क्षति उत्पन्न होने से होता है।

ग्रेस्टमान संलक्षण (Grestmann syndrome) के अतिरिक्त भी कुछ लक्षण हैं जो ऐसे व्यक्तियों में पाये जाते हैं। आधुनिक न्यूरोमनोवैज्ञानिकों के अनुसार बायाँ भित्तीय पालि के क्षतिग्रस्त होने पर गेस्टमान संलक्षण के अतिरिक्त कुछ अन्य प्रमुख लक्षण भी उत्पन्न होते हैं जो इस प्रकार हैं—

(i) ऐसे रोगियों या व्यक्तियों का भाषाई कार्य (language functions) क्षुब्ध होता है। ऐसे व्यक्ति अपना नाम भी नहीं लिख पाते हैं जिसे *एग्राफिया* (agraphia) कहा जाता है, इन्हें कुछ पढ़ने में भी कठिनाई होती है जिसे *डाइस्लेक्सिया* (dyslexia) कहा जाता है तथा वे बहुत धीरे बोलते हैं और व्याकरण की त्रुटियाँ भी काफी करते हैं जिसे *डायसफासिया* (dysphasia) कहा जाता है।

(ii) ऐसे व्यक्ति विभिन्न ब्लाकों को मिलाकर कोई विशेष तरह का डिजाइन बनाने में कठिनाई महसूस करते हैं तथा इनमें *एप्राक्सिया* (apraxia) के भी लक्षण मिलते हैं जिसमें व्यक्ति के शरीर के किनारे-किनारे के अंगों या परिधीय भागों को मिलाकर गति का एक नया क्रम सीखने में कठिनाई अनुभव करता है।

(iii) ऐसे रोगियों में मन-ही-मन कोई साधारण जोड़-घटाव करने की असमर्थता होती है जिसे *डाइस्कैलकुलिया* (dyscalculia) कहा जाता है।

(iv) ऐसे व्यक्तियों में अंक विस्तार (digit span) की क्षमता सीमित होती है।

प्रायः यह देखा गया है कि ऐसे व्यक्ति तुरंत बोले गए या देखे गए कई अंकों में से मात्र तीन अंक तक का ही प्रत्याह्वान कर पाते हैं।

(v) ऐसे व्यक्तियों को बायें एवं दायें की स्थिति निर्धारण (orientation) का ज्ञान नहीं होता है।

स्पष्ट हुआ कि बायाँ भित्तीय पालि क्षतिग्रस्त होने पर कुछ विशेष तरह के लक्षण व्यक्ति में उत्पन्न होते हैं जिनमें ग्रेस्टमान संलक्षण (Grestmann syndrome) प्रधान हैं हालांकि इसके चारों लक्षण कभी-कभी एक ही व्यक्ति या रोगी में एक साथ नहीं देखने को मिलते हैं।

(ब) दायाँ भित्तीय पालि के क्षति से सम्बद्ध लक्षण *(Symptoms associated with lesion in right parietal lobe)*—दायाँ भित्तीय पालि क्षतिग्रस्त होने पर व्यक्ति में तरह-तरह के लक्षण होते हैं। न्यूरोमनोवैज्ञानिकों तथा तंत्रिका विज्ञानियों के अनुसार ऐसे लक्षणों में निम्नांकित प्रमुख हैं—

(a) प्रतिपार्श्विक उपेक्षा *(Contralateral neglect)*—दायाँ भित्तीय पालि क्षतिग्रस्त रोगियों में यह एक प्रमुख लक्षण होता है। इस लक्षण में व्यक्ति या रोगी क्षतिग्रस्त हिस्से के विपरीत भाग में कार्यों में क्षुब्धता (disturbances) दिखलाता है। दायाँ भित्तीय पालि में क्षति (lesion) होने से रोगी प्रायः निम्नांकित लक्षणों को दिखलाता है—

(i) रोगी अपने शरीर का बायें तरफ (left side) की उपेक्षा करता है। जैसे, यदि इससे यह कहा जाय कि आप अपना दोनों हाथ उठायें, तो ऐसे रोगी दायाँ हाथ तो उठा देते हैं परंतु बायाँ हाथ नहीं। जब घड़ी का मॉडल देकर उन्हें वैसा ही आरेखण (drawing) करने को कहा जाता है, तो वह घड़ी में 1 से 12 तक के सभी अंकों को घड़ी के दायें तरफ अक्सर लिखते पाये जाते हैं और बायें तरफ का हिस्सा खाली ही छोड़ दिया जाता है (देखें चित्र 9.4)। ऐसे रोगी पढ़ते समय बायें पेज के लिखावट की भी उपेक्षा करते हैं। इस तरह की उपेक्षा को *एकपार्श्विक स्थानिक उपेक्षा* (unilateral spatial neglect or USN) की संज्ञा दी गयी है जिसमें आरेखण करते समय या किसी चीज को पढ़ते समय व्यक्ति बायें तरफ या स्थान की चीजों की उपेक्षा करता है। उसी तरह से यह भी देखा गया है कि रोगी दाढ़ी बनाते समय चेहरे के दायें भाग में तो दाढ़ी बना लेते हैं परंतु बायें भाग की दाढ़ी नहीं बना पाता है। ऐसे रोगी शरीर के बायें तरफ के स्पर्श संवेदनों (tactile sensation) की भी उपेक्षा करते पाये जाते हैं। प्रतिपार्श्विक प्रभाव में रोगी के शरीर की विपरीत भाग में जो क्षुब्धता होती है, उसका अनुभव उसे नहीं होता है। फलस्वरूप, इस कमी हो वह स्वीकार नहीं करता है।

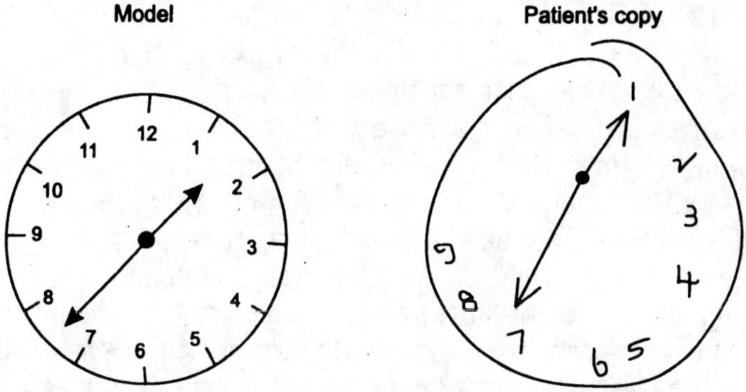

चित्र 9.4 : दायाँ भित्तीय पालि क्षतिग्रस्त एक रोगी द्वारा किया गया आरेखण

(ii) दायाँ भित्तीय पालि में क्षति होने से व्यक्ति में *रचनात्मक एप्राक्सिया* (constructional apraxia) के लक्षण भी पाये जाते हैं। दूसरे शब्दों में ऐसे रोगी दिये गए चीजों के सहारे कोई विशेष डिजाइन का आरेखण (drawings) नहीं कर पाते हैं। जैसे दिये गए ब्लाकों के सहारे ऐसे रोगी डिजाइन का निर्माण नहीं कर पाते हैं। आरेखण करते समय चित्र को सही बनाने के ख्याल से ऐसे व्यक्ति अतिरिक्त लकीरें खींचता है परंतु फिर भी इसमें यथार्थ स्थानिक सम्बन्ध (accurate spatial relations) की कमी पायी जाती है।

(iii) ऐसे व्यक्तियों में स्थलाकृति सम्बन्धित अक्षमता (topographical disability) पाया जाता है। दूसरे शब्दों में यह कहा जा सकता है कि ऐसे रोगी अपनी स्मृति से पूर्णतः याद रहने वाले चित्र का भी आरेखण नहीं कर पाते हैं क्योंकि आरेखित चित्र दिशा (direction) तथा स्थानिक क्रम (spatial arrangement) के ख्याल से त्रुटिपूर्ण होते हैं।

स्पष्ट हुआ कि दायाँ भित्तीय पालि में क्षति होने से प्रत्यक्षण से संबद्ध विकृतियाँ सामान्य रूप से होती हैं और इस तथ्य का उजागर सबसे पहली बार 1874 में जॉन हगलिंग्स-जैकसन (John Hughlings-Jackson) द्वारा किया गया। परंतु 1940 वाले दशक में पैटरसन एवं जैंगविल (Paterson & Zangwill) द्वारा इसका गहन अध्ययन करके कई तरह के लक्षणों को प्रस्तुत किया गया था जिसमें सबसे प्रमुख प्रतिपार्श्विक उपेक्षा (contralateral neglect) है। हिलमैन तथा वाटसन (Heilman & Watson, 1977) ने 13 ऐसे रोगियों के मस्तिष्क का स्कैनिंग किया और पाया कि इनके इनफेरियर भित्तीय पालि (inferior parietal lobe) में क्षति थी। इस तरह की प्रतिपार्श्विक उपेक्षा क्यों होती है, की व्याख्या न्यूरोमनोवैज्ञानिकों द्वारा करने की कोशिश की गयी है। इसके लिए दो प्रमुख सिद्धान्त की घोषणा की गयी है। पहला सिद्धान्त के अनुसार इस तरह की उपेक्षा का कारण दोषपूर्ण संवेदन (sensation) या प्रत्यक्षण (perception) होता है। इस सिद्धान्त के अनुसार भित्तीय पालि जो सभी तरह के संवेदी क्षेत्रों से सूचनाओं को एकत्रित करता है, में क्षति (lesion) होने से संवेदनों का एकीकरण क्षुब्ध हो जाता है। डेनी-ब्राऊन तथा चैम्बर्स (Denny-Brown & Chambers, 1958) ने संवेदनों में इस

तरह के विध्वंसता (disruption) को *एमोरफोसिनथेसिस* (amorpho-synethesis) तथा समन्वय (integration) को *मार्फोसिनथेसिस* (morpho-synthesis) कहा है। इस सिद्धान्त की मान्यता है कि दायाँ भित्तीय पालि में क्षति से उपेक्षा (neglect) का लक्षण इसलिए उत्पन्न होता है क्योंकि उद्दीपकों का स्थानिक विशेषताएँ (spatial properities) क्षुब्ध हो जाती हैं। इसका परिणाम यह होता है कि यद्यपि व्यक्ति उद्दीपकों का प्रत्यक्षण तो कर लेता है परंतु मस्तिष्क उनका स्थिति निर्धारण (location) नहीं कर पाता है और इसलिए व्यक्ति उनकी उपेक्षा करने लगता है। दूसरा सिद्धान्त यह बतलाता है कि उपेक्षा का कारण दोषपूर्ण अवधान (defective attention) या स्थिति निर्धारण (orientation) है। क्रिटचिली (Critchley, 1953) का मत है कि दायाँ भित्तीय पालि क्षतिगस्त हो जाने से व्यक्ति उद्दीपकों से प्राप्त होने वाली सूचनाओं पर ध्यान नहीं दे पाता है। फलतः इन उद्दीपकों का स्थान निर्धारण में व्यक्ति असफल रहता है और तब वह उनकी उपेक्षा करता है।

(स) विशिष्ट तरह के लक्षण *(Specific types of smyptoms)*—ऊपर बायें एवं दायें भित्तीय पालि के क्षति से सम्बन्धित कुछ प्रमुख लक्षणों की चर्चा की गयी है। परंतु इनके अतिरिक्त भी इसमें कुछ विशिष्ट तरह के लक्षण पाये जाते हैं जिनका वर्णन निम्नांकित है—

(a) बालिन्ट संलक्षण *(Balint's syndrome)*—1909 में वालिन्ट संलक्षण जैसे पद का प्रतिपादन बालिन्ट (Balint) द्वारा किया गया। इस संलक्षण के प्रतिपादन का आधार उनके द्वारा एक ऐसे रोगी का अध्ययन किया जाना था जिसका भित्तीय पालि क्षतिग्रस्त हो गया था। बालिन्ट ने पाया कि इस रोगी में मानसिक दोष (mental impairement) का कोई लक्षण नहीं था तथा इनमें न तो एपराक्सिया (apraxia) और न ही एफाशिया (aphasia) के कोई स्पष्ट लक्षण थे। इनका दृष्टि प्रत्यक्षण (visual perception) स्पष्ट था और वे किसी वस्तु का उपयोग, नाम तथा रंग आदि का स्पष्ट प्रत्यक्षण करता था। परंतु फिर भी उस रोगी में तीन असाधारण लक्षण (unusual symptoms) थे जिसके कारण बालिन्ट (Balint) ने उसका विशेष अध्ययन किया और इस संलक्षण का नाम *बालिन्ट संलक्षण* (Balint syndrome) रखा। वे तीन लक्षण निम्नांकित थे—

(i) जब इस रोगी के सामने बहुत सारे उद्दीपकों को रखा जाता था, तो वह सीधे इन उद्दीपकों पर स्वतः ही देखता था। परंतु वह अपने दृष्टि को 35° से 40° तक दायाँ तरफ कर लेता था और उसी दिशा में पड़े उद्दीपकों को ही वह सिर्फ देख पाता था। इस तरह से वह बायें दृष्टि क्षेत्र के कुछ उद्दीपकों की उपेक्षा करता था परंतु इसके अतिरक्त वह दायाँ दृष्टिक्षेत्र (right visual field) के कुछ हिस्सों की भी उपेक्षा करता था।

(ii) जैसे ही रोगी का ध्यान किसी उद्दीपक या वस्तु की ओर होता था, उसे कोई अन्य उद्दीपक नहीं दिखलाई पड़ता था। इस तरह से रोगी का ध्यान एक समय में किसी एक उद्दीपक तक ही सीमित होता था जो सचमुच में एक ऐसी विकृति थी जिससे पढ़ने में काफी कठिनाई होती थी क्योंकि प्रत्येक अक्षर तो अलग-अलग मुद्रित होता है।

(iii) रोगी को दृष्टि निदेशन (visual guidance) में किसी लक्ष्य वस्तु (target object) पर पहुँचने में काफी कठिनाई होती है। इस लक्षण को *दृष्टि एटैक्सिया* (optic ataxia) कहा जाता है।

उक्त लक्षणों को मिलाकर बालिन्ट संलक्षण (Balint's syndrome) जैसे पद का प्रतिपादन किया गया जो किसी एक भित्तीय पालि (parietal lobe) के क्षतिग्रस्त होने पर उत्पन्न नहीं होता है। इस संलक्षण की उत्पत्ति के लिए यह आवश्यक है कि दोनों ही भित्तीय पालि क्षतिग्रस्त हो।

(b) एस्टिरियोग्नोसिस *(Astereognosis)*—एस्टिरियोग्नोसिस एक तरह का स्पर्श एगनोसिया (tactile agnosia) है जिसमें रोगी वस्तुओं को स्पर्श करके उसे पहचानने में असमर्थ रहता है। कोरकिन (Corkin, 1965) तथा मिलनर (Milner, 1965) द्वारा किये गए अध्ययनों से यह स्पष्ट हुआ है कि इस तरह के लक्षण की उत्पत्ति दायाँ पश्च भित्तीय क्षेत्रों (right posterior parietal regions) में क्षति होने से होता है।

(c) एनोसोग्नोसिया *(Anosognosia)*—इस पद का प्रतिपादन वैविन्सकी (Babinski) द्वारा 1914 में किया गया। इसे कभी-कभी *वैविन्सकी संलक्षण* (Babinski syndrome) भी कहा जाता है। इसमें रोगी या व्यक्ति अपने में किसी दोष (defect) या बीमारी होने की बात नहीं स्वीकार करता है या उसका प्रत्यक्षण नहीं करता है। जैसे बायें तरह की हेमिप्लिगिया (hemiplegia) या पक्षाघात (paralysis) में सामान्यतः दायाँ भित्तीय पालि (right parietal lobe) में क्षति (lesion) होती है। लेकिन ऐसे रोगियों में क्षति सिर्फ यहीं तक सीमित नहीं रहती है। सामान्यतः यह देखा गया कि एनोसोग्नोसिया में क्षति थोड़ा बड़े क्षेत्र में फैला होता है। नाथानस्न एवं उनके सहयोगियों ने अपने अध्ययन के आधार पर यह बतलाया है कि करीब 70% रोगी जिनमें एक पार्श्विक पक्षाघात (unilateral paralysis) के लक्षण थे, के दायाँ भित्तीय पालि में क्षति उत्पन्न थी। ऐसे रोगियों में कभी-कभी यह भी व्यामोह (delusion) उत्पन्न हो जाता है कि शरीर के परिधीय अंग (peripheral organs) अर्थात् अवयव (limb) कार्य नहीं कर रहे हैं।

स्पष्ट हुआ कि भित्तीय पालि संलक्षण में कई तरह के लक्षण होते हैं जिनमें ग्रस्टमान संलक्षण (Gerstmann Syndrome), तथा प्रतिपार्श्विक उपेक्षा (contralateral neglect) तुलनात्मक रूप से अधिक प्रमुख है।

भित्तीय पालि क्षति का नैदानिक न्यूरोमनोवैज्ञानिक मूल्यांकन (Clinical Neuropsychological Assessment of Parietal lobe Damage)

भित्तीय पालि में क्षति (lesion) उत्पन्न होने से कई तरह के व्यवहारों को व्यक्ति करने में कठिनाई अनुभव करता है तथा साथ-ही-साथ उसमें कई तरह के लक्षण उत्पन्न हो जाते हैं। निम्नांकित कुछ ऐसे न्यूरोमनोवैज्ञानिक परीक्षणों (neuropsychological tests) का वर्णन किया जा रहा है जिनके माध्यम से भित्तीय पालि में उत्पन्न क्षति के प्रभावों का मूल्यांकन किया जाता है—

1. द्वि-बिन्दु विभेदन परीक्षण *(Two-point discrimination test)*—इस परीक्षण

द्वारा दैहिक-संवेदी कार्यों (samatosensory functions) का मापन होता है। इस परीक्षण में रोगी का आँख बन्द करके उसके शरीर (प्रायः हथेली या चेहरे पर) द्विबिन्दु (two points) से स्पर्श कराया जाता है और उनसे पूछा जाता है कि वे त्वचा पर एक या दो बिन्दु का स्पर्श का अनुभव कर रहे हें। पहले दोनों बिन्दुओं के बीच बड़ा अन्तर (जैसे 4 सेन्टीमीटर) का रखा जाता है और फिर धीर-धीरे यह अन्तर कम करते हुए उनके त्वचा को तबतक उत्तेजित किया जाता है जब वह द्विबिन्दु का प्रत्यक्षण करना बन्द कर देता है। अनत्य (extreme) केस में इस प्रक्रिया को उलट भी दिया जाता है जहाँ दो बिन्दुओं के बीच अन्तर को धीरे-धीरे तबतक बढ़ाया जाता है जब वह स्पष्ट रूप से दो बिन्दु का प्रत्यक्षण न कर ले। अगर व्यक्ति के भित्तीय पालि विशेषकर उत्तरकेन्द्रीय गाइरस (postcentral gyrus) में क्षति उत्पन्न होती है तो व्यक्ति का निष्पादन इस परीक्षण पर काफी घटिया हो जाता है।

2. सेक्विन-गोडार्ड फार्म बोर्ड *(Sequin-Goddard Form Board)*—परीक्षण का भी उपयोग भित्तीय पालि में क्षति के प्रभावों का मूल्यांकन करने में किया जाता है। इस परीक्षण द्वारा स्पर्श प्रारूप प्रत्यभिज्ञान (tactile form recognition) की जाँच होती है। इस परीक्षण में आँखों पर पट्टी बाँधे रोगी या व्यक्ति 10 विभिन्न आकार के ब्लाक (blocks) यथा 'तारा', 'त्रिभुज', आदि को पहले छूकर उनके आकार से वाकिफ होता है। फिर उन्हें एक-एक करके फार्म बोर्ड पर बने सामान आकार के छेद में रखने की कोशिश करता है। इस कार्य के समाप्त होने के बाद व्यक्ति के सामने से फार्म बोर्ड तथा ब्लाक को हटा दिया जाता है और व्यक्ति को अपनी स्मृति से बोर्ड के आकारों का आरेखण करना होता है। अध्ययनों से स्पष्ट हुआ है कि जिन व्यक्तियों के भित्तीय पालि में क्षति होती है विशेषकर ब्राडमान क्षेत्र संख्या 37 एवं 40 में क्षति होती है, तो उक्त परीक्षण पर का कार्य निष्पादन काफी प्रभावित होता है।

3. भित्तीय पालि में क्षति उत्पन्न होने से व्यक्ति में *प्रतिपार्श्विक उपेक्षा* (contralateral neglect) उत्पन्न होता है जिसकी जाँच प्रायः *रेखा-द्विभाजन परीक्षण* द्वारा होती है। स्केनकेनवर्ग (Schenakenberg) तथा उनके सहयोगियों द्वारा एक ऐसा ही महत्त्वपूर्ण परीक्षण विकसित किया गया है जिसे व्यक्ति या ऐसे रोगी को 20 रेखा में से प्रत्येक के ठीक बीचो-बीच में एक चिह्न (mark) लगाने के लिए कहा जाता है। प्रत्येक रेखा एक अलग पेज पर अलग-अलग स्थानों पर दर्शाया गया होता है। जैसे कुछ रेखा पेज के केन्द्र में, कुछ केन्द्र के बायें तरफ, कुछ केन्द्र के दायें तरफ खींचे गए होते हैं। प्रत्येक रेखा की लम्बाई भिन्न-भिन्न होती है। जिन रोगियों में प्रतिपार्श्विक उपेक्षा का लक्षण पाया जाता है, वे पृष्ठ के बायें तरफ की रेखाओं पर चिह्न नहीं लगा पाते हैं।

4. भित्तीय पालि में क्षति उत्पन्न होने से व्यक्ति की दृष्टि प्रत्यक्षण (visual perception) भी प्रभावित हो जाता है जिसका मूल्यांकन करने के लिए दो न्यूरोमनोवैज्ञानिक परीक्षण अर्थात् *मूनी क्लोजर परीक्षण* (Mooney closure test) तथा *गोल्लिन अपूर्ण-चित्र परीक्षण* (Gollin Incomplete Figure test) अधिक लोकप्रिय है। इन दोनों कार्यों में चेहरों या वस्तुओं का अपूर्ण या अधूरा प्रतिनिधित्व होता है और व्यक्ति को कुछ अंशों या तत्त्वों को अपनी ओर से जोड़कर उस तस्वीर को पूर्ण करके उसे पहचानना होता है। यदि किसी व्यक्ति के दायाँ भित्तीय पालि में क्षति उत्पन्न हुई है, तो उसका निष्पादन इस परीक्षण पर घटिया हो जाता है।

5. सेम्मस बॉडी-प्लेसिंग परीक्षण (Semmes Body-Placing test) तथा **लोकोमोटर मैप परीक्षण** (Locomotor Map tests) द्वारा स्थानिक सम्बन्धों (spatial relations) की माप होती है और भित्तीय पालि में क्षति उत्पन्न होने पर इस तरह की क्षमता काफी कुप्रभावित हो जाती है। इन परीक्षणों में रोगी के सामने हाथ, पैर, नाक, कान आदि के आरेखित चित्र के विभिन्न प्रारूपों को जैसे उसका अगला भाग, पिछला भाग, ऊपर का भाग, नीचे का भाग आदि को व्यक्ति के सामने उपस्थित किया जाता है और उसे यह बतलाना होता है कि आरेखण शरीर के बायें भाग या दायें भाग का है। इस परीक्षण के शाब्दिक प्रारूप में व्यक्ति को बोलकर एक-एक करके कई तरह के आदेश दिये जाते हैं। जैसे, दायाँ हाथ से बायाँ कान को पकड़िए' आदि-आदि। जिन व्यक्तियों का बायाँ भित्तीय पालि में क्षति होती है, उनका निष्पादन ऐसे परीक्षणों पर घटिया होता है। *परंतु ध्यान रहे कि बायाँ अग्रपालि (left frontal lobe) में भी क्षति उत्पन्न होने पर इन कार्यों पर व्यक्ति का निष्पादन घटिया होता है।*

6. भित्तीय पालि में क्षति उत्पन्न होने से भाषा सम्बद्ध दोष भी व्यक्ति में उत्पन्न हो जाता है। ऐसी क्षति में भाषा बोध (language comprehension) तथा पठन बोध (reading comprehension) से सम्बन्ध लक्षण दिखते हैं। इनका मापन *संकेत परीक्षण* (Token test) द्वारा होता है। भाषा बोध के लिए 20 संकेत (tokens) अर्थात् पाँच विभिन्न रंगों यथा पीला, हरा, लाल, उजला तथा काला में चार आकार (shapes) अर्थात् बड़ा एवं छोटा वृत्त तथा बड़ा एवं छोटा वर्ग के संकेत होते हैं। इसमें व्यक्ति को पहले सरल कार्य अर्थात् उजले वृत्त को स्पर्श करके फिर जटिल कार्य अर्थात् बड़ा पीला वृत्त या बड़ा लाल वृत्त को स्पर्श करना होता है। पठन बोध परीक्षण में व्यक्ति के सामने निर्देश को जोर से बोलकर पढ़ा जाता है और तब उसे उसी के अनुरूप कार्य करना होता है। जिन व्यक्तियों में भित्तीय पालि में क्षति होती है, वे इन कार्यों को ठीक से नहीं कर पाते हैं।

7. भित्तीय पालि में क्षति से उत्पन्न एक लक्षण एप्राक्सिया (apraxia) है जिसमें व्यक्ति उद्देश्यपूर्ण व्यवहार या गति करने में पूर्णतः या आंशिक रूप से अपने को असमर्थ पाता है। इस लक्षण का आकलन करने के लिए *किमुरा बाक्स परीक्षण* (Kimura Box Test) विकसित किया गया है जिसमें व्यक्ति या रोगी को अपने तर्जनी के (index figure) के माध्यम से एक बटन को तीन लगातार बार दबाना होता है, एक हैंडिल (handle) को चार अँगुलियों से खींचना होता है तथा अँगूठा (thumb) के सहारे एक छड़ या दंड (bar) को दबाना होता है। इस तरह इस परीक्षण में व्यक्ति को कई तरह के उद्देश्यपूर्ण गति करना होता है। जिन व्यक्तियों में भित्तीय पालि में क्षति के कारण एप्राक्सिया के लक्षण उत्पन्न हो जाते हैं, वे इन गतियों को नहीं कर पाते हैं।

स्पष्ट हुआ कि भित्तीय पालि में क्षति से उत्पन्न लक्षणों का आकलन कई तरह के न्यूरोमनोवैज्ञानिक परीक्षणों द्वारा किया जाता है।

पश्चकपाल पालि की संरचना एवं कार्य
(Structure and Function of Occipital Lobe)

संरचना *(Structure)*—पश्चकपाल पालि (occipital lobe) प्रमस्तिष्कीय गोलार्द्धों (cerebral hemispheres) के पिछले भाग में अवस्थित होता है। इसके भीतरी या

मेडियल (medial) हिस्से में एक दरार जिसे *पैरिटो-आसिपिटल दरार* (parieto-occipital fissures) कहा जाता है, द्वारा स्पष्ट रूप से सीमांकित होता है। पार्श्विक (lateral) या उत्तल (convex) सतहों पर दृष्टि पालि में कोई स्पष्ट सीमांकन नहीं होता है तथा पश्चकपाल पालि नीचे में शंख पालि (temporal lobe) के साथ तथा ऊपर में पश्चकपाल पालि (parietal lobe) के साथ मिला हुआ होता है। उक्त वर्णनित संरचनाओं को चित्र संख्या 9.5 एवं 9..6 में देखा जा सकता है।

पश्चकपाल पालि ब्राडमान (Broadmann) का क्षेत्र संख्या 17, 18 तथा 19 में पड़ता है जिसकी कोशकीय संरचना (cellular composition) भिन्न-भिन्न होती है।

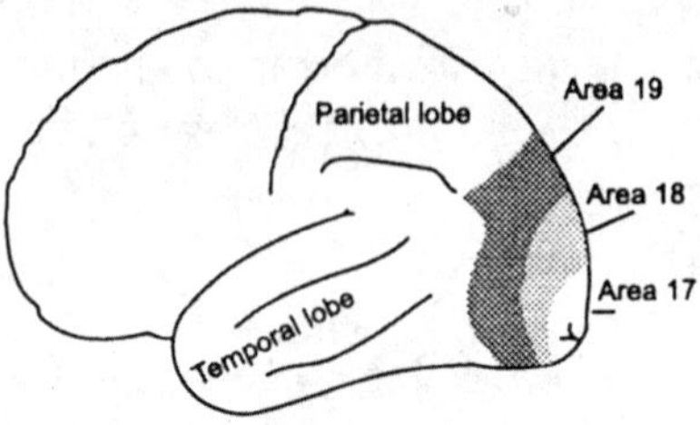

चित्र 9.5 : पश्चकपाल का पार्श्विक झलक (lateral view)

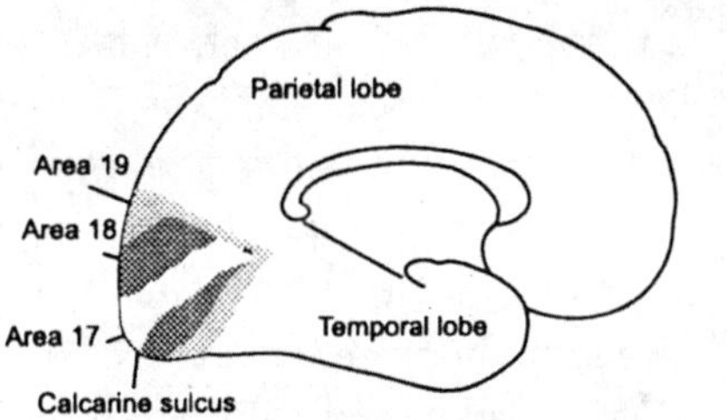

चित्र 9.6 : पश्चकपाल का मेडियल या आंतरिक भाग

पश्चकपाल पालि में ब्राडमान क्षेत्र संख्या 17 मुख्य दृष्टि क्षेत्र (primary visual area) कहलाता है। इस क्षेत्र को रेखित या धारीदार क्षेत्र (striate area) भी कहा जाता है क्योंकि जब इसे काटा जाता है तो कटे भाग धारीदारी दीखते हैं। इस क्षेत्र में अक्षिपटल (retina) के दृष्टि ग्राहक (visual receptors) से सूचनाओं को रिले करने वाले तंत्रकीय तन्तु (neural fibers) आकर समाप्त हो जाते हैं। इस क्षेत्र का किनारा कालकेरिन फिशर (calcarine fissure) जो मूलतः गोलार्द्ध के मेडियल पहलू (medial aspect) पर अवस्थित होता है, से सटा होता है तथा यह गोलार्द्ध के पश्च छोर (posterior pole) से भी जुड़ा होता है (देखें चित्र 9.4)। क्षेत्र संख्या 17 क्षेत्र संख्या 18 से घिरा होता है जो पारा रेखित क्षेत्र (parastriate area) होता है और यह क्षेत्र अर्थात् क्षेत्र संख्या 18, क्षेत्र संख्या 19 से घिरा होता है जो परीरेखित (peristriate) होता है जिसका किनारा शंख पालि (temporal lobe) तथा भित्तीय पालि (parietal lobe) से जुड़ा होता है।

ब्राडमान का क्षेत्र संख्या 18 को *गौण संवेदी क्षेत्र* (secondary sensory area) कहा गया है और ऐसा विश्वास किया जाता है कि इसका मुख्य कार्य दृष्टि सूचनाओं (visual information) को संयोजित करना तथा उनका विस्तारण (elaboration) करना होता है। इस क्षेत्र में गोलार्द्ध के अन्य क्षेत्रों के साथ बहुत सारे अन्तर गोलार्द्धीय तन्तु सम्बन्ध (interhemisphere fiber connections) भी पाये जाते हें।

ब्राडमान का क्षेत्र संख्या 19 एक ऐसा दृष्टि क्षेत्र होता है जिसका सम्बन्ध गोलार्द्धों (hemispheres) के अन्य क्षेत्रों से काफी अधिक होता है। सचमुच में यह क्षेत्र श्रवण तथा अन्य संवेदी तंत्रों से प्राप्त होने वाली सूचनाओं को भी दृष्टि सूचना के साथ समन्वित करता है तथा यह मस्तिष्क के उन भागों जो मूलतः संभाषण (speech) तथा अन्य

कार्यपालक कार्य (executive functions) करते हैं, के साथ दृष्टि सूचनाओं को समन्वित करता है। इस क्षेत्र का सम्बन्ध शंख पालि से भी होता है तथा दृष्टि स्मृति में इसकी अहम भूमिका होती है।

पश्चकपाल पालि संलक्षण
(Occipital lobe Syndrome)

पश्चकपाल पालि संलक्षण से तात्पर्य सामान्य दृष्टि प्रत्यक्षण में उत्पन्न क्षुब्धताएँ (disturbances) से होती है जिनका सम्बन्ध पालि में उत्पन्न किसी-न-किसी प्रकार की क्षति (lesion) से होता है। इस तरह के संलक्षण में दृष्टि प्रत्यक्षण से सम्बद्ध कई तरह की त्रुटियाँ तथा असामान्यताएँ (abnormalities) होती हैं जिन्हें मोटे तौर पर निम्नांकित भागों में बाँटकर अध्ययन किया जा सकता है—

1. दृष्टि प्रत्यक्षण की अनियमितताएँ (Irregularities in visual perception)
2. प्रमस्तिष्कीय अन्धापन (Cerebral blindness)
3. दृष्टि एग्नोसिया (Visual agnosia)

इन सबों का वर्णन हम अलग-अलग अनुच्छेदों में करेंगे—

1. दृष्टि प्रत्यक्षण की अनियमितताएँ *(Irregularities in visual perception)*— कुछ अध्ययनों से यह स्पष्ट हुआ है कि दृष्टि पालि में क्षति (lesion) उत्पन्न हो जाने से व्यक्ति में दृष्टि अवस्थिति (visual location), दृष्टि उन्मुखता (visual orientation), गहराई प्रत्यक्षण (depth perception) तथा रंग के प्रत्यक्षण से सम्बन्धित अनियमितताएँ उत्पन्न हो जाती हैं। ऐसे व्यक्ति किसी वस्तु के सही स्थिति की पहचान नहीं कर पाते हैं। हुवेल तथा विजेल (Hubel & Wiesel, 1959) ने अपने प्रयोग के आधार पर यह पाया है कि व्यक्ति के दृष्टि क्षेत्र में ब्राडमान क्षेत्र संख्या 17 (Bradmann area no. 17) जब क्षतिग्रस्त हो जाता है, तो व्यक्ति किसी उद्दीपक की स्थानिक उन्मुखता (spatial orientation) अर्थात् उसकी क्षैतिक (horizontal) या लम्बीय (vertical) झुकाव की पहचान सही-सही नहीं कर पाता है। उसी तरह से कुछ लोगों ने अपने अध्ययन के आधार पर यह दिखलाया है कि द्विपार्श्विक दृष्टि पालि क्षति (bilateral occipital lesion) या भित्तीय-दृष्टि क्षति (parieto-occipital lesion) उत्पन्न होने से व्यक्ति में दूर तथा नजदीक का प्रत्यक्षण त्रुटिपूर्ण हो जाता है। जब दृष्टि साहचर्य कार्टेक्स (visual association cortex) के निचले भाग (inferior portion) में क्षति होती है, तो व्यक्ति रंग का प्रत्यक्षण करने में कठिनाई अनुभव करता है। ऐसे व्यक्ति में आकार (form) तथा गहराई प्रत्यक्षण (depth perception) तो सामान्य होता है परंतु उसे रंगीन उद्दीपक या वस्तु का रंग का प्रत्यक्षण न होकर मात्र धूसर (grey) (अर्थात् श्याम एवं श्वेत) का प्रत्यक्षण होता है। इस संलक्षण को *एक्रोमैटोपसिया* (achromatopsia) कहा जाता है।

2. प्रमस्तिष्कीय अन्धापन *(Cerebral blindness)*—प्रमस्तिष्कीय अंधापन में रोगी या व्यक्ति के पश्च प्रमस्तिष्कीय धमनी (posterior cerebral artery) संकीर्ण हो जाता है जिससे रक्त की आपूर्ति वृहतमस्तिष्क (cerebrum) के पश्च क्षेत्रों (posterior regions) में बाधित हो जाती है। चूँकि मुख्य दृष्टि कार्टेक्स (primary visual cortex) पश्च क्षेत्र में ही अवस्थित होता है, अतः इससे इस कार्टेक्स में भी रक्त आपूर्ति बाधित हो जाती है और व्यक्ति में अन्धापन (blindness) उत्पन्न हो जाता है। इसे कार्टिकल अन्धापन (cortical blindness) भी कहा जाता है। अन्धापन की स्थिति में कुछ दिनों के बाद धीरे-धीरे हल्का सुधार भी कभी-कभी होता है। सामान्यतः इस अन्धापन के साथ-साथ रोगी में कुछ संभ्रान्ति (confusion) तथा बेहोशी जैसी अवस्था भी कभी-कभी देखने को मिलता है। प्रायः दृष्टि कार्टेक्स (visual cortex) में क्षति होने पर पूर्ण अन्धापन (complete blindness) की स्थिति नहीं होती है। कुछ दृष्टि कार्य प्रभावित नहीं होते हैं, कुछ दृष्टि कार्य दूसरे कार्यों के साथ मिलकर एक नवीन रूप में अपना अस्तित्व बनाये रखता है। इसे *आंशिक कार्टिकल अन्धापन* (partial cortical blindness) कहा जाता है।

कुछ ऐसे अन्धापन के रोगी में एक विशेष तरह की अन्य महत्त्वपूर्ण प्रवृत्ति भी देखी गयी है जिसमें रोगी अपने इस दोष (defect) के प्रति उदासीन (neutral) रहता है, उसे पहचानने में असमर्थ रहता है तथा उसके अस्तित्व को नकारने भी लगता है। 1899 में एनटोन (Anton) नामक रोगी के केस में जब उसकी शव-परीक्षण (post-mortom) किया गया तो यह देखा गया कि मस्तिष्क के भित्तीय दृष्टि क्षेत्र (parieto occipital region) दोनों तरफ कुछ कमजोर पड़ गये थे जिससे उस क्षेत्र का सम्पर्क मस्तिष्क के अन्य भागों से टूट जाता था जिसके परिणामस्वरूप रोगी में अन्धापन जैसे दृष्टि दोष को नकारने की प्रवृत्ति तीव्र हो गयी थी। उसे *एनटोन संलक्षण* (Anton's syndrome) की संज्ञा दी गयी। इस तरह की नकारने की प्रवृत्ति पूर्ण अन्धापन में तो होती है साथ-ही-साथ अर्ध-अन्धापन की स्थिति में भी पायी जाती है। एनटोन संलक्षण वाले कुछ रोगियों में स्मृति दोष (memory defects) भी पाये गए क्योंकि इस तरह के क्षति का प्रभाव इन्फ्रोमेडियल शंख पालि (inferomedial temporal lobe) पर भी पड़ता देखा गया है।

3. दृष्टि एगनोसिया *(Visual agnosia)*—दृष्टि एगनोसिया से तात्पर्य दृष्टि तंत्र द्वारा बिना किसी तरह के मानसिक ह्रास (neutral deterioration) या मुख्य संवेदी ह्रास (primary sensory loss) के ही किसी वस्तु को पहचानने की असमर्थता से होता है। सचमुच में 'एगनोसिया' (agnosia) जैसे पद का प्रतिपादन सिगमंड फ्रायड (Sigmund Freud) द्वारा 1891 में किया गया और फ्रायड ने इसका उपयोग वैसी स्थिति के लिए किया था जहाँ व्यक्ति को दृष्टि वस्तुओं (visual objects) के बारे में कुछ भी ज्ञान नहीं होता है जिसका कारण या तो व्यक्ति में ज्ञान की क्षति होना या ज्ञान की अनुपलब्धता होती थी। परंतु इसका वैज्ञानिक उपयोग जर्मन तंत्रिकाशास्त्री (German neurologist) हिनरिक लिस्साऊर (Heinrich Lissauer) द्वारा किया गया। वास्तविकता यह है कि लिस्साऊर ने एग्नोसिया के दो प्रमुख प्रकार बतलाया—*संप्रत्यक्षित एग्नोसिया* (apperceptive agnosia) तथा *साहचर्यात्मक एग्नोसिया* (associative agnosia)। जब व्यक्ति अपने प्रत्यक्षण में विघटन (disruption) के कारण दृष्टि वस्तुओं की पहचान करने में असमर्थ रहता है, तो इस स्थिति को *संप्रत्यक्षित एग्नोसिया* (appreceptive agnosia) कहा जाता है। साहचर्यात्मक एग्नोसिया में व्यक्ति दृष्टि वस्तु का अर्थ बलताने में अपने आप को असमर्थ पाता है। इसका मतलब यह हुआ कि संप्रत्यक्षित एग्नोसिया उस समय उत्पन्न होता है जब व्यक्ति किसी वस्तु को देखकर उसे एक

संगठित प्रत्यक्ष वस्तु (percept) के रूप में संसाधित कर रहा होता है जबकि साहचर्यात्मक एग्नोसिया में प्रत्यक्ष वस्तु (percept) का व्यक्ति प्रत्यक्षण तो करता है परंतु वह अपने उन स्मृति चिह्नों को सक्रिय नहीं कर पाता है जिसके आधार पर उस वस्तु को एक अर्थ दिया जा सकता है।

न्यूरोमनोवैज्ञानिकों तथा तंत्रिका विज्ञानियों (neurologists) द्वारा एग्नोसिया के उपर्युक्त सामान्य प्रकार के अलावा कुछ विशेष तरह के अन्य प्रकारों की भी चर्चा की गयी है और उनका कारण स्पष्टतः प्रमस्तिष्कीय दृष्टि क्षेत्र (cerebral visual area) में किसी-न-किसी प्रकार की क्षति बतलायी गयी है। ऐसे विशिष्ट प्रकारों में छह महत्त्वपूर्ण हैं—*दृष्टि वस्तु एग्नोसिया* (visual object agnosia), *समकालिक एग्नोसिया* (simultaneous agnosia), *दृष्टि स्थानिक एग्नोसिया* (visualspatial agnosia), *प्रोसोपैगनोसिया* (prospognosia), *रंग एग्नोसिया* (colour agnosia) तथा *एग्नोसिक एलेक्सिया* (agnosic lexia)। इन सबों का वर्णन निम्नांकित है—

(i) दृष्टि वस्तु एग्नोसिया *(Visual object agnosia)*—दृष्टि वस्तु एग्नोसिया में व्यक्ति वस्तुओं को देखकर नहीं पहचान पाता है परंतु उसे स्पर्श करके पहचान कर लेता है। कभी-कभी ऐसे रोगी किसी वस्तु की पहचान नहीं भी करने पर उसका उपयोग तो कर लेते हैं परंतु जब उन्हें उस वस्तु को दिखलाकर उसका उपयोग बतलाने के लिए कहा जाता है, तो इसमें वे असमर्थ रहते हैं। कई न्यूरोमनोवैज्ञानिकों का मत है कि बायाँ दृष्टि पालि (left occipital lobe) के लेट्रल भाग (lateral aspect) में क्षति होने से दृष्टि वस्तु एग्नोसिया उत्पन्न होता है। क्लिस्ट (Kleist, 1934) का मत है कि बायाँ दृष्टि भाग का क्षेत्र संख्या 19 में क्षति होने से दृष्टि वस्तु एग्नोसिया उत्पन्न होता है हालांकि कुछ अन्य लोगों का मत है कि दायाँ दृष्टि क्षेत्र में क्षति होने से भी दृष्टि वस्तु एग्नोसिया के लक्षण उत्पन्न होते हैं। नाइलसेन (Nielsen, 1937) का मत है कि दृष्टि क्षेत्र के दोनों रेखित क्षेत्रों (striated areas) तथा बायाँ पश्चकपाल क्षेत्र (left occipital region) के बीच सम्बन्ध स्थापित करने वाले तन्तुओं (fibers) में अवरोध उत्पन्न होने के कारण यह संलक्षण उत्पन्न होता है। नाइलसेन के इस प्राक्कल्पना के समर्थन में इस तथ्य को रखा जाता है कि बायाँ पश्चकपाल पालि (left occipital lobe) तथा कारपस कैलोजम (corpus callosum) के पश्च भाग में क्षति होने से व्यक्ति में दृष्टि वस्तु एग्नोसिया उत्पन्न होती है।

(ii) समकालिक एग्नोसिया *(Simultaneous agnosia)*—इसे *समकाल एगनोसिया* (simultanagnosia) भी कहा जाता है और 'समकाल एग्नोसिया' जैसे पद का उपयोग वोलपर्ट (Wolpert, 1924) द्वारा प्रथम बार अपने एक रोगी के विशेष लक्षणों के लिए किया गया था। समकाल एग्नोसिया से तात्पर्य एक ऐसी स्थिति से होती है जिसमें व्यक्ति एक समय में उद्दीपक के एक से अधिक पहलु का प्रत्यक्षण नहीं कर पाता है। जब किसी जटिल वस्तु या उद्दीपक को व्यक्ति के सामने बार-बार उपस्थित किया जाता है, तो व्यक्ति वस्तु के एक ही पहलु को बार-बार देखने तथा समझने की बात बतलाता है जबकि किसी वस्तु के कई पहलू उसके सामने उपस्थित रहते हैं। जैसे किसी वस्तु या आरेखण या आरेखण का नाम तो वह बतला पाता है परंतु उस वस्तु या आरेखण का अर्थ नहीं समझ पाता है। कई अध्ययनों से यह स्पष्ट हुआ है कि इस तरह

के संलक्षण का कारण पश्चकपाल पालि (occipital lobe) में क्षति उत्पन्न होना है। कुछ ऐसे रोगियों में इस पालि के अतिरिक्त अग्रपालि (frontal lobe) में भी क्षति होने के सबूत मिलते हैं।

(iii) प्रोसोपैगनोसिया *(Prosopagnosia)*—'प्रोसोपैगनोसिया' जैसे पद का प्रतिपादन बोडैमर (Bodamer, 1947) द्वारा किया गया जिससे उनका तात्पर्य चेहरों के एग्नोसिया (agnosia of faces) से था। इस संलक्षण में व्यक्ति यह तो पहचान पाता है कि यह किसी व्यक्ति का चेहरा है परंतु वह यह नहीं बतला पाता है कि चेहरा से वे परिचित हैं या नहीं जबकि सच्चाई यह है कि वह चेहरा उनके परिवार के सदस्य या किसी दोस्त का ही होता है। इस संलक्षण से ग्रस्ति कुछ गंभीर प्रकृति के केसेज में यह देखा गया है कि व्यक्ति आईना में अपने चेहरा को देखकर उसकी पहचान करने में असमर्थता दिखलाता है। प्रोसोपैगनोसिया के रोगियों के मस्तिष्कीय अध्ययनों से विशेषकर सीटी स्कैन (CT Scan) से यह पता चला है कि ऐसे रोगियों के दोनों गोलार्द्धों (hemispheres) के मेडियल सतह (medial surface) पर द्विपार्श्विक शंख-पश्चकपाल (bilateral temporo-occipital) तथा पश्चकपाल क्षति (occipital lesion) होतीं है। कुछ शव परीक्षण अध्ययनों (postmortem studies) से यह पता चला है कि ऐसे रोगियों के पश्चकपाल पालि (occipital lobe) में द्विपार्श्विक क्षति (bilateral lesion) होती हैं। कुछ ऐसे केसेज भी थे जिनके पश्चकपाल पालि में एकपार्श्विक क्षति (unilateral lesion) पाया गया परंतु तब इनका कारपस कैलोजम (corpus callosum) में भी कुछ दोष पाया गया था। ग्लोनिंग तथा उनके सहयोगियों (Gloning et. al., 1970) ने प्रोसोपैगनोसिया के रोगियों में लिंगुअल (lingual) तथा फ्यूजीफार्म गाइरी (fusiform gyri) के क्षेत्र में कुछ ढीलापन (softenings) के सबूत भी पाये। बाऊर एवं ट्रोब (Bauer & Trobe, 1984) का मत है कि प्रोसोपैगनोसिया के कुछ केसेज ऐसे होते हैं जिन्हें मोटे तौर पर असंबद्धता संलक्षण (disconnection syndrome) कहा जाता है। इन्होंने अपने अध्ययन में पाया कि जब कई चेहरों को रोगी के सामने एक साथ उपस्थित किया जाता था, तो वह यह सही-सही बतला पाता था कि वे एक ही हैं या एक-दूसरे से भिन्न हैं। परंतु वह उन चेहरों की पहचान नहीं कर पाता था जिन्हें वह 90 सेकेंड पहले देखा था। इन अध्ययनकर्त्ताओं द्वारा इस केस का विश्लेषण करने पर यह पाया गया कि इस तरह का प्रोसोपैगनोसिया का मूल कारण दोषपूर्ण दृष्टि स्मृति (impaired visual memory) तथा दोषपूर्ण प्रत्यक्षण था। इस तरह के दोष का मुख्य कारण दृष्टि साहचर्य कार्टेक्स (visual association cortex) में क्षति, निचला अनुदैर्घ्य कार्टेक्स (visual association cortex) में क्षति तथा निचला अनुदैर्घ्य फैसिकुलस (inferior longitudinal fasciculus) जो दृष्टि साहचर्य कार्टेक्स तथा शंख पालि (temporal lobe) को जोड़ता है, द्वारा पर्याप्त कार्य नहीं किया जाना था।

(iv) रंग एग्नोसिया *(Colour agnosia)*—दृष्टि पालि संलक्षण का एक प्रमुख अंश रंग एग्नोसिया (colour agnosia) है जिसमें रोगी का रंग प्रत्यक्षण दोषपूर्ण हो जाता है। रंग एग्नोसिया में दो स्वतंत्र प्रकार के दोष सम्मिलित होते हैं—पहला, *रंग देखकर पहचानने की असमर्थता* जिसे रंग की *दृष्टि एग्नोसिया* (visual agnosia for colour) कहा जाता है तथा दूसरा *रंग का नाम बतलाने की असमर्थता* (defect of colour naming)।

जिन व्यक्तियों में पहले प्रकार का दोष अर्थात् रंग देखकर पहचानने की असमर्थता होती है, वे व्यवहारिक रूप से रंग की पहचान नहीं कर पाते हैं। ऐसे रोगी विभिन्न रंगों को सुमेलित (match) नहीं कर पाते हैं या वें उन्हें आवश्यकतानुसार एक क्रम (order) में सुव्यवस्थित नहीं कर पाते हैं। ऐसे व्यक्तियों में कोई प्राथमिक संवेदी अक्षमता (primary sensory disabilities) नहीं होती है परंतु इनमें निश्चित रूप से मस्तिष्क के दृष्टि क्षेत्र (visual field) में कुछ क्षुब्धताएँ (distrubances) होतीं हैं। किन्सर्बोन तथा वैरिंगटन (Kinsbourne & Warrington, 1964, 1977) के अध्ययनों के अनुसार रंग पहचानने की इस अक्षमता का कारण प्रबल गोलार्द्ध (dominant hemisphere) में क्षति (lesion) का होना होता है। रंग का नाम बतलाने की असमर्थता में व्यक्ति रंग का प्रत्यक्षण सही-सही करता है जैसा कि इशिहारा परीक्षण (Ishihara test) तथा होलमग्रेन परीक्षण (Holmgren test) से पता चलता है, परंतु वह वस्तु के रंग का नाम बतलाने में असमर्थ रहता है या जब उसे दिया जाता है, तो उसकी पहचान कर उसके बारे में बतलाने में असमर्थ रहता है। इस तरह के दोष में व्यक्ति में भाषा सम्बन्धी कोई कठिनाई नहीं होती है। हालांकि इस तरह का दोष सामान्य डायस्फासिया (dysphasia) [अर्थात् मस्तिष्कीय क्षति के उपरांत सामान्य संभाषण (normal speech) का दोषपूण हो जाना] में भी होता है। परंतु रंग एग्नोसिया के इस पहलू में बिना डायस्फासिया के लक्षण के ही रोगी को इस तरह की कठिनाई होती है।

रंग एग्नोसिया के क्षेत्र में मिडोज (Meadows, 1974) ने गहन अध्ययन किया तथा रंग प्रत्यक्षण से संबद्ध तीन तरह की विकृतियों का पता लगाया है—*एक्रोमैटोप्सिया* (achromatopsia), *असंबद्ध रंग एनोमिया* (disconnection colour anomia) तथा *एफेसिक रंग एनोमिया* (aphasic colour anomia)। एक्रोमैटोप्सिया में व्यक्ति प्रत्येक चीज या वस्तु को रंगहीन (colourless) या श्याम-श्वेत (black-white) के रूप में प्रत्यक्षण करता है। इसमें व्यक्ति को रंग का प्रत्यक्षण बिल्कुल ही नहीं होता है। न्यूरोमनोवैज्ञानिकों के अनुसार इसका महत्त्वपूर्ण कारण दोनों दृष्टिपालि के पश्च (posterior) क्षेत्र में क्षति का होना है। असम्बद्ध रंग एनोमिया (disconnection colour anomia) में देखे गये रंगों का प्रत्याह्वान करने में व्यक्ति असमर्थ रहता है जिसका मुख्य कारण बायाँ गोलार्द्ध के भाषाई कार्य से रंग प्रत्यक्षण की असम्बद्धता (disconnection) होता है। एफेसिक रंग एनोमिया (aphasic colour anomia) में व्यक्ति का रंग प्रत्यक्षण तो सही-सही कार्य करता है परंतु वह उन रंगों का नाम नहीं बतला पाता है। गेस्वन्डि एवं फूसिल्वो (Geschwind & Fusillo, 1977) के अनुसार इस तरह के एनोमिया का कारण भी पश्चकपाल पालि में द्विपार्श्विक क्षति (bilateral lesion) का होना बतलाया गया है।

(v) एग्नोसिक एलेक्सिया *(Agnosic alexia)*—इस तरह के संलक्षण में रोगी को लिखित चीजों को पढ़ने में कठिनाई होती है अर्थात् वह बिना किसी तरह के डायस्फासिया (dysphasia) जो मूलतः संभाषण (speech) तथा लिखने की विकृतियों से सम्बन्धित होता है, के ही शब्दों की पहचान नहीं कर पाता है। इस विकृति को अन्य नामों अर्थात् *विशुद्ध एलेक्सिया* (pure alexia), *विशुद्ध शब्द अन्धापन* (pure word blindness), *शब्द प्रारूप एलेक्सिया* (word form alexia) आदि नामों से भी जाना जाता है। पढ़ने में उत्पन्न कठिनाइयाँ जो लिखित भाषा की क्षुब्धता (written language distrubances) का ही एक प्रारूप होता है, को *एफेसिक एल्केसिया* (aphesic alexia) कहा जाता है। एग्नोसिक एनोक्सिया (agnosic alxia) को *एलेक्सिया बिना एग्राफिया* के (alexia without agraphia) भी कहा जाता है क्योंकि इसमें रोगी स्वतः कुछ लिख सकता है या श्रुतलेखन (dictation) देने पर लिख सकता है परंतु वह लिखे गए शब्दों की पहचान नहीं कर पाता है। ऐसे रोगी जब छपे हुए सामग्रियों का नकल करना प्रारम्भ करता है तो वह ऐसा नहीं कर पाता है या वह किसी कार्ड पर या कागज के टुकड़े पर लिखे गये वाक्य पढ़ना चाहता है, तो पढ़ नहीं पाता है।

वाल्श एवं होयट (Walsh & Hoyt, 1969) के अनुसार एग्नोसिक एल्केसिया (agnosic alexia) का कारण एक मस्तिष्कीय क्षति होती है जो बायाँ पश्चकपाल क्षेत्र (left occipital region) तथा स्प्लेनियम (splenium) अर्थात् कारपस कालेजम (corpus callosum) का पश्च भाग (posterior portion) को प्रभावित करता है। इन दोनों क्षेत्रों में पश्च प्रमस्तिष्कीय धमनियाँ (posterior cerebral arties) काफी होतीं हैं और इन धमनियों में क्षति उत्पन्न होने से एग्नोसिक एल्केसिया का संलक्षण विकसित होता है। एलाजोऊनाइन (Alajounine, 1960) तथा मैस्पस (Maspas, 1948) ने अपने-अपने अध्ययनों से इस तथ्य की संपुष्टि किया है कि कारपस कैलोजम के स्प्लेनियम के क्षतिगस्त होने से एग्नोसिक एल्केसिया के संलक्षण उत्पन्न होते हैं। फागलियोनि, स्कौट्टी तथा स्पीन्नलर (Faglioni, Scotti & Spinnler, 1968) ने अपने अध्ययन के आधार पर यह बतलाया है कि इस संलक्षण की उत्पत्ति में बायाँ गोलार्द्ध के अतिरिक्त दायाँ गोलार्द्ध के कुछ भागों में उत्पन्न क्षति भी महत्त्वपूर्ण होती है। इस तरह के संलक्षण में इन दोनों गोलार्द्धों के कार्यों में स्पष्ट रूप से असाहचर्य (dissociation) की स्थिति बनी होती है।

स्पष्ट हुआ कि पश्चकपाल पालि संलक्षण में कई तरह के विकृतियों का संलक्षण सम्मिलित होते हैं और इन सबों का आधार मस्तिष्कीय क्षति तथा दुष्क्रियाएँ (dys-functions) होती हैं।

शंखपालि की संरचना एवं कार्य
(Structure and Function of Temporal Lobe)

संरचना *(Structure)*—शंख पालि मस्तिष्क में लेट्रल सुलकस (lateral sulculs) या सिलभियन फिशर[1] (sylvian fissure) के नीचे अवस्थित होता है। इसका लेट्रल सतह (lateral surface) तीन गायरी (gyri) में बँटा होता है—*उच्च* (superior), *मध्य* (middle) एवं *निम्न* (lower)। उच्च शंख गाइरस (superior) में मोटे तौर

1. मस्तिष्क में बहुत सारे मुडवाँ (foldings) होते हैं ताकि कम जगह में अधिक-से-अधिक संरचना सम्मिलित हो सके। इस मुडवाँपन स्वरूप के कारण मस्तिष्क के सतह पर कई तरह के खाँचा (groves) होते हैं। प्रत्येक खाँचा को सुलकस (sulcus) जिसका बहुवचन सुलकी (sulci) होता है, कहा जाता है। गहरा खाँचा को फिस्सर (fissure) कहा जाता है। प्रत्येक मुड़े हुए भाग (outfolding part) को गाइरस (gyrus) जिसका बहुवचन गाइरी (gyri) होता है, कहा जाता है।

पर ब्राडमान (Brodmann) का क्षेत्र संख्या 22 पड़ता है, मध्य शंख गाइरस (middle temporal gyrus) में ब्राडमान का क्षेत्र संख्या 21, 37 एवं 38 पड़ता है तथा निम्न शंख गाइरस (inferior temporal gyrus) में ब्राडमान का क्षेत्र संख्या 20 एवं 37 पड़ता है। इन तीनों गाइरस के अतिरिक्त शंख पालि में एक और गाइरस होता है जिसे हेस्कल *गाइरस* (Heschl's gyrus) कहा जाता है और यह ब्राडमान का क्षेत्र संख्या 41 एवं 42 में पड़ता है। इन सभी क्षेत्रों में चित्र 9.8 में देखा जा सकता है।

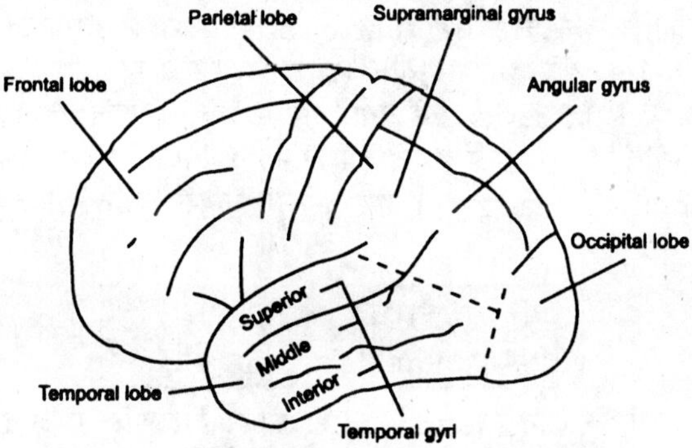

चित्र 9.7 : प्रमस्तिष्कीय गोलार्द्ध का लेट्रल भाग
(Lateral aspect of cerebral hemisphere)

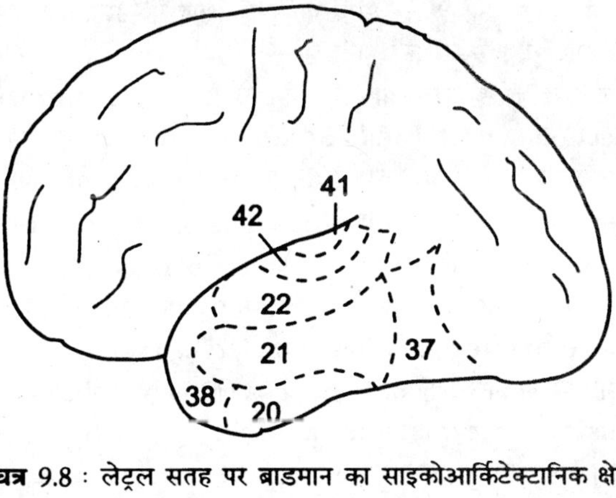

चित्र 9.8 : लेट्रल सतह पर ब्राडमान का साइकोआर्किटेक्टानिक क्षेत्र
(Broadmann's Cytoarchitectonic zones on the lateral surface)

इसके अतिरिक्त शंखपालि का सुलकी (sulci) में बहुत सारे कार्टेक्स होते हैं। जैसे, लेटल फिशर जिसे सिलभियन फिशर (Sylvian fissure) भी कहा जाता है, में *इनसुला* (insula) नामक ऊतक (tissue) होता है जिसमें घ्राण कार्टेक्स (gustatory cortex) तथा साहचर्य कार्टेक्स (association cortex) सम्मिलित होते हैं। उच्च शंख सुलकस (superior temporal sulcus) जो उच्च एवं मध्य शंख गाइरी (temporal gyri) को एक-दूसरे से अलग करता है, में न्यूकार्टेक्स (neocortex) के भाग सम्मिलित होते हैं। शंख पालि का पुराना कार्टेक्स (older cortex) में शंखपालि के मध्य सतह पर के दोनों कार्टेक्स सम्मिलित होते हैं जिसमें फियूजीफार्म गाइरस, पाराहिप्पोकैम्पल गाइरस (parahippocampal gyrus), अनकस (uncus), हिप्पोकैम्पस (hippocampus) तथा एमिंगडाला (amygdala) आदि सम्मिलित होते हैं। इस तरह से यदि देखा जाय तो शंख पालि में श्रवण कार्टेक्स (auditory cortex), द्वितीयक दृष्टि कार्टेक्स (secondary visual cortex), साहचर्य कार्टेक्स (association cortex) तथा लिम्बिक कार्टेक्स (limbic cortex) आदि सम्मिलित होते हैं। शंख पालि की संरचना पर यदि हम गौरपूर्वक देखें तो यह स्पष्ट होगा कि यह पीछे में जाकर दृष्टि कार्टेक्स (visual cortex) से तथा ऊपर में भित्तीय पालि (parietal lobe) के निचली भाग में विलिन हो जाता है (देखें चित्र 9.7)। निम्न भित्तीय पालि सुपरामार्जिनल गायरी (supramarginal gyri) तथा एगुलर गायरी (angular gyri) से बना होता है।

शंखपालि संलक्षण
(Temporal lobe Syndrome)

अन्य पालियों के क्षति (lesion) के ही समान शंखपालि में क्षति (lesion) या अन्य किसी प्रकार की क्षुब्धता (disturbances) होने पर कुछ विशेष तरह के लक्षण (symptoms) उत्पन्न हो जाते हैं जिसे *शंखपालि संलक्षण* (temporal lobe syndrome) कहा जाता है। न्यूरोमनोवैज्ञानिकों एवं न्यूरोविज्ञानियों द्वारा किये गए अध्ययनों से यह स्पष्ट हुआ है कि शंख पालि संलक्षण में निम्नांकित प्रमुख प्रकार की क्षुब्धताएँ या लक्षण रोगी में उत्पन्न होती हैं—

(1) श्रवण एवं दृष्टि सूचनाओं के चयन में क्षुब्धता (disturbances in the selection of visual and auditory information)

(2) श्रवण प्रत्यक्षण की विकृतियाँ (disorders of auditory perception)

(3) दृष्टि प्रत्यक्षण की विकृतियाँ (disorders of visual perception)

(4) घ्राण प्रत्यक्षण की विकृतियाँ (disorders of olfactory perception)

(5) सामग्रियों को श्रेणीबद्ध करने से सम्बन्धित अनियमितताएँ (Irregularities related to categorization of materials)

(6) संदर्भात्मक सूचनाओं का उपयोग से संबद्ध क्षुब्धताएँ (disturbances relating to using contextual information)

(7) भाषा से संबद्ध क्षुब्धताएँ (disturbances related to language)

(8) स्मृति से संबद्ध क्षुब्धताएँ (disturbances related to memory)

(9) लैंगिक व्यवहार से सम्बन्धित क्षुब्धताएँ (disturbances related to sexual behaviour)

(10) भाव, संवेग एवं व्यक्तित्व से संबद्ध क्षुब्धताएँ (disturbances related to feeling, emotion and personality)

इन सबों का वर्णन निम्नांकित है—

(1) श्रवण एवं दृष्टि सूचनाओं के चयन में क्षुब्धता *(Disturbances in the selection of visual and auditory information)*—जब शंखपालि में क्षति (lesion) या अन्य किसी प्रकार की क्षुब्धता (disturbances) होती है, तो रोगी को श्रवण एवं दृष्टि सूचनाओं के उचित चयन से सम्बन्धित कुछ विसंगतियाँ एवं त्रुटियाँ उत्पन्न हो जाती हैं। स्कूलहाफ्फ एवं गुडग्लास (Schulhoff & Goodglass, 1969) ने अपने अध्ययन में पाया कि बायाँ शंख पालि (left temporal lobe) में क्षति होने से व्यक्ति बोले गए शब्दों को कम संख्या में सुन पाता है तथा दायाँ शंख पालि (right temporal lobe) में क्षति होने से व्यक्ति पहचाने गए ध्वनि क्रमों (tonal sequences) को कम संख्या में बतला पाता है। ड्रोफ्फ तथा उनके सहयोगियों (Droff et al., 1965) ने अपने अध्ययन के आधार पर यह बतलाया है कि बायाँ शंख पालि में क्षति होने से दायाँ दृष्टि क्षेत्र (right visual field) के वस्तुओं का व्यक्ति धूमिल प्रत्याह्वान कर पाता है परंतु जब व्यक्ति का दायाँ शंख पालि में क्षति उत्पन्न होता है तो दायाँ एवं बायाँ दोनों दृष्टि क्षेत्रों की वस्तुओं का प्रत्याह्वान धूमिल हो जाता है। इसका मतलब यह हुआ कि दायाँ शंख पालि में क्षति होने से *द्विपार्श्विक दोष* (bilateral deficit) उत्पन्न होता है जबकि बायाँ शंख पालि में क्षति होने से *एकपार्श्विक दोष* (unilateral deficit) उत्पन्न होता है। इसका तब यह भी निष्कर्ष हुआ कि दायाँ शंख पालि की भूमिका दृष्टि सूचनाओं पर ध्यान देने से बायाँ शंख पालि की तुलना में अधिक होता है।

कुछ अध्ययनों में यह देखा गया है कि पश्च बायाँ शंख पालि (posterior left temporal lobe) में क्षति होने से रोगी में *नामिक एफासिया* (nominal aphasia) उत्पन्न होती है जिसमें व्यक्ति वस्तुओं का नाम बतलाने में शब्दों का उपयोग करने में कठिनाई अनुभव करता है। इसमें विशेष वस्तु की दृष्टि बोध (visual apprehension) तथा शब्द जिसका उपयोग नहीं कर पाता है, के बीच साहचर्य समाप्त हो जाता है। इस तरह की क्षति का एक अन्य प्रभाव यह होता है कि दृष्टि (vision) तथा श्रवण (audition) के बीच समन्वित क्रिया बाधित हो जाती है। यहाँ व्यक्ति शाब्दिक अनुरोध (verbal request) के आधार पर किसी वस्तु का आरेखण नहीं कर पाता है परंतु यदि उस वस्तु की आकृति सामने रख दी जाय तो वह उसका आरेखण कर पाता है। इसका कारण यह बतलाया गया है कि दृष्टि तथा श्रवण क्षेत्रों में एक दूसरे से असंबद्धता (disconnection) उत्पन्न होने से अनुरोध वाले शब्द व्यक्ति या रोगी में ऐसे आवश्यक प्रतिमा (image) नहीं उत्पन्न कर पाते हैं जिसके आधार पर वह वस्तु का आरेखण कर पाये।

2. श्रवण प्रत्यक्षण की विकृतियाँ *(Dicorders of auditory perception)*—शंखपालि में क्षति (lesion) या अन्य क्षुब्धताएँ उत्पन्न होने से श्रवण प्रत्यक्षण सम्बन्धित दो तरह की विकृतियाँ उत्पन्न होती हैं—

(a) सम्भाषण प्रत्यक्षण से सम्बन्ध विकृतियाँ (disorders related to speech perception)

(b) संगीत प्रत्यक्षण से सम्बन्ध विकृतियाँ (disorders related to music perception)

इन विकृतियों का वर्णन इस प्रकार है—

(a) सम्भाषण प्रत्यक्षण से सम्बद्ध विकृतियाँ *(Disorders related to speech perception)*—अध्ययनों से यह स्पष्ट हुआ है कि बायाँ शंख पालि (left temporal lobe) में क्षति उत्पन्न होने से व्यक्ति में *संवेदी एफासिया* (sensory aphasia) या *ग्राह्य एफाशिया* (receptive aphasia) के लक्षण उत्पन्न होते हैं। इसमें रोगी बोले गये शब्दों के बीच अन्तर करने में कठिनाई महसूस करता है। ऐसे रोगी को जब श्रुतिलेखन (dictation) लेने के लिए कहा जाता है, तो वे शब्दों या वाक्यों को लिखने में असमर्थता जाहिर करते हैं परंतु जब उन्हें देखकर नकल करने के लिए कहा जाता है, तो वे वैसा करने में सफल हो पाते हैं। इसके अतिरिक्त कुछ व्यक्ति में *श्रवण या ध्वनिक एग्नोसिया* (acoustic agnosia) का लक्षण देखने को मिलता है। वाल्श (Walsh, 1994) के अनुसार इस विकृति का जन्म दायाँ गोलार्द्ध (right hemisphere region) में क्षति के फलस्वरूप होता है। इसका रोगी अशाब्दिक आवाजों (nonverbal sounds) अर्थात् पर्यावरण के विभिन्न आवाजों के बीच अन्तर नहीं कर पाता है। जैसे, जब रोगी बिल्ली की आवाज तथा चिड़िया की आवाज में अन्तर नहीं कर पाता है, तो वह *ध्वनिक एग्नोसिया* से ग्रसित समझा जाता है। वाल्श के अध्ययन से यह स्पष्ट हुआ है कि इस रोग में उच्च शंख गाइरस (superior temporal gyrus) जो बायाँ गोलार्द्ध के प्राथमिक श्रवण कार्टेक्स (primary auditory cortex) के नजदीक होता है, में क्षति उत्पन्न हो जाती है। लैकनर तथा टयूबर (Lackner & Teuber, 1973) ने अपने अध्ययन के आधार पर यह बतलाया है कि बायाँ शंख पालि में क्षति उत्पन्न होने से व्यक्ति बड़े समय अंतराल के बाद भी 'क्लिक' की दो आवाज उत्पन्न करने पर उसे वह एक ही समझता है। इतना ही नहीं, यदि उनसे यह पूछा जाता है कि दो दिये गए श्रवण उद्दीपकों में से किसे पहले उपस्थित किया गया, तो इसे भी वे सही-सही नहीं बतला पाते हैं। इसका मतलब यह हुआ कि बायाँ शंख पालि में क्षति उत्पन्न होने से संभाषण (speech) में होने वाले परिवर्तनों का उचित ढंग से विश्लेषण नहीं कर पाते हैं।

(b) संगीत प्रत्यक्षण से संबद्ध विकृतियाँ *(Disorders related to music perception)*—शंख पालि में क्षति होने से या अन्य किसी तरह की क्षुब्धता होने से व्यक्ति संगीत प्रत्यक्षण ठीक से नहीं कर पाता है। जैसा कि हम जानते हैं कि संगीतमय आवाज (musical sounds) आपस में तीन पहलुओं अर्थात् *उच्चता* (loudness), *गुण* (quality) तथा *तारत्व* (pitch) में एक-दूसरे से भिन्न होते हैं। 'गुण' के लिए फ्रेंच भाषा का शब्द 'टिम्बर' (timber) का भी उपयोग किया जाता है। मिलनर (Milner, 1985) के अध्ययन के अनुसार दायाँ शंख पालि (right temporal lobe) में क्षति होने से व्यक्ति में संगीतमय आवाजों को गुण या टिम्बर के ख़याल से अन्तर करने की क्षमता बाधित हो जाती है। फलस्वरूप, ऐसे व्यक्ति वायलिन (violin) तथा हारमुनियम के आवाज में अन्तर नहीं कर पायेगा हालांकि दोनों से एक ही संगीत एक ही उच्चता (loudness) पर क्यों न बजाया जा रहा हो। जाटोर्रि (Zatorre, 1984) ने अपने अध्ययन में पाया कि दायाँ शंख पालि में क्षति होने से व्यक्ति संगीतमय आवाजों के तारत्व (pitch) में अन्तर करने में अपने आप को असफल पाता है।

स्पष्ट हुआ कि शंख पालि में क्षति होने से श्रवण प्रत्यक्षण की कई तरह की विकृतियाँ होती हैं।

3. दृष्टि प्रत्यक्षण की विकृतियाँ *(Disorders of visual perception)*—यद्यपि शंख पालि में क्षति होने से दृष्टि प्रत्यक्षण में कोई गंभीर दोष नहीं उत्पन्न होता है, फिर भी व्यक्ति अपने दृष्टि प्रत्यक्षण में अपूर्णता महसूस अवश्य करता है। इसके समर्थन में कई तरह के न्यूरोतंत्रकीय अध्ययन किये जा चुके हैं। डोरफ, मिरस्की तथा मिशकीन (Dorff, Mirsky & Mishkin, 1965) ने एक अध्ययन किया जिसमें प्रयोज्यों के दो समूह थे। एक समूह को बायाँ शंख पालि में क्षति (lesion) उत्पन्न हुई थी तो दूसरे समूह को दायाँ शंख पालि में क्षति उत्पन्न हुई थी। दोनों समूह के प्रत्येक सदस्य को बारी-बारी से दो उद्दीपक साथ-साथ दिये गए। एक उद्दीपक प्रयोज्य के बायाँ दृष्टि क्षेत्र तथा दूसरा उद्दीपक दायाँ दृष्टि क्षेत्र में उपस्थित किया गया। परिणाम में देखा गया कि बायाँ शंख पालि में क्षति वाले समूह ने दायाँ दृष्टि क्षेत्र वाले उद्दीपक की विशेषताओं को बतलाने में अपूर्णता दिखलाया जबकि दायाँ शंख पालि में क्षति वाले समूह ने दोनों ही दृष्टि क्षेत्रों में रखे गये उद्दीपकों की विशेषताओं को समन्वित करने में दोष बतलाया। कुछ ऐसे भी अध्ययन किये गए हैं जिनमें यह पाया गया है कि दायाँ शंख पालि में क्षति होने की दृष्टि प्रत्यक्षण में कुछ ऐसी क्षुब्धताएँ उत्पन्न होती हैं जो बायाँ शंख पालि में समान क्षति होने से उत्पन्न नहीं होता है। जैसे, मिलनर (Milner, 1958) ने अपने अध्ययन में पाया कि दायाँ शंख पालि में क्षति होने से रोगी उन चित्रों की पहचान नहीं कर पाता है जिनकी रूप-रेखा (outline) के कुछ अंश छिपे होते हैं या नहीं दिखलाये जाते हैं, मिलनर ने अपने अध्ययन में यह भी पाया है कि दायाँ शंख पालि में क्षति होने से व्यक्ति तस्वीर में उत्पन्न किये गये अनियमितता (anomaly) की पहचान करने में असमर्थ रहता है। इस तथ्य की संपुष्टि उन्होंने एक विशेष तरह का परीक्षण जिसे *मैकगिल पिक्चर एनोमली परीक्षण* (McGill Picture Anomaly test) कहा जाता है, का उपयोग करके किया। हालाँकि इस परीक्षण का उपयोग करते हुए शालमैन (Shalman, 1961) ने मिलनर के परिणाम की संपुष्टि नहीं कर पाये। किमुरा (Kimura, 1963) ने अपने अध्ययन में पाया कि दायाँ शंखपालि में क्षति होने से व्यक्ति अपरिचित उद्दीपकों का सही-सही पहचान करने में असमर्थ रहता है जबकि बायाँ शंख पालि में क्षति उत्पन्न होने से व्यक्ति परिस्थिति उद्दीपकों की पहचान करने में अधिक त्रुटियाँ दिखलाया। लैंसडेल (Lansdell, 1968) ने अपने अध्ययन के आधार पर यह बतलाया है कि दायाँ शंख पालि में सर्जिकल ऑपरेशन से व्यक्ति दृष्टिस्थानिक अमूर्त तर्कणा परीक्षण (visualspatial abstract reasoning test) पर बायाँ शंख पालि में सर्जिकल ऑपरेशन वाले व्यक्ति की तुलना में अधिक घटिया निष्पादन दिखलाये।

उक्त अध्ययनों के आलोक में इस निष्कर्ष पर आसानी से पहुँचा जा सकता है कि शंख पालि में क्षति उत्पन्न होने से दृष्टि प्रत्यक्षण में भी अनियमितता उत्पन्न होती है।

4. घ्राण प्रत्यक्षण की विकृतियाँ *(Disorders of olfactory perception)*—कुछ ऐसे प्रयोगात्मक सबूत मिले हैं जिनके आधार पर यह कहा जा सकता है कि शंख पालि में क्षति से घ्राण प्रत्यक्षण (olfactory perception) में भी दोष उत्पन्न होता है। जैसा कि हम जानते हैं, घ्राण ग्राह्य क्षेत्र (olfactory receptive area) अनकस

(uncus) तथा पराहिप्पोकैम्पल गाइरस (parahippocampal gyrus) के नजदीकी हिस्सों में अवस्थित होता है। घ्राण कार्टेक्स में क्षति उत्पन्न होने से *एनोसमिया* (anosmia) उत्पन्न होता है। राऊस एवं सेराफेटिनाइड्स (Rausch & Serafatinides, 1975) ने अपने अध्ययन में पाया कि शंख पालि में क्षति होने से रोगी में किसी गंध की गुणवत्ता (quality) की पहचान की दहेली बढ़ जाती है। दूसरे शब्दों में, गन्ध की उच्च तीव्रता होने पर ही रोगी उस गन्ध की पहचान कर पाता है। उसी तरह से राऊस (Rausch, 1997) ने एक अन्य अध्ययन में यह पाया है कि दायाँ शंख पालि में क्षति उत्पन्न होने पर रोगी पहले से अनुभव किये गए विभिन्न गंधों के प्रत्याह्वान में बायाँ शंख पालि में क्षति उत्पन्न वाले व्यक्तियों की तुलना में अधिक त्रुटि किये। एब्राहम तथा मैट्टहई (Abraham & Matthai, 1983) ने अपने अध्ययन में पाया कि दायाँ शंख पालि में क्षति उत्पन्न होने से रोगी विभिन्न गंधों को सुमेलित (match) करने में अपने को असमर्थ पाते थे हालाँकि वे इन गन्धों में विभेदन स्पष्ट रूप से सही-सही ढंग से कर पाते थे। इस तरह से और भी कई अध्ययनों में यह पाया गया कि शंख पालि में क्षति उत्पन्न होने से रोगी का घ्राण प्रत्यक्षण में कुछ विकृतियाँ उत्पन्न हो जाती हैं।

5. सामग्रियों को श्रेणीबद्ध करने से सम्बन्धित अनियमितताएँ *(Irregularities related to categorization of materials)*—शंख पालि में क्षति होने से व्यक्ति में वस्तुओं या सामग्रियों को श्रेणीबद्ध करने की क्षमता प्रवाहित होती है। जैसे, यदि किसी व्यक्ति को एक सूची जिसमें कुत्ता, बिल्ली, सेव, गाय, लीची आदि सम्मिलित हो, को याद करने के लिए कहा जाय तो अधिक उम्मीद इस बात की होगी कि वह इन शब्दों को दो श्रेणियों अर्थात् 'जानवर' एवं 'फल' में बाँटकर याद रखेगा। अगर बाद में उसे सूची का प्रत्याह्वान करना पड़ा, तो वह इन शब्दों को 'श्रेणी' के माध्यम से प्रत्याह्वान करेगा। सामग्रियों को इस ढंग से संगठित करने तथा श्रेणीबद्ध करने की क्षमता भाषा विकास एवं स्मृति के लिए महत्त्वपूर्ण माना गया है। जाकारनिया-हियाट्ट (Jaccarnio-Hiatt, 1978) तथा विलकिन्स एवं मोसकोविच (Wilkins & Moscovitch, 1978) द्वारा किये गए अध्ययनों से यह स्पष्ट हुआ है कि बायाँ शंख पालि में क्षति उत्पन्न होने से रोगी में उक्त ढंग की संगठन करने की क्षमता कुप्रभावित हो जाती है। ऐसे व्यक्ति एक भी परिस्थिति में वस्तु की तस्वीर या शब्द होने पर भी उसे श्रेणीबद्ध नहीं कर पाते हैं। मिलनर (Milner, 1968) ने अपने अध्ययन में यह पाया कि ऐसे रोगी या व्यक्ति को यदि श्रेणी का नाम जैसे, 'फल' या 'जानवर' देकर यदि इस श्रेणी के कुछ उदाहरण बतलाने के लिए कहा जाता है, तो ऐसा करने में उन्हें कठिनाई अनुभव होता है। ऐसे व्यक्तियों में जटिल सामग्रियों की स्मृति भी काफी घटिया होता है। कोल्ब एवं भिशा (Kolb & Whishaw, 1990) ने अपने अध्ययन में यह पाया कि जिन रोगियों में पश्च शंख क्षति (posterior temporal lesion) होती है, उनमें डायस्फेजिक लक्षण (dysphesic symptoms) उत्पन्न होते हैं जिसमें वह किसी वस्तु या चीज के विस्तृत श्रेणी (broader category) की पहचान तो कर पाता है परंतु उस शब्द को विशिष्ट श्रेणी में श्रेणीबद्ध करने में उसे कठिनाई होती है। जैसे 'गाय' की विस्तृत श्रेणी जैसे 'पशु' के रूप में तो श्रेणीबद्ध कर लेगा परंतु इसे विशिष्ट श्रेणी जैसे, 'दुधारु पशु' के रूप में श्रेणीबद्ध करने में वह असफल होगा।

स्पष्ट हुआ कि शंख पालि में क्षति उत्पन्न होने से व्यक्ति में सामग्रियों को श्रेणीबद्ध करने की क्षमता में विसंगति आती है।

6. संदर्भात्मक सूचनाओं का उपयोग से सम्बद्ध क्षुब्धताएँ *(Disturbances relating to using contextual information)*—शब्दों या घटनाओं का अर्थ, संदर्भ (context) के अनुसार बदलता है। एक ही शब्द का अर्थ एक संदर्भ में कुछ तो दूसरे संदर्भ में कुछ और हो सकता है। जैसे—

I pen below a few lines about you

Give me a pen.

पहले वाक्य के संदर्भ में 'Pen' का अर्थ लिखना से है परंतु दूसरे वाक्य के संदर्भ में वही 'Pen' का अर्थ कलम से है। इस तरह से एक ही शब्द 'Pen' का दो संदर्भ में दो अर्थ होता है। कुछ अध्ययनों से यह स्पष्ट हुआ है कि संदर्भ के अनुसार शब्दों के अर्थ की पहचान की क्षमता शंखपालि के सामान्य रूप से कार्य करने पर निर्भर करता है। कोल्ब एवं टेलर (Kolb & Taylor, 1988) ने अपने अध्ययन में यह पाया कि जिन रोगियों में शंखपालि में क्षति (lesion) थी वे एक चेहरारहित कार्टून को देखकर विशेष संकेत संदर्भ के रूप में दिये जाने पर भी उचित आनन अभिव्यक्ति (facial expression) का चयन करने में असमर्थ रहे। इसके अतिरिक्त और भी कुछ अध्ययन ऐसे किये गए हैं जिसमें मैकगिल पिक्चर एनोमलिज परीक्षण (McGill Picture-Anomalies Test) का उपयोग किया गया और पाया गया कि दायाँ शंख पालि (right temporal lobe) में क्षति होने से उपयुक्त संदर्भ को संकेत के रूप में देने के बावजूद भी इस परीक्षण पर व्यक्ति का निष्पादन घटिया रहा। इन अध्ययनों से यह स्पष्ट हो जाता है कि शंख पालि में क्षति होने से व्यक्ति संदर्भात्मक सूचनाओं का सही-सही उपयोग नहीं कर पाता है।

7. भाषा से सम्बद्ध क्षुब्धताएँ *(Disturbances related to language)*—शंख पालि में क्षति या क्षुब्धताएँ होने से व्यक्ति में भाषा सम्बद्ध अनियमिताएँ होती पायी जाती हैं। वर्निक (Wernick) के समय से अर्थात् 1874 से ही यह ज्ञात हुआ है कि जब बायाँ शंख साहचर्य कार्टेक्स (left temporal association cortex) अर्थात् ब्राडमान का क्षेत्र संख्या 22 में क्षति होती है तो व्यक्ति शब्दों की पहचान ठीक से नहीं कर पाता है और यदि यह क्षति गम्भीर किस्म की होती है तो उसमें 'शब्द बहरापन' (word deafness) विकसित हो जाता है जिसमें व्यक्ति यद्यपि आवाजों को सही ढंग से तो सुन लेता है परंतु शब्दों की पहचान करने में असमर्थ रहता है। ब्राडमान क्षेत्र संख्या 22 से परे अर्थात् 21 एवं 20 में क्षति होने से भी भाषाई प्रक्रियाएँ (linguistic process) प्रभावित होती है। जैसे, जाकारानियो-हियाट्ट (Jaccarino-Hiatt, 1978) ने अपने अध्ययन के आधार पर यह दिखलाया है कि बायाँ शंख पालि में क्षति होने से व्यक्ति सामान्य युग्मित शब्द (paired word) जैसे 'कुर्सी-टेबुल', 'छात्र-शिक्षक', 'रात-दिन' आदि में भी एक शब्द को सुनकर दूसरे शब्द का प्रत्याह्वान करने में काफी देर करता है जो स्पष्टतः भाषाई कमी (language deficit) को बतलाता है। कुछ अध्ययनों में यह पाया गया है कि दायाँ शंख पालि में क्षति होने से व्यक्ति बातूनी (talkative) हो जाता है अर्थात् बोलने पर से अवरोध समाप्त होता दिखता है।

8. स्मृति से सम्बद्ध क्षुब्धताएँ *(Disturbances relating to memory)*—शंखपालि

में क्षति उत्पन्न होने से व्यक्ति की स्मृति (memory) प्रभावित होती है। स्मृति में शंख पालि की भूमिका सबसे पहले 1950 वाले दशक तब स्पष्ट हुआ जब कुछ व्यक्तियों के दोनों तरफ के मेडियल शंख पालि (medial temporal lobe) जिसमें हिप्पोकैम्पस (hippocampus) तथा एमिगडाला (amygdala) भी सम्मिलित होते हैं, को आपरेशन के माध्यम से निकाल दिया गया, तो व्यक्ति सर्जरी के घटना के बाद के सभी अनुभूतियों को वह भूल गया। इसे तकनीकी तौर पर *एनटीरोग्रेड एमनेशिया* (anterograde amensia) कहा गया। कुछ अध्ययनों से यह पता चला है कि जब मध्य शंख गाइरस (middle temporal gyrus) में क्षति उत्पन्न होती है तो इससे व्यक्ति में *श्रवण एमनेस्कि एफासिया* (auditory amnesic aphasia) उत्पन्न होती है जिसमें व्यक्ति बोले गए शब्दों क्रम (series) को सुनकर दोहरा पाने में अपने आप को असमर्थ पाता है हालांकि व्यक्ति किसी एक शब्द को धारण करके रख पाने में सक्षम होता है और उसे दोहरा भी पाता है। जब ऐसे व्यक्ति को कई शब्दों का एक क्रम (series) दिया जाता है, तो वह पहले शब्द को या फिर अंतिम शब्द को आसानी से दोहरा पाता है जबकि मध्य के शब्दों को नहीं दोहरा पाता है। मिलनर (Milner, 1970) ने अपने अध्ययन के आधार पर यह बतलाया है कि श्रवण कार्टेक्स (auditory cortex) का क्षेत्र संख्या 21 में क्षति उत्पन्न होने से स्मृति संबद्ध क्षुब्धताएँ उत्पन्न होती हैं। इस क्षेत्र की प्रमुख संरचना हिप्पोकैम्पस होती है और हिप्पोकैम्पस में जितनी ही अधिक क्षति होती है, स्मृति संबद्ध कठिनाइयाँ भी उतनी ही अधिक होती है। इनके अध्ययनों से यह स्पष्ट हुआ है कि बायाँ शंख पालि में क्षति उत्पन्न होने से बोलकर या दिखाकर उपस्थित किये गए शब्दों को जैसे शब्दों की सूची को एवं लघु कहानियों (short stories) को ठीक ढंग से व्यक्ति प्रत्याह्वान नहीं कर पाता है। दायाँ शंख पालि में क्षति उत्पन्न होने से व्यक्ति अशाब्दिक सामग्रियों (nonverbal materials) जैसे ज्यामितिक आरेखण (geometric drawings), मानव चेहरा, कुछ विशेष तरह की आवाजों आदि का मात्र धूमिल प्रत्याह्वान ही करता है। परंतु इस शंख पालि का क्षति (lesion) कुछ खाश सामग्रियों का प्रत्याह्वान जैसे अंकों की सूची का तात्कालिक प्रत्याह्वान को प्रभावित नहीं करता है।

स्पष्ट हुआ कि शंख पालि में क्षति होने से व्यक्ति का स्मृति प्रभावित होता है।

9. लैंगिक व्यवहार से सम्बद्ध क्षुब्धताएँ *(Disturbances related to sexual behaviour)*—शंख पालि में क्षति का प्रभाव व्यक्ति के लैंगिक व्यवहार पर भी पड़ता है हालांकि इस सिलसिले में प्रायोगिक सबूतों की कमी है। कुछ लोगों का मत है कि जब बायाँ तथा दायाँ दोनों ही शंख पालियों में क्षति उत्पन्न हो जाती है तो इससे व्यक्ति में लैंगिक व्यवहार की तीव्रता बढ़ जाती है और व्यक्ति बिना भेद-भाव का समलैंगिकता (homosexuality) तथा विषमलैंगिकता (heterosexuality) तथा निर्जीव पदार्थों के प्रति भी लैंगिकता दिखलाने लगता है। परंतु एकपार्श्विक शंख पालि (unilateral temporal lobe) में (अर्थात् सिर्फ बायाँ या सिर्फ दायाँ शंख पालि में) क्षति उत्पन्न होने से ऐसी लैंगिक तीव्रता नहीं देखने को मिलती है। वल्मर एवं वाकर (Blumber & Walker, 1975) ने अपने अध्ययन में पाया कि यदि शंख पालि मिरगी (epilepsy) से ग्रस्ति हो जाता है तो व्यक्ति सामान्य लैंगिक व्यवहार से थोड़ा परिवर्तित (altered) व्यवहार दिखलाता है। इनके अध्ययन में यह देखा गया कि करीब 70% से 75% तक

ऐसे रोगियों में लैंगिक अभिरुचि में कमी आ गयी थी। इनमें करीब साल भर तक किसी तरह का कोई लैंगिक उत्तेजन उत्पन्न होते नहीं देखा गया।

10. भाव, संवेग तथा व्यक्तित्व से संबध क्षुब्धताएँ (*Disturbances related to feeling, emotion and personality*)—शंख पालि में क्षुब्धता तथा क्षति का प्रभाव व्यक्ति के भाव, संवेग एवं कुछ व्यक्तित्व शीलगुणों पर भी पड़ता देखा गया है। पेनफिल्ड (Penfield, 1959) ने अपने अध्ययन के आधार पर यह बतलाया है कि अग्र (anterior) तथा मध्य (medial) शंख कार्टेक्स के उत्तेजन से व्यक्ति में डर (fear) का भाव उत्पन्न होता है। कुछ अध्ययनों से यह स्पष्ट हुआ है कि शंख पालि मिरगी रोग से प्रभावित होने पर कुछ विशेष तरह का व्यक्तित्व शीलगुण विकसित होता है जिसमें अन्य बातों के अलावा व्यक्ति में दिन-प्रतिदिन की छोटी-छोटी घटनाओं को विस्तृत रूप से विश्लेषित करने की प्रवृत्ति पायी जाती है। पिनकस एवं टुकर (Pincus & Tucker, 1974) ने अपने अध्ययन में पाया कि ऐसे व्यक्तियों में पड़िताऊ सम्भाषण (pedantic speech), आत्मकेन्द्रिता (egocentricity) तथा व्यक्तिगत समस्याओं पर लगातार विचार-विमर्श करने की प्रवृत्ति, व्यामोही प्रवृत्ति (paranoid tendencies), धार्मिक विचारों की बाध्यता (obsession) तथा आक्रामक प्रवृत्तियों के प्रति उन्मुखता (proneness) आदि प्रमुख हैं। इस तरह के व्यवहारों के गुच्छ को *शंख पालि व्यक्तित्व* (temporal lobe personality) कहा जाता है। शंख पालि में चीर-फाड़ द्वारा क्षति उत्पन्न होने से कुछ ऐसे ही व्यक्तित्व के लक्षण विकसित होते हैं। कुछ अध्ययनों में यह देखा गया है कि दायाँ शंख पालि तथा बायाँ शंख पालि में क्षति उत्पन्न होने से जो व्यक्तित्व संलक्षण उत्पन्न होते हैं, वे अलग-अलग होते हैं। दूसरे शब्दों में यह देखा गया है कि दायाँ शंख पालि में ऐसी क्षति होने से उक्त तरह के व्यक्तित्व लक्षण उत्पन्न होते हैं परंतु बायाँ शंख पालि में क्षति उत्पन्न होने से इस ढंग का व्यक्तित्व के लक्षण सम्पूर्णतः नहीं विकसित होते हैं। स्लेटर तथा उनके सहयोगियों (Slater et. al., 1963) ने अपने अध्ययन में शंख पालि में मिरगी तथा मनोविक्षिप्ति (psychosis) के बीच सांख्यकीय रूप से सार्थक सहसम्बन्ध (correlation) पाया।

स्पष्ट हुआ कि शंख पालि संलक्षण (temporal lobe syndrome) में कई तरह के लक्षण सम्मिलित होते हैं जिनके आधार पर ऐसे रोगियों या व्यक्तियों के व्यवहारों को आसानी से समझा जा सकता है।

शंखपालि क्षति का नैदानिक न्यूरोमनोवैज्ञानिक मूल्यांकन (Clinical Neuropsychological Assessment of Temporal lobe damage)

शंख पालि क्षति का नैदानिक न्यूरोमनोवैज्ञानिक मूल्यांकन करने के लिए न्यूरोमनोवैज्ञानिकों ने कुछ महत्त्वपूर्ण परीक्षण विकसित किये हैं जिनका उपयोग आजकल काफी लोकप्रिय है। इन परीक्षणों में निम्नांकित प्रमुख हैं:—

(1) श्रवण एवं दृष्टि प्रक्रियाओं को संसाधित करने की क्षमता का मापन द्विभाषित सुनना (diachotic listening) द्वारा *मैकगिल पिक्चर एनोमली परीक्षण* (McGill Picture Anomalies test) द्वारा आसानी से किया जाता है। इसकी चर्चा यत्र-तत्र इस अध्याय में पहले ही की जा चुकी है। इस परीक्षण

द्वारा देखे गये तस्वीर में छिपे अनियमितताओं (anomalies) में व्यक्ति को बतलाना होता है। इस परीक्षण पर निम्न प्राप्तांक (low score) इस बात का सूचक होता है कि व्यक्ति के दायाँ शंख पालि में असामान्यता है।

(2) जैसा कि ऊपर कहा जा चुका है, शंखपालि में क्षति उत्पन्न होने से व्यक्ति का सामान्य शाब्दिक स्मृति क्षमता (general verbal memory abilities) प्रभावित हो जाती है। इस क्षमता का उत्तम मापन *वेक्सलर स्मृति मापनी* (Wechsler Memory Scale) द्वारा होता है। इसके अतिरिक्त इस क्षमता का मापन करने के लिए न्यूरोमनोवैज्ञानिकों द्वारा *युग्मित साहचर्य परीक्षण* (Paired associates test) तथा *तार्किक स्मृति परीक्षण* (logical memory test) आदि का उपयोग किया जाता है। युग्मित साहचर्य परीक्षण में व्यक्ति पहले युग्मित शब्दों को इस ढंग से सीखता है कि बाद में युग्म के पहले शब्द को सुनकर वह युग्म के बाद वाले शब्द का प्रत्याह्वान (recall) कर पाये। जैसे 'आकाश-शिक्षक', 'सेब-गाय' आदि में व्यक्ति को 'आकाश' शब्द सुनकर 'शिक्षक' तथा 'सेव' शब्द सुनकर 'गाय' को बतलाना होता है। तार्किक स्मृति परीक्षण में व्यक्ति को किसी लघु गद्य या कहानी को सुनाया जाता है और ठीक वैसे ही व्यक्ति को उसका प्रत्याह्वान (recall) करना पड़ता है। इस परीक्षण पर निम्न प्राप्तांक बायाँ शंख पालि में क्षुब्धता को दिखलाता है।

(3) दायाँ शंख पालि के अशाब्दिक स्मृति (nonverbal memory) का मूल्यांकन करने के लिए *रे-जटिल तस्वीर परीक्षण* (Ray-Complex Picture test) का उपयोग किया जाता है। इस परीक्षण में एक जटिल ज्यामितिक पैटर्न का छपा हुआ कॉपी (copy) को व्यक्तित्व के सामने इस निर्देश से रखा जाता है कि इस आरेखण का सही-सही नकल आप दिये गये कागज पर करें। करीब 45 मिनट के बाद व्यक्ति को फिर उसी चित्र का आरेखण अपनी स्मृति से सही-सही करना होता है। दायाँ शंख पालि में क्षति होने पर व्यक्ति उस चित्र का आरेखण सही-सही अपनी स्मृति से नहीं कर पाता है।

(4) शंख पालि में क्षति उत्पन्न होने से व्यक्ति में भाषा सम्बन्ध कठिनाइयाँ या विकृति भी उत्पन्न हो जाती हैं हालांकि बायाँ गोलार्द्ध के किसी भी भाषाई क्षेत्र (language zone) अर्थात् भित्तीय पालि (parietal lobe), शंख पालि (temporal lobe) तथा अग्र पालि (frontal lobe) में क्षति होने से भाषा बोध (language comprehension) सम्बन्ध कठिनाई उत्पन्न हो सकती है। इसके लिए न्यूरोमनोवैज्ञानिकों द्वारा प्रायः संकेत परीक्षण (Token test) का उपयोग किया जाता है जिसकी चर्चा इसी अध्याय में पहले की जा चुकी है।

स्पष्ट हुआ कि शंखपालि में क्षति का नैदानिक न्यूरोमनोवैज्ञानिक मूल्यांकन करने के लिए कई तरह के परीक्षणों का उपयोग किया जाता है।

अध्याय सारांश
(Chapter Summary)

1. मानव मस्तिष्क में चार पालियाँ (lobes) हैं—अग्रपालि (frontal lobe), भित्तीय पालि (parietal lobe), शंख पालि (temporal lobe) तथा पश्चकपाल पालि (occipital

lobe)। अध्ययनों से पता चला है कि जब इनमें से किसी भी पालि में कुछ क्षति या क्षुब्धताएँ उत्पन्न होती हैं तो इससे व्यक्ति में तरह-तरह के लक्षण तथा व्यवहारों में परिवर्तन उत्पन्न हो जाता है। इन्हें तकनीकी तौर पर *पालिरूप संलक्षण* (labular syndrome) कहा जाता है।

2. अग्रपालि संलक्षण (frontal lobe syndrome) में अन्य बातों के अलावा व्यक्तित्व तथा सामाजिक व्यवहार में परिवर्तन, बौद्धिक कार्यों तथा अन्य संज्ञानात्मक कार्यों में परिवर्तन, भाषाई कार्यों में परिवर्तन तथा पेशीय कार्यों में सार्थक परिवर्तन सम्मिलित होते हैं।
3. भित्तीय पालि संलक्षण (parietal lobe syndrome) में बायाँ भित्तीय पालि तथा दायाँ भित्तीय पालि में क्षति से संबद्ध लक्षण विशिष्ट प्रकार के पाये गए हैं। जैसे बायाँ भित्तीय पालि से संबद्ध लक्षणों में ग्रेस्टमान संलक्षण (Grestmann syndrome) प्रमुख होता है। इसके अतिरिक्त ऐसे रोगी में एग्राफिया (agraphia), डायसफासिया (dysphasia) एप्राक्सिया (apraxia) तथा डाइस्कैलकुलिया (dyscalculia) आदि प्रधान लक्षण होते हैं। दायाँ भित्तीय पालि में क्षति से सम्बन्ध लक्षणों में प्रतिपार्श्विक उपेक्षा (contralateral neglect), रचनात्मक एप्राक्सिया (constructional apraxia) आदि प्रमुख हैं। इसके अतिरिक्त भित्तीय पालि संलक्षण में वालिन्ट संलक्षण (Balint's syndrome), एस्टिरियोग्नोसिस (astereognosis) तथा एनोसोग्नोसिया (anosognosia) आदि प्रधान हैं।
4. दृष्टि पालि संलक्षण में दृष्टि प्रत्यक्षण की अनियमितताएँ (irregularities), प्रमस्तिष्कीय अन्धापन (cerebral blindness), तथा दृष्टि एग्नोसिया (visual agnosia) आदि प्रधान हैं।
5. शंख पालि संलक्षण (temporal lobe syndrome) में कुल दस तरह की अनियमितताओं को सम्मिलित किया गया है। इनमें श्रवण एवं दृष्टि सूचनाओं के चयन में क्षुब्धता, श्रवण प्रत्यक्षण की विकृतियाँ, दृष्टि प्रत्यक्षण की विकृतियाँ, घ्राण प्रत्यक्षण की विकृतियाँ, सामग्रियों को श्रेणीबद्ध करने से सम्बन्धित अनियमितताएँ, संदर्भात्मक सूचनाओं का उपयोग से संबद्ध क्षुब्धताएँ, भाषा से सम्बन्धित क्षुब्धताएँ, स्मृति से सम्बन्धित क्षुब्धताएँ, लैंगिक व्यवहार से सम्बन्धित क्षुब्धताएँ तथा भाव, संवेग एवं व्यक्तित्व से संबद्ध क्षुब्धताएँ प्रमुख हैं।
6. शंख पालि क्षति का नैदानिक न्यूरोमनोवैज्ञानिक मूल्यांकन करने के लिए कई तरह के न्यूरोमनोवैज्ञानिक परीक्षणों का उपयोग किया जाता है जिनमें *मैकगिल पिक्चर एनोमली परीक्षण* (McGill Picture Anomaly Test), *वेक्सलर स्मृति परीक्षण* (Wechsler Memory test), *रे जटिल तस्वीर परीक्षण* (Rey Complex Picture test) तथा *संकेत परीक्षण* (Token test) आदि प्रमुख हैं।
7. अग्रपालि (frontal lobe) में क्षति का न्यूरोमनोवैज्ञानिक मूल्यांकन करने के लिए कई तरह के परीक्षणों का उल्लेख किया गया है जिसमें विसकोसिन कार्ड साटिंग परीक्षण, सेम्मस बाडी-प्लेसिंग परीक्षण (Semmes Body Placing test), थर्स्टन शब्द प्रवाहिता परीक्षण, पेशीय कार्यों का परीक्षण (Tests of motor functions) तथा संकेत परीक्षण (Token test) आदि प्रमुख हैं।
8. भित्तीय पालि क्षति का नैदानिक न्यूरोमनोवैज्ञानिक मूल्यांकन (clinical neuropsychological assessment) करने के लिए भी कई तरह के परीक्षणों का उपयोग किया जाता है जिनमें द्वि-बिन्दु विभेदन परीक्षण (Two-point discrimination test), सेक्विन-गोडार्ड फार्म बोर्ड (Sequin-Goddard form Board), रेखा-द्विभाजन परीक्षण (Line-bisection test), मूनी क्लोजर परीक्षण (Mooney Closure test), गोल्लिन अपूर्ण चित्र परीक्षण (Gollin Incomplete Figure test) आदि प्रमुख हैं।

❑

अध्याय 10

प्रमस्तिष्कीय असममिति
(CEREBRAL ASYMMETRY)

प्रमस्तिष्कीय असममिति का सम्प्रत्यय
(Concept of Cerebral Asymmetry)

प्रमस्तिष्कीय असममिति (cerebral asymmetry) प्रमस्तिष्कीय संगठन (cerebral organization) का एक बहुत ही महत्त्वपूर्ण सम्प्रत्यय है। प्रमस्तिष्कीय असममिति से तात्पर्य मस्तिष्क के दोनों गोलार्द्धों (hemisphere) अर्थात् दायाँ गोलार्द्ध (right hemisphere) तथा बायाँ गोलार्द्ध की बनावट या संरचना (anatomy) तथा कार्य (function) में विषमता अर्थात् अन्तर से होता है। इस तरह से प्रमस्तिष्कीय असममिति के दो पहलू होते हैं—*प्रमस्तिष्कीय संरचनात्मक असममिति* (cerebral anatomical asymmetry) तथा *प्रमस्तिष्कीय कार्यात्मक असममिति* (cerebral functional asymmetry)।

प्रमस्तिष्कीय संरचनात्मक असममिति से तात्पर्य दोनों गोलार्द्धों के विभिन्न भागों में संरचना या बनावट के ख्याल से कुछ अंतर से होता है जबकि प्रमस्तिष्कीय कार्यात्मक असममिति से तात्पर्य दोनों गोलार्द्धों में विभिन्न कार्यों के स्वरूप के ख्याल से अन्तर से होता है। जैसे, करीब 116 साल पहले मार्क डैक्स (Marc Dax) तथा पॉल ब्रोका (Paul Broca) ने अपने शोधों के आधार पर यह बतलाया था कि बायाँ गोलार्द्ध द्वारा व्यक्ति की सभी भाषाई कार्य (linguistic work) होते हैं क्योंकि उनके अध्ययन में यह देखा गया था कि इस गोलार्द्ध में क्षति उत्पन्न होने से व्यक्ति इन कार्यों को नहीं कर पाता है जबकि दायाँ गोलार्द्ध में क्षति उत्पन्न होने से ऐसी कठिनाई नहीं उत्पन्न होती है। यह स्पष्टतः प्रमस्तिष्कीय कार्यात्मक असममिति (cerebral functional asymmetry) का उदाहरण है। इसी तरह से यह देखा गया है कि दायाँ गोलार्द्ध, बायाँ गोलार्द्ध की तुलना में थोड़ा बड़ा एवं भारी (heavier) होता है। यह स्पष्टतः प्रमस्तिष्कीय संरचनात्मक असममिति (cerebral structural asymmetry) का उदाहरण है।

अब हम उक्त दोनों तरह की प्रमस्तिष्कीय असममिति (cerebral asymmetry) का वर्णन अलग-अलग अनुच्छेदों में करेंगे।

प्रमस्तिष्कीय संरचनात्मक असममिति
(Cerebral Anatomical Asymmetry)

जैसा कि ऊपर कहा जा चुका है, प्रमस्तिष्कीय संरचनात्मक असममिति से तात्पर्य मस्तिष्क के दायाँ गोलार्द्ध (right hemisphere) तथा बायाँ गोलार्द्ध (left hemisphere) में संरचना (structure or anatomy) के ख्याल से अंतर या विषमता से होता है। अगर हम इसके ऐतिहासिक पृष्ठभूमि पर ध्यान दें तो यह स्पष्ट होगा कि जैसा हगलिंग्स-जैकसन (Hughlings-Jackson, 1958) ने कहा है, कि ग्रैटियोलेट (Gratiolet) ने सबसे पहले 1860 के दशाब्दी में यह बतलाया था कि बायाँ गोलार्द्ध पर जो कुण्डल या मरोड़ (convolution) होते हैं, वे दायाँ गोलार्द्ध के कुण्डल की अपेक्षा जल्द परिपक्व होते हैं। 19वीं शताब्दी में अन्य विशेषज्ञों द्वारा संरचनात्मक असममिति (anatomical asymmetry) पर बल डाला गया परंतु इस पर लोगों का विशेष ध्यान 1960 वाले दशक में तब गया जब वान वोनिन (Von Bonin) ने इस क्षेत्र के साहित्य का गहन समीक्षा किया और गेस्कविण्ड (Geschwind) तथा लेभिटस्की (Levitsky) जो उस समय काफी मशहूर तंत्रिका विज्ञानी (neurologist) थे, ने मानव मस्तिष्क में कई तरह के संरचनात्मक विषमता पर प्रकाश डाला। इन लोगों ने अपने-अपने अध्ययन के आधार पर यह स्थापित किया कि *प्लानम टेमपोरेल* (Planum Temporal) जो श्रवण कार्टेक्स (auditory cortex) के पश्च भाग में अवस्थित होता है, बायाँ गोलार्द्ध में दायाँ गोलार्द्ध की अपेक्षा करीब 1 सेन्टीमीटर बड़ा होता है। इस ढंग का निष्कर्ष से बाद के तंत्रिकाविज्ञानियों में संरचनात्मक असममिति के अध्ययन में काफी अभिरुचि बढ़ गयी और आज की स्थिति यह है कि दायाँ गोलार्द्ध तथा बायाँ गोलार्द्ध को एक-दूसरे से सम न मानकर विषम ही माना जाता है। ऐसी विषमताएँ या असममिति (asymmetry) को निम्नांकित आठ प्रमुख बिन्दुओं के रूप में समझाया जा सकता है:—

1. दायाँ गोलार्द्ध (right hemisphere) बायाँ गोलार्द्ध की तुलना में थोड़ा बड़ा एवं वजनदार (heavy) होता है परंतु बायाँ गोलार्द्ध का विशिष्ट गुरुत्व (specific gravity) दायाँ गोलार्द्ध का विशिष्ट गुरुत्व से ज्यादा होता है। कुछ तंत्रिका विज्ञानी जैसे भान वोनिन (Von Bonin) का कहना है कि यह अंतर इस ओर इशारा करता है कि बायाँ गोलार्द्ध में भूरा पदार्थ (gray matter) दायाँ गोलार्द्ध की अपेक्षा अधिक है जिसकी पुष्टि बाद में गुर तथा उनके सहयोगियों (Gur et al., 1980) द्वारा की गयी।
2. दोनों गोलार्द्धों के शंख पालि (temporal lobes) की संरचना में अन्तर है। कई अध्ययनों में यह पाया गया है कि प्लानम टेम्पोरेल (plannum temporale) (जो शंख पालि का ही एक भाग है) बायाँ गोलार्द्ध में दायाँ गोलार्द्ध की तुलना में बड़ा होता है। ठीक इसके विपरीत हेस्कल गाइरस (Heschl's gyrus) मुख्य श्रवण कार्टेक्स (primary auditory cortex) दायाँ गोलार्द्ध में बायाँ गोलार्द्ध की तुलना में बड़ा होता है क्योंकि दायाँ गोलार्द्ध में सचमुच में हेस्कल गाइरी (Heschl gyri) होते हैं जबकि बायाँ गोलार्द्ध में मात्र एक हेस्कल गाइरस होता है। इस तरह से दोनों गोलार्द्धों में शंख पालियों का एक तरह से पूरक असममिति (complementary asymmetry) होता है।
3. शंख पालि (temporal lobe) का उक्त असममिति थैलमस (thalamus) के असममिति से जुड़ा हुआ है। आइडेलवर्ग तथा गालावुरडा (Eidelberg

& Galaburda, 1982) ने अपने अध्ययन में यह पाया है कि लेट्रल गेनिकुलेट न्यूक्लिअस (lateral geniculate nucleus) (जिसका सम्बन्ध दृष्टि (vision) से होता है) जो प्लेनम टेमपोरेल (planum temporale) के ठीक पुच्छीय (caudal) भाग में अवस्थित भित्तीय कार्टेक्स (parestal lobe) में प्रक्षेपण (projection) करता है, बायाँ गोलार्द्ध में दायाँ गोलार्द्ध की तुलना में बड़ा होता है जबकि मेडियल गेनिकुलेट न्यूक्लिअस (medial geniculate nucleus) जिसका सम्बन्ध श्रवण (audition) से होता है, दायाँ गोलार्द्ध में बायाँ गोलार्द्ध की तुलना में बड़ा होता है। इस तरह की संरचनात्मक असममिति थैलमस के इस कार्यात्मक असममिति का परिपूरक होता है जिसमें यह दावा किया जाता है कि बायाँ थैलमस भाषाई कार्यों के लिए दायाँ थैलमस से अधिक प्रबल होता है।

4. मस्तिष्क के दायाँ गोलार्द्ध तथा बायाँ गोलार्द्ध में ब्रोका क्षेत्र (Broca area) अर्थात् अग्र ओपरकुलम (frontal operculum) का संरचनात्मक संगठन भिन्न होता है। इस क्षेत्र का वह भाग जो मस्तिष्क के सतह पर दृश्य (visible) होता है, वह बायाँ गोलार्द्ध की तुलना में दायाँ गोलार्द्ध पर करीब एक-तिहाई बड़ा होता है जबकि इस क्षेत्र का वह भाग जो सुलकी (sulci) में भीतर अदृश्य होता है, वह बायाँ गोलार्द्ध में दायाँ गोलार्द्ध की तुलना में बड़ा होता है। इस असममिति से क्षेत्र का कार्यात्मक भिन्नता अर्थात बायाँ गोलार्द्ध से भाषाई कार्य तथा दायाँ गोलार्द्ध से बोलने की आवाज नियंत्रित होती है।
5. मस्तिष्क के दोनों गोलार्द्धों में सिलभियन फिशर (Sylvian fissure) की ढाल (slope) में भी भिन्नता देखी गयी है। बायाँ गोलार्द्ध में इसकी ढाल क्रमिक (gradual) दीखता है जबकि दायाँ गोलार्द्ध में इसकी ढाल तुलनात्मक रूप से खड़ा (steep) होता है।
6. मस्तिष्क के दोनों गोलार्द्धों में न्यूरोट्रांसमीटर (neurotransmitter) का वितरण कार्टिकल (cortical) तथा उपकार्टिकल (subcortical) क्षेत्रों में असममित (asymmetrical) है। प्रमुख न्यूरोट्रांसमीटर जैसे एसिटिलकोलाइन (acetylcholine), नोरपाइनफ्राइन (norepinephrine), डोपामाइन (dopamine) तथा गावा (GABA) का वितरण इन दोनों गोलार्द्धों के विभिन्न क्षेत्रों में एक समान न होकर भिन्न-भिन्न होता है। सचमुच में इनका वितरण गोलार्द्धों के विभिन्न क्षेत्रों की संरचना पर निर्भर करता है।
7. दायाँ गोलार्द्ध आगे की ओर बायाँ गोलार्द्ध की अपेक्षा अधिक विस्तरित (extended) होता है जबकि बायाँ गोलार्द्ध दायाँ गोलार्द्ध की तुलना में पीछे की ओर तुलनात्मक रूप से अधिक विस्तरित होता है। लेट्रल भेनट्रिकल (lateral ventricles) का आसिपिटल हार्न्स (occipital horns) दायाँ गोलार्द्ध में बायाँ गोलार्द्ध की अपेक्षा पाँच गुणा अधिक लम्बा होता है।
8. कुछ अध्ययनों से यह भी स्पष्ट हुआ कि दायाँ तथा बायाँ गोलार्द्ध के न्यूरोन्स (neurons) की संरचना में भी भिन्नता होती है। चूँकि मस्तिष्क का कार्य इन्हीं न्यूरोन्स द्वारा होता है। अतः इस बिन्दु पर भी प्रकाश डालना आवश्यक है।

स्कीवेल तथा उनके सहयोगियों (Scheibel et. al., 1985) ने एक अध्ययन किया जिसमें उन्होंने बायाँ गोलार्द्ध के ब्रोका क्षेत्र (Broca area) के पिरामिडल कोशिका (pyramidal cells) के शाखिका क्षेत्रों (dendrite fields) की तुलना बायाँ गोलार्द्ध के पेशीय कार्टेक्स (motor cortex) के आनन क्षेत्र (facial area) से तथा दायाँ गोलार्द्ध के सदृश (homologous) क्षेत्रों से किया। परिणाम में यह देखा गया कि इन सभी क्षेत्रों के न्यूरोन्स से शाखाएँ निकलने (branching) का पैटर्न भिन्न-भिन्न होता है। ब्रोका क्षेत्र में न्यूरोन्स में शाखाओं की संख्या तुलनात्मक रूप से अन्य क्षेत्रों के न्यूरोन्स की शाखाओं की संख्या से अधिक होती है।

9. बायाँ गोलार्द्ध तथा दायाँ गोलार्द्ध में संरचनात्मक विभिन्नता व्यक्ति के यौन (sex) तथा हस्तिकला (handedness) के अनुसार भी होता देखा गया है। सामान्यतः यह कहा जाता है कि महिलाओं के प्रमस्तिष्कीय गोलार्द्ध कम सममित (symmetrical) होते हैं जबकि पुरुषों का मस्तिष्क तुलनात्मक रूप से अधिक सममित होता है। पुरुष का मस्तिष्क महिलओं के मस्तिष्क से बड़ा होता है परंतु पुरुष का कारपस कैलोजम (carpus callosum) महिलाओं के कारपस कैलोजन की तुलना में बड़ा नहीं होता है। उसी तरह से लाकोस्टी—उतमसिंह तथा होलोवे (Lacoste-Utam Singh & Holloway, 1982) ने अपने अध्ययन के आधार पर बतलाया कि महिलाओं में कारपस कैलोजम का पश्च भाग (posterior portion) जिसे स्प्लेनियम (splenium) कहा जाता है, पुरुषों की अपेक्षा बड़ा होता है। वाइटेलसन (Witelson, 1980) ने एक अध्ययन कर यह बतलाया है कि व्यक्ति किस हाथ से अधिक कार्य करता है, अर्थात् उसका वामहस्तिक (left handed) दक्षिण हस्तिक (right handed) होने का सम्बन्ध बायाँ एवं दायाँ गोलार्द्ध के भित्तीय ओपरकुलम (parietal operculum), अग्र कार्टेक्स (frontal cortex), दृष्टि क्षेत्र (occipital region) तथा प्रमस्तिष्कीय रक्त प्रवाह (cerebral blood flow) आदि में विषमता (asymmetry) से होता है।

स्पष्ट हुआ कि संरचना (anatomy) के ख्याल से व्यक्ति का दायाँ गोलार्द्ध तथा बायाँ गोलार्द्ध में भिन्नता होती है।

संरचनात्मक प्रमस्तिष्कीय असममिति में वैयक्तिक अन्तर (Individual Variations in Anatomical Cerebral Asymmetry)

किसी भी दो व्यक्ति का मस्तिष्क संरचना (anatomy) के ख्याल से एक समान नहीं होता है। सच्चाई यह है कि मस्तिष्क आकार (size), गाइरल पैटर्न (gyral pattern), भूरे पदार्थ (gray matter) तथा उजले पदार्थ (white matter) के वितरण, वैसकुलर पैटर्न (vascular pattern), न्यूरोरसायन (neurochemistry) तथा साइटोआर्किटेक्टोनिक्स (cytoarchitectonics) आदि में एक दूसरे से भिन्न होते हैं। न्यूरोमनोवैज्ञानिकों द्वारा किये गए अध्ययनों से यह स्पष्ट हुआ है कि मस्तिष्क के संरचनात्मक असममिति कई कारकों से प्रभावित होता है जिनमें निम्नांकित दो प्रमुख हैं—

1. हस्तिकता *(Handedness)*—कुछ ऐसे प्रयोगात्मक सबूत उपलब्ध हैं जिनके

आधार पर इस निष्कर्ष पर पहुँचा गया है कि व्यक्ति को लिखने या अन्य कार्य करने में दायाँ हाथ से सुविधा होता है या बायाँ हाथ से सुविधा होती है, का सम्बन्ध उसके बायाँ गोलार्द्ध तथा दायाँ गोलार्द्ध के संरचनात्मक असममिति (structural asymmetry) से होता है। इस तरह की असममिति मस्तिष्क के कुछ खास-खास भागों जैसे भित्तीय ओपरकुलम (parietal operculum) अग्र कार्टेक्स (frontal cortex), पश्चकपाल क्षेत्र (occipital region), वैसकुलर पैटर्न (vascular pattern) तथा प्रमस्तिष्कीय रक्त प्रवाह (cerebral blood flow) आदि से सम्बन्धित होता है। विटेलसन (Witleson, 1980) ने एक अध्ययन कर इस तथ्य की आंशिक पुष्टि करते हुए यह कहा है कि 67% दक्षिण हस्तिक व्यक्तियों (right handed persons) में भित्तीय ओपरकुलम बायाँ गोलार्द्ध में बड़ा होता है जबकि 8% ऐसे व्यक्तियों में दायाँ गोलार्द्ध में यह बड़ा होता है। 25% ऐसे व्यक्तियों में दोनों गोलार्द्धों के भित्तीय ओपरकुलम में कोई अन्तर नहीं पाया गया। 22% वाम हस्तिक व्यक्तियों में यह बायाँ गोलार्द्ध में बड़ा होता है, जबकि 7% ऐसे व्यक्तियों में यह दायाँ गोलार्द्ध में बड़ा होता है। 71% ऐसे व्यक्ति में दायाँ एवं बायाँ गोलार्द्ध में भित्तीय ओपरकुलम के ख्याल से कोई अन्तर नहीं पाया गया है। उसी तरह से रक्त प्रवाह (blood flow) की माप पर 25% दक्षिण-हस्तिक व्यक्तियों में बायाँ गोलार्द्ध में ज्यादा होता है जबकि 62% ऐसे व्यक्तियों में दायाँ गोलार्द्ध में अधिक होता है तथा 13% ऐसे व्यक्तियों के इन दोनों गोलार्द्धों में रक्त प्रवाह के ख्याल से कोई अन्तर नहीं होता है। अग्रपालि की चौड़ाई (frontal width) की माप (measure) पर 19% दक्षिण-हस्तिक व्यक्तियों का बायाँ गोलार्द्ध बड़ा पाया गया है जबकि 61% ऐसे ही व्यक्तियों में यह दायाँ गोलार्द्ध में बड़ा पाया गया। 27% वाम हस्तिक व्यक्तियों में यह बायाँ गोलार्द्ध में बड़ा पाया गया जबकि 40% ऐसे ही व्यक्तियों में यह दायाँ गोलार्द्ध में बड़ा पाया गया है। 20% दक्षिण हस्तिक व्यक्तियों तथा 33% वाम हस्तिक व्यक्तियों में इस माप पर दायाँ एवं बायाँ गोलार्द्ध में कोई अन्तर नहीं पाया गया। पश्चकपाल की चौड़ाई (occipital width) की माप पर 66% दक्षिण हस्तिक व्यक्तियों में यह बायाँ गोलार्द्ध में बड़ा पाया गया जबकि 9% ऐसे ही व्यक्तियों में यह दायाँ गोलार्द्ध में बड़ा पाया गया। 38% वाम हस्तिक व्यक्तियों में यह बायाँ गोलार्द्ध में तथा 37% ऐसे ही व्यक्तियों में यह दायाँ गोलार्द्ध में बड़ा पाया गया। 25% ऐसे व्यक्तियों में इस माप पर बायाँ तथा दायाँ गोलार्द्ध में कोई अन्तर नहीं पाया गया। 38% वाम हस्तिक व्यक्तियों में यह बायाँ गोलार्द्ध में बड़ा पाया गया जबकि मात्र 27% ऐसे ही व्यक्तियों में यह दायाँ गोलार्द्ध में बड़ा पाया गया। 35% ऐसे ही व्यक्तियों में इस माप पर बायाँ एवं दायाँ गोलार्द्ध में कोई अन्तर नहीं पाया गया। पश्चकपाल हार्न्स (occipital horns) की माप पर 60% दक्षिण-हस्तिक व्यक्तियों में बायाँ गोलार्द्ध में यह बड़ा होता है जबकि 10% ऐसे ही व्यक्तियों में यह दायाँ गोलार्द्ध में बड़ा होता है। इसी माप पर 38% वाम-हस्तिक व्यक्तियों में यह बड़ा होता है जबकि 31% ऐसे ही व्यक्तियों में यह दायाँ गोलार्द्ध में बड़ा होता है। 30% दक्षिण हस्तिक व्यक्तियों में तथा 31% वाम हस्तिक व्यक्तियों में इस माप पर बायाँ एवं दायाँ गोलार्द्ध में कोई अन्तर नहीं पाया गया।

उपयुक्त तथ्यों को ध्यान में रखते हुए हम इस निष्कर्ष पर पहुँचते हैं कि दक्षिण हस्तिक व्यक्तियों (right handers) की तुलना में अधिकतर वाम-हस्तिक व्यक्तियों (left handers) में संरचनात्मक असममिति (anatomical asymmetry) नहीं

होता है। ऊपर दर्शाये गए तथ्यों से यह भी स्पष्ट है कि दोनों ही तरह के लोगों अर्थात् वाम हस्तिक व्यक्ति तथा दक्षिण हस्तिक व्यक्ति में विलोमित संरचनात्मक असममिति (reversed anatomical asymmetries) पाये जाते हैं जिससे किसी निश्चित निष्कर्ष पर पहुँचना थोड़ा कठिन होता है। इससे यह भी तब निष्कर्ष निकलता है कि वामहस्तिक तथा दक्षिण हस्तिक व्यक्तियों में जो कुछ संरचनात्मक असममिति पायी जाती है, उसका कारण कुछ अज्ञात चर (unknown variables) भी हो सकते हैं।

2. यौन या लिंग *(Gender)*—व्यक्ति के मस्तिष्क की संरचनाओं में विषमता या असममिति (asymmetry) का एक दूसरा कारण यौन या लिंग (sex) भी है। ऐसा प्रायः कहा जाता है कि महिलाओं का प्रमस्तिष्कीय गोलार्द्ध (cerebral hemispheres) पुरुषों की अपेक्षा कम सममित (symmetrical) होता है। इस क्षेत्र में किये गए अध्ययनों से निम्नांकित तथ्य प्रकाश में आये हैं—

(i) बायाँ गोलार्द्ध तथा दायाँ गोलार्द्ध को जोड़ने वाले तन्तु (fibers) को कारपस कैलोजम (corpus callosum) कहा जाता है। अध्ययनों से यह स्पष्ट हुआ है कि कारपस कैलोजम का पश्च भाग (posterior part) जिसे *स्प्लेनियम* (splanium) कहा जाता है, महिलाओं में पुरुषों की अपेक्षा बड़ा होता है। स्प्लेनियम को चित्र 10.1 में दिखलाया गया है। इस तथ्य की सम्पुष्टि

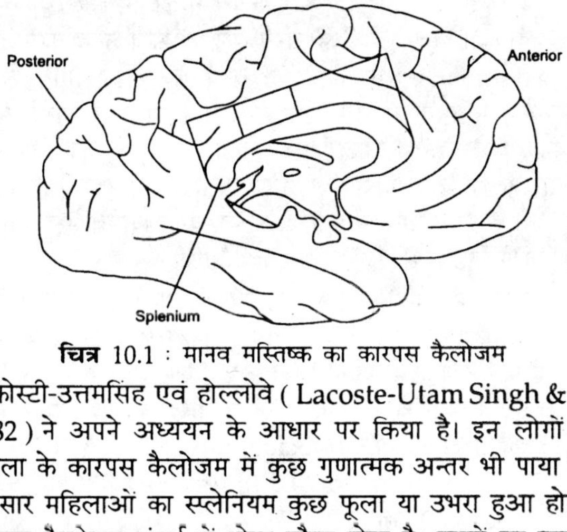

चित्र 10.1 : मानव मस्तिष्क का कारपस कैलोजम

लाकोस्टी-उत्तमसिंह एवं होल्लोवे (Lacoste-Utam Singh & Holloway, 1982) ने अपने अध्ययन के आधार पर किया है। इन लोगों ने पुरुष तथा महिला के कारपस कैलोजम में कुछ गुणात्मक अन्तर भी पाया है। जैसे इनके अनुसार महिलाओं का स्प्लेनियम कुछ फूला या उभरा हुआ होता है तथा पूरे कारपस कैलोजम संदर्भ में थोड़ा चौड़ा होता है। पुरुषों का कारपस कैलोजम लगभग बेलनाकार (cylindrical) तथा इसकी चौड़ाई कारपस कैलोजम के समानान्तर होती है।

इस क्षेत्र में पीटर्स (Peters, 1988) द्वारा किये गए अध्ययनों से यह पता चला है कि हालांकि पुरुष का मस्तिष्क महिलाओं के मस्तिष्क से बड़ा होता है, परंतु पुरुष का कारपस कैलोजम उसी अनुपात में महिलाओं के कारपस कैलोजम से बड़ा नहीं होता है। फिर भी यहाँ चौकाने वाली बात यह है कि पुरुष तथा महिलाओं दोनों में ही कारपस कैलोजम मस्तिष्कीय आकार (brain size) के अनुपात में नहीं होता है।

(ii) लैंसडेल तथा डामी (Lansdell & Davie, 1972) ने एक अध्ययन किया जिसमें उन्होंने पुरुष तथा महिलाओं के बीच *मासा इन्टरमेडीयल* (Massa Intermedial) जो थैलमस के विभिन्न भागों को जोड़ने वाला एक तन्तु (fiber) होता है, एक-तिहाई पुरुषों में तथा एक चौथाई महिलाओं में अनुपस्थित होता है। मासा इन्टरमीडियल के कारण दोनों गोलार्द्धों के कार्यों में परस्पर प्रतिस्पर्द्धा (competition) बनी रहती है।

(iii) बाडा (Wada, 1975) द्वारा किये गए अध्ययनों से यह स्पष्ट हुआ है कि प्लानम टेमपोरेल (planum temporale) (शंखपालि का एक विशेष क्षेत्र) में महिलाओं में पुरुषों की अपेक्षा विलोमित असममिति (reversed asymmetry) अधिक होता है।

स्पष्ट हुआ कि मानव मस्तिष्क की संरचनात्मक असममिति (anatomical asymmetry) में वैयक्तिक विभिन्नता होता है जिसका प्रमुख कारण हस्तिकता (handedness) तथा लिंग (gender) बतलाया गया है।

प्रमस्तिष्कीय कार्यात्मक असममिति (Cerebral Functional Asymmetry)

जैसा कि ऊपर कहा जा चुका है प्रमस्तिष्कीय गोलार्द्धों में संरचनात्मक असममिति (anatomical asymmetry) होती है। परंतु साथ-ही-साथ उनमें कार्यात्मक असममिति (functional asymmetry) भी होती है। कार्यात्मक असममिति से तात्पर्य दोनों गोलार्द्धों के कार्यों में विषमता या असममिति से होता है। दूसरे शब्दों में यह कहा जा सकता है कि कुछ विशेष तरह के कार्य एक गोलार्द्ध द्वारा तो कुछ अन्य तरह के कार्य दूसरे गोलार्द्ध द्वारा किया जाता है जबकि दोनों गोलार्द्धों में विभिन्न मस्तिष्कीय संरचनाएँ लगभग समान होती हैं यानी उनमें बहुत कम ही संरचनात्मक विभिन्नता (anatomical differences) पायीं जातीं हैं।

अब प्रश्न उठता है कि किन-किन दृष्टिकोणों या कार्यों से दोनों गोलार्द्धों में असममिति (asymmetry) होता है? इस बिन्दु पर प्रकाश डालने के पहले यह बता देना यहाँ उचित होगा कि बहुत से कार्यों विशेषकर मुख्य संवेदी (primary sensory) एवं पेशीय (motor) क्षेत्रों का कार्य दोनों ही गोलार्द्धों में एक समान होता है। इसके अतिरिक्त यह भी कहना अतिशयोक्ति (exaggeration) नहीं होगी कि दोनों गोलार्द्धों के बीच जो कार्यात्मक अन्तर (functional difference) है, वह निरपेक्ष (absolute) न होकर सापेक्ष (relative) होता है।

कार्यात्मक असममिति के बारे में जानने के लिए सामान्य अर्थात् तंदुरूस्त मस्तिष्क (intact brain) वाले व्यक्ति तथा न्यूरोतंत्रकीय रोगियों (neurological patients) पर अध्ययन किये गए हैं। इनसे निम्नांकित चार तरह के कार्यों में असममिति स्पष्ट रूप से दिखलाई देता है—

1. दृष्टि कार्यों में असममिति *(Asymmetry in visual functions)*—जैसा कि ज्ञात है, बायाँ दृष्टि क्षेत्र में उपस्थित किया गया उद्दीपक (stimuli) दायाँ दृष्टि कार्टेक्स (right visual cortex) में प्रक्षेपित (project) होता है तथा दायाँ दृष्टि क्षेत्र में

उपस्थित किया गया उद्दीपक बायाँ दृष्टि कार्टेक्स में प्रक्षेपित होता है। परंतु विशेष तरह के उपकरण जैसे टैचिस्टोस्कोप (Tachistoscope) के सहारे प्रत्येक दृष्टि क्षेत्र में स्वतंत्र रूप से उद्दीपकों को उपस्थित कर बायाँ तथा दायाँ गोलार्द्ध के संसाधन क्षमता का अध्ययन किया जाना सम्भव हो पाता है। ऐसे अध्ययनों में प्रयोज्यों को 50 मिलिसेकेंड के लिए टेचिस्टोस्कोप के सहारे उद्दीपकों को दिखलाया जाता है। प्रयोज्य टेचिस्झ्टोस्कोप पर बतलाये गए बिन्दु या क्रास पर अपना ध्यान देता है और उद्दीपक बायाँ दृष्टि क्षेत्र या दायाँ दृष्टि क्षेत्र के लिए बक्स में उपस्थित किया जाता है (देखें चित्र 10.2)। 50 मिलिसेकेंड का लघु समय इतना होता है कि इसमें मस्तिष्क किसी दूसरे उद्दीपक पर जाने के पहले ही पहले देखे गये उद्दीपक को संसाधित कर लेता है। दोनों गोलार्द्धों द्वारा स्वतंत्र रूप से दृष्टि उद्दीपकों का किया गया संसाधन के आधार पर यह तय करना सम्भव हो पाता है कि कौन-सा गोलार्द्ध इस कार्य को ठीक ढंग से निभा पाता है?

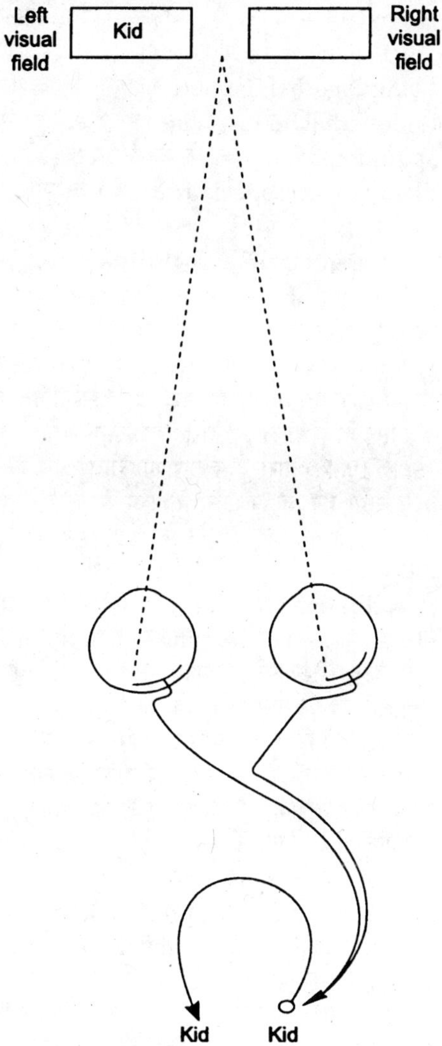

चित्र 10.2 : दृष्टि उदीपक का दोनों दृष्टि क्षेत्रों में उपस्थित करने पर गोलार्द्धों द्वारा संसाधित करने की प्रक्रिया

मिशकिन तथा फोरगे (Mishkin & Forgay) ने 1950 वाले दशक में टेचिस्टोस्कोप के सहारे कई अध्ययन किये और इस निष्कर्ष पर पहुँचे कि सामान्य दक्षिण-हस्तिक प्रयोज्यों ने अंग्रेजी के उन शब्दों की पहचान उत्तम ढंग से किया जो दायाँ दृष्टि क्षेत्र में उपस्थित किये गए थे परंतु वैसे शब्द जो बायाँ दृष्टि क्षेत्र में उपस्थित किये गए थे, उनकी पहचान तुलनात्मक रूप से उत्तम ढंग से नहीं की गयी। इसका कारण यह है कि एक ही दृष्टि क्षेत्र में उपस्थित की गयी सूचना उस गोलार्द्ध द्वारा अधिक उत्तम ढंग से सम्बन्धित किया जाता है जो उस कार्य के लिए विशिष्टता प्राप्त किये होता है। यही कारण है कि शब्दों को जब बायाँ गोलार्द्ध में उपस्थित किया जाता है तो उन्हें उस परिस्थिति की तुलना में अधिक उत्तम ढंग से

संसाधित किया जाता है जब उन्हें दायाँ गोलार्द्ध में उपस्थित किया जाता था। ऐसा इसलिए होता है क्योंकि बायाँ गोलार्द्ध दक्षिण-हस्तिक व्यक्तियों में भाषा गोलार्द्ध (language hemisphere) होता है जबकि दायाँ गोलार्द्ध अशाब्दिक गोलार्द्ध (nonverbal hemisphere) होता है जो मूलतः दृष्टि-स्थानिक सूचनाओं (visual-spatial stimuli) का संसाधन करता है। इस ढंग की गोलार्द्धीय विशिष्टता (hemispheric specialization) की पुष्टि न्यूरोतंत्रकीय रोगियों के अध्ययनों से भी हुई है।

2. श्रवण कार्यों में असममिति (*Asymmetry in auditory functions*)—जैसा कि हम जानते हैं, मस्तिष्क के दोनों गोलार्द्ध को प्रत्येक कान से सूचनाएँ मिलती हैं। दायें कान से प्राप्त सूचनाएँ मूलतः बायाँ गोलार्द्ध द्वारा संसाधित होती हैं और इस कान से प्राप्त कुछ सूचनाएँ दायाँ गोलार्द्ध में भी पहुँचती हैं। ठीक इसी तरह से बायें कान से प्राप्त सूचनाएँ मूलतः दायाँ गोलार्द्ध द्वारा संचालित होती है और इस कान द्वारा प्राप्त कुछ सूचनाएँ दायाँ गोलार्द्ध द्वारा संचालित होती है। इस क्षेत्र में किमुरा (Kimura, 1961, 1967, 1967) द्वारा कुछ अग्रणी शोध कार्य किये गए जिसमें इन्होंने शंखपालि में क्षति के रोगियों को जो प्रयोज्य के रूप में कार्य किये, को द्विभाजी श्रवण कार्य (dictotic-listening task) करने के लिये थे। इस कार्य में प्रयोज्यों को एक ही साथ शोधकर्त्ता द्वारा अंकों के कुछ युग्मों (pairs) को बोलकर उपस्थित किया गया जिसमें से आकर्णक (headphone) द्वारा एक युग्म एक कान में तथा दूसरा युग्म दूसरे कान में सुनाई देता था तथा बाद में उसे यह बतलाना होता था कि वह कौन-कौन से अंकों के युग्म को सुना था। किमुरा ने अपने परिणाम में यह पाया कि ऐसे रोगियों द्वारा उन अंकों का उत्तम प्रत्याह्वान किया गया जो इनके दायें कान में उपस्थित किये गए थे। बायें कान में उपस्थित किये गए अंकों का प्रत्याह्वान उत्तम नहीं था। सामान्य प्रयोज्यों (normal subjects) में भी इसी ढंग का परिणाम पाया गया। श्रवण कार्यों में इस ढंग का अंतर का मूल कारण यह था कि दायें कर्ण में दिये गए अंकों का संसाधन बायाँ गोलार्द्ध (left hemisphere) जो एक भाषा गोलार्द्ध (language hemisphere) है, द्वारा किया जाता है जबकि बायें कर्ण में दिये गए अंकों का संसाधन दायाँ गोलार्द्ध जो एक अभाषाई गोलार्द्ध (nonlanguage hemisphere) है, द्वारा होता है। बाद में अन्य लोगों जैसे नाटेल (Natale, 1977), जूरिफ (Zurif, 1974), डिभेनी एवं एफरान (Divenyi & Efron, 1979), सुस्समैन (Sussman, 1979) द्वारा भी इस तथ्य की संपुष्टि की गयी कि भाषाई तत्त्वों को जब दायाँ कान में प्रक्षेपित किया जाता है तो प्रयोज्यों द्वारा उनका प्रत्याह्वान (recall) उन्हीं तत्त्वों को जब बायाँ कान में प्रक्षेपित किया जाता है, से उत्तम होता है। इन परिणामों से कार्यात्मक प्रमस्तिष्कीय असममिति (functional cerebral asymmetry) के सम्प्रत्यय का समर्थन मिलता है।

उसी तरह से कुछ ऐसे अध्ययन किये गये हैं जिनसे यह स्पष्ट हुआ है कि कुछ खास तरह के श्रवण कार्यों में बायें कान में दी गयी सूचनाएँ (जो दायाँ गोलार्द्ध द्वारा संसाधित होती हैं) दायें कान में दी गयी सूचनाओं से अधिक उत्तम ढंग से संसाधित होती है और उनका व्यक्ति उत्तम प्रत्याह्वान भी कर पाता है। इस ढंग के कार्यात्मक असममिति का समर्थक किमुरा (Kimura, 1964), गेलफैण्ड एवं उनके सहयोगियों (Gelfond et. al., 1980), कुर्री (Curry, 1967), किंग एवं किमुरा (King &

Kimura, 1972) सिडटिस (Sidtis, 1982) के अध्ययनों से हुआ है। इन लोगों ने अपने अध्ययन में पाया कि कुछ विशेष तरह के आवाज जैसे राग (melody), संगीतमय स्वरसंघात (musical chord), पर्यावरणी आवाज (environmental sounds), जटिल तारत्व (complex pitch) जिनका संसाधन दायाँ गोलार्द्ध तुलनात्मक रूप से उत्तम ढंग से करता है, को जब बायाँ कर्ण तथा दायाँ कर्ण दोनों में ही दिये जाते हैं, तो बायें कर्ण में देने से उनका प्रत्याह्वान (recall) तुलनात्मक रूप से श्रेष्ठ होता है। इस तरह से ऐसे अशाब्दिक आवाज (nonverbal sound) में बायाँ कर्ण द्वारा दायाँ कर्ण की अपेक्षा अधिक लाभ होता है। इस तरह से इस तरह के परिणाम से भी कार्यात्मक प्रमस्तिष्कीय असममिति (functional cerebral asymmetry) के सम्प्रत्यय की संपुष्टि होती है।

3. कायिक संवेदी कार्यों में असममिति *(Asymmetry in somatosensary functions)*—मस्तिष्क के दोनों गोलार्द्धों (hemispheres) के दैहिक संवेदी कार्यों में भी असममिति (asymmetry) पायी गयी है। कायिक संवेदी तंत्र में भी दृष्टि तथा श्रवण तंत्र के समान ही शरीर के बायें भाग की कायिक संवेदी सूचनाएँ दायाँ गोलार्द्ध में तथा दायें भाग की कायिक संवेदी सूचनाएँ बायाँ गोलार्द्ध में जाती है और वहीं से नियंत्रित होती है। इस क्षेत्र में कई अध्ययन किये गए हैं जिनके आधार पर कायिक संवेदी कार्यों में मस्तिष्कीय असममिति (cerebral asymmetry) का पता चलता है। कई शोधों में विभिन्न तरह के आकार (shapes), कोण (angles) तथा पैटर्न की बायाँ हाथ एवं दायाँ हाथ द्वारा की गयी पहचान के निष्पादन का तुलनात्मक अध्ययन किया और इनमें यह पाया गया कि इन सभी कार्यों पर दक्षिण-हस्तिक व्यक्तियों (right handed subjects) के बायाँ हाथ का निष्पादन दायाँ हाथ के निष्पादन से लगभग उत्तम था। उदाहरणस्वरूप रूडेल तथा उनके सहयोगियों (Rudel et. al., 1974) ने एक अध्ययन किया जिसमें नेत्रहीन व्यक्तियों तथा सामान्य नेत्र ज्योति के व्यक्तियों को दायाँ हाथ तथा बायाँ हाथ से ब्रैल (Braille) में लिखे शब्दों को बारी-बारी से पढ़ना था। परिणाम में देखा गया कि अधिकतर प्रयोज्यों द्वारा ब्रैल में लिखे शब्दों को बायाँ हाथ से शुद्ध-शुद्ध एवं आसानी से पढ़ लिया जाता था परंतु दायाँ हाथ से पढ़ने में दिक्कत होती थी। जैसा कि हम जानते हैं, ब्रैल पैटर्न में लिखावट बिन्दुओं का एक स्थानित समाकृति (spatial configuration) होता है, अतः इनका बायाँ हाथ द्वारा पठन ज्यादा आसान होता है क्योंकि ऐसी कायिक संवेदी सूचनाओं का विश्लेषण करने में दायाँ गोलार्द्ध बायाँ गोलार्द्ध से अधिक प्रवीण एवं सक्षम होता है। इसमें स्पष्टतः दोनों गोलार्द्धों में कायिक संवेदी कार्यों को करने में असममिति (asymmetry) झलकता है।

नाकसन एवं कारमोन (Nachsan & Carmon, 1975) ने एक अन्य महत्त्वपूर्ण अध्ययन करके दोनों गोलार्द्धों में कार्यात्मक असममिति (functional asymmetry) दिखलाया है। इस अध्ययन में प्रयोज्यों को दो तरह के कार्य दिये गए—स्थानिक कार्य (spatial task) तथा आनुक्रमिक कार्य (sequential task)। इन कार्यों में प्रयोज्यों के तर्जनी (index finger), अनामिका (ring finger) तथा मध्य अँगुली (middle finger) को शुण्डाकार धातु के छड़ (tapered metal rods) से उत्तेजित किया गया। स्थानिक कार्य में प्रयोज्य की एक अँगुली को एक बार, दूसरी अँगुली को दो बार तथा तीसरी अँगुली को बिलकुल ही नहीं उत्तेजित किया गया। प्रयोज्य का कार्य उत्तेजन

के इस पैटर्न (एक-दो-नहीं) को पहचान कर उचित माइक्रोस्वीच (microswitch) दबाना था। आनुक्रमिक कार्य में इन तीन अँगुलियों को यादृच्छिक क्रम (random order) में उत्तेजित किया जाता था और प्रयोज्य को ठीक उसी क्रम में माइक्रोस्वीच को दबाना होता था जिस क्रम में उन्हें उत्तेजित किये गए थे। परिणाम में देखा गया कि प्रयोज्यों द्वारा बायाँ हाथ से आनुक्रमिक कार्य (sequental task) को करने में अधिक त्रुटियाँ तथा स्थानिक कार्य को करने में दायाँ हाथ से अधिक त्रुटियाँ की गयीं। इस परिणाम से प्रमस्तिष्कीय कार्यात्मक असममिति के सम्प्रत्यय की संपुष्टि होती है। हाल में गिब्सन एवं ब्रायडेन (Gibson & Bryden, 1983) ने एक अध्ययन किया जिसमें उन्होंने बायाँ हाथ तथा दायाँ हाथ के निष्पादनों को एक-दूसरे से भिन्न बतला सकने में समर्थ हुए। इस प्रयोग में प्रयोज्यों को रेगमाल (sandpaper) से बने विभिन्न अक्षरों या आकारों के अनियमित कन्टूर द्वारा अँगुलियों के किनारों को स्पर्श कराया गया। कहना न होगा कि प्रयोज्यों को ऐसी अवस्था में आँखों पर पट्टी बाँधे होते थे। अपने स्पर्शानुभूति के आधार पर प्रयोज्यों को इन अक्षरों की पहचान करना होता था। परिणाम में देखा गया कि दायें हाथ से र्स्पशानुभूति प्राप्त करने पर उन अक्षरों को पहचान में अधिक गलती होती थी जबकि बायें हाथ से र्स्पशानुभूति प्राप्त करने पर उन विभिन्न आकारों को पहचानने में कम गलती होती थी। इससे भी यह स्पष्ट हो जाता है कि बायाँ गोलार्द्ध जो दायें हाथ की अँगुलियों की र्स्पशानुभूति प्राप्त करता है, द्वारा भाषाई कार्यों को करने में अधिक विशिष्टता दिखलाता है जबकि दायाँ गोलार्द्ध जो बायें हाथ की अँगुलियों की स्पर्शानुभूति प्राप्त करता है, द्वारा अभाषाई कार्यों (nonlanguage function) को करने में अधिक विशिष्टता दिखलाता है।

4. पेशीय कार्यों में असममिति *(Asymmetry in motor functions)*—पेशीय कार्यों अर्थात् विभिन्न तरह के गतियों (movements) या पेशीय व्यवहार (motor behaviour) को करने में भी प्रमस्तिष्कीय असममिति (cerebral asymmetry) उत्पन्न होता है। इसकी पुष्टि करने के लिए दो तरह के प्रयोगात्मक सबूत प्रदान किये गए हैं—

(a) पेशीय असममिति का प्रत्यक्ष प्रेक्षण (direct observation of motor asymmetry)

(b) बाधित कार्य पर प्रयोग (Experiments on interference task)

इन दोनों तरह के प्रयोगात्मक सबूतों का वर्णन इस प्रकार है—

(a) पेशीय असममिति का प्रत्यक्ष प्रेक्षण *(Direct observation of motor asymmetry)*—अगर विभिन्न तरह के गतियों (movements) के नियंत्रण में सचमुच में स्वाभाविक असममिति होती है, तो इसका अनुमान व्यक्ति के व्यवहारों का प्रत्यक्ष रूप से देखकर प्रेक्षण कर जाना जा सकता है। सामान्यतः यह देखा जाता है कि किसी शाब्दिक कार्य (verbal tasks) के निष्पादन के दौरान दायाँ हाथ (right hand) अधिक सक्रिय होता है जबकि अशाब्दिक कार्य (nonverbal tasks) को करने में बायाँ हाथ (left hand) अधिक सक्रिय होता है। इसी तरह से यह देखा गया है कि बातचीत करते समय व्यक्ति प्रायः विभिन्न तरह के हाव-भाव (gesture) दिखलाता है जिसका भी विश्लेषण करने पर पेशीय असममिति (motor asymmetry) का अंदाज

होता है। इन संभावनाओं की जाँच करने के लिए किमुरा तथा उनके सहयोगियों (Kimura et. al., 1975) ने एक प्रयोग किया जिसमें उन्होंने दक्षिण-हस्तिक व्यक्तियों (right handed persons) को तीन विभिन्न तरह के परीक्षणों पर कुछ ब्लॉक (blocks) को संग्रहित (assemble) करने के लिए कहा गया। जब वे इस कार्य को कर रहे थे, तो उनके इन पेशीय व्यवहारों का विडियोटेपिंग (videotaping) किया गया। इन तीन तरह के कार्यों में पहला कार्य *तटस्थ कार्य* (neutral task) था, दूसरा कार्य *शाब्दिक कार्य* (verbal task) था तथा तीसरा कार्य *अशाब्दिक कार्य* (non-verbal task) था। तटस्थ कार्य (neutral task) में प्रयोज्यों को उजले ब्लॉक (white blocks) के सहारे एक 5 × 5 मैट्रीक्स बनाना होता था। शाब्दिक कार्य में कई तरह के क्रास-शब्द पहेली (cross-word puzzle) कार्य सम्मिलित होते थे जिसमें प्रयोज्यों को उन ब्लॉकों को जिसपर अक्षर छपे होते थे, को संयोजित करना होता था। अशाब्दिक कार्य में प्रयोज्यों को एक विशेष तरह की पहेली (puzzle) जिसे जिगसाँ पहेली (Jigsaw puzzle) कहा जाता है, पहले दोनों तरह के कार्यों में व्यवहृत ब्लॉकों की ही मदद से, समस्या का समाधान करना होता था। इन तीनों तरह के कार्यों में प्रयोज्यों द्वारा किये गए विभिन्न तरह के व्यवहारों का प्रत्यक्ष प्रेक्षण किया गया तथा उनका विश्लेषण किया गया। परिणाम में पाया गया कि तटस्थ कार्यों को करने में ऐसे प्रयोज्यों द्वारा दायाँ हाथ से ब्लॉकों को अधिक संचालित (manipulate) किया जाता था, और ऐसा करते समय बाँया हाथ से मात्र एक समर्थन प्रदान किया जाता था। अन्य दूसरे प्रकार की गतियाँ बहुत कम की जाती थीं। शाब्दिक कार्यों को करने में प्रयोज्यों द्वारा अधिक-से-अधिक दायाँ हाथ से ही विभिन्न तरह की गति (movements) किया जाता है अशाब्दिक कार्यों को करने में प्रयोज्यों द्वारा अधिकतर कार्य-निदेशित गति (work-directed movement) को करने में बायाँ हाथ का उपयोग अधिक-से-अधिक किया जाता था। इन परिणामों से यह स्पष्ट होता है कि शाब्दिक कार्य को करने में बायाँ गोलार्द्ध (दायाँ हाथ) तथा अशाब्दिक कार्य को करने में दायाँ गोलार्द्ध (बायाँ हाथ) की विशिष्टता होती है जो स्पष्टतः एक कार्यात्मक असममिति की ओर इशारा करता है। तटस्थ कार्यों को करने में दोनों गोलार्द्धों की समन्वित भूमिका देखी गयी क्योंकि इस कार्य को करने में प्रयोज्यों ने दोनों हाथों का उपयोग उचित समझा।

पेशीय असममिति का प्रत्यक्ष सबूत कुछ वैसे अध्ययनों से भी मिलता है जिसमें व्यक्ति विभिन्न तरह की समस्याओं के समाधान में अपना सिर एवं आँख एक खास तरह से एक दिशा में एकाग्रित (concentrate) करता है। कोल्ब एवं ह्विशा (Kolb & Whishaw, 1990) ने एक ऐसे अध्ययन की चर्चा की है जिसमें प्रयोज्यों को कुछ शाब्दिक समस्या, कुछ स्थानिक (spatial) समस्या तथा कुछ संख्यात्मक (numerical) समस्या का समाधान करने के लिए दिया गया। परिणाम में देखा गया कि दक्षिण-हस्तिक व्यक्तियों (right handed persons) द्वारा शाब्दिक समस्याओं (verbal problems) का समाधान करने में प्रायः अपना सिर एवं हाथ दायीं ओर अधिक मोड़ा जाता था परंतु संख्यात्मक एवं स्थानिक समस्याओं का समाधान करते समय वे बायीं ओर अपने आँख एवं सिर को अधिक मोड़ते हैं। इसे *पार्श्विक नेत्र टकटकी* (lateral eye gaze) कहा जाता है जिसका कारण किसी एक गोलार्द्ध द्वारा कार्य को करने में अधिक प्रबलता दिखलाना होता है। शाब्दिक समस्या का समाधान करते समय व्यक्ति प्रायः दायीं ओर

अपना सिर मोड़ता है तथा आँख घूमाता है क्योंकि ऐसे कार्य का संचालन एवं नियंत्रण में बायाँ गोलार्द्ध तुलनात्मक रूप से अधिक प्रबल भूमिका निभाता है। उसी तरह से संख्यात्मक एवं स्थानिक समस्याओं का समाधान करते समय व्यक्ति बायीं ओर अपनी आँख एवं सिर अधिक घुमाता रहता है क्योंकि ऐसे कार्यों का संचालन एवं नियंत्रण में दायाँ गोलार्द्ध (right hemisphere) की प्रबलता अधिक होती है। ओल्फ एवं गुडेल (Wolf & Goodale, 1987) ने अन्य अध्ययन किया जिसमें इन्होंने प्रयोज्यों द्वारा विभिन्न तरह के शाब्दिक तथा अशाब्दिक गतियों को करते समय उनके मुँह की गतियों का भिडियोटेप किया जिसका गहराई से बाद में विश्लेषण किया गया। परिणाम में पाया गया कि शाब्दिक तथा अशाब्दिक कार्य (nonverbal tasks) को करते समय प्रयोज्यों के मुँह का दायाँ भाग बहुत तेजी से तथा अधिक वृहत् (wider) रूप से खुलता है। इसका कारण बतलाते हुए शोधकर्त्ताओं ने कहा है कि मुँह का दायाँ भाग का नियंत्रण एवं संचालन में बायाँ गोलार्द्ध की सक्रियता अधिक होती है और इस बात की भी इस तरह से पुष्टि होती है कि शाब्दिक तथा अशाब्दिक वाचिक गति (oral movement) करने में, उनका चयन करने तथा उन्हें कार्यक्रमित करने में बायाँ गोलार्द्ध की भूमिका अधिक होती है।

उपर्युक्त सभी अध्ययनों से पेशीय कार्यों में दोनों गोलार्द्धों की असममिति (asymmetry) का अंदाज हो जाता है।

(b) बाधित कार्य *(Interference task)*—कुछ कार्यों का स्वरूप जटिल होता है और जब उन्हें एक ही समय में किया जाना हो तो और भी उसकी कठिनता स्तर बढ़ जाती है। जैसे, यदि व्यक्ति बातचीत कर रहा हो और उसी समय उसे अपने बायें या दायें तर्जनी पर छोटा गुल्ली रखकर उसका इस ढंग से संतुलन बना कर रखने के लिए कहा जाय कि वह गिरे नहीं तो यह एक कठिन एवं बाधित कार्य (interference task) का उदाहरण होगा। ऐसी स्थिति में यह देखा गया है कि व्यक्ति बायें हाथ की तर्जनी से दायें हाथ की तर्जनी की अपेक्षा अधिक समय तक संतुलन बनाकर रखने में सफल हो पाता है। अन्य जटिल कार्यों के लिए भी ऐसा भी परिणाम लगभग पाया गया। हिक्स तथा किन्सबोर्न (Hicks & Kinsbourne) ने एक ऐसा प्रयोग किया है जिसमें बाधित कार्य के सहारे कार्यात्मक असममिति functional asymmetry) पर प्रकाश डालने की कोशिश की गयी है। वे कई बेरोजगार संगीतज्ञ (unemployed musicians) को अपने प्रयोगशाला में प्रतिदिन आकर पियानो (piano) बजाने के लिए उनसे आग्रह किये। इन लोगों को प्रत्येक हाथ से अलग-अलग संगीत सीखने का आग्रह किया गया ताकि दोनों तरह के सीखे गए संगीतों को एक साथ बजाया जा सके। जब संगीतज्ञों द्वारा इन संगीतों को सीख लिया गया तो शोधकर्त्ताओं द्वारा संगीत बजाते समय उनसे कुछ बोलने के लिए या गुनगुनाने के लिए कहा गया। परिणाम में देखा गया कि जब संगीतज्ञ दायें हाथ से पियानो बजाते समय जोर से कुछ बोलने की कोशिश करते थे, तो उससे निष्पादन खराब हो जाता था तथा बायें हाथ से पियानो बजाते समय जब वे गुनगुनाने की कोशिश करते थे, तो उससे निष्पादन खराब हो जाता था। इस प्रयोग के परिणाम से भी प्रमस्तिष्कीय कार्यात्मक असममिति का पता चलता है। बायें हाथ की गति का नियंत्रण दायाँ गोलार्द्ध तथा बोलने की क्रिया का नियंत्रण बायाँ गोलार्द्ध द्वारा होता है। कार्य का

स्वरूप बाधित (interfering) होने से इन दोनों गोलार्द्धों के कार्य ठीक ढंग से संपादित नहीं हो पाते हैं।

स्पष्ट हुआ कि प्रमस्तिष्कीय कार्यात्मक असममिति (cerebral functional asymmerty) के उदाहरण कई क्षेत्रों में मिलते हैं। चूँकि इन सभी क्षेत्रों में जो भी उदाहरण दिये गए हैं, वे ठोस हैं तथा साथ ही प्रयोगात्मक सबूत पर आधृत हें, अतः उनपर आधारित निष्कर्ष पर पर्याप्त भरोसा किया जा सकता है।

गोलार्द्धीय कार्यात्मक असममिति से सम्बन्धित एकपार्श्विक क्षति अध्ययन (Hemispheric Unilateral Lesion Studies Relating to Functional Asymmetry)

कई ऐसे अध्ययन किये गए हैं जिसमें मस्तिष्क का बायाँ गोलार्द्ध या दायाँ गोलार्द्ध में उत्पन्न क्षति का व्यवहार पर पड़ने वाले प्रभावों की समीक्षा की गयी है। बायाँ गोलार्द्ध या दायाँ गोलार्द्ध में उत्पन्न क्षति का संज्ञानात्मक व्यवहार पर अलग-अलग प्रभाव दीखते हैं जो मस्तिष्कीय कार्यात्मक असममिति की ओर इशारा करते हैं। ऐसे एक तरफ के क्षति को एक पार्श्विक क्षति (unilateral lesion) तथा ऐसे अध्ययन को एकपार्श्विक क्षति अध्ययन कहा जाता है। ऐसे अध्ययनों का संज्ञानात्मक व्यवहार पर पड़ने वाले प्रभावों का एक संक्षिप्त विश्लेषण इस प्रकार हैः—

1. दृष्टि प्रत्यक्षण *(visual perception)*—अध्ययनों से यह स्पष्ट हुआ है कि मानव मस्तिष्क में क्षति चाहे बायाँ गोलार्द्ध में हो या दायाँ गोलार्द्ध में, इससे दृष्टि प्रत्यक्षण के विभिन्न पहलु स्पष्ट रूप से प्रभावित होते हें। बीसवीं शताब्दी के आरंभ में तथा मध्य में कुछ ऐसे अध्ययन किये गए जिनमें एकपार्श्विक क्षति का दृष्टि प्रत्यक्षण के एक विशेष पहलु जिसे *आकृति-पृष्ठभूमि विभेदन* (figure background discrimination) कहा जाता है पर स्पष्ट प्रभाव पड़ते देखा गया है। पोप्लेरियूटर (Poppelreuter, 1917) गोल्डस्टीन (Goldstein, 1927) तथा टियूबर तथा उनके सहयोगियों (Teuber, et. al. 1951) द्वारा कुछ सिपाहियों के ऐसे केसेज एकत्रित किये गए जिसमें उन्हें युद्ध तथा अभ्यास के दौरान मिशाइल (missile) से मस्तिष्कीय क्षति (cerebral lesion) उत्पन्न हो गया था। इन सिपाहियों को कुछ आकृति का नाम बतलाना होता था या उनकी रूप-रेखा के बारे में बतलाना होता था जो किसी अन्य आकृति में छिपे हुए होते थे। इस तरह के परीक्षण के एकांश का एक नमूना चित्र 10.3 में दिखलाया गया है। चित्र 10.3 का जो आकृति A है वह B तथा D में सन्निहित है परंतु C में नहीं। परिणाम में देखा गया कि इस तरह का कार्य करने में ऐसे सिपाहियों जिनका बायाँ या दायाँ गोलार्द्ध में मिशाइल क्षति उत्पन्न हुई थी, कठिनाई हुई और उनका निष्पादन नियंत्रित समूह की अपेक्षा घटिया था। बैटर्सबाई तथा उनके सहयोगियों (Battersby et. al., 1952) ने इस निष्कर्ष की पुष्टि कुछ वैसे केसेज से किया जिनके बायाँ या दायाँ गोलार्द्ध में मस्तिष्कीय टयूमर से क्षति उत्पन्न हो गयी थी।

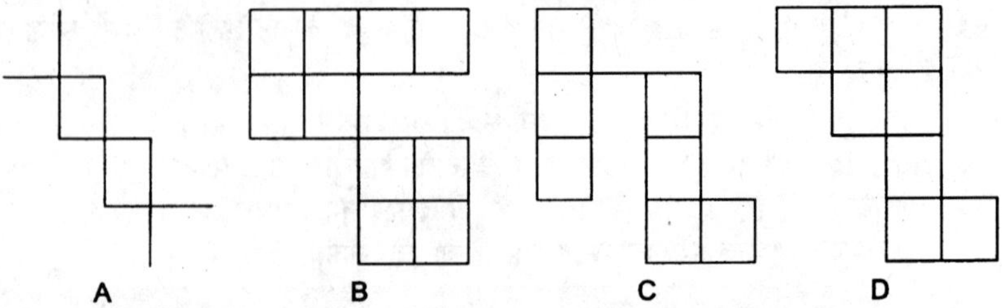

चित्र 10.3 : सन्निहित आकृति परीक्षण (Embedded figure test) के एकांश का एक नमूना।

रूबिनो (Rubino, 1970) ने एक दूसरा अध्ययन किया जिसमें इन्होंने प्रयोज्यों का तीन समूह लिया—एक समूह में बायाँ शंखपालि (left temporal lobe) में क्षति थी, दूसरे समूह में दायाँ शंख पालि (right temporal lobe) में क्षति थी तथा तीसरा समूह एक सामान्य समूह था। इन तीनों समूह को दो तरह की सामग्रियों को दिखलाया गया—शाब्दिक सामग्री जो सीभीसी पद (constant-vowel-constant syllable) थे तथा अशाब्दिक दृष्टि सामग्री (nonverbal visual material) जिसमें यादृच्छिक रूप से व्युत्पन्न (derived) कुछ आकृति थे। इन सामग्रियों की तीनों समूहों के प्रयोज्यों को दिखलाकर समान समय अंतराल के बाद उनके धारणा की जाँच प्रत्यभिज्ञान विधि (recognition method) से की गयी। परिणाम में देखा गया कि बायाँ शंख पालि में क्षति वाला समूह निरर्थक पदों की उत्तम पहचान करने में असफल रहा जबकि दायाँ शंख पालि में क्षति वाला समूह को अपरिचित आकृतियों (unfamiliar figures) की पहचान करने में पर्याप्त सफलता नहीं मिली। नियंत्रत समूह इन दोनों तरह के सामग्रियों की उत्तम पहचान करने में सफल हुए। इस अध्ययन से एकपार्श्विक क्षति का अर्थपूर्ण दृष्टि पहचान (meaningful visual recognition) पर पड़ने वाले प्रभाव का तो पता चलता ही है साथ-ही-साथ दोनों गोलार्द्धों में कार्यात्मक असममिति (functional asymmetry) का भी पता चल जाता है।

दृष्टि प्रत्यक्षण का एक दूसरा पहलू जो एकपार्श्विक क्षति से प्रभावित होता है, है—*आनन पहचान* (facial recognition)। प्रोसोपैगनोसिया (prosopagnosia) एक ऐसी ही विकृति है जिसमें व्यक्ति चेहरा को चेहरा के रूप में पहचान तो करता है परंतु वह यह नहीं बतला पाता है कि चेहरा उनके दोस्त या परिवार के सदस्य के है यद्यपि सच्चाई यह है कि चेहरा उनके दोस्त या परिवार के सदस्य के ही होते हैं। इस विकृति की चर्चा सविस्तार रूप से अध्याय 9 में की जा चुकी है। यद्यपि इस विकृति का कारण अधिकतर केसेज में द्विपार्श्विक क्षति (bilateral lesion) अर्थात् दायाँ एवं बायाँ दोनों गोलार्द्धों में उत्पन्न क्षति बतलायी गयी है परंतु फिर भी कुछ ऐसे केसेज भी देखे गए जिसमें इस तरह की विकृति या इसमें मिलती-जुलती आनन पहचान की कठिनाई सिर्फ दायाँ या सिर्फ बायाँ गोलार्द्ध के पश्चकपाल पालि (occipital lobe) में क्षति उत्पन्न होने से होती है। ग्लोनिंग तथा उनके सहयोगियों (Gloning et. al., 1970) ने एक अध्ययन किया जिसमें उन्होंने आनन पहचान की कठिनाई से सम्बन्धित छह केसेज की समीक्षा किया और पाया कि इन छह व्यक्तियों में कुछ में द्विपार्श्विक क्षति तथा कुछ में एकपार्श्विक क्षति पायी गयी। एकपार्श्विक क्षति के साथ-साथ कारपस कलौजम (corpus callosum) के कार्य की भी गड़बड़ी कुछ केसेज में देखी गयी।

दृष्टि प्रत्यक्षण का तीसरा पहलु *दृष्टिस्थानिक प्रत्यक्षण* (visuaospatial perception) है जो एकपार्श्विक क्षति (unilateral lesion) से काफी प्रभावित होते पाया गया है। अनेकों अध्ययन से प्राप्त परिणाम इस बात के सबूत हैं कि स्थानिक सम्बन्धों (spatial relationship) के प्रत्यक्षण में बायाँ गोलार्द्ध की तुलना में दायाँ गोलार्द्ध की सक्रियता अधिक होती है। अतः दायाँ गोलार्द्ध में क्षति उत्पन्न होने से दृष्टि स्थानिक प्रत्यक्षण अधिक प्रभावित होगा। परंतु कुछ अध्ययनों में ऐसे तथ्य पाये गये हैं जिनसे यह पता चला है कि दायाँ पश्च क्षति (right posterior lesion) के रोगी अन्य दूसरे तरह के रोगियों की तुलना में स्थान विभेदन (position discrimination) के स्थानिक कार्य (spatial task) पर तो निश्चित रूप से घटिया निष्पादन दिखलाने वाले होते हैं परंतु अन्य स्थानिक विभेदन कार्य (spatial discrimination task) जो आकार आदि से संबद्ध होते हैं पर उनका निष्पादन घटिया (inferior) नहीं होता है। इस बिन्दु पर मिल्लर (Miller, 1972, 1982) ने बहुत ही सटीक स्पष्टीकरण करते हुए कहा है कि किसी रोगी या व्यक्ति का किसी स्थानिक कार्य (spatial task) पर निष्पादन बायाँ पश्च क्षति (left posterior lesion) से, प्रभावित होगा या दायाँ पश्च क्षति (right posterior lesion) से यह बहुत कुछ इस बात पर निर्भर करता है कि व्यक्ति द्वारा शाब्दिक मनन (verbal meditation) का उपयोग कितना किया जाता है। जितना ही अधिक शाब्दिक मनन का उपयोग किसी स्थानिक कार्य (spatial task) को करने में व्यक्ति करता है, उतना ही अधिक इस बात की उम्मीद है कि उस कार्य पर निष्पादन बायाँ गोलार्द्ध की क्षति (lesion) से अधिक प्रभावित होगा।

2. स्पर्श प्रत्यक्षण *(Tactile perception)*—कई ऐसे एकपार्श्विक क्षति अध्ययन (unilateral lesion studies) किये गए हैं जिनसे यह स्पष्ट हुआ है कि इस ढंग की क्षति का प्रभाव स्पर्श प्रत्यक्षण के विभिन्न पहलुओं पर सार्थक रूप से पड़ता है, निम्नांकित ऐसे चार पहलुओं का वर्णन यहाँ किया जा रहा है—

(a) कायिक संवदी परिवर्तन *(Somatosensory changes)*—सेम्मस तथा उनके सहकर्मियों (Semmes et al., 1960) द्वारा कुछ अध्ययन किये गये हैं जिनमें कई ऐसे सैनिकों का कायिक संवेदी परिवर्तनों का माप किया जिनका मस्तिष्क युद्ध के दौरान मिसाइल से घायल हो गया था। इन परिवर्तनों की माप करने के लिए इन लोगों द्वारा द्वि-बिन्दु सीमा (two-point threshold), बिन्दु स्थानीकरण (point localization) तथा दबाव संवेदनशीलता (pressure sensitivity) आदि का उपयोग किया गया। इन लोगों का सामान्य निष्कर्ष यह था कि बायाँ गोलार्द्ध में क्षति होने से शरीर के दोनों तरफ अर्थात् बायाँ एवं दायाँ के कायिक संवेदी अनुभूतियों में कमी होती पायी गयी परंतु दायाँ गोलार्द्ध में क्षति होने पर सिर्फ शरीर के बायें भागों के कायिक संवेदी अनुभूतियों में कमी होती है। परिणाम का स्वरूप चाहे जिस तरह का हो, इतना तो स्पष्ट हो जाता है कि एकपार्श्विक क्षति से कायिक संवेदी परिवर्तनों का प्रत्यक्षण प्रभावित होता है।

(b) आकार विभेदन *(Size discrimination)*—कुछ एकपार्श्विक क्षति अध्ययन से इस बात के सबूत मिले हैं कि इससे व्यक्ति का स्पर्शजन्य आकार विभेदन

(tactual size discrimination) की क्षमता प्रभावित होती है। इस तरह के कार्य में व्यक्ति को आँख पर पट्टी बाँधे रहने की स्थिति में उनके शरीर पर स्पर्श किये वस्तुओं के आकार (size) के बारे में बतलाना होता है। टियूबर तथा रूडेल (Tuber & Rudel, 1962) ने एक अध्ययन किया जिसमें उन्होंने यह पाया कि ऐसे तो स्पर्श आकार विभेदन की क्षमता दायाँ या बायाँ किसी भी गोलार्द्ध में क्षति उत्पन्न होने से होती है परंतु दायाँ गोलार्द्ध में क्षति उत्पन्न होने से यह स्पष्ट रूप से प्रभावित होते पाया गया है। कुछ अध्ययनों में यह देखा गया है कि एकपार्श्विक क्षति से शरीर के दोनों भागों के बिन्दु स्थानीकरण (point localization) की क्षमता प्रभावित होती है।

(c) **संवेदी प्रबलता** *(Sensory dominance)*—'संवेदी प्रबलता' से तात्पर्य शरीर की त्वचा पर किये दबाव उत्तेजनों (pressure stimulation) के प्रति अधिक संवेदनशीलता (sensitivity) दिखलाने से होता है। कुछ ऐसे एकपार्श्विक क्षति अध्ययन (unilateral lesion studies) किये गए हैं जिनसे यह पता चला है कि दक्षिण-हस्तिक व्यक्ति (right handed invididuals) दबाव उत्तेजनों के प्रति बायें हाथ द्वारा दायें हाथ की तुलना में अधिक संवेदनशीलता दिखलाते हैं। इस तथ्य की पुष्टि सेम्मस तथा उनके सहयोगियों (Semmes et. al., 1970) के अध्ययनों से किया गया है। विनस्टीन तथा सेरसेन (Weinstein & Sersen, 1961) ने अपने अध्ययन के आधार पर यह बतलाया है कि इस तरह की संवेदी प्रबलता व्यक्ति या रोगी में उसके हस्तिकता (handedness) के पारिवारिक इतिहास (family history) से भी प्रभावित होता है।

(d) **एस्टिरियोग्लोसिस** *(Astereognosis)*—एस्टिरियोग्नोसिस से तात्पर्य एक ऐसी स्पर्श विकृति से होती है जिसमें व्यक्ति बिना संवेदी दोष के ही स्पर्श के आधार पर त्रिविमीय वस्तु (tridimensional object) की पहचान नहीं कर पाता है। सेम्मस तथा उनके सहयोगियों (Semmes, 1982) ने एक अध्ययन किया जिसमें कुछ ऐसे रोगियों को सम्मिलित किया गया जिनका सिर युद्ध क्षेत्र में मिसाइल (missiles) से घायल हो गया थे। इसमें तीन तरह के रोगियों को चयनित किया गया। एक श्रेणी में सिर्फ वैसे रोगी थे, जिनके सिर्फ दायाँ गोलार्द्ध में क्षति उत्पन्न हुई थी। दूसरे श्रेणी में वैसे रोगी थे जिनके सिर्फ बायाँ गोलार्द्ध में क्षति उत्पन्न हुई थी तथा कुछ ऐसे रोगी थे जिनके दोनों गोलार्द्धों में क्षति उत्पन्न हुई थी। इन तीनों तरह के रोगियों को कई तरह के वस्तुओं के आकार को मात्र स्पर्श के आधार पर विभेदित करने के लिए कहा गया। परिणाम में देखा गया कि जिन रोगियों के बायाँ गोलार्द्ध में गहरी क्षति उत्पन्न हुई थी उनका ऐसे कार्यों पर निष्पादन अन्य दो समूहों की तुलना में सबसे घटिया (poor) रहा।

उपर्युक्त अध्ययनों के आलोक में तब इस सामान्य निष्कर्ष पर पहुँच जाता है कि स्पर्श प्रत्यक्षण में बायाँ गोलार्द्ध की क्षति दायाँ गोलार्द्ध की क्षति की तुलना में अधिक सार्थक भूमिका निभाता है। हालाँकि इसका स्पष्ट अपवाद भी पाये गए हैं। जैसे विनस्टीन

(Weinstein, 1965) ने एक अध्ययन किया जिसमें यह पाया गया है कि अँगुली की गति (finger movement) के परीक्षण (test) में दायाँ गोलार्द्ध में केन्द्रीय सुलकस (central suclcus) के नजदीक क्षति उत्पन्न होने से दायाँ तथा बायाँ दोनों ही हाथ की अँगुलियों की गति मन्द हो जाती है लेकिन इस ढंग की मंदता बायें हाथ की अँगुली में अधिक स्पष्ट रूप से देखने को मिलता है। परंतु बायाँ गोलार्द्ध के केन्द्रीय सुलकस के पास क्षति उत्पन्न होने से सिर्फ दायें हाथ की अँगुली की गति मन्द होती पायी गयी।

3. श्रवण प्रत्यक्षण *(Auditory perception)*—एक पार्श्विक क्षति अध्ययनों से इस बात के भी सबूत मिले हैं कि इस प्रकार की क्षति से व्यक्ति का श्रवण प्रत्यक्षण प्रभावित होता है। प्राप्त सबूतों से यह स्पष्ट हुआ है कि बायाँ गोलार्द्ध द्वारा मूलतः संभाषण के शब्दों (speech sounds) को उत्तम ढंग से संसाधित किया जाता है जबकि दायाँ गोलार्द्ध द्वारा मूलतः अभाषाई उद्दीपकों (nonlanguage stimuli) को संसाधित किया जाता है। अतः बायाँ गोलार्द्ध में क्षति उत्पन्न होने से सुने गये शब्दों का प्रत्यक्षण प्रभावित होगा तथा दायाँ गोलार्द्ध में क्षति उत्पन्न होने से अभाषाई अवाजों (nonlinguistic sounds) के प्रत्यक्षण बाधित होगी। श्रवण प्रत्यक्षण के लिए शंख पालि (temporal lobe) मुख्य रूप से जिम्मेवार होता है। स्कूलहॉफ्फ तथा गुडग्लास (Schulhoff & Goodglass, 1969) ने द्विभाजी-श्रवण प्रविधि (dichotic listening technique) का उपयोग करते हुए एक अध्ययन किया जिसमें यह पाया गया कि बायाँ शंख पालि में क्षति उत्पन्न होने से व्यक्ति सुने हुए शब्दों का समग्र प्रत्याह्वान (overall recall) नहीं कर पाता है जबकि दायाँ शंख पालि में क्षति उत्पन्न होने से ध्वनि क्रमों (tonal sequences) को पहचाने जाने की संख्या में कमी आ जाती है।

4. कालिक क्रम *(Temporal order)*—कालिक क्रम क्षमता से तात्पर्य दो उद्दीपकों विशेषकर दृष्टि तथा श्रवण उद्दीपकों की उपस्थिति के सही क्रम को पहचानने की क्षमता से होती है। इस क्षेत्र में एक पार्श्विक क्षति (unilateral lesion) अध्ययन काफी कम उपलब्ध हैं फिर भी कारमोन तथा नाकसन (Carmon & Nachson, 1971) द्वारा किया गया अध्ययन काफी महत्त्वपूर्ण हैं तथा इस तरह की क्षति से स्पष्ट रूप से कार्यात्मक असममिति (functional asymmetry) का पता चलता है। इन्होंने अपने अध्ययन में पाया कि बायाँ गोलार्द्ध में क्षति उत्पन्न होने से श्रवण एवं दृष्टि दोनों ही उद्दीपकों के क्रम (order) का सही-सही पहचान करने में व्यक्ति असमर्थ रहता है जबकि दायाँ गोलार्द्ध में क्षति उत्पन्न होने से ऐसे उद्दीपकों के क्रम की पहचान प्रभावित नहीं होती है। एफरान (Efron, 1963) ने अपने अध्ययन के आधार पर यह बतलाया है कि चूँकि बायाँ गोलार्द्ध में क्षति उत्पन्न होने से श्रवण तथा दृष्टि उद्दीपकों का सही क्रम प्रभावित होता है, अतः इससे व्यक्ति की भाषा पर भी बुरा असर पड़ सकता है। कई अध्ययनों से यह भी स्पष्ट हुआ है कि बायाँ गोलार्द्ध खासकर के इसका अग्रपालि (frontal lobe) दो घटनाओं की सापेक्ष नवीनता (relative recency) के बारे में निर्णय लेने में तथा विभिन्न चीजों के क्रम को प्रोग्रामिंग (programming) करने में महत्त्वपूर्ण भूमिका निभाता है।

5. स्मृति एवं अधिगम *(Memory and learning)*—कई ऐसे अध्ययन किये गए हैं जिनसे यह स्पष्ट हुआ है कि बायाँ या दायाँ गोलार्द्ध में से किसी में भी क्षति

(lesion) होने पर उसका प्रभाव अधिगम (learning) तथा स्मृति पर पड़ता है। जैसे मिलनर (Milner, 1970) ने एक अध्ययन किया जिसमें उन्होंने यह स्पष्ट रूप से पाया है कि बायाँ शंख पालि (left temporal lobe) में क्षति उत्पन्न होने से शाब्दिक सामग्रियों जैसे लघु कहानी का प्रत्याह्वान घटिया (poor) हो जाता है जबकि दायाँ शंख पालि (right temporal lobe) में क्षति उत्पन्न होने से अशाब्दिक सामग्रियों (nonverbal materials) जैसे ज्यामितीय आरेखण (geometric drawings) चेहरा (face) अशाब्दिक आवाज तथा अन्य समान सामग्रियों का प्रत्याह्वान प्रभावित हो जाता है। वाल्लर तथा डी रेन्जी (Boller & De Renzi, 1967) ने एक अध्ययन किया जिसमें कुल 100 रोगी थे—60 रोगी के बायाँ गोलार्द्ध में क्षति थी तथा 40 रोगी के दायाँ गोलार्द्ध में क्षति थी। इन दोनों तरह के रोगियों की तुलना दो दृष्टि कार्य (visual tasks) पर किया गया। इसमें से एक ऐसा कार्य था जो अर्थपूर्ण (meaningful) था। अतः इसके बारे में रोगी आसानी से बोल (verbalize) सकता था तथा दूसरा कार्य ऐसा था जो अर्थहीन (meaningless) था जिसके बारे में कुछ स्पष्ट रूप से बतलाना सम्भव नहीं था। परिणाम में देखा गया कि बायाँ गोलार्द्ध में क्षति वाले रोगियों का निष्पादन दोनों तरह के कार्यों पर घटिया पाया गया परंतु दायाँ गोलार्द्ध में क्षति वाले रोगियों का निष्पादन मात्र अर्थहीन दृष्टि कार्य (meaningless visual task) पर घटिया पाया गया। शोधकर्त्ताओं के अनुसार बायाँ गोलार्द्ध में क्षति उत्पन्न होने पर अर्थपूर्ण कार्य का निष्पादन घटिया होने का कारण यह था कि शाब्दिक सामग्रियों का अधिगम एवं नियंत्रण इसी गोलार्द्ध की सक्रियता पर निर्भर करता है। अर्थहीन कार्य को जहाँ तक सम्भव हो पाता है, व्यक्ति उसे अर्थपूर्ण बनाने की कोशिश करता है ताकि उसकी धारणा लम्बे समय तक बना रहे। यही कारण है कि बायाँ गोलार्द्ध में क्षति उत्पन्न होने से अर्थहीन कार्य पर भी निष्पादन खराब हो जाता है।

6. संचार *(Communication)*—व्यक्ति किसी अन्य व्यक्ति को अपने विचारों भाव आदि को भाषा का उपयोग कर दूसरों तक संचारित करता है। कुछ ऐसे अध्ययन किये गए हैं जिनसे यह स्पष्ट हुआ है कि दायाँ गोलार्द्ध में क्षति उत्पन्न होने से व्यक्ति में भाषा या भाषा सम्बन्ध कौशल बहुत हद तक समाप्त हो जाते हैं। वैपनर तथा उनके सहयोगियों (Wapner et. al., 1981) ने यह बतलाया है कि बायाँ गोलार्द्ध में क्षति उत्पन्न होने पर भाषाई कठिनाइयाँ तथा उससे सम्बन्धित संचार की समस्याएँ होती हैं और इस तथ्य की पुष्टि अनेकों अध्ययनों में हो चुकी है परंतु दायाँ गोलार्द्ध में क्षति उत्पन्न होने से भाषाई कठिनाइयाँ तथा उनसे सम्बन्धित संचार के दोष के समर्थन में बहुत ही परोक्ष सबूत उपलब्ध हैं। परंतु हाल में किये गए कुछ प्रगयोगात्मक शोधों से यह स्पष्ट हुआ है कि दायाँ गोलार्द्ध में क्षति उत्पन्न होने से भी जटिल भाषाई या विशिष्ट विचार सम्बन्धी सामग्रियों के विश्लेषण में कठिनाई होने लगती है। दायाँ गोलार्द्ध में क्षति वाले रोगी में एफासिया (aphasia) नहीं होने के बावजूद भी भाषा के उत्कृष्ट भाषा-मूलक (extra linguistic) पहलुओं का विश्लेषण करने में वे कठिनाई का अनुभव करते हैं। वेपनर तथा उनके सहयोगियों (Wapner, et al., 1981) ने दायाँ गोलार्द्ध में क्षति वाले रोगियों में निम्नांकित भाषाई एवं संचार संबंद्ध कठिनाइयों का होने का दावा किया है—

(a) ऐसे रोगी अपने ही द्वारा बोले गए शब्दों या शब्दों का पूर्ण बोध (understanding) नहीं रखते हैं।

(b) ऐसे रोगियों में अमूर्त वाक्यों को समझने, तार्किक सोच प्रदर्शन करने तथा चिन्तन का एक समन्वित स्रोत दिखलाने में कठिनाई होती है।

(c) ऐसे रोगियों की भाषा असंबद्ध (rambling) होती है।

(d) ऐसे रोगियों द्वारा की गयी टिप्पणियाँ (comments) परिप्रेक्ष्य में फिट नहीं बैठती तथा उनका हास्य प्रायः अनुपयुक्त (unappropriate) होता है।

(e) ऐसे रोगी वार्तालाप के दौरान तुच्छ पहलुओं पर अधिक ध्यान देते हैं तथा स्वर-शैली (intonation) का सामान्य परास या सीमा जिसे कोई भी व्यक्ति अपने संभाषण को आकर्षक बनाने के लिए रखता है, की कमी होती है।

स्पष्ट हुआ कि दायाँ गोलार्द्ध में क्षति होने से भाषा एवं सम्बन्धित संचार की तरह-तरह की कठिनाइयाँ व्यक्ति में हो जाती हैं।

7. सांवेगिक कार्य *(Emotional functions)*—एकपार्श्विक क्षति अध्ययनों (unilateral lesion studies) से यह भी स्पष्ट हुआ है कि दायाँ या बायाँ गोलार्द्ध में क्षति उत्पन्न होने से उसका सांवेगिक कार्य या सांवेगिक प्रतिक्रिया प्रभावित होती है। इन अध्ययनों से यह स्पष्ट हुआ है कि पार्श्विक क्षति से दो तरह की सांवेगिक प्रतिक्रियाएँ होती हैं—

(a) पहली सांवेगिक प्रतिक्रिया को गोल्डस्टीन (Goldstein, 1939) ने 'आपाती प्रतिक्रिया' (catastrophic reaction) कहा है जिसमें मुख्य रूप से रोगी चिन्ता प्रतिक्रिया (anxiety reaction), अचानक रोना, जोर-जोर से चिल्लाना, विषादी संभाषण (depressed speech) तथा किसी तरह के जाँच के लिए अस्वीकृति (refusal) आदि दिखलाते हैं। इस तरह की आपाती सांवेगिक प्रतिक्रिया मुख्य रूप से बायाँ गोलार्द्ध (left hemisphere) में क्षति से होता है।

(b) पार्श्विक क्षति (lateral lesion) से दूसरे प्रकार की सांवेगिक प्रतिक्रिया जिसमें बैबिन्सकी (Babinski, 1914) ने मुख्य रूप से अभिज्ञा (awareness) की कमी, हेमिप्लेगिया (hemiplegia) अर्थात् शरीर के एक तरफ का पक्षाघात (paralysis) विशेषकर बायें भाग के पक्षाघात को मानने से इनकार कर देना, मजाक करने की प्रवृत्ति, एनोसोग्नोसिया (anosognosia) आदि को महत्त्वपूर्ण बतलाया है। ऐसी सांवेगिक प्रतिक्रियाएँ मूलतः दायाँ गोलार्द्ध में क्षति से सम्बन्धित है।

गेनोट्टी (Gainotti, 1972) ने एक अन्य अध्ययन किया जिसमें उन्होंने बायाँ गोलार्द्ध में क्षति से उत्पन्न सांवेगिक प्रतिक्रियाओं का अध्ययन किया और इन दोनों गोलार्द्धों में क्षति के फलस्वरूप उपयुक्त दोनों तरह की प्रतिक्रियाओं को होने की संपुष्टि किया। उक्त निष्कर्ष की संपुष्टि कुछ हद तक गासपारिनी तथा उनके सहयोगियों (Gasparani et. al., 1978) के अध्ययन से भी हुआ है। इनके अध्ययन में बायाँ गोलार्द्ध में क्षति वाले 16 रोगियों तथा 8 दायाँ गोलार्द्ध में क्षति वाले रोगियों पर MMPI परीक्षण क्रियान्वयन किये। परिणाम में पाया गया कि 16 रोगियों में से 7 का प्राप्तांक विषाद मापनी (depression scale) पर उच्च था परंतु 8 में से किसी भी रोगी का प्राप्तांक ऐसा नहीं था।

इन अध्ययनों से यह स्पष्ट हो जाता है कि दायाँ गोलार्द्ध तथा बायाँ गोलार्द्ध में क्षति उत्पन्न होने से व्यक्ति की सांवेगिक प्रतिक्रिया भिन्न-भिन्न होती है।

8. अवधान *(Attention)*—अवधान जिसमें व्यक्ति में दैहिक अनुक्रियाशीलता (physiological responsiveness), क्रिया करने की तैयारी तथा अनुक्रिया चयनात्मकता (response selectivity) अधिक बढ़ जाती है, में बायाँ गोलार्द्ध की तुलना में दायाँ गोलार्द्ध की सक्रिय भूमिका होती है। अतः अवधान की प्रक्रिया के लिए दायाँ गोलार्द्ध ही अधिक प्रबल (dominant) होता है। हिलमैन (Heilman, 1985, 1986) के शोधों के अनुसार दायाँ गोलार्द्ध में क्षति उत्पन्न होने से व्यक्ति किसी वस्तु या घटना पर अधिक ध्यान नहीं दे पाता है। फलतः ऐसे व्यक्तियों या रोगियों में उपेक्षा की व्यवहार (neglect behaviour) प्रायः देखने को मिलता है। डी रेन्जी तथा फैगलिओनी (De Renzi & Faglioni, 1965) तथा हावेस एवं वाल्लर (Hoves & Boller, 1975) द्वारा किये गए शोधों सें यह स्पष्ट हुआ है कि बायाँ या दायाँ किसी भी गोलार्द्ध में क्षति उत्पन्न होने से व्यक्ति में प्रतिक्रिया समय (reaction time) काफी कम हो जाता है परंतु दायाँ गोलार्द्ध में क्षति उत्पन्न होने पर बायाँ गोलार्द्ध में उत्पन्न क्षति की तुलना में प्रतिक्रिया समय अधिक कम हो जाता है। हिलमैन तथा इनके सहयोगियों (Heilman et al., 1978) ने अपने अध्ययन में यह भी पाया है कि बायाँ गोलार्द्ध में क्षति उत्पन्न रोगी जिनमें एफाशिया (aphasia) की शिकायत थी, की तुलना में दायाँ भित्तीयशंख क्षेत्र (parietotemporal region) में क्षति उत्पन्न होने पर उत्तेजन की सामान्य स्तर कम होती है। हिलमैन तथा वान डेन एवेल (Heilman & Van Den Abell, 1980) ने सामान्य व्यक्तियों में पार्श्विक दृष्टि उद्दीपकों (lateralized visual stimuli) के प्रति EEG (Electroencephalogram) में अल्फा डिसनक्रोनाइजेसन (alpha desynchonization) की जाँच किया और पाया कि बायाँ भित्तीय क्षेत्र (left parietal region) में दायें तरफ उपस्थित किये गए उद्दीपकों (right-sided stimuli) के प्रति अल्फा डीसिनक्रोनाइजेसन की घटना स्पष्ट रूप से होते पायी गयी जबकि दायाँ भित्तीय क्षेत्र में दायें एवं बायें दोनों तरफ उपस्थित उद्दीपकों के प्रति अल्फा डिसनक्रोनाइजेसन की घटना होते पायी गयी। इस परिणाम से यह स्पष्ट होता है कि दायाँ गोलार्द्ध की सक्रियता अवधान के मामले में बायाँ गोलार्द्ध से अधिक होता है। फलतः दायें गोलार्द्ध की क्षति बायें गोलार्द्ध की क्षति की तुलना में अवधान की प्रक्रिया को अधिक चोट पहुँचाती है।

9. एकपार्श्विक क्षति का द्विपार्श्विक प्रभाव *(Bilateral effects of unilateral lesion)*—कई अध्ययनों में ऐसा देखा गया है कि प्रमस्तिष्कीय क्षति (cerebral lesions) का कार्यात्मक तंत्र (functional systems) पर इसलिए भी प्रभाव पड़ता है क्योंकि अगल-बगल के क्षेत्रों में कुछ शैल्यक्रिया (operation) या परिमार्जन किये गए होते हैं। उत्पन्न क्षति की बिन्दु या शैल्य क्रिया की बिन्दु से कुछ दूर के मस्तिष्कीय क्षेत्र में जो इन क्रियाओं के कारण कार्यात्मक क्षुब्धता (functional distrubances) होती है, उसे भान मोनाको (Von Monakow, 1911) ने *डायसचिसिस* (Diaschisis) की संज्ञा दिया है। बेलमोन्ट तथा उनके सहयोगियों (Belmont et. al., 1971) ने एक अध्ययन किया जिसमें उन्होंने 18 ऐसे रोगियों को सम्मिलित किया जिनमें बायाँ हेमिप्लेगिया (left hemiplegia) की विकृति थी। 18 रोगियों में से 16

रोगी को जब शरीर के दोनों तरफ या भागों (बायाँ एवं दायाँ) से गति (movement) करने के लिए कहा गया, तो अक्षुण्ण भाग (intact side) अर्थात् दायाँ भाग के तरफ की गति (movement) में विघटन पाया गया परंतु जब उन्हें सिर्फ अक्षुण्ण भाग के तरफ से कुछ शारीरिक गति उत्पन्न करने के लिए कहा गया तो ऐसी विघटन नहीं देखी गयी। स्पष्ट है कि बायाँ हेमिप्लेगिया की रोगी होने के नाते उनके बायाँ गोलार्द्ध में ही क्षति उत्पन्न हुई थी परंतु उसका द्विपार्श्विक प्रभाव दिख रहा था।

कई अध्ययनों से प्राप्त तथ्यों के आधार पर यह कहा जा सकता है कि एकपार्श्विक क्षति (unilateral lesion) का द्विपार्श्विक प्रभाव (bilateral effect) में कम-से-कम निम्नांकित तीन श्रेणी के प्रभाव सम्मिलित होते हैं–

(a) एक श्रेणी का प्रभाव यह होता है कि जो किसी एक गोलार्द्ध के साहचर्य क्षेत्र का दूसरे गोलार्द्ध के साहचर्य कार्टेक्स (association cortex) से संबध विच्छेदित होने के फलस्वरूप उत्पन्न होता है। इस तरह के प्रभाव *अन्तरगोलार्द्धीय सम्बन्ध विच्छेद प्रभाव* (interhemispheric disconnection effect) कहा जाता है जिसकी चर्चा पहले की जा चुकी है।

(b) किसी एक गोलार्द्ध में मौजूद रोगात्मक ऊतक (pathological tissue) को हटा दिये जाने पर जो कार्य में उन्नति होती है, उससे दूसरे गोलार्द्ध या उसी गोलार्द्ध के कुछ भागों में अवरोध (inhibition) उत्पन्न हो सकता है।

(c) कई अध्ययनों में यह देखा गया है कि किसी एक गोलार्द्ध में क्षति (lesion) उत्पन्न होने से दोनों गोलार्द्धों में का रक्त प्रवाह (blood flow) तथा चयापचयी क्रियाओं (metabolic process) में कमी आ जाती है जिससे प्रमस्तिष्कीय कार्यों (cerebral function) में कमी आ जाती है।

स्पष्ट हुआ कि एकपार्श्विक क्षति (unilateral lesion) अर्थात् बायाँ एवं दायाँ गोलार्द्ध की क्षति का व्यापक प्रभाव पड़ता है। ऐसे क्षति से निम्नांकित दो बिन्दुओं पर आसानी से न्यूरोमनोवैज्ञानिकों तथा तंत्रिकाविज्ञानियों में सहमति उत्पन्न हुई है–

(a) एकपार्श्विक क्षति के अध्ययनों से प्रमस्तिष्कीय कार्यात्मक असममिति (cerebral functional asymmetry) के सम्प्रत्यय की संपुष्टि होती है।

(b) एक पार्श्विक क्षति का द्विपार्श्विक प्रभाव (bilateral effect) होता है, अर्थात् क्षति किसी भी एक गोलार्द्ध में हो सकता है परंतु उसका प्रभाव शरीर के बायाँ और दायाँ दोनों भागों पर पड़ता है।

अध्याय सारांश
(Chapter Summary)

1. प्रमस्तिष्कीय असममिति (cerebral asymmetry) से तात्पर्य मस्तिष्क के दोनों गोलार्द्धों अर्थात दायाँ गोलार्द्ध तथा बायाँ गोलार्द्ध की बनावट या संरचना तथा कार्य में विभिन्नता या विषमता से होता है।
2. प्रमतिस्तष्कीय असममिति के दो पहलू हैं—प्रमस्तिष्कीय संरचनात्मक असममिति (cerebral anatomical asymmetry) तथा प्रमस्तिष्कीय कार्यात्मक असममिति (cerebral functional asymmetry)।

3. प्रमस्तिष्कीय संरचनात्मक असममिति को दर्शाने के लिए आठ बिन्दुओं पर प्रकाश डाला गया है।
4. प्रमस्तिष्कीय संरचनात्मक असममिति में वैयक्तिक विभिन्नता (individual differences) होती है जिसके मुख्य दो कारण बतलाये गए हैं—हस्तिकता (handedness) तथा लिंग (gender)।
5. दोनों गोलार्द्धों में कार्यात्मक असममिति (functional asymmetry) भी होता है, अर्थात् विभिन्न तरह के कार्यों के ख्याल से भिन्नता होती है। इनमें श्रवण कार्य, दृष्टिकार्य, कायिक संवेदी कार्य (somatosensory function), पेशीय कार्य आदि में विभिन्नता प्रमुख रूप से है।
6. कई एकपार्श्विक क्षति अध्ययन (unilateral lesion studies) किये गए हैं जिनसे इस बात का सबूत मिलता है कि दोनों गोलार्द्धों के कार्यों में विषमता या असममिति (asymmetry) है। ऐसे अध्ययन मुख्य रूप से दृष्टि प्रत्यक्षण, स्पर्श प्रत्यक्षण, श्रवण प्रत्यक्षण, कायिक क्रम, स्मृति एवं अधिगम, संचार, सांवेगिक कार्य, अवधान आदि क्षेत्रों में किये गए हैं।

❑

अध्याय 11

सामान्य तंत्रिकावैज्ञानिक विकृतियाँ
(COMMON NEUROLOGICAL DISORDERS)

मानव शरीर में मस्तिष्क (brain) एक सबसे सुरक्षित अंग माना गया है क्योंकि यह एक मजबूत खोपड़ी (skull) के भीतर छिपा होता है। परंतु फिर भी बहुत सारे रोगात्मक प्रक्रियाएँ (pathological processes) हैं जिनके कारण मस्तिष्क का सामान्य कार्य प्रभावित हो जाता है और वह मानव व्यवहार में स्पष्ट रूप से क्षुब्धता (disturbances) उत्पन्न कर देतीं हैं। तंत्रिकावैज्ञानिक विकृति (neurological disorder) से तात्पर्य एक ऐसी अवस्था से होती है जिसमें व्यक्ति का मस्तिष्क विशेष रोगात्मक प्रक्रियाओं (pathological processes) के कारण अपना सामान्य कार्य ठीक ढंग से नहीं कर पाता है तथा जिसके परिणामस्वरूप व्यक्ति में व्यवहार सम्बन्धी क्षुब्धता (disturbances) उत्पन्न हो जाती है।

वैज्ञानिकों द्वारा किये गये शोधों के आधार पर यह पता चला है कि कई तरह की तंत्रिकावैज्ञानिक विकृतियाँ (neurological disorders) हैं जिनसे व्यक्ति के व्यवहार में स्पष्ट रूप से क्षुब्धता उत्पन्न होतीं हैं। इनमें निम्नांकित प्रमुख हैं—

(1) मस्तिष्कीय ट्यूमर (Brain tumour)
(2) दौरा विकृति (Seizure disorders)
(3) प्रमस्तिष्कीय आघात (Cerebral trauma)
(4) मस्तिष्कीय संवहनी विकृति (Cerebro Vascular disorders)
(5) विकासात्मक विकृति (Disorders of development)
(6) ह्रासी विकृति (Degenerative disorders)
(7) संक्रामक रोगों से उत्पन्न विकृतियाँ (Disorders caused by infectious diseases)

इन सबों का वर्णन हम अलग-अलग अनुच्छेद में करेंगे।

मस्तिष्कीय ट्यूमर
(Brain Tumour)

ट्यूमर (tumour) से तात्पर्य कोशिकाओं (cells) में एक ऐसे अवांछित (unwanted) एवं अनियंत्रित (uncontrolled) वर्द्धन (growth) से होता है जिससे कोई सार्थक कार्य नहीं हो पाता है। कुछ ट्यूमर घातक (malignant) होते हैं जबकि कुछ ट्यूमर सुसाध्य (benign) होते हैं। घातक ट्यूकर की गम्भीरता सुसाध्य ट्यूमर की अपेक्षा अधिक होती है। घातक ट्यूमर (malignant tumour) तथा

सुसाध्य ट्यूमर (benign tumour) में मुख्य अंतर यह होता है कि सुसाध्य ट्यूमर में ट्यूमर कोशिकाओं (tumour cells) तथा अगल-बगल की कोशिकाओं तथा उत्तकों (tissues) के बीच एक स्पष्ट किनारा (boarder) होता है। फलतः सर्जन ऐसे ट्यूमर को आसानी से ऑपरेशन के माध्यम से निकाल देते हैं और फिर इसका पुनवर्द्धन (regrowth) नहीं हो पाता है। परंतु घातक ट्यूमर में ऐसा स्पष्ट किनारा (boarder) नहीं होता है। फलतः सर्जरी में ऐसे ट्यूमर को निकाल देने के बाद भी ऐसी कोशिका का कुछ-न-कुछ अंश वहाँ रह जाता है जिसका धीरे-धीरे पुनबर्द्धन (regrowth) हो जाता है। इसके अतिरिक्त घातक ट्यूमर द्वारा अक्सर *मेटास्टेसिस* (metastasis) की प्रक्रिया उत्पन्न होती है जिसमें घातक ट्यूमर से कुछ कोशिकाएँ टूट कर या अलग होकर रक्त प्रवाह (blood stream) के सहारे शरीर के अन्य अंग में पहुँचकर वहाँ भी ट्यूमर उत्पन्न कर देते हैं।

मस्तिष्कीय ट्यूमर (brain tumour) को मोटे तौर पर दो तरीकों से श्रेणीकृत (categorised) किया जाता है—*प्राथमिक ट्यूमर* (primary tumour) तथा *गौण ट्यूमर* (secondary tumour)। प्राथमिक ट्यूमर से तात्पर्य वैसे ट्यूमर से होता है जो मस्तिष्क में ही उत्पन्न हुए होते हैं तथा गौण ट्यूमर से तात्पर्य वैसे ट्यूमर से होता है जो मस्तिष्क के बाहर उत्पन्न होते हैं परन्तु प्रायः रक्त प्रवाह के माध्यम से मस्तिष्क में पहुँच जाते हैं। मस्तिष्क ट्यूमर को एक अन्य दृष्टिकोण से निम्नांकित तीन प्रकारों में बाँटा गया है—

(a) अंतराप्रमस्तिष्कीय ट्यूमर (intracerebral tumour)

(b) बाह्य प्रमस्तिष्कीय ट्यूमर (extracerebral tumour)

(c) मेटास्टैटिक मस्तिष्क ट्यूमर (metastatic brain tumour)

अंतराप्रमस्तिष्क ट्यूमर वैसे ट्यूमर को कहा जाता है जो मस्तिष्क के भीतर ही उत्पन्न होते हैं, सामान्य मस्तिष्क उत्तकों (normal brain tissues) को नष्ट कर देते हैं और उसे असामान्य ट्यूमर कोशिका (abnormal tumour cells) द्वारा प्रतिस्थापित (replace) कर दिया जाता है। ऐसे ट्यूमर वयस्कों में अधिक होता है।

बाह्य प्रमस्तिष्कीय ट्यूमर वैसे ट्यूमर को कहा जाता है जो मस्तिष्क के बाहर परंतु खोपड़ी (skull) के भीतर समर्थन देने वाले उत्तक जैसे मेन्निगस (meninges) पर ही उत्पन्न होते हैं। ऐसे ट्यूमर बच्चों में अधिक होता है।

मेटास्टैटिक मस्तिष्क ट्यूमर (metastatic brain tumour) वैसे ट्यूमर को कहा जाता है जो पस्तिष्क के बाहर के अंगों जैसे फेफड़ा, स्तन (breast), पेट, वृक्क (kidney), यकृत (liver) आदि स्थानों में उत्पन्न होता है और रक्त प्रवाह के जरिये मस्तिष्क में आकर फिर यहाँ ट्यूमर उत्पन्न कर देता है। ऐसे ट्यूमर गौण ट्यूमर (secondary tumour) के श्रेणी के होते हैं और सभी मस्तिष्कीय ट्यूमर का करीब 5% ट्यूमर ही इस श्रेणी का ट्यूमर होता है।

ट्यूमर का चाहे जो प्रकार हो अभी तक यह स्पष्ट नहीं हो पाया है कि कुछ कोशिकाओं में इतना अनियंत्रित वर्द्धन (uncontrolled growth) क्यों हो जाता है जिससे अगल-बगल के स्वस्थ मस्तिष्कीय उत्तक बुरी तरह से प्रभावित हो जाते हैं। इस

विशेषता के कारण मस्तिष्कीय ट्यूमर (brain tumour) को तकनीकी रूप से *अंतराक्रैनियल न्योप्लाज्म* (intracranial neoplasm) भी कहा जाता है।

ट्यूमर मस्तिष्कीय उत्तकों (brain tumour) को दो तरीकों से हानि पहुँचाता है—*दबाव* (compression) तथा अन्तःस्पन्दन या *घुसपैठ* (inflitration)। मस्तिष्क का ट्यूमर चाहे वह घातक हो या सुसाध्य हो, बड़ा होकर अगल-बगल के स्वस्थ मस्तिष्कीय उत्तकों पर दबाव डालता है। इस तरह के दबाव से स्वस्थ मस्तिष्कीय उत्तक सीधे नष्ट हो जाते हैं या फिर परोक्ष रूप से सेरिब्रोस्पाइनल तरल (cerebrospinal fluid) के प्रवाह में रूकावट डालकर स्वस्थ मस्तिष्कीय उत्तक को प्रभावित करते हैं। अन्तःस्पन्दन या घुसपैठ की प्रक्रिया में ट्यूमर दूसरे स्वस्थ कोशिकाओं के क्षेत्र में प्रवेश करके उसे नष्ट कर देते हैं। घातक ट्यूमर (malignant tumour) दबाव तथा अन्तःस्पन्दन दोनों ही प्रक्रियाओं द्वारा स्वस्थ मस्तिष्कीय कोशिकाओं को नष्ट कर देते हैं। वैज्ञानिकों द्वारा किये गये शोधों से यह स्पष्ट हुआ है कि ग्लिोमास (Gliomas) अबतक का सबसे गम्भीर मस्तिष्कीय ट्यूमर है जो घातक (malignant) तो होता ही है साथ-ही-साथ बहुत तेजी से शरीर के अन्य अंगों में फैल जाता है।

मस्तिष्कीय ट्यूमर जैसे-जैसे बढ़ता है, अंतराक्रैनियल दबाव (intracranial pressure) बढ़ता है और व्यक्ति में तरह-तरह के लक्षण उत्पन्न होते हैं। इन लक्षणों से चेतना में अस्पष्टता, स्थान एवं जगह की संभ्रांति, व्यक्तिगत आदतों की लापरवाही, चिड़चिड़ापन (irratibility), दौरा (seizure), कै होना, संवेदी-पेशीय संवेदनाओं में कमी, विभ्रम (hallucinations) तथा बौद्धिक कार्यों में सामान्य ह्रास (general impairment) आदि प्रमुख हैं। मस्तिष्कीय ट्यूमर में होने वाले लक्षणों के सापेक्ष बारंबारता (relative frequency) का अंदाज हमें एक आरम्भिक एवं बहुचर्चित अध्ययन जिसे लेभिन (Levin, 1949) द्वारा किया गया है, से मिलता है। इस अध्ययन में 11 महिला तथा 11 पुरुष थे जिनकी आयु सीमा 22 साल से 65 साल तक की थी तथा सभी के सभी मस्तिष्कीय ट्यूमर (brain tumour) के रोगी थे। इस अध्ययन में रोगी द्वारा दिखलाये गए विभिन्न लक्षणों (symptoms) का विवरण कुछ इस प्रकार पाया गया—स्मृति संभ्रान्ति 13 केसेज में, विषाद (depression) 9 केसेज में, दौरा (seizures) 8 केसेज में, सिर दर्द, 8 केसेज में, दृष्टिदोष की शिकायत 6 केसेज में, निद्रालुप्तता (drawsiness) 6 केसेज में, चिड़चिड़ापन 6 केसेज में, उदासीनता (indifference) 5 केसेज में, बेचैनी 4 केसेज में, कमजोरी की शिकायत 4 केसेज में, स्थिरव्यामोही विचार (paranoid ideas) 2 केसेज में, सुखाभास (cuphoria) 2 केसेज में, तथा बालाघात (aphasia) दो केसेज में पाये गए।

अध्ययनों से यह स्पष्ट हुआ कि गम्भीर स्वरूप के ट्यूमर जिनमें स्पष्ट मनोवैज्ञानिक क्षुब्धताएँ दिखलाई पड़ती हैं, अग्रपालि (frontal lobe), शंखपालि (temporal lobe) तथा पार्श्विक पालि (parietal lobe) में प्रायः देखने को मिलता है। अग्रपालि में ट्यूमर से प्रायः एकाग्रता (concentration) में कठिनाई, व्यक्तिगत लापरवाही (personal carelessness), अवरोध की कमी (loss of inhibitions) अन्यमनस्कता (absent-mindedness) स्मृतिलोप आदि प्रमुख लक्षण हैं। ड्रोब्रोकोटोबा

(Drobrochotova, 1968) ने अपने अध्ययन के आधार पर यह बतलाया है कि अग्रपालि ट्यूमर के रोगियों में तीन तरह के सांवेगिक विकृति (emotional disorder) पायी जाती है—स्वाभाविकता (spontaneity) की कमी, सुखाभास (euphoria) तथा बलकृत संवेग (forced emotion) जिसकी अभिव्यक्ति एवं समाप्ति बिलकुल ही अचानक होती है। जिन व्यक्तियों के शंखपालि में ट्यूमर होता है, उनमें विभ्रम (hallucination) विशेषकर *लिलिपुटीयन विभ्रम* (lilliputian hallucination) अधिक होता है जिसमें उन्हें प्रायः छोटे-छोटे आकृतियों को देखने का अनुभव होता है तथा जिसे वे जानते हैं कि वे वास्तविक नहीं है। इस तरह के विभ्रम का कारण शंखपालि से होकर गुजरने वाले दृष्टिपथों (visual paths) में उत्तेजन (irritation) से उत्पन्न होता है। मस्तिष्क के विशिष्ट संवेदी क्षेत्रों (special sensory areas) में ट्यूमर होने से दृष्टि, श्रवण, स्वादन तथा घ्राण (smell) से सम्बन्धित विभ्रम अधिक देखने को मिलता है। इनमें दृष्टि विभ्रम (visual hallucination) सबसे अधिक होता है जिससे रोगी को तरह-तरह के रंगों को दिखलाई देना तथा वस्तुओं एवं जानवरों की आकृति दिखलाई देना सामान्य है।

मस्तिष्कीय ट्यूमर का उपचार सर्जरी विधि (surgical method) से ही होता है। जब ट्यूमर का आकार छोटा होता है तो अधिक सम्भावना इस बात की होती है कि रोगी पूर्णतः चंगा हो जाएगा। परंतु यदि यह बड़ा होता है तो ऑपरेशन से ट्यूमर निकाले जाने के बाद भी रोगी में कुछ लक्षण जैसे बौद्धिक कार्यों में अरुचि तथा आंशिक पक्षाघात (partial paralysis) आदि रह जाते हैं।

स्पष्ट हुआ कि मस्तिष्कीय ट्यूमर जो कई प्रकार के होते हैं, व्यक्ति पर कई तरह के प्रभाव डालते हैं। यदि मस्तिष्क में ट्यूमर को हटाया नहीं जाता है तो वह धीरे-धीरे बढ़ता जाएगा और रोगी में निष्क्रियता बढ़ते जाती है और अन्त में उसकी मृत्यु भी हो जाती है।

दौरा विकृति
(Seizure Disorders)

जिसे वैज्ञानिकों ने आज दौरा विकृति का नाम दिया है, उसे पहले मिरगी रोग (epilepsy) कहा जाता था। अतः दौरा विकृति मिरगी रोग का ही एक नया एवं परिवर्तित रूप है। वैज्ञानिकों एवं विशेषज्ञों का मत है कि दौरा विकृति एक महत्वपूर्ण तंत्रिकावैज्ञानिक विकृति (neurological disorder) है।

दौरा (seizure) से तात्पर्य एक ऐसी अवधि से होता है जिसमें मस्तिष्कीय न्यूरोन्स (cerebral neurons) में अचानक अत्यधिक क्रियाएँ (excessive activities) होने लगतीं हैं। जब कभी भी अचानक ढंग से ऐसे उत्तेजित होने वाले न्यूरोन्स में मस्तिष्क के पेशीय न्यूरोन्स (motor neurons) भी सम्मिलित हो जाते हैं तो ऐसे दौरा (seizure) में ऐंठन (convulsion) भी उत्पन्न हो जाता है जिसमें शरीर की मांशपेशियों में काफी जोरों से अनियंत्रित ढंग से क्रियाएँ प्रारम्भ हो जातीं हैं। परंतु सच्चाई यह है कि सभी दौरा में कम्पन सम्मिलित नहीं होता है बल्कि अधिकतर दौरा पड़ने पर उसमें कम्पन नहीं ही होता है।

वैज्ञानिकों ने दौरा विकृति के उसके स्वरूप के अनुसार दो श्रेणी (categories) बतलाये हैं—*सामान्यीकृत दौरा* (generalized seizure) तथा *आंशिक दौरा* (partial seizure)। सामान्यीकृत दौरा में मस्तिष्क के अधिकतर भाग में उत्तेजनाएँ पायीं जातीं हैं। इसके उत्पन्न होने की बिन्दु लोगों में स्पष्ट रूप से ज्ञात नहीं होता है। आंशिक दौरा वैसे दौरा को कहा जाता है जो एक स्पष्ट बिन्दु से प्रारम्भ होता है और इसमें भाग लेने वाले न्यूरोन्स मस्तिष्क के एक विशेष क्षेत्र में ही सीमित रहते हैं। आंशिक दौरा के भी दो श्रेणी (categories) बतलाये गए हैं—*सरल आंशिक दौरा* (simple partial seizure) तथा *जटिल आंशिक दौरा* (complex partial seizure)। सरल आंशिक दौरा वैसे दौरे को कहा जाता है जिससे व्यक्ति के चेतना में परिवर्तन आता है परंतु चेतना समाप्त (loss of consciousness) नहीं होता है। जटिल आंशिक दौरा सरल की तुलना में अधिक जटिल एवं गम्भीर (severe) होता है तथा इसमें रोगी की चेतना समाप्त (loss of consciousness) हो जाती है।

दौरा विकृति के मुख्य चार प्रकार (types) बतलाये गये हैं—

(1) पेटिल माल दौरा (Petil Mal Seizure)

(2) ग्रैड माल दौरा (Grand Mal Seizure)

(3) जैकसोनियन दौरा (Jacksonian seizure)

(4) मनोपेशीय दौरा (Psychomotor seizure)

इन सबों का वर्णन निम्नांकित है—

(1) पेटिल माल दौरा *(Petil Mal Seizure)*—पेटिल माल (petil mal) का शाब्दिक अर्थ होता है 'छोटा बीमारी' (small illness)। इस तरह का दौरा प्रायः 30 सेकेंड तक की अवधि का होता है। इस लघु दौरा पड़ने पर व्यक्ति पूर्णतः गतिहीन हो जाता है और अपने इर्द-गिर्द के वातावरण से पूर्णतः अचेत (unaware) हो जाता है। वह टकटकी लगाये जैसा आगे की ओर देखता रहता है। दौरा समाप्त होने पर उसे यह पता नहीं होता है कि उसके साथ कुछ हुआ है और जो वह दौरा पड़ने के पहले कर रहा था, उसे पुनः करना प्रारम्भ कर देता है।

इस तरह का दौरा बच्चों में अधिक पड़ता देखा गया है। यह एक तरह सामान्यीकृत दौरा (generalized seizure) होता है जिसमें बच्चे काफी अधिक ध्यानहीनता (inattentive) दिखलाते हैं और चंद सेकेंड के लिए दूर एकटक होकर देखते रहते हैं जिसके दौरान पे अपना आँख भी बारबार मुलमुलाते (eye blinking) भी रहते हैं। इसे *अनुपस्थिति दौरा* (absence seizure) भी कहा जाता है क्योंकि थोड़े देर के लिए बच्चे की चेतना वर्तमान कार्य पर से पूर्णतः अनुपस्थित-सी हो जाती है। चूँकि इस तरह का दौरा एक दिन में सैकड़ों बार हो सकता है, अतः इससे बच्चों का शैक्षिक निष्पादन (academic performance) काफी कुप्रभावित होता है।

(2) ग्रैंड माल दौरा *(Grand mal seizure)*—यह सबसे गम्भीर प्रकृति का दौरा विकृति (seizure disorder) है। यह एक सामान्यीकृत प्रकार (generalized type) का दौरा होता है और चूँकि इसमें मस्तिष्क का पेशीय तंत्र (motor system) भी

सम्मिलित होता है, इसलिए व्यक्ति के शरीर में ऐंठन (convulsion) भी होता है। ग्रैंड माल दौरा में चार अवस्थाएँ सम्मिलित होती हैं—

(i) **औरा की अवस्था** *(Stage of Aura)*—औरा से मतलब ऐसी अवस्था से होती है, जिसमें दौरा पड़ने की पूर्वचेतावनी व्यक्ति को हो जाता है। इसके कुछ सेकंड के बाद व्यक्ति को दौरा प्रारम्भ हो जाता है। दौरा के केन्द्र (focus) के इर्द-गिर्द न्यूरोन्स (neurons) में उत्तेजन होने से औरा की अवस्था की उत्पत्ति होती है। औरा का स्वरूप दौरा के केन्द्र बिन्दु के अनुरूप परिवर्तित होते रहता है। जैसे, यदि दौरा का केन्द्र शंखपालि में होता है, तो चूँकि शंखपालि का सम्बन्ध सांवेगिक व्यवहारों के नियंत्रण से भी होता है, अतः यहाँ औरा के रूप में व्यक्ति में डर या कभी-कभी सुखाभास (euphoria) का भी भाव उत्पन्न हो सकता है।

(ii) **टॉनिक अवस्था** *(Tonic phase)*—इस अवस्था में व्यक्ति का पूरा शरीर सख्त (rigid) हो जाता है। हाथ एवं पैर की मांसपेशियों में जरूरत से ज्यादा खिंचाव होने लगता है और इस तरह से रोगी में मांसपेशीय संकुचन (muscular contraction) बहुत ही अधिक देखने को मिलता है। यह अवस्था लगभग एक मिनट तक का होता है जिसमें साँस रूक जाती है। कभी-कभी रोगी के मुँह से अनैच्छिक आवाज (involuntary cry) भी निकलती है क्योंकि मांसपेशियों में तनाव बढ़ने से फेपड़ा से हवा बाहर निकलता है। इस अवस्था में रोगी पूर्णतः अचेतन (unconscious) में चला जाता है।

(iii) **क्लोनिक अवस्था** *(Clonic phase)*—क्लोनिक (clonic) का शाब्दिक अर्थ होता है उत्तेजित होना (agitated)। इस अवस्था में रोगी साँस लेना फिर से प्रारम्भ कर देता है और शरीर की मांसपेशियाँ एक लय (rhythm) में संकुचित एवं फैलना प्रारम्भ कर देतीं हैं जिससे शरीर में तीव्र झटकेदार ऐंठन (spasm) उत्पन्न हो जाता है और रोगी को घायल हो जाने की सम्भावना तीव्र हो जाती है। रोगी की आँखें लुढ़क जाती हैं, तथा उसके चेहरा की आकृति बिगड़ जाती है। जीभ को दाँत से घायल हो जाने की सम्भावना भी तीव्र हो जाती है। स्वायत्त तंत्रिका तंत्र (autonomic nervous system) में तीव्र क्रिया के कारण रोगी में पसीना एवं लार स्राव (salivation) भी होता पाया गया है। क्लोनिक अवस्था लगभग एक मिनट का होता है जिसके बाद मांसपेशियों में ऐंठन (convulsion) समाप्त हो जाता है।

(iv) **कोमा की अवस्था** *(Stage of Coma)*—इस अवस्था में रोगी के शरीर की मांसपेशियाँ धीरे-धीरे नरम या शिथिल (relax) होने लगतीं हैं। हालाँकि वह अचेतन अवस्था में ही होता है। कुछ देर के बाद रोगी चेतनावस्था में आ जाता है परंतु फिर भी उसमें संभ्रांति (confusion), सिरदर्द तथा थकान आदि के लक्षण स्पष्ट रूप से दिखते हैं।

(3) **जैकसोनियन दौरा** *(Jacksonian seizure)*—इस तरह के दौरा को सबसे पहले हगलिंग्स जैकसन (Hughlings Jackson) द्वारा वर्णित किया गया था। इसलिए इसे *जैकसोनियन दौरा* (Jacksonian Seizure) कहा गया। यह एक तरह का आंशिक

दौरा (partial seizure) है जिसमें पेशीय लक्षणों (motor symptoms) की प्रधानता होती है। इसमें शरीर के विशेष हिस्सा में मांसपेशीय ऐंठन पायी जाती है। शरीर में मांसपेशीय ऐंठन कहाँ होगा यह निर्भर करता है कि मस्तिष्क का कौन-सा भाग से असामान्य रूप से न्यूरोन्स उत्तेजित हो रहा है। सामान्यतः यह देखा गया है कि हाथ या पैर में ही रोगी फड़कन (twitching) का अनुभव करता है जो सबसे सामान्य जैकसोनियन दौरा का प्रारूप है। वहाँ से वह शरीर के अन्य भागों में फैलकर पूर्णरूप से ग्रैंडमाल दौरा में बदल सकता है।

(4) मनोपेशीय दौरा *(Psychomotor seizure)*—इस दौरा की उत्पत्ति बिन्दु शंखपालि क्षेत्र (temporal lobe region) होता है। इसलिए इसे शंखपालि दौरा (temporal lobe seizure) भी कहा जाता है। इस दौरा में व्यक्ति को एक विशेष तरह की औरा का अनुभव होता है तथा कुछ सेकेंड से लेकर कुछ मिनट तक के लिए रोगी को वास्तविकता से सम्पर्क समाप्त हो जाने का अनुभव होता है। दौरा समाप्त होने के बाद व्यक्ति अपना कार्य पुनः प्रारम्भ करता है तथा उसे इस घटना का याद नहीं रहता है। दौरा की अवधि में बहुत से रोगियों द्वारा कुछ यांत्रिक व्यवहार (mechanical behaviour) जैसे एक खास ढंग से अपने अवयव (limb) को आगे-पीछे करना आदि दिखलाता है। कुछ अन्य रोगी इस दौरे की अवधि में विचित्र व्यवहार जैसे लोगों के बीच अपने वस्त्र को उतार देना या पेशाब करने लगना आदि भी दिखलाते हैं। कभी-कभी इनमें विभ्रम तथा स्थिरव्यामोही अनुभूतियाँ (paranoid experiences) भी होतीं पायी गयी है।

वैज्ञानिकों एवं न्यूरोमनोवैज्ञानिकों द्वारा किये गए अध्ययनों से यह स्पष्ट हुआ है कि दौरा (seizure) के परिणाम गम्भीर होते हैं। जैसे, दौरा पड़ने से व्यक्ति में मस्तिष्कीय क्षति (brain damage) हो सकता है। कई अध्ययनों में यह पाया गया है कि दौरा विकृति के करीब आधे रोगियों के हिप्पोकैम्पस (hippocampus) में क्षति होने के स्पष्ट सबूत पाये गए हैं। थॉम्पसन तथा उनके सहयोगियों (Thompson et. al., 1996) ने अपने अध्ययन में पाया कि दौरा में हिप्पोकैम्पस की क्षति का मुख्य कारण *स्टेटस इपिलेपटिक्स* (status epilepticus) की घटना होती है जिसमें रोगी बिना चेतन के पुनर्प्राप्ति के ही लगातार अनेकों बार दौरा का अनुभव करता है। इस तरह की मस्तिष्कीय क्षति का कारण दौरा की अवधि में ग्लूटामेट (glutamate) का अत्यधिक मात्रा में स्रावित (secrete) होना होता है।

दौरा विकृति (seizure disorder) के कई कारण बतलाये गए हैं जिनमें निम्नांकित प्रमुख हैं—

(i) जब मस्तिष्क में किसी कारण जैसे बढ़ता ट्यूमर, मस्तिष्कीय चोट या आघात (stroke) से किसी प्रकार की क्षति होती है, तो दौरा पड़ने की सम्भावना तीव्र हो जाती है। इसमें मस्तिष्कीय चोट (brain injury) वाले रोगियों में घटना के कुछ दिनों के बाद से दौरा पड़ना प्रारम्भ होता है।

(ii) विभिन्न तरह के औषधों (drugs) के सेवन से भी दौरा पड़ सकता है। जैसे जब अल्कोहल या बारविटूरेट व्यसनी (barbiturate addict) अचानक ऐसे औषध (drug) को लेना बन्द कर देते हैं, तो इस तरह की अवस्था से

मस्तिष्क अचानक इन औषध के अवरोधी प्रभाव (inhibiting effect) से अपने आप को मुक्त पाता है जिससे उसमें अतिउत्तेजन (hyperexcitability) की अवस्था उत्पन्न हो जाती है और दौरा पड़ता है। प्रयोगात्मक सबूतों के अनुसार अल्कोहल प्रत्याहार (alcohol withdrawal) या अल्कोहल पीना अचानक बन्द कर देने से जो दौरा पड़ता है उसमें एनएमडीए ग्राहक (NMDA receptors) सम्मिलित होते पाये गए हैं। गोनजेल्स (Gonzales, 1990) के अनुसार अल्कोहल एनएमडीए ग्राहक को अवरुद्ध (block) करता है। अल्कोहल को लम्बे समय तक पीते रहने से ऐसे ग्राहक भी लम्बे समय तक अवरुद्ध रहते हैं। इस तरह की अवरुद्धता से उच्च संवेदनशीलता (supersensitivity) की अवस्था उत्पन्न होती है। जब व्यक्ति अचानक अल्कोहल पीना बन्द कर देता है, एनएमडीए ग्राहक जो लम्बे समय तक दबे हुए थे, अचानक प्रतिघात (rebound) करना प्रारम्भ कर देते हैं। इससे मस्तिष्क में न्यूरोन की क्रियाएँ बढ़कर तीव्र हो जातीं हैं और व्यक्ति में दौरा पड़ता है।

(iii) कुछ खास तरह के संक्रमण (infections) के कारण व्यक्ति में तीव्र बुखार हो जाता है और तब इससे भी मस्तिष्क के न्यूरोन में जरूरत से ज्यादा उत्तेजन हो जाते हैं और व्यक्ति को दौरा पड़ता है।

दौरा विकृति (seizure disorders) का उपचार सामान्यतः ऐंठन विरोधी (anticonvulsent drug) से होता है। ऐसे औषध को लेने से अवरोधी संधिस्थलों (inhibitory synapses) की प्रभावशीलता में वृद्धि हो जाती है जिसका परिणाम यह होता है कि मस्तिष्क के न्यूरोन्स की उत्तेजनशीलता में कमी आ जाती है। कभी-कभी गम्भीर केसेज में सर्जरी के सहारे मस्तिष्क में उत्तेजनशीलता के केन्द्र इर्द-गिर्द वाले भाग काटकर हटा देते हैं जिनसे भी रोगी को काफी अधिक आराम मिलता है। कोल्ब (Kolb, 1973) के अध्ययन से यह भी स्पष्ट हुआ है कि दौरा विकृति के रोगियों का बौद्धिक स्तर सामान्य से कम होता है हालांकि कुछ लोग ऐसे भी हैं जिनमें इस तरह की विकृति के बावजूद उनका बौद्धिक स्तर काफी अधिक है। जुलियस सीजर (Julius Caesar), फियोगेर डासटोभस्काई (Feador Dostoevsky) तथा विनसेन्ट वान गोघ (Vincent Van Gogh) कुछ ऐसे व्यक्तित्व के उदाहरण हैं।

प्रमस्तिष्क आघात
(Cerebral Trauma)

तंत्रिकावैज्ञानिक विकृतियों (neurological disorder) में प्रमस्तिष्कीय आघात (cerebral trauma or brain trauma) एक प्रमुख एवं सामान्य विकृति है। जब मानव मस्तिष्क किसी कारण जैसे जोर का धक्का, अचानक टकराना, कट-फट जाने आदि से घायल (injury) हो जाता है, तो इस तरह की स्थिति को प्रमस्तिष्कीय आघात (brain trauma) कहा जाता है। इस तरह के आघात से मस्तिष्क के प्रभावित भाग से सम्बन्धित कार्य काफी प्रभावित हो जाता है। मोटरसाइकिल तथा मोटर/कार आदि से दुर्घटनाग्रस्त व्यक्तियों में प्रमस्तिष्कीय आघात होते पाये जाते हैं। इतना ही नहीं, शराब पीने वाले व्यक्ति तथा मिरगी रोग से ग्रस्त व्यक्तियों में भी अचानक गिर जाने से

मस्तिष्कीय चोट इतना अधिक गम्भीर हो जाता है कि उनमें प्रमस्तिष्कीय आघात उत्पन्न हो जाता है।

मस्तिष्कीय आघात को तीन श्रेणियां में विभक्त किया गया है—*मस्तिष्काघात* (concussion), *अन्तःक्षति* (contusion) तथा *चीरा* (laceration)। इन तीनों का वर्णन निम्नांकित है—

1. मस्तिष्काघात *(Contusion)*—इस प्रकार में मस्तिष्क को बाहर से दैहिक रूप से ऐसा धक्का या चोट पहुँचता है कि थोड़े देर के लिए मस्तिष्क का सामान्य कार्य प्रभावित हो जाता है। इसका परिणाम यह होता है कि चेतना चन्द सेकेंड के लिए लुप्त हो जाती है। इसके बाद व्यक्ति जब होश में आता है तो घटना से पहले की बातों को वह याद नहीं रख पाता है। मुक्केबाजी (boxing) में मुक्केबाज को प्रायः इस ढंग का प्रमस्तिष्कीय आघात होता है। सामान्यतः यह देखा गया है कि चोट या धक्का लगने के बाद यदि अधिक देर तक व्यक्ति बेहोशी में रहता है, तो होश में आने के बाद इनके द्वारा दिखलाये गए लक्षण भी अधिक गम्भीर होते हैं और साथ-ही-साथ यह लक्षण लम्बे समय तक बना भी रहता है। ऐसी स्थिति में सिरदर्द (headache), चक्कर आना आदि के अतिरिक्त व्यक्ति में विषाद (depression), स्मृति से सम्बन्ध कठिनाईयाँ (memory difficulties), एकाग्रता में कमी, अनिद्रा (insomania), चिड़चिड़ापन (irritability) तथा भावशुन्यता (apathy) आदि प्रमुख हैं।

2. अन्तःक्षति *(Contusion)*—यह एक गम्भीर मस्तिष्कीय आघात (cerebral trauma) है जिसमें मस्तिष्क में भीतर सिर्फ चोट ही नहीं पहुँचती है बल्कि लगने वाला धक्का इतना जबर्दस्त होता है कि उससे खोपड़ी के भीतर मस्तिष्क अपने सामान्य जगह से हटकर दूसरे जगह पर चला जाता है। इसका परिणाम यह होता है कि बहुत सारे तंत्रकीय उत्तक कट-फट जाते हैं। अन्तःक्षति का परिणाम मस्तिष्काघात (contusion) से अधिक गम्भीर होता है। अन्तःक्षति में व्यक्ति बेहोशी (coma) में चला जाता है जो कुछ घंटों से लेकर कुछ दिनों तक का हो सकता है। इसमें शरीर में ऐंठन (convulsion) तथा संभाषण की क्षति (speech loss) भी देखने को मिलता है। बेहोशी से लौटने के बाद व्यक्ति में स्थितिभ्रान्ति (disorientation) उत्पन्न हो जाती है जिसे *आघातीय उन्माद* (traumatic delirium) की संज्ञा दी गयी है। इस तरह की स्थिति उत्पन्न होने पर व्यक्ति को यह भ्रम होने लगता है कि अगल-बगल खड़े लोग उसके दुश्मन हैं जो उन्हें अपहरण भी कर सकते हैं। इस तरह का लक्षण तो कुछ दिन में समाप्त हो जाता है, परन्तु अन्तःक्षति अधिक गम्भीर होने पर या फिर दोहरा जाने पर स्थायी सांवेगिक अस्थिरता (emotional instability) तथा बौद्धिक ह्रास (intellectual impairment) होता है।

अगर किसी व्यक्ति को बार-बार अन्तःक्षति होती है, तो इससे उसमें संचयी क्षति (cumulative damage) होने की सम्भावना होती है जो कुछ साल में जमा होते-होते एक विशेष स्थिति उत्पन्न कर देती है जिसे *डिमेन्सिया पुगिलिस्टका* (Dementia Pugilistica) की संज्ञा दी गयी है जिसमें स्मृति क्षति, समन्वय की कमी, चक्कर आना, कम्पन तथा अन्य मनोवैज्ञानिक तथा दैहिक दोष देखने को मिलते हैं। मोरटाइमर, फेन्च तथा हट्टन (Mortimer, French & Hutton, 2005) ने अपने अध्ययन के आधार

पर यह बतलाया है कि प्रमस्तिष्क आघात से व्यक्ति में आगे चलकर अल्झीमर रोग (Alzheimer's disease) के होने की सम्भावना अधिक होती है।

3. चीरा *(Liceration)*—चीरा भी एक गम्भीर प्रमस्तिष्कीय आघात (cerebral trauma) है जिसमें खोपड़ी में बन्दूक की गोली या लोहे या अन्य धातु का बना कोई छड़ के प्रवेश होने पर मस्तिष्कीय उत्तक (brain tissues) फट जाते हैं और बर्बाद हो जाते हैं। चीरा का प्रभाव व्यक्ति के व्यवहार पर कैसा पड़ेगा, यह इस बात पर आधारित होता है कि चीरा द्वारा क्षति मस्तिष्क के किस भाग में हुआ है। मस्तिष्क के कुछ ऐसे भाग हैं जिसमें चीरा लगने से व्यक्ति की मृत्यु हो जाती है या फिर उसमें गम्भीर सांवेगिक एवं व्यवहारपरक क्षुब्धता (disturbances) उत्पन्न हो सकते हैं।

स्पष्ट हुआ कि मस्तिष्कीय आघात से भी व्यक्ति में महत्त्वपूर्ण मनोवैज्ञानिक दैहिक क्षुब्धताएँ एवं दोष उत्पन्न हो जातीं हैं।

मस्तिष्कीय संवहनी विकृति
(Cerebrovascular Disorders)

मस्तिष्कीय संवहनी विकृति एक अन्य प्रमुख तंत्रिकावैज्ञानिक विकृति (neurological disorder) है जिसमें व्यक्ति को मस्तिष्कीय संवहनी दुर्घटना (cerebrovascular accident or CVA) जिसे सामान्य भाषा में *रक्ताघात* (stroke) कहा जाता है, के कारण मस्तिष्कीय उत्तक (brain tissues) की क्षति पहुँचती है। रक्ताघात में मस्तिष्क में रक्त नलिकाओं (blood vassels) में अवरूद्धता (blockage) हो जाती है या फिर वे किसी कारण से फट जाते हैं। इसका परिणाम यह होता है कि मस्तिष्कीय उत्तकों को रक्त आपूर्ति नहीं हो पाती है और तब उनकी मृत्यु हो जाती है और सम्बन्धित कार्य प्रभावित हो जाता है। स्पष्टतः तब इस तरह की विकृति में केन्द्रीय तंत्रिका तंत्र (central nervous system) से सम्बन्धित तीव्र अक्षमताएँ (disabilities) व्यक्ति में उत्पन्न हो जातीं हैं।

स्पष्ट हुआ कि मस्तिष्कीय संवहनी विकृति में CVA या रक्ताघात (stroke) की महत्त्वपूर्ण भूमिका होती है। रक्ताघात का सम्बन्ध व्यक्ति की आयु (age) से सीधा होता है। 45 वर्ष की आयु के बाद प्रत्येक दशाब्दी (decode) आगे बढ़ने पर इसकी सम्भावना दोगुनी हो जाती है तथा 75 वर्ष की आयु होते-होते प्रतिवर्ष इसके होने की सम्भावना 1 से 2 प्रतिशत हो जाती है। CVA (Cardiovascular Accident) या रक्ताघात (stroke) के दो प्रमुख श्रेणियाँ हैं—

(1) इनफारक्सन (Infarction)

(2) आंतरिक रक्तस्राव (Haemorrhage)

इन दोनों का वर्णन निम्नांकित है—

1. इनफारक्सन *(Infaraction)*—इनफारक्सन में मस्तिष्कीय उत्तकों (brain tissues) को मिलने वाले रक्त आपूर्ति किसी कारण से समाप्त हो जाती है जिसके परिणामस्वरूप उत्तकों की मृत्यु हो जाती है। वैज्ञानिकों के अनुसार इनफारक्सन के मुख्य दो कारण होते हैं—*घनास्त्रता* (thrombosis) तथा *अन्तःशल्यता* (embolism)। घनास्त्रता में रक्त नलिकाओं के भीतर चर्बीदार पदार्थ (fatty material) धीरे-धीरे परत

का निर्माण तबतक करते जाते हैं जबतक कि उससे होकर रक्त का प्रवाह पूर्णतः अवरूद्ध न हो जाए (देखें चित्र 11.1)। अन्तःशल्यता (embolism) में कुछ तत्त्व जैसे चर्बी जमा हुआ रक्त (clotted blood) आदि कहीं दूसरे जगह से टूटकर रक्त प्रवाह के जरिये संकरा रक्तनलिका (blood vessel) में पहुँचते हैं जिसे वे पूर्णतः अवरूद्ध कर देते हैं और रक्त का प्रवाह उससे होकर पूर्णतः अवरूद्ध हो जाता है (देखें चित्र 11.1)।

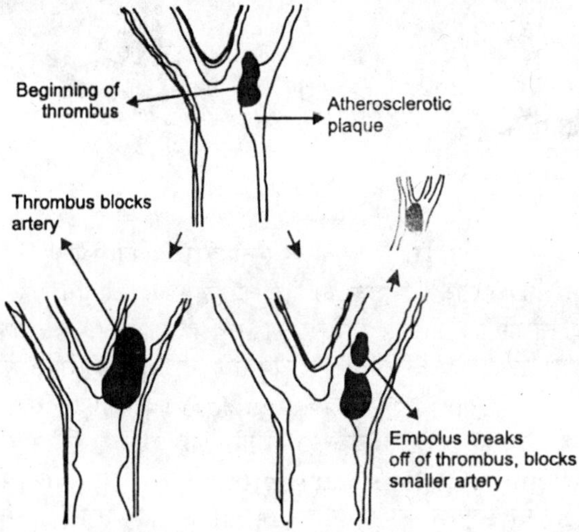

चित्र 11.1 : घनास्रता (Thrombosis) तथा अन्तःशल्यता (Embolism) की प्रक्रिया

अध्ययनों से यह स्पष्ट हुआ है कि ये दो तरह के इनफारक्सन की प्रक्रियाओं अर्थात् घनास्रता (thrombosis) तथा अन्तःशल्यता (embolism) की प्रक्रिया के पड़ने वाले प्रभाव की शुरूआत अलग-अलग होती है। जब CVA का कारण अन्तःशल्यता होता है, तो उसके लक्षण अचानक प्रारम्भ हो जाते हैं—व्यक्ति बेहोशी में चला जाता है, दौरा (seizure) पड़ता है तथा उसमें पक्षाघात (paralysis) के भी लक्षण दिखने लगते हैं। घनास्रता में चूँकि अवरूद्धता (blockage) क्रमिक होता है, इसलिए इसके सम्भावित लक्षण भी धीरे-धीरे सामने आते हैं।

2. आंतरिक रक्तस्राव *(Haemorrhage)*—CVA का दूसरा प्रमुख श्रेणी आंतरिक रक्तस्राव (haemorrhage) है जिसमें मस्तिष्क की रक्त नलिकाएँ (blood vessel) फट जातीं हैं जिससे मस्तिष्क उत्तकों (brain tissues) में खून इधर-उधर बिखर जाता है जो फिर जमा होकर अगल-अगल के रक्त नलिकाओं पर अनावश्यक दबाव डालते हैं और उसे क्षतिग्रस्त कर देते हैं (देखें चित्र 11.2)। जब आंतरिक रक्तस्राव मस्तिष्क के भीतर होता है, तो इसका स्पष्ट कारण उच्च रक्तचाप (high blood pressure or hypertension) या रक्त नलिकाओं के दिवाल का कमजोर होना समझा जाता है परन्तु जब यह मस्तिष्क के इर्द-गिर्द वाले बाहरी स्थान (खोपड़ी के भीतर ही) में होता है तो इसका कारण *एन्यूरिज्म* (aneurysm) माना जाता है जिसमें रक्त नलिकाओं के दिवाल में एक तरह का फूलन (bulge) उत्पन्न हो जाने से होता है। एन्यूरिज्म मटर के दाने के समान छोटा या फिर जामुन के आकार का बड़ा-सा भी हो सकता है।

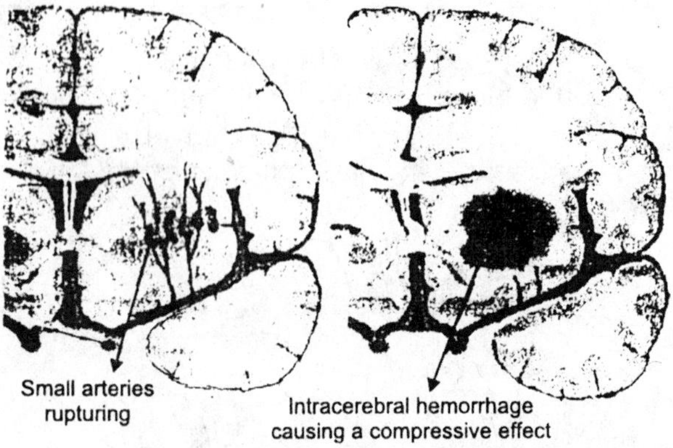

चित्र 11.2 : आंतरिक रक्तस्राव से उत्पन्न स्थिति

CVA के कारण जब मस्तिष्क के क्षेत्र को खून की आपूर्ति बन्द हो जाती है तो इससे क्या घटित होता है जिससे न्यूरोन्स की मृत्यु हो जाती है? इस प्रश्न पर आधुनिक शोधकर्त्ताओं ने अपने शोध के आधार पर यह तर्क दिया है कि रक्त आपूर्ति बन्द हो जाने से ऑक्सीजन (oxygen) एवं ग्लूकोज (glucose) की आपूर्ति स्वतः बन्द हो जाती है या बहुत ही कम हो जाती है। इसका परिणाम यह होता है कि सोडियम-पोटासियम वाहक (Sodium-Potassium Transporters) जो न्यूरोन्स के भीतर तथा बाहर आयन (ions) के संतुलन का नियमन (regulation) करते हैं, अपना कार्य करना बन्द कर देते हैं। न्यूरोन के झिल्ली निध्रुवीकृत (depolarized) हो जाते हैं जिससे ग्लूटामेट (glutamate) का स्राव होता है। इस ग्लूटामेट का परिणाम विषजन्य (toxic) होता है क्योंकि इससे फूलन (inflammation), फ्री रैडिक्लस (free radiclas) की उत्पत्ति होती है तथा कैलसियम आधृत एन्जाइम (calcium-dependent enzyme) की उत्पत्ति होती है। इसमें फ्री रैडिक्लस काफी विषाक्त (toxic) होता है जो न्यूक्लिरीक एसिड (nucleric acid), प्रोटीन (protein) तथा चर्बीदार अम्ल (fatty acid) को बिलकुल ही खत्म कर देता है।

अब प्रश्न उठता है कि व्यक्ति के व्यवहार पर CVA का प्रभाव कैसा पड़ता है? इस प्रश्न का उत्तर इस बात पर निर्भर करता है कि रक्ताघात (stroke) या CVA का स्वरूप कैसा है तथा मस्तिष्क का कौन क्षेत्र क्षतिग्रस्त हुआ है? रक्ताघात का सामान्य प्रभाव एगनोसिया (agnosia) अर्थात् परिचित वस्तु को पहचानने की असमर्थता, एफासिया (aphasia) अर्थात् दोष, एप्राक्सिया (apraxia) अर्थात् उद्देश्यपूर्ण गति करने की आंशिक या पूर्णरूपेण अक्षमता तथा शरीर के एक हिस्से में पक्षाघात (paralysis) आदि प्रमुख होते हैं। इन विभिन्न तरह की अक्षमताओं के साथ-साथ व्यक्ति में कुछ सांवेगिक क्षुब्धता (emotional distrubances) भी पाया जाता है। इन सांवेगिक क्षुब्धताओं में सांवेगिक अस्थिरता (emotional lability) प्रमुख है। जैसे, रोगी क्षणभर में हँसने लगता है तथा तुरन्त दूसरे क्षण रोने लग सकता है। गोल्डस्टीन (Goldstein, 2010) के अनुसार ऐसे व्यक्ति या रोगी में *अनर्थकर प्रतिक्रिया* (catastrophic reaction) भी होता है। जैसे, रोगी बहुत ही साधारण कार्य जिसे वह

पहले विश्वास के साथ करता था, अब नहीं कर पाता है। रोगी द्वारा किसी कमरे से निकलकर दूसरे कमरे में जाने की असमर्थता, कोई पूर्ण वाक्य बोलना तथा मैगजिन पढ़ने की असमर्थता आदि सम्मिलित होते हैं। इन अक्षमताओं को दूर करने के प्रयास में रोगी कुछ विचित्र आदत (odd habits) भी विकसित कर लेता है। गाइनोट्टी (Gainotti, 1989) के अनुसार अनर्थकर प्रतिक्रिया उन रोगियों में विकसित होता है जिनके बायें गोलार्द्ध (left hemisphere) में रक्तघात होता है। जिन व्यक्तियों के दायें गोलार्द्ध में रक्ताघात होता है वे किसी समस्या को लघुकृत (minimize) करके देखते हैं, उसके प्रति उदासीन रहते हैं तथा उसकी गम्भीरता को हँसी में उड़ा देते हैं।

CVA से उत्पन्न व्यवहार सम्बन्धी दोष (impairement) एवं अक्षमताओं में से कुछ तो ऐसे होते हैं जो धीरे-धीरे अपने-आप दूर हो जाते हैं। परंतु कुछ ऐसे होते हैं जिनके लिए चिकित्सा (therapy) आवश्यक हो जाता है। एक चिकित्सीय उपागम वह होता है जिसमें रक्ताघात होने के बाद रोगी को रक्त में थक्का (clot) को रोकने के लिए कुछ औषध (drug) जैसे *rt-PA* (recombinant tissue plasminogen activator) दिये जाते हैं। इस औषध से रक्ताघात वाले रोगी को काफी फायदा होता देखा गया है। दूसरा महत्त्वपूर्ण चिकित्सीय उपागम वह होता है जिसमें मस्तिष्क में रक्त आपूर्ति बाधित होने वाले क्षेत्र की कोशिकाओं को मृत्यु से बचाने की कोशिश की जाती है। अध्ययनों से यह स्पष्ट हुआ है कि रक्त आपूर्ति से बाधित क्षेत्र की कोशिकाएँ तुरंत नहीं मरती है बल्कि कुछ दिनों तक जिन्दा रहती हैं। परंतु कुछ दिन के बाद फूलन (inflammation), फ्री रेडिकल्स (free radicals) तथा अत्यधिक मात्रा में ग्लूटामेट (glutamate) के स्राव से कोशिकाएँ मर जाती है। शोधकर्त्ता कुछ औषध देकर फूलन को रोकते हैं, फ्री रैडिकल्स को नियंत्रित करते हैं तथा अवरोधी गावा ग्राहकों (inhibitory GABA receptors) को उत्तेजित करते हैं। इन सबों का परिणाम होता है कि मस्तिष्क के रक्त आपूर्ति से बाधित क्षेत्र की कोशिकाएँ जीवित रह पाती हैं और तब फिर रक्ताघात का प्रभाव स्वतः कम जाता है। कुछ अध्ययनों से इस बात की भी पुष्टि हुई है कि रक्ताघात वाले रोगियों के उपचार में नियमित व्यायाम (exercise) तथा संवेदी उत्तेजन (sensory stimulation) की सार्थक भूमिका होती है क्योंकि इनसे ऐसे रोगियों की अक्षमताएँ धीरे-धीरे कमने लगती हैं। यहाँ पर यह भी कहना उचित होगा कि CVA के रोगियों में उम्र (age) की अहं भूमिका होती है। 60 साल से 80 साल की आयु में रक्ताघात होने की सम्भावना कई कारणों जैसे उच्चरक्त चाप, हृदय रोग (heart disease) तथा एथोरोस्कलेरोसिस (atherosclerosis) अर्थात् रक्त नलिकाओं के दिवाल का कमजोर होना, से बहुत अत्यधिक होती है। अतः अन्तिम निष्कर्ष के रूप में यह कहा जा सकता है कि अगर व्यक्ति की आयु कम होती है, मस्तिष्कीय क्षति का क्षेत्र छोटा है, तो उसे चँगा होने की सम्भावना भी अधिक होती है।

विकासात्मक विकृति
(Disorders of Development)

विकासात्मक विकृति भी एक प्रमुख तंत्रिकावैज्ञानिक विकृति (neurological disorder) है जिसमें मस्तिष्क का विकास विषजन्य रसायनों (toxic chemicals) तथा जननिक असामान्यताओं (genetic abnormalities) से बुरी तरह प्रभावित हो

जाता है। मानसिक मन्दन (mental retardation) ऐसी विकृति की एक मुख्य अभिव्यक्ति होती है।

विकासात्मक विकृति के तहत निम्नांकित तीन तरह के विकृतियों (disorders) की चर्चा की गयी है—

1. विषजन्य तत्त्वों से सम्बन्धित विकृति *(Disorder associated with toxic elements)*—गर्भवती माताओं में जब जीव-विष (toxic) उपस्थित होता है तो इससे भ्रुण का विकास (fetal development) प्रभावित हो जाता है और बच्चा में मानसिक मन्दन उत्पन्न हो जाता है क्योंकि इससे मस्तिष्कीय विकास प्रभावित हो जाता है। जैसे, यदि किसी गर्भवती महिला गर्भ के प्रारम्भिक दिनों में रूवेल्ला (Rubella) जिसे जर्मन ख़सरा (German measles) भी कहा जाता है, से ग्रसित हो जाती है, तो इस विषाणु (virus) से उत्पन्न विषजन्य रसायन (toxic chemical) भ्रूण के मस्तिष्क के विकास में बाधा पहुँचाता है जिसे बच्चे में मानसिक मन्दन हो जाता है।

इतना ही नहीं, यह भी देखा गया है कि जब गर्भ के दौरान माताएँ कुछ विशेष तरह के औषध का सेवन करती हैं, तो इसे भी उनके भ्रूण के मस्तिष्क के विकास पर बुरा असर पड़ता है और उनमें मानसिक मन्दन विकसित हो जाता है। जैसे, जब माताएँ गर्भवती होने पर अल्कोहल (alcohol) का सेवन करती हैं, तो उनके गर्भ में पल रहे बच्चा में मानसिक मन्दन उत्पन्न हो जाता है। ऐसे बच्चे औसत से छोटे तो होते ही हैं तथा साथ-ही-साथ उनका विकास भी काफी धीरे-धीरे होता है। ऐसे बच्चे *फेटल अल्कोहल संलक्षण* (fetal alcohol syndrome) दिखलाते हैं जिनमें मुख्य रूप से उनका आनन विकास (facial development) के साथ-ही-साथ दैहिक विकास भी विचित्र अर्थात् सामान्य से कुछ हटकर होता है तथा साथ-ही-साथ मस्तिष्कीय विकास (brain development) भी काफी घटिया होता है। स्ट्रीस्सगुहा, ग्रान्ट तथा वार्र (Streissguha, Grant & Barr, 1991) के अनुसार ऐसे बच्चों की बुद्धि लब्धि 60 के करीब होती है। ब्राउन (Braun, 1966) के अनुसार जब गर्भ रहने पर माताएँ अल्कोहल पीतीं हैं तो यह अल्कोहल एक विशेष प्रकार के प्रोटीन जिसे तंत्रिकीय बन्ध प्रोटीन (Neural Adhesion Protein or NAP) जो विकसित हो रहे मस्तिष्क में न्यूरोन के वर्द्धन को निर्देशित कर उसें मजबूत बनाता है, के साथ टकराव करता है जिसका परिणाम यह होता है कि बढ़ते भ्रूण में मस्तिष्कीय विकास अवरूद्ध हो जाता है।

2. वंशागत चयापचय विकृतियाँ *(Inherited metabolic disorders)*—कुछ विकासात्मक विकृतियों का सम्बन्ध चयापचय में वंशागत त्रुटियों (inherited errors) से होता है। ऐसी त्रुटियाँ बच्चों में जन्म से ही होता है और उनके मस्तिष्कीय विकास (brain development) को प्रभावित करके मानसिक मन्दन एवं अन्य लक्षण उत्पन्न कर देते हैं। ऐसे सबसे ज्ञात एवं प्रमुख विकृति है—फेलिनक्टोन्यूरिया (phenylketonuria or PKU) । यह रोग एक ऐसे इन्जायम (enzyme) के वंशागत कमी से उत्पन्न होती है जो फेनिलालानाइन (phenylalanine) जो एक एमिनो अम्ल (amino acid) है, को ट्रायरोसिन (tryrosine) जो एक दूसरा एमिनो अम्ल है, में बदल देता है। जब रक्त में फेनिलालालाइन की मात्रा अधिक होती है तो यह केन्द्रीय तंत्रिका तंत्र के न्यरोन के माइलिनिजेसन (myelinization) की प्रक्रिया में बाधा उत्पन्न करता है। सच्चाई यह है

कि मस्तिष्क में माइलिनिजेसन की अधिक प्रक्रियाएँ जन्म के बाद ही होता है। जब ऐसे बच्चे को जन्म के बाद फेनिलालानाइन युक्त भोजन दिया जाता है, तो ऐमिनो अम्ल शरीर में काफी जमा हो जाता है जिसका परिणाम यह होता है कि उसका मस्तिष्क सामान्य रूप से विकसित नहीं हो पाता है और बच्चा में मानसिक मन्दन (mental retardation) की स्थिति उत्पन्न हो जाती है। ऐसे बच्चों की आयु छह साल के होने पर भी उसकी बुद्धि लब्धि लगभग 20 के करीब ही होती है। एक तिहाई ऐसे बच्चे ठीक ढंग से चल (walk) नहीं पाते हैं और करीब दो तिहाई बच्चे बातचीत भी ठीक से नहीं कर पाते हैं। ऐसे बच्चों द्वारा कुछ विचित्र एवं अनोखे व्यवहार भी कभी-कभी किये जाते हैं। PKU के उपचार के लिए बच्चों को करीब 6-7 साल की आयु तक एक विशेष तरह का भोजन जिनमें फेनिलालानाइन की मात्रा काफी कम होता है, दिया जाता है। इसका फायदा यह होता है कि ऐसे बच्चे में तब मस्तिष्कीय क्षति (brain damage) कम-से-कम होते हैं।

टे-सैक रोग (Tay-Sachs disease) एक दूसरा विकासात्मक विकृति है जिसका सम्बन्ध चयापचय सम्बन्धी गड़बड़ी (metabolic disturbances) से होता है। सचमुच में यह रोग एक चयापचय संचयन विकृति (metabolic storage disorder) है। यह रोग लिपिड चयापचय (lipid metabolism) का एक दोष से उत्पन्न होता है जो मस्तिष्कीय उत्तकों (brain tissues) में एक विशेष एन्जायम (engyme) जिसे हेक्सोसोमिनीडेस ए (hexosominidase A) कहा जाता है, की कमी से होता है। इस तरह की विकृति पूर्वी यूरोपियन के यहुदी के वंशजों में प्रायः देखने को मिलता है। इसमें खोपड़ी के भीतर मस्तिष्क में फूलन इतना अधिक बढ़ जाता है कि अन्त में जाकर मस्तिष्कीय उत्तक उसके दबाव से नष्ट हो जाते हैं। इस फूलन का कारण कोशिकाओं द्वारा अपने सामान्य क्रियाओं को करने के दौरान जो अवशेष (waste materials) निकलते हैं, उनका नाश न होकर धीरे-धीरे जमा होते जाना है। कुछ विशेष तरह के एन्जाइम (enzyme) के नहीं होने से लाइसोसोम (lysosome) जो इन अवशेष को समाप्त करते हैं, नहीं कर पाते हैं। फलतः फूलन बढ़ते जाता है जो अन्त में इतना अधिक बढ़ जाता है कि उसके मस्तिष्कीय उत्तक नष्ट हो जाते हैं। इस विकृति के तंत्रिका-वैज्ञानिक लक्षण (neurological systems) चार महीने की आयु से ही दिखलाई देने लगती है तथा इसके प्रमुख लक्षणों में चिड़चिड़ाहट, कोई आवाज सुनकर चौंक जाना, उदासीनता (listlessness), दौरा, बौद्धिक कार्यों को करने की अक्षमता (dementia) और अन्त में रोगी की मृत्यु भी हो जाती है।

3. डाऊन संलक्षण *(Down Syndrome)*—डाऊन संलक्षण एक ऐसा जन्मजात विकृति (congenital disorder) है जिसमें मस्तिष्क का विकास असामान्य हो जाता है और बच्चा मानसिक मन्दन (mental retardation) के रूप में श्रेणीकृत हो जाता है। डाऊन संलक्षण की पहचान सबसे पहले ब्रिटिश डॉक्टर लैंगडॉन डाऊन (Langdon Down) द्वारा 1866 में किया गया और इन्होंने इस रोग का नाम अपने नाम के ऊपर रखा जो आज डाऊन संलक्षण (Down syndrome) के नाम से मशहूर है। यह रोग का कारण दोषपूर्ण जीन (faulty gene) को अपने माता-पिता से प्राप्त करना नहीं होता है बल्कि गुणसूत्र के 21वें जोड़े में एक अतिरिक्त गुणसूत्र का होना है। यही कारण है कि डाऊन संलक्षण को *ट्रीजोमी-21* (trisomy-21) भी कहा जाता है। इस तरह से ऐसे

बच्चो के 21वें युग्म में तीन गुणसूत्र (न कि दो गुणसूत्र) होते हैं। अध्ययनों से यह स्पष्ट हुआ है कि एक अतिरिक्त गुणसूत्र की उपस्थिति से कुछ ऐसे जैवरसायन परिवर्तन (biochemical changes) होते हैं जिससे सामान्य मस्तिष्कीय विकास (normal brain development) कुप्रभावित हो जाता है। इन अध्ययनों से भी स्पष्ट हुआ है कि 800 जन्में बच्चों में से एक बच्चा में डाऊन संलक्षण पाये जाते हैं। ऐसे बच्चों के बाह्य शरीर लक्षणों में गोल सिर, मोटा एवं बाहर की ओर निकला हुआ जीभ जिसके कारण अधिकतर समय मुँह का खुलना रहना, छोटा कद (stature), छोटे-छोटे कान, झुके-झुके पलक, छोटे-छोटे एवं गोल मांसल अंगुलियाँ आदि प्रमुख हैं। इन सभी विशेषताओं के कारण इसका चेहरा उत्तरी-पूर्वी एशिया के मंगोल (Mongol) जाति के लोगों से मिलता-जुलता है। यही कारण है कि डाऊन संलक्षण को बहुत दिनों तक *मंगोलिज्म* (Mongolism) भी कहा जाता था। डाऊन संलक्षण वाले बच्चों में प्रायः मोतियाबिन्द (cataract), श्रवण क्षति, हृदय एवं अंतड़ी के रोग आदि भी पाये जाते हैं। डाऊन संलक्षण से ग्रसित होने का परिणाम मानसिक मन्दन (mental retardation), स्मृति एवं संभाषण (speech) से सम्बद्ध समस्याएँ, सीमित शब्दकोष (limited vocabulary) तथा मंदित पेशीय विकास (slow motor development) आदि मुख्य रूप से देखने को मिलता है।

डाऊन संलक्षण में बच्चा के 21वें युग्म के गुणसूत्र में जो अतिरिक्त गुणसूत्र पाये जाते हैं, उसका कारण माँ के अण्डाणु (ovum) में कोश विभाजन (cell division) में हुई त्रुटि के कारण होता है। वैज्ञानिकों का मत है कि 95 प्रतिशत केसेज में अर्धसूत्रण (meiosis) की प्रक्रिया के दौरान 21वें युग्म के गुणसूत्र का पूर्ण रूप से अलग न होने से होने वाला बच्चा में इस युग्म में 3 गुणसूत्र (एक पिता से तथा दो माँ से) प्राप्त हो जाता है (जबकि माँ से भी एक गुणसूत्र प्राप्त होना चाहिए था) जिसका परिणाम डाऊन संलक्षण (Down Syndrome) होता है।

वैज्ञानिकों का मत है कि डाऊन संलक्षण का सम्बन्ध माँ की आयु से प्रत्यक्ष रूप से होता है। महिला की आयु जितना ही अधिक होगी, डाऊन संलक्षण वाले बच्चे के जन्म लेने की सम्भावना उतनी अधिक होती है। अगर महिला की आयु 30 साल या उससे कम है, तो प्रत्येक 1500 जन्में बच्चों में एक बच्चा में इस तरह का संलक्षण तथा यदि महिला की आयु 40 साल से ऊपर है तो ऐसे महिला से जन्में 30 बच्चों में एक बच्चा में डाऊन संलक्षण होने की सम्भावना अधिक होती है। इसका कारण बतलाते हुए यह कहा गया है कि उम्र बीतने से महिला के शरीर में उसके प्रसवपूर्व (prental) अवधि से उपस्थित अंडाणु (ovum) कमजोर होने लगते हैं परिणमास्वरूप गर्भाधारण में अर्धसूत्रण (meiosis) की प्रक्रिया के दौरान गुणसूत्र (chromosomes) पूर्णतः अलग इससे नहीं हो पाते हैं।

ह्रासी विकृति
(Degenerative Disorders)

ह्रासी विकृति वैसे विकृतियों को कहा जाता है जो मस्तिष्क की कोशिकाओं (cells) में अतःपतन या ह्रासी विकृति (degenerative) के कारण होता है। इसमें रोगी के मस्तिष्क में क्रमिक रोगात्मक परिवर्तन (progressive pathological change)

होता है और उसके बौद्धिक (intellectual), सांवेगिक (emotional) तथा पेशीय (motor) कार्यों में उत्तरोत्तर ह्रास होता चला जाता है। इसके तहत कई तरह की विकृतियां को रखा गया है जिनमें निम्नांकित प्रमुख हैं—

(1) ट्रांसमिसोबुल स्पौनगिफार्म इनसेफेलोपैथिज (Transmissible Spongiform Encephalopathies or TSE)

(2) पारकिन्सन रोग (Parkinson disease)

(3) अल्झीमर रोग (Alzheimer's disease)

(4) हन्टिंगटन रोग (Huntington's disease)

(5) बहुउत्तक दृढ़न (Multiple sclerosis)

इन सबों का वर्णन अग्रांकित है—

1. ट्रांसमिसोबुल स्पौनगिफार्म इनसेफेलोपैथिन *(Transmissible Spongiform Encephalopathies or TSE)*—TSE एक ऐसा मस्तिष्कीय रोग है जिसमें ह्रासी प्रक्रिया (degenerative process) के कारण मस्तिष्क का प्रतीति (appearance) लोई या स्पंज (sponge) के समान हो जाता है जिसका प्रधान कारण प्रियोन प्रोटीन (prion protein) का गलत ढंग से तह लगकर (misfolding) अधिक मात्रा में जमा हो जाना होता है। प्रियोन प्रोटीन दो तरह का होता है—*सामान्य प्रियोन* (normal prion) तथा *संक्रामक प्रियोन* (infectious prion)। ये दोनों तरह के प्रोटीन न्यूरोन की झिल्ली (membrane) में पाये जाते हैं तथा दोनों के एमिनो अम्ल (amino acid) का क्रम (sequence) भी एक समान ही होता है। इन दोनों में मुख्य अंतर इस बात का होता है कि प्रोटीन किस तरह से तह लगे हुए (folded) है। संक्रामक प्रियोन प्रोटीन में गलत ढंग से तह लगा होता है जिससे TSE जैसे रोग की उत्पत्ति होती है। जैसे ही गलत ढंग से तह लगे प्रियोन प्रोटीन का दबदबा न्यूरोन में बढ़ता है, सामान्य प्रियोन प्रोटीन में भी गलत तह लगना प्रारम्भ हो जाता है और इस तरह से न्यूरोन में असामान्य प्रोटीन जमा होते जाते हैं जिससे आगे चलकर TSE जैसा मस्तिष्कीय रोग उत्पन्न हो जाता है। सच्चाई यह है कि गलत ढंग से तह लगा असामान्य प्रोटीन से *एपोप्टोसिस* (apoptosis) की प्रक्रिया द्वारा एक विशेष एन्जायम (enzyme) जिसे *कैसपासेस* (caspases) कहा जाता है, उत्पन्न होता है। कैसपासेस एक तरह का मारक एन्जायम (killer enzyme) होता है जो न्यूरोन को असमय ही नष्ट कर देता है जिससे उसकी मृत्यु हो जाती है। TSE के प्रमुख लक्षणों में स्मृति क्षुब्धता (memory disturbances), दोषपूर्ण बोध या समझ (impaired comprehension), किसी वस्तु का नाम बतलाने में कठिनाई तथा पर्यावर्णीय स्थिति भ्रम (environmental disaientage) आदि प्रमुख हैं।

2. पारकिन्सन रोग *(Parkinson disease)*—इस रोग का सर्वप्रथम पारकिन्सन ने 1871 में पहचान किया और कहा जाता है कि वे खुद इस रोग से ग्रसित थे। इस रोग में बेसल गैंगलिया (basal ganglia) में विशेषकर सबस्टानसिया निग्रा (Substantia Nigra) में ह्रास (degeration) होने से उत्पन्न होता है। इसमें सबस्टानसिया निग्रा के डोपामाइन उत्पन्न करने वाले न्यूरोन में ह्रास होता है जिसका परिणाम यह होता है कि डोपामाइन जैसे न्यूरोट्रांसमीटर (neurotransmitter) का स्तर सामान्य से काफी कम हो जाता है और व्यक्ति इस रोग का शिकार हो जाता है।

गति का मन्द होना (slowness of motor movement), कम्पन तथा मुद्रा सम्बन्द्ध अस्थिरता (postural instability) आदि प्रमुख हैं। जैसे, इस रोग से ग्रसित व्यक्ति एक बार बैठ गया तो उसे फिर उठने में काफी कठिनाई होती है। यदि ऐसे व्यक्ति चलना प्रारम्भ कर देता है तो फिर उसे रूकने में कठिनाई होती है या फिर बहुत मेहनत करके रूकता है। ऐसे व्यक्ति कमरा में आगे एवं पीछे चलने की अनुक्रिया भी बहुत मुश्किल से कर पाता है। बहुत मेहनत करने पर वह कलम से कुछ लिख पाता है। शरीर के अन्य भाव-भंगिमा में सम्बन्ध गतियाँ (movements) बहुत ही मुश्किल से कर पाता है। 40 से 60 प्रतिशत रोगियों में मनोवैज्ञानिक क्षुब्धता (psychological disturbances) भी देखा गया है। इसमें स्मृति, अधिगम, निर्णय, एकाग्रता में सामान्य कमी तथा सामाजिक प्रत्याहार (social withdrawal) तथा भावशुन्यता आदि भी देखने को मिलता है। यह रोग सर्वाधिक रूप से 50 से 70 साल के व्यक्तियों में होता है परंतु कुछ ऐसे भी सबूत उपलब्ध हैं जिसमें यह देखा गया है जब कम उम्र के व्यक्ति या वयस्क कुछ ऐसे औषध (drug) का सेवन करते हैं जो MPTP से दूषित (contaminated) होता है, तो इससे उनमें पारकिन्सन रोग उत्पन्न हो जाता है। कुछ केसेज में वातावरण में उपस्थित विषजन्य (toxins) तथा कुछ केसेज में दोषपूर्ण चयापचय (faulty metabolism) के कारण भी यह रोग कम उम्र के व्यक्तियों में भी हो जाता है।

पारकिन्सन रोग का कोई जननिक आधार (genetic base) नहीं होता है हालांकि कुछ किये गए नवीनतम शोधों से यह पता चला है कि गुणसूत्र 4 में अवस्थित जीन के विशेष उत्परिवर्तन (mutation) से यह रोग होता है। यह जीन एक विशेष प्रोटीन जिसे अल्फा-सिन्यूक्लिन (α-synuclein) कहा जाता है, उत्पन्न करता है जो सामान्यतः प्राक्सूत्रयुग्मनीय न्यूरोन (presynaptic neuron) में पाया जाता है और यह सूत्रयुग्मनीय सुनम्यता (synaptic plasticity) में महत्त्वपूर्ण भूमिका निभाता है। उत्परिवर्तन (mutation) की प्रक्रिया से डोपामाइन से सम्बन्ध न्यूरोन (dopaminergic neuron) में सिन्यूक्लिन प्रोटीन के गलत तहों (misfold) का जमावड़ा होने लगता है जिससे डोपामाइन का स्राव कम होता है और यह रोग उत्पन्न होता है। किटाडर तथा उनके सहयोगियों (Kitadar et. al., 1998) द्वारा किये गए शोधों से पारकिन्सन रोग का एक अन्य आनुवंशिक प्रारूप (hereditary form) का पता चला है। इनके शोध के अनुसार *पारकिन* (Parkin) नामक जीन में उत्परिवर्तन (mutation) होने से भी यह रोग होता है। इस जीन के उत्परिवर्तन से सिन्युक्लिन प्रोटीन का विषजन्य स्तर (toxic level) डोपामाइन सम्बन्ध न्यूरोन (dopaminergic neuron) में जमा हो जाता है जिससे ऐसे न्यूरोन नष्ट हो जाते हैं और डोपामाइन का स्राव लगभग न के बराबर हो जाता है।

पारकिन्सन रोग का सबसे मानक उपचार (standard treatment) जिसकी मान्यता लोगों में काफी है, रोगी को एल-डोपा (L-DOPA) जिसे डोपामाइन का अग्रदूत कहा जाता है, देना होता है। जैसे ही, एल-डोपा मस्तिष्क में पहुँचता है, इसे डोपामाइन सम्बन्ध न्यूरोन (dopaminergic neuron) द्वारा ग्रहण कर लिया जाता है और उसे डोपामाइन में बदल दिया जाता है। इसका परिणाम यह होता है कि रोगी में डोपामाइन का स्तर बढ़ जाता है जिसके फलस्वरूप पारकिन्सन रोग के लक्षणों में कमी आ जाती है।

आधुनिक समय के न्यूरोसर्जन द्वारा वैसे पारकिन्सन रोगी जिनमें एल-डोपा देने से लक्षण में कमी नहीं हो पाता है, के लिए कुछ विशेष स्टिरियोटैक्सिक विधियों (stereotoxic methods) का प्रावधान किया है जो इस प्रकार है—

(i) आजकल न्यूरोसर्जन एक विशेष प्रकार की सूई (needles) की मदद से पारकिन्सन रोगी के विशेष उत्तकों (tissues) को प्रतिरोपण (transplantation) करते हैं। ऐसे उत्तकों को मानव भ्रूण जिनका गर्भपात (abortion) या गर्भस्राव (miscarriage) हो चुका है, से विशेष सूई की मदद से निकालकर रोगी के वेसल गैंगलिया (basal ganglia)[1] के काउडेट न्यूक्लियस (caudet neucleus) तथा पुटामेन (putamen) में प्रतिरोपित कर दिया जाता है। इससे डोपामाइन का स्राव बढ़ जाता है तथा रोग के लक्षण कुछ कम हो जाते हैं।

(ii) जैसा कि आधुनिक समय में किये गऐ शोधों से स्पष्ट हुआ है, वेसल गैंगलिया (basal ganglia) का मुख्य उत्पादन या निर्गत (output) ग्लोबस पाल्लिडस (globus pallidus or GPi.) के आंतरिक भागों से आता है। इस निर्गत या स्राव जो थैलमेस होते हुए पेशीय कॉर्टेक्स (motor cortex) में पहुँचता है, का स्वरूप अवरोधक (inhibitory) होता है। फलस्वरूप, इससे पेशीय गतियों (motor activities) में कमी आ जाती है। अतः न्यूरोसर्जन इस GPi में हल्का क्षति (damage) पहुँचाकर इस अवरोधक स्राव को कम कर देते हैं। जब ऐसा होता है कि रोगी फिर से पेशीय गति करने लगता है और पारकिन्सन रोग के लक्षणों में कमी आने लगती है।

3. अल्झीमर रोग (*Alzheimer disease*)—अल्झीमर रोग एक तरह का डिमेन्सिया (dementia) है। डिमेन्सिया में आंगिक मस्तिष्कीय विकृति (organic brain disorder) के कारण सामान्य बौद्धिक क्षमता (intellectual abilities) में ह्रास (determination) होता है। अल्झीमर रोग 65 साल से 85 साल से ऊपर के कुल व्यक्तियों में करीब 40% में होता देखा गया है। इसमें व्यक्ति की स्मृति तथा अन्य सम्बन्धित क्षमताओं में धीरे-धीरे ह्रास होता चला जाता है। ऐसे रोगी दिन-प्रतिदिन की गतिविधियों को भूल जाते हैं। इतना ही नहीं वे कभी-कभी किसी शब्द या परिचित व्यक्ति के नाम को भी ठीक ढंग से प्रत्याह्वन नहीं कर पाते हैं। इस रोग की एक विशेषता यह है कि इसमें जो स्मृति की समाप्ति (loss of memory) होती है, उसका सम्बन्ध हाल की घटनाओं (recent events) से काफी होता है और इस तरह से अल्झीमर रोग कोरसाकोफ्फ संलक्षण (Korsakoff syndrome) के अग्रग्रेड स्मृति लोप (anterograde amentia) से मिलता-जुलता है। अल्झीमर रोग में व्यक्ति में संज्ञानात्मक कमी (cognitive deficit) पर्याप्त मात्रा में होता है जिससे ऐसे व्यक्तियों में समायोजन (adaptation) से सम्बन्द्ध समस्याएँ उत्पन्न खड़ीं हो जातीं हैं।

न्यूरोमनोवैज्ञानिकों तथा न्यूरोवैज्ञानिकों द्वारा किये गए अध्ययनों से यह स्पष्ट हुआ

---

1. छात्र यहाँ ध्यान देंगे कि वेसल गैंगलिया (basal ganglia) के तीन महत्त्वपूर्ण तत्त्व हैं—काउडेट न्यूक्लियस (caudet nucleus), पुटामेन (putamen) तथा ग्लोबस पाल्लिडस (globus pallidus)।

है कि अल्झीमर रोग में रोगी के मस्तिष्क के उन भागों में स्पष्टतः ह्रास (degeneration) के सबूत मिलते हैं जिनका सम्बन्ध स्मृति कार्यों (memory functions) से होता है। जैसे इन अध्ययनों से यह तथ्य उजागर हुआ है कि रोगी के हिप्पोकैम्पस (hippocampus), इनटोरहिनल कॉर्टेक्स (entorhinal cortex), नियोकॉर्टेक्स (neocortex), जिसमें मूलतः अग्रपालि (forntal lobe) तथा शंखपालि (temporal lobe) का साहचर्य कॉर्टेक्स (association cortex) सम्मिलित होता है, नेफ न्यूक्लाई (naphe nuclei), लोकस कोरूलस (locus coerulaus) तथा न्यूक्लिअस वेसलिस (nucleus basalis) आदि सम्मिलित है। चित्र 11.3 में अल्झीमर रोगी के मस्तिष्क में होने वाले ह्रासों (deteroration) को स्पष्ट रूप से दिखलाया गया है। चित्र से स्पष्ट है कि मस्तिष्क में सुलकी (sulci) या दरार कितने बड़े-बड़े हैं। कॉर्टिकल उत्तकों (cortical tissues) के क्षय हो जाने से दरार बड़ा-बड़ा दिखता है।

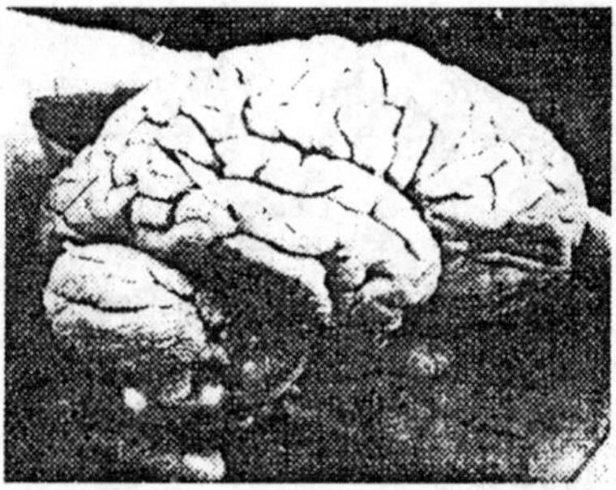

(a)
सामान्य मस्तिष्क

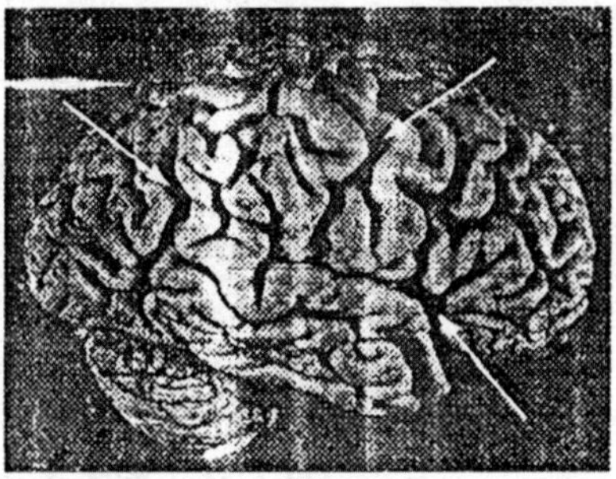

(b)
अल्झीमर रोगी के मस्तिष्क का दायाँ भाग। तीर से मस्तिष्कीय ह्रास को दिखलाया गया है।

चित्र 11.3 : अल्झीमर रोगी के मस्तिष्क के दायाँ हिस्सा

अल्झीमर रोगी के शव-परीक्षा (autopsy) से यह पता चला है कि इसमें *न्यूरोफाइब्रिलरी टैंगल* (neurofibrillary tangles) तथा *न्यूरिटिक प्लेक* (neuritic plaque) दोनों ही होते हैं। न्यूरोफाइब्रिलरी टैंगल में तंत्रिका तन्तु (nerve fibers) अनुचित ढंग से मुड़ कर विकृत (distorted) हो जाते हैं। न्यूरिटिक प्लेक (neuritic plaque) मृत न्यूरोन (dead neurons) तथा कोशीय कचरा (cellular garbage) के अवशेष (residue) से बने होते हैं। न्यूरोफाइप्रिलरी टैंगल एक तरह का अंतराकोशीय असामान्यता (intracellular abnormalities) है। सचमुच में इसमें मर रहे न्यूरोन्स (neurons) होते हैं जिसमें *टाऊ प्रोटीन* (tau protein) के मुड़े-मुड़े तन्तु (twisted filements) कोश के भीतर इकट्ठा हो जाते हैं। टाऊ प्रोटीन सामान्यतः कोश के परिवहन प्रक्रम (transport mechanism) में अपना हिस्सेदारी दिखलाता है। अल्झीमर रोग के हो जाने पर प्रमस्तिष्कीय कॉर्टेक्स के पिरामिडल कोशों (pyramidal cells) के सोमा (soma) तथा शाखिकाओं (dendrites) में असामान्य तन्तु कोश के भीतर पोषण तत्वों के आवाजाही को भंग कर देता है जिसका परिणाम यह होता है कि कोश की मृत्यु हो जाती है और फिर इसके पीछे प्रोटीन तन्तुओं का एक टैंगल या गुत्थी अवशेष रह जाता है। न्यूरिटिक प्लेक कोश के भीतर नहीं बल्कि कोश के बाहर जमा

हुआ तत्व (extracellular deposit) है जिसमें एक महत्त्वपूर्ण प्रोटीन जिसे वीटा-एमिलायड (β-amyloid) कहा जाता है, की अधिकता होती है और ऐसे तत्व ह्रासित एक्सान (axons) तथा शाखिकाओं (dendrites) जिसमें उत्तेजित माइक्रोग्लिया (microglia) तथा प्रतिघातक एस्ट्रोसाइट्स (reactive astrocytes) भी होते हैं, से घिरा होता है। अन्तोगत्वा, फेगोसाइटिक ग्लियल कोशिका ह्रासित एक्सान एवं शाखिकाओं (dendrites) को नष्ट कर देते हैं और सिर्फ तब एमिलायड (amylioid) रह जाता है। इसी एमिलायड प्रोटीन (amyloid) के दोषपूर्ण प्रारूप (defective form) के उत्पन्न होने से ही न्यूरिटिक प्लेक (nuritic plaque) का निर्माण होता है। बीटा एगिलायड के निर्माण में कई चरण (steps) सम्मिलित होते हैं जिसपर भी विचार यहाँ करना आवश्यक है—

(i) एक विशेष जीन (gene) जिसमें बीटा-एमिलायड प्रीकर्सर प्रोटीन (β-amyloid precusor protein or APP) उत्पन्न करने की क्षमता होती है, व्यक्ति में होता है। APP में करीब 700 एमिनो अम्ल (amino acid) की एक श्रृंखला होती है। APP की उत्पत्ति गुणसूत्र 21 पर के एक विशेष जीन (gene) से होता है।

(ii) इसके बाद APP को दो स्थानों पर एक विशेष एन्जायम (enzyme) जिसे *सिक्रिटेस* (secretase) कहा जाता है, द्वारा काटा जाता है। पहला कटाव APP अणु (molecule) के पूँछ (tail) पर किया वीटा-सिक्रिटेस (secretase) द्वारा किया जाता है तथा दूसरा कटॉव गामा सिक्रिटेस (γ-secretase) द्वारा APP के सिर के नजदीक किया जाता है। इसका परिणाम यह होता है कि बीटा-एमिलायड के जो अणु होते हैं उसमें 40 या 42 ही एमिनो एसिड (amino acid) ही होते हैं। APP अणु में जो दूसरा कटाव होता है, उसी से यह निश्चित होता है कि APP का आकार (form) लम्बा होगा या छोटा होगा। अध्ययनों से यह स्पष्ट हुआ है कि एक सामान्य व्यक्ति के मस्त्कि में करीब 90 से 95 प्रतिशत बीटा-एमिलायड के अणु छोटे आकार के होते हैं और 5 से 10 प्रतिशत ही बीटा-एमिलायड बड़े आकार के होते हैं।

अल्झीमर रोग से ग्रस्त व्यक्तियों में लम्बे आकार वाले वीटा-एमिलायड की संख्या बढ़कर लगभग 40 प्रतिशत हो जाती है। लम्बे आकार वाले वीटा एमिलायड के अणु को अधिक संख्या में एक जगह जमा होने पर उनमें अनुचित ढंग से तह लगने की प्रवृत्ति तीव्र हो जाती है जिसका कोशिका पर विषैला प्रभाव पड़ता है। इससे फिर मस्तिष्कीय ह्रास (brain degeneration) प्रारम्भ होता है और अल्झीमर रोग की उत्पत्ति होती है।

स्पष्ट हुआ कि अल्झीमर रोगी के मस्तिष्क में दो तरह के प्रोटीन के असामान्य रूप (abnormal form) देखने को मिलते हैं—*वीटा-एमिलायड प्रोटीन* (b-amyloid protein) तथा *टाऊ प्रोटीन* (tau protein) अध्ययनों से यह स्पष्ट हुआ है कि असामान्य वीटा-एमिलायड प्रोटीन की अत्यधिक मात्रा से न कि टाऊ प्रोटीन की असामान्य मात्रा से, अल्झीमर रोग तेजी से विकसित होता है। वीटा-एमिलायड प्रोटीन के अग्रदूत जिसे APP कहा जाता है, में उत्परिवर्तन (mutation) होने से उक्त दोनों तरह के असामान्य प्रोटीन उत्पन्न होते हैं और उससे न्यूरोफाइब्रिलरी टैंगल (neurofibrillary tangle) तथा न्यूरिटिक प्लेक (neuritic plaque) दोनों का ही निर्माण होता है। परंतु

टाऊ प्रोटीन के लिए उत्तरदायी जीन में यदि उत्परिवर्तन (mutation) होता है तो इससे सिर्फ न्यूरोफाइब्रिलरी टैंगल (neurofibrillary tangles) का ही निर्माण होता है। गोयडर्ट तथा स्पिल्लानटिनी (Goedert & Spillantini, 2000) द्वारा किये गए अध्ययन से यह स्पष्ट हुआ है कि ऐसे उत्परिवर्तन से एक विशेष तरह की विकृति उत्पन्न होती है जिसे *फ्रंटोटेम्पोरल डिमनेसिया* (frontotemporal dementia) कहा जाता है जिसमें पारकिन्सन रोग के साथ-ही-साथ अग्रपालि (frontal lobe) तथा शंखपालि (temporal lobe) में ह्रास (degeneration) होने से अल्ज़ीमर रोग के लक्षण भी दिखते हैं। कुछ नवीनतम अध्ययनों से यह भी पता चला है कि अल्ज़ीमर रोग में रोगी के मस्तिष्क में एसिटिलकोलाइन (acetylcoline or ACh) का स्तर काफी कम होता है। यह एक ऐसा न्यूरोट्रांसमीटर जो शारीरिक गति, दैहिक उत्तेजन तथा स्मृति (memory) आदि में महत्त्वपूर्ण भूमिका निभाता है।

अल्ज़ीमर रोग के कुछ जननिक कारण (genetic cause) बतलाये गए हैं जिनमें निम्नांकित प्रमुख हैं—

(i) कुछ अध्ययनों से यह स्पष्ट हुआ है कि अल्ज़ीमर रोग का कुछ विशेष प्रारूप (form) एक ही परिवार के सदस्यों में अधिक देखने को मिलता है। ऐसा देखा गया है कि डाऊन संलक्षण (Down syndrome) वाले व्यक्तियों के मस्तिष्क में भी वीटा-एमिलायड (b-amyloid) भी जमा पाये जाते हैं, इसलिए कुछ शोधकर्त्ताओं का प्राक्कल्पना यह था कि गुणसूत्र के 21वें जोड़े की भूमिका भी वीटा-एमिलायड के उत्पादन में अवश्य होगा क्योंकि डाऊन संलक्षण में गुणसूत्र के 21वें जोड़े में ही एक अतिरिक्त गुणसूत्र पाया जाता है। इस तथ्य की पुष्टि संत जॉर्ज-हाइस्लॉप तथा उनके सहयोगियों (St. George Hyslop et. al., 1987) द्वारा किये गए उस अध्ययन से होता है जिसमें गुणसूत्र 21 में वैसा जीन पाया गया जिससे APP की उत्पत्ति होती है।

(ii) कुछ अध्ययनों में यह भी पाया गया है कि APP का विशिष्ट उत्परिवर्तन (specific mutuation) से परिवार के सदस्यों में अल्ज़ीमर रोग की उत्पत्ति होती है। कुछ अध्ययन में यह देखा गया है कि गुणसूत्र के युग्म 1 तथा 14 में पाये जाने वाले *प्रिसेनिलिन* (presenilin) नामक जीन के उत्परिवर्तन से अल्ज़ीमर रोग की उत्पत्ति होती है। हार्डी (Hardy, 1997) द्वारा किये गए शोधों से यह स्पष्ट हुआ कि असामान्य APP तथा प्रिसेनिलिन जीन दोनों मिलकर लम्बे आकार वाले वीटा-एमिलायड की उत्पत्ति करते हैं जिसमें धीरे-धीरे अनुचित तह बनने लगते हैं और फिर अल्ज़ीमर रोग की उत्पत्ति करते हैं।

(iii) अल्ज़ीमर रोग का एक अन्य जननिक कारण एपोलिपोप्रोटीन ई (apolipoprotein E or apo E) के लिए जो जीन है, उसमें उत्परिवर्तन (mutation) का होना है। apoE एक ग्लाइकोप्रोटीन (glycoprotein) होता है जो रक्त में कोलेस्टेरोल (cholesterol) का आवाजाही तथा कोशीय पुनर्निर्माण (cellular repair) में महत्त्वपूर्ण भूमिका निभाता है। apo E जीन का एक एल्ली (allele) जिसे E-4 कहा जाता है, अल्ज़ीमर रोग को उत्पन्न (परंतु थोड़ा विलम्ब से) करता है। इस तथ्य की पुष्टि माहले तथा राल्ल (Mahley & Rall, 2000) के अध्ययन से हुआ है।

अल्झीमर रोग के उपचार की दिशा में वैज्ञानिकों द्वारा जो कदम उठाये गए हैं उनमें वीटा-एमिलायड (β-amyloid) को नष्ट करने की कोशिश या उसके स्तर को कम करने की कोशिश की गयी है। इन लोगों द्वारा कुछ विशेष तरह के इनजक्सन की खोज की गयी जिसके देने से शरीर का असंक्रमण तंत्र (immune system) वीटा-एमिलायड के प्रति काफी संवेदनशील हो जाती है। फलस्वरूप उसका प्रभाव व्यक्ति पर कम पड़ता है और अल्झीमर रोग के लक्षण कम जाते हैं। इसके अतिरिक्त कुछ दूसरे तरह के उपचार भी अल्झीमर रोग के लिए उपलब्ध हैं जिनमें निम्नांकित प्रमुख हैं—

(i) कुछ लोग अल्झीमर रोगियों को टैक्राईन (tacrine) देने का सुझाव दिया है। इस औषध के सेवन से AcH का टूटना या उत्तरोतर कम होना रूकता है। परंतु इसके पार्श्विक प्रभाव (side effect) गम्भीर होने से इसका उपयोग कम कर दिया गया है।

(ii) ऐसी महिला अल्झीमर रोगी जिनका मासिक धर्म बन्द हो चुका होता है को एस्ट्रोजेन (estrogen) जैसे हारमोन को बढ़ाने से उनके अल्झीमर रोग के लक्षण में कमी आते दिखा है।

(iii) निमोडिपिन (nimodipine) जो कैलसियम चैनेल ब्लाकर (calcium channel blocker) है, से भी अल्झीमर रोग के लक्षण में कमी आती है क्योंकि न्यूरोन के ह्रास (degenexation) में कैलसियम का भी हाथ होता है।

(iv) प्रोपेनटोफाइल्लिन (propentofylline) से भी अल्झीमर रोग के लक्षण में कमी आती है। इससे मस्तिष्क में ऊर्जा चयापचय (energy metabilism) तथा रक्त प्रवाह बढ़ती है जिससे अल्झीमर रोग के लक्षणों में कमी आती है।

इसके अलावा अल्झीमर रोग के लक्षणों को कम करने के लिए कुछ फूलन-विरोधी औषध (anti-inflammatory drug) का भी उपयोग सफलतापूर्वक किया गया है क्योंकि अल्झीमर रोग में न्यूरोन में कुछ फूलन होने की भी शिकायत मिलती है।

स्पष्ट हुआ कि अल्झीमर रोग के लक्षणों को उचित मेडिकल हस्तक्षेप (medical intervention) से कम किया जा सकता है।

4. हनटिंगटन रोग *(Huntington's disease)*—हनटिंगटन रोग की उत्पत्ति वेसल गैंगलिया (basal ganglia) के काऊडेट न्यूक्लिअस (caudet nucleus) तथा पुटामेन (putamen) के विशेषकर गावा (GABA) तथा एसिलकालिन उत्पन्न करने वाले न्यूरोन्स में ह्रास (degeneration) उत्पन्न होने से होता है। पारकिन्सन रोग में जहाँ रोगी में शारीरिक गति करने की असमर्थता होती है वहीं हनटिंगटन रोग में रोगी अनियंत्रित गति विशेषकर झटकेदार एवं ऐंठनदार शारीरिक गति अधिक करता है। इसके अतिरिक्त इसमें मुख विकृति (facial grimaces), फड़कन (twitches) तथा अनैच्छिक हाथ-पैर की गतियाँ आदि भी होता है। ये सभी शारीरिक गतियाँ धीरे-धीरे इतना तीव्र हो जातीं है कि रोगी ठीक ढंग से न तो चल पाता है और न ही कुछ कह पाता है। ऐसे रोगियों के व्यक्तित्व में परिवर्तन आ जाता है तथा साथ-ही-साथ स्मृति लोप (memory loss) तथा विषाद (depression) प्रायः रोग की आरम्भिक अवस्था में देखने को मिलता है। बाद में रोगी में बौद्धिक ह्रास (intellectual deterioration), स्मृति सम्बन्ध समस्याएँ,

असंगठित संभाषण (disorganized speech) तथा मनोविक्षिप्त व्यवहार (psychotic behaviour) आदि देखने को मिलते हैं।

हनटिंगटन रोग का लक्षण प्रायः 30 या 40 साल के उम्र में प्रथम बार दिखता है हालांकि कभी-कभी यह 20-22 साल के उम्र में भी दिखता है। तंत्रकीय ह्रास (neural degeneration) का पहला लक्षण वेसल गैंगलिया के पुटामेन (putamen) में विशेषकर निरोधक न्यूरोन (inhibitory neurons) के समूह में दिखता है। इस न्यूरोन में ह्रास होने के कारण क्षति होने से अग्रपालि कॉर्टेक्स (forntal cortex) के प्राक्पेशीय (premotor) तथा पूरक पेशीय (supplementary motor) क्षेत्रों द्वारा किया गया निरोधक नियंत्रण (inhibitary control) हट जाता है जिसके परिणामस्वरूप व्यक्ति अनैच्छिक गतियाँ (involuntary movements) करने लग जाता है।

हनटिंगन रोग आनुवंशिक (hereditary) होता है जो गुणसूत्र युग्म संख्या 4 में एक प्रबल जीन (dominant gene) के कारण होता है। जिस व्यक्ति के माता-पिता में हनटिंगटन रोग होता है, उनके बच्चों में इस रोग के होने की सम्भावना 50 प्रतिशत होता है। आधुनिक शोधों से यह स्पष्ट हुआ है कि एमिनो एसिड ग्लूटामाइन (amino acid glutamine) को कूटसंकेतिक करने वाले क्रम (sequence) का बारम्बार दोहराने से उक्त जीन में एक दोष उत्पन्न हो जाता है। इस पुनरावृत्त क्रम (repeated sequence) से एक विशेष प्रकार का प्रोटीन उत्पन्न होता है जिसे *हनटिंगटन* (hungtingion) कहा जाता है जिसमें ग्लूटामाइन के लम्बे-लम्बे अणु (molecules) जमा होने लगते हैं जिससे हनटिंगगटन रोग उत्पन्न हो जाता है। दुर्भाग्यवश इस रोग का अभी कोई प्रभावी उपचार (effective treatment) उपलब्ध नहीं है।

5. बहुउत्तक दृढ़न *(Multiple sclerosis)*—बहुउत्तक दृढ़न एक ऐसी विकृति है जिसमें मस्तिष्कीय उत्तक (brain tissues) काफी कड़े हो जाते हैं। यह एक ओटोइम्यिून डीमाइलिनेटिंग विकृति (autoimmune demyelinating disorder) जिसमें विभिन्न तरह के तंत्रिका वैज्ञानिक लक्षण (neurological symptoms) जिसमें स्मृति लोप (memory loss), एकाग्रता की कमी, विषादी प्रवृत्तियाँ आदि देखने को मिलते हैं। अध्ययनों से यह स्पष्ट हुआ है कि मस्तिष्क तथा सुषुम्ना (spinal cord) में अलग-अलग जगहों पर न्यूरोन के माइलिन शीथ (myelin sheath) पर व्यक्ति के असंक्राम्य तंत्र (immune system) द्वारा आक्रमण किया जाता है। इसका परिणाम यह होता है कि ऐसे न्यूरोस द्वारा तंत्रकीय सूचनाओं का सामान्य संरचरण (normal transmission) नहीं हो पाता है। चूँकि इस तरह की क्षति पूरे मस्तिष्क तथा सुषुम्ना के उजले पदार्थ (white matter) में होता है इसलिए कई तरह के तंत्रिकावैज्ञानिक लक्षण (neurological symptoms) उत्पन्न हो जाते हैं। बहुउत्तक दृढ़न (multiple sclerosis) के लक्षण महिलाओं में पुरुषों की अपेक्षा अधिक देखने को मिलता है और यह रोग 20 साल या 30 साल की आयु में प्रायः होता है।

बहुउत्तक दृढ़न का उपचार इटरफेरोन वीटा (interferon β) है जो एक ऐसा प्रोटीन है जिसके माध्यम से असंक्राम्य तंत्र की अनुक्रियाशीलता (responsiveness) को अनुकूल बनाया जाता है, से होता है। इस प्रोटीन को देने से असंक्रम्य तंत्र के आक्रमण की बारंबारता काफी कम हो जाती है और तंत्रिकावैज्ञानिक अक्षमताएँ

(neurological disabilities) बहुत हद तक कम हो जाती हैं। परंतु यह उपचार बहुत ज्यादा प्रभावी नहीं है और एक अन्य अच्छा उपचार विधि की जरूरत है।

संक्रामक रोगों से उत्पन्न विकृतियाँ
(Disorders Caused by Infections Diseases)

अध्ययनों से यह स्पष्ट हुआ है कि कुछ तंत्रिकावैज्ञानिक विकृतियाँ (neurological disorders) संक्राम्य जीवों (infections organism) जैसे—बैक्टीरिया (bacteria), फूनगी (fungi) या अन्य वायरस (virus) आदि के शरीर में प्रवेश करने के फलस्वरूप उत्पन्न हो जाता है। ऐसी विकृतियों में चार अधिक सामान्य है—*प्रमस्तिष्कीय एब्सेस* (cerebral abscess), *इनसिफेलाइटिस* (encephalitis), *न्यूरोसिफिलिस* (neurosyphilis) तथा *मेनिनगाइटिस* (meningitis)।

इन दोनों का वर्णन इस प्रकार है—

1. प्रमस्तिकीय फोड़ा *(Cerebral abscess)*—प्रमस्तिष्कीय फोड़ा एक ऐसा संक्रामण (infection) है जो सम्बन्ध उत्तकों के भीतर बढ़ता एवं पनपता रहता है। चूँकि शरीर के बाहरी भागों पर के फोड़े के समान इसे बहाया नहीं जा सकता है, अतः यह मस्तिष्क के भीतर ही बढ़ते रहता है। मस्तिष्कीय फोड़ा सामान्यतः निम्नांकित दो अवस्थाओं में उत्पन्न होता है—

(i) जब शरीर के किसी अन्य भाग में लगा संक्रामण (infections) मस्तिष्क में पहुँच जाता है।

(ii) जब कोई बाहरी वस्तु जैसे बुलेट, छुरी या नुकीला औजार आदि मस्तिष्क में प्रवेश कर जाता है और संक्रामण उत्पन्न कर देता है।

प्रमस्तिष्कीय फोड़ा के कई तरह के लक्षण देखने को मिलते हैं। संक्रामण के आरम्भिक अवस्था में रोगी को गर्दन में कड़ापन, भूख की कमी, सिहरन (chill) तथा कभी-कभी ऐंठन (convulsion) आदि दिखलाता है। जैसे-जैसे यह फोड़ा बड़ा होते जाता है, मस्तिष्क के अगल-अगल के उत्तकों पर अनावश्यक दबाब डालता है जिससे उसके सम्बन्धित कार्य प्रभावित हो जाते हैं। यह स्थिति ठीक मस्तिष्कीय ट्यूमर (brain tumour) की स्थिति के समान हो जाती है। इस तरह के दबाव के बढ़ने से रोगी में अत्यधिक सुस्ती बढ़ जाती है जो बाद में उदासीनता या भावशुन्यता (stupor) में बदल जाता है। रोगी बिल्कुल ही शांत एवं गतिहीन हो जाता है।

प्रमस्तिष्क फोड़ा का उपचार सर्जन द्वारा उसे काटकर मस्तिष्क से हटा देना होता है या फिर प्रतिजैविक औषध (antibiotic drug) देकर उसे सुखाना होता है। परंतु फिर भी रोगी में कुछ-न-कुछ समस्याएँ रह जातीं हैं क्योंकि सचमुच में रोगी की समस्या फोड़ा के आकार तथा उसके स्थान (location) पर बहुत कुछ निर्भर करता है।

2. इनसिफेलाइटिस *(Encephalitis)*—इनसिफेलाइटिस में मस्तिष्क में फूलन (inflanmation) हो जाता है जिसका कारण बैकटीरिया (bacteria), वायरस (virus) तथा विषजन्य रसायन (toxic chemicals) होता है। सचमुच में इनसिफेलाइटिस एक ऐसा संक्रमण (infection) है जिसमें पूरा मस्तिष्क प्रभावित होता है। इनसिफेलाइटिस का सबसे सामान्य कारण एक ऐसा वायरस (virus) होता है जो मानव शरीर में मच्छर

काटने से प्रवेश करता है। मच्छर ऐसे वायरस को चिड़ियों, घोड़े तथा कृन्तक (rodents) आदि से उठाते हैं या प्राप्त करते हैं और फिर मानव शरीर में प्रवेश करा देते हैं। इनसिफेलाइटिस के लक्षणों में बुखार, चिड़चिड़ापन, मिचली, ऐंठन तथा स्थितिभ्रान्ति (delirium) आदि प्रमुख है। इसके अतिरिक्त मस्तिष्कीय क्षति के लक्षण जैसे भाषाई दोष (aphasia) तथा पक्षाघात (paralysis) आदि भी देखने को मिलते हैं।

इनसिफेलाइटिस की उत्पत्ति हरपिस सिम्पलेक्स वायरस (herpes simplex virus) से भी होती है। यह एक ऐसा वायरस है जिससे व्यक्ति के होठों के अलग-बगल में लालिमा लिए खरोंच जैसी अवस्था समय-समय पर उत्पन्न होते रहती है। परंतु यह कभी-कभी जब मस्तिष्क में पहुँच जाता है, तो इनसिफेलाइटिस उत्पन्न कर देता है और ऐसी स्थिति में यह वायरस मस्तिष्क के अग्रपालि (frontal lobe) तथा शंखपालि (temporal lobe) पर आक्रमण करता है और गम्भीर स्थिति उत्पन्न कर देते हैं।

दो अन्य तरह के वायरस इनसिफेलाइटिस भी काफी सामान्य है—*पोलियो* (polio) तथा *रेबीज* (rabies)। पोलियो में वायरस मस्तिष्क तथा सुषुम्ना के पेशीय न्यूरोन (motor neuron) में काफी क्षति पहुँचाता है। इसमें मुख्य पेशीय कॉर्टेक्स (primary motor cortex) हाइपोथैलेमस, थैलेमस तथा मस्तिष्कीय स्तम्भ (brain stem) के पेशीय न्यूक्लाई (motor nuclei), लघुमस्तिष्क (cerebellum) तथा सुषुम्ना के भूरे पदार्थ (gray matter) के भेन्ट्रल हार्न्स (ventral horns) में पाये जाने वाले न्यूरोन्स को काफी क्षति पहुँचती है। इसका परिणाम यह होता है कि सम्बन्धित अंगों द्वारा व्यक्ति कोई भी पेशीय कार्य (motor functions) नहीं कर पाता है। *रेबीज* (rebies) की उत्पत्ति एक ऐसा वायरस से होता है जो किसी संक्रामित स्तनपायी (infected mammal) के लार (saliva) से व्यक्ति के मांसपेसियों में दाँत काटने से प्रवेश करता है। वायरस, परिधीय तंत्रिका तंत्र (peripheral nervous system) से केन्द्रीय तंत्रिका तंत्र (central nervous system) में प्रवेश करता है और वहाँ काफी क्षति पहुँचाता है। ऐसे वायरस लघुमस्तिष्क (cerebellum) तथा हिप्पोकैम्पस (hippocampus) की कोशिकाओं पर अधिक आक्रमण करते हैं जिनसे उनमें कई तरह के लक्षण स्पष्ट रूप से देखने को मिलता है। इन लक्षणों में बुखार, सिरदर्द, अत्यधिक चिन्ता, अत्यधिक शारीरिक गति एवं अत्यधिक बोलना, निगलने में कठिनाई, गति सम्बन्ध विकृतियाँ, बोलने में कठिनाई, दौरा पड़ना (seizure), संभ्रान्ति (confusion) आदि स्पष्ट रूप से दिखाई देता है। इन लक्षणों के प्रारम्भ होने पर उसके दो से सात दिनों के भीतर रोगी की मृत्यु हो जाती है।

नवीनतम अध्ययनों से यह स्पष्ट हुआ है कि अन्य कई तरह के छुतहा या संसर्गत रोगों (infectious disease) से मस्तिष्क की क्षति होती है हालांकि वे मुख्य रूप से केन्द्रीय तंत्रिका तंत्र (central nervous system) के रोग नहीं है। एक ऐसा ही रोग है—एड्स (AIDS)। एड्स रोगियों के मृत्यु होने पर जब उसके मस्तिष्क का परीक्षण किया गया तो पाया गया कि उसके मस्तिष्क काफी क्षतिग्रस्त थे। ऐसे मस्तिष्कीय क्षति से एक विशेष संलक्षण (syndrome) तैयार होता है जिसे एड्स डिमेनसिया (AIDS dementia) कहा जाता है जिसमें मुख्य रूप से संज्ञानात्मक (cognitive) तथा पेशीय (motor) कार्यों का लोप पाया जाता है। पहले तो रोगी का चिन्तन मन्द हो जाता

है, भूलने के लक्षण मजबूत हो जाते हैं और उनमें बोलते समय उपयुक्त शब्द को खोजने में कठिनाई का अनुभव करते हैं। धीरे-धीरे ऐसे रोगी बिलकुल ही बोलना बन्द कर देते हैं। पेशीय लक्षणों की शुरूआत कम्पन तथा जटिल गतियों (complex movements) को करने की असमर्थता से होती है। धीरे-धीरे इसकी गम्भीरता इतनी बढ़ जाती है कि रोगी पूर्णतः शय्याग्रस्त (bedridden) हो जाता है।

3. न्यूरोसिफिलिस (*Neurosyphilis*)—इसमें मस्तिष्कीय उत्तकों में ह्रास सिफिलिस (syphilis) के कारण होता है। सिफिलिस की शुरूआत तब होती है जब *स्पाइरोचेट* (spirochete) जिसे ट्रीपोनिमा पाल्लिडम (treponema pallidum) कहा जाता है, व्यक्ति के शरीर में प्रवेश किसी छोटे चर्म घाव (skin lesion) या मुँह या जननिक क्षेत्र (genital areas) के म्यूकअस झिल्ली (mucuous membrane) के द्वारा होता है। प्रायः देखा गया है कि सिफिलिटिक यौन सहयोगी (syphilitic sex parter) से लैंगिक समागम (sexual intercourse) के दौरान यह रोग दूसरे सहयोगी में अंतरण (transfer) होता है। सिफिलिस का धावा बोलने पर उसके आरम्भिक लक्षण इस प्रकार दिखते हैं—संक्रमण के 10 से 20 दिन के बाद संक्रमण के जगह पर जो मुँह, जननिक अंग (genitals) या गुदीय स्थान (anal region) कुछ भी हो सकता है, रजितव्रण (chancre) विकसित हो जाता है। कई सप्ताह बाद पूरे शरीर में ताम्बे के रंग के समान का धब्बा (copper-coloured rash) उत्पन्न हो जाता है। दुर्भाग्यवश ये दोनों लक्षण जल्द ही समाप्त हो जाते हैं जिसका परिणाम यह होता है कि व्यक्ति आसानी से उसकी उपेक्षा कर बैठता है। ऐसे धब्बों के समाप्त हो जाने पर सामान्यतः स्पाइरोचेट (spirochete) शरीर से समाप्त हो जाता है। परंतु यदि वे रह गये तो उसका कई गुना विस्तार हो जाता है और शरीर का महत्त्वपूर्ण अंगों पर वह धावा बोल देता है फिर संक्रमण के 10 से 30 साल बाद स्पाइरोचेट द्वारा की गयी क्षति की अभिव्यक्ति विभिन्न अंगों द्वारा कार्य करना बन्द होने के रूप में होती है। इनमें प्रायः अन्धापन एवं हृदय रोग (heart disease) अधिक देखने को मिलता है। अगर यही स्पाइरोचेट मस्तिष्क में पहुँच जाता है, तो इससे एक विशेष विकृति जिसे *सामान्य पारेसिस* (general paresis) कहा जाता है, उत्पन्न होता है। सामान्यतः यह देखा गया है कि न्यूरोसिफिलस होने पर यदि उसका उपचार नहीं किया जाता है, तो तीन प्रतिशत केसेज में सामान्य पारेसिस निश्चित रूप से विकसित होती है। शुरूआती दौर में इसके लक्षणों में व्यवहार में रोगी फूहड़पन दिखलाता है। इसके बाद रोगी में कुछ स्पष्ट लक्षण जैसे कम्पन (tremors), अस्पष्ट उच्चारण, लिखावट खराब होना, दृष्टि-दोष (disturbances of vision) आदि प्रमुख है। इन शारीरिक लक्षणों के अतिरिक्त कुछ मानसिक लक्षण जैसे स्मृति लोप (memory losses), उदासीनता (indifference), निर्दयता (callous) आदि प्रमुख हैं। इसके अतिरिक्त रोगी में विषादी तथा व्यामोह प्रवृत्तियाँ तीव्र हो जातीं हैं। इसके बाद मन (mind) तथा शरीर धीरे-धीरे अकार्यात्मक (nonfunctional) हो जाता है और अन्त में रोगी की मृत्यु भी हो जाती है।

सिफिलिस रोग से पीड़ित माँ के होने वाले संतान में यह रोग होने की सम्भावना अधिक होती है क्योंकि माँ का खून खेड़ी या पुरइन (placenta) द्वारा गर्भस्थ शिशु में भी पहुँच जाता है। अगर ऐसा संतान जीवित रह गया तो किशोरावस्था आने पर उनमें

किशोर पैरेसिस (Juvenile paresis) होने की सम्भावना अधिक हो जाती है। इस तरह का पैरोसिस 5 से 20 साल की आयु में होता है और इसके लक्षण *सामान्य पैरेसिस* (general paresis) के ही समान होता है।

4. मेनिनेगाइटिस *(Meningitis)*—इस रोग में मेनिनग्स (meninges) जो मस्तिष्क तथा सुषुम्ना के चारों तरह के सम्बन्धात्मक उत्तक (connective tissues) का तह (layers) होता है, में फूलन (inflammation) हो जाता है। मेनिनगाइटिस (meningitis) की उत्पत्ति बैक्टीरिया (bacteria), वाइरस (virus), प्रोटोजा (protoza) या फुनगी (fungi) से हो सकता है। ये बाहरी जीवाणु संक्रमण (infection) के सहारे मस्तिष्क में पहुँचते हैं या फिर कोई बाहरी एजेन्ट जैसे बुलेट (bullet) लगाने के कारण भी मस्तिष्क में पहुँच जाते हैं। मेनिनेगाइटिस के लक्षणों में सिरदर्द (headache), गर्दन में कड़ापन (stiffness), संभ्रान्ति (confusion), ऐंठन या आक्षेप (convulsion), एकाग्रता की कमी, स्मृति दोष (memory defects) तथा संवेदी दोष (sensory impairment) आदि प्रधान हैं। पेट की रोग की गम्भीरता बढ़ने पर रोगी बेहोशी (coma) में चला जाता है और फिर उसकी मृत्यु भी हो जाती है।

वायरल मेनिनेगाइटिस (viral meningitis) का जो सबसे सामान्य रूप होता है, उससे सार्थक मस्तिष्कीय क्षति (brain damage) तो नहीं होता है परंतु बैक्टिरिया मेनिनेगाइटिस (bacterial meningitis) से मस्तिष्कीय क्षति काफी होता है। जब मिनिनेग्स (mininges) में फूलन होता है तो इससे मस्तिष्कीय क्षति होती है क्योंकि रक्त परिचालन (circulation of blood) में बाधा पहुँचता है या फिर सबएराक्नायड क्षेत्र (subarachnoid space) के माध्यम से सेरीब्ररोस्पाइनल तरल (cerebrospinal fluid) का बहाव अवरूद्ध होकर हाइड्रोसीफैलस (hydrocephalous) की अवस्था उत्पन्न कर देता है। इसके अतिरिक्त इस तरह के फूलन से क्रैनियल तंत्रिका (cranial nerves) भी क्षतिग्रस्त हो जाते हैं।

इस रोग के आरम्भिक अवस्था में पहचान होने पर उसका उपचार आसान हो जाता है। बैक्टिरियल मेनिनेगाइटिस (bacterial meningitis) का उपचार तो प्रतिजैविक औषधों (antibiotic drug) से आसानी से हो जाता है।

अध्याय सारांश
(Chapter Summary)

1. तंत्रिकावैज्ञानिक विकृति एक ऐसी विकृति होती है जिसमें व्यक्ति का मस्तिष्क विशेष रोगात्मक प्रक्रियाओं (pathological processes) के कारण अपना सामान्य कार्य ठीक ढंग से नहीं कर पाता है और फलतः व्यक्ति के व्यवहार में क्षुब्धता उत्पन्न हो जाता है।
2. तंत्रिकावैज्ञानिक विकृति के सात श्रेणियों का वर्णन किया गया है।
3. मस्तिष्कीय ट्यूमर (brain tumour) में मस्तिष्कीय उत्तकों में एक अवांछित एवं अनियंत्रित वृद्धि होती है जिससे अगल-बगल के उत्तक बुरी तरह प्रभावित हो जाते हैं और तरह-तरह के लक्षण उत्पन्न करने लगते हैं।
4. दौरा विकृति (seizure disorder) जिसे पहले मिरगी रोग कहा जाता था, का नया नाम है। इस विकृति में मस्तिष्क के न्यूरोन्स में अचानक तीव्र उत्तेजन होने लगती है जिससे शरीर की मांसपेशियाँ अनियंत्रित ढंग से कार्य करने लगती हैं।

5. प्रमस्तिष्कीय आघात (cerebral trauma) में व्यक्ति का मस्तिष्क अचानक किसी कारण से जोरों का धक्का खा जाता है जिससे उसका सामान्य कार्य प्रभावित हो जाता है। इसमें मस्तिष्काघात, अन्तःक्षति तथा चीरा तीनों ही सम्मिलित होते हैं।
6. मस्तिष्कीय संवहनी विकृति (cerebrovascular disorder) में रक्ताघात (stroke) के कारण मस्तिष्कीय उत्तकों (brain tissues) को क्षति पहुँचती है। परिणामतः मस्तिष्कीय उत्तकों को रक्त की आपूर्ति नहीं होती है और सम्बन्धित कार्य प्रभावित हो जाती है।
7. विकासात्मक विकृति (disordes of development) में मस्तिष्क का विकास विषजन्य रसायनों (toxic chemicals) तथा जननिक असामान्यताओं (genetic abnormalities) से बुरी तरह प्रभावित हो जाता है। मानसिक मन्दन (mental retardation) ऐसी विकृति की एक प्रमुख अभिव्यक्ति है।
8. ह्रासी विकृति (degenerative disorders) वैसे विकृति को कहा जाता है जो मस्तिष्क की कोशिकाओं में अधःपतन या ह्रासी विकास (degenerative development) के कारण होता है। इसमें रोगी में क्रमिक रोगात्मक परिवर्तन (progressive pathological change) होते हैं तथा उससे बौद्धिक, सांवेगिक एवं पेशीय कार्यों में उत्तरोतर ह्रास होता चला जाता है।
9. संक्रामक रोगों से उत्पन्न विकृति (disorders arising from infections disease) का कारण वायरस, बैक्टीरिया तथा फुनगी (fungi) आदि का मस्तिष्क या शरीर के अन्य भाग में प्रवेश करके फिर मस्तिष्क तक पहुँच जाने के कारण होता है। इनसिफेलाइटिस (encephalitis) इस श्रेणी का एक महत्त्वपूर्ण रोग है।

❑

प्रश्न

अध्याय-1

विषय प्रवेश
(Introduction)

दीर्घ उत्तरीय प्रश्न ***(Long Answer Questions)***

1. न्यूरोविज्ञान की परिषाभा दें। न्यूरोविज्ञान के विभिन्न क्षेत्रों का वर्णन करें।
   (Define neuropsychology. Describe the different fields of neuroscience.
2. न्यूरोमनोविज्ञान की परिभाषा दें। दैहिक मनोविज्ञान तथा न्यूरोमनोविज्ञान में अंतर बतलावें।
   (Define neuropsychology. Make distinction between physiological psychology and neuropsychology.
3. न्यूरोमनोविज्ञान की ऐतिहासिक पृष्ठभूमि का वर्णन करें।
   (Describe the histrocial background of neuropsychology.)
4. न्यूरोमनोविज्ञान के आधुनिक विकास की इतिहास पर संक्षिप्त ढंग से प्रकाश डालें।
   (Throw light upon the history of modern development of neuropsychology.)

वस्तुनिष्ठ प्रश्न ***(Objective Type Questions)***

1. न्यूरोमनोविज्ञान (Neuropsychology) एक प्रमुख क्षेत्र है—
   (a) दैहिक मनोविज्ञान (physiological psychology) का
   (b) न्यूरोसर्जरी (neurosurgery) का
   (c) न्यूरोलॉजी (neurology) का
   (d) न्यूरोविज्ञान (neurosciences) का
2. 'न्यूरोमनोविज्ञान' जैसे पद का उपयोग सर्वप्रथम किसने किया था?
   (a) हिनरिक क्लुभर (Heinrich Kluver) ने
   (b) विलियम ओसलर (William Osler) ने
   (c) डी० ओ० हेब्ब (D. O. Hebb)
   (d) इनमें से किसी ने नहीं।
3. 'व्यवहार का स्रोत मस्तिष्क होता है' जैसे कथन का सम्बन्ध किससे है?
   (a) निलयी प्राक्कल्पना (ventricular hypothesis)
   (b) मस्तिष्क प्राक्कल्पना (brain hypothesis)
   (c) न्यूरोन प्राक्कल्पना (neuron hypothesis)
   (d) केटकोलामाइन प्राक्कल्पना (catecholamine hypothesis)
4. व्यक्ति के खोपड़ी (skull) की सतही विशेषताओं एवं उसके मानसिक क्षमताओं के सम्बन्ध का अध्ययन किस शास्त्र में किया जाता है?
   (a) कपालविज्ञान (Phrenology)
   (b) न्यूरोशरीर संरचना (Neuroanatomy)

(c) न्यूरोफार्मकोलोजी (Neuropharmacology)
(d) न्यूरोसर्जरी (Neurosurgery)

5. निलयी प्राक्कल्पना (Ventricular hypothesis) के अनुसार मानसिक प्रक्रिया कहाँ अवस्थित होती है?
(a) हाइपोथैलमस में (b) हिप्पोकैम्पस में
(c) मेडुला में (d) उपर्युक्त में से किसी में नहीं

6. नेमेसियस (Nemesius) के अनुसार प्रत्यक्षण जैसी मानसिक प्रक्रिया का केन्द्र किसे माना गया है?
(a) सेलुला फैनटास्टिका (Cellula phantastica)
(b) सेलुला लौगिस्टिका (Ceulla logistica)
(c) सेलुला मेमोरालिस (Cellula memoralis)
(d) इनमें से कोई नहीं

7. सुरजिम (Spurzheim) का नाम किससे सम्बन्धित है?
(a) कपालविज्ञान (Phrenology) से।
(b) निलयी प्राक्कल्पना (Ventricular hypothesis) से
(c) समअन्तःशक्ति नियम (Principle of equipotentiality) से
(d) इनमें से किसी से भी नहीं

8. मानसिक कार्यों का मस्तिष्क में स्थिति निर्धारण (localization) से सम्बन्धित पहला प्रयोग किसने किया?
(a) फ्लोरेन्स (Flourens) ने (b) लैशले (Lashley) ने
(c) गॉल्ल (Gall) ने (d) इनमें से किसी ने भी नहीं

9. किसने कहा था कि हमलोग अपने बायें गोलार्द्ध की प्रबलता के कारण बोल पाते हैं?
(a) फ्लोरेन्स (Flournes) ने (b) पॉल ब्रोका (Paul Broca) ने
(c) लैशले (Lashley) ने (d) हिटजिग (Hitzig) ने

10. उस मशहूर रोगी का नाम क्या है जिसे पॉल ब्रोका (Paul Broca) ने अध्ययन करके यह बतलाया कि बायाँ अग्रपालि (left frontal lobe) में क्षति ही उसके भाषा विकृति का कारण था?
(a) लेवोर्गन (Laborgne) (b) हिट्टी (Hitti)
(c) वैपटिस्टी (Baptisti) (d) इनमें से कुछ भी नहीं।

11. प्रमस्तिष्कीय कार्टेक्स में भाषा का आनुक्रमिक संसाधन (sequential processing of language) के संप्रत्यय का प्रतिपादन किसने किया?
(a) पॉल ब्रोका (Paul Broca) ने
(b) कार्ल वर्निक (Carl Wernicke) ने
(c) नोरमैन गेस्कविन्ड (Norman Geschwind) ने
(d) इनमें से किसी ने भी नहीं

12. जब कोई व्यक्ति किसी की स्पष्ट बात को सुन तो लेता है परंतु उसे समझने में यदि कठिनाई महसूस करता है, तो सम्भवतः उसका कौन क्षेत्र प्रभावित हो सकता है?
(a) ब्रोका क्षेत्र (Broca area) (b) वर्निक क्षेत्र (Wernicke area)
(c) 'a' तथा 'b' दोनों ही (d) इन दोनों में से कोई नहीं

13. जब व्यक्ति में ब्रोका क्षेत्र तथा वर्निक क्षेत्र दोनों को जोड़ने वाले तंत्रिकाओं में क्षति होने से भाषा में दोष (impairment) उत्पन्न होती है, तो उसे कहा जाता है–
   (a) भाषा एफासिया (language aphasia)
   (b) संवहन एफासिया (conduct aphasia)
   (c) वर्निक एफासिया (Wernicke aphasia)
   (d) ब्रोका एफासिया (Broca aphasia)
14. इनमें से कौन वर्निक एफासिया है?
   (a) धारा प्रवाही एफासिया (fluent aphasia)
   (b) एप्राक्सिया (apraxia)
   (c) एटैक्सिया (ataxia) (d) इनमें से कोई नहीं
15. गोल्ज (Goltz) ने अपने प्रयोगात्मक अध्ययनों से जिस तथ्य की संपुष्टि किया है, उससे किस तरह के विचार को समर्थन मिलता है?
   (a) स्थान निर्धारण सिद्धान्त (localization theory) को
   (b) स्थान निर्धारण विरोधी सिद्धान्त (antilocalization theory) को
   (c) निलयी प्राक्कल्पना (ventricular hypothesis) को
   (d) इनमें से किसी को भी नहीं
16. यह प्राक्कल्पना कि तंत्रिका तंत्र (nervous system) पृथक् (discrete) स्वतंत्र इकाइयों से बना होता है जो आपस में अंतर्क्रिया तो करते हैं परंतु एक-दूसरे से भौतिक रूप से सम्बन्धित नहीं होते हैं, को कहा जाता है–
   (a) तंत्रिका जाल प्राक्कल्पना (nerve net hypothesis)
   (b) न्यूरोन प्राक्कल्पना (neuron hypothesis)
   (c) रेटिकुलर प्राक्कल्पना (reticular hypothesis)
   (d) निलयी प्राक्कल्पना (ventricular hypothesis)
17. यह किनका विचार था कि भेन्ट्रीकुलर से कुछ तरल पदार्थ निकलकर तंत्रिका द्वारा मांशपेसियों तक पहुँचता है जिनसे मांशपेशियों में गतियाँ (movements) उत्पन्न होती है?
   (a) डेकार्ते (Descartes) ने (b)ग्लिस्सन (Gilssion) ने
   (c) अलब्रेड वॉन हालर (Albrech Von Haller) ने
   (d) इनमें से कोई नहीं।
18. गुब्बारा सिद्धान्त (balloon theory) के संदर्भ में निम्नांकित में से कौन कथन सही है?
   (a) भेन्ट्रीकल से तरल पदार्थ तंत्रिका द्वारा प्रवाहित होते हुए मांशपेशियाँ तक पहुँचता है।
   (b) सेरोटोनिन क्रियाओं (serotonin activities) में क्षुब्धता होने से विषाद (depression) उत्पन्न होता है।
   (c) दायाँ गोलार्द्ध right hemisphere) तथा बायाँ गोलार्द्ध (left hemisphere) को जोड़ने वाला तंत्रिका तन्तु में फूला हुआ गुब्बारा (balloon) के समान तरल पदार्थ भरा रहता है।
   (d) उपर्युक्त में से कुछ भी नहीं।
19. 'न्यूरोन' (neuron) पद का प्रतिपादन किसने किया?
   (a) गोल्गी (Golgi) ने
   (b) काजल (Cajal) ने
   (c) विलहेलम वालडेयर (Wilhelm Waldeyer) ने
   (d) कोयल्लिकर (Koelliker) ने

20. आधुनिक न्यूरोमनोविज्ञान के विकास में निम्नांकित में से किसका योगदान स्पष्ट रूप से कुछ नहीं है?
   (a) न्यूरोसर्जरी (neurosurgery)
   (b) मनोमितिकी (psychometrics)
   (c) शिलाविज्ञानीय विकास (technological development)
   (d) न्यूरोफार्माकोलोजी (neuropharmacology)

उत्तर

1. (d) **2.** (b) **3.** (b) **4.** (a) **5.** (d) **6.** (a)
7. (a) **8.** (a) **9.** (b) **10.** (a) **11.** (b) **12.** (b)
13. (b) **14.** (a) **15.** (b) **16.** (b) **17.** (a) **18.** (a)
19. (c) **20.** (d)

अध्याय-2

न्यूरोन : संगठन एवं संचार
(Neuron : Organization and Communication)

दीर्घ उत्तरीय प्रश्न (*Long term questions*)

1. न्यूरोन के विभिन्न प्रकारों का उदाहरण सहित वर्णन करें।
   (Describe, with examples, the different types of neurons.)
2. न्यूरोन की परिभाषा दें। न्यूरोन के कोश शरीर के विभिन्न संरचनाओं का वर्णन करें।
   (Define neuron. Discuss the different structures of cell body of a neuron.)
3. न्यूरोन के विभिन्न भागों की संरचना एवं कार्यों का वर्णन करें।
   (Describe the structure and functions of different parts of neuron.)
4. ग्लिआ के विभिन्न प्रकारों का वर्णन करें। शाखिका तथा एक्सान में संरचनात्मक अंतर करें।
   (Describe the different types of glia. Also point out the major structural difference between dendrites and axon.)
5. किया विभव क्या है? एक न्यूरोन के भीतर सूचनाएँ किस तरह से प्रवाहित होती हैं?
   (What is action potential ? How does information flow within a neuron ?)
6. सूत्रयुग्मनीय संचरण क्या है? सूत्रयुग्मनीय संरचण की मुख्य विशेषताओं का वर्णन करें।
   (What is synaptic transmission ? Describe the main features of syaptic transmission ?
7. निम्नलिखित पर संक्षिप्त नोट लिखें —
   (Write short notes on the following)
   (a) क्रिया विभव (action potential)
   (b) न्यूरोट्रांसमीटर (neurotransmitter)
   (c) न्यूरोमोडुलेटर (neuromodulator)
   (d) सूत्रयुग्मन (synapse)
   (e) क्रमिक विभव (graded potential)
8. न्यूरोन के वैद्युतीय क्रियाओं के मापने की विभिन्न विधियों का वर्णन करें।
   (Describe the different methods of measuring electrical activities of neuron.)
9. न्यूरोन के प्रकारों, संरचना तथा कार्यों का वर्णन करें।
   (Describe the types, structure and functions of neuron.)

10. तंत्रिका आवेग से आप क्या समझते हैं? उनका संचार कैसे होता है?
(What do you mean by nerve impulse ? How is it conducted ?)
11. कोशों के मुख्य कार्यों का वर्णनं करें।
(Describe the main functions of cells.)
12. सुत्रयुग्मन संचरण से आप क्या समझते हैं? इनके कार्यों का वर्णन करें।
(What do you mean by synaptic transmission ? Discuss its main functions.)
13. न्यूरोट्रांसमीटर क्या है? सुत्रयुग्मित संचरण में इसकी क्या भूमिका है?
(What is neurotransmitter ? Discuss its role in synaptic trnasmitter ?)
14. तंत्रिका आवेग के उद्भव का वर्णन करें तथा बतलायें कि इसे कैसे मापा जाता है?
(Describe the origin of nerve impulse and state how it can be measured ?)
15. ग्राहक तथा प्रभावक में अन्तर करें। न्यूरोन की संरचना एवं कार्यों का वर्णन करें।
(Make distinction between receptor and effector. Describe the structure and function of neuron.)
16. न्यूरोट्रांसमीटर क्या है? संधिस्थलीय संचरण में इसका क्या महत्त्व है?
(What is neurotransmitter ? Discuss its role in synaptic transmission.)
17. न्यूरोन की संरचना एवं कार्य का विस्तार से वर्णन करें।
(Explain in detail the structure and function of neuron.)
18. ग्राहकों एवं प्रभावकों के बनावट तथा कार्यों का वर्णन करें।
(Explain the structure and functions of receptors and effectors.)
19. न्यूरोन की संरचना तथा कार्यों का वर्णन करें।
(Describe the structure and functions of neuron.)
20. सूत्रयूग्मन क्या है? इसके कार्य की व्याख्या करें।
(What is synapse? Explain its functions.)

वस्तुनिष्ठ प्रश्न *(Objective Questions)*

1. केन्द्रक (nucleus) एक भाग होता है—
   (a) न्यूरोन (neuron) का
   (b) न्यूरोट्रांसमीटर (neurotransmitter) का
   (c) न्यूरोमोडुलेटर (neuromodulator) का
   (d) इनमें से किसी का भी नहीं
2. जिस न्यूरोन के एक तरफ एक शाखिका (dendrite) तथा दूसरे तरफ एक ही एक्सान (axon) होता है, उसे कहा जाता है—
   (a) बहुध्रुवीय न्यूरोन्स (Multipolar neuron)
   (b) द्विध्रुवीय न्यूरोन (Bipolar neuron)
   (c) एकध्रुवीय न्यूरोन (Monopolar neuron)
   (d) इनमें से कुछ भी नहीं

3. निम्नांकित में से कौन कोश शरीर (cell body) की संरचना (structure) नहीं है?
   - (a) केन्द्रक (nucleus)
   - (b) मिटोकोनड्रिया (mitochondria)
   - (c) माइक्रोटुबुल्स (microtubules)
   - (d) अंतःस्थ (terminals)
4. निम्नांकित में से कौन वृद्ध व्यक्तियों की कोशिकाओं में प्रायः देखने को मिलता है?
   - (a) इन्डोप्लाजिमक रेटिकुलम (endoplasmic reticulum)
   - (b) लिपोफ्यूस्कीन काणिका (lipofuscin granules)
   - (c) माइक्रोफिलामेन्ट (microfilaments)
   - (d) मिटोकॉनड्रिया (mitochondria)
5. केन्द्रक (nucleus) में क्या पाया जाता है?
   - (a) गुणसूत्र और मिटोकौण्ड्रिया (Chromosomes and Mitochondria)
   - (b) इन्डोप्लाजमिक रेटिकुलम और लाइजोम्स (Endoplasmic Reticulum and Lysomes)
   - (c) गुणसूत्र और लाइजोम्स (Chromosomes and Lysomes)
   - (d) गुणसूत्र और न्यूक्लियोलस (Chromosomes and Nucleolus)
6. तंत्रिका आवेग (nerve impulse) की उत्पत्ति कहाँ से होती है?
   - (a) शाखिका (dendrite) से
   - (b) एक्सान टीला (axon hillock) से
   - (c) सूत्रयुग्मन (synapse)
   - (d) इनमें से किसी से भी नहीं
7. कोल्लेट्रल (collaterals) का सम्बन्ध निम्नांकित में से किससे होता है?
   - (a) शाखिका (dendrite) से
   - (b) एक्सान (axon) से
   - (c) कोशशरीर (cell body) से
   - (d) उपर्युक्त में से किसी से भी नहीं
8. सूत्रयुग्मनीय दरार (synaptic cleft) का पता सबसे पहले किसने लगाया था?
   - (a) चार्ल्स शेरिंगटन (Charles Sherrington) ने
   - (b) कार्ल बर्निक (Carl Wernicke) ने
   - (c) जे० वी० वाऊइलाऊड (J. B. Bouillaud) ने
   - (d) इनमें से किसी ने भी नहीं
9. एस्ट्रोसाइट (astrocyte) पाये जाते हैं—
   - (a) केवल केन्द्रीय तंत्रिका तंत्र (central nervous system) में
   - (b) केवल परिधीय तंत्रिका तंत्र (peripheral nervous system) में
   - (c) इन दोनों तंत्रिका तंत्र में
   - (d) इन दोनों में से किसी में भी नहीं
10. स्वान्न कोशिका एक प्रकार है—
    - (a) ग्लिआ (glia) का
    - (b) कोशशरीर (cell body) का
    - (c) क्रिया विभव (action potential) का
    - (d) क्रमिक विभव (graded potential) का
11. निम्नांकित में से कौन रक्त-मस्तिष्क अवरोध (blood-brain barrier) के रूप में कार्य करता है?
    - (a) स्वान्न कोशिका (schwann cell)

(b) एस्ट्रोसाइट (astrocyte) (c) माइक्रोग्लिया (microglia)
(d) औलिगोडेन्ड्रोसाइट (oligodendrocytes)

12. माइलीन शीथ (myelin sheath) के उत्पादन की जवाबदेही किस पर होती है?
(a) लाइजोम्स (lysomes) पर (b) शाखिका (dendrite) पर
(c) ग्लिआ (glia) पर (d) इनमें से किसी पर भी नहीं

13. जब न्यूरोन आराम (rest) की अवस्था में होता है, तो—
(a) न्यूरोन झिल्ली के भीतर ऋणात्मक आयन (negative ion) अधिक तथा धनात्मक आयन (positive ion) कम होते हैं।
(b) न्यूरोन झिल्ली के भीतर धनात्मक आयन बाहर की अपेक्षा तुलनात्मक रूप से अधिक होते हैं।
(c) न्यूरोन झिल्ली में बाहर तथा भीतर धनात्मक आयन की संख्या बराबर-बराबर होती है।
(d) न्यूरोन झिल्ली के बाहर तथा भीतर ऋणात्मक आयन की संख्या बराबर-बराबर होती है।

14. आराम की अवस्था में न्यूरोन में कितने वोल्ट का वैद्युतीय आवेश (electric charge) होता है?
(a) – 50 mv का (b) – 70 mv का
(c) + 50 mv का (d) – 40 mg का

15. धनात्मक आयन (positive ions) के न्यूरोन झिल्ली के भीतर आने से झिल्ली विभव (membrane potential) में सहसा कितने वोल्ट तक परिवर्तन होता है?
(a) – 40 mv तक का (b) + 50 mv तक का
(c) – 70 mv तक का (d) + 40 mv तक का

16. क्रमिक विभव (graded potential) की प्रक्रिया का सम्बन्ध किससे है?
(a) शाखिका से (b) एक्सान से
(c) a तथा b दोनों से (d) a तथा b में से किसी से भी नहीं

17. निम्नांकित में से कौन न्यूरोन की क्रियाशीलता को रोकता है?
(a) इपानफ्राइन (epinephrine) (b) इन्डोर्फिन (endorphin)
(c) गावा (GABA) (d) हिस्टामाइन (Histamine)

18. निम्नांकित में से किसमें न्यूरोट्रांसमीटर लम्बी अवधि तक के लिए जमा रहता है?
(a) सूत्रयुग्मनीय पुटिकाएँ (synaptic vesicles) में
(b) संचयन कणिका (storage granules) में
(c) माइक्रोटुबुल्स (microtubules) में
(d) इनमें से किसी में भी नहीं

19. निम्नांकित में से कौन नन-न्यूरोन कोशिका (non-neuron cell) है?
(a) औलिगोडेन्ड्रोसाइट (oligoendrocyte)
(b) माइक्रोटुबुल्स (microtubules)
(c) टेलीओडेनड्रीया (teleodendria)
(d) कोल्लेट्रल (collaterals)

20. निम्नांकित में से कौन कोश शरीर का भाग है?
(a) मिटोकौनड्रिया (mitochondria)
(b) एक्सान अन्तस्थ (axon terminal)
(c) माइक्रोग्लिया (microglia) (d) इनमें से कोई नहीं

उत्तर

1. (a) 2. (b) 3. (d) 4. (b) 5. (d) 6. (b)
7. (b) 8. (a) 9. (a) 10. (a) 11. (b) 12. (c)
13. (a) 14. (b) 15. (b) 16. (a) 17. (c) 18. (b)
19. (a) 20. (a)

अध्याय 3

अनुसंधान की विधियाँ
(Methods of Investigations)

दीर्घ उत्तरीय प्रश्न *(Long term questions)*

1. उदाहरण देते हुए न्यूरोमनोविज्ञान में संरचनात्मक विधियों की उपयोगितया का वर्णन करें।
   (Giving example describe the utilities of anatomical methods in neuropsychology.)
2. विकरणी विधि के स्वरूप का वर्णन करें। इस सिलसिले में संरचनात्मक प्रतिमावली विधि के विभिन्न प्रकारों का उल्लेख करें।
   (Describe the nature of radiological method. In this context, point out the different types of structural imaging methods.)
3. कार्यात्मक प्रतिमावली विधियों के विभिन्न प्रकारों का उल्लेख करें।
   (Elucidate the different types of functional imaging method.)
4. न्यूरोमनोवैज्ञानिकों के लिए वैद्युतीय उत्तेजन एवं रिकार्डिंग विधि कहाँ तक उपयोगी है? इस विधि के तहत उपयोग किये जाने वाले प्रमुख प्रविधियों का वर्णन करें।
   (To what extent electrical stimulation and recording method is useful for neuropsychologists? Describe the major techniques to be used under this method.)
5. क्षति विधि के स्वरूप का वर्णन करें। मस्तिष्कीय क्षति का व्यक्ति के व्यवहार पर पडने वाले प्रभाव का वर्णन करें।
   (Describe the nature of lesion method. Also discuss the impact of brain lesion upon behaviour of the person.)
6. तंत्रिका तंत्र विशेषकर मस्तिष्क के कार्यों का अध्ययन करने के मुख्य विधियों का वर्णन करें।
   (Describe the major methods of studying functions of nervous system particularly brain.)
7. निम्नलिखित पर संक्षिप्त नोट लिखें--
   Write short notes on the following—
   (a) काम्मीस्सुरोटोमी (Commissurotomy)
   (b) हेमिसफेयरक्टोमी (Hemispherectomy)
   (c) सोडियम एमोबारबिटल परीक्षण (Sodium Amobaribital test)
   (d) मस्तिष्क के कार्यों के अध्ययन की रसायनिक विधि
   (Chemical method of studying brain function)
8. स्नायविक तथा विकिरणीय अध्ययन प्रविधियों का वर्णन करें।
   (Discuss the neurological and radiological techniques of investgation.)

9. बायाँ एवं दायाँ गोलार्द्धों के स्वरूप एवं कार्य पर मस्तिष्क के वैद्युतीय अनुसंधान द्वारा किस ढंग का प्रकाश पड़ता है? क्या वे अन्य दूसरे प्रकार के अनुसंधान से परिपूरित किये जा सकते हैं?
(What light electrical investgations of brain throw upon the nature and functions of right and left hemisphere ? Can they be supplementaed by other types of investagions ?)

10. जाँच पड़ताल क्या है? न्यूरोलौजिकल तथा रेडियोलौजिकल जाँच पड़ताल में अन्तर स्पष्ट करें।
(What is investigation ? Make distinction between neurological and radiological investigation.)

11. रेडियोलौजिकल अनुसंधान की व्याख्या एक अध्ययन विधि के रूप में करें।
(Explain radiological investigation as a method of study.)

12. स्नायविक तथा वैद्युतीय अध्ययन प्रविधियों का वर्णन करें।
(Discuss the neurological and electrical techniques of investigation.)

वस्तुनिष्ठ प्रश्न (*Objective Questions*)

1. एक्सोप्लाजमिक वाहन (Axoplasmic transport) को किस श्रेणी में रखा जा सकता है?
   (a) संरचनात्मक विधि (anatomical method)
   (b) विकिरणी विधि (radiological method).
   (c) वैद्युतीय उत्तेजन विधि (electrical stimulation method)
   (d) न्यूरोरसायन विधि
2. जब पदार्थों (substances) को न्यूरोन के कोश शरीर (cell body) से एक्सान अन्तस्थ (axon terminals) की ओर ले जाया जाता है, तो इस तरह के वाहन (transport) को कहा जाता है—
   (a) एक्सोप्लाज्मिक वाहन (Axoplasmic transport)
   (b) एनटीरोग्रेड वाहन (Anterograde transport)
   (c) रिट्रोग्रेड वाहन (Retrograde transport)
   (d) इनमें से कुछ भी नहीं (none of these)।
3. जब पदार्थों को एक्सान अन्तस्थ (axon terminals) से कोशशरीर की ओर ले जाया जाता है, तो इस तरह के वाहन को कहा जाता है—
   (a) एनटीरोग्रेड वाहन
   (b) एक्सोप्लाज्मिक वाहन
   (c) रिट्रोग्रेड वाहन
   (d) समानान्तर वाहन (parallel transport)
4. निम्नांकित में से किस विधि में प्रमस्तिष्कीय भेन्ट्रीकल (cerebral ventricles) से सब्रोस्पाइनल तरल (cerebrospinal fluid) को निकालकर तथा उसके जगह पर हवा (air) भरकर मस्तिष्क के अंगों के घनत्व (density) का अध्ययन किया जाता है?
   (a) एंजियोग्राफी (angiography)
   (b) ओटोरेडियोग्राफी (autoradiography)

(c) टोमोग्राफी (tomography)
(d) न्यूमोइनसिफैलोग्राफी (pneumoencephalography)

5. निम्नांकित में से किस विधि में रेडियोपेक रंग (radiopaque dye) का उपयोग किया जाता है?
(a) खोपड़ी के एक्स-रे में (b) ओटोरेडियोग्राफी में
(c) मैगनेटिक रेसोनेन्स इमेजिंग (magnetic resonance imaging or MRI) मे
(d) एंजियोग्राफी में

6. 1970 के दशक में सबसे पहली बार किसे उपयोग में लाया गया था?
(a) सीटी स्कैन (CT Scan) (b) एमआरआई (MRI)
(c) पीईटी (PET) (d) इनमें से किसी को भी नही

7. इनमें से किनका सम्बन्ध PET से है?
(a) इन भिभो कार्यात्मक औटोरेडियोग्राफी (In vivo functional autoradiography)
(b) एसपीइसीटी (SPECT) (c) एमआरआई (MRI)
(d) पीइटी (PET)

8. एसपीइसीटी (SPECT) का स्थानिक विखंडन (spatial resolution) किसकी तुलना मे कम होता है?
(a) एमआरआई (MRI) की तुलना में
(b) पीइटी (PET) की तुलना में
(c) आरसीवीएफ (rCBF) की तुलना में
(d) इनमें से किसी की भी तुलना में नहीं

9. ईईजी (EEG) का प्रतिपादन किसने किया था?
(a) जी० डी० रेन्स (G. D. Rains) ने (b) हंस वर्गर (Hans Berger) ने
(c) पी मिलनर (P. Milner) ने (d) सी टी मार्गन (C. T. Morgan) ने

10. ईईजी (EEG) का पूरा नाम है—
(a) एलक्ट्रोएनसिफेलोग्राफी (Electroencephalography)
(b) इभेन्टइनसिफेलोग्राम (Eventencephologram)
(c) एल्क्ट्रोइभेन्टग्राफी (Electroeventgraphy)
(d) इनमें से कुछ भी नहीं

11. काम्मीस्सरोटोमी (commissurotomy) का सम्बन्ध किससे है?
(a) विभक्त हृदय सर्जरी (split heart surgery) से
(b) डियासकिसिस (diaschisis) से
(c) विभक्त मस्तिष्क सर्जरी (split brain surgery) से
(d) इनमें से किसी से भी नहीं

12. रोजर स्पेरी Roger Sperry) का योगदान किस क्षेत्र में सर्वाधिक महत्त्वपूर्ण हुआ?
(a) काम्मीस्सरोटोमी (Commissurotomy) में
(b) एमइजी (MEG) में
(c) एल्क्ट्रोकार्टियाग्राफी (Electrocartiography) में
(d) इनमें से किसी में भी नहीं

13. विल्डर पेनफिल्ड (Wilder Penfield) का योगदान किस क्षेत्र में सर्वाधिक प्रशंसनीय रहा है?
(a) इभेन्ट रिलेटेड पोटेनसियल (Event-related potentials) में

(b) ईईजी (EEG) में (c) एमईजी (MEG) में
(d) एल्क्ट्रोकार्टिकोग्राफी (electrocorticography) में

14. किसी खास उद्दीपक के देने या घटना घटने के बाद ईईजी क्रिया (EEG activities) में हुए लघु परिवर्तन (brief changes) का मापन किससे होता है?
(a) एल्क्ट्रोकार्टिकोग्राफी (Electrocorticography) से
(b) घटना संबद्ध विभव (Event-related potential) से
(c) ईईजी (EEG) से
(d) इनमें से किसी से भी नहीं

15. निम्नांकित में से किससे एक समय में किसी एक प्रमस्तिष्कीय गोलार्द्ध (cerebral hemisphere) से थोड़े देर के लिए (transient) परंतु पलटावी निष्क्रियता (reversible inactivation) उत्पन्न करके उसका व्यवहार पर पड़ने वाले प्रभाव का अध्ययन किया जाता है?
(a) काम्मीस्सरोटोमी (Commissurotomy) से
(b) डियासकिसिस (Diaschisis) से
(c) क्षति विधि (lesion method) से
(d) सोडियम एमोबारबिटल परीक्षण (Sodium Amobarbital test) से

16. क्षति विधि (lesion method) द्वारा जीवित प्राणी के मस्तिष्क के विशिष्ट भाग को क्षतिग्रस्त करने से उसका अगल-अगल के ऊतकों (tissues) पर अस्थायी तौर पर विघटनात्मक प्रभाव (disruptive effect) पड़ता देखा गया है। इस तरह के प्रभाव को कहा जाता है—
(a) साहचर्यित हानि (associated impairment)
(b) डियासकिसिस (diaschisis)
(c) ईईजी (EEG)
(d) उत्पन्न विभव (evoked potentials)

17. इसमें से किसे न्यूरोदैहिक विधि (neurophysiological method) की श्रेणी में नहीं रखा जाता है?
(a) इसीओ (ECO) (b) ईईजी (EEG)
(c) ईआरपी (ERP) (d) एसपीइसीटी (SPECT)

18. इम्मूनोसाइटोकेमेस्ट्री (Immunocytochemistry) किस विधि का एक उपविधि है?
(a) न्यूरोदैहिक विधि (neurophysiological method) का
(b) न्यूरोरसायन (neurochemistry) का
(c) औटोरेडियोग्राफी (autoradiography) का
(d) इनमें से किसी का भी नहीं

19. क्षति विधि का किसे एक प्रमुख दोष कहा गया है?
(a) द्विक साहचर्य (double association) को
(b) एकाकी साहचर्य (single association) को
(c) बहु साहचर्य (multiple association) को
(d) डियासकिसिस (diaschisis) को

20. संरचनात्मक प्रतिमावली विधि (structural imaging method) की श्रेणी में किसे नहीं रखा जा सकता है?
(a) खोपड़ी एक्स-रे (skull x-ray)

(b) न्यूमोइनसिफैलोग्राफी (Pneumoencephalography)
(c) सीटी स्कैन (C T Scan)
(d) एसपीईसीटी (SPECT)

उत्तर

1. (a) **2.** (b) **3.** (c) **4.** (d) **5.** (d) **6.** (a)
7. (d) **8.** (b) **9.** (b) **10.** (a) **11.** (c) **12.** (a)
13. (d) **14.** (b) **15.** (d) **16.** (b) **17.** (d) **18.** (b)
19. (d) **20.** (d)

अध्याय 4

केन्द्रीय तंत्रिका तंत्र का परिचय
(Introduction to Central Nerveous System)

दीर्घ उत्तरीय प्रश्न (*Long term questions*)

1. तंत्रिका तंत्र क्या है? इसकी मौलिक विशेषताओं पर प्रकाश डालें।
(What is nervous system ? Disscuss its main features.)
2. तंत्रिका तंत्र के प्रमुख प्रभागों का संक्षिप्त वर्णन करें।
(Describe, in brief, the major divisions of nervous system.)
3. सुषुम्ना की संरचना तथा कार्य का वर्णन करें।
(Describe the structure and functions of spinal cord.)
4. अग्रमस्तिष्क की संरचना एवं कार्य का वर्णन करें।
(Describe the structure and function of forebrain.)
5. टेलेनसिफेलोन तथा डायनसिफेलोन में संरचनात्मक एवं कार्यात्मक अंतर करें।
(Make structural and functional difference between telencephalaon and diencephalon.)
6. प्रमस्तिष्कीय कार्टेक्स की संरचना तथा कार्य का वर्णन करें।
(Describe the structure and functions of cerebral hemisphere.)
7. निम्नलिखित पर संक्षिप्त नोट लिखें :
(Write short notes on the following) :
(a) लूरिया का कार्टिकल क्षेत्र तथा कार्टिकल संसाधन
(Luria cortical region and cortical processing)
(b) कायिक संवदी क्षेत्र (Somatosensory area)
(c) लघुमस्तिष्क (Cerebellum)
(d) रेटिकुलर फारमेशन (Reticular Formation)
(e) साहचर्य क्षेत्र (Association area)
(f) साइटोआर्किटेक्टोनिक नक्शा (Cytoarchitectonic map)
8. डायनसिफेलोन के प्रमुख संरचना तथा कार्य का वर्णन करें।
(Describe the major structure and function of diencephalon)
9. मध्यमस्तिष्क की संरचना के बारे में बतलावें।
(Point out about the structure of midbrain.)
10. पश्चमस्तिष्क की संरचना के बारे में बतलावें।
(Describe the structure and function of hindbrain.)

11. प्रमस्तिष्कीय वल्कुट के मुख्य कार्यवाही का वर्णन करें।
(Describe the main functions of cerebral cortex.)
12. वल्कल के साहचर्य कार्यों का वर्णन करें।
(Describe the associative functions of cortex.)
13. केन्द्रीय तंत्रिका तंत्र की संरचना एवं कार्यों का वर्णन करें।
(Describe the structure and function of central nervous system.)
14. सुषुम्ना तथा पश्चमस्तिष्क की रचना एवं कार्यों पर प्रकाश डालें।
(Throw light upon the structure and function of spinal cord and hindbrain.)
15. केन्द्रीय तंत्रिका तंत्र की बनावट एवं कार्यों की व्याख्या करें।
(Describe the structure and functions of central nervous system.)
16. थैलमस तथा हाइपोथैलमस की बनावट और कार्य की व्याख्या विस्तार से करें।
(Explain in detail the structure and functions of Thalamus and hypothalamus.)

वस्तुनिष्ठ प्रश्न (*Objective Questions*)

1. मस्तिष्क तथा सुषुम्ना जिस सुरक्षात्मक शीथ (protective sheath) द्वारा ढँका रहता है, उसे कहा जाता है—
   (a) निलयी तंत्र (ventricular system)
   (b) मेनिनग्स (meninges)
   (c) डुरा मेटर (dura mater) (d) पिया मेटर (pia mater)
2. मस्तिष्क के तीसरा भेन्ट्रीकल तथा चौथा भेन्ट्रीकल को जोड़ने वाले टियूब (tube) को कहा जाता है—
   (a) कोरपास कैलोजम (corpus callosum)
   (b) कोराआयड प्लिक्स (chorioid plexus)
   (c) प्रमस्तिष्कीय एक्यूडक्ट (cerebral aqueduct)
   (d) इनमें से कुछ भी नहीं
3. मस्तिष्क में सेरीब्रोस्पाइनल तरल (cerebrospinal fluid) कहाँ तैयार होता है?
   (a) कोरोआयड प्लिएक्स (choroid plexus) में
   (b) तीसरा भेन्ट्रीकल (third ventricle) में
   (c) चौथा भेन्ट्रीकल (fourth ventricle) में
   (d) इनमें से किसी में भी नहीं
4. मेनिनग्स (meninges) में कितने सतह (layers) होते हैं?
   (a) दो (b) तीन (c) चार (d) छह
5. इपिथैलमस (epithalamus) किसका एक हिस्सा होता है?
   (a) टेलेनसिफेलोन (telencephalon) का
   (b) डायनसिफेलोन (diencephalon) का
   (c) मध्य मस्तिष्क (midbrain) का
   (d) इनमें से किसी का भी नहीं
6. प्रमस्तिष्कीय कार्टेक्स के छह परतों में सबसे भीतरी परत का नाम क्या है?
   (a) प्लेक्सीफार्म (plexiform layer)
   (b) आंतरिक ग्रैनुलर परत (internal granular layer)
   (c) पोलिमार्फिक परत (polymorphic layer)
   (d) इनमें से कोई भी नहीं

7. निम्नांकित में से कौन बायाँ गोलार्द्ध तथा दायाँ गोलार्द्ध में सम्बन्ध नहीं जोड़ता है?
   (a) कौरपस कैलोजम (corpus callosum)
   (b) अग्रवर्ती काम्मिसोर (anterior commissure)
   (c) पश्च काम्मिसोर (posterior commissure)
   (d) साइनगलगेट फैसिकुलस (cingulgate fasiculus)
8. ब्राडमान क्षेत्र संख्या 17 (Broadmann's area no. 17) किससे सम्बन्धित है?
   (a) दृष्टि क्षेत्र से (b) श्रवण क्षेत्र से
   (c) कायिक संवदी (somatosensory area) से
   (d) इनमें से किसी से भी नहीं
9. दृष्टि सूचनाएँ थैलमस के किस केन्द्रक में भेजी जाती हैं?
   (a) पार्श्विक जेनीकुलेट केन्द्रक (lateral geniculate nuclei) में
   (b) भेन्ट्रोलेट्रल केन्द्रक में
   (c) मेडीयल जेनीकुलेट केन्द्रक (medial geniculate nuclei) में
   (d) इनमें से किसी में नहीं
10. सुपरियर कौल्लिकुली (superior colliculi) का सम्बन्ध किससे है?
   (a) दृष्टि (vision) से (b) श्रवण (audition) से
   (c) दोनों से (d) दोनों में से किसी से नहीं
11. प्रमस्तिष्कीय कार्टेक्स (cerebellar cortex) किसे ढँके रहता है?
   (a) मध्यमस्तिष्क को (b) लघुमस्तिष्क (cerebellum) को
   (c) सेतु (pons) को (d) इनमें से किसी को भी नहीं
12. प्रमस्तिष्कीय एटाक्सिया (cerebellar ataxia) का सम्बन्ध किससे है?
   (a) दृष्टि संवेदनाओं में गड़बड़ी से (b) श्रवण संवेदनाओं में गड़बड़ी से
   (c) शारीरिक गति में असंतुलन (d) इनमें से किसी से भी नहीं
13. एक ही प्रमस्तिष्कीय गोलार्द्ध (cerebral hemisphere) के भीतर एक क्षेत्र से दूसरे क्षेत्र में सम्बन्ध स्थापित करने वाले तन्तु को कहा जाता है—
   (a) इपसिलेट्रल कार्टिकोर्टिकल तन्तु (Ipsilateral corticocortical fibers)
   (b) पश्च तन्तुबन्ध (posterior commissure)
   (c) अग्रवर्ती तन्तुबन्ध (anterior commissure)
   (d) इनमें से कुछ भी नहीं
14. निम्नांकित्त में से कौन केन्द्रीय सुलकस के पीछे तथा सिलभियस के दरार के ऊपर होता है?
   (a) मध्यपालि (parietal lobe) (b) शंखपालि (temporal lobe)
   (c) पश्चकपाल पालि (occipital lobe) (d) अग्रपालि (frontal lobe)
15. फोरनिक्स (fornix) किसे कहा जाता है?
   (a) बायाँ गोलार्द्ध तथा दायाँ गोलार्द्ध को जोड़ने वाले तन्तु को।
   (b) थैलमस, हाइपोथैलमस तथा इपिथैलमस को जोड़ने वाले ट्यूब को।
   (c) पश्च हाइपोथैलमस में हिप्पोकैम्पस तथा मैमिलयरी बाडी (mamillary body) को जोड़ने वाले पथ को।
   (d) पेशीय कार्टेक्स तथा संवेदी कार्टेक्स को जोड़ने वाले तन्तु को
16. निम्नांकित में से गलत जोड़ा (wrong pairs) कौन है?
   (a) सुपिरियर कोलिकुली—दृष्टि संवेदन (b) इनफेरियर कोलिकुली—श्रवण संवेदन
   (c) वेसल गैंगलिया—शारीरिक गति (d) टेगमेंटम—पश्चमस्तिष्क

17. लुरिया (Luria) का कार्य किससे सम्बन्धित होता है?
   (a) एनजियोग्राफी (angiography) से
   (b) पदानुक्रमिक कार्टिकल संसाधन (hierarchical cortical processing) से
   (c) कार्टिकाट्रोपिन मुक्ति हारमोन (corticotropin releasing hormone or CRM) से
   (d) इनमें से किसी से भी नहीं।
18. साइनगुलेट गाइरस (cingulate gyrus) किसका भाग होता है?
   (a) वेसल गैंगलिया का (b) लिम्बिक तंत्र का
   (c) हाइपोथैलमस का (d) इनमें से किसी का भी नहीं
19. आर्कीकार्टेक्स (archicortex) किसमें पाया जाता है?
   (a) एमिंगडाला (amygdala) में (b) हिप्पोकैम्पस (hippocampus) में
   (c) मेडुला में (d) इनमें से किसी में भी नहीं
20. लघुमस्तिष्क का सम्बन्ध किससे अधिक होता है?
   (a) दृष्टि संवेदन के नियंत्रण से (b) श्रवण संवेदन के नियंत्रण से
   (c) शारीरिक गति के नियंत्रण से (d) इनमें से किसी से भी नहीं

उत्तर

1. (b) **2.** (c) **3.** (a) **4.** (b) **5.** (b) **6.** (c)
7. (d) **8.** (a) **9.** (a) **10.** (a) **11.** (b) **12.** (c)
13. (a) **14.** (a) **15.** (c) **16.** (d) **17.** (b) **18.** (b)
19. (b) **20.** (c)

अध्याय 5

परिधीय तंत्रिका का परिचय
(Introduction to Peripheral Nervous System)

1. परिधीय तंत्रिका तंत्र की संरचना तथा कार्य पर प्रकाश डालें।
   (Throw light upon the structure and function of peripheral nervous system.)
2. कायिक तंत्रिका तंत्र की संरचना तथा कार्य का वर्णन करें।
   (Describe the structure and function of somantic nervous system.)
3. कपालीय तंत्रिकाओं के प्रकार एवं कार्य का वर्णन करें।
   (Describe the types and functions of cranial nervous.)
4. मेरुदंडीय तंत्रिकाओं के प्रकार एवं कार्य का वर्णन करें।
   (Describe the types and functions of spinal nerves.)
5. स्वायत तंत्रिका तंत्र के प्रकार एवं संरचना का वर्णन करें।
   (Describe the types and structure of automatic nervous system.)
6. परिधीय तंत्रिका तंत्र के मुख्य कार्यवाहियों का वर्णन करें। **(M.A. Psy., 2002)**
   (Describe the major functions of peripheral nervous system.)
7. परिधीय तंत्रिका तंत्र की संरचना एवं कार्य का वर्णन करें। क्या उपअनुकंपी तंत्र और अनुकम्पी तंत्र के कार्यों के बीच पूर्ण विरोध होता है? **(M.A. Psy., P.U., 2004)**

(Describe the structure and functions of peripheral nervous system. Is there complete antagonism between the functions of sympathetic and parasympathatic nervous system ?)

8. परिधीय तंत्रिका तंत्र क्या है? परिधीय तंत्रिका तंत्र के प्रकारों का वर्णन करें।

   (What is peripheral nervous system ? Discuss the types of peripheral nervous system.)

9. परिधीय तंत्रिका तंत्र की बनावट तथा कार्यों पर प्रकाश डालें।

   (Throw light on the structure and functions of peripheral nervous system.)

10. परिधीय स्नायु तंत्र के बनावट तथा कार्यों की व्याख्या करें।

    (Explain the structure and functions of peripheral nervous system.)

वस्तुनिष्ठ प्रश्न (*Objective Questions*)

1. निम्नांकित में से कौन परिधीय तंत्रिका तंत्र (peripheral nervous system) का भाग नहीं है?

   (a) ट्रोकलियर (Trochlear)
   (b) भेगस (Vagus)
   (c) एबडुसेन्स (abducens)
   (d) कौरपस कैलोजम (corpus callosum)

2. कौन एक कपालीय तंत्रिका (cranial nerve) नहीं है?

   (a) एबडुसेन्स (abducens)
   (b) औकुलोमोटर (oculomotor)
   (c) श्रवण भेष्टीवुलर (auditory vestibular)
   (d) टेक्टम (tectum)

3. निम्नांकित में से कौन कपालीय तंत्रिका पूर्णतः पेशीय कार्य (motor function) करता है?

   (a) ट्रोकलियर (Trochlear)
   (b) श्रवण भेस्टीबुलर (auditory vestibular)
   (c) भेगस (Vagus) (d) इनमें से कोई नहीं

4. मेडुला औवलैंगाटा (medulla oblongata) से सबसे नजदीक कौन होता है?

   (a) आठवाँ कपालीय तंत्रिका (b) दसवाँ कपालीय तंत्रिका
   (c) तीसरा कपालीय तंत्रिका (d) बारहवाँ कपालीय तंत्रिका

5. मेरुदंडीय तंत्रिकाओं (spinal nerve) की कुल संख्या कितनी होती है?

   (a) 21 जोड़े (b) 35 जोड़े (c) 41 जोड़े (d) 31 जोड़े

6. सरभाइकल मेरुदंडीय तंत्रिका (cervical spinal nerve) कितनी संख्या में होती है?

   (a) 8 (b) 10 (c) 15 (d) 7

7. पाँचवाँ कपालीय तंत्रिका (cranial nerve) का नाम क्या है?

   (a) एबडुसेन्स (abducens) (b) ट्रोकलियर (Trochlear)
   (c) ट्रीजेमेनिल (Trigeminal) (d) इनमें से कुछ भी नहीं

8. कपालीय तंत्रिका (cranial nerve) की संख्या कितनी होती है?
   (a) 12 (b) 10 (c) 8 (d) 14
9. नौवाँ कपालीय तंत्रिका का नाम क्या है?
   (a) औकुलोमोटर (oculomotor) (b) ट्रोकलियर (trochlear)
   (c) ट्रीजेमेनिल (trigeminal)
   (d) ग्लासोफैरिनगियल (glassopharyngeal)
10. लुम्बट क्षेत्र (lumbar region) में मेरूदंडीय तंत्रिकाओं (spinal nerves) की संख्या कितनी होती है?
   (a) 12 (b) 5 (c) 10 (d) 4
11. मेरुदंडीय तंत्रिका (spinal nerve) सुषुम्ना में प्रवेश करने के पहले कितने भागों में बँट जाते हैं?
   (a) 3 (b) 2 (c) 4 (d) 5
12. मेरुदंडीय तंत्रिका का डार्सल भाग (dorsal root) द्वारा किस तरह का कार्य संपन्न होता है?
   (a) संवेदी कार्य (b) पेशीय कार्य
   (c) अंशतः संवेदी कार्य तथा अंशतः पेशीय कार्य
   (d) इन दोनों में से कोई नहीं
13. मेरुदंडीय तंत्रिका (spinal nerve) के भेन्ट्रल भाग (ventral root) द्वारा किया जाता है—
   (a) संवेदी कार्य (b) पेशीय कार्य
   (c) दानों तरह के कार्य (d) दोनों में से कोई कार्य नहीं
14. निम्नांकित में से किसे थोरोक्क्लुम्बर तंत्र (thoraciclumbar region) कहा जाता है?
   (a) अनुकंपी तंत्रिका तंत्र (sympathetic nervous system)
   (b) उपअनुकंपी तंत्रिका तंत्र (parasympathetic nervous system)
   (c) स्पाइनोथैलेमिक तंत्र (spinothalamic system)
   (d) कायिक संवेदी तंत्र (somatosensory system)
15. निम्नांकित में से किसके द्वारा जीभ की गतियों का संचालन एवं नियंत्रण होता है?
   (a) हाइपोग्लोस्सल (hypoglossal) (b) ट्रोकलियर (trochlear)
   (c) ट्रीजेमेनिल (trigeminal) (d) इनमें से कोई नहीं
16. सैकरल (sacral) क्षेत्र में मेरूदंडीय तंत्रिकाओं की संख्या कितनी है?
   (a) 10 (b) 5 (c) 8 (d) 6
17. निम्नांकित में से किसे क्रेनियल सैक्रल तंत्र (craminalsacral system) भी कहा जाता है?
   (a) अनुकम्पी तंत्रिका तंत्र (b) उपअनुकम्पी तंत्रिका तंत्र
   (c) कायिक तंत्रिका तंत्र (d) इनमें से कुछ भी नहीं
18. निम्नांकित में से कौन कपालीय तंत्रिका (cranial nerve) अंशतः संवेदी तथा अंशतः पेशीय है?
   (a) आनन (facial)
   (b) औकुलोमोटर (oculomotor)
   (c) ग्लासोफैरिनगियल (glassopharyngeal)
   (d) एबडुसेन्स (abducens)

19. अनुकंपी तंत्र (sympathetic system) तथा उपअनुकम्पी तंत्र (parasympathetic system) का कार्य एक-दूसरे का–
   (a) विरोधी होता है।
   (b) सहायक होता है।
   (c) तटस्थ होता है।
   (d) विशेष परिस्थिति में ही विरोधी होता है।
20. कायिक तंत्रिका तंत्र (somatic nervous system) के कितने प्रभाग (division) होते हैं?
   (a) तीन (b) दो (c) चार (d) पाँच

उत्तर

1. (d) 2. (d) 3. (a) 4. (d) 5. (d) 6. (a)
7. (c) 8. (a) 9. (d) 10. (b) 11. (b) 12. (a)
13. (b) 14. (a) 15. (a) 16. (a) 17. (b) 18. (c)
19. (a) 20. (b)

अध्याय 6

अन्त:स्रावी तंत्र
(Endocrine System)

दीर्घउत्तरीय प्रश्न (*Long Answer Questions*)

1. अन्त:स्रावी गन्थि क्या है? इसके प्रमुख प्रकारों एवं संरचनाओं का वर्णन करें।
   (What is endocrine gland ? Discuss its major types and structures.)
2. पीयूष ग्रन्थि की संरचना तथा कार्य पर प्रकाश डालें।
   (Throw light upon the structure and function of pituitary gland.)
3. एड्रीनल ग्रन्थि क्या है? इसकी संरचना तथा उपयोगिता बतलावें।
   (What is adrenal gland ? Discuss its structure and utilities.)
4. कंठ ग्रन्थि तथा उपकंठग्रन्थि का तुलनात्मक अध्ययन करें।
   (Make a comparative study of thyroid and parathyroid gland.)
5. पैंक्रियाज का मानव व्यवहार पर पड़ने वाले प्रभावों का उल्लेख करें।
   (Point out the major impact of pancreas upon human behaviour.)
6. यौन ग्रन्थि क्या है? यौन व्यवहार के संदर्भ में इसकी उपयोगिता बतलावें।
   (What is sex gland ? Discuss its utilities in terms of sex behaviour.)
7. हार्मोन की ऐतिहासिक विकास पर प्रकाश डालें। इसके प्रमुख प्रकारों का वर्णन करें।
   (Throw light upon the historical development of hormone. Describe its major types.)
8. हार्मोनल क्रिया के प्रमुख नियमों का उल्लेख करें।
   (Point out the major principles of hormonal action.)
9. कोशिका प्रक्रम पर हारमोन्स के पड़ने वाले प्रभावों का वर्णन करें।
   (Describe the major impacts of hormone upon cell mechanism.)
10. हार्मोनल तंत्र तंत्रकीय तंत्र के साथ किस ढंग से अंतक्रिया करते हैं?
   (How does hormonal system make interaction with neural system. Discuss the impact of hormone upon behaviour.)

11. समस्थिति क्या है? अन्तःस्रावी ग्रन्थि किस तरह से समस्थिति में मदद करते हैं? *(What is homeostasis ? How do endocrine glands help in maintaining homeostasis. ?)*

वस्तुनिष्ठ प्रश्न *(Objective Questions)*

1. अश्रु ग्रन्थि (tear gland) एक उदाहरण है–
   (a) वहिस्रावी ग्रन्थि (exocrine gland)
   (b) अन्तःस्रावी ग्रन्थि (endocrine gland)
   (c) दोनों तरह के ग्रन्थि का।
   (d) इन दोनों में से किसी भी तरह के ग्रन्थि का नहीं।
2. पथहीन ग्रन्थि (ductless gland) का दूसरा नाम है–
   (a) पीयूष ग्रन्थि (pituitary gland)
   (b) अन्तःस्रावी ग्रन्थि (endocrine gland)
   (c) एड्रीनल ग्रन्थि (adrenal gland)
   (d) पिनीयल ग्रन्थि (pineal gland)
3. ACTH एक तरह का ... है–
   (a) ट्रोपिक हार्मोन (tropic hormone) का
   (b) स्टेरोआड हार्मोन (steroid hormone) का
   (c) एमाइन हार्मोन (amine hormone) का
   (d) इनमें से किसी का भी नहीं
4. मास्टर ग्रन्थि (master gland) किसे कहा जाता है?
   (a) अग्रवर्ती पीयूष ग्रन्थि (anterior pituitary gland) को
   (b) परवर्ती पीयूष ग्रन्थि (posterior pituitary gland) को
   (c) पिनीयल ग्रन्थि (pineal gland) को
   (d) इनमें से किसी को भी नहीं
5. किसे न्यूरोहाइपोफिसिस (neurohypophysis) कहा जाता है?
   (a) अग्रवर्ती पीयूष ग्रन्थि को (b) परवर्ती पीयूष ग्रन्थि को
   (c) एड्रीनल ग्रन्थि को (d) इनमें से किसी को नहीं
6. महिलाओं में स्तनीय विकास (mamillary development) को कौन हार्मोन उन्नत बनाता है?
   (a) लूटिनाइजिंग हार्मोन (Luteinizing hormone)
   (b) फौलिस्ल उत्तेजक हार्मोन (Follicle-stimulating hormones)
   (c) प्रोलैकटिन (Prolactin)
   (d) वर्द्धन हार्मोन (growth hormone)
7. आर्गिनाइन भैसोप्रेसीन (arginine vasopressin or AVB) का मुख्य कार्य क्या होता है?
   (a) पाचन क्रिया को नियमित करना।
   (b) पेशाव उत्सर्जन की क्रिया को नियमित करना।
   (c) महिलाओं में दुग्ध उत्सर्जन को तेज करना।
   (d) इनमें से कोई कार्य नहीं।
8. आक्सीटोसिन (oxytocin) किससे स्रावित होता है?
   (a) परवर्ती पीयूष ग्रन्थि (posterior pituitary gland) से

(b) अग्रवर्ती पीयूष ग्रन्थि (anterior pituitary gland) से
(c) एड्रीनल कार्टेक्स (adrenal cortex) से।
(d) एड्रीनल मेडुला (adrenal medulla) से

9. मेलाटोनिन (melatonin) किस ग्रन्थि से निकलने वाला हार्मोन है?
(a) कंठ ग्रन्थि (thyroid gland) (b) पिनीयल ग्रन्थि (pineal gland)
(c) पैंक्रियाज (Pancreas) (d) इनमें से किसी का भी नहीं

10. क्रेटिनिज्म (cretinism) का सम्बन्ध किस ग्रन्थि के कार्य में गड़बड़ी से सम्बन्धित है?
(a) पैंक्रियाज (Pancreas) (b) कंठग्रन्थि (Thyroid gland)
(c) यौन ग्रन्थि (sex gland) (d) एड्रीनल ग्रन्थि (adrenal gland)

11. मिक्सीडीमा (myxedema) रोग का सम्बन्ध किस हार्मोन की कमी से होता है?
(a) थायरौक्सिन (thyroxin) (b) ग्लूकागोन (glucagon)
(c) मेलाटोनिन (melatonin) (d) आक्सीटोसीन (oxytocin)

12. निम्नांकित में से कौन गुर्दा (kidney) को इस ढंग से प्रभावित करता है कि वह सोडियम का धारण कर सके और पेशाब बनने की मात्रा को रोककर शरीर में पानी के स्तर को बनाये रखता है—
(a) मनर्लोकार्टिकोआयड्स (mineralocorticoids)
(b) फौलिस्ल उत्तेजक हार्मोन (Follicle-Stimulating hormone or FSH)
(c) थायरायड-उत्तेजक हार्मोन (Thyroid-stimulating hormone or TSH)
(d) इनमें से कोई नहीं (none of these)

13. निम्नांकित में से किसका प्रभाव कार्बोहाइड्रेट तथा ग्लूकोज (glucose) के चयापचय (metabolism) पर सबसे अधिक पड़ता है?
(a) एल्डोस्टेरोन (aldosterone)
(b) ट्रिआइओडोथाइरोनाईन (triodothyronine)
(c) ग्लूकोकार्टिकोआयड्स (glucocorticoids)
(d) ग्लूकागोन

14. हाइपोग्लिसेमिया (hypoglycemia) का सम्बन्ध किस ग्रन्थि से है?
(a) उपकंठ ग्रन्थि (Parathyroid gland)
(b) हाइपोफिसिस (Hypophysis)
(c) पैंक्रियाज (Pancreas) (d) इनमें से किसी से भी नहीं

15. एस्ट्रोजेन (estrogen) किससे स्रावित (secrete) होता है?
(a) अंडग्रन्थि से (testicle) (b) डिम्ब ग्रन्थि से (ovary)
(c) 'a' तथा 'b' दोनों से (d) 'a' तथा 'b' में से किसी से भी नहीं

16. कोलिसीस्टाकिनिन (choleycystokinin or CKK) किस ग्रन्थि से निकलता है?
(a) हाइपोफिसिस से (from hypophysis)
(b) पैंक्रियाज से (from pancreas)
(c) म्यूकोसा ऑफ डूओडेनम से (mucosa of duodenum)
(d) इनमें से किसी से भी नहीं (from none of these)

17. सोमेटोक्रिनिन (somatocrinin) किस प्रकार का हार्मोन (hormone) है?
(a) एमाइन हार्मोन (amine hormone)
(b) प्रोटीन हार्मोन (protein hormone)
(c) स्टीरोआड हार्मोन (d) इनमें से किसी भी श्रेणी का नहीं

18. कुशिंग संलक्षण (cushing syndrome) की पहचान क्या है?
    (a) व्यक्ति अधिक उत्तेजित हो जाता है और उसे नींद नहीं आती है।
    (b) व्यक्ति में थकान, विषाद (depression) आदि बढ़ जाते हैं तथा उनके शरीर पर बाल अधिक उग आते हैं।
    (c) महिलाओं में रजोधर्म (mensuration) की स्थिति गड़बड़ हो जाती है और धीरे-धीरे स्तन सूखने लगता है।
    (d) पुरुषों में यौन (sex) की इच्छा समाप्त हो जाती है और उसमें धार्मिक प्रवृत्ति अधिक मजबूत हो जाती है।
19. कुशिंग संलक्षण का सम्बन्ध किस ग्रन्थि से अत्यधिक मात्रा में हार्मोन निकलने से है?
    (a) एड्रीनल मेडुला (adrenal medulla)
    (b) एड्रीनल कार्टेक्स (adrenal cortex)
    (c) अग्रवर्ती पीयूष ग्रन्थि (anterior pituitary gland)
    (d) परवर्ती पीयूष ग्रन्थि (posterior pituitary gland)
20. मेलाटोनिन (melatonin) किस श्रेणी का हार्मोन (hormone) है?
    (a) एमाइन हार्मोन (amine hormone)
    (b) प्रोटीन हार्मोन (protein hormone)
    (c) स्टीरोआड हार्मोन (steroid hormone)
    (d) इनमें से किसी भी श्रेणी का नहीं

उत्तर

1. (a) **2.** (b) **3.** (a) **4.** (a) **5.** (b) **6.** (c)
7. (b) **8.** (a) **9.** (b) **10.** (b) **11.** (a) **12.** (a)
13. (c) **14.** (c) **15.** (b) **16.** (c) **17.** (b) **18.** (b)
19. (b) **20.** (a)

अध्याय 7

व्यवहारों का न्यूरोदैहिक आधार
(Neurophysiological base of Behaviours)

दीर्घ उत्तरीय प्रश्न (*Long Answer Questions*)

1. दृष्टि प्रत्यक्षण का न्यूरोदैहिक आधार का वर्णन करें।
   (Describe the neurophysiological base of visual perception.)
2. प्रयोगात्मक सबूत के साथ श्रवण प्रत्यक्षण का न्यूरोदैहिक आधार बतलावें।
   (With experimental evidences point out the neurophysiological base of auditory perception.)
3. रसायनिक संवेदनों का न्यूरोदैहिक आधार का वर्णन करें।
   (Describe the neurophysiological base of chemical senses.)
4. भूख तथा प्यास अभिप्रेरक का न्यूरोदैहिक आधार बतलावें।
   (Point out the neuropshysiological base of hunger and thirst motive.)
5. उपर्युक्त उदाहरण देते हुए हाइपोभोलेमिक प्यास तथा ओसमोटिक प्यास में अंतर करें।
   (Citing appropriate examples make distinction between hypovolemic thirst and osmotic thirst.)

6. यौन अभिप्रेरक का हार्मोनल तथा तंत्रकीय आधार का वर्णन करें।
(Describe the hormonal and neural base of sex motive.)

7. त्रियेक मस्तिष्क प्राक्कल्पना क्या है? संवेग में इसकी सार्थकता पर प्रकाश डालें।
(What is Triune brain hypothesis ? Discuss its relevance for emotion.)

8. संवेग का न्यूरोदैहिक आधार का वर्णन करें।
(Describe the neurophysiological base of emotion.)

9. संवेग का नियंत्रण विभिन्न तरह के हार्मोन्स से किस तरह से होता है? उदाहरण सहित उत्तर दें।
(How is emotion controlled by different types of hormones ? Give answer with examples.)

10. तीव्र नेत्र गतिक नींद तथा मंद तरंग नींद का न्यूरोदैहिक आधार बतलावें।
(Point out the neurophysiological base of Rapid Eye Movement Sleep and Slow wave sleep.)

11. ''जाग्रत तथा उत्तेजन एक असमरूप व्यवहार होता है।'' इस कथन का न्यूरोदैहिक आधार बतलावें।
("Waking and arousal are a non-uniform behaviour." Point out the neurophysiological base.)

12. अधिगम में कई तरह के न्यूरोदैहिक परिवर्तन होते हैं। इस कथन के समर्थन में आप अपना विचार प्रस्तुत करें।
("There occurs several types of neurophysiological changes in learning." Present your viewpoint in support of this.)

13. ''स्मृति का एक स्पष्ट न्यूरोदैहिक आधार होता है।'' इस कथन की समीक्षा करें।
("Memory has a explicit neurophysiological base." Review this statement.)

14. संवेग में थैलमस की भूमिका का वर्णन करें।
(Disuss the the role of thalamus in emotion.)

15. नींद की मुख्य विशेषताओं का वर्णन करें। इसमें सन्निहित संरचनाओं का उल्लेख करें।
(What are the main characteristics of sleep ? Explain the mechanism involved in it.)

16. भूख में सम्मिलित दैहिक प्रक्रमों का वर्णन करें।
(Explain the physiological mechanism involved in hunger.)

17. यौन व्यवहारों के सामान्य चक्रों का वर्णन करें।
(Explain the general cycles of sexual behaviour.)

18. संवेग एवं अभिप्रेरण के न्यूरोदैहिकी का वर्णन करें।
(Explain the neurophysiology of emotion and motivation.)

19. स्वप्न एवं लैंगिक व्यवहार में तंत्रकीय प्रक्रम की भूमिका का वर्णन करें।
(Describe the role of neural mechanism in dream and sexual behaviour.

20. अधिगम तथा स्मृति के न्यूरोदैहिकी का वर्णन करें।
(Describe the neurophysiology of learning and memory.)

21. जाग्रत तथा निद्रावस्था के स्नायविक रचनाओं की भूमिका का वर्णन करें।

(Discuss the role of neural mechanism in wakefulness and sleep.)

22. व्यवहार के न्यूरोदैहिक आधार से आप क्या समझते हैं? संवेग एवं अभिप्रेरक के न्यूरोदैहिकी का वर्णन करें।

(What do you mean by neurophysiological base of behaviour ? Discuss the neurophysiology of motivation and emotion.)

23. स्वप्न तथा कामुक व्यवहार के स्नायविक संरचनाओं की भूमिका का वर्णन करें।

(Discuss the role of neural mechanism in dream and sexual behaviour.)

24. शिक्षण तथा स्मृति के स्नायविक-दैहिक आधारों की व्याख्या करें।

(Discuss the neurophysiological basis of learning and memory.)

25. निद्रा में विभिन्न प्रकार के सन्निहित स्नायविक तंत्र की व्याख्या करें।

(Explain the differtent from of neural mechanism involved in sleep.)

26. संवेग के न्यूरोदैहिक आधार का वर्णर करें।

(Discuss the neurophysiological bases of emotion.)

27. काम व्यवहार में शामिल विभिन्न तंत्रिकीय प्रक्रमों का वर्णन करें।

(What are the different neural mechanisms involved in sexual behaviour ?)

28. शिक्षण के न्यूरोदैहिक आधारों की विवेचना कीजिए।

(Discuss the neurophysiological basis of learning.)

29. निद्रा में सन्निहित विभिन्न तंत्रिकीय प्रक्रमों का वर्णन करें।

(Explain the neural mechanism involved in sleep.)

30. संवेग तथा अभिप्रेरण के न्यूरोदैहिकी का वर्णन करें।

(Describe the neurophysiology of emotion and motivation.)

31. स्वप्न एवं लैंगिक व्यवहार में तंत्रकीय प्रक्रम की भूमिका की व्याख्या करें।

(Discuss the role of neural mechanism in dream and sexual behaviour.)

वस्तुनिष्ठ प्रश्न *(Objective Questions)*

1. पी कोशिका (P cells) तथा एम कोशिका (M cells) निम्नांकित में से किसमें पाये जाते हैं?

(a) परितारिका (iris) में (b) पुतली (pupils) में

(c) गैंगलियन कोशिका (ganglian cell) में

(d) इनमें से किसी में भी नहीं

2. जब व्यक्ति जाने-पहचाने व्यक्तियों को उनका चेहरा देखकर पहचान नहीं कर पाता है, तो इस अवस्था को कहा जाता है—

(a) प्रोसोपैगनोसिया (prosopagnosia) (b) एगनोसिया (agnosia)

(c) अन्धदृष्टि (blindsight) (d) इनमें से कुछ भी नहीं

3. आर्गन ऑफ कोर्टी (organ of corti) एक भाग है—
   (a) मध्यकर्ण का (b) अन्तःकर्ण का
   (d) परितारिका (iris) का (d) इनमें से किसी का भी नहीं
4. थैलमस का लेट्रल जेनिकुलेट न्यूक्लिअस (Lateral Geniculate Nucleus or LGN) का सम्बन्ध किससे होता है?
   (a) श्रवण प्रत्यक्षण से (b) दृष्टि प्रत्यक्षण से
   (c) गतिबोधक प्रत्यक्षण से (d) इनमें से किसी से भी नहीं
5. कान में आंतरिक केश कोशिकाएँ की संख्या लगभग कितनी होती है?
   (a) 3500 (b) 12,000 (c) 500 (d) 14,000
6. कोकलिया (Cochlea) या श्रवण तंत्रिका (auditory nerve) को क्षतिग्रस्त हो जाने से निम्नांकित में से किस तरह का रोग उत्पन्न होता है?
   (a) चालकत्व बहरापन (conductive deafness)
   (b) संवेदीतंत्रकीय बहरापन (sensorineural deafness)
   (c) केन्द्रीय बहरापन (central deafness)
   (d) इनमें से कोई भी नहीं
7. द्वार नियंत्रण सिद्धान्त (Gate-control theory) का सम्बन्ध निम्नांकित में से किससे होता है?
   (a) श्रवण संवेदन से (b) दृष्टि संवेदन से
   (c) दर्द संवेदन से (d) स्पर्श संवेदन से
8. निम्नांकित में से किनकी संख्या सबसे अधिक होती है?
   (a) फुनगीफार्म पापिलै (Fungiform papillae)
   (b) कमभैलेट पापिलै (Cumvallate papillae)
   (c) फोलियेट पापिलै (foliate papillae)
   (d) रंगीन पापिलै (coloured papillae)
9. लेट्रल हाइपोथैलमस (lateral hypothalamus) को माना गया है—
   (a) परितृप्ति केन्द्र (satiety centre) (b) भूख केन्द्र (hunger centre)
   (c) 'a' तथा 'b' दोनों ही (d) 'a' तथा 'b' दोनों में से कुछ भी नही
10. जब कोशिकाओं में नमक एवं अन्य आयन की सांद्रता में कमी आ जाती है तो इससे कोशिकाओं के भीतर जल का विसरण (diffusion) बढ़ जाता है और बहिकोशकीय कक्ष में पानी की कमी हो जाती है। ऐसी स्थिति में किस तरह की प्यास उत्पन्न होती है—
   (a) औसमोटिक प्यास (osmotic thirst)
   (b) हाइपोभोलेमिक प्यास (hypovolemic thirst)
   (c) 'a' तथा 'b' दोनों तरह का प्यास
   (d) 'a' तथा 'b' दोनों में से किसी भी तरह का प्यास नहीं।
11. जब प्राणी को एक ही जगह या स्थान पर कुछ दिनों तक के लिए लगातार रखा जाता है, तो लैंगिक चक्र (estrus cycle) कमजोर पड़ जाता है। इस प्रक्रिया को कहा जाता है—
   (a) ह्विट्टेन प्रभाव (Whitten effect)
   (b) ली-वूट प्रभाव (Lee-Boot effect)
   (c) भौन डेनवर्ग प्रभाव (Vandenbergh effect)
   (d) इनमें से कुछ भी नही।

12. सरटोली कोशिका (sertoli cell) द्वारा किनका निर्माण होता है?
    (a) अंडाणु (egg) का
    (b) शुक्राणु (sperm) का
    (c) एण्ड्रोजेन (androgen) का
    (d) एस्ट्रोजेन (estrogen) का
13. त्रियेक मस्तिष्क प्राक्कल्पना (Triune brain hypothesis) के अनुसार मस्तिष्क के तीन प्रारूप (form) बतलाये गए हैं। निम्नांकित में से कौन एक इन तीनों की सूचि में नहीं हे?
    (a) रेपटिलियन मस्तिष्क (reptilian brain)
    (b) पेलोमैमिलियन मस्तिष्क (paleomammilian brain)
    (c) नियोमैमिलियन मस्तिष्क (neomamillian brain)
    (d) हाइपोथैलमिक मस्तिष्क (hypothalmic brain)
14. संवेग में मस्तिष्क के विभिन्न भागों यथा हाइपोथैलमस, साइनगलगेट गाइरस, हिप्पोकैम्पस, फोरनिक्स, अग्र थैलमस (forebrain) आदि मिलकर एक सरकिट का निर्माण करते हैं और संवेगात्मक अभिव्यक्ति का नियंत्रण करते हैं। इस सिद्धान्त को कहा जाता है—
    (a) हाइपोथैलमिक सिद्धान्त (hypothalmic theory)
    (b) पापेज सिद्धान्त (Papez theory)
    (c) लिण्डस्लेय सिद्धान्त (Lindsley theory)
    (d) इनमें से कुछ भी नहीं
15. मंद तरंग नींद (slow wave sleep) किसे कहा जाता है?
    (a) पहली और चौथी अवस्था के नींद को
    (b) पहली और तीसरी अवस्था के नींद को
    (c) तीसरी और चौथी अवस्था के नींद को
    (d) पहली और दूसरी अवस्था के नींद को
16. REM नींद का नियंत्रण निम्नांकित में से कौन करता है?
    (a) डार्सोलिट्रल सेतु (dorsolateral pons)
    (b) मेडुला (medulla)
    (c) थैलमस (thalamus)
    (d) रेटिकुलर फारमेशन (reticular formation)
17. मंद तरंग नींद का नियंत्रण सामान्यतः कहाँ से होता है?
    (a) वेसल अग्रमस्तिष्क क्षेत्र (basal forebrain region)
    (b) डार्सोलिट्रल सेतु (dorsolateral pons)
    (c) मेडुला
    (d) लिम्बिक तंत्र
18. दीर्घकालीन प्रभावकारिता (long-term potentiation or LTP) से अधिगम की प्रक्रिया—
    (a) कमजोर पड़ती है
    (b) मजबूत होती है
    (c) अप्रभावित होती है
    (d) में पहले मजबूत हो जाती है परंतु बाद में कमजोर पड़ जाती है।
19. दीर्घकालीन स्मृति (long-term memory) में निम्नांकित में से किसकी भूमिका सबसे अधिक महत्त्वपूर्ण होती है?
    (a) हिप्पोकैम्पस
    (b) एमिंगडाला
    (c) थैलमस
    (d) हाइपोथैलमस
20. दीर्घकालीन स्मृति में किसकी भूमिका की पहचान सबसे अधिक हुई है?
    (a) डी एन ए (DNA)
    (b) आर एन ए (RNA)
    (c) 'a' तथा 'b' दोनों की
    (d) 'a' तथा 'b' दोनों में से किसी की भी नहीं

उत्तर

1. (c) 2. (a) 3. (b) 4. (b) 5. (b) 6. (b)
7. (c) 8. (a) 9. (b) 10. (b) 11. (b) 12. (b)
13. (d) 14. (b) 15. (c) 16. (a) 17. (a) 18. (b)
19. (a) 20. (b)

अध्याय 8

न्यूरोदैहिक मूल्यांकन (Neuropsychological Assessment)

दीर्घउत्तरीय प्रश्न (*Long Answer Questions*)

1. न्यूरोमनोवैज्ञानिक मूल्यांकन से आप क्या समझते हैं? न्यूरोमनोवैज्ञानिक मूल्यांकन के प्रमुख अनुप्रयोगों का वर्णन करें।

   (What do you mean by neuropsychological assessment ? Describe the major applications of neuropsychological assesment.)

2. मस्तिष्क-व्यवहार सम्बन्ध मॉडल का वर्णन करें। इस सिलसिले में न्यूनतम मस्तिष्कीय दुष्क्रिया के संप्रत्यय की व्याख्या करें।

   (Describe brain-behaviour relationship model. In this connection explain the concept of mimimum brain dysfunction.)

3. संवेदी निवेश का न्यूरोमनोवैज्ञानिक मूल्यांकन करने की विभिन्न प्रविधियों का वर्णन करें।

   (Discuss the various techniques of neuropsychological assessment of sensory input.)

4. अवधान एवं एकाग्रता का न्यूरोमनोवैज्ञानिक मूल्यांकन करने में सम्मिलित विभिन्न परीक्षणों का वर्णन करें।

   (Describe the differet tests involved in neuropsychological assessment of attention and concentration.)

5. अधिगम एवं स्मृति के मापन के आधार पर मस्तिष्कीय क्षति का आकलन आप किस प्रकार करेंगे। उदाहरण सहित उत्तर दें।

   (How would you estimate the brain damage on the basis of measurement of learning and memory ? Answer with examples.)

6. भाषाई कार्यों का न्यूरोमनोवैज्ञानिक मूल्यांकन करने की प्रविधियों का वर्णन करें।

   (Describe the techniqes of neuropsychological assessment of language functions.)

7. मस्तिष्कीय क्षति व्यक्तियों का अध्ययन करने में वेन्डर गेस्टाल्ट परीक्षण की उपयोगिता का वर्णन करें।

   (Describe the utilities of Bender-Gestalt test in studying brain-damaged persons.)

8. कार्यपालक क्रियाओं का न्यूरोमनोवैज्ञानिक मापन करने की विभिन्न प्रविधियों का वर्णन करें।

   (Describe the various techniques of neuropsychological assessment of executive functions.)

9. न्यूरोमनोवैज्ञानिक परीक्षणमाला के उद्देश्यों का वर्णन करें। हालस्टीड-रिटान न्यूरोमनोवैज्ञानिक परीक्षणमाला का संक्षिप्त विवरण प्रस्तुत करें।
(Describe the purposes of neuropsychological battery. Present the brief summary of Halstead-Reitan Neuropsychological Battery.)

10. एक लाभदायक न्यूरोमनोवैज्ञानिक परीक्षण की विशेषताओं का वर्णन करें। इस सिलसिले में लूरिया-नेब्रासका न्यूरोमनोवैज्ञानिक परीक्षणमाला की उपयोगिता भी बतलावें।
(Describe the characteristics of a useful neuropsychological test. In this context point out the utilities of Luria-Nebraska Neuropsychological Battery.)

11. न्यूरोमनोवैज्ञानिक मूल्यांकन के कुछ मुख्य प्रविधियों का संक्षिप्त वर्णन करें।
(Discuss in brief some of the main techniques of neuropsychological assessment.)

12. न्यूरोमनोवैज्ञानिक मूल्यांकन को परिभाषित करें। हालस्टीकड-रिटान न्यूरोमनोवैज्ञानिक परीक्षणमाला के मुख्य विशेषताओं का वर्णन करें।
(Define neuro-psychological assassment. Discuss the main features of Halstead-Reitan Neuropsychologicl battery.)

13. न्यूरोमनोवैज्ञानिक अन्वेषण के लिए वेंडर-गेस्टाल्ट परीक्षण पर प्रकाश डालें।
(Throw light on Bender-Gestalt test for neuropsychological investigation.)

14. एलेक्ट्रोइनसेफैलोग्राफी क्या है? न्यूरोमनोविज्ञान में यह किस प्रकार उपयोगी है?
(What is electroencephalography ? How is it useful in neuropsychology ?)

15. न्यूरोमनोवैज्ञानिक अन्वेषण के लिए हेल्सटीड-रैटन परीक्षण पर प्रकाश डालें।
(Throw light on Helstead-Reitan Test for neuropsychological investigation.)

16. लूरिया-नेब्रास्का परीक्षणमाला की विशेषताओं एवं उपयोगिताओं का वर्णन करें।
(Describe the characteristics and utilities of Luria-Nebraska Neuropsychological battery.)

वस्तुनिष्ठ प्रश्न *(Objective Questions)*

1. मस्तिष्क-व्यवहार सम्बन्ध मॉडल का प्रतिपादन किसने किया था?
(a) गुडग्लास (Goodglass) (b) वेन्नट्ट (Bennett)
(c) काने (Kane) (d) इनमें से कोई नहीं

2. मस्तिष्क-व्यवहार सम्बन्ध मॉडल में सामान्यतः कितनी श्रेणियाँ होती हैं?
(a) 5 (b) 10 (c) 8 (d) 7

3. अँगुली स्थानीकरण परीक्षण (finger localization test) किस श्रेणी का परीक्षण है?
(a) संवेदी निवेश श्रेणी (sensory input category)
(b) पेशीय निर्गत श्रेणी (motor output category)
(c) अधिगम एवं स्मृति का श्रेणी (category of learning and memory)
(d) इनमें से किसी भी श्रेणी का नहीं

4. वेक्सलर स्मृति मापनी-III (Wechsler Memory scale-III) में स्मृति के आठ प्राथमिक सूचकांक (primary indices) हैं। निम्नांकित में से कौन एक उस सूची में नहीं है?
(a) सामान्य स्मृति (General memory)

(b) चलन स्मृति (Working memory)
(c) तात्कालिक स्मृति (Immediate memory)
(d) फ्लैश ब्लब स्मृति (Flashbulb memory)

5. अल्झीमर रोग (Alzheimer disease) की पहचान करने में निम्नांकित में से कौन सबसे अधिक उपयोगी है?
(a) रे श्रवण शाब्दिक अधिगम परीक्षण (Rey Auditory Verbal Learing Test)
(b) फूल्ड वस्तु-स्मृति मूल्यांकन (Fuld object-Memory Evaluation)
(c) वेक्सलर स्मृति मापनी-III (Wechsler Memory Scale-III)
(d) सतत निष्पादन परीक्षण (Continuous Performance Test)

6. वेन्डर-दृष्टि पेशीय गेस्टाल्ट परीक्षण (Bender visual Morot Gestalt test) में कितनी आकृतियाँ होती हैं?
(a) 2 (b) 4 (c) 8 (d) 9

7. विसकोनसिन कार्ड सटिंग परीक्षण (Wisconsin Card Sorting Test) द्वारा किस तरह के कार्य का मापन होता है?
(a) अमूर्त चिंतन (abstract thinking)
(b) तार्किक चिंतन (logical thinking)
(c) मूर्त चिंतन (concrete thinking)
(d) इनमें से किसी का भी नहीं

8. परडू पेगबोर्ड परीक्षण (Purdue Pegboard test) द्वारा निम्नांकित में किस तरह के कार्य का मापन होता है?
(a) पेशीय निर्गत (motor output)
(b) अधिगम एवं स्मृति
(c) अवधान एवं एकाग्रता (concentration)
(d) संवेदी निवेश (sensory input)

9. LNNB का C6 द्वारा किस तरह की क्षमता का मापन होता है?
(a) पेशीय (b) दृष्टि
(c) अभिव्यंजक संभाषण (expressive speech)
(d) ग्रहणशील संभाषण (receptive speech)

10. एक उत्तम न्यूरोमनोवैज्ञानिक परीक्षण के कुछ गुण होते हैं। निम्नांकित में से किसे उन गुणों की सूची में नहीं रखा जा सकता है?
(a) सुगमता एवं खर्च (easiness and cost)
(b) सम्पूर्णता (thoroughness)
(c) अनुकूलनशीलता (adaptability)
(d) व्यवहारिकता (practicality)

11. LNNB में तीन सार मापनी (summary scales) हैं। निम्नांकित में से किसे इस मापनी में नहीं रखा जा सकता है?
(a) बायाँ गोलार्द्ध मापनी (left hemisphere scale)
(b) दायाँ गोलार्द्ध मापनी (right hemisphere scale)
(c) विकारी मापनी (pathognomonic scale)
(d) अग्रपालि मापनी (frontal lobe scale)

12. पकड़ शक्ति परीक्षण (Grip Strength test) निम्नांकित में से किसका भाग है?
    (a) LNNB का
    (b) हालस्टीड-रिटान (Halstead-Reitan test) का
    (c) वेक्सलर स्मृति मापनी-III (Wechsler Memory Scale-III)
    (d) इनमें से किसी का भी नहीं।
13. LNNB के क्रियान्वयन करने में कुल कितना समय लगता है?
    (a) 6 घंटा से अधिक (b) 2½ घंटा
    (c) 5 घंटा (d) 3 घंटा
14. वेन्डर गेस्टाल्ट परीक्षण (Bender Gestalt Test) में 13 गुणात्मक चिह्न बतलाये गए हैं जिनके आधार पर मस्तिष्कीय क्षति (brain damage) का पता लगाया जाता है। निम्नांकित में से किसे इस 13 की सूची से बाहर माना जा सकता है?
    (a) विखंडन (fragmentation)
    (b) पश्चगमन (retrogression)
    (c) टकराव (collision)
    (d) संवेदी समन्वय (sensory cordination)
15. निम्नांकित में से कौन परीक्षण एफाशिया (aphasia) का सही मापन करता है?
    (a) वेन्डर गेस्टाल्ट परीक्षण (Bender-Gestalt test)
    (b) LNNB
    (c) हालस्टीड-रिटान परीक्षण (Halstead-Reitan test)
    (d) पोर्च-इन्डेक्स ऑफ कमुनिकेटिव क्षमता (Porch Index of Communicative ability)
16. LNNB पर कितना से अधिक प्राप्तांक आने पर मस्तिष्क दोष (brain impairment) का पता चलता है?
    (a) 60 से ऊपर आने पर (b) 70 से ऊपर आने पर
    (c) 80 से ऊपर आने पर (d) 90 से ऊपर आने पर
17. हालस्टीड-रिटान परीक्षण (Halstead-Retain test) को क्रियान्वयन करने में कितना समय लगता है?
    (a) 6 घंटा से ऊपर (b) 3 घंटा से ऊपर
    (c) 2 घंटा (d) 1½ घंटा
18. LNNB का C_9 द्वारा किस तरह की क्षमता का मापन होता है?
    (a) पठन (reading) (b) लेखन (writing)
    (c) अंकगणितीय (arithmetic) (d) स्मृति
19. LNNB के किसी एक एकांश पर अधिक प्राप्तांक कितना आ सकता है?
    (a) 2 (b) 3 (c) 4 (d) 5
20. LNNB में मूल प्राप्तांकों को टी प्राप्तांक (T score) में बदला जाता है जिसमें—
    (a) माध्य (mean) 50 होता है तथा मानक विचलन 10 होता है।
    (b) माध्य 100 होता है तथा मानव विचलन 16 होता है।
    (c) माध्य 10 होता है तथा मानक विचलन 3 होता है।
    (d) माध्य 50 होता है तथा मानक विचलन 16 होता है।

उत्तर

1. (b) 2. (d) 3. (a) 4. (d) 5. (b) 6. (d)
7. (a) 8. (a) 9. (c) 10. (d) 11. (d) 12. (b)
13. (b) 14. (d) 15. (d) 16. (b) 17. (a) 18. (c)
19. (b) 20. (a)

अध्याय 9

पालिरूप संलक्षण (Lobular Syndrome)

दीर्घउत्तरीय प्रश्न (*Long Answer Questions*)

1. पालिरूप संलक्षण से आप क्या समझते हैं? अग्रपालि तथा भित्तीय पालि की संरचना पर प्रकाश डालें।
   (What do you mean by lobular syndrome ? Throw light upon the structure of frontal lobe and parietal lobe.)
2. दृष्टि पालि तथा शंख पालि की संरचना पर प्रकाश डालें।
   (Throw light upon the structure of occipital lobe and temporal lobe.)
3. अग्रपालि संलक्षण से आप क्या समझते हैं? इसके संबद्ध लक्षणों एवं व्यवहार में परिवर्तनों की विवेचना करें।
   (What do you mean by frontal lobe syndrome ? Discuss the major symptoms and changes in behaviour related to it.)
4. भित्तीय पालि संलक्षण से आप क्या समझते हैं? इससे संबद्ध व्यवहार में उत्पन्न परिवर्तन तथा लक्षणों का वर्णन करें।
   (What do you mean by parietal lobe syndrome ? Describe the symptoms and changes in behaviour associated with it.)
5. दृष्टिपालि संलक्षण से आप क्या समझते हैं? इससे संबद्ध प्रमुख व्यवहारों एवं लक्षणों का उल्लेख करें।
   (What do you mean by occipital lobe syndrome ? Point out the symptoms and behaviours associated with it.)
6. शंख पालि संलक्षण से आप क्या समझते हैं? इससे संबद्ध प्रमुख व्यवहारों एवं लक्षणों का उल्लेख करें।
   (What do you mean by temporal lobe syndrome ? Point out the behaviour and symptoms associated with it.)
7. निम्नलिखित पर संक्षिप्त नोट लिखें :
   (Write short notes on the following) :
   (a) गर्स्टमान संलक्षण
   (Gerstmann Syndrome)
   (b) वालिन्ट संलक्षण
   (Balint's Syndrome)
   (c) एनटोन संलक्षण
   (Anton's Syndrome)
   (d) प्रमस्तिष्कीय अन्धापन तथा हिस्ट्रीकल अन्धापन
   (Cerebral blindness and Hysterical blindness)

8. भित्तीय पालि क्षति का नैदानिक न्यूरोमनोवैज्ञानिक मूल्यांकन करने वाले परीक्षणों का वर्णन करें।
(Describe the tests of clinical neuropsychological assessment of parietal lobe lesion.

9. अग्रपालिक क्षति का नैदानिक न्यूरोमनोवैज्ञानिक मूल्यांकन करने वाले परीक्षणों का वर्णन करें।
(Describe the tests of clinical neuropsychological assessment of frontal lobe lesion.)

10. शंखपालि क्षति का नैदानिक न्यूरोमनोवैज्ञानिक मूल्यांकन करने वाले परीक्षणों का वर्णन करें।
(Describe the tests of clinical neuropsychological assessment of temporal lobe lesion.)

11. प्रमस्तिष्कीय कार्टेक्स के अग्रपालि की दुष्क्रिया के फलस्वरूप होने वाली सांवेगिक तथा मनोपेशीय क्षुबधताओं का वर्णन करें।
(Describe the main emotional and psychomotor disturbances caused due to dysfunction of frontal lobe of cerebral cortex.)

12. सुनने एवं बोलने में वृहत मस्तिष्क के शंख पालि की मुख्य भूमिका का वर्णन करें।
(Discuss the role of temporal lobe of cerebral cortex in learning and speaking).

13. मस्तिष्क के भित्तीय पालि तथा दृष्टि पालि की दुष्क्रिया के कारण पढ़ने एवं लिखने में होने वाली कठिनाइयों की विवेचना करें।
(Discuss the reading and writing distrubances due to malfunctioning of parietal and occipital lobe of the cortex.)

14. प्रमस्तिष्कीय कार्टेक्स के अग्रपालिक की दुष्क्रिया के फलस्वरूप ध्यान एवं स्मृति में होने वाली क्षुब्धताओं का वर्णन करें।
(Describe main memory and attentional disturbances due to dysfunction of frontal lobe of cerebral cortex.)।

15. प्रत्यक्षित स्मृति, पठन एवं लेखन क्षुब्धता में भित्तीय पालि के महत्त्व की विवेचना करें।
(Discuss the role of parietal lobe in perceptual memory, reading and writing disturbances.)

16. अग्रपालि की दुष्क्रिया के फलस्वरूप संवेगात्मक तथा मनोगतिकी क्षुब्धताओं का वर्णन करें।
(Describe the emotional and psychomotor distrubances due to dysfunctiining of frontal lobe.)

17. शंख पालि की दुष्क्रिया के कारण किस प्रकार वेस्टिबुलर तथा सांवेगिक क्षुब्धताएँ उत्पन्न होती हैं? विवेचना करें।
(How do vestibular and emotional disturbances occur due to the malfunctioining of temporal lobe ? Discuss.)

18. अग्रपालि की दुष्क्रिया के कारण किस प्रकार अवधान एवं स्मृति की परेशानियाँ उत्पन्न होतीं हैं? व्याख्या करें।
(How do attention and memory disturbances occur due to the malfunctioning of frontal lobe ?)

19. पृष्ठपालि की दुष्क्रिया के कारण किस प्रकार के उपद्रव उत्पन्न होते हैं? व्याख्या करें।
(What types of disturbances occur due to malfunctioning of occipital lobe ? Discuss.)

20. अग्रपालि क्षुब्धता से संबंधित प्रमुख संलक्षणों का वर्णन करें।
(Discuss the major syndromes associated with frontal lobe disturbances.)

21. शंखपालि क्षति से सहचर्यित संलक्षणों का वर्णन करें।
(Discuss the major syndromes associated with temporal lobe lesion.)

22. मस्तिष्क के अग्रपालि के संलक्षणों की व्याख्या करें तथा सांवेगिक व्यवहार के उपद्रवों का वर्णन करें।
(Explain the syndromes of frontal lobe and describe the disturbances of emotional behaviour.)

23. मस्तिष्क के अग्रपालि के संलक्षणों की व्याख्या करें तथा वाणी-व्याख्यान संबंधी उपद्रवों का वर्णन करें।
(Describe the syndromes of frontal lobe and describe the disturbances of speech.)

24. पृष्ठपालि से आप क्या समझते हैं? दृष्टि प्रत्यक्षण के उपद्रवों की व्याख्या करें।
(What do you mean by occipital lobe syndromes ? Explain the disturbances of visual perception.)

25. अग्रपालि की दुष्क्रिया के फलस्वरूप होने वाली मनोपेशीय क्षुब्धताओं का वर्णन करें।
(Describe the psychomotor disturbances causes due to dysfunction of frontal lobe.)

26. प्रशिक्षण तथा संवेग की क्षुब्धताओं में शंखपालि की भूमिका का वर्णन करें।
(Discuss the role of temporal lobe in learning and emotional disturbances.)

27. पठन एवं लेखन क्षुब्धताओं में भित्तीय पालि के महत्त्व की विवेचना करें।
(Discuss the role of parietal lobe in reading and writing disturbances.)

वस्तुनिष्ठ प्रश्न *(Objective Questions)*

1. भित्तीय पालि (parietal lobe) में निम्नांकित में से कौन-सा ब्रौडमान क्षेत्र (Broadmann area) सम्मिलित है?
   (a) केवल क्षेत्र संख्या 1　　(b) केवल क्षेत्र संख्या 2
   (c) केवल क्षेत्र संख्या 3　　(d) 1, 2 तथा 3 सभी क्षेत्र संख्या
2. गेस्टमान संलक्षण (Gerstmann syndrome) में कौन सम्मिलित नहीं होता है?
   (a) एग्राफिया (agraphia)　　(b) एकैलकुलिया (acalculia)
   (b) अंगुली एगनोसिया (finger agnosia)
   (d) एप्राक्सिया (apraxia)
3. वालिन्ट संलक्षण (Balint's syndrome) उत्पन्न होता है—
   (a) शंख पालि (temporal lobe) की क्षति से

(b) भित्तीय पालि (parietal lobe) की क्षति से
(c) दृष्टि पालि (occipital lobe) की क्षति से
(d) अग्रपालि (frontal lobe) की क्षति से

4. रेखा द्विभाजन परीक्षण (Line Bisection test) द्वारा मापा जाता है–
(a) प्रतिपार्श्विक उपेक्षा (contralateral neglect)
(b) भाषा (language)
(c) दैहिक संवेदी (somatosensory)
(d) एप्राक्सिया (apraxia)

5. गर्स्टमान संलक्षण उत्पन्न होता है–
(a) दायाँ भित्तीय पालि (right parietal lobe) में क्षति से
(b) दायाँ अग्रपालि (right frontal lobe) में क्षति से
(c) बायाँ अग्रपालि में क्षति से
(d) बायाँ भित्तीय पालि में संलक्षण से

6. अग्रपालि (frontal lobe) में निम्नांकित में से ब्रौडमान (Broadmann) का क्षेत्र संख्याओं का कौन सेट सम्मिलित होता है?
(a) क्षेत्र संख्या 10, 15 एवं 16
(b) क्षेत्र संख्या 4, 6 एवं 32
(c) क्षेत्र संख्या 20, 10, 42
(d) क्षेत्र संख्या 40, 48, 50

7. विसकोनसिन कार्ड सार्टिंग परीक्षण (Winconsin Card Sorting test) द्वारा क्या मापन होता है?
(a) अनुक्रिया अवरोध (Response inhibition)
(b) शाब्दिक प्रवाहिता (Verbal fluency)
(c) पेशीय कार्य (Motor functions)
(d) इनमें से कुछ भी नहीं

8. अग्रपालि में क्षति उत्पन्न होने से व्यक्ति सामान्य रूप से अपने द्वारा बोले जा रहे शब्दों या वाक्यों में सहजता (spontaneity) तथा ऐच्छिक (voluntary) व्यवहार की कमी होने का अनुभव करता है। इस लक्षण को कहा जाता है–
(a) एडिप्सिया (adipsia)
(b) एफासिया (aphasia)
(c) एगनोसिया (agnosia)
(d) एडिनेमिया (adynamia)

9. अग्रपालि के वेसोमेडियल (basomedial) क्षेत्र में क्षति उत्पन्न होने से रोगी में निम्नांकित में से किसमें परिवर्तन होता है–
(a) स्मृति में
(b) व्यक्तित्व में
(c) बुद्धि में
(d) इनमें से किसी में भी नहीं

10. अग्रपालि के ड्रार्सोलेट्रल सम्बन्ध (dorsolateral connection) में क्षति उत्पन्न होने पर रोगी में किस तरह का परिवर्तन उत्पन्न होता है–
(a) व्यक्तित्व में
(b) बुद्धि में
(c) चिन्तन में
(d) इनमें से किसी में नहीं

11. हेस्कल गाइरस (Heschl's gyrus) ब्राडमान का कौन-सा क्षेत्र संख्या में अवस्थित होता है?
(a) 21 एवं 37
(b) 41 एवं 42
(c) 38 एवं 39
(d) 20 एवं 21

12. अत्यधिक बातूनीपन (excessive talkativeness) का सम्बन्ध निम्नांकित में से किससे है?

(a) दायाँ शंखपालि में क्षति से (b) दायाँ भित्तीय पालि में क्षति से
(c) दायाँ अग्रपालि में क्षति से (d) इनमें से किसी से भी नहीं।

13. पड़िताऊ संभाषण (pedantic speech), आत्मकेन्द्रिता (egocentricity) तथा व्यक्तित्वगत समस्याओं पर बार-बार विवेचना करने की प्रवृत्ति आदि को तकनीकी रूप से क्या कहा जाता है?
(a) शंख पालि व्यक्तितव (temporal lobe personality)
(b) अग्रपालि व्यक्तित्व (frontal lobe personality)
(c) भित्तीय पालि व्यक्तित्व (parietal lobe personality)
(d) इनमें से कुछ भी नहीं (None of these)

14. रे जटिल तस्वीर परीक्षण (Rey Complex Figure test) द्वारा मापन होता है—
(a) शाब्दिक स्मृति (verbal memory)
(b) अशाब्दिक स्मृति (nonverbal memory)
(c) दृष्टि संसाधन क्षमता (visual processing memory)
(d) इनमें से किसी का नहीं

15. प्रत्यक्षण में विघटन (distruption) से दृष्टि पहचान (visual recognition) में जो दोष उत्पन्न होता है, उसे कहा जाता है—
(a) संप्रत्यक्षित एगनोसिया (apperceptive agnosia)
(b) साहचर्यात्मक एगनोसिया (associative agnosia)
(c) प्रोसोपैगनोसिया (prosopagnosia)
(d) इनमें से कुछ भी नहीं

16. किसी चेहरे की पहचान से संबद्ध विकृति को कहा जाता है—
(a) प्रोसोपैगनोसिया (prosopagnosia)
(b) दृष्टि एगनोसिया (visual agnosia)
(c) समकाल एगनोसिया (simultanagnosia)
(d) इनमें से कुछ भी नहीं

17. लिखित चीजों को पढ़ने की अक्षमता को कहा जाता है—
(a) एगनोसिक एक्सिया (agnosic alexia)
(b) एप्राक्सिया (apraxia)
(c) एमब्लियोपिया (amblyopia)
(d) एलालिया (alallia)

18. जब व्यक्ति प्रत्येक चीज को श्याम-श्वेत (black white) में ही देख पाता है, तो इस तरह की स्थिति को कहा जाता है—
(a) एक्रोमैटोपसिया (achromatospia)
(b) असंबद्ध रंग एनोमिया (disconnection colour anomia)
(c) विशुद्ध एलेक्सिया (pure alexia)
(d) इनमें से कुछ भी नहीं

19. दृष्टि पालि ब्रौडमान क्षेत्र संख्या में पड़ता है—
(a) क्षेत्र संख्या 17, 18, 19 (b) क्षेत्र संख्या 1, 2, 3
(c) क्षेत्र संख्या 48, 49, 50 (d) क्षेत्र संख्या 27, 28, 29

20. साहचर्यात्मक एगनोसिया (associative agnosia) का अर्थ होता है—
(a) किसी वस्तु का प्रत्यक्षण करके उसका अर्थ बतलाने का दोष से

(b) किसी वस्तु का गलत प्रत्यक्षण से
(c) किसी वस्तु के बारे में दूसरों से सुनकर सही अर्थ लगाने की अक्षमता से
(d) इनमें से किसी से भी नहीं

उत्तर

1. (d)	**2.** (d)	**3.** (b)	**4.** (a)	**5.** (d)	**6.** (b)
7. (a)	**8.** (d)	**9.** (b)	**10.** (b)	**11.** (b)	**12.** (a)
13. (a)	**14.** (b)	**15.** (a)	**16.** (a)	**17.** (a)	**18.** (a)
19. (a)	**20.** (a)				

अध्याय 10

प्रमस्तिष्कीय असममिति
(Cerebral Asymmetry)

दीर्घ उत्तरीय प्रश्न (*Long Answer Questions*)

1. प्रमस्तिष्कीय असममिति से आप क्या समझते हैं? इसके दोनों पहलुओं पर सविस्तार प्रकाश डालें।
   (What do you mean by cerebral asymmetry ? Throw light, upon its both aspects in detail.)
2. प्रमस्तिष्कीय संरचनात्मक असममिति से आप क्या समझते हैं? इसके समर्थन में आप पर्याप्त सबूत प्रदान करें।
   (What do you mean by cerebral anatomical asymmetry ? Provide adequate evidence in support of this.)
3. संरचनात्मक प्रमस्तिष्कीय असममिति में वैयक्तिक विभिन्नता का एक लेखा-जोखा प्रस्तुत करें।
   (Present an account of individual variations in anatomical cerebral asymmetry.)
4. प्रमस्तिष्कीय कार्यात्मक असममिति से आप क्या समझते हें? इस तरह की असममिति किन-किन कार्यों में मुख्य रूप से प्रदर्शित होता है?
   (What do you mean by cerebral functional asymmetry ? By which functions such asymmetry are demonstrated ?)
5. एकपार्श्विक क्षति अध्ययन से आप क्या समझते हैं? ऐसे अध्ययनों की एक समीक्षा प्रस्तुत करें।
   (What do you mean by unilateral lesion studies ? Present a review of such studies.
6. प्रमस्तिष्कीय गोलार्द्धों के संरचनात्मक एक कार्यात्मक असममिति पर प्रकाश डालें।
   (M.A. Psy., P.U., 2005)
   (Throw light on structural and functional asymmetry of cerebral hemisphere.)
7. संज्ञानात्मक विकृति के एकपक्षीय क्षति संबंधी अध्ययनों की व्याख्या करें।
   (Discuss unilateral lesion studies of cognitive disorders.)
8. प्रमतिष्कीय गोलार्द्ध के संरचनात्मक तथा प्रकार्यात्मक असमतिति का सविस्तार वर्णन करें।
   (Discuss in detail the structural and functional asymmetry of cerebral hemisphere.) **(M.A., Psy., P.U., 2008)**

9. एकतरफा क्षति संबंधी अध्ययनों का आशय बतलावें।
(Describe the implication of unilateral lesion studies.)

10. प्रमस्तिष्कीय गोलार्द्धों के संरचनात्मक एवं कार्यात्मक असममिति पर प्रकाश डालें।
(Throw light on the structural and functional asymmetry of cerebral hemisphere.)

वस्तुनिष्ठ प्रश्न (*Objective Questions*)

1. प्रमस्तिष्कीय असममिति (cerebral asymmetry) के अध्ययन की शुरुआत की जड़ (root) निम्नांकित में से किससे मुख्य रूप से सम्बन्धित है?
   (a) मार्क डैक्स (Marc Dax) से
   (b) जैंगविल (Zangwill) से
   (c) हगलिंग्स-जैकसन (Hughlings-Jackson) से
   (d) इनमें से किसी से भी नहीं

2. निम्नांकित में से किसने यह सबसे पहले-पहल यह बतलाया था कि बायाँ गोलार्द्ध का प्लानम टेमपोरेल (planum temporale) दायाँ गोलार्द्ध के प्लानम टेमपोरेल से एक सेन्टीमीटर बड़ा होता है?
   (a) हगलिंग्स-जैकसन (Hughlings-Jackson) ने
   (b) गेक्सविंड तथा लेभिटस्की (Geschwind & Levitsky) ने
   (c) मिलनर (Milner) ने
   (d) जैंगविल (Zangwill) ने

3. निम्नांकित में से किसमें भूरा पदार्थ (gray matter) ज्यादा पाया जाता है?
   (a) बायाँ गोलार्द्ध में (b) दायाँ गोलार्द्ध में
   (c) प्लानम टेमपोरेल (planum temporale) में
   (d) इनमें से किसी में भी नहीं

4. सामान्य व्यक्तियों के दृष्टि तंत्र मे प्रमस्तिष्कीय असममिति (cerebral asymmetry) के अध्ययन का सम्बन्ध किनके शोधों से अधिक है?
   (a) मिशकीन तथा फोरगेज (Mishkin & Forgays) के शोध से।
   (b) किमुरा (Kimura) के शोध से
   (c) रासमुस्सेन तथा मिलनर (Rasmussen & Milner) के शोध से
   (d) इनमें से किसी के शोध से नहीं

5. नवीनतम शोधों से स्पष्ट हुआ है कि प्लानम टेम्पोरेल (planum temporale) मानव मस्तिष्क में एक समान न होकर भिन्न होता है। इस तथ्य से सम्बन्धित निम्नांकित में से कौन-सा कथन सही है?
   (a) दायाँ गोलार्द्ध में प्लानम टेम्पोरेल बड़ा होता है।
   (b) बायाँ गोलार्द्ध में प्लानम टेम्पोरेल बड़ा होता है।
   (c) बायाँ गोलार्द्ध में प्लानम टेम्पोरेल होता ही नहीं है।
   (d) दायाँ गोलार्द्ध में प्लानम टेम्पोरेल होता ही नहीं है।

6. दक्षिण-हस्तिक व्यक्तियों (right handed persons) का बायाँ हाथ (left hand) निम्नांकित में से किस कार्य पर दायाँ हाथ की तुलना में श्रेष्ठ निष्पादन करेगा?
   (a) विभिन्न तरह के कोणात्मक वस्तु के परिचालन में

(b) अंकों को जोड़ने-घटाने में
(c) वाक्यों को लिखने में
(d) इनमें से किसी पर भी नहीं

7. ओल्फ एवं गुडेल (Wolf & Goodale) का शोध निम्नांकित में से किससे सम्बन्धित है?
(a) हाथ की गति (hand movement)
(b) नेत्र गति (eye movement)
(c) मुँह की गति (mouth movement)
(d) पैर की गति (Leg movement)

8. दक्षिण हस्तिक व्यक्ति (right handed person) जब शाब्दिक समस्याओं (verbal problems) का समाधान करते हैं तो प्रायः वे अपना आँख तथा सिर दायीं ओर घुमाते हैं तथा स्थानिक (spatial) एवं आंकिक (numerical) समस्याओं का समाधान करते समय बायीं ओर अपना आँख तथा सिर प्रायः घुमाते हैं। इसे तकनीकी तौर पर कहा जाता है–
(a) पार्श्विक नेत्र टकटकी (lateral eye gaze)
(b) द्विपार्विक नेत्र टकटकी (bilateral eye gaze)
(c) पार्श्विक नेत्र सिर सरलीकरण (lateral eye-head facilitation)
(d) इनमें से कुछ भी नहीं

9. संरचनात्मक असममिति (anatomical asymmetry) के वैयक्तित्क परिवर्तनशीलता (individual variation) में किनका योगदान सबसे अधिक होता है?
(a) हस्तिकतता (handedness)
(b) यौन (sex)
(c) हस्तिकता तथा यौन दोनों का
(d) हस्तिकतता तथा यौन में किसी का भी नहीं

10. किसने सबसे पहले-पहल यह खोज किया था कि महिलाओं का स्प्लेनियम (splenium) पुरुषों के स्प्लेनियम से सार्थक रूप से बड़ा होता है?
(a) एन्नेट्ट (Annett) ने
(b) लाकोस्टे-उत्तमसिंह तथा हालोवे (Lacoste-Utam Singh & Hollway) ने
(c) लैसडेल तथा डाभी (Lashdell & Davie) ने
(d) इनमें से कोई नहीं

11. कौरपस कैलोजम (Corpus callosum) के पश्च भाग (posterior) को कहा जाता है–
(a) मास्सा इन्टरमिडीया (mass intermedia)
(b) पिया मैटर (pia matter)
(c) एर्कनोआयड मैटर (archnoid matter)
(d) स्प्लेनियम (splenium)

12. निम्नांकित में से किनके शोध का यह निष्कर्ष था कि बायाँ शंख पालि (left temporal lobe) में क्षति उत्पन्न होने से प्रयोज्य निरर्थक पदों (nonsense syllables) की पहचान ठीक से नहीं कर पाता है तथा दायाँ शंख पालि में क्षति उत्पन्न होने से अपरिचित चित्रों (unfamiliar figures) की पहचान घटिया होता है?
(a) मिल्लर (Miller) (b) रूबिनो (Rubino)
(c) जैंगविल (Zangwill) (d) इनमें से कोई नहीं

13. पार्श्विकृत क्षति (lateralized lesion) में सामान्यतः व्यक्ति दो तरह की सांवेगिक प्रतिकिया (emotional reaction) दिखलाता है। गोल्डस्टीन (Goldstein) ने इसमें से एक सांवेगिक प्रतिक्रिया को विशेष नाम दिया है जो निम्नांकित में से कौन है?
   (a) इनकार प्रतिक्रिया (denial reaction)
   (b) लोकप्रिय प्रतिक्रिया (popular reaction)
   (c) अभिज्ञा प्रतिक्रिया (awareness reaction)
   (d) आपाती प्रतिक्रिया (catastrophic reaction)

14. मस्तिष्क में क्षति (lesion) की बिन्दु से संरचनात्मक रूप से दूर (anatomically) के भागों में जो कार्यात्मक क्षुब्धता (functional disturbances) होती है, उसे कहा जाता है—
   (a) डियासकिसिस (diaschisis) (b) डायथिसिस (diathesis)
   (c) डायस्लेक्सिया (dyslexia) (d) इनमें से कुछ नहीं

15. निम्नलिखित में से कौन-सा व्यक्ति में प्रोसोपैगनोसिया (prosopagnosia) होने की उम्मीद अधिक होती है?
   (a) दायाँ पश्च क्षति (right posterior lesion) वाला व्यक्ति
   (b) बायाँ पश्च क्षति (left posterior lesion) वाला व्यक्ति
   (c) बायाँ अग्र क्षति (left anterior lesion) वाला व्यक्ति
   (d) दायाँ अग्र क्षति (right anterior lesion) वाला व्यक्ति

16. एसटिरियोग्नोसिस (asterognosis) का सम्बन्ध किससे होता है?
   (a) स्पर्श प्रत्यक्षण से (b) श्रवण प्रत्यक्षण से
   (c) दृष्टि प्रत्यक्षण से (d) इनमें से किसी से भी नहीं

17. किसी दो घटनाओं के कालिक क्रम (temporal order) के बारे में सही अनुमान लगाने में किसकी भूमिका अधिक होती है?
   (a) दायाँ अग्रपालि (b) बायाँ अग्रपालि
   (c) दायाँ भित्तीय पालि (d) दायाँ शंख पालि

18. सामान्यतः मानव मस्तिष्क का दायाँ गोलार्द्ध (right hemisphere)—
   (a) बायाँ गोलार्द्ध से छोटा तथा हल्का होता है।
   (b) बायाँ गोलार्द्ध से बड़ा तथा भारी होता है।
   (c) बायाँ गोलार्द्ध के लगभग बराबर होता है।
   (d) बायाँ गोलार्द्ध से विशिष्ट गुरुत्व (specific gravity) के ख्याल से समान होता है।

19. सिलभियन फिस्सर (Sylvian Fissure) की ढाल (slope) किस गोलार्द्ध में धीरे-धीरे ऊँचाई की ओर अग्रसर होते जाता है?
   (a) बायाँ गोलार्द्ध में (b) दायाँ गोलार्द्ध में
   (c) दोनों ही गोलार्द्ध में (d) किसी भी गोलार्द्ध में नहीं

20. मेडियल गेनिकुलेट न्युक्लिअस (medial geniculate nucleus) जो मुख्य श्रवण कार्टेक्स में प्रक्षेपित (project) होता है, किस गोलार्द्ध में बड़ा होता है?
   (a) बायाँ गोलार्द्ध में (b) दायाँ गोलार्द्ध में
   (c) किसी भी गोलार्द्ध में नहीं
   (d) इन दोनों में से किसी भी गोलार्द्ध का हिस्सा नहीं है।

उत्तर

1. (a)	**2.** (b)	**3.** (a)	**4.** (a)	**5.** (b)	**6.** (a)
7. (c)	**8.** (a)	**9.** (c)	**10.** (b)	**11.** (d)	**12.** (b)
13. (d)	**14.** (a)	**15.** (a)	**16.** (a)	**17.** (b)	**18.** (b)
19. (a)	**20.** (b)				

अध्याय 11

सामान्य तंत्रिकावैज्ञानिक विकृतियाँ (Common Neurological disorders)

दीर्घ उत्तरीय प्रश्न (*Long Answer Questions*)

1. मस्तिष्कीय ट्यूमर क्या है? इसके विभिन्न प्रकारों का वर्णन करें।
   (What is brain tumour ? Describe its different types.)
2. दौरा विकृति से आप क्या समझते हें? उदाहरण देते हुए पेटिट माल दौरा तथा ग्रैंड माल दौरा में अंतर करें।
   (What do you mean by seizure disorder ? Citing examples make distinction between Petil Mal seizure and Grand Mal seizure.)
3. ग्रैंड माल विकृति के विभिन्न अवस्थाओं का वर्णन करें।
   (Describe the different stages of Grand Mal Disorder.)
4. दौरा विकृति को परिभाषित करें। इसके प्रमुख कारणों का वर्णन करें।
   (Define Seizure disorder. Describe its major causes.)
5. मस्तिष्काघात, अन्तःक्षति तथा चीरा में अन्तर करें।
   (Make distinction between concussion, contusion and laceration.)
6. मस्तिष्कीय संवहनी विकृति से आप क्या समझते हैं? इनफारक्सन तथा आंतरिक अंतरस्राव में अंतर करें।
   (What do you mean be cerebrovascular disorder ? Make distinction between infrarction and haemorrhage.)
7. विकासात्मक विकृति से आप क्या समझते हैं? विकासात्मक विकृति के प्रमुख श्रेणियों का वर्णन करें।
   (What do you mean by development disorder ? Describe the major categories of developemental disorders.)
8. ह्रासी विकृति क्या है? पारकिन्सन रोग तथा अल्झीमर रोग का वर्णन करें।
   (What is degenerative disorder ? Describe Parkinson disease and Alzheimer disease.)
9. इनसेफिलाइटिस क्या है? इसके प्रमुख लक्षणों को बतलावें।
   (What is encephalitis ? Describe its important symptoms.)
10. निम्नलिखित पर संक्षिप्त नोट लिखें–
    (Write short notes on the following)
    (a) डाऊन संलक्षण
    (Down Syndrome)
    (b) पारकिन्सन रोग
    (Parkinson disease)

(c) अल्झीमर रोग
(Alzheimer's disease)
(d) हनटिंगटन रोग
(Huntington disease)
(e) बहु उत्तक-दृढ़न
(Multiple sclerosis)

वस्तुनिष्ठ प्रश्न (*Objective Questions*)

1. निम्नांकित में से कौन कैन्सर उत्पन्न करने वाला ट्यूमर होता है?
   (a) सुसाध्य ट्यूमर (benign tumours)
   (b) घातक ट्यूमर (malignant tumours)
   (c) मेटास्टैटिक ट्यूमर (metastatic tumours)
   (d) इनमें से किसी से भी नहीं
2. मेटास्टेसिस (metastasis) की उत्पत्ति किस तरह के ट्यूमर से होता है?
   (a) सुसाध्य ट्यूमर
   (b) मेटांस्टैटिक ट्यूमर
   (c) घातक ट्यूमर
   (d) अंतरामस्तिष्कीय ट्यूमर (intracerebral tumour)
3. निम्नांकित में से सबसे गंभीर ट्यूमर कौन होता है?
   (a) ग्लिोमाज (gliomas) (b) मेनिनगियोमा (Meningioma)
   (c) ऐंगिओमा (angioma) (d) इनमें से कोई नहीं
4. ग्रैंड माल दौरा (Grand Mal Seizure) की तीसरी अवस्था का क्या नाम है?
   (a) टोनिक अवस्था (Tonic stage)
   (b) क्लोनिक अवस्था (Clonic stage)
   (c) कोमा की अवस्था (Stage of coma)
   (d) इनमें से कोई नहीं
5. बच्चों में निम्नांकित में से कौन-सा दौरा अधिक उत्पन्न होता है?
   (a) ग्रैंड माल दौरा (Grand Mal Seizure)
   (b) पेटिर माल दौरा (Petil Mal seizure)
   (c) जैकसोनियन दौरान (Jacksonion seizure)
   (d) इनमें से कोई नहीं
6. अन्तःक्षति (contusion) को आप किस श्रेणी की विकृति में रखेंगे ?
   (a) प्रमस्तिष्कीय ट्यूमर (cerebral tumour)
   (b) प्रमस्तिष्कीय आघात (cerebral trauma)
   (c) दौरा विकृति (seizure disorder)
   (d) इनमें से किसी में नहीं।
7. थ्रोमबस (Thrombus) क्या होता है?
   (a) एक ऐसा रक्त थक्का जो हृदय की नलिकाओं में उत्पन्न हो जाता है।
   (b) एक ऐसा रक्त थक्का जो उन रक्त नलिकाओं में जमा हो जाता है जिनकी दिवालें कमजोर होती हैं।

(c) एक ऐसा रक्त थक्का जो मस्तिष्क के भीतर रक्त नलिका के फटने के फलस्वरूप जमा होता है।

(d) एक ऐसा रक्त थक्का जो हाथ-पैर के रक्त नलिकाओं में जमा हो जाता है।

8. निम्नांकित में से कौन सर्वाधिक विषजन्य (toxic) होता है?

(a) कैलसियम आधृत एनजायम (calcium based enzyme)

(b) फ्री रैडिकल्स (free radicals)

(c) गावा ग्राहक (GABA receptors)

(d) इनमें से कोई नहीं

9. फेनिलकेटोन्यूरिया (Phenylketonuria or PKU) निम्नांकित में से किस श्रेणी की विकृति है?

(a) वंशागत चयापचय विकृति (inherited metabolic disorder)

(b) डाऊन संलक्षण (Down syndrome)

(c) ह्रासी विकृति (degererative disorder)

(d) इनमें से कोई नहीं।

10. गुणसूत्र (chromosome) में क्षुब्धता से संबद्ध कौन-सा विकृति है?

(a) पीकेयू (PKU)

(b) टे-सैक्स रोग (Tay-Sachs disease)

(c) फेटल अल्कोहल संलक्षण (fetal alcohol syndrome)

(d) डाऊन संलक्षण (Down syndrome)

11. पर्याप्त मांशपेशीय अनुक्रियाओं (muscular response) की कमी किसका मुख्य लक्षण बतलाया गया है?

(a) अल्झीमर रोग (Alzheimer's disease)

(b) हनटिंगटन रोग (Huntington disease)

(c) बहु उत्तक दृढ़न (Multiple sclerosis)

(d) पारकिनसन रोग (Parkinson disease)

12. निम्नांकित में से कौन-सा रोग प्रायः महिलाओं में उनके 20 से 30 साल की आयु के दौरान होती है?

(a) पीकेयू (PKU)

(b) डाऊन संलक्षण (Down syndrome)

(c) पारकिन्सन रोग

(d) बहु उत्तक दृढ़न (multiple sclerosis)

13. निम्नांकित में से किस रोग से पूरा मस्तिष्क ही संक्रमित हो जाता है।

(a) हनटिंगटन रोग (b) अल्झीमर रोग

(c) इनसेफेलाइटिस (encephalitis)

(d) टे-सैक्स रोग (Tay-Sachs disease)

14. मेनिनगाइटिस (meningits) का संबंध किससे होता है?

(a) मस्तिष्क से (b) सुषुम्ना से

(c) मस्तिष्क तथा सुषुम्ना दोनों से

(d) मस्तिष्क तथा सुषुम्ना दोनों में से किसी से नहीं

15. ऐपोलिपोप्रोटीन ई (Apoliopoprotein E) के लिये जो जीन होता है, उसमें उत्परिवर्तन (mutation) होने से कौन-स रोग उत्पन्न होता है?
   (a) हनटिंगटनरोग
   (b) डाऊन संलक्षण
   (c) अलझीमर रोग
   (d) इनमें से कोई नहीं
16. प्रिसेनिलिन (Presenilin) जीन में उत्परिवर्तन का संबंध किस रोग से होता है?
   (a) अल्झीमर रोग
   (b) पारकिन्सन रोग
   (c) हनटिंगटन रोग
   (d) इनमें से किसी में नहीं
17. वीटा-एमिलायड (β-amyloid) नामक प्रोटीन का संबंध किससे होता है?
   (a) न्यूरिटिक प्लेक (neuritic plaque)
   (b) न्यूरोफाइब्रिलेयरी टैंगल (neurofibrillary tangle)
   (c) टाऊ प्रोटीन (tau protein)
   (d) इनमें से किसी से भी नहीं।
18. अनियंत्रित झटकेदार शारीरिक गतियों (uncontrolled jerky limb movements) का संबंध किस रोग से होता है?
   (a) अल्झीमर रोग (Alzheimer disease)
   (b) पारकिनसन रोग (Parkinson disease)
   (c) हनटिंगटन रोग (Huntington disease)
   (d) इनमें से किसी से भी नहीं
19. हनटिंगटन रोग (Huntington's disease) की उत्पत्ति का संबंध निम्नांकित में से किसमें ह्रास (degeneration) होने से होता है?
   (a) काऊडेट न्यूक्लियस में (Caudet nucleus)
   (b) पुटामेन (Putamen) में
   (c) काऊडेट न्यूक्लियस एवं पुटामेन दोनों में ही
   (d) ग्लोबस पाल्लिडस (globus pallidus) में
20. पारकिन्सन रोग के उपचार में किसकी अहम भूमिका होती है?
   (a) प्रोटियोजोम्स (proteosomes)
   (b) एल-डोपा (L-DOPA)
   (c) साइन्यूक्लिन (Synuclein)
   (d) इनमें से किसी का नहीं

उत्तर

1. (b) **2.** (b) **3.** (a) **4.** (b) **5.** (b) **6.** (b)
7. (b) **8.** (b) **9.** (a) **10.** (d) **11.** (d) **12.** (d)
13. (c) **14.** (c) **15.** (c) **16.** (a) **17.** (a) **18.** (c)
19. (c) **20.** (b)

❑

शब्दावली
(vocabulary)

A

Absolute refractory period (निरपेक्ष दुर्दम्य अवधि) : क्रिया विभव (action potential) के बाद की अवधि जिसके दौरान क्रिया विभव को उत्पन्न नहीं किया जा सकता है।

Acalculia (एकैलकुलिया) : गणितीय परिकलन (mathematical calculation) करने की अक्षमता।

Acetylcholine (एसिटिलकोलाइन) : एक ऐसा न्यूरोट्रांसमीटर जो मस्तिष्क, सुषुम्ना (spinal cord) तथा स्वायत्त तंत्रिका तंत्र (autonomic nervous system) के गैंगलिया (ganglia) में पाया जाता है। यह स्वायत्त तंत्रिका तंत्र के उपअनुकम्पी तंत्र (parasympathetic system) के उत्तर गैंगलियाविक अन्तःस्थ बूट्टोन्स (postganglionic terminal buttons) में पाया जाता है।

Achrometopsia (एक्रोमैटोपसिया) : एक सम्पूर्ण वर्णांधता (colour blindness) की अवस्था जिसमें व्यक्ति के नेत्र में शंकु (cones) नहीं होते हैं और व्यक्ति प्रत्येक चीज को धूसर (gray) अर्थात् श्याम-श्वेत (black-white) में ही देखता है।

Actin (एक्टिन) : एक्टिन तथा माइयोसिन (myosin) दो ऐसे प्रोटीन हैं जो मांसपेशियों में संकुचन (contraction) का दैहिक आधार बनाते हैं।

Action potential (क्रिया विभव) : एक लघु वैद्युतीय आवेग (electrical impulse) एक्सान में सूचनाओं के संचालन का आधार बनता है। यह झिल्ली (membrane) के पारगम्यता (permeability) में सोडियम तथा पोटासियम आयन्स से हुए परिवर्तन के फलस्वरूप उत्पन्न होता है। इसे *तंत्रिका आवेग* (nerve impulse) भी कहा जाता है।

Adrenocorticotrophic hormone or ACTH (एड्रिनोकार्टिकोट्रोफिक हारमोन) : एक ऐसा हार्मोन जो अग्र पीयूष ग्रन्थि (anterior pituitary gland) द्वारा हाइपोथैलमस से उत्सर्जित किये जा रहे कार्टिकोट्रापिन हार्मोन के प्रति उत्पन्न होता है। ACTH एड्रीनल कार्टेक्स को उत्तेजित करके अन्य दूसरे तरह के स्टीरोआयड हार्मोन (steroid hormone) उत्पन्न करता है।

Agnosia (एगनोसिया) : एक ऐसी विकृति जिसमें व्यक्ति किसी वस्तु की पहचान मुख्य संवेदी दोष (primary sensory impairment) के नहीं होने पर भी ठीक से नहीं कर पाता है। एगनोसिया विभिन्न ज्ञान प्रारूप (sense modality) से सम्बन्धित होते हैं। जैसे दृष्टि एगनोसिया (visual agnosia), श्रवण एगनोसिया (auditory agnosia) आदि-आदि।

Agraphia (एग्राफिया) : इस विकृति में व्यक्ति कुछ लिखने में अपनी असमर्थता जाहिर करता है।

Akathesia (एकाथेसिया) : पेशीय बेचैनी (motor restlessness) की अवस्था।

Akinesia (एकाइनेसिया) : गति (movement) की अनुपस्थिति की अवस्था।

Akinetopsia (एकाइनेटोपसिया) : गति प्रत्यक्षण में मस्तिष्क आधृत दोष।

Allocortex (एल्लोकार्टेक्स) : कार्टेक्स का ऐसा क्षेत्र जिसमें छह तह (six layers) से कम तहें होती हैं।

Alogia (एलोगिया) : शाब्दिक अभिव्यक्ति (verbal expression) की कमी या अनुपस्थिति (absence)।

All or None law (सम्पूर्ण या बिल्कुल नहीं का नियम) : यह नियम बतलाता है कि जैसे ही क्रिया विभव (action potential) एक्सान में उत्पन्न होता है, यह तन्तु (fiber) के अन्त तक बिना किसी तरह के ह्रास (decrement) के पहुँच जाता है।

Alpha activity (अल्फा क्रिया) : मस्तिष्क से एक मृदु (smooth) वैद्युतीय तरंगें जो 8 से 12 Hz तक की बारम्बारता की होती है। जब व्यक्ति आराम कर रहा होता है, तो ऐसी तरंगें बनती हैं।

Amnesia (एमनेशिया) : स्मृति लोप (memory loss) की अवस्था।

Amnesic aphasia) (एमनेसिक एफासिया) : शब्दों के प्रत्याह्वान में दोष (impairment) की अवस्था।

Amygdala (एमिंगडाला) : लिम्बिक तंत्र का एक ऐसा भाग जो हिप्पोकैम्प के अग्र भाग में शंख पालि के पास में केन्द्रकों (nuclei) का एक संग्रहण (collection) के रूप में होता है।

Anomia (एनोमिया) : एक ऐसी विकृति जिसमें व्यक्ति वांछित शब्दों को चाहकर भी उपयोग करने की अक्षमता महसूस करता है।

Anopia (एनोपिया) : एक ऐसी स्थिति जिसमें दृष्टि का पूर्ण अभाव पाया जाता है।

Anosognosia (एनोसोगनोसिया) : यह अपने शारीरिक दोष या बीमारी को पहचानने की अक्षमता की अवस्था होती है।

Anoxia (एनोक्सिया) : आक्सीजन की कमी की अवस्था।

Anterior (अग्र) : मस्तिष्क तथा सुषुम्ना के आगे के भाग के लिए व्यवहृत पद (term)।

Anterogade Amnesia (एन्टीरोग्रेड एमनेसिया) : मस्तिष्कीय चोट या कुछ मस्तिष्कीय रोग के उत्पन्न होने के बाद की घटनाओं की स्मृति लोप।

Anterograde transport (एन्टीरोग्रेड परिवहन) : एक ऐसा एक्सोप्लाजमिक परिवहन (axoplasmic transport) जो न्यूरोन्स के कोश शरीर से सामग्रियों को एक्सान अन्तस्थ (axon terminal) तक ले जाता है।

Aphasia (एफासिया) : मस्तिष्कीय क्षति (brain lesion) के कारण भाषाई दोष (language impairment)।

Arachnoid membrane (एरेक्नायड झिल्ली) : मस्तिष्क को घेरे हुए तीन झिल्लियों में से बीच का झिल्ली। अन्य दो झिल्ली है—*डुरामेटर* (dura mater) तथा पिया मेटर (pia mater)। एरेक्नायड झिल्ली में दो परतें (layers) होती हैं जो लचीले एवं रेशेदार तन्तुओं के बने होते हैं। यह कार्टेक्स के सुलकी (sulci) तथा गायरी (gyri) के कंटूर (contour) के अनुरूप नहीं होता है।

Apperceptive Agnosia (आत्मबोधी एगनोसिया) : एक ऐसा पद जिसका प्रतिपादन लिस्साऊर (Lissauer) द्वारा किया गया तथा इससे प्रत्यक्षण के विघटन (disruption) के कारण दृष्टि पहचान (visual recognition) में दोष उत्पन्न हो जाता है। इसे आजकल दृष्टि संवेदी प्रक्रिया में किसी तरह के दोष के न होने के बावजूद व्यक्ति में दृष्टि संवेदनों (visual sensations) को एक प्रत्यक्ष वस्तु (percept) के रूप में संगठित करने की अक्षमता के रूप में समझा जाता है।

Apraxia (एप्राक्सिया) : वांछित गति (desired movement) या उद्देश्यपूर्ण गति (purposive movement) को करने की आंशिक या पूर्णरूपेण अक्षमता।

Associative agnosia (साहचर्यात्मक एगनोसिया) : एक ऐसा पद जिसका प्रतिपादन लिस्साऊर (Lissauer) द्वारा किया गया और इसके द्वारा किसी अक्षुण्ण दृष्टि प्रत्यक्ष वस्तु (intact visual percept) को अर्थ (meaning) प्रदान करने की अक्षमता साबित होता है।

Astereognosis (एसटिरियोगनोसिस) : कोई साधारण संवेदी दोष (sensory impairment) के न होने पर भी वास्तविक स्पर्श (actual touch) करके वस्तुओं को पहचानने की अक्षमता।

Astrocytes (एस्ट्रोसाइट्स) : तारा (star) के आकार का बड़ा ग्लिया कोशिकाएँ (glia cells) जो मस्तिष्क के रक्त नलिकाओं के चारों ओर होते हैं और रक्त-मस्तिष्क रोधिका (blood-brain barrier) के रूप में कार्य करते हैं।

Ataxia (एटाक्सिया) : एक ऐसा सामान्य पद जो पेशीय समन्वय (muscular coordination) में विघटन की ओर इशारा करता है।

Automoic Nervous System) (स्वायत्त तंत्रिका तंत्र) : परिधीय तंत्रिका तंत्र (peripheral nervous system) का वह भाग जो आंतरिक अंग, रक्त नलिकाओं (blood vessels), ग्रन्थियों जो व्यक्ति के ऐच्छिक नियंत्रण में नहीं होते हैं, को नियंत्रित एवं संचालित करते हैं।

Autoreceptors (स्वतः ग्राहक) : न्यूरोन पर का एक ऐसा ग्राहक अणु (receptor molecule) जो न्यूरोन द्वारा उत्सर्जित न्यूरोट्रांसमीटर (neurotransmitter) या न्यूरोमोडुलेटर (neuromodulator) के प्रति अनुक्रियाशील होता है। कुछ स्वतः ग्राहक प्राक्सूत्रयुग्मित झिल्ली (presynaptic membrane) पर होते हैं जो न्यूरोट्रांसमीटर पर नियंत्रण रखते हुए एक्सान (axon) को इस बात की सूचना देते हैं कि सूत्रयुग्मन (synapse) में न्यूरोट्रांसमीटर कितना संग्रहित है।

Axon (एक्सान) : न्यूरोन में कोश शरीर (cell body) से लम्बा निकलने वाला वह भाग जो तंत्रिका आवेग (nerve impulse) को दूसरे न्यूरोन के शाखिका तक ले जाने में सहायक होता है।

Axon hillock (एक्सान टीला) : न्यूरोन का वह भाग जो कोश शरीर (cell body) तथा एक्सान (axon) के बीच जंक्शन (junction) का निर्माण करता है। क्रिया विभव (action potential) को उत्पन्न करने में इस भाग का सबसे न्यूनतम दहेली (lowest threshold) होता है।

Axon terminal (एक्सान अन्तःस्थ) : एक्सान का अन्तिम छोर जिसे *अन्त्य बूटोन* (terminal bouton) भी कहा जाता है।

Axoplasmic Transport (एक्सोप्लाज्मिक परिवहन) : एक ऐसी सक्रिय प्रक्रिया जिसके सहारे न्यूरोन के भीतर के तत्व (substances) न्यूरोन के पूरे क्षेत्र में ढोये (carry) जाते हैं।

B

Balint's syndrome (वालिन्ट संलक्षण) : एक ऐसा संलक्षण जो भित्तीय पश्चकपाल क्षेत्र (parieto-occipital area) में द्विपार्श्विक क्षति (bilateral damage) से उत्पन्न होता तथा इसमें मुख्य रूप से *दृष्टि एटाक्सिया* (optic ataxia) अर्थात् दृष्टि निदेशन में भी किसी वस्तु तक पहुँचने में कठिनाई, *दृष्टि एप्राक्सिया* (ocular aproxia) अर्थात् दृष्टि स्कैनिंग (visual scanning) में कठिनाई तथा *साइमलटैनएगनेसिया* (simultanagnosia) अर्थात् एक समय में एक से अधिक वस्तुओं को प्रत्यक्षित करने की कठिनाई आदि सम्मिलित होते हैं।

Basal ganglia (वेसल गैंगलिया) : अग्रमस्तिष्क के काफी भीतर धूसर पदार्थों (gray matter) की संरचना जिसमें मुख्य रूप से *काऊडेट केन्द्रक* (caudet nucleus), *पुटामेन* (putamen), *ग्लोबल पालिडस* (globus pallidus), उपथैलमिक केन्द्रक (subthalamic nuclei) तथा सबसटानसिया निग्ररा (substantia nigra) आदि सम्मिलित होते हैं।

Bilateral (द्विपार्श्विक) : शरीर के दोनों तरफ (sides)।

Beta activity (बीटा क्रियाएँ) : मस्तिष्क से अभिलेखित अनियमित वैद्युतीय क्रियाएँ (या तरंगें) जिनकी आवृत्ति 13 से 30 Hz की होती है। जब व्यक्ति उत्तेजित अवस्था में होता है, तो इस तरह की तरंगें उत्पन्न होती हैं।

Blood-Brain barrier (रक्त-मस्तिष्क रोधिका) : एक ऐसी रोधिका (barrier) जो रक्त के सामान्य परिसंचरण (circulation) से सिर्फ कुछ ही अणु को मस्तिष्क में प्रवेश करने की अनुमति देता है तथा अन्य दूसरे तरह की अणुओं के प्रवेश को रोक देता है। यह मस्तिष्क की रक्त नलिकाओं के चारों तरफ एस्ट्रोसाइट्स (astrocytes) के निर्माण होने से बनता है।

Bouton (बूटोन) : एक्सान का अन्त भाग (end part of axon)। इसे एक्सान अन्त्य (axon terminal) भी कहा जाता है।

Bradykinesia (ब्रेडीकाइनेसिया) : मन्द गति (slow movement) की स्थिति।

Brain hypothesis (मस्तिष्कीय प्राक्कल्पना) : यह प्राक्कल्पना बतलाता है कि मस्तिष्क एक जैविक अंग (biological organ) है जो व्यवहार को नियंत्रित करता है तथा अनुभूति उत्पन्न करता है।

Brain stem (मस्तिष्क स्तंभ) : मस्तिष्क का वह भाग जो सुषुम्ना (spinal cord) तथा डायसिफैलोन (diencephalon) के बीच अवस्थित होता है तथा इसमें मध्यमस्तिष्क (midbrain), सेतु (pons) तथा मेडुला (medula) आदि सम्मिलित होते हैं।

Broca area (ब्रोका क्षेत्र) : बायाँ नीचले अग्र गाइरस (left interior frontal gyrus) का क्षेत्र ब्रोका क्षेत्र कहलाता है जिससे क्षति उत्पन्न होने से *ब्रोका एफाशिया* (Broca's aphasia) उत्पन्न होता है जिसमें व्यक्ति ठीक से किसी भाषा का उपयोग करते हुए बोल नहीं पाता है।

Brain lesion (मस्तिष्कीय क्षति) : मस्तिष्क के किसी भाग की क्षति।

B-lymphocytes (वी-लिम्फोसाइट्स) : एक श्वेत रक्त कोशिका (white blood cell) जो हड्डी मज्जा (bone marrow) में उत्पन्न होता है। यह असंक्राम्य तंत्र (immune system) का एक महत्त्वपूर्ण भाग होता है।

C

Catecholamine (केटकोलामाइन) : न्यूरोट्रांसमीटर का एक ऐसा वर्ग जिसमें इपानफ्राइन (epinephrine), नोरइपानफ्राइन (norepinephrine) तथा डोपामाइन (dopamine) आदि सम्मिलित होते हैं।

Caudal (काऊडल) : सुषुम्ना तथा मस्तिष्क स्तंभ (brain stem) में मस्तिष्क से दूर की दिशा (direction away from brain)।

Caudate nucleus (काऊडेट केन्द्रक) : वेसल गैंगलिया में का एक केन्द्रक (nuclei)।

Cell body (कोश शरीर) : इसे *सोमा* (soma) भी कहा जाता है। न्यूरोन का वह भाग जिसमें कोशिका केन्द्रक (cell nucleus) तथा अन्य महत्त्वपूर्ण तत्त्व होते हैं।

Cerebellum (लघुमस्तिष्क) : सेतु (pons) के स्तर पर मस्तिष्क के पृष्ठीय सतह (dorsal surface) पर बाहर की ओर फेंके हुए एक बड़ा एवं जटिल संरचना होती है जिसे लघु मस्तिष्क कहा जाता है। यह चौथे भेन्ट्रीकल के छत के समान होता है। यह पेशीय तंत्र का एक महत्त्वपूर्ण अंश या भाग होता है जो शारीरिक गतियों को समन्वित करता है।

Cerebal cortex (प्रमस्तिष्कीय कार्टेक्स) : टेलनसिफेलोन के चारों तरफर धूसर पदार्थ (gray matter) का बाहरी सतह जो न्यूरोन के कोश शरीरों (cell bodies) से बना होता है।

Cerebral dominance (प्रमस्तिष्कीय प्रबलता) : यह विचार कि मस्तिष्क का एक गोलार्द्ध किसी एक कार्य के करने में अधिक विशिष्टता दिखलाता है जबकि दूसरा गोलार्द्ध ऐसी विशिष्टता नहीं दिखलाता है। प्रारम्भ में यह संप्रत्यय मूलतः बायाँ गोलार्द्ध के लिए उपयोग में आता था क्योंकि इसमें भाषा कार्य की विशिष्टता होती है। परंतु अब यह अध्ययनों से स्पष्ट हो गया है कि कुछ अन्य कार्यों विशेषकर अशाब्दिक सामग्रियों (nonverbal materials) के परिचालन में दायाँ गोलार्द्ध की विशिष्टता होती है। यही कारण है कि आजकल *पूरक गोलार्द्धीय विशिष्टता* (complimentary hemispheric specialization) जैसे पद का प्रतिपादन किया गया है।

Central sulcus (केन्द्रीय सुलकस) : एक ऐसा सुलकस जो अग्रपालि को भित्तीय पालि (parietal lobe) से अलग करता है।

Cerebellar cortex (सेरिवेलर कार्टेक्स) : ऐसा कार्टेक्स जो प्रमस्तिष्कीय गोलार्द्धों (cerebellar hemisphere) को ढँकता है।

Cerebellar Peduncle (सेरिवेलर पेन्डन्कल) : एक्सान के तीन बंडल (bundle) में से एक बंडल जो प्रत्येक गोलार्द्ध को पृष्ठीय सेतु (dorsal pons) से सम्बन्धित करता है।

Cerebral aqueduct (प्रमस्तिष्कीय एक्विडक्ट) : एक ऐसा पतला ट्यूब जो मस्तिष्क के तीसरे एवं चौथे भेन्ट्रीकल को जोड़ता है।

Cerebrospinal Fluid (CSF) (सेरिब्रोस्पाइनल तरल) : एक ऐसे तरल पदार्थ जो मस्तिष्क के भेन्ट्रीकुलर तंत्र (ventricular system) तथा मस्तिष्क एवं सुषुम्ना के सबएरेकनोआड स्थान (sub-arachnoid space) को भरता है। मस्तिष्क के चारों तरफ CSF होने से उसे संरचनात्मक समर्थन structural support) तथा किसी प्रकार के बाहरी चोट से मस्तिष्क को धक्का पहुँचने से बचाया जाता है।

Colour agnosia (रंग एगनोसिया) : रंगीन वस्तुओं के प्रत्यक्षण में दोष।

Colour amnesia (रंग एमनेशिया) : सामान्य वस्तुओं के रंगों को प्रत्याह्वान करने की अक्षमता।

Colour Anomia (रंग एनोमिया) : रंगों के नाम बताने की अक्षमता जो प्रायः एफाशिया (aphasia) से सम्बन्धित होती है।

Commissurotomy (काम्मीस्सुरोटोमी) : कारपस कैलोजम (corpus callosum) का सर्जिकल कटिंग (surgical cutting) को काम्मीस्सुरोटोमी की संज्ञा दी जाती है।

Conduction aphasia (संवहन एफासिया) : बिना किसी तरह के स्वतः भाषा पुनरुत्पादन (language production) तथा भाषा बोध (language comprehension) के ही सुन्ी हुई शब्दों या वाक्यों को दोहराने की अक्षमता।

Constructional apraxia (संरचनात्मक एप्राक्सिया) : किसी दिये हुए लेखन की नकल करने तथा उनका आरेखण करने की अक्षमता।

Contralateral (प्रतिपार्श्विक) : विपरीत तरफ (opposite side)।

Corpus callosum (कारपस कैलोजम) : दोनों प्रमस्तिष्कीय गोलार्द्धों (hemispheres) के बीच वह तन्तु तंत्र (fiber tract) जो दोनों को जोड़ता है।

Cerebral cortex (प्रमस्तिष्कीय कार्टेक्स) : अग्रमस्तिष्क (forebrain) का बाहरी परत (outlayer) को प्रमस्तिष्कीय कार्टेक्स कहा जाता है।

Cortical blindness (कार्टिकल अन्धापन) : कार्टिकल दृष्टि तंत्र विशेषकर मुख्य दृष्टि कार्टेक्स (primary visual cortex) (अर्थात् V1) में क्षति उत्पन्न होने से अन्धापन।

Corticobular tract (कार्टिकोवल्वर पथ) : तन्तुओं (fibers) का एक बण्डल जो सूचनाओं को अग्रमस्तिष्क से मस्तिष्क स्तंभ (brain stem) तक ढोता है।

Corticortical connection (कार्टिकोकार्टिकल संबंध) : कार्टिकल क्षेत्रों (cortical areas) के बीच अन्तर संबंध (interconnections)।

Corticospinal tract (कार्टिकोस्पाइनल पथ) : तन्तु का एक बड़ा बंडल जो सूचनाओं को अग्रमस्तिष्क से सुषुम्ना तक ढोता है।

Corticotropin releasing hormone (CRH) (कार्टिकोट्रोपिन उत्सर्जन हारमोन) : हाइपोथैलमस द्वारा उत्सर्जित एक ऐसा हार्मोन (hormone) जिससे प्रभावित होकर अग्र पीयूष ग्रन्थि (anterior pituitary gland) से एड्रीनोकार्टिकोट्राफिक हार्मोन (adrenocorticotrophin hormone or ACTH) निकलता है।

Cortisol (कार्टिजोल) : एड्रीनल कार्टेक्स से उत्सर्जित एक विशेष तरह का हार्मोन जो तनाव अनुक्रिया (stress response) की सक्रियता का एक हिस्सा बनता है।

Cranial nerves (क्रैनियल तंत्रिका) : तंत्रिकाओं का 12 जोड़ा जो सूचनाओं को मस्तिष्क से बाहर तथा मस्तिष्क में बाहर से लाता है।

Critical Period (क्रान्तिक अवस्था) : विकास के दौरान की एक ऐसी अवस्था जिसके दौरान अगर एक विशेष कार्य को व्यक्ति को हमेशा के लिए सीखना है, तो उसे अवश्य ही सीखना चाहिए।

Cytoplasm (साइटोप्लाज्म) : किसी कोश के भीतर लसीला (viscous) अर्धतरल (semiliquid) तत्त्व।

D

Dopamine (डोपामाइन) : एक तरह का न्यूरोट्रांसमीटर जो केटकोलामाइन (catecholamine) समूह का होता है।

Delta activity (डेल्टा क्रियाएँ) : एक नियमित, तुल्यकाली (synchronous) वैद्युतीय क्रिया जो लगभग 1 से 4 Hz बारंबारता की होती है। प्रायः यह मंद-तरंग नींद (slow-wave sleep) से साहचार्यित होती है।

Dale law (डेल नियम) : यह नियम बतलाता है कि कोई एक न्यूरोन सामान्यतः एक से अधिक प्रकार का लघु अणु ट्रांसमीटर (small molecule transmitter) नहीं उत्सर्जित करता है।

Decussation (चरखडीदारी) : मस्तिष्क का एक तरफ से दूसरे तरफ में तन्तुओं का क्रास-ओभर (cross-over)।

Deep dyslexia (गहरा डायस्लेक्सिया) : पठन में ऐसा दोष (impairment in reading) जिसमें व्यक्ति एक शब्द को दूसरे ऐसे शब्द के रूप में पढ़ता है जो उसको अर्थपूर्ण ढंग से सम्बन्धित होता है। जैसे 'jump' के लिए 'leap' पढ़ना।

Delirium (स्थितिभ्रान्ति) : ऐसी स्थितिभ्रान्ति जिसमें व्यक्ति को धुंधला चेतना होती है और साथ-ही-साथ भ्रम, विभ्रम तथा तथ्यों की गलत व्याख्या करने की प्रकृति व्यक्ति में होता है।

Dementia (बौद्धिक ह्रास) : इसमें आंगिक मस्तिष्कीय विकृति (organic brain disorder) के कारण व्यक्ति में सामान्य बौद्धिक स्तर का ह्रास होता है।

Dendrite (शाखिका) : न्यूरोन का वह भाग जिसमें वृक्ष की टहनियों के समान शाखाएँ होती हैं तथा जो कोश शरीर से निकलता है और दूसरे न्यूरोन से सूचनाओं को ग्रहण करता है।

Developmental dyslexia (विकासात्मक डायस्लेक्सिया) : पठन सम्बन्धित एक विशेष विकृति (disorder) जो पर्यावरणी कारकों या संवेदी कठिनाइयों के कारण होता है न कि मस्तिष्क में क्षति (lesion) या अपर्याप्त बुद्धि (inadequate intelligence) के कारण।

Diaschisis (डायस्किसिस) : प्रमस्तिष्कीय क्षति (cerebral lesion) का वह अस्थायी प्रभाव जो अगल-बगल या कुछ दूर के तंत्रकीय ऊतकों (neural tissue) पर पड़ता है। इसमें प्रायः थोड़े समय के लिए उत्तक फूल जाते हैं, उनमें खून का रिसाव होता है तथा अन्य लघु आकारीय रोगात्मक प्रक्रियाएँ उत्पन्न होती हैं।

Dichotic listening (द्विभाजी श्रवण) : एक ऐसी विधि है जिसमें एक ही साथ दोनों कानों में भिन्न-भिन्न श्रवण उद्दीपकों को स्टिरियोफोनिक आकर्णक (stereophonic earphone) के माध्यम से उपस्थित किया जाता है। इसके बाद दोनों कानों द्वारा प्राप्त किये गये सूचनाओं की परिशुद्धता का तुलनात्मक अध्ययन किया जाता है।

Diencephalon (डायनसिफेलोन) : अग्रमस्तिष्क का वह हिस्सा जो टेलेनसिफेलोन (telencephalon) तथा मध्यमस्तिष्क (midbrain) के बीच में आता है तथा जिसमें थैलमस, हाइपोथैलमस तथा इपिथैलमस (epithalamus) भी होता है।

Dichaptic Studies (डायकेपटिक अध्ययन) : ऐसा अध्ययन जिसमें एक साथ दोनों हाथों में दो तरह के स्पर्श उद्दीपक (tactile stimuli) दिये जाते हैं ताकि गोलार्द्धीय विशिष्टता (hemispheric specialization) का अध्ययन किया जा सके।

Disconnection Syndrome Hypothesis (असंबंद्ध संलक्षण प्राक्कल्पना) : यह प्राक्कल्पना इस तथ्य की ओर इशारा करता है कि मस्तिष्क के विशिष्ट केंद्रों (specific centres) तथा/या इन केन्द्रों के बीच संबंधों के क्षतिग्रस्त होने से कुछ विकृतियाँ (disorders) उत्पन्न होती हैं।

Dorsal (डार्सल) : एक ऐसा पद जो मस्तिष्क का ऊपरी भाग तथा सुषुम्ना का पश्च भाग के लिए उपयोग किया जाता है।

Dorsal horn (डार्सल हार्न) : मेरुदण्डीय धूसर पदार्थ का वह डार्सल भाग जिसे अन्तरन्यूरोन्स (interneuron) का कोश शरीर (cell bodies) होता है जो मुख्य कायिक संवेदी न्यूरोन्स (somatosensory neuron) से सूचनाओं को मस्तिष्क तथा पेशीय न्यूरोन (motor neuron) तथा सुषुम्ना के अन्य स्तरों पर पहुँचाता है।

Dorsol root (डार्सल जड़ें) : मेरुदण्डीय तंत्रिका (spinal nerve) का वह भाग को संवेदी सूचनाओं को परिधीय तंत्रिका तंत्र (peripheral nervous system) तथा सुषुम्ना में ले जाता है।

Deoxyribonucleic acid (DNA) (डीआक्सीरिबोन्युक्लिक अम्ल) : एक ऐसा न्यूक्लिक अम्ल जो कोशिकाओं (cells) के गुणसूत्र (chromosome) में उपस्थित होते हैं और वंशानुगत सूचनाओं (hereditary information) को कूटसंकेतिक करते हैं।

Depolarization (विध्रुवीकरण) : झिल्ली के विभव (potential) में कमी जो झिल्ली के भीतरी सतह बाहरी सतह की तुलना में कम ऋणात्मक (negative) होने के कारण उत्पन्न होता है।

Dura Mater (डुरा मेटर) : तीन परतें (coverings) जो मस्तिष्क तथा सुषुम्ना को ढके होता है, में का सबसे बाहरी परत।

Dyscontrol Syndrome (डाय्सकन्ट्रोल संलक्षण) : एक ऐसी विकृति जो शंख पालि (temporal lobe) से जुड़ा होता है तथा जो मानव आक्रमकता के कोई प्रकार की अभिव्यक्ति के पीछे एक कारक भी बनता है।

Dyslexia (डायसलेक्सिया) : मस्तिष्कीय दोष के कारण उत्पन्न पठन विकृति (reading disorders)।

E

Etopic cell (इटोपिक कोशिका) : अपने सामान्य जगह से भिन्न स्थान पर अवस्थित कोशिका।

Edema (इडेमा) : एक तरह का फूलन जिसमें शरीर के अन्तरकोशकीय जगहों (intercellular spaces) पर अत्यधिक तरल पदार्थ भरे होते हैं।

Efferent fiber (अपवाही तन्तु) : ऐसा एक्सान जो तंत्रिका तंत्र से सूचनाओं को परिधीय भागों (peripheral parts) में ले जाता है।

Electroencephalography (EEG) (एल्कट्रोएनसिफेलोग्राफी) : खोपड़ी पर एल्कट्रोड (electrode) लगाने से उत्पन्न मस्तिष्कीय वैद्युतीय क्रियाओं को मापने का एक साधन।

Electromyography or EMG (एल्कट्रोमायोग्राफी) : मांशपेशियों के वैद्युतीय क्रियाओं को मापने की प्रविधि।

Electroretinography or ERG (एल्कट्रोरेटिनोग्राफी) : विभिन्न दृष्टि उद्दीपकों के प्रति अक्षिपटल (retina) की क्रियाओं का वैद्युतीय रिकार्डिंग (recording)।

Epinephrine (इपाइनफ्राइन) : एड्रीनल मेडुला (adrenal medulla) द्वारा उत्सर्जित हार्मोन जो स्वायत्त तंत्रिका तंत्र (autonomic nervous system) के अनुकम्पी तंत्र (sympathetic system) के क्रियाशील होने के समान दैहिक परिवर्तन उत्पन्न करते हैं।

Ethology (आचारशास्त्र) : पशुओं के व्यवहार को उनके स्वाभाविक पर्यावरण (natural environment) में अध्ययन करने वाला विज्ञान।

Event-related Potential (ERD) (घटना संबंध विभव) : एक ऐसी विधि जो EEG में उत्पन्न होने वाले वैसे परिवर्तनों को मापता है जो विशेष घटना के फलस्वरूप कार्टेक्स के विशेष भाग में होता है। इसे उत्पन्न विभव (evolved potential) भी कहा जाता है।

Evoked Potential or EP (उत्पन्न विभव) : घटना संबंध विभव देखें।

Excitatory Postsynaptic Potential (EPSP) : न्यूरोन में एक लघु एवं स्थानीय विध्रुवीकरण (local depolarization) की घटना जो उत्तर सूत्रयुग्मनीय ग्राहक (postsynaptic receptor) में न्यूरोट्रांसमीटर के प्रवेश से होता है।

Extracellular Fluid (अतिरिक्त कोशकीय तरल) : कोशिकाओं (cells) के बीच के स्थानों में का तरल पदार्थ।

Extrastriate Cortex (अतिरिक्त रेखीय कार्टेक्स) : इसे *प्राक्रेखीय कार्टेक्स* (Prestriate cortex) भी कहा जाता है। V1 जो दृष्टि के लिए उत्तरदायी होता है, से बाहर के कार्टेक्स का क्षेत्र।

Exocrine gland (वहिःस्रावी ग्रन्थि) : ऐसा ग्रन्थि जिसके स्राव विशेष पथ (duct) से बाहर निकलते हैं। जैसे—अश्रु ग्रन्थि (tear gland) एक एक्सोक्राइन ग्रन्थि का उदाहरण है।

Endocrine gland (अन्तःस्रावी ग्रन्थि) : इसे पथहीन ग्रन्थि (ductless gland) भी कहा जाता है। ऐसी ग्रन्थियों का स्राव जिसे हार्मोन कहा जाता है, रक्त में सीधे मिल जाते हैं और महत्त्वपूर्ण परिवर्तन लाते हैं। जैसे पीयूष ग्रन्थि (pituitary gland), एड्रीनल ग्रन्थि (adrenal gland) इसका उत्तम उदाहरण है।

Extrapyramidal system (अतिरिक्त पिरामिडल तंत्र) : एक ऐसा पेशीय तंत्र (motor system) जिसमें वेसल गैंगलिया (basal ganglia) तथा मस्तिष्क स्तंभ (brain stem) के कुछ सम्बन्धित भाग सम्मिलित होते हैं।

F

Fasciculus (फैसिकुलस) : तंत्रिका (nerve), मांश्पेशियों (muscles) तथा कंडरा तन्तुओं (tendon fibers) के बण्डल (bundle) के लिए व्यवहृत पद।

Fissure (दरार) : प्रमस्तिष्कीय कार्टेक्स (cerebral cortex) में गहरा या स्पष्ट लीक या खाँचा (groove)।

Forebrain (अग्रमस्तिष्क) : मस्तिष्क का वह भाग जिसे टेलेनसिफेलोन (telencephalon) तथा डायनसिफेलोन (diencephalon) सम्मिलित होता है।

Frontal lobe (अग्रपालि) : कार्टेक्स का एक भाग जो केन्द्रीय सुलकस (central sulcus) के आगे अवस्थित होता है तथा अग्रमस्तिष्क के अगले भाग में उजले पदार्थ के भीतर होता है।

Fovea (फोविया) : अक्षिपटल (retina) का वह भाग जिसमें सबसे अधिक शंकु (cones) होते हैं जिससे दृष्टि स्पष्टता वहाँ सबसे अधिक होती है।

Frontal Eye Fields or (FEF) (अग्र नेत्र क्षेत्र) : अग्रपालि का वह क्षेत्र जो प्राक्पेशीय क्षेत्र (premotor area) के आगे तथा ब्रोका क्षेत्र के डार्सल तरफ (dorsal part) में होता है तथा जो उद्देश्यपूर्ण नेत्र गति (eye movement) का नियंत्रण करता है।

Fission (फिस्सन) : एक से दो में विभाजित होने की प्रक्रिया।

Fourth Ventricle (चौथा भेन्ट्रीकल) : सेतु (pones) के भीतर का वह खोखला रास्ता जो तीसरा भेन्ट्रीकल (third ventricle) से सेरिब्रोस्पाइनल तरल (cerebrospinal liquid) प्राप्त करता है।

G

G-cone (जी शंकु या सूची) : 531 nm (नैनोमीटर) तरंगदैर्घ्य रोशनी (wavelength light) के प्रति सबसे अधिक संवेदनशील सूची या शंकु (cone)।

Gamma-aminobutyric acid (GABA) : केन्द्रीय तंत्रिका तंत्र में एक अवरोधक न्यूरोट्रांसमीटर (inhibitory neurotransmitter)।

Ganglion (गैंगलियन) : केन्द्रीय तंत्रिका तंत्र के बाहर न्यूरोन के कोश शरीर (cell bodies) का जमावड़ा (concentration)। इसका बहुवचन 'ganglia' होता है।

Gateway theory of memory (स्मृति का प्रवेशद्वार सिद्धान्त) : यह सिद्धान्त बतलाता है कि दीर्घकालीन स्मृति में सूचनाओं को सुदृढ़ीकरण (consolidation) के लिए लघुकालीन स्मृति एक आवश्यक अवस्था होती है।

Gene (जीन) : गुणसूत्र (chromosome) के विशेष भाग में अवस्थित आनुवंशिक अंतरण (hereditary transmission) की विशेष इकाई।

Gerstmann's syndrome (गर्स्टमान संलक्षण) : एक ऐसा संलक्षण जिसमें डायसकैलकुलिया (dyscalculia), अंगुली एगनोसिया (finger agnosia), एग्राफिया (agraphia) तथा दायाँ-बायाँ विभेदन की अक्षमता होती है जिसे गर्स्टमान ने पश्च बायाँ गोलार्द्ध (posterior left hemisphere) में क्षति उत्पन्न होने से सम्बन्धित माना है।

Glia (ग्लिया) : इस कोश (cell) *न्यूरोग्लिया* (neuroglia) भी कहा जाता है जो केन्द्रीय तथा परिधीय तंत्रिका तंत्र (peripheral nervous system) में पाये जाते हैं। केन्द्रीय

तंत्रिका तंत्र में ऐसे कोश न्यूरोन्स को संरचनात्मक (structural) तथा पोषक (nuitritive) समर्थन प्रदान करते हैं। कुछ अन्य दूसरे तरह के ग्लिया कोश विशिष्ट कार्य जैसे रक्त-मस्तिष्क रोधिका (blood-brain barrier) का निर्माण करते हैं। केन्द्रीय तथा परिधीय तंत्रिका तंत्र में कुछ ग्लिया कोशिकाएँ (glia cells) एक्सान (axon) के चारों तरफ घेरा डाले हुए होते हैं जिसे *माइलिन शीथ* (mylein sheath) कहा जाता है तथा जिससे तंत्रिका आवेग के संचरण (transmission) की गति का निर्धारण होता है।

Global amnesia (ग्लोबल एमनेशिया) : स्मृति की एक ऐसी दुर्दशा जिसमें व्यक्ति का अर्थगत स्मृति (semantic memory) तथा प्रासंगिक स्मृति (episodic memory) दोनों ही लगभग समाप्त हो जाता है।

Graded Potential (क्रमिक विभव) : न्यूरोन (neuron) या ग्राहक (receptor) में एक ऐसा वैद्युतीय विभव (electrical potential) चाहे विध्रुवीकरण (depolarization) हो या उच्च ध्रुवीकरण (hyperpolarization), जो तीव्रता (intensity) में परिवर्तित होता हो (ध्यान रहे कि क्रिया विभव की मात्रा या तीव्रता परिवर्तित न होकर स्थिर बना रहता है। ग्राहक (receptor) के संदर्भ में इसे *ग्राहक विभव* (receptor potential) भी कहा जाता है। क्रमिक विभव को *वैद्युतीय विभव* (electrical potential) भी कहा जाता है।

Gray matter (धूसर पदार्थ) : मस्तिष्कीय ऊतक (brain tissues) जो न्यूरोन के कोश शरीर (cell bodies) से बने होते हैं। इसमें माइलिन (myelin) नहीं होता है।

Glossopharyngeal nerve (ग्लोस्सोफैरिनजिल तंत्रिका) : नौवां कपालीय तंत्रिका (cranial nerve) जो जीभ में स्वाद ग्राहकों (taste receptors) से संवेदन प्राप्त करता है।

Glucogon (ग्लुकागोन) : पैनक्रियाज (pancreas) द्वारा उत्सर्जित एक ऐसा हार्मोन जो लिभर ग्लाइकोजीन (liver glycogen) को ग्लूकोज (glucose) में बदल देता है।

Glucostatic hypothesia (ग्लूकोस्थैतिक प्राक्कल्पना) : यह बतलाता है कि अंतरस्टिसियल तरल (interstitial fluid) में ग्लूकोज का स्तर से यह निर्धारित होता है कि प्राणी भूखा है या नहीं।

Gonads (गोनाड्स) : व्यक्तियों का लैंगिक अंग (sexual organ) अर्थात् महिलाओं का अण्डाशय (ovaries) तथा पुरुष अण्डग्रन्थि (tastes) जो उत्सर्जन (reproduction) के लिए युग्मक (gamete) उत्पन्न करता है।

Growth hormone (GH) (वर्द्धन हार्मोन) : पीयूष ग्रन्थि के अग्रवर्ती भाग से निकलने वाला एक ट्रोपिक हार्मोन जिसमें ऊतकों (tissues) तथा कोशिकाओं (cells) का वर्द्धन प्रभावित होता है। इसे *सोमैटोट्रोपिक हार्मोन* (somatropic hormone) भी कहा जाता है।

Gut hormone (गट हार्मोन) : एक ऐसा हार्मोन जिसे उदर (stomach) या आँत (intestine) द्वारा भोजन के प्रति अनुक्रिया के रूप में उत्सर्जित किया जाता है।

Gyrus (गाइरस) : मस्तिष्क के कुण्डलित भाग (convoluted portion) का उभरा हुआ भाग। गाइरस का बहुवचन *गाइरी* (gyri) होता है।

H

Hemianopia (हेमीएनोपिया) : बायाँ या दायाँ दृष्टि क्षेत्र में से किसी एक में अन्धापन (blindness)।

Hemiplegia (हेमीप्लेगिया) : शरीर के किसी एक तरफ (बायाँ या दायाँ) भाग में पक्षाघात (paralysis)।

Hemispherectomy (हेमीस्फेरेक्टोमी) : सर्जिकल आपरेशन द्वारा एक प्रमस्तिष्कीय गोलार्द्ध या उसके कुछ अंश को काटकर हटा देना।

Hemispheric functional asymmetry (गोलार्द्धीय कार्यात्मक असममिति) : यह विचार कि मस्तिष्क का प्रत्येक गोलार्द्ध कुछ विशेष कार्य के लिए विशिष्टतापूर्ण (specalized) होता है। कहने का मतलब यह हुआ कि कार्य के ख्याल से दोनों गोलार्द्धों में से कोई प्रबल (dominant) नहीं होता तथा दोनों गोलार्द्धों के कार्यों में असममिति होती है।

Heschl's Gyrus (हेस्कल गाइरस) : सिलभियन दरार (Sylvian fissure) के निम्न छोर (lower tip) पर का गाइरस (gyrus) जो मोटे तौर पर मुख्य श्रवण कार्टेक्स (primary auditory cortex) के तुल्य (equivalent) होता है।

Hindbrain (पश्च मस्तिष्क) : मस्तिष्क स्तंभ (brain stem) का यह भाग मध्य मस्तिष्क (midbrain) के पुच्छीय (caudal) स्थिति में होता है तथा इसमें मेटेनसिफेलोन (metencephalon) अर्थात् सेतु (pons) तथा लघुमस्तिष्क (cerebellum) तथा माइलेनसिफेलोन (myelencephalon) अर्थात् मेडुला (medulla) सम्मिलित होते हैं। इसे *रोमवेनसिफेलोन* (rhombencephalon) भी कहा जाता है।

Hippocampus (हिप्पोकैम्पस) : कार्टेक्स की वह संरचना जो शंख पालि (temporal lobe) के अग्र (anterior) तथा मध्य (medial) भाग होता है। यह अधिगम (learning) तथा स्मृति (memory) के निर्धारण में भूमिका निभाता है।

Homeostasis (समस्थिति) : शरीर के भीतरी वातावरण में एक स्थिरता की स्थिति जो प्राणी को जिन्दा रहने के लिए आवश्यक है।

Hypergraphia (हाइपरग्राफिया) : अप्रयोजित (unintended) तथा अवांछित (unwated) गति।

Hyperpolarization (अतिध्रुवीकरण) : न्यूरोन झिल्ली (neuron membrane) के भीतरी भाग में ऋणात्मकता (negativity) में वृद्धि की स्थिति।

Hypokinesia (हाइपोकाइनेसिया) : शरीर में गति उत्पन्न करने की ह्रासित क्षमता (diminished ability)।

Hypoxia (हाइपोक्सिया) : आक्सीजन वंचन (oxygen deprivation) की अवस्था।

Hormone (हार्मोन) : अन्तःस्रावी ग्रन्थि का स्राव (secretion)।

Human Immunodeficiency Virus (HIV) : एक ऐसा भायरस जो जननिक (genital), गुदा (anal) तथा मुखवर्ती यौन (oral sex) से अंतरित होता है और बाद में व्यक्ति में अर्जित असंक्राम्य मंदता संलक्षण (Acquired Immune Deficiency Syndrome or AIDS) पैदा करता है।

Hyperphagia (हाइपरफैगिया) : एक ऐसी अवस्था जिसमें व्यक्ति भोजन अधिक करता है तथा प्रायः इसका संबंध भेन्ट्रोमिडीयल हाइपोथैलमस (ventromedial hypothalamus) में क्षति उत्पन्न होने से होती है।

Hypnogen (हिपनोगेन) : नींद उत्पन्न करने वाला एक ऐसा तत्व जो शरीर या मस्तिष्क में कभी-कभी जमा हो जाते हैं।

Hypothalamus (हाइपोथैलमस) : डायनसिफेलोन का वह भाग जो थैलमस के नीचे वाले हिस्से में अवस्थित होता है। यह स्वायत तंत्रिका (autonomic nervous system) के नियमन (regulation) में तथा पीयूष ग्रन्थि के अग्र (anterior) तथा पश्च (posteior) हिस्सों को नियंत्रित करता है तथा साथ-ही-साथ कुछ खाश-खाश व्यवहारों को समन्वित करता है।

Hypovolemic thirst (हाइपोभोलेमिक प्यास) : अतिकोशकीय तरल (extracellular fluid) के कम मात्रा के प्रति प्राणी की एक अनुक्रिया।

Hypovolemia (हाइपोभोलेमिया) : सामान्य से कम स्तर के रक्त की मात्रा।

I

Inferior (निम्न) : एक ऐसा पद जो मस्तिष्क के निम्न हिस्सा (lower part) के लिए व्यवहृत होता है।

Inferior colliculus (निम्न कौल्लिकुलस) : मध्यमस्तिष्क का वह क्षेत्र जिसमें श्रवण सूचनाएँ प्राप्त होती हैं।

Interneurons (अन्तः न्यूरोन) : वैसा न्यूरोन जो न तो प्रत्यक्ष रूप से वातावरण से सूचनाओं को प्राप्त करता है और न ही प्रत्यक्ष रूप से मांशपेशियों में संकुचन (contraction) उत्पन्न करता है। मस्तिष्क में पाये जाने वाले न्यूरोन्स अधिकतर अन्तःन्यूरोन श्रेणी के ही हैं।

Intracellular fluid (अन्तःकोशकीय तरल) : कोशिका के भीतर का तरल पदार्थ इसे *कोशकीय तरल* (cellular fluid) भी कहा जाता है।

Ion (आयन) : एक आवेशित (charged) अणु या परमाणु।

Ipsilateral (इपसिलेट्रल) : एक ही तरफ (same side)।

Ipsilateral corticocortical fibers (इपसिलेट्रल कार्टिकोकार्टिकल तन्तु) : एक ही गोलार्द्ध के भीतर के क्षेत्रों में संयोजित करने वाले तन्तु।

Ischemia (इसकेमिया) : रक्त की कमी की अवस्था।

Immediate term memory (तात्कालिक स्मृति) : स्मृति का एक ऐसा प्रकार जो लघुकालीन स्मृति से बड़ा होता है और जिसके लिए रिहर्सल की आवश्यकता नहीं होती है परंतु वह उतना स्थायी नहीं होता जितना कि दीर्घकालिक स्मृति होता है।

Islets of Langerhans (इसलेट ऑफ लैंगरहान्स) : पैंक्रियाज के भीतर कोशिकाओं का गुच्छ (cluster) जो इनसुलिन (insulin) तथा ग्लूकागोन (glucagon) का उत्सर्जन करते हैं।

J

Jargon aphasia (जारगोन एफासिया) : ऐसा एफासिया जो प्रायः नये-नये शब्दों का प्रयोग करने से उत्पन्न होता है। वर्निक एफाशिया (Wernicke's aphasia) में प्रायः ऐसे लक्षण देखने को मिलता है।

K

Kennard Principle (केन्नार्ड नियम) : यह नियम बतलाता है कि जब किसी व्यक्ति में जितना ही आरंभिक दिनों में मस्तिष्कीय क्षति (brain lesion) होती है उसकी प्रतिप्राति (recovery) की संभावना भी उतनी ही अधिक होती है।

Korsakoff's syndrome (कोर्साकौफ्फ संलक्षण) : एक ऐसी स्मृति विकृति जो थियामाइन न्यूनता (thiamine deficiency) के कारण होता है तथा जो चिरकालिक मद्यपानता से सम्बन्धित होता है।

Kinesthesia (काइनेसथेसिया) : अपने शरीर की गति (movement) का प्रत्यक्षण।

L

Lateral (लेट्रल) : एक ऐसा पद जो अन्य संरचना की तुलना में दिये गए संरचना को मस्तिष्क के एक तरफ होने की स्थिति को बतलाता है।

Lateral Geniculate Nucleus or LGN (पार्श्विक गेनिकुलेट केन्द्रक) : थैलमस का भाग जो दृष्टि पथ (optic tract) से सूचनाओं को प्राप्त करता है तथा दृष्टि कार्टेक्स (occipital cortex) के दृष्टि क्षेत्र में भेजता है।

Lateral Hypothalamus (LH) (लेट्रल हाइपोथैलमस) : हाइपोथैलमस का वह क्षेत्र जो भोजन करने की प्रवृत्ति को बढ़ावा देता है। अगर इस क्षेत्र में क्षति हो जाती है, तो व्यक्ति में भूख लगभग समाप्त हो जाता है तथा उसकी शारीरिक वजन कम हो जाता है।

Lateral Ventricle (लेट्रल भेनट्रिकल) : मस्तिष्क के प्रत्येक गोलार्द्ध में भेन्ट्रीकुलर तंत्र (ventricular system) के लेट्रल भाग में का एक जटिल संरचना।

Laterality Studies (पार्श्विकता अध्ययन) : वैसा अध्ययन जो सामान्य व्यक्तियों में विशेष प्रविधि के सहारे गोलार्द्धीय विशिष्टता (hemispheric specialization) का अध्ययन करता है।

Lesion (क्षति) : एक सामान्य पद जिससे किसी भी तरह की क्षति का पता चलता है।

Limbic System (लिम्बिक तंत्र) : मस्तिष्कीय केन्द्रकों (brain nuclei) का फैला हुए एक ऐसा समूह जो एक-दूसरे के साथ मिलकर एक नेटवर्क (network) बनाता है तथा संवेग एवं अधिगम में महत्त्वपूर्ण भूमिका निभाता है।

Localization of function (कार्यों का स्थानीकरण) : इससे पता चलता है कि मस्तिष्क के विशिष्ट क्षेत्र द्वारा कुछ विशेष तरह के कार्य किये जाते हैं।

Long-term Potentiation or LTP (दीर्घकालीन प्रभावकारिता) : उस न्यूरोन की अनुक्रिया की मात्रा (magnitude) में लम्बे समय (प्रायः कई मिनट से कई घंटों तक) तक के लिए वृद्धि हो जाने की प्रक्रिया जिसे पहले एक लघु समयावधि के लिए उत्तेजित किया गया हो।

Lumbar (लुम्बर) : सुषुम्ना या पीठ का निचला भाग (lower part)।

Luteinzing hormone (लूटिनाइटिंग हार्मोन) : अग्र पीयूष (anterior pituitary) द्वारा उत्सर्जित एक ऐसा हार्मोन जो यौन ग्रन्थियों के हार्मोन को प्रभावित करता है।

Lymphocytes (लिम्फोसाइट) : असंक्राम्य तंत्र (immune system) की कोशिकाएँ (cells)। दो विभिन्न श्रेणी के लिम्फोसाइट तथा बी-कोशिका (B-cell) तथा टी-कोशिका (T-cell) जो दो तरह के असंक्राम्य अनुक्रियाओं (immune responses) को नियंत्रित करते हैं।

M

Medial (मेडियल) : इस पद से यह पता चलता है कि मस्तिष्क के मध्य से कोई भाग अन्य भाग की तुलना में नजदीक है।

Medial geniculate nucleus or MGN (मेडियल जेनिकुलेट कार्टेक्स) : थैलमस का यह क्षेत्र निम्न कालिकुलस (inferior colliculus) से श्रवण सूचनाओं (auditory impulse) को प्राप्त करता है तथा उसे फिर श्रवण कार्टेक्स (auditory cortex) में प्रक्षेपित करता है।

Medial Prefrontal Cortex (मेडियल प्राक्अग्र कार्टेक्स) : प्रमस्तिष्क गोलार्द्ध पर भीतरी सतह पर अग्रपालि का क्षेत्र

Medula oblongata (मेडुला ओबलौंगाटा) : पश्च मस्तिष्क (hindbrain) का पुच्छीय भाग (caudal portion जिसे *माइलेनसीफेलोन* (myelencephalon) भी कहा जाता है।

Meninges (मेनिंग्स) : मस्तिष्क के चारों तरफ घेरे तीनों झिल्लियों (membranes) का एक सामूहिक नाम। ये तीन झिल्लियाँ (बाहर से भीतर की दिशा में) हैं—*डुरा मेटर* (dura mater), *एरेक्नायड झिल्ली* (arachnoid membrane) तथा *पिये मेटर* (Pia mater)।

Metamemory (मेटा स्मृति) : अपनी स्मृति शक्ति को सही-सही मूल्यांकन करने की क्षमता।

Metencephalon (मेटेनसिफेलोन) : पश्चमस्तिष्क का सबसे गलदीदार (rostral) भाग जिसमें सेतु (pons) तथा लघुमस्तिष्क (cerebellum) होते हैं।

Microglia (माइक्रोग्लिया) : एक तरह का काफी छोटा, अनियमित-आकारीय ग्लिया कोश होता है जिसका कार्य क्षतिग्रस्त ऊतकों (damaged tissue) को बाहर हटाना होता है।

Midbrain (मध्यमस्तिष्क) : पश्चमस्तिष्क (hindbrain) तथा अग्रमस्तिष्क (forebrain) के बीच का छोटा भाग। इसमें *टेक्टम* (tectum) तथा *टेगमेन्टम* (tegmentum) सम्मिलित होता है। इसे *मैसेनसीफैलोन* (mesencephalon) भी कहा जाता है।

Motor Cortex (पेशीय कार्टेक्स) : कार्टेक्स का वह भाग जो केन्द्रीय सुलकस (central sulcus) के आगे होता है तथा प्रत्यक्ष रूप से गति को नियंत्रित करता है।

Myelin (माइलिन) : कुछ तंत्रिका तन्तु (nerve fiber) में थोड़े-थोड़े दूर पर चर्बी का परत (lipid sheath) से घिरे होते हैं जिसका उद्देश्य तंत्रिका आवेग की गति (speed) तथा क्षमता को उन्नत बनाना होता है।

Melatonin (मेलाटोनिन) : पिनियल ग्रन्थि (Pineal gland) द्वारा उत्सर्जित एमाइन हार्मोन (amine hormone)।

Membrane Potential (झिल्ली विभव) : निष्क्रिय अवधि (inactive period) में तंत्रिका कोश की झिल्ली के आर-पार के वैद्युतीय विभव (electrical potential) में अन्तर। इसे *विश्राम विभव* (resting potential) भी कहा जाता है।

Monopolar neuron (एकध्रुवीय न्यूरोन) : एक ऐसा न्यूरोन जिसमें एक ही शाखा होता है जो कोश शरीर (cell body) से निकलकर दो दिशा (direction) में जाता है : एक छोर को *ग्राहक ध्रुव* (receptive pole) तथा दूसरे ध्रुव को उत्पाद ध्रुव (output pole) कहा जाता है

Motoneuron (मोटो न्यूरोन) : सुषुम्ना में ऐसा तंत्रिका कोश (nerve cell) जो सुषुम्ना से मांशपेसियों में पेशीय सूचनाओं को भेजता है। इसे *पेशीय न्यूरोन* (motor neuron) भी कहा जाता है।

Muscles spindle (मांशपेशीय तकला) : एक मांशपेशीय ग्राहक (muscle receptor) जो मांशपेशियों के समानान्तर होते हैं और जब मांशपेशियों में खिंचाव उत्पन्न होता है, तो इसकी सूचना वे केन्द्रीय तंत्रिका तंत्र (central nervous system) को देते हैं।

N

Neglect (उपेक्षा) : एक ऐसी विकृति जिसमें व्यक्ति शरीर के एक तरफ के वस्तुओं तथा व्यक्तियों की उपेक्षा करता है।

Neglect dyslexia (उपेक्षा डायस्लेक्सिया) : एक शब्द-प्रारूप डायस्लेक्सिया (word-form dyslexia) है जिसमें व्यक्ति शब्द के प्रारंभ या अंतिम अक्षर को गलत पढ़ता है।

Neocortex (न्यूकार्टेक्स) : छह तह वाला कार्टेक्स (six-layer cortex) जिसके बारे में विकास की अवस्था में अभी हाल में पता चला है। इसे *इसोकार्टेक्स* (Isocortex) भी कहा जाता है।

Neologism (न्योलोग्जिम) : एक नया परंतु अर्थहीन शब्द।

Neuromuscular Junction (न्यूरोपेशीय जंक्शन) : पेशीय न्यूरोन (motor neuron) तथा मांशपेशियों (muscles) के बीच का सूत्रयुग्मन (synapse)।

Neuron (न्यूरोन) : तंत्रिका तंत्र (nervous system) का मौलिक इकाई (basic unit)। प्रत्येक न्यूरोन में एक कोश शरीर (cell body) एक शाखिका (dendrite) तथा एक एक्सान (axon) होता है। इसे *तंत्रिका कोश* (nerve cell) भी कहा जाता है।

Neuron doctrine (न्यूरोन सिद्धान्त) : यह सिद्धान्त बतलाता है कि मस्तिष्क अलग-अलग कोशिकाओं (separate cells) से बना होता है जो एक-दूसरे से संरचनात्मक (structurally), चयापचयी (metabolically) रूप से तथा कार्यात्मक (functionally) रूप से भिन्न होते हैं। इसे *न्यूरोन सिद्धान्त* (neuron theory) भी कहा जाता है।

Nerve impulse (तंत्रिका आवेग) : न्यूरोन का एक ऐसा उत्सर्जित वैद्युतीय सूचना (electrical message) जो एक्सान (axon) होते हुए नजदीक के न्यूरोन (adjacent neuron) में जाता है। इसे *क्रिया विभव* (action potential) भी कहा जाता है।

Neurotoxin (न्यूरोटाक्सिन) : कोई भी तत्त्व (substance) जो न्यूरोन को क्षति पहुँचाता है या उसे विषाक्त कर देता है।

Neurotransmitters (न्यूरोट्रांसमीटर) : एक तरह का लघु अणु (तरल पदार्थ) जिसके सहारे एक न्यूरोन दूसरे न्यूरोन को सूचनाएँ (तंत्रिका आवेग) प्रदान करते हैं। वे सूत्रयुग्मन (synapse) में प्राक् सूत्रयुग्मित झिल्ली (presynaptic membrane) द्वारा उत्सर्जित किये जाते हैं फिर पूरे सूत्रयुग्मन (synapse) में फैल जाते हैं और फिर उत्तर-सूत्रयुग्मित झिल्ली (postsynaptic membrane) के ग्राहक स्थान (receptor sites) पर भी फैल जाते हैं। इसका परिणाम यह होता है कि तंत्रिका आवेग आसानी से प्राक्सूत्रयुग्मित झिल्ली से उत्तर सूत्रयुग्मित झिल्ली में प्रवेश कर जाता है।

Neuromodulator (न्यूरोमोडुलेटर) : स्वाभाविक रूप से स्रावित एक ऐसा तत्त्व जो न्यूरोट्रांसमीटर के समान ही कार्य करता है। अन्तर इतना ही है कि इसका प्रभाव न्यूरोट्रांसमीटर के समान सुत्रयुग्मन (synapse) तक ही सीमित नहीं रहता है बल्कि अन्तरस्टिसियल तरल (interstitial fluid) के माध्यम से बड़े क्षेत्र में मस्तिष्क होते हुए फैल जाते हैं तथा हजारों न्यूरोन्स की संवेदनशीलता को बढ़ाता या घटाता है। संभवतः यह उन न्यूरोन्स के ग्राहकों (receptors) को उत्तेजित करता है जो सूत्रयुग्मन (synapse) पर अवस्थित नहीं होता है। इन्डार्फिन (endorphin) न्यूरोमोडुलेटर का एक उत्तम उदाहरण है।

Nodes of Ranvier (नोड्स ऑफ रैनभियर) : केन्द्रीय तंत्रिका तंत्र तथा परिधीय तंत्रिका तंत्र में बहुत सारे एक्सान के चारों तरफ मौजूद माइलिन शीथ (myelin sheath) में नियतकालिक रिक्ति (periodic gap) जिसे नोड्स ऑफ रेनिभियर की संज्ञा दी जाती है।

Norepinephrine (नोरइपाइनफ्राइन) : मस्तिष्क तथा स्वायत्त तंत्रिका तंत्र के अनुकंपी भाग (sympathatic division) के उत्तर गैंगलियोनिक तन्तु (post-ganglionic fibers) के अन्त्य बुट्टोन (terminal buttons) में पाये जाने वाले न्यूरोट्रांसमीटर।

Nucleus (न्यूक्लिअस) : इसका बहुवचन न्यूक्लिआई (nuclei) होता है। मोटे तौर पर न्यूक्लिअस तीन अर्थ में व्यवहृत किये जाते हैं—(a) किसी परमाणु (atom) का केन्द्रीय भाग (b) एक ऐसी गौण संरचना (structure) जो झिल्ली (membrane) के भीतर होती है, और अधिकतर कोशिकाओं के साइटोप्लाज्म (cytoplasm) में अवस्थित होता है तथा जिसमें गुणसूत्र (chromosome) होते हैं। (c) केन्द्रीय तंत्रिका तंत्र में न्यूरोन के कोश शरीरों का जमावड़ा (concentration)।

Non-Rapid-Eye Sleep (अतीव्रक नेत्र गतिक नींद) : तीव्र नेत्र गतिक (rapid eye movement) नींद को छोड़कर नींद की अन्य सभी अवस्थाएँ।

O

Occipital lobe (दृष्टि पालि) : कार्टेक्स का वह क्षेत्र जो खोपड़ी में पीछे श्वेत पदार्थ के भीतर अवस्थित होता है तथा उसमें मुख दृष्टि कार्टेक्स (primary visual cortex) भी होता है।

Optic aphasia (दृष्टि एफासिया) : देखे गए वस्तुओं का नाम बतलाने में असमर्थता परंतु अभाषाई तरीकों (nonlingustic means) जैसे मूकाभिनय (pantomine) के माध्मय से उनके अर्थ समझने की पर्याप्त क्षमता।

Optic ataxia (दृष्टि एटोक्सिया) : बिना किसी मुख्य दष्टि दोष, गति दोष आदि के ही किसी उद्दीपक के प्रति संकेत करने की अक्षमता।

Optic Chaism (दृष्टि काइज्म) : वह जगह (spot) जहाँ पर दोनों दृष्टि तंत्रिका (optic nerves) एक-दूसरे को क्रॉस करते हुए मस्तिष्क के विपरीत भाग में पहुँचते हैं।

Optic disc (दृष्टि डिस्क) : अक्षिपटल (retina) का वह क्षेत्र जहाँ गैंगलियन कोशिका एक्सान (ganglion cell axon) अक्षिपटल को छोड़ देता है। इस भाग में कोई फोटोग्राहक (photoreceptors) नहीं होता है। इसलिए इस क्षेत्र में पड़ने वाले उद्दीपकों को देखा नहीं जा सकता है। अतः यह *अन्ध स्थान* (blind spot) कहलाता है।

Optic nerve (दृष्टि-तंत्रिका) : अक्षिपटलीय गैंगलिया कोशिकाओं (retinal ganglion cells) जो सूचनाओं को अक्षिपटल से लाता है, के एक्सान से बना हुआ दृष्टि तंत्रिका थैलमस के *लेट्रल गेनिकुलेट केन्द्रक* (lateral geniculate neucleus) में प्रक्षेपण (project) करता है।

Outer plexiform layer (बाहरी प्लेक्सिफार्म तह) : अक्षिपटल में कोशिकाओं का परत जो सपाट कोशिकाओं (horizontal cells) का बना होता है।

Organ of Corti (आर्गन ऑफ कोर्टी) : अन्तकर्ण की एक संरचना (structure) जो कोकलिया (cochlea) के वेसीलर झिल्ली पर होता है। इसमें श्रवण कोशिकाएँ होती हैं।

Osmoreceptor (औसमोग्राहक) : हाइपोथैलमस में एक प्रकार की कोशिका जो ओसमोटिक दबाव में हुए परिवर्तन के प्रति अनुक्रिया संभवतः करता है।

Osmosis (औसमोसिस) : एक जगह से दूसरी जगह अणुओं का निष्क्रिय गति (passive movement)।

Osmotic thirst (ओसमोटिक प्यास) : मस्तिष्क कोशिकाओं (brain cells) में बढ़े हुए ओसमोटिक दबाव (osmotic pressure) के प्रति एक तरह की अनुक्रिया।

Ovaries (अण्डाशय) : महिलाओं का यौन ग्रन्थि जिससे अण्डे (eggs) उत्पन्न होते हैं।

Oxytocin (आक्सीटोसीन) : पश्च पीयूष ग्रन्थि से उत्सर्जित होने वाला एक हार्मोन जो दूध पिलाती महिलाओं में दूध उतारने में मदद करता है।

P

Paleocortex (पेलोकार्टेक्स) : कार्टेक्स का वैसा क्षेत्र जिसमें सिर्फ दो कोशिका परतें (cell layers) होती हैं। इसमें घ्राण कार्टेक्स (olfactory cortex) तथा पाराहिप्पोकैम्पल गाइरस (parahippocampal gyrus) सम्मिलित होता है।

Palomammalion Cortex (पेलोमैमालिया कार्टेक्स) : मेकलिन (Maclean) का त्रियक मस्तिष्क प्राक्कल्पना (triune brain hypothesis) के अनुसार लिम्बिक तंत्र (limbic system) को ही ऐसा नाम दिया गया है।

Parahippocampal gygus (पाराहिप्पोकैम्पल गाइरस) : शंख पालि के भेन्ट्रल तथा मध्य (medial) भाग में हिप्पोकैम्पस के नजदीक का गाइरस (gyrus)।

Paraplegia (पाराप्लेगिया) : सुषुम्ना में क्षति (lesion) से उत्पन्न पैरों में पक्षाघात।

Parietal lobe (भित्तीय पालि) : अग्रपालि (frontal lobe) के पीछे तथा शंखपालि (temporal lobe) के ऊपर वाला कार्टेक्स का भाग जिसमें कायिक संवेदी कार्टेक्स (semato-sensory cortex) अवस्थित होता है। स्थानिक प्रत्यक्षण (spatial perception) तथा पेशीय व्यवहारों के क्रियान्वयन करने की योजना तथा उनकी स्मृति आदि यहाँ से नियंत्रित होती है।

Peripheral Nervous System (परिधीय तंत्रिका तंत्र) : तंत्रिका तंत्र का वह भाग जो मस्तिष्क तथा सुषुम्ना से बाहर होता है। इसमें संवेदी एवं पेशीय तंत्रिका (motor nerves) सम्मिलित होते हैं जो पूरे शरीर में छाये होते हैं तथा जो सूचनाओं को मस्तिष्क तथा सुषुम्ना से बाहर ले जाते हैं तथा बाहर से यहाँ पहुँचाते हैं।

Phonological dyslexia (ध्वनिक-डायस्लेक्सिया) : पठन संबंध एक ऐसा दोष जिसमें व्यक्ति परिचित शब्दों को पढ़ सकता है परंतु अपरिचित शब्दों या उच्चारण योग्य अशब्द (pronunciable nonwords) को पढ़ने में कठिनाई अनुभव करता है।

Phrenology (कपाल विज्ञान) : गॉल (Gall) तथा स्पुरजिम (Superzheim) द्वारा मस्तिष्कीय कार्यों के स्थानीकरण का एक ऐसा सिद्धान्त जो विशिष्ट मस्तिष्कीय कार्य की खोपड़ी (skull) के विशिष्ट उद्वर्तन (protrusion) से सम्बन्धित करता है।

Pia Mater (पिया मेटर) : मस्तिष्क के सबसे भीतरी झिल्ली जो गायरी (gyri) तथा सुलकी (Sulci) के कन्टूर (contour) को अनुगमित (follow) करता है।

Pituitary gland (पीट्यूटरी ग्रन्थि) : मस्तिष्क में अवस्थित एक मास्टर अन्तःस्रावी ग्रन्थि (master endocrine gland) है। अग्र पीयूष ग्रन्थि (anterior pituitary gland) जिसे *एडेनोहाइपोफिसिस* (adenohypohysis) कहा जाता है, हाइपोथैलमिक हार्मोन के प्रति अनुक्रिया के रूप में हार्मोन उत्सर्जित करता है। पश्च पीयूष ग्रन्थि (posterior pituitary gland) जिसे *न्यूरोहाइपोफिसिस* (neurohypophysis) कहा जाता है, द्वारा तंत्रकीय सूचनाओं (neural information) से उत्पन्न उत्तेजन (stimulation) के प्रति आक्सिटोसियन (oxytocian) या एनटीडाइयूरेटिक हार्मोन (antidiuretic hormone) उत्सर्जित किया जाता है।

Planum temporal (प्लानम टेमपोरेल) : शंख पालि के ऊपरी भाग का क्षेत्र जो बायाँ गोलार्द्ध में सामान्यतः बड़ा होता है।

Plexiform Layer (प्लेक्सिफार्म परत) : प्रमस्तिष्कीय कार्टेक्स का सबसे ऊपरी परत जिसमें ऐसे तन्तु (fibers) या एक्सान (axon) होते हैं जो कार्टेक्स के विभिन्न क्षेत्रों को जोड़ते हैं।

Pons (सेतु) : पश्चमस्तिष्क (hindbrain) का चंचुदार भाग (rostral part) जो मध्यमस्तिष्क (midbrain) तथा मेडुला (medulla) के बीच अवस्थित होता है।

Posterior (पश्च) : ऐसा पद जिसका उपयोग मस्तिष्क तथा सुषुम्ना के पीछे या पश्च हिस्से के लिए किया जाता है।

Posterior Commissure (पश्च काम्मीसोर) : दोनों गोलार्द्धों के पश्च भागों (posterior parts) को जोड़ने वाला तन्तु पथ (fiber tract)।

Postsynaptic membrane (उत्तरसूत्रसयुग्मनीय झिल्ली) : ऐसा झिल्ली जिसमें कुछ वैसे ग्राहक (receptor) होते हैं जो उत्सर्जित न्यूरोट्रांसमीटर को स्वीकार करते हैं।

Potential (विभव) : आवेश (charge) में अन्तर।

Prefrontal aphasia (प्राक्अग्र एफाशिया) : प्राक्अग्र क्षति (prefrontal lesion) से उत्पन्न शाब्दिक अभिव्यक्ति (verbal expression) में क्षुब्धता।

Prefrontal cortex (प्राक्अग्र कार्टेक्स) : अग्रपालि का क्षेत्र जो प्राक्पेशीय कार्टेक्स (premotor cortex) तथा पूरक पेशीय कार्टेक्स (supplementary motor cortex) के अग्रभाग में अवस्थित होता है। यह व्यवहार के नियमन तथा उच्चक्रम नियंत्रण (higher-order control) के लिए उत्तरदायी होता है।

Presynaptic membrane (प्राक्सूत्रयुग्मनीय झिल्ली) : वह झिल्ली जो एक्सान अन्त्य (axon terminal) का बाहरी भाग होता है, जिसके द्वारा न्यूरोट्रांसमीटर सुत्रगुग्मन (synapse) पर उत्सर्जित होता है।

Primary sensory neurons (मुख्य संवेदी न्यूरोन) : वैसा न्यूरोन जो प्रत्यक्षतः संवेदी ग्राहकों (sensory receptors) से सूचनाओं को प्राप्त करता है।

Prosopagnosia (प्रोसोपैगनोसिया) : परिचित चेहरों की पहचान करने की अक्षमता।

Proximal (प्रोक्सिमल) : किसी संदर्भ बिन्दु को संरचना के केन्द्र में अवस्थित होना।

Pure agraphia (विशुद्ध एग्राफिया) : लिखने की क्षमता में चयनात्मक दोष (selective impairement)।

Putamen (पुटामेन) : एक प्रकार का केन्द्रक (nuclei) जो वेसल गैंगलिया (basal ganglia) में होता है।

Pure alexia (विशुद्ध एलेक्सिया) : बिना किसी प्रत्यक्षज्ञानात्मक कौशल (perceptual skills) या भाषाई कौशल (linguistic skill) में दोष के ही पठन (reading) में दोष।

Pyramidal cell (पिरामिडील कोश) : ऐसा न्यूरोन्स जिसमें कोशशरीर पिरामिडी या सूची स्तंभीय होता है। यह प्रमस्तिष्कीय कार्टेक्स (central cortex) में पाया जाता है।

Pyramidal tract (पिरामिडी पथ) : प्रमस्तिष्कीय कार्टेक्स (central cortex) से सुषुम्ना (spinal cord) का रास्ता जिसे शारीरिक गति (bodily movement) के लिए महत्त्वपूर्ण माना जाता है।

Pyramidal decussion (पिरामिडी डिकुसेशन) : मेडुला का वह क्षेत्र जहाँ कार्टिको मेरुदंडीय तन्तु (corticospinal fibers) मस्तिष्क स्तंभ के एक भाग से दूसरे भाग में क्रास (cross) करते हैं।

Postganglionic neuron (उत्तर गैंगलियोनिक न्यूरोन) : स्वायत्त तंत्रिका तंत्र (autonomic nervous system) के वैसे न्यूरोन्स जो अपने लक्ष्य अंगों (target organs) के साथ सुत्रयुग्मित (synapse) होते हैं।

Postsynaptic potential (उत्तर सूत्रयुग्मा बिभव) : उत्तरसूत्रयुग्मा न्यूरोन की झिल्ली विभव (membrane potential) में सूत्रयुग्मन पर न्यूरोट्रांसमीटर उत्पन्न होने के कारण परिवर्तन।

Prostate gland (प्रोस्टेट ग्रन्थि) : पुरुषों में पाया जाने वाला गौण लैंगिक ग्रन्थि (secondary sexual gland) जो वीर्य (semen) में तरल पदार्थ को मिलाता है।

Pure tone (शुद्ध आवाज) : ऐसा आवाज जिसमें कम्पन का एक ही आवृत्ति (frequency) होता है।

Pyrogen (पायरोजेन) : असंक्राम्य तंत्र (immune system) द्वारा उत्सर्जित एक ऐसा रसायन जिससे शरीर का तापक्रम बढ़ जाता है।

Q

Quadrantanopia (क्वाड्रैन्टएनोपिया) : दृष्टि क्षेत्र के एक चतुर्थांश (quadrant) में अन्धापन (blindness)।

Quadraplegia (क्वाड्राप्लेग्या) : सुषुम्ना में क्षति से उत्पन्न बाँह तथा पैर का पक्षाघात (paralysis)।

R

Receptor (ग्राहक) : एक विशिष्ट प्रोटीन अणु (specialized protein molecule) जो उत्तर सूत्रयुग्मन झिल्ली (postsynaptic membrane) पर होता है तथा न्यूरोट्रांसमीटर की पहचान कर उसे स्वीकार करता है।

Receptive aphasia (ग्राह्य एफासिया) : देखें वर्निक एफाशिया (Wernicke's aphasia)।

Receptive aprosodia (ग्राह्य एप्रोसोडिया) : पिंगल (prosody) अर्थात् बोले गए भाषा का स्वर-संबंधी पहलू (tonal aspect) की अभिव्यक्ति में दोष।

Receptive field (ग्राह्य क्षेत्र) : उद्दीपक विशेषताएँ जिनके कारण वैयक्तिक न्यूरोन (individual neuron) अधिक-से-अधिक या कम-से-कम उत्तेजित हो पाती है।

Relative refractory period (सापेक्ष दुर्दम्य अवधि) : क्रिया विभव (action potential) के बाद की अवधि जिसमें न्यूरोन में उत्तेजित होने के लिए एक उत्थित दहेली (elevated threshold) होता है।

Reptilian brain : (रेपटिलियन मस्तिष्क) : मैकलीन (MacLean) का त्रियक मस्तिष्क प्राक्कल्पना (triune brain hypothesis) के अनुसार मस्तिष्क स्तंभ (brain stem) को रेपटिलियन मस्तिष्क कहा जाता है।

Resting potential (विभ्रम विभव) : वैसा झिल्ली विभव जो उस समय मौजूद होता है जब न्यूरोन (neuron) आराम कर रहा होता है।

Reticular activating system (रेटिकुलर उत्तेजन तंत्र) : मस्तिष्कीय स्तंभ (brain stem) का विस्तृत तंत्रकीय तंत्र (diffuse neural system) जो कार्टेक्स के उत्तेजन स्तर को अधिक-से-अधिक उत्तेजित करता है।

Reticular formation (रेटिकुलर फारमेशन) : मस्तिष्क का बहुसूत्रयुग्मित (multi-synaptic) या जालीनुमा तंत्रकीय तंत्र जो मस्तिष्क स्तंभ (brain stem) का पुच्छीय भाग (caudal) होता है।

Retrograde amnesia (रिट्रोग्रेड एमनेशिया) : उन घटनाओं को भूल जाना जो मस्तिष्कीय क्षति उत्पन्न होने से पहले घटित होती है।

Reticular hypothesis (रेटिकुलर प्राक्कल्पना) : यह प्राक्कल्पना कि तंत्रिका तंत्र (nervous system) एक सतत संरचना (continuous structure) या ऊतकों (tissues) का एक ऐसा जाल है जो इस सामान्य नियम का अपवाद है कि वैयक्तिक जीवित ऊतक (individual living tissue) वैयक्तिक इकाई या कोशिकाओं (cells) का बना होता है।

Retrograde Transport (रिट्रोग्रेड परिवहन) : वह प्रक्रिया जिसके द्वारा कोशिका (cell) के भीतर के पदार्थों (materials) को एक्सान अन्त्य (axon terminals) से कोश शरीर (cell body) में लाया जाता है। यह प्रक्रिया एन्टीरोग्रेड परिवहन (anterograde trnasport) से भिन्न है जो उसका विपरीत होता है।

Reuptake (पुनर्वापसी) : प्राक्सूत्रयुग्मनीय झिल्ली (presynaptic membrane) के चारों तरफ फैला न्यूरोट्रांसमीटर को पुनः इस झिल्ली द्वारा अपने में सोख लेने की प्रक्रिया।

Rods (शलाकाएँ) : अक्षिपटल (retina) का वैसा रोशनीग्राहक (photoreceptors) जो धीमी रोशनी (dim light) के प्रति संवेदनशील होता है परंतु रंग के प्रति नहीं। ऐसी शलाकाएँ अक्षिपटल के परिधीय भाग (peripheral aspect) में पाये जाते हैं।

Rostral (रोस्ट्रल) : एक ऐसा पद जिससे मस्तिष्कीय स्तंभ तथा सुषुम्ना में मस्तिष्क की ओर की दिशा (direction torwards brain) का पता चलात है। इसे *सिफैलिक* (cephalic) भी कहा जाता है।

Radial glia (रैडियल ग्लिया) : ऐसा ग्लिया कोशिका (glia cells) जो मानव विकास के आरंभिक अवधि में बनता है, प्रमष्किीय गोलार्द्धों को पर्याप्त चौड़ाई प्रदान करता है तथा प्रवासीय न्यूरोन (migrating neuron) को दिशा-निर्देश प्रदान करता है।

Radioimmeonossary or RIA (रेडियोइम्यूनोस्सअरी) : एक ऐसी प्रविधि जिसमें रोग प्रतिकारक का उपयोग किसी विशेष तत्त्व जैसे रक्त में हार्मोन का स्तर मापने के लिए किया जाता है।

Raphe nucleus (राफे केन्द्रक) : मस्तिष्क स्तंभ (brain stem) के बीच में न्यूरोन्स का एक ऐसा मूह जिसमें सिरोटोनिन (serotonin) होता है तथा जो नींद प्रक्रम (sleep mechanism) में सम्मिलित होता है।

Rapid eye movement (तीव्रक नेत्र गति) : नींद की एक ऐसी अवस्था जिसमें लघु मात्रा (small aplitude), तीव्र इइजी तरंग (fast EEG waves), कोई भाव भंगिमा संबंधी तनाव नहीं तथा तीव्र नेत्र गति आदि मुख्य रूप से पाया जाता है।

Ribonucleic Acid or RNA (रिबोनुक्लेइक अम्ल) : एक केन्द्रक अम्ल (nuclei acid) को DNA में पाये गए सूचनाओं को कार्यरूप प्रदान करता है। RNA के दो प्रारूप (form) होते हैं : अतंरण आर एन ए (transfer RNA) तथा दूत आर एन ए (messanger RNA)।

Ribosome (रिबोजोम्स) : कोश शरीर (cell bodies) की एक ऐसी संरचना (structures) जहाँ जननिक सूचनाएँ (genetic information) का अनुवाद संपन्न होता है। दूत आर एन ए (messanger RNA) द्वारा सूचनाएँ गुणसूत्र (chromosomes) के एक विशेष भाग से रिबोजोम्स में ही पहुँचती है।

S

Saccade (साक्केड) : एक ऐसा नेत्र गति जिसमें आँखें एक बिन्दु से दूसरी बिन्दु पर सहज रूप से (smoothly) न जाकर कूदता हुआ पाया जाता है।

Sagittal Section (सेगिट्टल खंड) : कटाई का ऐसा खंड जो मस्तिष्क को बायां तथा दायां गोलार्द्ध में विभाजित कर देता है।

Schwann Cell (स्क्वान्न कोशिका) : ऐसा ग्लिया कोशिका (glia cells) जो परिधीय तंत्रिका तंत्र (peripheral nervous system) में एक्सान के चारों तरफ पाये जाने वाले माइलिन शीथ (myelin sheath) का निर्माण करता है।

Seelenblindheit (सिलेनवलाइन्डहिट) : शाब्दिक रूप से इसका अर्थ होता है 'आत्मा का अन्धापन' (small blindness) सचमुच में यह पद 19वीं शताब्दी में आज जिसे हम 'एग्नोसिया' (agnosia) कहते हैं, उसके लिए उपयोग किया जाता था।

Sensory receptors (संवेदी ग्राहक) : वैसा न्यूरोन्स जिसके माध्यम से उद्दीपक की उपस्थिति को ग्रहण किया जाता है।

Septum (सेप्टम) : इसे सेप्टम केन्द्रक (septum nuclei) भी कहा जाता है। इसे लिम्बिक तंत्र (limbic system) का भाग माना जाता है। यह क्षेत्र वेसल अग्रपालि (basal forebrain) में अवस्थित होता है।

Serotonin (सेरोटोनिन) : एक तरह का मोनोएमाइन न्यूरोट्रांसमीटर।

Simultanagnosia (साइमलटैनएगनोसिया) : एक ही समय में किसी वस्तु या दृश्य (scene) के सभी पहलुओं का प्रत्यक्षण करने एवं उनपर ध्यान देने की क्षमता का दोष।

Sodium amobarbital test (सोडियम एमोबारबिटल परीक्षण) : एक ऐसा परीक्षण विधि जिसमें बारविटूरेट सोडियम एमोबारबिटल को एक गोलार्द्ध में सूई देकर पहुँचाया जाता है। इसका परिणाम होता है कि उस गोलार्द्ध में थोड़े देर के लिए संवेदनहीनता (anesthesia) उत्पन्न हो जाती है। इस दौरान जो दूसरा गोलार्द्ध होता है (जिसमें संवेदनहीनता नहीं होती है) के कार्यों का सुचारू रूप से अध्ययन किया जाता है।

Soma (सोमा) : कोश शरीर (cell body) का दूसरा नाम।

Source amnesia (स्रोत एमनेसिया) : किसी घटना या बात का याद होने पर भी उसके स्रोत (source) को याद रखने की क्षमता में दोष।

Spatial agraphia (स्थानिक एग्राफिया) : स्थानिक प्रक्रियाओं (spatial processing) में व्यक्ति द्वारा हिज्जे या लिखने की क्षमता में दोष।

Splenium (स्प्लेनियम) : कारपस क्लोजम (corpus callosum) का पश्च भाग (posterior portion) जो प्रमस्तिष्कीय गोलार्द्धों (cereberal hemispheres) को पश्च क्षेत्रों (posterior regions) को जोड़ता है।

Subcallosal gyrus (सबकैलोजल गाइरस) : प्रमस्तिष्कीय गोलार्द्धों के मध्य भाग पर वह क्षेत्र जो कारपस कैलोजम के अग्र भाग के नीचे अवस्थित होता है।

Substantia nigra (सबसटानसिया निग्रा) : एक ऐसा मध्यमस्तिष्क केन्द्रक (midbrain nucleus) जो कार्टेक्स के लिए डोपामाइन (dopamine) का मुख्य स्रोत होता है। इसे वेसल गैंगलिया का हिस्सा माना जाता है।

Superior (श्रेष्ठ) : एक ऐसा पद जो मस्तिष्क में ऊपर के भाग के लिए व्यवहार में लाया जाता है।

Superior colliculi (सुपिरियर कालिकुली) : पश्च मध्यमस्तिष्क (posterior midbrain) में अवस्थित केन्द्रक (nuclei) जिसे टेक्टम (tectum) कहा जाता है, तथा जो अक्षिपटल (retina) से दृष्टि सूचनाओं (visual information) को प्राप्त करता है।

Supplementary Motor Area or SMA (पूरक पेशीय क्षेत्र) : दोनों गोलार्द्धों के मध्य भाग (medial region) में पेशीय कार्टेक्स (motor cortex) के आगे का भाग। यह गति के क्रमों (sequence) को समन्वित करता है।

Sylvian fissure (सिभियन फिस्सर) : मस्तिष्क के लेट्रल सतह (lateral surface) पर गहरा दरार (deep cleft) जो शंख पालि (temporal lobe) तथा भित्तीय पालि (parietal lobe) के बीच चहारदिवारी का कार्य करता है।

Synapse (सूत्रयुग्मन) : दो न्यूरोन्स के बीच की रिक्ति (gap) जिसमें न्यूरोट्रांसमीटर का फैलाव होता है।

Synaptic Vesicles (सूत्रयुग्मित पुटिकाएँ) : झिल्ली में बंद ऐसी संरचनाएँ जो सूत्रयुग्मित अन्तय (synaptic terminals) में पायी जाती हैं, जिसमें न्यूरोट्रांसमीटर अणुएँ सूत्रयुग्मन में मुक्त किये जाने के पहले संचित होती हैं।

Second Messanger (गौण दूत) : उत्तरसूत्रयुग्मित कोशिका (postsynaptic cell) में मंद-क्रियाशील तत्त्व (slow-acting substance) जो तंत्रिका आवेगों के प्रभाव को विस्तारित करता है तथा कुछ वैसी प्रक्रियाओं का शुभारंभ करता है जिससे झिल्ली के वैद्युतीय विभव (electrical potential) में परिवर्तन होता है।

Sex chromosoe (यौन गुणसूत्र) : गुण्सूत्रों का एक जोड़ा जो महिलाओं में एक समान (XX) होता है परंतु पुरुषों (males) में भिन्न (XY) होता है।

Sinistral (स्निस्ट्रल) : वाम-हस्तिक (left-handed)।

Slow-wave sleep (मंद-तरंग नींद) : एक ऐसा नींद जिसे 1 से चार अवस्थाओं में बाँटा जाता है तथा जिनकी मुख्य विशेषता मंद-तरंग इइजी (slow wave EEG) क्रियाएँ होती हैं।

Sperm (शुक्राणु) : पुरुषों द्वारा उत्सर्जित एक ऐसा युग्मक (gamete) जिससे महिलाओं द्वारा उत्सर्जित अण्डाणु (ova) गर्भित होता है।

Split-brain Individual (विभक्त-मस्तिष्क व्यक्ति) : एक ऐसा व्यक्ति जिसका कारपस कैलोजम (corpus callosum) काट दिया गया हो ताकि बायाँ तथा दायाँ गोलार्द्ध के बीच संचार बाधित हो गए।

Stellate cell (स्टील्लेट कोशिका) : एक तरह का लघु तंत्रिका कोश (small nerve cell) जिसकी कई शाखाएँ होती हैं।

Stereopsis (स्टिरियोप्सिस) : दो आँखों से प्राप्त दृष्टि सूचनाओं में हल्का अंतर के आधार पर गहराई प्रत्यक्षण करने की क्षमता।

Striatum (सैचिरेटम) : काऊडेट केन्द्रक (caudet nucleus) तथा पुटामेन (putamen) को एक साथ मिलाकर सैचिरेटम कहा जाता है।

Subiculum (सुबिकुलम) : हिप्पोकैम्पस के सटा हुआ एक ऐसा क्षेत्र जो हिप्पोकैम्पल विकास (hippocampal formation) में अपना योगदान करता है।

Substantia nigra (सबस्टानसिया निग्रा) : मानव मस्तिष्क में मस्तिष्कीय स्तंभ (brain stem) की एक ऐसी संरचना जो वेसल गैंगलिया (basal ganglia) से सम्बन्धित होता है।

Sulcus (सुलकस) : इसका बहुवचन सुलकी (sulci) होता है। प्रमस्तिष्कीय कार्टेक्स के बलित या तहदार (folded) सतह पर का खाँचा (groves)।

Synergist (सिनरजिस्ट) : मांशपेशियाँ जो एक साथ मिलकर दूसरे मांसपेशी के साथ कार्य करता है।

T

Tactile aphasia (स्पर्श एफाशिया) : भाषा को समझने में एक प्रकार का विशिष्ट दोष (specific impairment) जिसकी अभिव्यक्ति कायिक संवेदी निवेश (somatosensory input) अर्थात् स्पर्श (touch) द्वारा अभिव्यक्त होता है।

Tardive Dyskinesia (टार्ऊइभ डायस्कानेसिया) : एक ऐसा गति विकृति (movement disorder) जो प्रायः मनोविक्षिप्ति विरोधी दवाओं (antipsychotlic medication) के लगातार उपयोग से उत्पन्न होता है।

Tectum (टेक्टम) : मध्यमस्तिष्क का वह भाग जो प्रमस्तिष्कीय एक्विडक्ट (cerebral aqueduct) के डार्सल हिस्से में होता है।

Tegmentum (टेगमेन्टम) : मध्यमस्तिष्क का वह हिस्सा जो प्रमस्तिष्कीय एक्विडक्ट (cerebral aqueduct) के भेन्ट्रल भाग (ventral part) में होता है।

Telecencephalon (टेलेनसिफेलोन) : अग्रमस्तिष्क का गलहीदार भाग (rostral part) जिसमें प्रमस्तिष्कीय गोलार्द्ध वेसल गैंगलिया (basal ganglia), एमिगडाला (amygdala) तथा हिप्पोकैम्पस (hippocampus) सम्मिलित होते हैं किन्तु डायनसिफेलोन (diencephalon) सम्मिलित नहीं होता है।

Temporal lobe (शंख पालि) : प्रमस्तिष्कीय कार्टेक्स (cerebral cortex) का वह भाग जो अग्रपालि (frontal lobe) तथा भित्तीय पालि (parietal lobe) के नीचे अवस्थित होता है। इस पालि में क्षति उत्पन्न होने से श्रवण (audition) प्रत्यक्षण, संभाषण (speech), प्रत्यक्षण एवं अभिव्यक्त लैंगिक व्यवहार, दृष्टि प्रत्यक्षण तथा सामाजिक व्यवहार में दोष उत्पन्न हो जाता है।

Terminal button (अन्त्य पुटिकाएँ) : एक्सान के अन्त में गोलाकारीय फूलन (founded swelling) जो दूसरे न्यूरोन मांशपेशीय तन्तु (muscular fiber) तथा ग्रन्थि कोशिकाओं (gland cell) से सूत्रयुग्मित (synapse) होता है।

Temporal lobe personality (शंख पालि व्यक्तित्व) : एक खास प्रकार का व्यक्तित्व प्रारूप जिसमें व्यक्ति में संवेगों की गहराई अधिक होती है, किसी चीज या घटना को विस्तार से जानने की इच्छा, अपनी जीवनी के बारे में विस्तृत रूप से लिखना तथा तीव्र धार्मिक विश्वास या अविश्वास आदि के लक्षण पाये जाते हैं।

Thalamus (थैलमस) : प्रत्येक गोलार्द्ध में डायनसिफेलोन में केन्द्रकों (nuclei) का बड़ा एवं अंडा आकारीय (egg-shaped) संग्रहण।

Transcortical aphasia (ट्रासंकार्टिकल एफासिया) : ब्रोका क्षेत्र (Broca area) तथा वर्निक क्षेत्र (Wernicke's area) से बाहर के क्षेत्रों में क्षति से उत्पन्न एफासिया।

Transcortical motor apasia (ट्रान्सकार्टिकल पेशीय एफासिया) : एक ऐसा एफासिया जिसमें ब्रोका एफाशिया के सारे लक्षण इस अपवाद के साथ मौजूद होते हैं कि सुने हुए शब्दों या वाक्यों को दोहराने की क्षमता समाप्त-सा हो जाता है।

Transcortical Sensory aphasia (ट्रान्सकार्टिकल संवेदी एफासिया) : एक ऐसा एफासिया जिसमें वर्निक एफासिया के सारे लक्षण इस अपवाद के साथ मौजूद होते हैं कि सुने हुए शब्दों या वाक्यों को दोहराने की क्षमता समाप्त-सा हो जाता है।

Trisomy (ट्रीजोमी) : दो गुणसूत्रों के युग्म में तीसरा अतिरिक्त गुणसूत्र (extra chromosome) की उपस्थिति।

Triune brain hypothesis (त्रियक मस्तिष्क प्राक्कल्पना) : मैकलीन (MacLean) द्वारा प्रस्तावित एक ऐसी प्राक्कल्पना जिसके अनुसार मस्तिष्क विकास के तीन अवस्थाओं से गुजर चुका होता है जिसके कारण एक ही मस्तिष्क में तीन मस्तिष्क होता है : *रेपटिलियन मस्तिष्क* (reptilian brain) जिसमें मस्तिष्कीय स्तंभ (brain stem) सम्मिलित होता है; *पैलोमैमालियन मस्तिष्क* (palemammalian brain) जिसमें लिम्बिक तंत्र (limbic system) सम्मिलित होता है तथा *नियोमैमालियन मस्तिष्क* (neomamalian brain) जिसमें नियोकार्टेक्स (neocortex) सम्मिलित होता है।

Trochlear nucleus (ट्रोक्लियर केन्द्रक) : कपालीय तंत्रिका केन्द्रकों (cranial nerve nuclei) में से एक केन्द्रक जिससे नेत्रगति (eye movement) का नियंत्रण होता है।

Turner's Syndrome (टर्नर संलक्षण) : यह एक ऐसा संलक्षण है जो महिलाओं में होता है तथा इसमें एक एक्स (X) गुणसूत्र नहीं होता है (XO)। इसमें शारीरिक कद छोटा, अविकसित यौन ग्रन्थि आदि होता है। स्थान (space) एवं प्रारूप (form) के प्रत्यक्षण में भी दोष पाये जाते हैं।

Testosterone (टेस्टोस्टेरोन) : पुरुषों में पाया जाने वाला एण्ड्रोजेन (androgen) का एक मुख्य प्रकार।

Theta activity (थीटा क्रिया) : एक ऐसा मस्तिष्कीय तरंग जिसकी आवृत्ति 5 से 8Hz तक की होती है। हिप्पोकैम्पस के थीटा क्रियाओं द्वारा इस दैहिक स्थिति (physiological state) का उत्तम ढंग से पता चलता है।

Third Ventricle (तीसरा भेन्ट्रीकल) : बीच का वह भेन्ट्रीकल जो प्रमस्तिष्कीय तरल पदार्थ (cerebrosopinal fluid) को लेट्रल भेन्ट्रीकल (lateral ventricle) से चौथा भेन्ट्रीकल तक ले जाता है।

Tinnitus (टिन्निटस) : कान में कुछ बजने या अन्य कोई विशेष तरह की आवाज सुनाई देना।

Tonic receptor (टानिक ग्राहक) : एक ऐसा ग्राहक जिसमें तंत्रिका आवेग की विमुक्ति (discharge) की आवृत्ति उत्तेजन बने रहने पर भी धीरे-धीरे या बिल्कुल ही नहीं कमती है।

Tourette syndrome (टाऊरेट्ट संलक्षण) : स्पर्श (tactile), श्रव्य (auditory) तथा दृष्टि उद्दीपकों के प्रति बढ़ी हुई संवेदनशीलता जिसमें शाब्दिक (verbal) या ध्वनिक (phonic) स्कुचन (tics) का भी अनुभव व्यक्ति को होता है।

Transfer RNA (अंतरण आर एन ए) : आर एन ए का एक लघु अणु जो एमिनो अम्ल (amino acid) को रिबोजोम्स (ribosomes) में अनुवाद (translation) के लिए ले जाता है।

Tropic hormone (ट्रापिक हार्मोन) : अग्र पीयूष ग्रन्थि से निकलने वाला एक ऐसा हार्मोन जो अन्य अन्तःस्रावी ग्रन्थियों के स्राव को प्रभावित करता है।

Tympanic membrane (टिम्पैनिक झिल्ली) : मध्य कर्ण तथा वाह्य कर्ण के बीच का विभाजन (partition)। इसे **कर्णपटह** (eardrum) भी कहा जाता है।

U

Unilateral (एकपार्श्विक) : शरीर के एक तरफ का भाग पर।

Uterus (गर्भाशय) : स्तनपायियों (mammals) के शरीर में वह अंग जिसमें गर्भित अंडे विकसित होते हैं।

V

Valence hypothesis (संयोजकता प्राक्कल्पना) : यह प्राक्कल्पना बतलाता है कि धनात्मक संवेगों के लिए बायाँ गोलार्द्ध तथा ऋणात्मक संवेगों के लिए दायाँ गोलार्द्ध प्रबल होता है।

Ventral (भेन्ट्रल) : एक ऐसा पद जिसका उपयोग मस्तिष्क के निचला भाग (lower portion) तथा सुषुम्ना का ऊपरी भाग के लिए किया जाता है।

Ventral horn (भेन्ट्रल हार्न) : सुषुम्ना के भीतर के धूसर पदार्थ (gray matter) के निचली क्षेत्र (ventral region) का वह भाग जिसमें अल्फा तथा गामा पेशीय न्यूरोन्स (alpha and gama motor neurons) की कोश शरीर होता है।

Ventral Prefrontal Cortex (भेन्ट्रल प्राक्अग्र कार्टेक्स) : अग्रपालि का वह क्षेत्र जो प्रमस्तिष्कीय गोलार्द्ध के भेन्ट्रल सतह (की निचली सतह) पर होता है।

Ventricular hypothesis (भेन्ट्रीकुलर प्राक्कल्पना) : वह विचार कि प्रमस्तिष्कीय भेन्ट्रीकल विशिष्ट मनोवैज्ञानिक प्रक्रियाओं (specific psychological processes) का उचित स्थान होता है।

Ventricles (भेन्ट्रीकलस) : मस्तिष्क में ऐसा चैम्बर या खोल (cavity) जिसमें सेरिब्रोस्पाइनल तरल (cerebrospinal fluid) भरा होता है। चार प्रमस्तिष्कीय भेन्ट्रीकल (cerebral ventricles) होते हैं : दो पार्श्विक भेन्ट्रीकल (two lateral ventricles) जो टेलेनसिफेलोन (telencephelon) में होला है, तीसरा भेन्ट्रीकल डायनसिफेलोन (diencephalon) में होता है तथा चौथा भेन्ट्रीकल (fourth ventricle) पश्चमस्तिष्क (hindbrain) में होता है। इन्हें प्रमस्तिष्कीय भेन्ट्रीकलस (cerebral ventricles) भी कहा जाता है।

Vesicles (भेसिक्लस) : न्यूरोन के भीतर झिल्ली से घिरा हुआ क्षेत्र जिसमें विभिन्न तरह के पदार्थ होते हैं।

Vestibular system (भेस्टिबुलर तंत्र) : मध्य कर्ण में एक ऐसा संवेदी तंत्र (sensory system) जो सिर की गति तथा स्थिति के प्रति संवेदनशील होता है।

Visual agnosia (दृष्टि एगनोसिया) : दृष्टि में बिना किसी तरह के दोष के ही दृष्टि क्षेत्र के पहलुओं की पहचान संबंधी दोष।

Visual hemifield (दृष्टि हेमिफिल्ड) : दृष्टि क्षेत्र का आधा (बायाँ या दायाँ)।

Visual spatial agnosia (दृष्टि स्थानिक एगनोसिया) : 1950 वाले दशक में अधिक उपयोग में आने वाला एक ऐसा पद जो यह बतलाता है कि प्रत्यक्षज्ञानात्मक दोष (perceptual impairement) दृष्टि स्थानिक प्रक्रियाओं (visuospatial processing) तक ही सीमित होता है।

Voltametry (भोल्टामेट्री) : एक ऐसी प्रविधि जिसमें वैद्युतीय बिजली (electrical current) मस्तिष्क क्षेत्र (brain region) में जैवरसायनिक स्तरों (biochemical levels) को मापने में मानिटर के लिए उपयोग में लाया जाता है।

Ventricular system (भेन्ट्रीकुलर तंत्र) : मस्तिष्क में तरल पदार्थों से भरा हुआ चैम्बर या खोल का तंत्र।

Ventromedial hypothalamus (VMH) : वैसा हाइपोथैलमिक क्षेत्र जो अन्य कार्यों के अलावा भोजन करने की प्रक्रिया को रोकता है।

Ventromedial nucleus (भेन्ट्रोमेडीयल केन्द्रक) : एक ऐसा केन्द्रक जो लघुमस्तिष्क से सूचनाओं को प्राप्त करता है तथा मुख्य पेशीय कार्टेक्स (primary motor cortex) में उसे भेजता है।

Volumetric thirst (भोल्यूमेट्रीक प्यास) : एक ऐसा प्यास जो हाइपोभोलेमिया hypovolemia) या वहिकोशकीय तरल (extracellular fluid) की मात्रा में कमी के कारण उत्पन्न होता है। हृदय के दायें एट्रीअम (right atrium) में वैरोग्राहक (baroreceptors) द्वारा तथा वृक्क (kidney) में ह्रासित रक्त आपूर्ति (reduced blood flow) के कारण यह उत्पन्न होता है।

W

Wernicke's area (वर्निक क्षेत्र) : मनुष्यों के बायाँ शंख पालि (left temporal lobe) में श्रवण साहचर्य कार्टेक्स (auditory association cortex) का क्षेत्र जो शब्दों को समझने तथा अर्थपूर्ण ढंग से बोलने में मदद करता है।

Wernicke's aphasia (वर्निक एफाशिया) : वर्निक क्षेत्र में क्षति (lesion) उत्पन्न होने से इस तरह का एफासिया उत्पन्न होता है जिससे व्यक्ति धाराप्रवाह परंतु अर्थहीन ढंग से बोलता है। इसे *ग्राहक एफासिया* (receptive aphasia) या *संवेदी एफासिया* (sensory aphasia) भी कहा जाता है।

White matter (उजला पदार्थ) : न्यूरोन्स के उजले माइलिन शीथ (white myelin sheath) एक्सान से बना हुआ मस्तिष्कीय ऊतक (brain tissues)।

Word salad (शब्द सलाद) : एक असंगठित संभाषण (disorganised speech) जो मनोविदालिता (schizophrenia) के रोग में प्रायः देखने को मिलता है।

Williams syndrome (विलियमस संलक्षण) : एक ऐसी विकृति जिसमें भाषाई कार्य तो धाराप्रवाह होते हैं परंतु मानक बुद्धि परीक्षण पर यह मानसिक मंदता (mental retardation) का एक केस होता है। इस संलक्षण के रोगी में अन्य बातों के अलावा ब्लाक के एक पैटर्न का नकल करने में या दिये हुए भागों या हिस्सों से तस्वीर को पूरा करने की गंभीर अक्षमता होती है।

Word blindness (शब्द अन्धापन) : लिखित शब्दों को पहचानने की अक्षमता।

X

X Cell (एक्स कोशिका) : ऐसा अक्षिपटलीय गैंगलिया कोशिका (retinal ganglion cell) जो सामने उपस्थित दृष्टि उद्दीपकों (visual stimuli) के प्रति उत्तेजित होता रहता है।

X Chromosome (एक्स क्रोमोजोम्स) : एक यौन गुणसूत्र (sex chromosome) जो वाई गुणसूत्र के साथ मिलकर लड़का उत्पन्न करता है तथा एक अन्य X गुणसूत्र के साथ मिलकर लड़की उत्पन्न करता है।

Y

Y Chromosome (वाई गुणसूत्र) : Y गुणसूत्र एक यौन गुणसूत्र है जो केवल पुरुषों में होता है। X गुणसूत्र के साथ इसे मिलने पर लड़का उत्पन्न होता है।

Z

Zeitgaber (जिटगेबर) : एक ऐसा उद्दीपक (stimulus) जो जैविक घड़ी (biological clock) को इस तरह से पुनर्सेट (reset) करता है जिससे सरकाडियन लय (circadian rhythm) बना रहता है।

Zygote (युग्मनज) : महिलाओं में गर्भित अंडा (fertilized egg)।

❑